广东财政年鉴

广东财政年鉴编辑委员会 编

2017

FINANCE YEARBOOK OF GUANGDONG

SPM
南方出版传媒
广东人民出版社
·广州·

图书在版编目（CIP）数据

广东财政年鉴.2017/广东财政年鉴编辑委员会编. —广州：广东人民出版社，2017.9
ISBN 978-7-218-12134-5

Ⅰ. ①广… Ⅱ. ①广… Ⅲ. ①地方财政—广东—2017—年鉴
Ⅳ. ①F812.765-54

中国版本图书馆CIP数据核字（2017）第247705号

广东财政年鉴·2017

广东财政年鉴编辑委员会　编

《广东财政年鉴》编辑部
地　　址：广州市北京路376号广东省财政厅3号楼512室
邮政编码：510030
电　　话：（020）83170499，83170901
传　　真：（020）83170973
电子邮箱：gdcznj@126.con

出 版 人：肖风华

责任编辑：钱　丰
装帧设计：徐兴洋
责任技编：周　杰　吴彦斌

出版发行：广东人民出版社
地　　址：广州市大沙头四马路10号（邮政编码：510102）
电　　话：（020）83798714（总编室）
传　　真：（020）83780199
网　　址：http://www.gdpph.com
印　　刷：广州市恒远彩印有限公司
开　　本：889mm×1194mm　1/16
印　　张：24.25　　插　页：16　　字　数：945千
版　　次：2017年9月第1版　2017年9月第1次印刷
定　　价：380.00元

广东财政年鉴编辑委员会

广东财政年鉴编辑部

主　　任　刘华伟
副 主 任　李纪桦
编　　辑　张晓军　贺巧知　李伟坚　杜婷婷
特约编辑　李丰怡　方　亮　朱胜亚　李　晶

广东财政年鉴特约通讯员

柯　迪（广东省财政厅办公室）
潘　敏（广东省财政厅法规税政处）
刘晓辉（广东省财政厅金融与政府债务管理处）
林晓燕（广东省财政厅综合处）
张可薇（广东省财政厅政法处）
陈　斌（广东省财政厅工贸发展处）
陈明杰（广东省财政厅经济建设处）
李志宏（广东省财政厅会计处）
王婧玮［广东省财政厅行政事业资产管理处（公务用车管理处）］
杨伟光（省农业综合开发办公室）
王俊哲（广东省财政厅政府采购监管处）
廖冬云（广东省财政厅机关党委办公室）
姚　佳（广东省纪委驻省财政厅纪检组）
林怡环（广东省财政厅国际金融合作办公室）
王　勇（广东省财政厅投资审核中心）
刘　强（广东省农业综合开发评估中心）
谢　峰（广东省数据信息中心）
关坤翘（广东省会计函授职业学校）
黎雪瑜（广东省资产评估协会）
贺志华（广州市财政局）
吴利锋（珠海市财政局）
刘朝祥（佛山市财政局）
黎章驹（河源市财政局）
陈倩茹（惠州市财政局）
陈俊辉（东莞市财政局）
莫玉冰（江门市财政局）
黄丽云（湛江市财政局）
林军强（肇庆市财政局）
陈丽洁（潮州市财政局）
张宇良（云浮市财政局）
李　晶（广东省财政厅人事教育处）
刘　征（广东省财政厅预算处、预算编审处）
林建兴（广东省财政厅国库处）
孙　琪（广东省财政厅行政处）
姚晓龙（广东省财政厅教科文处）
林　侃（广东省财政厅农业处）
廖建中（广东省财政厅社会保障处）
王炜清（广东省财政厅绩效管理处）
陈妍斐（广东省财政厅农村财务管理处）
许泽辉（广东省财政厅监督检查局）
张江涛（广东省财政厅离退休人员服务处）
戚伟强（广东省财政厅国库支付局）
欧　颖（广东省直行政事业单位物业管理中心）
李琪民（广东省财政厅票据监管中心）
陈倩芸（广东省财政厅政务服务中心）
杜婷婷（广东省财政科学研究所）
林壮镇（广东省注册会计师协会）
郑金荣（广东省财政职业技术学校）
陈　强（深圳市财政委）
张开达（汕头市财政局）
邓韶江（韶关市财政局）
李振豪（梅州市财政局）
谢　岚（汕尾市财政局）
周子婷（中山市财政局）
李珊珊（阳江市财政局）
梁建旭（茂名市财政局）
侯长红（清远市财政局）
黄同涛（揭阳市财政局）

编辑说明

《广东财政年鉴》是广东省财政厅主办的大型文献资料工具书，自2005年创刊。其主要特点是资料翔实、权威性强，理论与实务相结合，重点和亮点突出。

《广东财政年鉴》以出版年号为卷次名称，2017年卷为创刊以来的第十三卷，反映2016年广东财政贯彻落实中央和省委、省政府决策部署的工作全貌。党的十八届三中全会首次将财政定位为“国家治理的基础和重要支柱”，将财税改革置于更加重要的位置，深化财税体制改革也成为2017年卷编纂的主线和重要内容。

2017年卷重点围绕改进预算管理、建立事权和支出责任相适应的制度、构建地方税收体系、推进基本公共服务均等化、公平配置政府公共资源等方面进行组稿和编辑，展示广东财政主动适应新的形势和要求，积极发挥财政职能作用，着力深化财税体制改革的探索和实践。

全书正文内容共分十一个部分：第一部分“特辑”，包括相关财经文献、部分省领导批示和领导讲话，收录广东省人民代表大会及其常务委员会2016年通过的有关财政经济方面的重要报告和决议，部分省领导对财政工作的肯定性批示或对综合性工作的具体批示，以及节选省财政厅主要领导在财政工作会议的有关讲话。第二部分“全省财政工作 ”是对全省财政工作的综述。第三部分“省级财政工作”，记述省级财政各项工作的开展情况和各项改革的进展情况。第四部分“市县财政工作”，记述全省21个地级以上市经济发展和财政工作，以及部分市、县（市、区）财政工作的重点和亮点。第五部分“财政统计资料”，收集全省和各市、县（市、区）财政一般公共预算收支情况、非税收入基本情况、政府性基金决算收支情况、国有资本经营收支、社会保障、全省国有企业等方面的统计资料。第六部分“财经法规选编”，选编省人民代表大会及其常务委员会通过公布的地方性财经法规，省人民政府颁布或批准颁布的重要财经规章，省财政厅和省政府有关部门制定的或几个部门联合制定的重要财经规范性文件及规章、制度和通知。第七部分“财政文选”，节选省财政厅领导在有关专题会议上的讲话。第八部分“人物·荣誉”，主要收录省财政厅机构变动情况和省财政厅领导及厅属各单位领导名单，各地级以上市和各县（市、区）财政局机构设置及领导名单，全省财政系统人员情况以及2016年度全省财政系统全国性和全省性先进集体、先进个人名单。第九部分“大事记”，记录2016年度全省财政方面的重要会议、重大活动、重要国际交往、重大决策和措施。第十部分“年度关注”，精选2016年中央和省级媒体对广东财政改革与发展中的重要工作和亮点工作进行的报道。第十一部分“附录”，记述省财政有关学会的发展情况，收录财政征文大赛获奖情况。

全书在编纂出版过程中，得到各有关方面的关心和鼎力支持。在此，对所有参与撰稿、摄影、编审、出版、发行等工作的领导和同志表示深深的感谢！全书内容涉及面广，编辑出版时间有限，难免有疏漏和差错，敬请广大读者批评指正。

《广东财政年鉴》编辑部

总　　目

目 录

图片专辑

特 辑

全省财政工作

省级财政工作

市县财政工作

财政统计资料

财经法规选编

财 政 文 选

人物·荣誉

大　事　记

年　度　关　注

■中央级

■省级

附　　录

图片专辑

Photo Album

广东省政区

广东省行政区划统计表

全省统计：21个地级市、20个县级市、34个县、3个自治县、64个市辖区（县级）、东沙群岛属广东省汕尾市。

市	所辖	市	所辖
广州市	越秀区 海珠区 荔湾区 天河区 白云区 黄埔区 花都区 番禺区 南沙区 从化区 增城区	东莞市	
深圳市	福田区 罗湖区 盐田区 南山区 宝安区 龙岗区 龙华区 坪山区	中山市	
珠海市	香洲区 金湾区 斗门区	江门市	蓬江区 江海区 新会区 台山市 开平市 鹤山市 恩平市
汕头市	金平区 龙湖区 澄海区 濠江区 潮阳区 潮南区 南澳县	阳江市	江城区 阳东区 阳春市 阳西县
佛山市	禅城区 南海区 顺德区 高明区 三水区	湛江市	赤坎区 霞山区 麻章区 坡头区 雷州市 廉江市 吴川市 遂溪县 徐闻县
韶关市	浈江区 武江区 曲江区 乐昌市 南雄市 仁化县 始兴县 翁源县 新丰县 乳源瑶族自治县	茂名市	茂南区 电白区 信宜市 高州市 化州市
河源市	源城区 东源县 和平县 龙川县 紫金县 连平县	肇庆市	端州区 鼎湖区 高要区 四会市 广宁县 德庆县 封开县 怀集县
梅州市	梅江区 梅县区 兴宁市 平远县 蕉岭县 大埔县 丰顺县 五华县	清远市	清城区 清新区 英德市 连州市 佛冈县 连山壮族瑶族自治县 连南瑶族自治县 阳山县
惠州市	惠城区 惠阳区 惠东县 博罗县 龙门县	潮州市	湘桥区 潮安区 饶平县
汕尾市	城　区 陆丰市 海丰县 陆河县	揭阳市	榕城区 揭东区 普宁市 揭西县 惠来县
		云浮市	云城区 云安区 罗定市 新兴县 郁南县

备注：统计资料截止日期为2016年12月

广东省地图院编制　　审图号：粤S（2016）070号

比例尺 1：2550000

本图资料截止时间为 2016 年 12 月

第二届对非投资论坛
THE 2nd INVESTING IN AFRICA FORUM
世界银行集团
THE WORLD BANK GROUP
中华人民共和国广东省人民政府
THE PEOPLE'S GOVERNMENT OF GUANGDONG PROVINCE, P.R.C.
国家开发银行
CHINA DEVELOPMENT BANK
中国·广州
Guangzhou, China
2016年9月7-8日
September 7-8, 2016

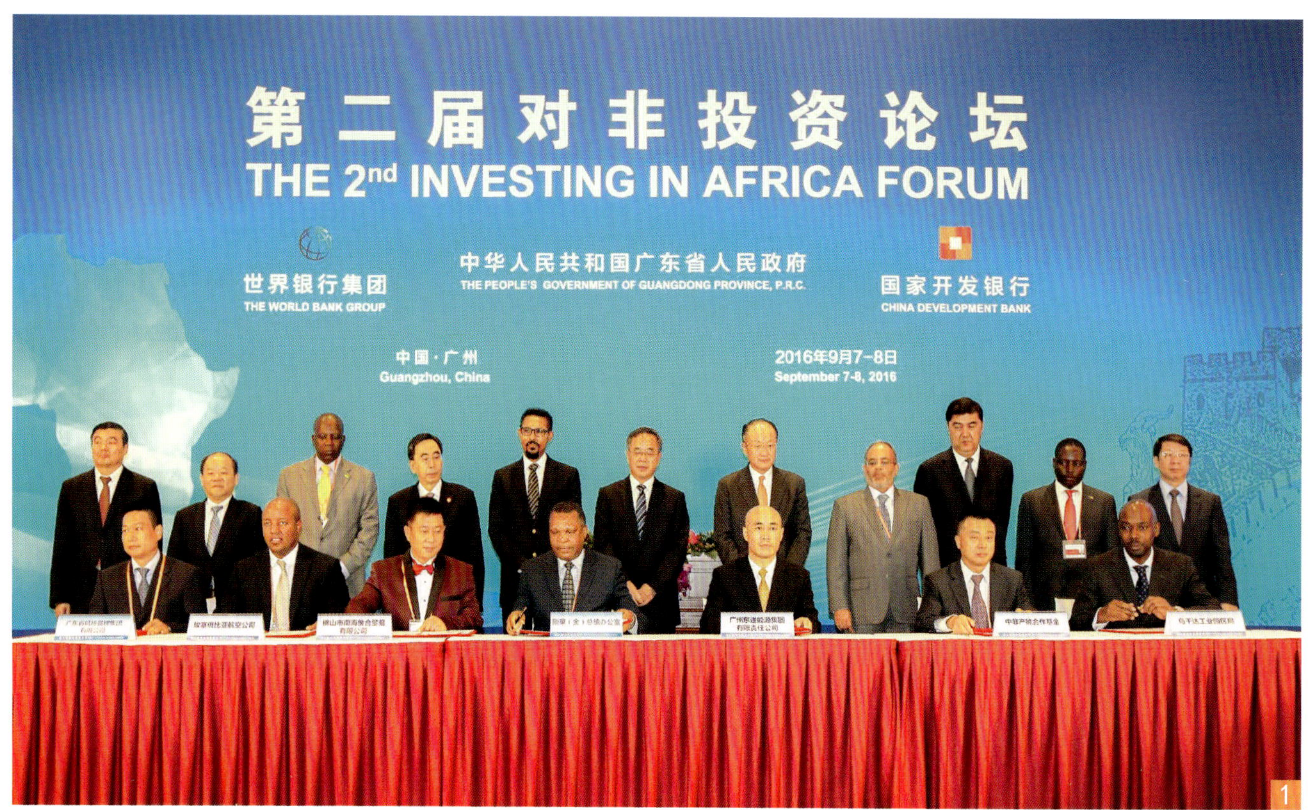

1

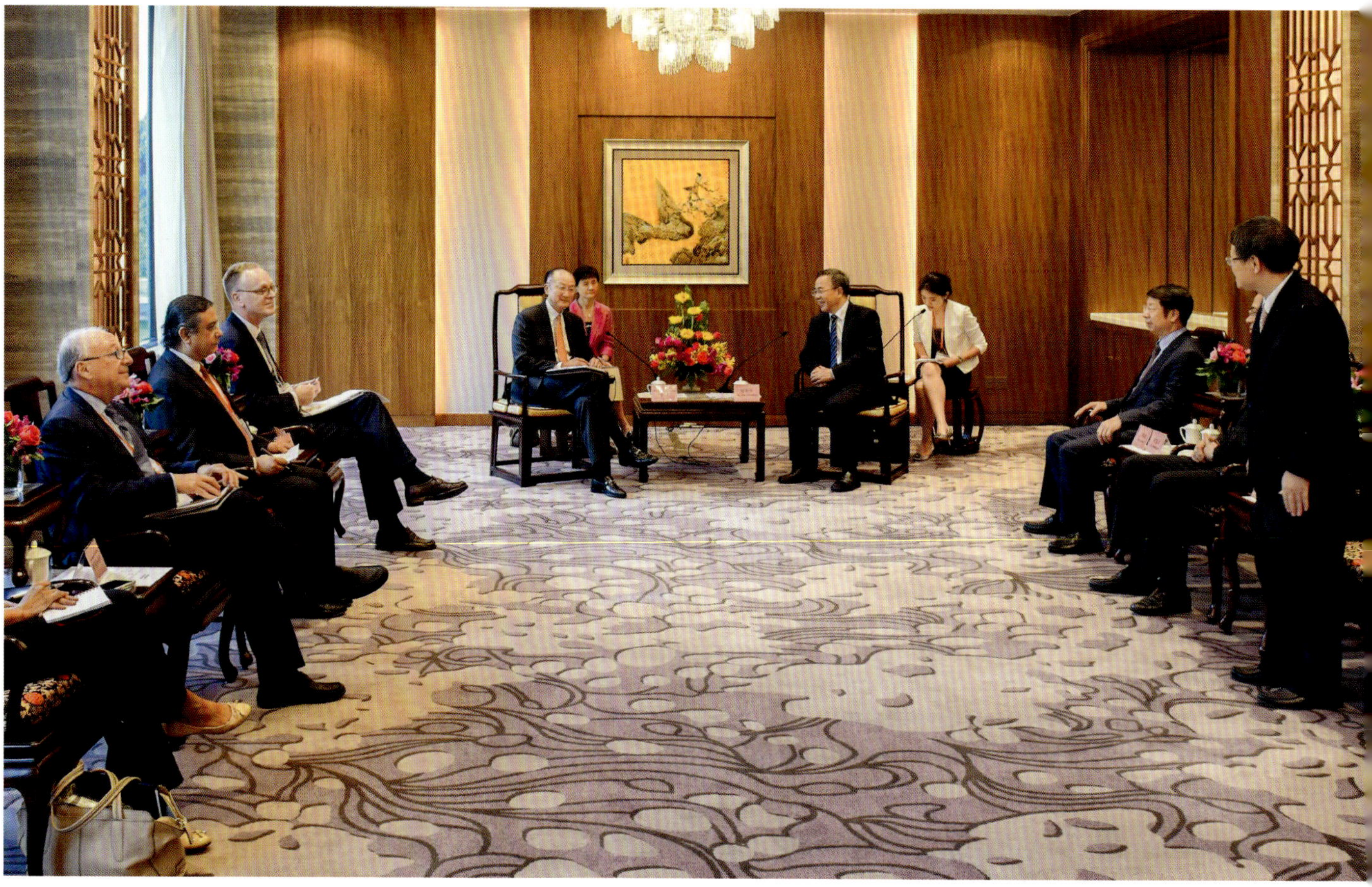

1 第二届对非投资论坛由广东省人民政府、国家开发银行、世界银行联合主办，广东省财政厅具体承办，于 2016 年 9 月 7 日至 8 日在广州召开。国务院副总理马凯、南非总统祖马、贝宁总统塔隆、世行行长金墉出席开幕式。国家外交部、发改委、财政部、商务部、国家能源局等部长级高官、联合国官员、专家学者等重量级人物，围绕中非合作进行主旨发言。图为广东对非投资 9 个重点项目签约仪式

2 2016 年 9 月 7 日，省委书记胡春华在第二届对非投资论坛期间会见世界银行行长金墉，省财政厅党组书记、厅长曾志权参加会见。图为胡春华书记向来宾介绍曾志权厅长

3 第二届对非投资论坛主会场

4 中国国家能源局、财政部与世界银行集团签署对非能源战略备忘录

5

6

7

8

5 广东省人民政府与国家开发银行签署促进广东企业对非投资战略合作备忘录

6 对非投资智库联盟和中国海外基础设施开法投资有限公司成立揭牌

7 围绕农业经济、工业化－轻工业制造业、技能开发与职业培训、互联互通、旅游文化等五方面设置专题论坛展开中非合作深入讨论和经验分享

8 智库联盟圆桌会议

（省财政厅国际金融合作办公室提供）

1 2016 年 11 月 25—26 日，省委书记胡春华到韶关翁源县官渡镇卫生院六里分院调研，省财政厅党组书记，厅长曾志权陪同调研 （*韶关市档案局提供*）

2 2016 年 6 月 15 日，省委副书记、省长朱小丹，省委常委、常务副省长徐少华率省有关部门负责同志调研营改增试点工作并召开座谈会。省财政厅党组书记、厅长、省营改增领导小组办公室主任曾志权参加调研 （*省财政厅法规税政处提供*）

4

3 2016年9月28日，广东省委副书记、省长朱小丹，海南省省长刘赐贵，广东省委常委、常务副省长徐少华一行出席广东—海南两省政府推进琼州海峡港航一体化发展联席会议第一次会议，省财政厅党组书记、厅长曾志权参加会议 （*湛江市财政局提供 周海涛 摄*）

4 2016年5月4日，省委常委、常务副省长徐少华率省有关部门负责同志到广州市调研营改增试点工作并召开座谈会，对进一步做好营改增试点工作提出要求。省财政厅党组成员、巡视员欧斌参加调研

5 2016年10月31日，省委常委、常务副省长徐少华到省财政厅指导工作。省财政厅党组书记、厅长曾志权，党组成员、巡视员欧斌，党组成员、驻厅纪检组长叶昊文，党组成员、副厅长郑贤操、杨朝峰、叶梅芬参加会议

6

黄先耀
7

6 2016 年 11 月 7 日，省委常委、常务副省长徐少华到惠州调研重点项目，省财政厅党组成员、巡视员欧斌陪同调研

（惠州市档案局提供）

7 2016 年 7 月 5 日，省委常委、省纪委书记黄先耀，省纪委常委、秘书长杨飞及省纪委有关部室同志到省财政厅，就省财政厅、驻省财政厅纪检组落实全面从严治党“两个责任”和省纪委推进派驻全覆盖改革会议精神情况，以及驻厅纪检组规范化建设情况进行座谈调研。省财政厅党组书记、厅长曾志权介绍 2016 年广东省财政的运行情况，并就落实全面从严治党主体责任和财政源头防腐工作做重点汇报。厅党组成员、驻厅纪检组组长叶昊文向黄先耀书记汇报驻厅纪检组落实全面从严治党监督责任、贯彻省纪委推进派驻全覆盖改革会议精神和规范化建设的有关情况

8 2016 年 9 月 5—6 日，财政部副部长史耀斌到惠州市检查指导 PPP 改革工作并进行座谈，省财政厅党组书记、厅长曾志权陪同

9 2016 年 11 月 24 日，省人大常委会副主任陈继兴率领省人大财经委、省人大常委会预算工委和部分省人大代表到省财政厅视察工作。省财政厅党组书记、厅长曾志权就广东省 2016 年 1—10 月预算执行情况和 2017 年预算草案编制准备情况及高新技术企业培育、岭南中药材保护等专项工作做了汇报。省财政厅党组成员、纪检组长叶昊文，省财政厅党组成员、副厅长郑贤操、杨朝峰、叶梅芬，副巡视员张仿松及相关处室（单位）负责同志参加座谈

2

1 2016 年 7 月 26 日，珠三角地区供给侧结构性改革工作落实督查分析会在佛山市举行。省委副书记、省长朱小丹，省财政厅党组书记、厅长曾志权，佛山市委书记鲁毅，佛山市委副书记、市长朱伟出席会议

2 2016 年 5 月 13 日，珠三角国家森林城市群建设调研座谈会在佛山市举行，省委副书记、省长朱小丹，副省长邓海光，佛山市委书记鲁毅，佛山市委副书记、市长朱伟，省财政厅党组成员、副厅长叶梅芬等出席座谈会

3 2016 年 10 月 20 日，省政府召开全省财政支出专项督查工作动员会。省委副书记、省长朱小丹出席会议并讲话。省委常委、常务副省长徐少华主持会议

4 2017 年 1 月 13 日，全省财政工作会议在广州召开。省财政厅党组书记、厅长曾志权出席会议并做工作报告

6

5 2016年8月25日，广东省村（社区）公共服务中心（站）建设工作会议在肇庆市德庆县召开。作为基层公共服务综合平台建设工作牵头单位，省财政厅党组书记、厅长曾志权出席会议并作讲话，省委基层治理领导小组办公室主任、组织部副厅级组织员欧阳贵有主持会议

6 2016年3月30日，财政部、国家税务总局在北京召开全面推开营改增试点视频动员会。全国动员会结束后，广东省财税部门迅速组织召开全省全面推开营改增试点工作视频会议。省营改增试点工作领导小组办公室主任、省财政厅厅长曾志权出席会议并作讲话，会议由省财政厅党组成员、欧斌副厅长主持，全省各级财税部门有关人员参加会议

7 2016年4月7日，省财政厅党组成员、副厅长欧斌出席广东省第一期会计领军（后备）人才（管理会计方向）培训班开班仪式

8 2016年4月11日，省财政厅、省国税局、省地税局联合召开广东省全面推开营改增试点政策宣讲及座谈会。省营改增领导小组办公室副主任、省财政厅党组成员、副厅长欧斌主持会议，省国税局副局长陈忠明、省地税局以及省住建厅、国土厅、人民银行广州分行等13个行业主管部门和省建筑协会、省房地产协会、省银行同业公会等11家行业协会有关同志参加会议

广东省境外旅客购物离境退税政策实
启动仪式

广东省境外旅客购物离境退税政策实施
启动仪式

9 2016年7月1日，省商务厅（口岸办、自贸办）会同省财政厅、海关广东分署、国税局、旅游局等5部门在广州南沙港客运口岸联合举行“广东省境外旅客购物离境退税政策实施启动仪式”，省财政厅党组成员、巡视员欧斌参加启动仪式并致辞

10 2016年4月21日，全省财政教科文工作会议在广州召开。省财政厅党组成员、副厅长郑贤操出席会议并讲话。全省各地级以上市财政局（委）、顺德区财税局和财政省直管县财政局分管局（委）领导、教科文科（处、股）负责人参加会议

11 12 2016年7月8日，省财政厅党组成员、副厅长杨朝峰督查带队赴江门市督查开展推广PPP模式政策落实情况。督察组赴江门市应急备用水源及供水设施工程和广佛江快速通道江门段工程（江门大道）等2个项目现场实地查看，并在江门财政局与市有关部门、PPP项目实施机构、金融机构和社会资本方代表进行座谈

13

14

15

16

17

13 2016 年 10 月 19 日，由广东省人民政府批准组建的广东省级农业担保公司——广东省农业信贷担保有限责任公司正式成立。省财政厅党组成员、副厅长叶梅芬参加揭牌仪式暨工作座谈会

14 2016 年 8 月 16 日，省财政厅召开全省财政资金实时在线联网监督系统建设工作会议，厅党组成员、总会计师钟炜出席会议并作讲话。全省各市、省直管县财政部门分管国库支付中心的局领导、国库支付中心和信息中心的主要负责人参加会议

15 2016 年 9 月 5 日，全省财政系统内部控制工作会议在广州召开。省财政厅党组成员、总会计师、厅内控委副主任钟炜出席会议并讲话

16 2016 年 11 月 17—18 日，省财政厅在广州举办 2016 年广东省地方政府债务及 PPP 管理培训班，邀请省政府采购中心主任孔刚、北京大岳咨询公司总监张笑戬等业界专家授课

17 2016 年 12 月 16 日，省财政厅票据监管中心在省委党校大礼堂组织省直社团类票据领购及使用单位票据监管业务人员进行专用收据在线开票培训，共计 412 个社会团体（单位）参加培训

1 2016年1月21日，省财政厅党组书记、厅长曾志权率厅有关处室主要负责人，深入龙川县丰稔镇十二排村，检查指导帮扶工作。曾志权厅长一行察看十二排村道、饮水工程、农田水利设施、十二排小学基础建设项目和农业示范基地、润东生物科技有限公司等帮扶项目，看望慰问挂点的小乡自然村2户贫困户，并与部分村民代表、村镇干部及驻村工作组进行座谈

2 3 2016年5月23日，省财政厅党组书记、厅长曾志权率领有关处室负责同志深入龙川县鹤市村开展精准扶贫精准脱贫调研。曾志权厅长一行先后察看鹤市村小学、农田水利设施、村道等项目，探访贫困户，并与镇村干部、村民代表以及驻村工作队召开座谈会

4 2016年6月16日，省财政厅组织全厅党员、干部、职工在厅大院开展扶贫济困现场捐款活动。厅党组成员带头捐款，广大党员、干部、职工积极参与，当日共筹集扶贫捐款五万余元

1 2016 年 2 月 2 日，省财政厅召开全省财政反腐倡廉建设工作会议。省财政厅党组书记、厅长曾志权作讲话，厅党组成员、驻厅纪检组组长项天保代表厅党组作工作报告

2 2016 年 4 月 18 日，省财政厅召开"两学一做"学习教育工作会议。省财政厅党组书记、厅长曾志权对省财政厅开展"两学一做"学习教育工作进行部署，并以"扎实推进'两学一做'学习教育 做'四讲四有'合格党员"为题为全厅干部职工上党课。会议由厅党组成员、总会计师、厅直属机关党委书记钟炜主持，厅党组成员、副厅长郑贤操、杨朝峰以及全厅干部职工 400 多人参加会议

3 2016 年 7 月 28 日，省财政厅召开纪律教育学习月动员暨辅导报告会，厅党组书记、厅长曾志权以"加强党性修养 严守纪律规矩 为广东省财政改革发展提供坚强政治保障"为题，为全厅党员干部作纪律教育专题辅导，并对开展纪律教育学习月活动进行动员部署

广东省财政厅"三纪"教育学习

5

4 2016 年 9 月 12—13 日，省财政厅连续第六年举办党纪政纪法纪教育学习活动。各厅党组成员及全厅副处以上干部、部分重点岗位同志、2016 年新入职工作人员等共 200 余人参加。活动期间，邀请省纪委常委、秘书长杨飞来厅作纪律教育专题讲座，厅党组书记、厅长曾志权对教育学习活动作总结讲话

5 2016 年 8 月 10 日，省财政厅召开纪律教育专题辅导报告会。厅党组成员、驻厅纪检组长叶昊文以"落实'两个责任'守纪律讲规矩 推动全面从严治党迈上新台阶"为题，为全厅党员干部作纪律教育专题辅导报告

6 7 2016 年 8 月 8 日和 8 月 9 日，由厅党组成员、驻厅纪检组组长叶昊文，厅党组成员成员、总会计师钟炜分别带队，省财政厅组织全厅副处级以上党员干部、重点岗位科级干部共 200 余人赴省反腐倡廉教育基地参观学习，开展廉政教育活动

8 2016 年 3 月 18 日和 3 月 25 日，省财政厅举办"学党章、知党史、守党规"主题知识竞赛的初赛和决赛

1 2016 年 6 月 14 日，江西省委常委、常务副省长毛伟明率江西省财政厅、苏区办及赣州市等有关部门和地区负责同志来广东省财政厅进行考察调研。广东省财政厅党组书记、厅长曾志权向常务副省长毛伟明一行介绍 2016 年以来广东经济财政运行情况以及近年来财政工作和政策性基金工作的有关情况。广东省财政厅党组成员、副厅长叶梅芬及省经济和信息化委、省科技厅等部门和企业负责同志参加了座谈会

2 2016 年 8 月 18 日，全国人大财经委法案室龚繁荣主任及财政部条法司赖永添副司长一行到访省财政厅，就十二届全国人大四次会议第 9 号《关于修订〈中华人民共和国政府采购法〉实现政府采购权责对等的议案》（以下简称 9 号议案）办理情况，与议案领衔代表、省财政厅党组书记、厅长曾志权进行面对面沟通

3 2016 年 10 月 19 至 20 日，中国资产评估协会贺邦靖会长一行 5 人来广东就资产评估行业服务社会经济发展、行业党建和统战工作以及学习贯彻《资产评估法》情况开展调研，并召开有部分评估机构参加的调研座谈会。省财政厅党组成员、副厅长叶梅芬，工贸发展处负责同志和省资产评估协会有关人员参加会议

4 2016 年 11 月 2 日，广东省注册会计师协会组团参加 2016 年海峡两岸及港澳地区会计师行业交流研讨会

1 2016 年 6 月 24 日，省财政厅举办“庆七一、感党恩、强党性”主题文艺汇演。厅党组书记、厅长曾志权，厅党组成员、驻厅纪检组长叶昊文，厅党组成员、副厅长郑贤操，厅党组成员、副厅长杨朝峰等在厅领导和全厅干部、职工、离退休同志共 400 余人观看演出

2 2016 年 12 月 3 日，省财政厅在广州体育学院举办第十八届全民健身运动会。省财政厅党组书记、厅长曾志权宣布运动会开幕，厅党组成员、巡视员欧斌在开幕式上致辞，厅党组成员、纪检组长叶昊文，厅党组成员、副厅长郑贤操、杨朝峰，副巡视员张仿松参加运动会

3 2016 年 8 月 12 日，省委第九巡视组组长王晓超到省财政厅作专题辅导报告。全厅党员、干部、职工共 400 多人参加报告会

4 2016 年 11 月 30 日，省财政厅邀请党的十八届六中全会省委宣讲团成员、省委宣传部讲师团杜新山团长做客“广东财政大讲堂”，为全厅党员干部职工宣讲党的十八届六中全会精神

特辑

Features

相关财经文献

广东省2016年预算执行情况和2017年预算草案的报告

（节选）

广东省财政厅厅长　曾志权

一、2016年预算执行情况

（一）一般公共预算执行情况

1. 全省一般公共预算执行情况

——收入预算执行情况

2016年全省一般公共预算收入10390.33亿元，完成各级汇总预算的102.6%，增长10.9%，剔除全面推开营改增试点后调整各级收入划分体制、政府性基金转列一般公共预算等因素影响后，可比增长10.3%。

按主要税种划分。国内增值税收入1726.19亿元，可比增长2.3%；营业税及改征增值税收入1889.72亿元，可比增长16.8%；企业所得税收入1492.02亿元，增长14.5%；个人所得税收入638.11亿元，增长25.1%；其他税收收入2352.59亿元，增长8.4%。

按税收与非税收入划分。税收收入8098.62亿元，占一般公共预算收入的77.9%，可比增长11.1%；非税收入2291.7亿元，占一般公共预算收入的22.1%，可比增长7.6%。剔除政府性基金转列一般公共预算因素后，税收占比为83.5%，比2015年提高2个百分点。非税收入中，行政事业性收费比2015年下降19.6%，体现了供给侧结构性改革降成本的要求。

按预算级次划分。省级一般公共预算收入2475.64亿元，占全省收入的23.8%，可比增长13.6%；市本级一般公共预算收入4396.49亿元，占全省收入的42.3%，可比增长11.5%；县级一般公共预算收入3518.2亿元，占全省收入的33.9%，可比增长6.7%。

按区域划分。珠三角九市、粤东西北十二市一般公共预算收入分别可比增长10.7%、0.4%。粤东西北十二市收入增幅低于珠三角九市10.3个百分点，占全省市县收入的12.5%，比2015年下降1.2个百分点。

——支出预算执行情况

全省一般公共预算支出13447.42亿元，完成各级汇总预算的99.7%，增长5%，未能完成预算的主要原因是部分项目未执行完毕，结转下年支出；增幅较低的主要原因是2015年按照中央规定清理压减存量资金安排支出，抬高支出基数。主要执行情况如下：

按支出科目划分。一般公共服务支出1158.79亿元，完成预算的98.8%，增长12.8%；教育支出2319.58亿元，完成预算的100.4%，增长14.5%；科学技术支出742.16亿元，完成预算的112.5%，增长35.5%；文化体育与传媒支出228.76亿元，完成预算的112.5%，增长22.8%；社会保障和就业支出1139.06亿元，完成预算的95.3%，增长8.4%，未能完成预算的主要原因是个别市县机关事业单位养老保险改革未完全落地，相关资金未能在当年支出；医疗卫生与计划生育支出1107.79亿元，完成预算的104.2%，增长21.4%；节能环保支出298.49亿元，完成预算的105.4%，下降11%，主要原因是2015年一次性拨付环保设施建设基金，抬高支出基数；城乡社区支出1523.7亿元，完成预算的103.3%，增长30.2%；农林水支出688.44亿元，完成预算的91.4%，下降14.4%，未能完成预算的主要原因是部分农田水利工程项目受台风暴雨极端天气影响施工进度滞后，部分资金未能在当年支出，下降的主要原因是2015年集中拨付山区五市中小河流治理、村村通自来水补助资金，抬高支出基数；交通运输支出1041.72亿元，完成预算的126.4%，下降48.4%，主要原因是2015年全省加大交通基础设施建设力度，集中投入2000多亿元，支出基数较高；住房保障支出658.57亿元，完成预算的124.8%，增长91.4%，主要原因是加大住房保障投入，个别市拨付人才安居资金148亿元。以上部分科目数超额完成预算的主要原因是中央年中下达转移支付资金增加支出。

2016年全省地方一般公共预算收入，加上中央税收返还、转移支付和上年结转，减去一般公共预算支出以及上解中央支出等支出后，全省一般公共预算实现收支平衡，具体收支情况待决算完成后报告。

2. 省级一般公共预算执行情况

——收入预算执行情况

2016年省级一般公共预算收入2475.64亿元，完成预算的105.9%，可比增长13.6%。比省十二届人大常委会第二十九次会议审议通过的预算调整方案增加的收入，按照预算法和国务院有关规定，用于补充预算稳定调节基金，留待2017年及以后年度预算安排使用。

2016年省级一般公共预算收入结构情况如下：（1）税收收入2220.27亿元，可比增长11%。包括：国内增值税完成592.47亿元，可比增长0.1%；营业税及改征增值税完成718.84亿元，可比增长17.8%；企业所得税收入511.19亿元，增长10.5%；个人所得税收入166.68亿元，增长16.5%；土地增值税等税收收入231.09亿元，增长19.8%。（2）非税收入255.37亿元，增长43.1%，增幅较高的主要原因是市县法院、检察院上划省级，有关非税收入随之划转，以及其他一次性收入因素。非税收入含转列一般公共预算的政府性基金收入125.76亿元。

2016年省级一般公共预算收入2475.64亿元，加上中央税收返还、转移支付和下级上解收入，以及经省十二届人大常委会第二十六次、二十九次会议审议通过的预算调整方案增加地方政府债券等收入后，2016年省级一般公共预算总收入4868.11亿元。

——支出预算执行情况

2016年省级一般公共预算总支出4634.58亿元，完成预算的105%，剔除2015年按照中央规定清理压减存量资金等一次性因素抬高基数后，可比增长7.4%。比省十二届人大常委会第二十九次会议审议通过的预算调整方案增加221.13亿元，主要原因是超收收入补充预算稳定调节基金及中央年中下达转移支付资金形成支出。

按预算级次划分。（1）省本级支出895.78亿元，占19.4%；（2）对市县税收返还、转移支付及债券转贷支出3342.77亿元，占72.1%，其中返还性支出656.34亿元，一般性转移支付1534.2亿元，专项转移支付869.33亿元，债券转贷支出282.9亿元；（3）债券还本支出19亿元，占0.4%；（4）上解中央及其他转移性支出377.02亿元，占8.1%。

——省本级支出895.78亿元的主要情况

（1）一般公共服务支出82.38亿元，完成预算的67%，下降27%，其中省级行政和参公事业单位会议费及“三公”经费支出下降10.7%，未能完成预算的主要原因是该科目部分项目据实调剂到其他科目列支，下降的主要原因是贯彻落实中央和省关于厉行节约规定，减少行政经费开支。（2）公共安全支出239.14亿元，完成预算的103.4%，增长112.7%，增幅较大的主要原因是2016年市县法院、检察院共284个部门新增列入省级预算管理。（3）教育支出225.62亿元，完成预算的96.9%，增长14.7%，未能完成预算的主要原因是省本级支出转列对下转移支付。（4）科学技术支出20.59亿元，完成预算的47.5%，未能完成预算的主要原因是省本级支出转列对下转移支付；剔除2015年拨付重大科技成果产业化基金、战略性新兴产业创业投资引导基金等一次性因素76亿元后，可比增长46.4%。（5）文化体育与传媒支出24.4亿元，完成预算的171.3%，增长34%，超额完成预算的主要原因是通过清理存量资金加大重点文化基地建设、公共图书馆图书购置、博物馆文物维护征集等方面的投入力度，以及支持重点宣传文化项目由转移支付补助转列省本级支出。（6）社会保障和就业支出89.76亿元，完成预算的105.2%，剔除2015年拨付创业引导基金、机关事业单位养老保险资金等一次性因素9亿元后，基本与上年持平。（7）医疗卫生与计划生育支出33.14亿元，完成预算的103.3%，增长5.8%。（8）节能环保支出3.06亿元，完成预算的81.6%，未能完成预算的主要原因是省本级支出转列对下转移支付；剔除2015年拨付环保设施建设基金、低碳产业发展基金等一次性因素21亿元后，基本与上年持平。（9）农林水支出43.87亿元，完成预算的120.3%，超额完成预算的主要原因是中央全面推开农业“三项补贴”改革，下达全省农作物良种补贴资金约5亿元列入省本级支出；剔除2015年拨付现代农业产业发展基金、农业政策性保险由省级结算改为市县结算等因素22亿元后，可比增长12.5%。（10）交通运输支出176.29亿元，完成预算的131.4%，下降43.1%，超额完成预算的主要原因是2016年加快高速公路建设，清理存量资金增加安排高速公路资本金77亿元；下降的主要原因是2015年通过清理压减存量资金、发行地方政府债券资金等方式，一次性安排铁路发展基金、交通基础设施建设资金等抬高基数。

2016年省级一般公共预算总收入和总支出为初步预计数，具体收支及结转金额待决算完成后报告。

（二）政府性基金预算执行情况

1. 全省政府性基金预算执行情况

2016年全省政府性基金预算收入3869.99亿元，完成各级汇总预算的109.1%，剔除政府性基金转列一般公共预算因素后，可比增长13.2%。全省政府性基金预算支出3471.95亿元，可比增长17.8%，完成各级汇总预算的94.3%，未能完成预算的主要原因是部分项目未执行完毕，结转下年支出。

2. 省级政府性基金预算执行情况

2016年省本级政府性基金预算收入116.38亿元，完成预算的110.2%，下降15.2%，主要原因是车辆通行费收入减少。加上中央转移支付、调入资金和新增地方政府债券收入等349.76亿元后，总收入466.14亿元。

2016年省级政府性基金预算总支出472.81亿元，完成预算的106.8%，增长3.6%。其中，省本级支出44.96亿元；对市县转移支付及债券转贷支出410.86亿元；调出资金（一般公共预算）16.99亿元。支出大于收入的原因是以前年度结转资金形成支出。

（三）国有资本经营预算执行情况

1. 全省国有资本经营预算执行情况

2016年全省国有资本经营预算收入203.1亿元，完成预算的113.4%，下降2.5%，主要原因是2015年按规定清理压减存量资金一次性收入抬高基数；支出201亿元，完成预算的103%，增长1.3%。

2. 省级国有资本经营预算执行情况

2016年省级国有资本经营预算收入15.94亿元，完成预算的100.1%，下降30.5%，主要原因是2015年个别省属国有企业出售资产上缴收益等一次性因素抬高基数约5亿元；支出15.65亿元，完成预算的98.3%，下降45.6%，主要原因是以收定支，支出随收入减少。

（四）社会保险基金预算执行情况

1. 全省社会保险基金预算执行情况

2016年全省社会保险基金预算收入4823.03亿元，完成预算的92.9%，增长10%；支出3359.39亿元，完成预算的85.6%，增长18.1%；当期结余1463.64亿元，比2015年结余减少73.84亿元，年末滚存结余10933.34亿元。收支未能完成预算的主要原因是2016年全省大部分市县未能启动实施机关事业单位基本养老保险改革。

2. 省级社会保险基金预算执行情况

2016年省级社会保险基金预算收入344.12亿元，完成预算的89.2%，增长2%；支出335.27亿元，完成预算的87.6%，增长8.5%；当期结余8.85亿元，年末滚存结余594.76亿元。收支未能完成预算的主要原因是2016年省级未能启动实施机关事业单位基本养老保险改革。

（五）地方政府债务管理情况

1. 2016年全省政府债务限额和余额情况

财政部核定广东省2015年末地方政府债务限额9141.6亿元，加上2016年财政部下达新增债务限额638亿元（含新增中央转贷地方外债额度6.1亿元），2016年广东省地方政府债务限额9779.6亿元（其中，一般债务限额6191.3亿元，专项债务限额3588.3亿元）。其中，新增债券方面，财政部下达广东省2016年新增地方政府债券额度631.9亿元：新增一般债券322.9亿元，新增专项债券309亿元，已按规定编制预算调整报告提交省人大常委会第二十六次会议审议批准。新增地方政府债券资金按照财政部要求，用于扶贫开发、棚户区改造、普通公路建设等重大公益性项目支出。置换债券方面，财政部下达广东省2016年置换债券额度后，实际发行2867.81亿元，用于置换政府负有偿还责任的债务，但不涉及新增债务收入，存量债务总规模不变，按照预算法和财政部规定无须编列预算调整事项，已专门向省人大常委会报告。置换债券腾出的资金，优先用于高速公路、国铁干线和城际轨道项目地方资本金以及其他民生政策措施。

2015年末，全省地方政府债务余额8188亿元，其中，一般债务余额5257亿元；专项债务余额2931亿元（按照财政部统一部署，2016年债务余额待债务年报编制完成后另行向省人大报告）。

2. 2016年省级政府债务还本付息支出情况

2016年，省级政府债务一般公共预算还本付息支出30.24亿元，其中，还本支出19亿元，付息和发行费支出11.24亿元。

（六）预算执行中存在的问题

1. 收支矛盾比较突出

收入方面，2016年全面推开营改增试点、调整各级收入划分体制以及免征34项涉企行政事业性收费地方收入等政策性减收因素较多。支出方面，省级促进区域协调发展的任务沉重，维持财政收支平衡的难度逐年增大；粤东西北地区财政自给能力进一步弱化。2016年，粤东西北地区一般公共预算支出增加45.36亿元，是收入增量3.77亿元的12倍。

2. 区域收入增长不协调

粤东西北地区由于经济基础薄弱、产业层次较低，受宏观经济环境和税费减免政策等影响较大。一方面，区域收入增速明显分化，2016年，粤东西北地区一般公共预算收入仅增长0.4%，比珠三角地区平均增幅10.7%低10.3个百分点，连续两年处于收入低增长区间；另一方面，区域收入规模差距有所扩大，粤东西北地区一般公共预算收入占全省市县收入总量的比重仅为12.5%，比2015年比重下降1.2个百分点。

3. 预算资金统筹力度不够

部分存量资金未能及时盘活使用，预计2016年市县一般公共预算、政府性基金预算结转资金约1800亿元，且主要集中在珠三角地区。部分部门掌握的资金仍然存在碎片化的问题，资金使用较为分散。不同预算体系统筹力度有待提高，政府性基金预算和专户资金按政策规定必须继续按原用途使用，特别是政府性基金收入仍需用于专项领域，不能统筹使用。国有资本经营预算收支总规模和可统筹资金较小，仍需安排一般公共预算资金用于解决企业应急处置及历史遗留问题。社会保险基金结余已达1万多亿元，但受政策制约无法统筹用于社会保障其他支出，在医疗保险城乡一体化改革、医疗事业发展增支需求大幅增长的情况下，基金结余沉淀与增加一般公共预算补贴并存，不利于财政资金使用效益的提高。

（七）完成2016年财政工作情况

1. 狠抓收支管理，维持大局运转

收入方面，深化新常态下财政经济运行规律研究，及时监测分析财政收支运行情况，建立健全抓收入的协作机制；提高财政收入质量，规范非税收入管理，落实市县财政收入质量考核办法，引导收入合规、真实增长。全省税收收入增幅比非税收入增幅高3.5个百分点，税收占比83.5%，比2015年提高2个百分点。支出方面，严格落实“三挂钩一通报”制度，组织开展全省财政支出专项督查及支出进度和存量资金考核，积极清理盘活存量资金，统筹用于社会发展亟需资金支持的领域；严格控制一般性支出，2016年，省级行政和参公事业单位会议费及“三公”经费财政拨款支出下降10.7%，厉行节约成效明显。

2. 坚持围绕中心，支撑重大战略实施

全省统筹财政性资金近万亿元用于稳定经济增长，支持实体经济提质增效。推进供给侧结构性改革，出台实施支持“去降补”系列财政政策措施，并扎实履行好降成本行动计划牵头部门职责，全年实现降成本约2000亿元。支持创新驱动发展，省级统筹326亿元，重点支持珠三角自主创新示范区建设、高新技术企业培育、高水平大学及理工科院校建设、重大科技成果转化等。促进区域协调发展，省级统筹超过2000亿元落实粤东西北振兴发展战略，研究提出促进产业共建等扶持措施。

3. 着力深化改革，促进重大改革实施

贯彻中央和省的各项改革部署，及时落实财政保障资金。支持推进省以下地方法院、检察院人财物统一管理改革，医药卫生体制改革，工商质监系统管理体制改革，公务用车制度改革，养老保险制度改革等。全面推开营改增试点，率先完成改革过渡，完善征管体制，释放改革红利。调整省以下增值税收入划分，保持省以下财力格局总体稳定。创新经营性财政资金投入方式，通过股权投资、政策性基金、政府和社会资本合作（PPP）模式，引导社会资本参与公共服务。加快建立现代财政制度，推进预算管理制度改革，加强中期财政规划管理，全面铺开零基预算改革，全面实施财政资金项目库管理改革等。

4. 坚持民生为重，切实保障改善民生

完善民生保障机制，民生资金保障有力，支出结构优化。再次修编基本公共服务均等化规划纲要，探索建立财政转移支付与农业转移人口市民化挂钩机制；全面推开基层公共服务平台整合建设，建立财政支持农业信贷担保体系；2016—2018年全省财政多渠道筹集391亿元（2016年130.3亿元），支持实施精准扶贫精准脱贫；城乡居民医疗保险补助、城乡居民基本养老保险基础养老金、城镇低保补差水平等标准稳步提高。2016年，全省财政民生类支出9061.53亿元，占总支出的67.4%；全省和省级十件民生实事分别支出2366.76亿元、941.05亿元，完成年初预算的111.8%和108%；全省和省级底线民生保障分别支出276.27亿元、160.83亿元，完成年初预算的106.6%和109.7%。

5. 注重加强管理，提升财政管理效能

完善专项资金管理，修订印发《广东省省级财政专项资金管理试行办法》；推进专项资金清理整合，实行“一个部门一个专项”。加强风险防控，完善地方政府债务管理，制定印发《广东省政府性债务风险应急预案（试行）》。加强财政监督检查，组织开展技改奖补、高新技术企业培育奖补资金和税收优惠政策落实情况专项检查等，涉及资金300多亿元。扩大绩效管理覆盖范围，组织开展一般性转移支付、创新驱动资金等22类资金重点评价，涉及资金约6000亿元。全面推进财政信息公开，督促整改存在问题，完善和细化公开内容，预决算信息、专项资金、重点项目、政府采购等信息公开工作稳步推进；2016年预算及预算调整报告按预算法规定向社会公开。

（八）落实人代会决议及办理人大代表建议有关情况

1. 落实省十二届人大四次会议决议情况

省十二届人大四次会议对2016年预算草案及其报告的决议、审查报告、审查意见已全部落实到位，落实情况已按规定向省人大财经委报告。

（1）全面推进全口径预算管理。一是完善政府预算体系，按规定将政府性基金转列一般公共预算，逐步提高国有资本收益上缴比例，并加大国有资本经营预算调入一般公共预算力度。二是细化全口径预算编制，全面实施项目库改革，提前建立完善项目储备。三是全面铺开零基预算改革，完善基本支出定员定额标准体系。

（2）充分发挥积极财政政策作用。一是加大对重点财源、新兴财源的扶持力度，狠抓增收节支。二是为供给侧结构性改革提供财力保障，支持“去降补”，牵头拟订《广东省供给侧结构性改革降成本行动计划（2016—2018年）》。三是创新经营性财政资金投入方式，运用政策性基金和PPP模式，引导社会资本投入，省级15项政策性基金撬动各级财政及社会资本达1015亿元。四是全面推开营改增试点，试点户数280.79万户，居全国首位，全年减税约750亿元（含中央与地方减税），切实减轻企业负担。

（3）调整优化财政支出结构。一是突出保民生，增加民生类支出规模，落实好新时期精准扶贫精准脱贫三年攻坚计划。二是突出保发展，推进稳增长、调结构和产业转型升级，实施创新驱动发展、粤东西北振兴发展和珠三角优化发展等重大发展战略。三是突出保基层，加大对基层特别是欠发达地区转移支付力度，提高一般性转移支付比例，增强市县财政统筹能力。四是突出优化结构，加大财政专项资金清理整合力度。

（4）强化预算执行监督和绩效管理。一是强化预算执行监督，硬化预算约束，限时批复预算，建立“三挂钩一通报”机制；健全涵盖财政监督、审计监督、监察监督、人大监督、社会和舆论监督等五个层次的监督体系，加强专项资金实时在线联网监督。二是加强预算绩效管理，实现绩效目标申报全覆盖，强化部门的绩效管理主体责任，扩大第三方评价范围。

（5）切实防范和化解金融风险。一是落实《财政部关于对地方政府债务实行限额管理的实施意见》，完善债务管理制度。二是实施地方政府债务限额管理，将债务限额分解至省本级和市县，加强监控预警。三是将债券收支分类纳入预算管理，将新增债券列入预算调整方案报省人大常委会批准。四是开展存量债务置换，缓释债务风险。五是完善债务风险防控体系，在全国率先制定地方政府性债务风险应急预案，构建起省、市、县三级政府债务风险防控体系，建立债务应急处置和责任追究机制。

（6）承办人大议案情况。2016年，省财政厅承办省十二届人大四次会议代表建议共303件，其中大会建议300件，闭会建议3件，约占全省提出建议总数的42%，是省直单位办理第一大户。其中：主办件46件、会办件245件，参阅件12件。主办件办理类型为A类（建议所提问题已经基本解决）45件，B类（所提问题已列入计划解决）1件。

2. 落实省人大常委会关于省级财政预算调整方案的决议情况

省十二届人大常委会第二十六、二十九次会议关于2016年省级财政预算调整方案的决议已全部落实到位。一是根据省人大常委会批准的2016年省新增地方政府债券额度，做好新增债券资金发行、分配、使用等工作，加强地方政府债务管理，建立健全地方政府债务风险评估和预警机制；二是做好全面推开营改增试点、调整收入划分体制工作；三是完成全年预算任务；四是进一步做好2017年预算编制工作。

二、2017年全省和省级预算草案

展望2017年，广东省仍处于可以大有作为的战略机遇期，经济财政平稳运行的基本面并未发生根本性变化，具备持续向好的基础、条件和动力。但同时，全省经济面临新常态下的深度调整和转型攻坚，影响财政运行的不确定因素逐步增多，财政收支矛盾更加突出。收入方面，经济下行压力将持续较长时期，中央减税清费等政策性减收效应逐步显现，将对全省财政收入增长造成一定影响。支出方面，实施积极的财政政策，推进供给侧结构性改革，支持创新驱动发展战略，补齐率先全面建成小康社会短板，推动珠三角与粤东西北产业共建，落实新时期精准扶贫精准脱贫三年攻坚计划，进一步加强底线民生保障，都需要加大财政投入力度。为积极应对财政收支矛盾，必须审时度势，高度关注财政收支平衡的可持续性问题，规避和防范财政运行风险，科学合理编制2017年预算。

编制2017年预算的指导思想是：坚持以邓小平理论、“三个代表”重要思想、科学发展观为指导，全面贯彻党的十八大和十八届三中、四中、五中、六中全会精神，以及中央经济工作会议精神，深入贯彻习近平总书记系列重要讲话精神，坚持创新、协调、绿色、开放、共享的发展理念，围绕“五位一体”总体布局和“四个全面”战略布局，按照省委、省政府决策部署和要求，实施积极有效的财政政策，严格执行预算法规定，深化财税改革，完善预算管理，树立“过紧日子”的意识，狠抓增收节支，支持创新发展，保障改善民生，加强资金监管，防范化解风险，促进全省经济社会平稳健康发展，为实现“三个定位、两个率先”目标提供坚实的财政保障。

编制2017年预算的基本原则：

一是依法依规，提升预算编制水平；二是积极稳妥，确保财政收支平衡；三是改革创新，深化预算编制改革；四是围绕中心，突出重点支出保障；五是共建共享，协调城乡区域发展；六是民生为重，补齐民生事业短板。

（一）2017年全省代编一般公共预算

在汇总全省经济财政预测情况的基础上，参考2017年GDP预计实现7%以上的增幅，2017全省一般公共预算收入按可比增长9%安排，预计完成11082.4亿元（不含中央未下达的2017年政府债务预算），人均一般公共预算收入9981元，比2015年年初预算人均收入增加674元。

2017年全省一般公共预算收入结构情况如下：（1）税收收入8814.46亿元，其中增值税收入3718亿元，企业所得税收入1694.69亿元，个人所得税收入754.11亿元，城市维护建设税收入570.48亿元，房产税收入275.63亿元，城镇土地使用税收入149.59亿元，土地增值税收入774.97亿元；（2）非税收入2267.93亿元，其中政府性基金转列一般公共预算收入593亿元。

2017年全省一般公共预算支出按可比增长9%安排，预计完成13738.97亿元。预计人均一般公共预算支出12374元，比2016年年初预算人均支出增加1830元。

按支出科目划分：教育支出2540.75亿元；科学技术支出551.95亿元；文化体育与传媒支出265.63亿元；社会保障和就业支出1223.45亿元；医疗卫生与计划生育支出1267.09亿元；节能环保支出345.55亿元；城乡社区支出1397.96亿元；农林水支出869.99亿元；交通运输支出1100.8亿元；住房保障支出500.87亿元。

（二）2017年省级一般公共预算草案

1. 省级收入预算安排

2017年省级一般公共预算收入拟在上年执行数的基础上，按可比增长9%安排，预计完成2555.12亿元。收入结构如下：（1）税收收入2308.33亿元，其中增值税1300.79亿元，企业所得税565.89亿元，个人所得税187.44亿元，土地增值税等254.21亿元；（2）非税收入246.79亿元，其中政府性基金转列一般公共预算收入126.63亿元。

2017年省级一般公共预算收入2555.12亿元，加上中央税收返还和转移支付以及下级上解收入等，2017年省级一般公共预算总收入4528.34亿元。具体构成如下：（1）省本级一般公共预算收入2555.12亿元；（2）中央补助收入1167.17亿元；（3）下级上解收入432.07亿元；（4）调入资金373.99亿元，其中，预算稳定调节基金调入357.55亿元、国有资本经营预算和政府性基金预算调入16.44亿元。

2. 省级支出预算安排

2017年省级一般公共预算总支出安排4528.34亿元，比2015年预算增长20.7%，收支平衡。

按预算级次划分：（1）省本级支出1156.48亿元，占25.5%，比2015年预算（下同）下降0.8个百分点；（2）补助市县支出3121.66亿元（不含新增地方政府债券），占68.9%，比2015年提高0.7个百分点；（3）上解中央支出180.25亿元，占4%；（4）预备费24亿元，占总支出的0.5%，占本级支出的2.1%，符合预算法规定比例；（5）援助其他地区支出20.04亿元，占0.4%；（6）债务还本和债务付息资金25.91亿元，占0.6%。

按支出科目划分：教育支出（含省本级支出和转移支付，下同）541.45亿元（含动用上年结转资金59.56亿元），比2015年预算（下同）增长13.2%；科学技术支出156.98亿元，增长30.4%；文化体育与传媒支出41.72亿元（含动用上年结转资金1.04亿元），增长33.5%；社会保障和就业支出322.14亿元（含动用上年结转资金40.7亿元），增长46.2%；医疗卫生与计划生育支出432.73亿元（含动用上年结转资金10.18亿元），增长65%；节能环保支出44.12亿元（含动用上年结转资金0.17亿元），增长36%；农林水支出301.6亿元（含动用上年结转资金38.13亿元），增长38.9%；交通运输支出344.32亿元（含动用上年结转资金96.17亿元），增长42.9%。

2017年省级行政事业单位行政经费191.6亿元，占省级总支出的4.2%。其中：“三公经费”6.75亿元，比2015年减少0.54亿元，下降7.4%，占省级总支出的0.15%，占比比2015年下降0.04个百分点。具体是：因公出国（境）支出0.99亿元、公务用车购置及运行维护支出4.2亿元、公务接待费支出1.56亿元。

2017年省对市县税收返还和转移支付3121.66亿元，增长22.1%。其中，一般性转移支付1395.31亿元，剔除按照财政部规定调整支出功能科目设置的因素后，可比增长15.1%，占转移支付支出比重为64%；专项转移支付1024.01亿元，可比增长24.1%。专项转移支付增幅高于一般性转移支付的主要原因是2017年大幅增加基层医疗卫生服务能力建设专项转移支付资金。

2017年省级预算支出中用于保障和改善民生、均衡区域基本公共服务水平和帮助市县增强发展后劲的支出超过3700亿元，占省级总支出的82%，比2015年提高0.5个百分点。省级支出安排体现了区域协调、促进转型、民生优先、厉行节约的要求。

2017年省级一般公共预算总支出4528.34亿元中，按照预算法规定，2017年预算年度开始后、预算草案经批准前，预安排必须支付的部门基本支出、项目支出98.42亿元，以及对市县转移支付270.55亿元，合计368.97亿元。

3. 2017年省级一般公共预算重点支出安排情况

2017年省级一般公共预算总支出4528.34亿元中，按照“突出重点、厉行节约”的原则，围绕“稳增长、促改革、调结构、惠民生、防风险”等中心工作，重点支持深化供给侧结构性改革和实体经济发展等稳增长措施，优先保障补齐全面建成小康社会短板等重点支出需求。一是安排稳增长、调结构相关资金约3175.26亿元（含动用上年结转资金257.1亿元），比2015年增加580.37亿元，增长22.4%，用于支持推进供给侧结构性改革攻坚、实施创新驱动发展战略、持续扩大有效投资、支持实体经济提质增效、重点基础设施建设等。其中，用于高速公路等交通基础设施建设441.2亿元，实施创新驱动发展战略236.54亿元。二是安排率先全面建成小康社会相关资金2125.78亿元（含动用上年结转资金111.58亿元），比2015年增加423.22亿元，增长24.9%，支持2017年基本补齐全面建成小康社会短板指标，为2018年率先全面建成小康社会打下基础。安排财政投入可产生直接推动作用的10项指标项目资金667.62亿元，其中用于补齐人均公共文化财政支出短板指标40.8亿元；安排财政投入可产生间接拉动效应的23项指标项目资金1978.35亿元（稳增长、促小康两类资金有个别跨领域项目交叉统计）。

按重点支出领域划分，主要包括：

（1）支持实体经济发展和促进科技创新。安排261.99亿元，增长40%。一是助推实体经济提质增效，促进实体经济持续健康发展。实施民营经济大发展若干政策措施，安排2.5亿元，鼓励引导民间资本参与重点项目建设；帮助缓解中小微企业融资难、融资贵问题，安排促进中小微企业发展资金2.5亿元，落实信贷风险补偿金、融资政策性担保等政策；培育大型骨干企业，安排支持企业技术改造及转型升级资金23.82亿元，改造提升传统产业；支持现代产业体系建设，安排支持珠江西岸先进装备制造业发展资金45.34亿元等，引导装备制造产业高端化。二是推动创新驱动发展战略，支持科技创新。加快科技创新平台体系建设，投入支持基础研究类资金78.42亿元，如安排推进省实验室建设，推进双一流高校建设、高水平大学建设、高水平理工大学建设和省市共建11所地方高校等相关资金33亿元，安排培养和引进人才相关资金11.89亿元等；加强关键核心技术攻关和成果转化，投入支持应用型科技研发和重大科技成果产业化类资金18.26亿元，如注资重大科技成果产业化基金6.1亿元等，重点支持战略性新兴产业发展；培育壮大高新技术企业，投入支持企业技术创新类资金93.65亿元，如安排高新技术企业培育资金24.1亿元、安排企业技术创新扶持资金40.46亿元等，引导企业加大研发投入。

（2）支持教育发展。安排541.45亿元（含动用上年结转资金59.56亿元），增长13.2%。完善全省义务教育保障机制，安排义务教育相关补助经费143亿元，将省以上财政负担比例提高到50%以上；义务教育寄宿制公办学校公用经费补助从农村扩大到城市，补助标准从每生每年200元提高到250元，增长25%；城乡义务教育家庭经济困难寄宿生，生活费补助从小学每生每年500元提高到1000元、初中每生每年750元提高到1250元。安排教师相关补助经费32亿元，继续落实教师工资“两相当”政策，将山区和农村边远地区学校教师生活补助标准提高到每月人均不低于900元。安排16亿元，支持欠发达地区推进教育城乡一体化、义务教育补短板和提升教育信息化水平等基础教育现代化工作。加快健全现代职业教育体系，安排职业院校生均经费20.1亿元，将省属公办高职院校的生均综合定额标准提高到每年7000元，按照财政部计算生均财政拨款水平的统计口径，全省2017年高职生均水平已基本达到财政部要求的每生每年12000元，加快建立中等职业学校生均拨款制度。推进高等教育内涵提升，安排普通本科高校生均经费84亿元。安排1亿元，全面开展普通高校本专科生和研究生生源地信用助学贷款工作。安排学生资助相关经费44.5亿元，用于涵盖学前到研究生阶段家庭经济困难学生免学费和生活费补助，将建档立卡贫困户子女每人每学年生活费补助标准从小学500元、初中750元提高到小学和初中均3000元；高中和中职（含技工）从2000元提高到5000元（含国家助学金）；高等专科从3000元提高到10000元（含国家助学金）；免学费补助标准高中2500元，中职（含技工）3500元，高等专科5000元。

（3）加强社会保障和就业。安排322.14亿元（含动用上年结转资金40.7亿元），增长46.2%。进一步提高六类底线民生项目补助标准，确保全省底线民生保障达到全国平均水平以上。安排城乡居民基本养老保险补助70.77亿元（含动用上年结转资金10.25亿元），将基础养老金标准提高至每人每月120元；安排城乡医疗救助资金24.39亿元，将全省医疗救助住院补助平均标准提高到每人每年2828元，增长30%；组织设立本级疾病应急救助基金，用于救助急重危伤病患者；安排最低生活保障补助45.82亿元，将全省城镇、农村低保人均补差水平分别提高到每月457元和206元；安排农村特困人员救助（五保供养）资金11.89亿元，将全省农村特困人员救助供养平均标准提高到每人每年8088元以上，增长25%；安排孤儿基本生活补助资金3.69亿元，将集中供养孤儿和分散供养孤儿基本生活补助标准分别提高至每人每月1450元、880元；安排残疾人两项补贴9.23亿元，将困难残疾人生活补贴每人每年提高到1800元，增长50%，重度残疾人护理补贴每人每年提高到2400元，增长33%；安排3.55亿元，实施养老床位建设奖补，引导社会资本和市县政府投资建设养老床位。安排就业及技工教育资金21.34亿元，用于落实各项创业和就业扶持政策，重点支持中国（广东）创业孵化（实训）基地和10个省级示范性创业孵化基地建设，加强技工教育建设，支持劳动力技能晋升培训、扶持10万名就业困难人员实现就业。

（4）发展医疗卫生事业。安排432.73亿元（含动用上年结转资金10.18亿元），增长65%。支持加强基层医疗卫生服务能力建设，省级财政2017年新增安排80亿元，2017—2019年安排309亿元（全省各级财政3年共安排465亿元），用于支持实施县级以下医疗卫生机构硬件设施建设和基层卫生人才队伍建设等两大类16个项目，重点支持45家中心卫生院、18家县级中医医院升级改造；开展普通乡镇卫生院（社区卫生服务中心）、村卫生站标准化建设；将山区、农村边远地区乡镇卫生院医务人员岗位津贴补助标准提高到每月800元，增长60%；将村卫生站医生补助标准提高到每村每年2万元，增长100%；新增基层医疗卫生机构全科医生特设岗位补助，每岗每年补助6万元；加强全科医生和儿科医生培训力度，为欠发达地区引进、培训5000名医务人员；启动省级全民健康信息综合管理平台建设，推进基层医疗卫生机构管理信息系统和远程医疗平台建设。加大城乡居民基本医疗保险投入力度，安排202亿元，将城乡居民基本医疗保险补助标准提高到年人均不低于450元。安排基本公共卫生服务补助资金14.14亿元，将人均经费标准提高到每人每年不低于50元。安排孕前优生健康检查和出生缺陷综合防控经费5.4亿元，大幅减免孕产妇和新生儿疾病筛查费用，提高出生人口素质。新增安排妇女“两癌”免费检查项目经费0.53亿元，扩大农村妇女“两癌”免费筛查覆盖面。

（5）加强节能环保。安排44.12亿元（含动用上年结转资金0.17亿元），增长36%，加上其他生态保护相关支出，共安排114.51亿元。安排农村垃圾处理资金4.82亿元，进一步完善全省农村生活垃圾基础设施；安排环境整治专项资金19.68亿元，重点支持水质保护、大气污染治理、土壤污染防治、农村环境综合整治、重金属污染治理、环境监管能力建设等方面；安排江西广东东江流域上下游横向生态补偿资金1亿元、福建广东汀江（韩江）流域水环境补偿资金1亿元，试点实施跨地区生态保护补偿；安排生态保护补偿机制转移支付资金25.18亿元，对全省重点生态功能区进行奖补，引导地方加强生态环境保护；加大对生态公益林补偿的投入力度，省级财政安排生态公益林补偿资金16.98亿元，将补偿标准提高到平均每亩28元；安排2.2亿元加强地质灾害防治、地质遗迹保护和省级矿山地质环境恢复治理。

（6）支持“三农”发展。安排301.6亿元（含动用上年结转资金38.12亿元），增长38.9%。安排新时期精准扶贫精准脱贫三年攻坚资金81.3亿元，扶持有劳动能力贫困人口发展产业脱贫致富和无劳动能力贫困人口纳入低保兜底范围，做到应保尽保；支持7.9万户农村贫困户实施危房改造，对分散供养五保户补助标准由每户2万元提高到每户3.4万元，增长70%，对建档立卡相对贫困户补助标准由每户2万元提高到每户4万元，增长100%。安排水利建设与改革发展专项资金63.2亿元，加强中型灌区节水配套改造、中小河流整治、大中型病险水闸除险加固。安排9.3亿元，实施农业综合开发高标准农田建设和推进产业化发展，打造具有区域优势和特色的现代农业体系，提高农业综合生产能力。安排18.81亿元，加强新农村示范片和美丽乡村建设，改善欠发达地区农村生产生活条件。安排0.6亿元，支持林下经济和特色经济林示范项目建设，带动山区群众增收致富。安排3.6亿元，扶持农村集体经济发展试点。安排扶贫及基层组织保障资金和村务监督委员会补贴19亿元，提高贫困村公用经费、在职村干部和村务监督委员补助标准。安排11.23亿元，用于提高欠发达地区约27.8万名离任村干部生活补助。

（7）加大公共安全保障力度。安排268.3亿元（含动用上年结转资金0.5亿元），增长15.8%。安排4.43亿元，开展“互联网+车辆管理”民生服务工程建设，提升防范打击涉车犯罪水平，推进1000个行政村农村交通安全劝导站建设。安排1.08亿元，开展电信网络有害信息和电信网络诈骗防范工作。安排0.27亿元，推进社区戒毒康复工作，确保试点镇区戒毒康复人员执行率不低于80%。安排0.25亿元，支持欠发达地区提高2.2万名社区服刑人员的社区矫正质量。安排0.7亿元，支持建设8个矿山、危化品应急救援基地。安排1.5亿元，支持省质检站和产业计量测试中心建设及更新设备、提升能力。安排食品药品安全专项资金4.18亿元，用于省级和粤东西北地区食品药品执法装备购置、技术支撑体系建设、不良反应监测体系建设、食品药品抽检、食用农产品快检等。安排0.54亿元，为全省15个地级市消防支队和7个区域性战勤保障中心配备大功率消防灭火机器人和消防无人机等特种消防装备。

(8) 支持区域协调发展。安排税收返还和转移支付资金3121.66亿元，增长22.1%。安排2328亿元，促进粤东西北振兴发展，重点推进粤东西北地区振兴发展“三大抓手”项目建设，安排441.2亿元，全力支持高速公路、铁路、城际轨道、航运等交通基础设施建设。安排12.5亿元，支持推进珠三角与粤东西北产业共建，支持产业梯度转移，强化产业跨区域对接和共建共享；安排6.14亿元，支持粤东西北地区产业园扩能增效；安排21亿元，推动粤东西北地区新区和中心城区扩容提质；安排激励性转移支付318.05亿元，对实现协调发展的县（市）予以适当奖励，充分调动欠发达地区的发展积极性；安排县级基本财力保障资金140.88亿元，保障基层政府提供基本公共服务的财力需要；安排财力薄弱镇（乡）困难补助15.62亿元，将补助标准提高到平均每镇200万元；安排农业转移人口市民化奖励资金12.15亿元，逐步使农业转移人口与当地户籍人口享受同等基本公共服务。安排76.1亿元，支持横琴新区、南沙新区等重大平台开发，推进珠三角国家自主创新示范区和全面创新改革试验省建设，带动全省一体化发展。

(9) 重点落实好十件民生实事财政保障。安排967.52亿元，增长11%，占一般公共预算支出的21.4%，比2015年增加95.9亿元。具体项目包括：一是安排155.03亿元巩固提升底线民生保障水平。二是安排85.7亿元加大扶贫济困力度。三是安排220.37亿元提高教育保障和发展水平。四是安排314.95亿元提高基层医疗卫生保障水平。五是安排20.85亿元促进就业和创业。六是安排91.71亿元改善欠发达地区群众生产生活条件。七是安排70.76亿元加强污染治理与生态保护。八是安排39.15亿元提高防灾减灾能力。九是安排35.69亿元提高基层基本公共服务水平。十是安排14.6亿元加大公共安全保障力度等。全省各级财政共安排十件民生实事相关资金2346.2亿元，占全省一般公共预算支出的17.1%，比2015年增加230.2亿元，增长10.9%。

（三）2017年政府性基金预算草案

根据财政部有关规定，纳入2017年政府性基金预算编制的资金项目比2016年减少3项：一是将散装水泥专项资金并入新型墙体材料专项资金，停止向水泥生产企业征收散装水泥专项资金；二是将省级大中型水库库区基金、小型水库移民扶持基金合并为地方水库移民扶持基金；三是将新增建设用地土地有偿使用费转列一般公共预算并统筹使用。

1. 全省政府性基金预算

2017年全省政府性基金收入3433.95亿元，下降10.9%；支出3231.61亿元，下降6.9%。收支下降的主要原因是2016年土地出让收入基数较高，实行房地产调控政策后，2017年收入预计有所回落，支出相应减少。2017年全省政府性基金预算收入主要项目有：国有土地使用权出让收入3081.05亿元、城市基础设施配套费80.07亿元、彩票公益金41.97亿元、车辆通行费22.32亿元。

2. 省级政府性基金预算

2017年省级政府性基金预算收入48.55亿元，剔除将新增建设用地土地有偿使用费50亿元转列一般公共预算等因素后，下降12.7%，主要原因是2017年取消年票制，车辆通行费大幅下降。加上中央转移支付29.97亿元、调入资金6.35亿元（历年结存的彩票销售机构的业务费用专户资金），省级政府性基金预算总收入84.87亿元。

2017年省级政府性基金预算总支出84.87亿元，可比增长7.9%。其中，省本级支出43.31亿元，市县转移支付33.13亿元，调出资金（一般公共预算）8.44亿元。

2017年省级政府性基金预算收入主要项目有：地方水库移民基金2.22亿元、农业土地开发资金3亿元、车辆通行费13.3亿元、港口建设费16.48亿元、彩票销售机构的业务费用17.17亿元、彩票公益金15.67亿元、国家电影事业发展专项资金2.69亿元、大中型水库后期扶持基金12.96亿元、民航发展基金1.38亿元。

（四）2017年国有资本经营预算草案

1. 全省国有资本经营预算

2017年全省国有资本经营预算收入118.48亿元，下降33.8%。其中：利润收入79.15亿元，股利股息收入30.57亿元，产权转让收入2.04亿元、其他收入6.73亿元，加上上年结转18.87亿元后，收入总计137.36亿元，下降29.6%。收入下降的主要原因是2016年国有企业一次性上缴的收益和分红收入等因素约60亿元抬高了基数。

2017年全省国有资本经营预算支出137.36亿元，下降29.6%，主要原因是支出随收入减少。主要支出项目包括：解决历史遗留问题及改革成本支出16.23亿元、国有企业资本金注入63.46亿元、国有企业政策性补贴10.32亿元、其他国有资本经营预算支出10.92亿元、调出资金（一般公共预算）36.42亿元。

2. 省级国有资本经营预算

2017年省级国有资本经营预算收入24.76亿元，增长55.5%。其中，利润收入15.96亿元、股利股息收入8.8亿元。收入增长的主要原因：一是2017年将省级国资收益利润上缴比例从20%提高到25%，增加上缴收益3亿元；二是省属企业利润有所增长，增加上缴收益；三是省属企业股利股息增加1.7亿元；四是新增9户企业纳入国有资本经营预算管理，增加收益0.8亿元。

2017年省级国有资本经营预算支出24.76亿元，增长55.5%，收支平衡。省级国有资本经营预算支出主要用于解决省属企业关闭破产、出清省属国有“僵尸企业”、“三供一业”分离移交、棚户区改造等国有企业改革历史遗留问题及改革成本支出，支持企业改革发展、国有资产监管费用等。按支出科目分：一是国有资本经营预算支出16.75亿元，主要包括解决历史遗留问题及改革成本支出8.79亿元、国有企业政策性补贴6.5亿元、其他国有资本经营预算支出1.46亿元。二是调出资金（一般公共预算）8.01亿元，占当年预算支出的32.3%，统筹用于社会保障、教育等民生支出。

（五）2017年社会保险基金预算安排情况

1.全省社会保险基金预算

2017年全省社会保险基金预算收入6422.79亿元，增长33.2%；全省社会保险基金预算支出4721.26亿元，增长40.5%。根据社会保险基金预算坚持统筹兼顾、收支平衡的原则，2017年全省社会保险基金预算收支结余1701.53亿元，年末滚存结余12634.87亿元。

2.省级社会保险基金预算

2017年省级社会保险基金预算收入588.02亿元，增长70.9%，增幅较大的主要原因是2017年启动实施省级机关事业单位基本养老保险改革，以前年度收入合并在2017年反映。其中：企业职工基本养老保险收入424.6亿元，增长29.4%；失业保险收入2.99亿元，下降32.4%，主要原因是落实供给侧结构性改革，降低企业负担比例，费率从2%下调至1%；工伤保险收入4.59亿元，下降2.1%，主要原因是落实供给侧结构性改革，全省平均费率从0.63%下调至0.43%；机关事业单位基本养老保险收入155.84亿元，主要为2017年新增收入。

2017年省级社会保险基金预算支出531.51亿元，增长58.5%。其中：企业职工基本养老保险支出358.88亿元，增长8.9%；失业保险基金支出0.21亿元，与2016年持平；工伤保险支出3.23亿元，增长10%；机关事业单位养老保险支出169.19亿元，主要为2017年新增支出。

2017年省级社会保险基金预算收支结余56.51亿元，年末滚存结余651.27亿元，其中：企业职工基本养老保险结余556.46亿元，失业保险结余23.16亿元，工伤保险结余36.46亿元，机关事业单位基本养老保险结余35.19亿元。

（六）2017年地方政府债务情况

按照预算法规定，全省将严格在当年政府债务限额内举借债务。其中，2017年政府债务限额将待2017年全国人大审议通过下达各省后另行向省人大常委会报告。2017年全省新增债务收入待限额下达后，相应编制预算调整报告提交省人大常委会审议。2017年全省政府存量债务还本付息257.97亿元，其中，一般公共预算还本支出60.1亿元，付息支出106.86亿元；政府性基金预算还本支出23.85亿元，付息支出67.16亿元。

（七）2017年部门预算安排情况

2017年省级部门预算由403个部门组成，列入部门预算的财政拨款支出569.3亿元，其中，一般公共预算拨款支出551.78亿元；政府性基金预算拨款支出17.52亿元。与2016年省级部门预算相比，主要的变动因素有：一是进一步推进项目库改革，提前将项目支出明确具体支出用途、金额，落实到具体实施部门；二是根据国家和省统一调资政策，调整完善行政事业单位人员基本支出定员定额标准，增加正常的人员职务晋升等支出；三是参照中央做法，省级部门预算除基本支出和必保项目外，其余一般性项目支出按不低于5%压减。

（八）2017年预算编制的改革举措

一是提高预算编制的前瞻性。建立健全跨年度预算平衡机制，深化中期财政规划编制改革，更加重视财政支出政策论证，提高预算编制的前瞻性。全面实施财政资金项目库管理，形成“项目跟着规划走”的互动机制；实施项目全周期滚动管理，预留充足的项目申报、论证、立项时间，打好提前量，及早制定项目建设的具体路线图、时间表以及资金使用计划，将过去预算执行中的二次分配回归到预算编制环节，将支出确定由“当年安排当年工作”向“当年研究下年工作”转变。

二是提高预算编制的准确性。合理研判财政收入趋势，充分评估宏观经济形势及中央减税清费、全面推开营改增试点、调整收入划分体制等政策性因素带来的影响，合理确定收入增幅。编准编实年初预算，全面铺开零基预算改革，在2015年6个、2016年20个试点单位的基础上，推开至全部403个省级一级预算单位；分性质、级别、岗位制订15类、46档人员经费定员定额标准；修订差别化的公用经费定额标准，核减超标准经费；实行“一个部门一个专项”，专项资金压减到51项，不再固化安排“子专项”，在总控制数下统筹安排用于事业发展最重要、最迫切需要的支出。完善预算编制与预算执行挂钩机制，压减进度慢、绩效不佳、结转结余大的项目支出，将跨年度支出从“一次安排、分年执行”向“一年一定、据实安排”转变。

三是提高预算编制的约束性。不折不扣落实各项税收优惠政策和涉企行政事业性收费减免政策，积极应对全面推开营改增试点带来的减收压力，加大力度开源节流。强化支出预算控制，加强部门预算总量约束，各部门严格在预算控制额度下编制预算。坚持厉行节约，党政机关带头“过紧日子”，实行最严格的支出控制，严格控制“三公”经费等一般性支出。改革支出经济分类科目编制，清晰反映政府对行政单位、事业单位、企业、个人补助和政府资本性支出。以“预算控制”为突破口，将政府预算经济分类作为部门经费来源和申请款项的约束性科目，倒逼部门规范预算编制，强化预算约束，减少预算调剂。

四是提高预算编制的统筹性。加大政府预算体系的统筹力度，综合统筹一般公共预算、政府性基金预算、国有资本经营预算等各项财力来源，按照国家规定将新增建设用地土地有偿使用费等基金转列一般公共预算并统筹使用，将继续保留在政府性基金预算可安排用于医疗救助金、残疾人补贴、养老服务等民生支出8.44亿元调入一般公共预算统筹使用；取消排污费、水资源费等以收定支、专款专用的规定，根据事业发展需要统筹安排；将国有资本经营预算8亿元调入一般公共预算统筹使用。加大存量资金与增量资金的统筹力度，优先从存量资金调剂解决新增支出需求，确有不足的再新增预算。进一步完善转移支付制度，统筹资金提高一般性转移支付比例，增强市县可统筹财力。

五是提高预算编制的有效性。注重财政资金使用绩效，积极筹集财政资金，优化财政支出结构，做好增加有效投资和补短板工作。重点投入关键领域、薄弱环节，把钱真正用到“刀刃”上，确保尽快形成实物工作量。加大对稳增长、创新驱动发展、珠三角与粤东西北产业共建、加强基层医疗卫生服务能力建设等财政支持力度；落实高速公路、城际轨道、机场、港口等重大交通基础设施建设以及产业转移园区扩能增效、中心城区扩容提质等“三大抓手”项目资金保障；切实保障民生支出，落实十件民生实事，突出支持推进新时期精准扶贫精准脱贫三年攻坚计划，补齐扶贫开发短板。继续加大教育、科学技术、社会保障和就业、医疗卫生与计划生育、节能环保、农林水等重点支出投入力度。

六是提高预算资金的放大性。创新经营性财政资金投入方式，切实改变“凡事都只靠财政、不靠市场”的思想观念，确保“有人负责、放大效应、持续运用”，发挥财政资金杠杆作用和放大效应。推进经营性财政资金股权投资改革，引入专业化管理机构和市场化决策机制，财政资金投资形成股权，引导社会资本投向重点产业和设施建设领域；用好用活财政出资的政策性基金，规范基金设立与管理，充分发挥基金的引领和扶持作用，引导社会资本参与基础设施建设、产业结构调整和转型升级；大力推广运用政府和社会资本合作（PPP）模式，创新公共服务供给机制，鼓励社会资本进入能源、交通运输、水利、环境保护、保障性安居工程等公共服务领域，增加公共产品和公共服务有效供给；综合运用贷款贴息、信贷风险补偿、农业融资担保等市场化措施，带动银行贷款和民间资本投入，发挥财政资金的放大效应。

三、完成2017年预算目标主要措施

2017年，我们将围绕上述预算安排，主动适应经济发展新常态，着力深化财税体制改革，推动供给侧结构性改革，支持创新驱动发展战略，加强民生保障，促进全省经济平稳健康发展，努力完成全年预算目标。

（一）突出平稳运行，规范财政收支管理

收入方面，加强对全省宏观经济运行的研究分析，合理预判宏观经济发展趋势和财政收支运行态势；加强收入动态监测预警，增强工作的前瞻性。支出方面，调整优化支出结构，抓好大额项目和涉及民生保障、经济发展的重点项目支出，体现“雪中送炭”、量力而行；建立完善财政支出督查、预警、协调机制，经常性开展财政支出监督检查；加大力度开源节流，树立“过紧日子”的意识，实行最严格的支出控制，压缩一般性支出和“三公”经费支出。高度关注财政收支平衡的可持续性问题，加强趋势性研究分析，强化地方政府债务管理，规避和防范财政运行风险，及时协调和帮助欠发达地区市县解决收支运行中的问题。

（二）突出服务大局，完善财政政策措施

认真落实和进一步完善稳增长财政政策措施，支持实体经济提质增效，推动全省经济保持中高速增长。推进供给侧结构性改革攻坚，重点做好降成本行动计划牵头组织实施工作，出台实施细则，完善全省供给侧结构性改革财政方面配套政策。支持结构调整和转型升级，推动加快构建产业新体系、培育新的发展动能。完善内外贸促进政策，培育贸易竞争与国际合作竞争新优势，推进口岸和通关便利建设，重点支持自贸区创新发展、“一带一路”建设、外经贸转型升级、深化区域合作等工作。支持节能减排，推进生态文明建设。

（三）突出重点环节，推动深入实施创新驱动发展

加大对国家科技产业创新中心、珠三角国家自主创新示范区和全面创新改革试点省等三大引领性工程建设的财政支持力度，支持省市共建本科高校和重点学科建设以及科技创新平台建设。改革科研项目经费管理，实施省级财政科研项目经费管理办法，扩大科研经费使用的自主权。开展创新产品政府采

购试点工作，支持实施创新人才工程，鼓励和支持企业开展专利导航、产业支持产权联盟等工作。

（四）突出共建共享，协调城乡区域发展

落实粤东西北地区振兴发展“三大抓手”相关财政政策措施，加大省级转移支付力度，提高粤东西北地区基本公共服务水平，支持珠三角与粤东西北产业共建，构建粤东西北创新型经济体系框架。支持进一步优化珠三角地区生产力布局，推动珠三角地区优化发展。健全县级基本财力保障机制，支持县域绿色生态发展，探索建立财政转移支付与农业转移人口市民化挂钩机制，推进城镇基本公共服务常住人口全覆盖。支持农业农村发展，推动现代农业发展基金和省农业担保公司尽快发挥作用，扩大巨灾保险试点范围。

（五）突出改善民生，推进民生事业发展

加大民生投入，突出保障涉及人民群众切身利益的领域，增强群众获得感和幸福感。修编实施《广东省基本公共服务均等化规划纲要(2009—2020年)》，扎实推进基本公共服务均等化。集中力量推进十件民生实事，精准聚焦全面建成小康社会补短板指标，落实资金保障，及时拨付资金，加强监督管理。支持推进脱贫攻坚，投入81.3亿元推动完成年度60万相对贫困人口脱贫目标。支持多渠道增加居民收入，配合研究制定增加全省居民收入近期可实施的具体措施。加大困难弱势群体帮扶力度，兜住民生底线，促进社会和谐。

（六）突出改革创新，加快建设现代财政制度

加大财力统筹力度，建立健全集中财力办大事的体制机制。加快推进省以下财政事权和支出责任划分改革，从制度层面理清省、市、县支出责任，克服省级财政大包大揽问题，选取民政、社保等领域开展先行先试。深化预算管理制度改革，进一步推进零基预算、项目库管理、中期财政规划管理等各项改革，加强政府预算体系之间的统筹衔接，强化财政支出管理。推进财政投入机制改革，民生、社会领域投入实现社会得益、群众受惠，经营性领域投入注重财政资金引导放大效应。推广PPP模式，完善政策性基金管理，按照国家的统一部署和要求制定国有金融资本管理制度实施意见。落实推进各项税制改革，继续实施减税降费政策。

（七）突出规范管理，严肃财经纪律

加强财政监督，重点加大对财政专项资金、一般性转移支付资金和会议费及“三公”经费的检查力度。加强绩效评价管理，完善预算绩效管理办法，强化评价结果应用。完善财政投资审核工作程序，推进审核监督关口前移，进一步提高审核工作效率。深化政府采购管理制度改革，提升政府采购效率。制订实施阳光政务建设工作方案，深入推进各级财政信息公开工作。深化会计管理改革，维护财经秩序。

关于广东省2016年省级决算草案的报告

——2017年7月25日在广东省第十二届人民代表大会常务委员会第三十四会议上（节选）

广东省财政厅厅长　戴运龙

一、2016年省级一般公共预算收支决算情况

2016年，省本级一般公共预算收入完成2475.64亿元，比2015年（下同）增加512.35亿元，剔除营改增体制调整因素后可比增长13.6%，完成预算的105.9%。加上中央补助收入1359.36亿元、市县上解收入653.74亿元、发行地方政府债券收入1588.87亿元、上年结转收入297.21亿元、国债转贷资金上年结余0.19亿元、调入资金165.95亿元，省级一般公共预算总收入完成6540.96亿元。

2016年，省级一般公共预算总支出完成6207.03亿元，增加322.08亿元，同比增长5.5%。其中，省本级支出897.57亿元，对市县税收返还、转移支付及一般债券转贷支出4721.71亿元，上解中央支出148.89亿元，调出资金386.84亿元，地方政府债务还本51.8亿元，国债转贷支出及结余0.19亿元，待偿债置换一般债券结余0.02亿元。

收支相抵，2016年省级一般公共预算结转333.93亿元，全部按规定结转下年继续安排，净结余为0。

（一）收入决算情况

1. 省本级一般公共预算收入完成2475.64亿元，各主要项目完成情况如下：

增值税和营业税合计完成1311.31亿元，完成预算的104.2%，剔除营改增体制调整因素后可比增长9.1%。

企业所得税完成511.19亿元，完成预算的99.4%，同比增长10.5%，增速较为平稳。

个人所得税完成166.68亿元，完成预算的102.3%，同比增长16.5%。增幅较大的原因主要是上市公司限售股转让解禁，带动个人所得税收入增长。

土地增值税等税收完成231.09亿元，完成预算的107%，同比增长19.8%。增幅较大主要是受"去库存"效应影响，全省商品房及土地交易活跃，带动相关税收增长。

非税收入完成255.37亿元，完成预算的137.7%，同比增长43.1%。非税收入增幅较大的主要原因：一是市县法院、检察院上划省级，有关非税收入随之划转；二是个别市一次性上缴以前年度累计从土地出让收益中计提的教育和农田水利建设资金。剔除上述两项影响后，非税收入可比增长5%，其中，行政事业性收费收入可比下降1.1%。

2. 中央补助收入1359.36亿元，减少55.31亿元，同比下降3.9%，完成预算的121.1%。同比下降的主要原因是：中央税收返还减少。超预算的主要原因是：预算执行过程中财政部对我省增加一般性转移支付及其他专项补助。

3. 市县上解收入653.74亿元，增加222.47亿元，同比增长51.6%，完成预算的140.6%。超预算的主要原因是：所在市与省直管县之间的补助款项增加，按现行体制增加结算列收列支；深圳市上解增加。

4. 发行地方政府债券收入1588.87亿元，其中新增一般债券收入322.9亿元，置换一般债券收入1265.97亿元，此项收入由财政部年中下达，是2016年决算超出预算较多的主要原因。

5. 国债转贷资金上年结余0.19亿元。

6. 调入资金165.95亿元，主要是分别从政府性基金预算、国有资本经营预算调入至一般公共预算16.98亿元、5.85亿元，从预算稳定调节基金调入143.12亿元。

7. 上年结转收入297.21亿元。

（二）支出决算情况

省级一般公共预算总支出完成6207.03亿元，完成预算的140.6%，比上年增加322.1亿元，同比增长5.5%。超预算较多的主要原因是2016年年中按照财政部下达的额度发行置换一般债券资金1265.97亿元。在6207.03亿元中，省本级支出897.57亿元，占省级总支出的14.5%，占比较上年下降5.5个百分点；对市县税收返还、转移支付及债券转贷支出共4721.71亿元（相应形成市县财政收入，并由市县安排支出），占省级总支出的76.1%，占比较上年提高2.4个百分点；上解中央支出148.89亿元，占省级总支出的2.4%；调出资金386.84亿元，占省级总支出的6.2%；地方政府债务还本51.8亿元，占省级总支出的0.8%；国债转贷支出及结余0.19亿元；待偿债置换一般债券结余0.02亿元。其中：

1. 省本级支出897.57亿元，完成预算的83.2%，比上年减少278.5亿元，同比下降23.7%。未完成预算的主要原因是：按照"压本级、保基层"的要求，部分省本级支出转列转移支付，加大对欠发达地区转移支付力度，部分科目省本级自身的支出减少；但加上对市县转移支付后，各项重点支出均能完成预算。同比下降的主要原因是：2015年，通过发行地方政府债券新增安排交通基础设施建设等重点项目支出，以及设立并拨付21项政策性基金等抬高基数。

2016年省本级行政事业单位的出国（境）经费、车辆购置及运行费、公务接待费财政拨款决算数5.83亿元，与2015年基本持平。其中：出国（境）经费1.2亿元、车辆购置及运行费3.59亿元、公务接待费1.05亿元。

2. 省对市县税收返还、转移支付及一般债券转贷支出4721.71亿元，完成预算的153.1%，比上年增加386.51亿元，增长8.9%。超额完成预算的主要原因是年中按照财政部下达的额度发行置换一般债券资金，以及部分省本级支出转列转移支付，加大对欠发达地区转移支付力度。具体情况如下：税收返还638.29亿元，其中，增值税和消费税税收返还支出128.25亿元、所得

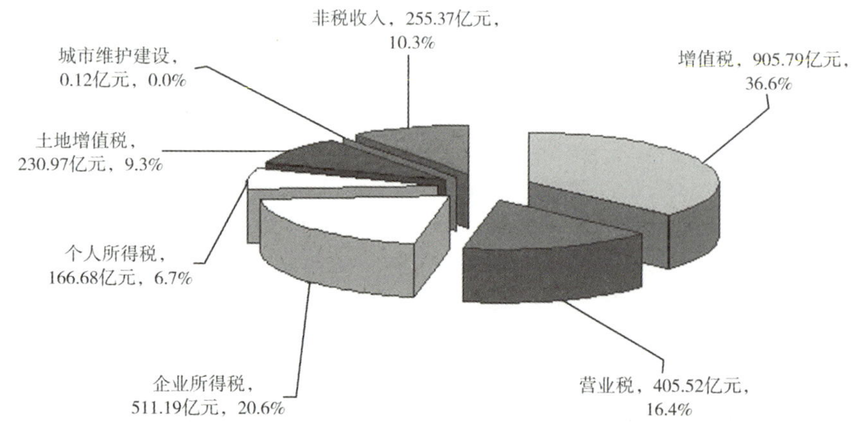

2016 年省本级一般公共预算收入结构

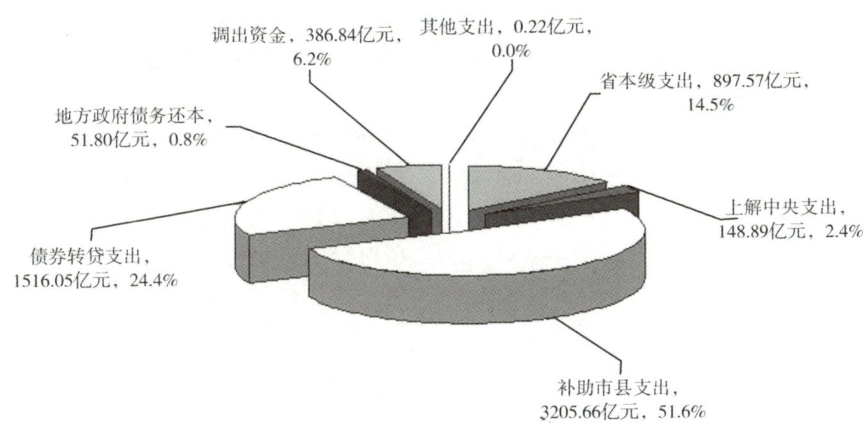

2016 年省级一般公共预算支出结构

税基数返还支出84.66亿元、成品油价格和税费改革税收返还支出55.73亿元、其他税收返还支出369.65亿元；一般性转移支付支出1626.38亿元，省对市县的一般性转移支付占转移支付的比重达到63.3%，其中，均衡性转移支付支出307.45亿元、县级基本财力保障机制奖补资金支出132.86亿元、义务教育转移支付支出229.77亿元、基本养老保险和低保等转移支付支出168.18亿元、新型农村合作医疗等转移支付支出222.82亿元；专项转移支付支出940.99亿元，其中，农林水事务支出266.39亿元、科学技术支出104.26亿元、交通运输支出78.53亿元、教育支出66.3亿元、节能环保支出59.2亿元、资源勘探信息等支出56.26亿元、社会保障和就业支出52.9亿元、医疗卫生与计划生育支出43.22亿元；一般债券转贷支出1516.05亿元，其中，新增一般债券转贷支出282.9亿元、置换一般债券转贷支出1233.15亿元。

3. 上解中央支出148.89亿元，减少4.57亿元，降低3%。

4. 调出资金386.84亿元，主要是根据预算法规定，补充预算稳定调节基金用于弥补以后年度预算缺口。

（三）重点支出项目执行情况及效果

2016年，我省不断优化财政支出结构，加快财政支出进度，实施更加积极有力的财政政策，支持稳增长、调结构、惠民生各项事业发展。省财政用于教育、文化体育与传媒、社会保障和就业、医疗卫生、节能环保、城乡社区事务、农林水事务、交通运输、住房保障支出、粮油物资储备等方面的民生支出（含省本级支出和转移支付）共1845.23亿元，加上对市县税收返还、其他一般性转移支付和一般债券转贷支出后，2016年省财政用于改善民生、提供基本公共服务以及均衡区域基本公共服务水平、帮助市县增强发展后劲的支出共达4996.44亿元，占省级总支出的80.5%，占比较上年提高1.5个百分点，较好地保障了各项重点支出需要。

1. 加大强农惠农富农政策支持力度，促进农业稳定发展。一是支持农业发展，拨付资金114.36亿元（含一般性转移支付资金8.76亿元），完成预算的103.5%（超额完成预算的主要原因是中央追加下达现代农业生产发展资金、渔业装备设施建设资金等），增长12%。拨付15.33亿元，继续对欠发达地区行政村农村基层组织工作经费给予补助，将村干部补贴提高到每月不低于2200元，村级组织办公经费补助提高到每村6万元/年。拨付新农村连片示范工程建设资金14亿元，支持我省欠发达地区新农村示范片建设。拨付基本农田保护经济补偿省级补助资金11.19亿元，建立健全基本农田保护长效机制，力促耕地保护工作取得实效。拨付村级公益事业一事一议财政奖补资金6.7亿元，支持农村公益基础设施建设。拨付1.2亿元，支持农业建设与改革，推动农业“一二三产业”融合发展、农业成果展示交流与推广，促进农业升级发展。拨付3.2亿元，继续深入推进省级农业示范区建设，加快农业产业化发展步伐。拨付1.5亿元，加强农业经营主体培育，支持培育龙头企业、合作社、家庭农场、种养大户等经营主体。拨付1.66亿元，按照16764个村、每村补贴3人、每人每月补贴275元的标准，继续对村务监督委员会委员给予补助。

二是支持林业生态发展，拨付资金51.41亿元（含一般性转移支付资金17.71亿元），完成预算的117%（超额完成预算的主要原因是中央追加下达国有林场改革、森林抚育补贴等专项补助资金等），增长15.1%。拨付16.1亿元，推进森林碳汇、生态景观林带、森林进城围城、乡村绿化美化等林业重点生态工程建设，支持林业科技创新、林业种苗、林木种苗生产示范基地、林业科技推广示范等项目，推进造林绿化工程。拨付11.99亿元，用于森林抚育、森林防火、病虫害防治、林火远程视频监控系统建设、森林公安补助、森林公园建设、自然保护区建设、天然林保护工程补助、护林员补助等。拨付0.3亿元支持集体林权制度改革、3.7亿元用于国有林场改革补助。

三是支持水利事业发展，拨付资金104.84亿元，完成预算的147.1%（超额完成预算的主要原因是中央追加下达重大水利工程、中小河流治理等基建投资资金），增长13.8%。主要是积极推进中小河流治理工程、海堤加固达标工程、练江流域水环境综合治理工程建设。支持韩江（高陂）水利枢纽工程、连山县德建水库等供水调水重点工程建设。支持韩江粤东灌区续建配套与节水改造工程、省河口水利工程实验室建设工程、飞来峡水利枢纽社岗防护堤除险加固工程、省水资源监控能力建设项目等省属重点水利工程建设。继续推进中央及省级财政小型农田水利重点县、省级水利建设示范县、村村通自来水工程示范县等示范项目工程建设。支持病险水库除险加固、中小型灌区续建配套和节水改造工程、农村中型及重点小型机电排灌工程等民生水利项目建设。支持珠三角水资源配置工程等重点工程开展前期准备工作。其中，拨付38.34亿元，积极推进纳入2016年省重点投资计划的水利项目建设。

2. 保障改善民生，增进民生福祉。一是支持教育优先发展，拨付资金521.7亿元（含一般性转移支付资金229.77亿元），完成预算的100%，增长12.1%。支持义务教育均衡优质标准化发展。进一步完善义务教育经费保障机制，分地区、分档次提高公用经费省财政分担比例，拨付109亿元落实城乡全面免费义务教育政策，做到不分户籍、不分公办和民办、统一标准安排，保障包括外来务工人员子女在内的学生实现免费义务教育；拨付10.4亿元用于落实免费教科书政策，保障“学前到书，人手一册”的政治任务顺利完成；拨付基础教育现代化资金13.2亿元，推进基础教育现代化建设。持续提升高等教育质量水平。拨付普通高校生均定额补助经费83.76亿元；大力支持我省高水平大学建设，拨付高水平大学建设资金20亿元、高水平理工科大学建设资金4亿元，共计24亿元；拨付世界一流大学和一流学科建设资金2亿元，高校创新强校工程5.99亿元，省属高校基本建设资金3亿元。支持加快发展现代职业教育。将省对地市的中等职业学校免学费政策补助标准由2015年的每生每年3000元调整为每生每年3500元；拨付中央和省级中职免学费补助资金23.4亿元，有力推动了中等职业教育健康发展；拨付现代职业教育综合改革试点省奖补资金共5.99亿元。实施强师工程，加强师资队伍建设。拨付强师工程资金4.04亿元，对全省学前教育阶段至高等教育阶段的教师队伍建设给予支持；拨付山区和农村边远地区义务教育学校教师岗位津贴补助资金20.89亿元，进一步稳定欠发达地区乡村教师队伍；拨付8.69亿元落实教师工资待遇“两相当”政策，确保教师工资待遇；拨付技工教育发展和基础教育师资培训资金6.43亿元，构建高水准的技能教育体系，建立覆盖城乡的职业技能培训体系。加大对学前教育、民办教育和特殊教育的投入。拨付学前教育发展奖补资金3.3亿元，拨付民办教育方向补助资金0.7亿元，拨付义务教育阶段残疾学生公用经费和课本费补助资金共1.6亿元，拨付新建标准化特殊教育学校建设资金及特殊教育学校建设维护资金共4.2亿元。支持教育精准扶贫。在落实现有各教育阶段家庭经济困难学生资助政策的基础上，精准资助建档立卡贫困户子女，拨付广东省建档立卡学生免学费和生活费补助资金3.85亿元。

二是推进基本医疗卫生服务均等化，拨付资金311.96亿元（含一般性转移支付资金234.14亿元），完成预算的100%，增长30.8%。稳步提高医疗保险待遇水平。拨付城乡居民医疗保险补助资金160.77亿元，提高参保人的医疗保险待遇水平，2016年全省各级财政对城乡居民基本医疗保险补助标准提高到420元，其中省财政对欠发达地区补助标准达到人均273元。全省职工医保和城乡居民医保住院政策规定报销比例分别为87%和76%，全省大病保险可报销比例超过50%。推动公立医院综合改革。拨付公立医院综合改革及住院医师规范化培训补助资金12亿元，以取消药品销售加成为抓手，大力推动公立医院综合改革，建立健全公立医院与基层医疗卫生机构、公共卫生机构的分工协作机制。推进城乡基层医疗卫生服务体系建设。拨付基层医疗卫生机构事业费补助8.26亿元、农村和边远地区乡镇卫生院医务人员岗位津贴资金1.77亿元、村医补贴资金1.55亿元、离岗接生员和赤脚医生生活困难补助资金2.48亿元、基层医疗卫生机构实施基本药物制度和综合改革以奖代补资金1亿元、边远地区乡镇卫生院标准化建设项目资金2亿元，支持基层医疗卫生机构发展建设。促进基本公共卫生服务逐步均等化。拨付基本公共卫生服务补助资金12.25亿元，对经济欠发达地区人均补助20.25元，确保我省2016年人均基本公共卫生服务经费不低于45元。拨付重大公共卫生服务项目补助资金13亿元，对经济欠发达地区实施结核病、艾滋病等重大疾病防控、地中海贫血等出生缺陷防控、计划免疫预防接种、贫困白内障患者复明、农村妇女两癌检查等重大公共卫生服务项目予以补助，筑牢我省公共卫生防疫体系。

三是完善生活保障和公共就业服务，拨付资金310.84亿元（含一般性转移支付资金168.18亿元），完成预算的118.2%（超额完成预算的主要原因是中央追加下达困难群众基本生活救助补助、大中型水库移民后期扶持资金等），增长7.4%。落实底线民生资金保障。拨付城乡居民基本养老保险补助资金69.22亿元，确保养老保险待遇按时足额发放，城乡居民基本养老保险基础养老金水平提高到每人每月110元。拨付城乡居民最低生活保障资金51.04亿元，支持全省低保补差水平达到城镇418元/月、农村190元/

月。拨付农村五保供养资金9.57亿元，支持全省五保供养补助标准达到当地上年农村居民人均纯收入的60%以上，提高至6470元/人·年以上。拨付孤儿基本生活保障资金3.61亿元，支持全省孤儿基本生活最低养育标准提高到集中供养1340元/人/月、分散供养820元/人/月。拨付城乡医疗救助资金19.44亿元，支持欠发达地区提高医疗救助水平，实现政策范围内住院自负医疗费用的救助比例提高到70%以上；年均每人次住院医疗救助标准提高到2178元以上，为特困群众提供医疗救助资金保障。拨付残疾人两项补贴补助资金7.95亿元，实现残疾人生活津贴1200元/年和重残护理补贴1800元/年的目标任务。支持实施更加积极的就业扶持政策。拨付5亿元用于建设创业孵化基地、创业资助以及优秀创业项目奖励等；拨付促进就业资金3.09亿元、劳动力培训转移就业资金4亿元、人力资源市场建设资金1.37亿元，用于对各类就业扶持对象按规定给予职业培训等各项就业补贴。

四是提高公共文化体育均等化水平，拨付资金36.34亿元，完成预算的115.2%（超额完成预算的主要原因是中央追加下达公共文化服务体系建设资金等），增长11.6%。支持宣传文化、广电传媒融合发展。拨付省宣传文化发展专项资金9.48亿元、文化设施建设与文化遗产保护专项资金4.36亿元、国家电影发展专项资金省分成部分1.84亿元、扶持电影发展专项资金0.85亿元。扶持文化产业发展，支持推进文化创意和设计服务与相关产业融合发展。落实财政文化经济政策，支持加快公共文体服务体系建设。拨付1.38亿元补助农村文体协管员和补助城乡低保户购买书籍和音像制品等基本文化消费；拨付档案馆维修改造及重点档案抢救保护资金0.24亿元；拨付体育场馆运营经费0.13亿元、备战重大体育赛事经费0.44亿元、运动员退役补偿经费0.05亿元，推动我省体育事业协调可持续发展；认真落实中央支持我省全民健身事业的政策，拨付公共体育场馆免费低收费开放补助中央资金0.23亿元。

五是支持保障性住房建设，拨付资金25.4亿元，完成预算的179%（超额完成预算的主要原因是中央追加下达城镇保障性安居工程资金等），增长3.5%。拨付18.55亿元切实支持住房保障。支持全省新开工棚户区改造安置住房81783套，占总目标任务的104.2%；新增发放租赁补贴7543户，占总目标任务的118.4%；基本建成保障性安居工程住房77316套，占总目标任务的147%，超额完成国家下达我省的住房保障目标任务。

六是加大交通基础设施建设投入，拨付资金254.82亿元，完成预算的124.6%（超额完成预算的主要原因是中央追加下达成品油价格补助和车辆购置税收入补助资金等），增长4.1%。拨付125.8亿元支持高速公路建设，积极支持纳入2016年省重点建设项目计划中的高速公路建设，新开工15项782公里，建成9项，新增通车里程655公里，全年完成投资862.3亿元，完成年度计划的101.4%。继续支持国省道新改建项目、县乡公路建设、危桥改造（含桥梁新改建）和新农村公路路面硬化工程项目，重点加大对原中央苏区县、少数民族自治县等地区贫困地区普通公路的支持力度。加大轨道交通等方面投入，拨付轨道交通项目资本金20亿元。

3. 支持产业转型升级，促进经济稳定增长。一是积极推进供给侧结构性改革。支持“三去一降一补”，拨付中央财政工业企业结构调整专项奖补资金及省级配套奖补资金1.57亿元，2016年完成钢铁行业化解过剩产能任务307万吨，占“十三五”产能化解任务87.7%。拨付1.36亿元，支持国有“僵尸企业”兼并重组、职工分流安置、解决企业历史遗留问题等。按照地市淘汰造纸、水泥（熟料、粉磨站）落后产能工作完成情况和省级负担标准，拨付0.44亿元支持有关地市淘汰落后产能。贯彻落实《关于创新完善中小微企业投融资机制的若干意见》（粤府〔2015〕66号），2016年拨付6.5亿元继续支持完善中小微投融资服务体系建设，2015—2016年累计拨付达59.2亿元。全省自2016年4月1日起，分步免征堤围防护费等34项涉企行政事业性收费地方收入，全年为企业减免相关收费金额约129.5亿元，切实减轻了企业负担，提升企业发展后劲。

二是着力支持创新驱动发展战略实施。继续落实近三年统筹1000亿元支持创新驱动战略实施计划，拨付325亿元推动各项工作落实，包括：推动科技创新发展，支持实施企业研究开发事后奖补、创新券补助政策试点、新型研发机构建设和省市共建面向科技企业孵化器的风险补偿金等；增强创新驱动内生动力，支持高新技术企业培育，支持省市共建高校及高水平大学、理工科院校建设等；推动科技和经济融合，支持重大科技成果产业化、应用型科技研发等；推动完善创新链条，支持科技应用基础研究、公益研究与能力建设、协同创新与平台环境建设、前沿与关键技术创新等。

三是支持产业转型升级。支持先进装备制造产业发展。拨付20.37亿元，支持支持重大项目落地建设、工作母机类制造业、产业集聚区发展；省财政出资10亿元参股国家先进制造产业投资基金，2016年已按进度拨付3.83亿元。支持企业技术改造。拨付技改资金31.42亿元，支持企业设备更新、智能化改造、普惠性事后奖补等，引导带动企业加大技改投入。降低技术改造支持门槛，将企业主营业务收入从5000万元以上调整为3000万元以上，项目投资额由5000万元以上调整为珠三角地区3000万元以上，粤东西北地区1000万元以上，进一步提高政策受惠面。支持产业园扩能增效及产业共建。安排省产业园扩能增效资金20.7亿元，补助资金惠及全省75个产业园区和产业集聚地，支持产业园区基础设施建设、招商选资、企业创新和集约集聚发展，推动产业园区建设开发工作取得了新的进展和明显成效。支持工业和信息化融合发展。拨付信息化和信息产业发展资金5.95亿元，支持欠发达地区信息化、网上办事大厅、电子政务、信息基础设施建设等，提升信息化和信息产业发展水平；拨付企业转型升级资金6.7亿元，支持通过两化融合支持企业升级改造，加快智能制造发展。支持节能减排和绿色发展。拨付中央财政节能环保类资金35.84亿元和省级节能环保、生态环境保护类资金21.88亿元，重点支持水、土壤、大气污染防治项目及农村环境连片整治环境保护及节能降耗项目，全面完成国家和省下达的环境整治和节能减排任务。支持外贸产业转型升级。拨付0.93亿元推动加工贸易转型升级；拨付0.8亿元支持服务贸易和跨境电商发展；拨付国际市场开拓和“走出去”资金1.47亿元；拨付促进进口资金1.58亿元，对列入国家和广东省鼓励进口技术和产品目录的先进技术、产品和设备给予贴息等。支持现代服务业发展。拨付现代服务业发展资金0.5万元，支持电子商务、现代物流标准化建设、商务诚信体系建设服务平台等项目；拨付中央财政服务业发展资金1亿元，支持冷链物流信息化、标准化及基础设施建设；拨付生产性服务业发展资金0.8亿元，支持工业设计、供应链管理等生产服务业发展。

四是创新财政投入方式。加强政策性基金管理，印发《广东省政府投资基金管理实施办法（试行）》，明确基金管理具体要求；清理规范政策性基金，将原有24项省级政策性基金整合为15项，省级财政出资375.3亿元，基金计划规模2748.3亿元，财政资金平均放大7倍。公共服务领域推广运用PPP模式，纳入省PPP项目库管理的项目合计147个，总投资额2293亿元；入选财政部示范项目由4个增加到22个，已签约落地17个，落地率达77%，超过全国平均水平28个百分点；创新农业资金投入方式，制订现代农业产业发展基金组建方案和产品目录，推动设立省农业信贷担保有限责任公司，发展农业保险，在国内首创巨灾指数保险模式，开展巨灾保险试点。

4. 加大对市县转移支付力度，促进区域协调发展。拨付2447.64亿元促进粤东西北振兴发展，帮助粤东西北地区补短板、增后劲。其中：拨付激励性转移支付277.21亿元，通过财政增量返还政策和协调发展奖调动市县发展积极性；拨付县级基本财力保障机制奖补资金141.84亿元，帮助市县实现“保工资、保运转、保民生”政策目标；拨付原中央苏区税收返还及各类转移支付333.44亿元、少数民族地区税收返还及各类转移支付42.87亿元，支持“老少边穷”地区加快发展，对少数民族地区和原中央苏区的一般性转移支付按照最高档次补助标准；拨付重点生态功能区转移支付23.31亿元，健全生态保护补偿机制，对重点生态功能区县级基本财力保障资金和生态转移支付资金等适用最高档次补助标准；拨付市县农业转移人口市民化奖励资金12.15亿元，促进农业转移人口享受基本公共服务；统筹投入资金479亿元支持交通基础设施建设，安排粤东西北地区产业园扩能增效资金20.7亿元，拨付粤东西北地级市新区基础设施建设补助资金10.69亿元和粤东西北中心城区基础设施建设贷款贴息6.08亿元，着力推进粤东西北地区振兴发展交通基础设施、产业园扩能增效、新区和中心城区扩容提质“三大抓手”项目建设。统筹安排粤东西北地区债券资金877.12亿元，支持粤东西北高速公路、铁路干线、城际轨道、棚户区改造等保障性安居工程建设、普通公路建设发展等基础设施建设和重大民生项目建设。支持珠三角优化发展战略实施，推进珠三角一体化发展，巩固珠三角城市群核心竞争力。拨付60.74亿元支持横琴新区、南沙新区、中新广州知识城等重大平台开发，促进广东自贸区、珠三角自主创新示范区建设；拨付20.4亿元支持珠江西岸先进装备制造业发展。

（四）重点项目绩效情况

1. 十件民生实事类省级财政资金使用绩效情况。按照事后绩效评价的要求，2016年，省财政厅对2015年省级财政投入十件民生实事的资金进行了绩效评价。经评价，2015年全省各级财政共投入2139.4亿元，其中省级财政投入900.28亿元，比2014年增长14.9%，各地集中力量办好十件民生实事，各项民生工作较上年有新的进步，人民群众得到更多实惠，民生福祉不断增进。经评价，2015年十件民生实事类财政资金使用绩效得分为83.75分，绩效等级为“良”。

2. 一般公共预算到期项目绩效评价情况。2016年，省财政厅对即将到期的新农村连片示范工程建设资金、培育发展社会组织专项资金、信息化和信息产业发展资金、推动加工贸易转型升级资金等48项省级财政专项资金进行了重点评价，并对其中已完成支出的29项资金形成了评价结论，其中绩效等级达到“良”以上的有24项，达到“中”的5项。到期项目资金的绩效评价结果，成为资金预算安排的重要参考依据。

3. 部门整体支出评价试点情

况。为全面推进预算绩效管理改革，进一步提高省级部门的绩效意识，逐步实现评价范围向“部门整体支出、专项资金、财政政策和财政管理”的横向覆盖，2016年省财政厅选取评价工作基础较好的省国土资源厅、省林业厅、省质监局、省食品药品监管局、省知识产权局和省残联等6个部门作为试点，推进省级部门整体支出绩效评价试点工作。评价发现，上述各试点部门基本能够按计划开展并完成年度重点工作，工作完成情况以及社会经济效益较为理想，其中省国土资源厅的评价结果为“中”，其余5个部门的评价结果为“良”。

（五）结转资金使用情况

2015年结转至2016年安排的支出297.21亿元，已全部执行完毕，主要用于2015年尚未执行完毕的预算安排项目，如医疗卫生、资源勘探信息等方向的支出。

（六）资金结余情况

2016年，省级一般公共预算净结余为0。

（七）省本级预算调整及执行情况

根据省十二届人大常委会第二十六、二十九次会议审议通过的预算调整方案，省财政调整了2016年一般公共预算收支，包括新增一般债券资金322.9亿元（省本级支出40亿元和转贷市县282.9亿元）、税收收入增加235.15亿元、下级上解收入增加75.34亿元，以及国有资本经营预算、政府性基金预算资金等调入一般公共预算5.98亿元。上述资金已按照省人大审议通过的预算调整方案予以执行，全部用于安排上缴中央和返还市县体制基数、供给侧结构性改革补短板、保障和改善民生等重点项目。

（八）中央财政补助资金安排和使用情况

2016年中央财政共下达我省补助资金（不含返还性收入）共837.14亿元，当年实际执行835.88亿元，执行率99.9%，主要用于城乡居民基本养老保险、城乡居民基本医疗保险、城乡义务教育、农资综合补贴、困难群众基本生活救助等，剩余资金结转下年使用。

（九）省本级预算周转金、预备费使用情况

2016年省级财政未安排预算周转金。2016年省级财政安排预备费共支出9.75亿元，主要用于信宜市强降雨救灾应急资金、支持东西部扶贫协作以及对口支援资金等项目支出，年终余额按规定作为结余资金管理，补充预算稳定调节基金。

（十）超收收入安排情况

2016年省级一般公共预算收入完成2475.64亿元，较年初预算超收138.27亿元，按预算法规定补充预算稳定调节基金。

2016年的预算执行等财政工作取得了良好成效，同时我们也清醒地认识到，在财政运行和管理工作中还存在一些问题，主要包括：解放思想、转变理财理念不到位；民生方面支出压力持续增加，推动解决财政收支矛盾的力度有待加大；财力区域差距拉大，促进区域财力均衡的措施有待加强；部分资金使用绩效不高；运用财政资金撬动社会资本力度有待进一步增强；现代财政制度需进一步健全。我们将高度重视这些问题并切实采取有效措施，努力加以解决。

二、2016年省级政府性基金收支决算情况

（一）收入决算情况

2016年，省级政府性基金总收入完成2097.61亿元。主要项目如下：

1. 省本级基金收入116.38亿元，完成预算的110.2%。各主要项目完成情况如下：

（1）国家电影事业发展专项资金收入2亿元，完成预算的100.8%。

（2）小型水库移民扶助基金收入2.13亿元，完成预算的125.4%。收入增加的主要原因是：销售电量增加。

（3）农业土地开发资金收入3.94亿元，完成预算的131.2%。收入增加的主要原因是：土地有偿使用量增加，土地出让市场化机制进一步完善，以及各地加大土地出让收入征收清缴力度。

（4）新增建设用地有偿使用费收入54.54亿元，完成预算的109.2%。收入增加的主要原因是：各地加快用地审批进程以及征收部门加大征管力度带动收入增加。

（5）大中型水库库区基金收入0.75亿元，完成预算的167.6%。收入增加的主要原因是：销售电量增加。

（6）车辆通行费收入21.90亿元，完成预算的113.3%。收入增加的主要原因是：韶赣高速受大广高速新通车路段的影响比年初预计的小。

（7）港口建设费收入1.72亿元，完成预算的114.9%。收入增加的主要原因是：港口货运量增长。

（8）彩票发行销售机构业务费收入10.96亿元，完成预算的89.6%。收入减少的主要原因是：按照财政部规定，自2016年起降低了部分彩票品种的销售机构业务费计提比例。

（9）彩票公益金收入18.44亿元，完成预算的119.6%。收入增加的主要原因是：一是按照财政部规定，自2016年起提高了部分彩票品种的公益金计提比例；二是开展彩票专项募集销售活动；三是彩票机构加大了市场开拓的力度。

2. 上年结转结余收入30.37亿元。

3. 中央补助收入33.82亿元，主要是年度执行过程中中央增加补助大中型水库移民后期扶持基金、港口建设费、补助地方的彩票公益金、民航发展基金、新增建设用地土地有偿使用费、国家电影事业发展补助资金等。

4. 下级上解收入4.71亿元，主要是省直管县与所在市之间的补助款项增加，按现行体制增加结算列收列支。

5. 债务收入1910.83亿元，均为发行政府专项债券收入，其中，新增专项债券收入309亿元、置换专项债券收入1601.83亿元。

（二）支出决算情况

2016年，省级政府性基金总支出完成2079.06亿元，具体包括：

1. 省本级基金支出44.02亿元。主要项目如下：

（1）国家电影事业发展专项资金支出0.15亿元（加上补助市县支出2.36亿元，实际完成2.52亿元）。主要用于经国家电影事业发展专项资金管理委员会审核同意的数字影院建设补助。

（2）大中型水库移民后期扶持基金支出0.84亿元（加上补助市县支出15.35亿元，实际完成16.2亿元）。按照我省核定的大中型水库移民数，专项用于实施库区和移民安置区基础设施建设和经济发展规划。

（3）新增建设用地有偿使用费安排的支出为0（加上补助市县支出后实际完成57.62亿元）。主要用于高标准农田补助、农村土地确权登记发证省级补助和灾毁农田垦复补助等。

（4）车辆通行费安排的支出20.48亿元。主要用于公路的管理、养护费用及还贷支出。

（5）港口建设费安排的支出6.35亿元（加上补助市县支出8.02亿元，实际完成14.37亿元）。主要用于港口公共基础设施建设、港航保障系统建设以及内河船型补贴等。

（6）彩票发行销售机构业务费安排的支出8.21亿元（加上补助市县支出3.22亿元，实际完成11.43亿元）。全部用于我省福利彩票、体育彩票的发行销售业务。

（7）彩票公益金安排的支出5.71亿元（加上补助市县支出13.11亿元，实际完成18.82亿元）。其中：体彩公益金专项用于我省体育事业发展，包括全民健身等项目；福利彩票公益金主要用于社会福利、养老服务体系建设、医疗救助、残疾人事业等方面支出。

2. 调出资金16.98亿元，主要是根据国务院加大政府性基金统筹力度的要求，将政府性基金预算调入一般公共预算。

3. 补助市县支出107.22亿元。

4. 专项债券转贷支出1910.83亿元，其中，新增专项债券转贷支出309亿元、置换专项债券转贷支出1601.83亿元。

收支相抵，2016年省级政府性基金结转结余18.55亿元，较上年减少11.82亿元，同比下降38.9%。其中，根据国务院盘活财政存量资金的要求，结转资金超过当年收入30%的部分1.74亿元，按规定调入一般公共预算后补充预算稳定调节基金。

（三）结转资金使用情况

2015年省级政府性基金结转结余30.37亿元中，根据国务院、财政部关于完善政府预算体系和盘活财政存量资金的要求，调入一般公共预算统筹使用1.44亿元；剩余保留在政府性基金预算中的结转资金28.93亿元，当年实际执行23.55亿元。

（四）省本级预算调整及执行情况

根据省十二届人大常委会第二十六、二十九次会议通过的预算调整方案，省财政调整了2016年政府性基金预算收支，包括新增专项债券转贷资金309亿元、增列上年结转结余资金1.44亿元后转列一般公共预算支出，以及调入专户结余并安排支出1.5亿元。上述资金已根据省人大审议通过的预算调整方案予以执行。

三、2016年省级国有资本经营预算收支决算情况

（一）收入决算情况

2016年省级国有资本经营收入完成16.05亿元，同比下降30.1%，完成预算的100.8%。其中：省属企业上交利润8.75亿元，省属控股参股企业上缴股利股息7.17亿元，其他收入0.13亿元。加上上年结转3.54亿元，总收入完成19.59亿元。收入同比减少的主要原因是2015年预算收入中粤海控股集团出售下属企业资产，合并报表后反映至母公司粤海控股增加一次性上缴收益约5亿元，2016年无此因素。若剔除一次性因素抬高的基数后，可比增长14.2%。

（二）支出决算情况

2016年省级国有资本经营预算支出完成15.65亿元，同比下降45.6%，完成预算的98.3%。其中：解决历史遗留问题及改革成本支出2.32亿元、国有企业政策性补贴7.08亿元、其他支出0.40亿元、调出资金5.85亿元。支出主要用于解决国有企业历史遗留问题及相关改革成本支出、对国有企业的资本金注入及国有企业政策性补贴等方面，以及按规定调入一般公共预算统筹用于民生支出。支出同比减少的主要原因是按照《预算法》规定，国有资本经营预算按照收支平衡的原则编制，不列赤字，由于收入总量减少支出总量也随之减少。

收支相抵，2016年省级国有资本经营结转结余3.94亿元。

四、2016年省级社会保险基金收支决算情况

省级社会保险基金包括企业职工基本养老保险基金、机关事业单位基本养老保险基金、失业保险基金（仅含调剂金及利息）、工伤保险基金和生育保险基金；城乡居民基本养老保险基金、除调剂金及利息外的失业保险基金、城镇职工基

本医疗保险基金以及城乡居民基本医疗保险基金实行属地管理，当年无收支（下同）。机关事业单位基本养老保险由于尚未正式启动，根据社保经办机构账套尚未启用的实际情况，2016年机关事业单位基本养老保险基金收入暂列入暂收款科目，在社会保险基金资产负债表中反映（当年无基金支出）。待正式启动后，转列基金收入。

（一）收入决算情况

2016年省级社会保险基金收入360.86亿元，比上年增加23.56亿元，增长7%。其中：企业职工基本养老保险基金收入351.62亿元，比上年增加23.85亿元，增长7.3%；失业保险基金收入4.37亿元，比2015年增加0.31亿元，增长7.6%；工伤保险基金收入4.85亿元，比2015年减少0.59亿元，减少10.8%，主要原因是阶段性下调工伤保险费率；生育保险基金收入0.02亿元，比2015年减少0.01亿元，减少33.3%，主要原因是省级生育保险逐步下放属地管理。

（二）支出决算情况

2016年省级社会保险基金支出338.28亿元，比上年增加29.3亿元，增长9.5%。其中：企业职工基本养老保险基金支出335.59亿元，比2015年增加30.24亿元，增长9.9%；失业保险基金支出0.21亿元，与上年持平；工伤保险基金支出2.48亿元，比2015年减少0.15亿元，减少5.7%；生育保险基金支出0亿元，比2015年减少0.79亿元，减少100%，主要原因是省级生育保险逐步下放属地管理。

2016年省级社会保险基金当年结余为22.58亿元。其中：企业养老保险基金当年结余为16.03亿元，失业保险基金当年结余为4.16亿元，工伤保险基金当年结余为2.37亿元，生育保险基金当年结余0.02亿元。2016年省级社会保险基金滚存结余565.71亿元，比2015年增长4.2%。其中：企业职工基本养老保险基金滚存结余508.26亿元，失业保险基金滚存结余20.33亿元，工伤保险基金滚存结余35.7亿元，生育保险基金滚存结余1.42亿元。

五、2016年全省财政总决算汇编情况

（一）全省一般公共预算收支决算情况

根据汇编的决算，2016年，全省地方一般公共预算收入完成10390.35亿元，为省十二届人大四次会议通过预算的102.7%，比上年增加1023.57亿元，可比增长10.3%。全省地方一般公共预算收入10390.35亿元，加上中央补助收入1591.78亿元（含税收返还补助）、新增一般债券收入322.9亿元、置换一般债券收入1265.97亿元、国债转贷资金上年结余0.47亿元、上年结转收入1354.2亿元、调入资金3201.26亿元（其中，调入预算稳定调节基金1487.11亿元）之后，全省一般公共预算总收入完成18126.93亿元。

2016年，全省一般公共预算支出完成13446.09亿元，为省十二届人大四次会议通过预算的117.4%，比上年增加618.29亿元，增长4.8%。全省一般公共预算支出13446.09亿元，加上上解中央支出220.53亿元、增设预算周转金48.22亿元、国债转贷支出及结余0.47亿元、一般债务还本支出1292.6亿元、待偿债置换一般债券结余61.53亿元、调出资金1883.66亿元（其中，补充预算稳定调节基金1883.52亿元）之后，全省一般公共预算总支出完成16953.08亿元。

收支相抵，2016年全省一般公共预算结转1173.85亿元，全部按规定结转下年继续安排，净结余为0。

（二）全省政府性基金收支决算情况

2016年，全省政府性基金总收入完成7158.29亿元。其中：当年基金收入3869.99亿元，上年结转结余收入1314.74亿元，上级补助收入39.36亿元，调入资金23.37亿元，新增专项债券收入309亿元，置换专项债券收入1601.83亿元。

2016年，全省政府性基金总支出完成6152.75亿元。其中：当年基金支出3463.06亿元，调出资金1086.73亿元，专项债务还本支出1575.13亿元，待偿债置换专项债券结余27.83亿元。

收支相抵，2016年全省政府性基金结转结余1005.54亿元。

（三）全省国有资本经营预算收支决算情况

2016年全省国有资本经营收入决算244.95亿元，其中：利润收入124.01亿元，股利股息收入52.35亿元，产权转让收入8.01亿元，清算收入0.26亿元，其他国有资本经营预算收入25.55亿元，上年结转收入34.78亿元。

2016年全省国有资本经营支出决算210.46亿元，按科目分类：解决历史遗留问题及改革成本支出7.83亿元，国有企业资本金注入129.96亿元，国有企业政策性补贴8.09亿元，其他国有资本经营预算支出17.09亿元，调出资金47.49亿元。

收支相抵，2016年全省国有资本经营结转结余34.49亿元。

（四）全省社会保险基金收支决算情况

截至2016年底，全省企业职工基本养老保险、机关事业单位基本养老保险、城乡居民基本养老保险、失业保险、城镇职工基本医疗保险、城乡居民基本医疗保险、工伤保险和生育保险总参保人数约达2.75亿人次，同比增长3.4%。社会保险基金总收入4834.79亿元，增长10.3%，完成预算5191.62亿元的93.1%。

2016年全省社会保险基金支出3318.45亿元，增长16.6%，完成预算3924.91亿元的84.5%。其中：企

业职工基本养老保险基金支出1836.87亿元，占全部基金支出的55.4%，同比增长12.4%，增长的主要原因是离退休人数增长和年度提高待遇水平；城镇职工基本医疗保险基金支出718.88亿元，占全部基金支出的21.7%，同比增长9.9%；其他各项社会保险基金支出增长的主要原因是受社会保险待遇标准提高和领取待遇人数增加的影响。

截至2016年底，全省社会保险基金滚存结余10844.85亿元，同比增长16.3%。其中：企业职工基本养老保险基金滚存结余7263.01亿元，占全省基金的67%，比2015年增长18%；城镇职工基本医疗保险基金滚存结余1801.31亿元，占全省基金的16.6%，比2015年增长16.75%。

六、落实省人大2015年省级决算决议意见的有关情况

（一）贯彻落实《预算法》的要求，切实完善和改进政府全口径决算编制工作

1. 进一步细化决算编制，全口径编报决算。我省严格按照《预算法》的要求，不断健全预算体系，完善全口径编报决算，主要体现在以下几个方面：一是省级财政决算涵盖一般公共财政决算、政府性基金决算、国有资本经营决算、社会保险基金决算，全面反映省级财政年度执行情况。二是严格按照《预算法》对于决算编制的要求，进一步细化决算编制，将省级支出科目细化到“项”级科目，对省本级支出按经济分类科目编列，将专项转移支付分项目、分地区编列，对经批准举借债务情况，省本级预备费、省级预算周转金使用情况、结转资金、超收收入、预算调整、中央资金的使用情况，基本建设投资决算情况等情况进行专项报告。三是加强对收入执行变动情况的分析，对重点项目支出的年初预算完成情况、增长原因以及社会关注度高的民生支出、基金收支等事项加强解释力度，增强决算草案的易读性。

2. 加强部门预决算衔接，提高年初预算到位率。近年来，省财政不断深化部门预算编制管理改革，严格减少年中追加，提高年初部门预算到位率和准确率。一是不断深化部门预算改革，通过项目库、零基预算等改革，提前做好项目储备，将预算细化落实到具体项目、用款单位，重点做好大额资金、新增资金等审核把关，提高部门预算编制的科学性和准确性。二是严格控制部门预算年中追加，年度预算执行中原则上不追加安排部门预算资金，减小部门预决算差异。三是指导和督促各部门严格按照年初预算草案，及时制定资金分配方案，加快资金拨付进度，同时加大对存量资金的清理力度，压减年终结转结余规模。

3. 加快推动项目库改革，为预算执行和决算打下坚实基础。近年来，省财政不断加大项目库改革推进力度，更加重视财政支出政策论证，为预算执行和决算打下坚实基础。一是全面实施财政资金项目库管理，形成“项目跟着规划走”的互动机制，提前做好项目申报、筛选、评审、论证、入库等前期准备工作，建立完善项目储备，夯实预算编制基础。二是实施项目全周期滚动管理，预留充足的项目申报、论证、立项时间，打好提前量，及早制定项目建设的具体路线图、时间表以及资金使用计划，将过去预算执行中的二次分配回归到预算编制环节，将支出确定由“当年安排当年工作”向“当年研究下年工作”转变。三是编制年度预算时直接细化预算编制至具体项目、金额、项目单位，纳入年度预算草案一并报省人代会审批。人代会通过年度预算草案后，实行项目库管理的省级财政资金可直接下达预算明细计划，无须再次组织项目和资金申报，大大加快年度预算执行进度。

（二）深化财政管理改革，严格预算约束

1. 编准编实年初预算，全面铺开零基预算改革。省财政不断加大预算编制改革力度，进一步改进和完善预算管理，推进零基预算编制，建立健全跨年度预算平衡机制。一是推进零基预算改革，在2015年6个、2016年20个试点单位的基础上，在编制2017年预算时，推开至全部403个省级一级预算单位。二是完善基本支出定员定额标准以及项目支出定额标准体系，分性质、级别、岗位制订15类、46档人员经费定员定额标准。三是严格论证项目必要性和可行性，严格机关运行经费管理，建立定额标准动态调整机制，充分发挥支出标准在预算管理中的基础支撑作用。四是深化预算管理制度改革，完善预算编制与预算执行挂钩机制，压减进度慢、绩效不佳、结转结余大的项目支出，将跨年度支出从“一次安排、分年执行”向“一年一定、据实安排”转变。

2. 严格执行年度预算，强化预算执行刚性约束。省财政按照《预算法》等有关法律、法规规定，严格执行省人大批准的年度预算。一是提高预算支出均衡性和时效性。严格执行经批准的年度预算，按预算法规定时限向本级各部门批复预算和下达转移支付资金，加快预算下达和预算执行进度，促进我省公共财政预算月度支出进度与序时进度相适应，切实保障资金到位率和预算执行效率。为加快重点项目执行落地，省政府组织开展了全省财政支出专项督查，省政府主要领导亲自部署动员；省财政厅采取预警监测、督促协调、考核通报和推进预算编制改革等标本兼治的措施加快财政支出进度，提高财政资金使用效益。二是硬化预算约束。严格控制部门预算追加，预算未安排的

事项一律不得支出，年度预算执行中原则上不追加安排，一些必须安排的支出项目，通过以后年度预算安排资金。三是加大对存量资金的清理力度，将清理收回的结转结余资金统筹用于经省委、省政府批准的底线民生及支持我省经济社会发展的重点支出。

（三）全面推进预算绩效管理，提高财政资金使用绩效

1. 转变思路，不断深化预算绩效管理工作。围绕“扩面增容、提质增效、构建体系、夯实基础”的思路，转变“绩效评价”为“绩效管理”。一是强化部门的绩效管理主体责任。推动部门整体支出绩效管理试点，组织部门申报部门整体支出绩效目标，省财政对部分省直部门的整体支出绩效进行抽查评价，进一步树立部门（单位）的绩效责任意识。二是扩大第三方评价范围。推动第三方评价范围由目前的项目支出评价扩展到绩效目标评审、绩效运行监控、部门整体支出评价等预算绩效管理各环节。5月，省财政印发了我省的《预算绩效管理委托第三方实施工作规程（试行）》，为进一步发挥第三方作用，确保第三方客观、公正参与预算绩效管理提供了制度保障。

2. 进一步推进预算绩效管理，加强财政资金管理。加强预算监督和绩效管理，建立完善预算支出的审核机制。一是提高预算绩效管理的广度和深度。将绩效管理和绩效评价由单纯的项目支出评价拓展到整体支出、财政综合管理、财政政策等层面，2016年进行重点评价项目达到22类、278项资金，覆盖的评价资金总额约6000亿元。加强绩效评价管理，完善预算绩效管理办法及专项资金绩效目标管理办法，强化评价结果应用。二是加强绩效评价结果的运用。按照“事前审核、事中检查、事后评价”的要求，发挥绩效评价和审计检查对专项资金管理的重要作用，对经绩效评价发现资金使用效益低下或在财政监督审计检查中发现明显违规问题的专项资金，坚决予以收回。三是加强绩效评价监督。除将绩效目标评审结果和到期专项资金绩效评价结果作为编制预算的依据外，根据省人大预算支出联网监督工作的有关要求，我厅将积极配合省人大做好监督有关工作。

（四）完善省级财政转移支付资金管理，增强基层政府财政保障能力

1. 深化财政体制改革，加快建设现代财政制度。加快推进省以下财政事权和支出责任划分改革，从制度层面理清省、市、县支出责任，选取民政、社保等领域开展先行先试。完善增值税收入划分体制调整配套措施，加大对粤东西北地区转移支付力度。制定《广东省农业转移人口市民化奖励资金管理办法》，建立省以下农业转移人口市民化奖励机制，促进农业转移人口市民化。健全生态保护补偿机制，推动建立有利于调动各方积极性的多元化补偿机制，实现重点领域和重点区域生态保护补偿全覆盖。

2. 突出“保基层”，促进财力下沉。调整优化财政支出结构，省级财力更多地向基层倾斜，加大对基层特别是欠发达地区转移支付力度，提高一般性转移支付比重，增强市县统筹能力，促进区域协调发展，2016年安排对市县税收返还、转移支付3205.66亿元，对粤东西北12市的转移支付占其一般公共预算支出的61.5%。加大对原中央苏区、少数民族地区的扶持力度，在分配一般性转移支付时，对少数民族县、原中央苏区县适用最高档次标准。省财政转移支付资金已成为当地维持政权运转、保障社会事业发展、落实民生政策的重要来源。

3. 规范转移支付分配，加大转移支付资金提前下达力度。转移支付推广采用因素法、公式化分配，科学设置分配的因素及权重，充分考虑转移支付性质和各地区实际情况，促进实现地区间财力分布均衡和基本公共服务均等化。严格按照财政部规定范围办理提前下达转移支付资金，做到应下尽下，并抓紧组织项目申报、审核等前期准备工作，提高基层政府预算到位率。

4. 加快专项转移支付下达进度，及时拨付转移支付资金。一是在年初向各省直单位发出书面通知及上门走访，要求各用款部门切实落实《预算法》，加快财政资金执行进度，对有关用款部门抓紧发布专项资金项目申报指南，组织专家评审，尽快拟定专项资金分配方案，加快资金审核，及时拨付财政专项资金。二是严格执行经批准的年度预算，严格按照《预算法》规定时限下达转移支付资金，专项转移支付在人大会批准预算后的60日内下达，及时拨付转移支付资金。三是及时跟踪市县对转移支付资金的管理使用及财政支出进度情况，针对预算执行进度慢等问题，2016年10月开展全省财政支出专项督查工作，督促各部门、各地市及时明确工作要求，积极研究加快资金使用的办法，采取有力措施加以解决。

广东省第十二届人民代表大会财政经济委员会关于广东省2016年预算执行情况和2017年预算草案的审查结果报告

（2017年1月22日广东省第十二届人民代表大会第五次会议主席团第五次会议通过）

广东省第十二届人民代表大会第五次会议审查了省人民政府提出的《广东省2016年预算执行情况和2017年预算草案的报告》及广东省2017年预算草案（以下简称“预算报告和预算草案”）。会议期间，省人大财经委员会分别召开了全体会议和各代表团代表参加的预算审查座谈会，听取了各代表团的审查意见和建议。代表们对省人民政府及其财政部门的工作给予充分肯定。财经委员会在对预算报告和预算草案进行初步审查的基础上，根据各代表团和省人大各专门委员会的审查意见，对预算报告和预算草案作了进一步审查。现将审查结果报告如下：

财经委员会认为，2016年全省各级人民政府及其财政部门全面贯彻党的十八大和十八届三中、四中、五中、六中全会精神，深入学习贯彻习近平总书记系列重要讲话精神，贯彻落实新预算法，按照省十二届人大四次会议审议通过的年度预算，坚持稳中求进工作总基调，主动适应把握经济发展新常态，努力发挥积极财政政策作用，推动供给侧结构性改革，支持稳增长促改革调结构惠民生防风险，在狠抓预算收支管理、支撑重大战略实施、深化财政体制改革、提高财政资金使用绩效、保障改善民生等方面做了大量工作，取得了明显成效。全省和省级年度预算执行情况总体上是好的，较好地落实了省十二届人大四次会议通过的预算决议。同时，财政运行和预算执行中也还存在一些问题和困难，主要是：区域收入增长不协调，部分地区收支矛盾突出、非税收入比重偏高，部分重点支出进度偏慢，部分财政资金闲置沉淀、使用效益有待提高等等。对此，要采取有效措施切实加以解决。

财经委员会认为，省人民政府提出的2017年预算草案符合党的十八大和十八届三中、四中、五中、六中全会及中央、省委经济工作会议部署要求，紧紧围绕“五位一体”总体布局和“四个全面”战略布局，坚持供给侧结构性改革为主线，坚持稳中求进工作总基调，支持创新驱动发展战略，突出加强保障和改善民生，促进城乡区域协调发展，为实现“三个定位、两个率先”目标提供坚实的财政保障。此外，省人民政府及其财政部门在落实细化预算和促进预算公开透明方面还作了探索创新。比如2017年预算草案体现了零基预算、项目库管理、专项资金管理等改革成果，改进和细化了地方政府债务报表、专项资金系列报表、按项目分地区转移支付报表，并增加目录索引，首次单列报表反映省十件民生实事财政资金安排等重要支出事项等，进一步提高了预算的透明度，值得充分肯定。总的来看，2017年预算安排与国民经济和社会发展方针政策相适应，收支政策务实可行，重点支出和重大投资项目资金安排适当，对下级政府转移性支出逐步规范，预算编制比较完整，符合新预算法有关规定。财经委员会建议，批准省人民政府提出的《广东省2016年预算执行情况和2017年预算草案的报告》，批准2017年省级预算草案。

为进一步做好2017年财政工作，顺利完成年度预算任务，财经委员会提出以下建议：

一是贯彻落实积极的财政政策。深入推进供给侧结构性改革，落实全面推开“营改增”试点工作，降低企业税费负担，切实发挥财政资金杠杆作用和放大效应。既要保持省级财政的宏观调控能力，又要保证欠发达地区特别是县级基本财力保障水平，确保省委创新驱动发展，振兴粤东西北、加快县域经济社会发展等重大决策部署得到更好落实，促进全省经济社会平稳健康发展。

二是进一步深化财政体制改革。加强财政收支管理，依法组织财政收入，关注财政收入质量。加快建立健全省以下财政事权和支出责任相适应的制度，继续加大省级财政统筹力度，增强统筹区域协调发展能力。努力建立健全规范、公平的财政转移支付制度，加大均衡性转移支付和县级基本财力保障力度，促进基本公共服务均等化。扎实推进专项资金管理改革，完善资金分配管理办法，优化整合省级财政出资政策性基金，切实将财政资金更多向民生事业倾斜。强化预算绩效管理，进一步健全财政支出绩效评价体系，进一步加强绩效评价结果的应用，积极回应省人大常委会预算支出绩效监督中对有关项目资金安排的关切，不断提高财政资金使用效益。

三是继续优化财政支出结构。厉行勤俭节约，反对铺张浪费，继续严控一般性支出，努力降低行政成本。加大对人民群众关注的“三农”、教育、医疗卫生、社会保障、防灾减灾、城乡社区服务、污染治理和环境保护等方面的投入力度，更好地回应人大代表和社会的关切。

四是改进财政预算监督管理。严格落实预算调整法定要求和程序，切实提高预算严肃性。强化预算支出约束，提高预算执行的有效性。完善政府债务情况报告制度和信息公开制度，加大对地级以上市、区、县级政府债务管理工作的指导，定期向同级人大常委会报告地方政府债务管理情况。积极配合人大抓好预算支出联网监督系统的运作和完善，努力推进我省预算支出联网监督工作。

广东省第十二届人民代表大会第五次会议关于广东省2016年预算执行情况和2017年预算的决议

（2017年1月23日广东省第十二届人民代表大会第五次会议通过）

广东省第十二届人民代表大会第五次会议审查了省人民政府提出的《广东省2016年预算执行情况和2017年预算草案的报告》及广东省2017年预算草案。会议同意广东省人民代表大会财政经济委员会的审查结果报告，决定批准《广东省2016年预算执行情况和2017年预算草案的报告》，批准广东省2017年省级预算。

广东省人民代表大会常务委员会关于批准广东省2016年省级决算的决议

（2017年7月27日广东省第十二届人民代表大会常务委员会第三十四次会议通过）

广东省第十二届人民代表大会常务委员会第三十四次会议听取了省财政厅厅长戴运龙受省人民政府委托所作的《关于广东省2016年省级决算草案的报告》和省审计厅厅长何丽娟受省人民政府委托所作的《关于广东省2016年度省级预算执行和其他财政收支的审计工作报告》。会议结合审议审计工作报告，对广东省2016年省级决算草案及其报告进行了审查。会议同意省人民代表大会财政经济委员会提出的《关于广东省2016年省级决算草案的审查结果报告》，决定批准2016年省级决算。

部分省领导批示

【全省财政工作】

广东省省长马兴瑞、常务副省长徐少华对广东省财政厅2016年完成年度目标任务和所发挥的重大保障作用给予肯定。

2017年1月12日，省长马兴瑞批示：“2016年，省财政厅服务大局保运转，围绕中心促落实，为推动省委、省政府重大决策落地实施提供了坚实的财政支撑，顺利完成年度目标任务，值得肯定。希望新的一年坚持稳中求进工作总基调，主动适应和引领经济发展新常态，积极推进财税体制改革，全力保障省委、省政府重点工作，为我省实现‘三个定位、两个率先’作出应有贡献！”

2017年1月10日，常务副省长徐少华批示：“省财政厅在2016年坚持贯彻落实中央和省委、省政府的决策部署，加快转变政府职能，增强服务意识和机制，全力推进财税体制改革，为稳增长、促改革、调结构、惠民生、防风险发挥了重大保障作用。我省‘十三五’实现良好开局，全省财政系统同志为此付出宝贵心血和辛勤工作，特致以崇高敬意和衷心感谢！希望新的一年切实增强‘四个意识’，以习近平总书记重要讲话为指导，再接再厉，推动全省财政工作水平上新台阶，再作新贡献。”

（办公室供稿）

【营改增试点】

省长朱小丹、常务副省长徐少华对省财政厅全面推开营改增试点中扎实的前期工作和下一步的工作打算表示肯定。

2016年6月14日，省长朱小丹在《关于全面推开营改增试点首月运行和申报期顺利启动情况的报告》上批示：“顺利启动，实属不易，说明前期工作扎实。同意省营改增办下步工作安排。继续密切跟踪分析营改增后新情况、新问题，积极应对，力争尽快进入正常运行轨道。”

2016年12月5日，常务副省长徐少华在《关于我省全面推开营改增试点半年运行有关情况的报告》上批示：“呈小丹省长批示。已阅。拟同意所做分析，需要重视和解决存在的困难和问题，按下一步工作打算推进，使营改增试点取得实效，并建立长效机制。”

（法规税政处供稿）

【财政预算】

省委常委会议纪要、常务副省长徐少华对省财政厅支持全省经济社会发展所发挥的积极作用，对支出通报工作的及时性和必要性给予充分肯定。

2017年1月3日，省委常委会议纪要：“2016年我省财政预算执行情况良好，收入总量保持全国第一，财政改革不断深化，财政资金放大效应不断增强，省财政为应对经济下行压力、促进区域协调发展、保障重大政策落实、保障和改善民生、支持全省经济社会发展发挥了积极作用，值得充分肯定。”

2016年1月20日常务副省长徐少华在《关于2015年省直部门主管专项经费、专项资金下达进度情况的通报》上批示：“省财政厅支出通报很及时很有必要。新的一年，务必按照国家和省的要求，结合财政对任务的支撑保障，确保进度如期达到。请市、各有关单位紧密配合。”

（预算处供稿）

【地方政府债券】

常务副省长徐少华肯定省财政厅在地方政府债券发行工作中所作的努力和贡献。

2016年2月22日，常务副省长徐少华在省财政厅《关于2016年广东省政府债券发行情况的报告》上的批示：“省财政厅工作努力，发债任务完成好，有力支撑了全省经济社会发展。”

2016年3月10日，常务副省长徐少华在省财政厅《关于2016年第一批广东省政府债券发行有关情况的报告》上的批示：“工作认真负责，开局成效良好。”

2016年9月17日，常务副省长徐少华在省财政厅《关于2016年第二批广东省政府定向承销债券发行有关情况的报告》上的批示：“财政厅认真负责，出色履行任务，政府债券发行顺利，有力支撑了经济社会发展大局。”

（国库处供稿）

【财政资金绩效评价】

省长朱小丹、常务副省长徐少华对“十件民生实事”和援疆项目财政资金评价工作予以肯定。

2016年1月，省长朱小丹在省财政厅《关于2014年度省级“十件民生实事”资金绩效第三方评价结果的报告》上批示：“报告指出的五方面问题应予高度重视，请组织有关部门认真研究，确需整改的立行立改，并完善今年运作方式”；常务副省长徐少华批示：“省财政厅组织对省级‘十件民生实事’资金绩效进行第三方评价，增强了客观性和公正性，做法是很好的。对存在问题分析详尽而有针对性，提出的工作建议中肯可行，为各部门改进工作提供了科学依据。同意省财政厅提出的意见。”

2017年1月，常务副省长徐少华在《关于广东省第七批援疆项目财政资金绩效评价情况的报告》上批示：“评价报告全面充实，充分肯定了省第七批援疆财政资金对推动项目建设的积极成效，中肯地指出了存在的问题，提出了合理的工作建议。希望省第八批援疆前方指挥部重视此份报告，着力改进财政资金管理，提升资金绩效。”

（绩效管理处供稿）

【第二届对非投资论坛】

省长朱小丹、常务副省长徐少华对省财政厅在成功举办第二届对非投资论坛中所付出的辛勤劳动和所作的努力贡献给予充分肯定。

2016年9月，常务副省长徐少华在国家开发银行对广东省作为第二届对非投资论坛东道主和共同主办方为论坛成功举办付出的辛勤劳动的感谢信上批示：“此次由我省承办‘第二届对非投资论坛’的组织筹备工作，省财政厅是牵头方和主力军，在省外事办、商务厅、公安厅、卫计委、省委接待办、省府接待办、省旅控集团、白天鹅宾馆等各单位的鼎力支持下出色地完成了工作任务。全体参与的同志为此付出了宝贵心血和辛勤劳动，为广东省增添了光彩，为国家的外交事业作出了贡献。谨向全体同志致以崇高敬意和衷心感谢！”

2016年10月，省长朱小丹在省财政厅《关于第二届对非投资论坛召开情况的报告》上的批示：“省财政厅对对非投资论坛成功举行所作努力和贡献值得充分肯定。”2016年9月，常务副省长徐少华批示：“省财政厅牵头具体承办第二届对非投资论坛工作，从领导班子到工作人员，都高度重视、布置有力、严谨细致、落实到位，论坛取得圆满成功，获得中外各方的积极评价，大家也付出了宝贵心血和辛勤劳动。”

2016年10月，常务副省长徐少华到省财政厅视察调研时的讲话中批示：“特别是今年我省与国家开发银行、世界银行成功联合举办第二届对非投资论坛。这届论坛主要是由省财政厅承办，曾志权厅长团结带领全厅同志全力以赴，郑贤操副厅长与有关处室具体推进落实，出色完成论坛的筹备、协调各项工作，有力配合了国家战略实施，促进了粤非关系发展，得到国家有关部委和参会嘉宾的充分肯定和高度评价。论坛筹备过程中，省财政厅上下团结一心、共同谋划、狠抓落实，体现出全厅干部坚强有力、敢于担当的形象。借此机会，对省财政厅班子成员和全厅同志付出的宝贵心血和辛勤劳动，表示衷心感谢和崇高敬意!希望省财政厅再接再厉，进一步深化各项工作，切实管好财、理好财。”

（国际金融合作办公室供稿）

领导讲话

坚持以新发展理念统领财政工作 为经济社会发展提供更有力的财力支撑

——在全省财政工作会议上的讲话（节选）

广东省财政厅党组书记、厅长　曾志权

（2017年1月13日）

这次全省财政工作会议的主要任务是全面贯彻党的十八大，十八届三中、四中、五中、六中全会和中央经济工作会议精神，传达贯彻全国财政工作会议精神，按照省委经济工作会议的部署，回顾总结2016年全省财政工作，研究部署2017年全省财政工作。省委、省政府对财政工作高度重视，对近年来特别是去年以来我省财政工作取得的成绩给予了高度评价。1月3日，胡春华书记在省委常委会审议2017年预算草案时指出："2016年我省财政预算执行情况良好，收入总量保持全国第一，财政改革不断深化，财政资金放大效应不断增强，省财政为应对经济下行压力、促进区域协调发展、保障重大政策落实、保障和改善民生、支持全省经济社会发展发挥了积极作用，值得充分肯定"，并从确保财政收支平衡、发挥好财政保障作用、促进经济发展、做好财政防风险工作、树立过"紧日子"的思想等五个方面作重要指示。马兴瑞代省长在审阅会议材料时作出重要批示："2016年，省财政厅服务大局保运转，围绕中心促落实，为推动省委、省政府重大决策落地实施提供了坚实的财政支撑，顺利完成年度目标任务，值得肯定。希望新的一年坚持稳中求进工作总基调，主动适应和引领经济发展新常态，积极推进财税体制改革，全力保障省委、省政府重点工作，为我省实现'三个定位、两个率先'作出应有贡献！"徐少华常务副省长对省财政工作作出重要批示："省财政厅在2016年坚持贯彻落实中央和省委、省政府的决策部署，加快转变政府职能，增强服务意识和机制，全力推进财税体制改革，为稳增长、促改革、调结构、惠民生、防风险发挥了重大保障作用。我省'十三五'实现良好开局，全省财政系统同志为此付出宝贵心血和辛勤工作，特致以崇高敬意和衷心感谢！希望新的一年切实增强'四个意识'，以习近平总书记重要讲话为指导，再接再厉，推动全省财政工作水平上新台阶，再作新贡献"。我们要以省领导同志的肯定和鼓励为鞭策，加倍努力工作，推动我省财政改革发展再上新台阶。

一、2016年财政工作回顾

2016年，面对严峻复杂的经济财政形势，在省委、省政府的正确领导下，全省财政系统全面贯彻党的十八大和十八届三中、四中、五中、六中全会以及中央经济工作会议、省委经济工作会议精神，深入学习贯彻习近平总书记系列重要讲话精神，围绕统筹推进"五位一体"总体布局和协调推进"四个全面"战略布局，以及全省实现"三个定位、两个率先"总目标，以新发展理念为引领，积极发挥职能作用，全力支持稳增长、促改革、调结构、惠民生、防风险各项工作，顺利完成年度各项工作任务，财政改革发展取得新成绩，为全省实现"十三五"经济社会发展良好开局提供有力支撑。

（一）狠抓收支管理，全力维持大局运转

牢固树立管财理财、保障运转的主业意识，狠抓收支管理，实现

平稳运行。财政收入稳定增长。来源于广东的财政收入完成22830.37亿元，同比增长9%；全省一般公共预算收入完成10390.33亿元，同比增长10.9%，剔除营改增、五项政府性基金转列等因素影响后可比增长10.3%，实现年初预期目标；收入总量突破万亿元，连续26年位居全国各省（自治区、直辖市）首位。抓支出力度加大。制订实施“三挂钩一通报”机制，省政府召开动员会部署开展财政支出专项督查，切实加快财政支出进度。9月份全省支出进度全国排名虽一度滑落靠后，但10月份全省专项督查后前移17位，11月全省（不含深圳）一般公共预算支出92.3%，超过序时进度，深圳市一般公共预算支出进度10月、11月连续两月位居全国首位。虽因2015年全省各级财政按中央要求清理存量资金等一次性因素较大幅度抬高基数，但2016年全省一般公共预算支出仍比2015年同期增长5%，完成各级汇总预算的99.7%。支出结构更加优化。省级财政用于保障和改善民生、均衡区域基本公共服务水平及帮助市县增强发展后劲的支出占比达81.5%，比2015年提高0.5个百分点；省级财政对市县税收返还和转移支付可比增长10.1%，其中一般性转移支付增长9.3%，占比提高约4个百分点，达63.8%；严控一般性支出，省级一般公共服务支出比2015年同期减少27%，全省会议费及“三公”经费财政拨款支出比2015年同期减少18.6%。

（二）坚持围绕中心，积极落实省委省政府重大战略部署

围绕贯彻落实省委、省政府决策部署，适应把握经济发展新常态，找准财政工作着力点，支持全省重大战略实施。全力支持经济稳定增长。省级年初预算安排相关资金2600亿元，带动全省各级投入财政性资金近万亿元用于稳定经济增长。2016年全省与GDP核算相关的八类支出同比增长18.3%，拉动GDP增长约1个百分点。扎实推进供给侧结构性改革。牵头落实降成本行动计划，围绕实施七个方面35项政策措施，在省级层面成立专项工作小组，协调各地各有关部门健全工作机制，开展专项督促检查，顺利实现省定涉企行政事业性收费“零收费”、全面推开营改增试点等目标任务。各地积极创新政策措施，中山市实行收费情况报告制度，河源市将市县级收入项目从342项减少到182项，东莞市支持中小微企业“零首付”购置“机器换人”设备等。各项降成本措施集中发力，全年帮助企业减负超过2000亿元。全省各级财政统筹投入400多亿元，完善政策措施，支持去产能、去库存、去杠杆、补短板等行动计划实施工作。着力支持创新驱动发展。省级继续落实近三年统筹1000亿元支持创新驱动发展实施计划，全年投入325亿元支持高新技术企业培育、省市共建高校及高水平大学、理工科院校建设、风险补偿、应用型科技研发、创新平台建设等，带动各地加大支持力度，如广州市投入90多亿元推进工业转型升级及新兴产业发展，支持建设一批新业态聚集园区；东莞市投入20多亿加快推进科技创新平台载体建设，支持建设20个新型研发机构；江门市实施创新驱动“1+8”扶持政策；揭阳市设立金融科技产业融合风险准备金，10倍放大信贷支持改善科技型企业融资环境。完善有利于科技创新的财政制度体系，开展政府采购支持创新驱动发展试点，印发实施进一步加强省级财政科研项目资金结转结余管理规定等。大力推动区域协调发展。省财政统筹超过2000亿元落实粤东西北振兴发展战略，扎实推进“三大抓手”各项措施落地，调整完善转移支付政策，实施促进县域经济社会发展十项财政政策措施，支持粤东西北地区增强财力和自主发展能力。落实对横琴新区、南沙新区、中新广州知识城等重大平台开发建设专项奖补，支持广东自贸区、珠三角自主创新示范区建设，支持部分城市开展海绵城市建设试点、地下综合管廊试点等；组建产业发展基金，支持重大产业项目及珠江西岸先进装备制造业产业带建设等，促进珠三角优化发展。统筹210亿元支持珠三角与粤东西北产业共建，创新扶持政策，引导产业链在省内跨区域对接融合，推动实现高水平产业转移。

（三）着力深化改革，财政改革取得新进展

完善抓财政改革的工作措施，实行总台账管理、定期专项督办，加强改革后评估分析，扎实推进财政改革创新。预算管理制度改革取得新突破，省级全面铺开零基预算改革，除基本支出之外全部省级财政资金纳入项目库管理范围，启动编制2017—2019年中期财政规划；省级财政专项资金从2015年的219项压减到2016年的52项，编制2017年预算时进一步压减到51项，严格落实一个部门一个专项，并按照清单式动态管理要求，实行“一年一定、据实安排”。佛山市探索重大建设项目跨年度预算管理模式，实行“一个项目、一个编码”的项目库管理；珠海市探索部门预算现场联审，推行标准化和量化审核；中山市精简一般性转移支付资金镇区向市直部门申请、市直部门进行二次分配环节，提高预算执行效率；河源市推进乡镇国库集中支付制度改革，实现资金运行从“层层转”到“直通车”的转变。调整完善省以下财政体制，实施全面推开营改增试点后调整省以下增值税收入划分过渡方案，调整增值税收入划分比例，实现省与中央收入划分体制相衔接；完善增值税收入划分体制调整配套措施，优化激励性转移支付政策，完善“老少边穷”地区转移支付政策；制定《广东省农业转

移人口市民化奖励资金管理办法》，建立省以下农业转移人口市民化奖励机制，促进农业转移人口市民化；健全生态保护补偿机制，推动建立有利于调动各方积极性的多元化补偿机制，实现重点领域和重点区域生态保护补偿全覆盖。创新财政投入方式，加快在公共服务领域推广PPP模式，全省入选财政部示范项目由4个增加到22个，已签约落地17个，落地率达77%，超过全国平均水平28个百分点。省级经清理规范后整合设立政策性基金15项，投入375.3亿元，已引导各类资金投入超过1000亿元。惠州市实施PPP项目39个，引入社会资本450亿元；潮州市狠抓PPP项目落地，积极引导社会资本投入“八网+产业”基础设施建设；连山县出台县级项目融资资金管理办法，规范项目融资。稳妥推进税收制度改革，全面推开营改增试点，将试点行业顺利扩大到建筑、房地产、金融和生活服务业，试点纳税人达到280.79万户，全年预计减税达到750亿元，各试点行业税负只减不增目标基本实现；资源税改革、境外旅客离境退税试点等稳步推进。积极参与和支持其他领域改革，协调推进司法体制改革、省以下审计机关人财物统一管理改革、企事业单位公车改革、行政事业单位养老保险制度改革及医药卫生体制、教育体制改革等。

（四）坚持民生为重，切实保障改善民生

坚持保基本、兜底线，财政资金更多投向补齐民生社会事业发展短板，切实增强政策效应。加大民生投入力度，全省财政民生支出完成9061.53亿元，占全省公共财政预算支出比重达67.4%。其中，基本公共服务支出4969亿元，占比达35.7%；十件民生实事支出2366.76亿元、底线民生保障支出276.27亿元，分别比2015年增长10.6%、8.7%。完善民生保障制度体系，启动新一轮《广东省基本公共服务均等化规划纲要（2009—2020年）》修编工作，进一步明确全省基本公共服务制度，细化完善并形成涵盖109个具体项目的基本公共服务清单。惠州市在开展基本公共服务均等化综合改革试点取得明显成效的基础上，在全省率先编制市级“十三五”基本公共服务均等化规划，进一步完善民生保障制度；阳江市积极探索公共服务多元供给，多手段鼓励引导民间资本进入公共服务领域。推进基本公共服务向基层延伸，将村（社区）公共服务中心（站）建设试点扩大到全省各市县，全省121个县（市、区）已基本建成县级公共服务中心120个，占比99.2%；1609个乡镇（街道）已基本建成镇级公共服务中心1583个，占比98.4%；25916个村（社区）已基本建成村（社区）公共服务中心（站）25521个，占比98.4%。新兴县在基层服务平台开通网页版、手机APP和微信公众号，方便群众随时办理业务和查询信息；蕉岭县通过基层服务平台，设置“京东蕉岭馆”栏目，帮助群众开展网购网销及农产品信息查询。支持精准扶贫精准脱贫，2016—2018年全省财政多渠道筹集391亿元，其中2016年安排130.3亿元，推动实施扶贫攻坚；从严加强对资金分配使用的监督管理，实行资金筹集、资金分配、资金使用、项目管理、财务管理“五规范”，监督检查、绩效考核、责任追究“三严格”，保障政策落实到位。

（五）注重支持城乡协调发展，加大财政惠农工作力度

全年投入688亿元支持“三农”发展，突出支持巩固“三农”发展基础，政策措施更加完善更有针对性。推动农业基础设施建设，全省投入33.45亿元支持建设223万亩高标准基本农田，落实基本农田保护经济补偿，实现耕地占补平衡和耕地总量动态平衡，着力破解土地资源瓶颈；省级投入134亿元推动中央及省级财政小型农田水利重点县、省级水利建设示范县建设，支持中小河流治理、海堤加固达标、供水调水重点工程等水利项目，着力改善农业生产条件。推动现代农业发展，完善现代农业生产发展项目实施方案，支持特色主导产业带建设，产业规模进一步扩大；支持培育龙头企业、合作社、家庭农场、种养大户等经营主体，农民专业合作组织作为现代农业生产发展项目的重要载体作用更加突出，推动农民直接参与水平和收益程度进一步提高；支持现代海洋渔业转型升级，推动实施海洋强省战略。推动惠农政策创新，开展农业“三项补贴”改革，进一步完善补贴政策，将补贴与耕地地力保护和粮食适度规模经营挂钩，支持提高粮食规模化、组织化生产和社会化服务水平；设立省农业信贷担保有限责任公司，创新支农资金投入方式，引导金融投入农业生产经营，推进一二三产业融合；在汕头、韶关、河源、梅州、汕尾、阳江、湛江、茂名、清远、云浮等10个市启动巨灾保险试点，首创将指数保险模式纳入巨灾保险制度设计，充分放大财政支出效应。

（六）突出规范管理，进一步提升财政管理效能

围绕依法理财、规范管理的工作要求，不断改进财政管理。加强库款管理，实施库款资金存量与增量调度挂钩，印发库款资金存量与增量调度挂钩工作规程，规范省财政对下级财政增量调度资金管理。截至2016年12月底，全省库款规模同比下降9.63%，库款保障水平为0.83，同比下降0.22。完善内控管理，省财政厅在一个基本制度和8个专项内控办法基础上，印发37项内控操作规程，形成“1+8+x”模式的内部控制制度体系。在全系统推进内控管理工作，东莞市财政局将内控措施固化融入业务系统和办

公自动化系统，实行全程管控、过程留痕、责任可溯；中山市建立内部控制自纠机制。强化监督检查和绩效评价，在全省组织开展转移支付资金、专项资金、“三公”经费使用管理情况及技改奖补、高新技术企业培育奖补、税收优惠政策落实情况监督检查，督促财政政策落实到位，取得很大的成效。如高新技术企业培育奖补等政策落实检查，涉及资金178亿元，收回无法落实项目的资金10.12亿元，督促各市落实技改事后奖补配套资金5.79亿元，税收优惠政策落实情况检查后10月份该项政策降成本就由前月的330亿元显著增加到当月的616亿元。对一般性转移支付、创新驱动资金、住房保障资金等22类近6000亿元资金开展绩效评价，超过2010—2015年绩效评价资金额总和，并选取6个部门开展省级部门整体支出绩效评价试点工作，推进预算绩效管理覆盖全部财政资金。肇庆市将绩效评价结果与人大、政府以及监察、审计等部门共通共享，高州市建立绩效评价通报和共享机制，强化绩效评价结果运用。财政信息一体化建设取得新进展，省级启用新的信息管理综合平台，将预算管理、专项资金、政府采购、资产管理、投资评审等纳入一体化体系，实现业务流程贯通，业务系统碎片化、信息“孤岛”等顽症得到明显改进；改造升级办公自动化系统，与移动办公、档案管理、电子公文交换等系统同步上线运行，公文运转和办事效率明显提升；建立横向覆盖各级次预算单位、纵向贯通省市县各级的财政资金实时在线联网监督系统，推动财政信息一体化向市县延伸。

（七）加强监控分析，防范财政运行风险

增强未雨绸缪、防患未然的忧患意识，着力提升应对风险能力，健全预警防控机制，既把财政职责范围内的风险防控好，又支持经济社会其他领域做好风险防控。一方面，抓好财政运行风险防控。加强财政收支运行监测，建立库款保障与资金调度平衡机制，防范引发财政运行风险，优先保运转、保支付、保稳定；督促指导市县财政部门防控收入质量问题，及时提醒市县关注和妥善处理非税收入占比过高的情况；积极防范社保面临的支付风险，全年累计下达省级养老保险调剂金130亿元，妥善解决部分困难地市基金缺口。另一方面，强化地方政府债务管理，印发《政府性债务风险应急预案（试行）》等系列规范性文件，完善全省地方政府债务监管体制，将债券收支纳入预算管理，落实政府债务限额管理，健全风险预警机制，分类处理解决存量债务，多措并举防范政府债务风险。广州市大力推进阳光举债，将市人大常委会审议年度政府性债务计划过程进行同步网络直播，主动接受社会监督。认真做好政府债券发行工作，合理安排各期债券支出计划，抓好存量债务置换工作，全年成功发行地方政府债券3499.71亿元，其中新增政府债券631.9亿元，置换债券2867.81亿元。

（八）推进信息公开，打造阳光透明财政

积极回应社会关切，改进完善信息公开工作，拓宽财政信息公开范围。认真组织做好年度预决算公开，在省财政厅门户网站设置“部门财政预决算信息”公开栏目，集中链接公开各地各部门预决算信息，并通过省级专项资金管理平台及时公开各类专项资金信息，分类抓好省直部门和市县年度预决算公开工作。118个非涉密省级部门中有116个公开部门预决算、“三公”经费预算；市县全部公开预决算信息。健全完善长效机制，按照财政部预决算公开专项检查反馈问题整改的要求，完善信息公开长效机制，研究推动《关于进一步推进广东省财政信息公开工作的意见》出台，推动建立责任分工机制、工作指引沟通机制和督查机制，进一步明确公开要求和规范工作流程。做好牵头负责的重点领域信息公开，在省财政厅门户网站设置重点领域信息公开专栏，在做好预决算、专项资金、“三公”经费信息公开基础上，将财政信息公开内容拓展到重点项目资金、政府采购预算、PPP项目及减税降费等方面。加强政策信息公开，充分利用各类宣传平台，宣传和解读财政政策，回应财政热点问题，主动发布与财政工作相关的信息310多条，努力向服务对象传递明确的政策信息，推动形成良性互动机制，充分释放财政政策效应，增强服务对象的获得感。

（九）坚持严格要求，全面加强财政系统自身建设

增强“打铁还需自身硬”的意识，积极适应把握引领经济财政新常态，切实加强自身建设，不断提高做好财政工作的能力和水平。加强思想政治建设，始终坚持正确的政治方向，扎实开展“两学一做”学习教育，引导全省财政系统党员干部切实增强“四个意识”特别是核心意识、看齐意识，坚决维护以习近平同志为核心的党中央权威，坚决贯彻落实中央大政方针和省委、省政府各项决策部署。加强领导班子建设，落实全面从严治党要求，加强各级财政部门班子建设。省财政厅党组专题研究加强班子建设，制定厅党组工作规则等5项制度，细化厅党组议事决策内容目录清单，全面规范厅党组工作，更好发挥对本部门工作的领导核心作用。加强干部队伍建设，认真贯彻党管干部原则，严格遵循新时期好干部标准，坚持正确的选人用人导向，健全完善干部选拔任用考核机制，切实加强干部管理监督；举办有关供给侧结构性改革、地方政府债务和PPP管理等新业务新知识的培训活动21场，全系统培训干部超

过3000人（次）。加强机关作风建设，弘扬务实高效的工作作风，狠抓治庸问责制、首问责任制、重点工作限时办结制、重大事项跟进督办等制度落实，全面推进服务型机关建设，营造心齐实干、廉洁高效的干事创业氛围，全省财政系统工作作风进一步改进，财政干部敢担当、敢负责的意识明显增强。加强财政廉政建设，坚持年初有布置、年中有督促、年终有总结，狠抓财政反腐倡廉工作落实。厅党组带头抓党风廉政建设主体责任落实，细化实施责任清单，既认真落实责任清单确定的本部门党风廉政建设工作，又积极发挥职能作用，严格按要求做好财政源头防治腐败的工作。坚持把纪律挺在前，经常性开展警示教育和示范教育，支持派驻纪检组落实“三转”，强化监督执纪问责。

二、关于2017年全省财政工作

2017年是实施“十三五”规划的重要一年和推进供给侧结构性改革的深化之年，也是广东率先全面建成小康社会的关键之年。财政部门角色重要、责无旁贷。总的来看，2017年全省经济发展的基本面没有改变，具备持续向好的基础、条件和动力，但面临新常态下的深度调整和转型攻坚等问题，不确定因素较多，财政收支矛盾突出。收入方面，经济下行压力持续较长时间，持续增长基础仍不稳固，经济运行仍存在不少突出矛盾和问题，加大减税降费力度、2016年地方清缴营业税一次性收入较多、重点增收来源面临调整等，将对2017年财政收入增长带来较大压力。支出方面，实施积极的财政政策，推动供给侧结构性改革、推动深入实施创新驱动发展战略、推动面向未来的基础设施建设、推动珠三角与粤东西北一体化、推动民生事业发展等都需要强有力财政支持，预计2017年全省财政收支矛盾将更加凸显。各级财政部门要深刻认识新常态下财政工作面临的形势和任务，全面贯彻落实中央和省委、省政府决策部署，求真务实、真抓实干，共同努力做好2017年财政工作。2017年全省财政工作的总要求是：深入学习贯彻习近平总书记系列重要讲话精神，进一步增强“四个意识”特别是核心意识、看齐意识，按照中央和省委、省政府的决策部署，坚持稳中求进工作总基调，牢固树立和贯彻落实新发展理念，适应把握引领经济发展新常态，坚持以提高发展质量和效益为中心，坚持以推进供给侧结构性改革为主线，实施更加积极有效的财政政策，深入推进财税体制改革，全力保障重点领域支出，进一步提高财政资金使用效益，切实防范化解财政风险，为实现全省经济持续健康发展和社会和谐稳定提供更有力的财力保障。重点抓好以下十个方面的工作：

（一）努力保持财政收支平衡

要有针对性加强财政收支管理，保障财政平稳健康运行。按报给省人大预算草案代编数，2017年，全省一般公共预算收入增长9%，完成11082.4亿元，支出增长9%，完成13738.97亿元。各市、县要根据本地经济发展情况，编列好2017年预算，并做好收支责任分解和落实。2017年收支方面要重点抓好以下五项工作：一是抓好收入组织工作。主动适应预算从约束性转向预期性的要求，切实转变抓财政收入的思想观念。坚持依法依规组织收入，处理好依法组织收入与按规定减税降费的关系，协调执收部门依法征收、应收尽收，防止和纠正收取“过头税”以及采取“空转”方式虚增财政收入的行为。二是加强收入动态监控。深化新常态下财政经济运行规律研究，加强收入动态监测预警。发现收入进度异常，难以完成收入预期目标的，要加强汇报沟通，及时调整预算。三是提高收入质量。严格控制非税收入超常规增长，推动出台《广东省政府非税收入管理条例》，通过立法来规范非税收入收缴与管理。积极培育长期稳定财源，建立财政收入长效增长机制，降低一次性收入比重，实现财政收入可持续增长。四是强化财政支出责任。进一步落实财政部门和主管部门两个责任，加强责任分解，加快支出进度，严格考核督促，健全情况通报、支出进度与预算安排挂钩、行政问责等一系列措施，均衡预算执行进度，提高财政支出时效。五是调整优化支出结构。分清轻重缓急，优先保障重点向稳定经济增长、支持实体经济提质增效、补齐民生短板等方面倾斜。更加注重用好增量、激活存量，提高支出精准度，多做“雪中送炭”的工作，不搞“锦上添花”。

（二）积极发挥财政保障作用

落实公共财政基本职能，优先安排保运转、保民生、保重点等刚性支出。2017年省级财政预算草案计划支出中用于保障和改善民生、均衡区域基本公共服务水平和帮助市县增强发展后劲的支出超过3700亿元，占省级总支出的82%，比2016年提高0.5个百分点。保运转方面，进一步加强统筹协调，注重精打细算，努力开源节流，确保基本运转支出需要。省级将进一步加大对基层和困难地区的转移支付力度，保障地方财政平稳运行。接受转移支付的地区要坚持厉行节约、加强资金管理，加快发展，提高财政自给率，避免对省财政长期过分依赖。保民生方面，2017年，全省代编预算安排教育、社会保障和就业等民生类支出9569.2亿元，占一般公共预算支出比重达69.7%。各地要加强财力统筹，积极落实城乡低保补助、五保供养、医疗救助、基础养老金、残疾人保障、孤儿保障等底线民生政策，确保全部达到全国平均水平以上；切实加大对基层医疗卫生服务能力建设的支持力度，落实促进基层医疗卫生机构达标升级、加快卫生信息化建设、扩大全科医生、儿科产科医生等紧缺医疗人才培训规模等政策措施，切实改善人民群众看病就医问题；认真研究和落实农村离任村干部、离岗接生员、赤脚医生、老电影放映员等特殊群体以及残疾人等弱势群体的生活保障问题；落实省十件民生实事资金，2017年全省将投入2346.2亿元，其中省级财政投入967.52亿元，各地财政要按照要求落实本级资金，确保省十件民生实事落到实处。围绕率先全面建成小康社会，抓紧梳理本地区民生短板项目，预算安排相应向短板项目倾斜，尽快补齐各类民生短板；进一步加大文化事业投入，确保到2018年全省人均公共文化财政支出达到250元。抓好修编后的《广东省基本公共服务均等化规划纲要(2009—2020年)》实施，结合本地实际抓紧编制基本公共服务清单，完善基本公共服务制度，进一步推进基本公共服务均等化。保重点方面，要优先保障省委、省政府确定的重点工作落实，按照本级党委、政府的部署，用好用活财政资金，推动重点任务、重大项目早日落地生效，为全省全面转型升级、塑造发展新优势提供财力保障。

（三）发挥财政促进经济发展职能作用

将财政支持的重点向经济发展重点领域和关键环节聚集，增强经济发展的活力和可持续性。2017年，省级财政将统筹3175.26亿元，全力支持稳增长、调结构、促转型，推动实体经济提质增效、振兴发展。重点支持以下四个方面：一是支持深化供给侧结构性改革。进一步完善供给侧结构性改革财政方面配套政策，省级财政将安排1520亿元，各地也要加大财力支持，为实现供求关系新的动态均衡提供有力的政策支撑和制度保障。重点做好降成本行动计划牵头实施工作，各地要结合省即将出台的降低实体经济企业成本实施细则，进一步完善相关政策措施，做好营改增全面扩围、取消普通公路年票制以及清理行政事业性收费等后续工作，切实减轻企业负担。大力支持去产能、去库存、去杠杆、补短板行动计划实施。二是支持实施创新驱动发展。围绕建设国家科技产业创新中心、珠三角国家自主创新示范区和全面创新改革试点省等三大引领性工程，省级财政将安排236.54亿元，重点支持科技创新平台体系建设、培育壮大高新技术企业、关键核心技术攻关和成果转化等。降低财政专项资金扶持门槛，用足用好事后奖补政策，扩大工业企业技术改造规模，提升制造智能化水平；健全财政资金与社会资本投向科技产业的联动机制，通过支持设立重大科技成果产业化基金和科技专项创业投资基金等，发挥财政资金的放大效应；进一步改革科研项目资金管理机制，引导激化科研创新活力。三是支持着眼当前面向未来的基础设施建设。省委、省政府已决定2017年全省基础设施重点项目投资3920亿元，其中高速公路项目30个，预计全省财政需要安排资本金273亿元（其中省级202亿元、地方71亿元），支持高快速交通网、重大水利工程、新一代信息基础设施、环保基础设施、重大民生工程等项目建设，形成面向未来的高标准基础设施网络，各地要及早做好工作计划，加强资金保障，确保落实到位。要完善和落实各项财政扶持措施，支持工业技改项目、省内产业共建项目、珠江西岸先进装备制造业产业带重点项目落地达产。四是支持开放型经济发展。省级财政将安排19亿元落实外贸稳增长财政政策措施，支持加工贸易企业转型升级，配合做好出口退税、出口信保、便利通关等工作，优化外贸发展环境。支持口岸、进口服务平台等基础设施建设，推动自贸区、一带一路优惠政策落地。2016年，全省专门设立广东丝路基金，各地要配合相关部门筛选好项目，支持企业“走出去”。

（四）进一步加大财政支持“三农”力度

以推进农业供给侧结构性改革为抓手，进一步加大支持力度，促进提高农业生产经营质量和效率，推动农村经济社会事业发展。一是完善财政支农管理机制。以改善农村民生、增加农民收入为核心，从侧重对农业生产投入向农业、农村、农民全方位覆盖；完善农业补贴制度，提高补贴政策精准性；进一步创新财政投入机制，完善财政支持农村金融服务政策体系；加快推进省以下农业信贷担保体系建设和运营；设立农业产业发展基金，支持农业规模化产业化发展。二是支持农业基础设施建设。从“水”、“田”两方面支持农业综合生产能力建设，加强产能建设。支持实施农业综合开发高标准农田建设和推进产业化经营，提高农业综合生产能力；支持水利基础设施，重点支持中型灌区节水配套改造、中小河流、大中型病险水闸除险加固等，积极改善农业生产条件；进一步推进林下经济发展，支持林下经济示范基地和特色经济林项目建设等。三是推进涉农各项改革工作。支持深化农村产权制度改革，加强农村财务管理监督，推动形成农村集体经济新的实现形式和运行机制；支持完善农产品收储制度，支持农产品加工业转型升级，增强奖补政策效应；在全省全面铺开巨灾保险试点；探索建立财政转移支付与农业转移人口市民化挂钩机制，推进城镇基本公共服务常住人口全覆盖。四是支持完善乡村治理机制。严格落实和完善村级组织运转经费保障政策，提高贫困村公用经费、在职村干部和村务监督委员补助标准；落实村级公益事业一事一议财政奖补措施，推进农村综合整治；支持村村通自来水工程建设和山区五市中小河流治理、农村人居环境集中连片整治等，改善农村人居环境。

（五）加强政府性债务和相关性债务管理

全省债务风险总体可控，但部分地区存在一定风险隐患。对此，各地要高度关注，及时化解。一是加强违规行为整改。严格按照财政部要求建立政府中长期支出责任监控机制，杜绝违规举债和变相融资行为，严防财政过度支出风险。对于少数地区未来财政支出责任超出财政承受能力，存在“明股实债”、保底回购、专项建设基金担保等涉嫌违规的融资行为要坚决果断加以整改。二是加强政府性债务管理。进一步摸清政府债务和或有债务情况，做到“心中有数”；进一步强化债务限额管理、预算管理和分类管理，充分运用债券置换额度，妥善处理存量政府债务；健全债务风险应急处置预案，及时实施风险评估和预警，做到风险早发现、早报告、早处置。三是加强相关性债务管理。着重关注隐性风险，控制好地方其他相关债务增长。依法理清政府债务和企业债务的边界，明确融资平台和企业举借的债务不属于政府债务；规范政府和社会资本合作，不得向其他出资人承诺保底收益或回购本金；合理界定政府购买服务范围，原则上限制在有预算安排的基本公共服务项目，除国家另有规定外，严禁购买工程服务。省级将按照财政部的统一部署加强专项治理并严肃问责。

（六）切实做好财政防风险工作

从支持全省防风险的大局重视财政风险防控工作，切实做到责任到位、措施到位。一方面，要防范财政运行风险。加强监测和分析预判，落实防控措施，通过调入预算稳定调节基金、盘活存量资金、及时调整预算等方式，积极应对一般公共预算收入负增长、企业职工养老保险基金收不抵支等问题。省将继续加大对欠发达地区、民族地区、革命老区的支持力度，保障地方财政平稳运行。另一方面，支持防范其他领域风险。密切关注来自财政外部风险，包括金融风险、社会稳定风险等等，做到未雨绸缪，重点支持降低企业杠杆率、推进平安广东建设等，维护社会和谐稳定大局。要加强对自然灾害、事故灾难、公共卫生、社会安全、重大环境污染等各类突发公共事件处置的财政保障，各地财政要按规定保持一定规模的特别准备金，应对好重大自然灾害等突发情况。

（七）牢固树立过“紧日子”思想

在当前财政收入增长存在较大不确定性、刚性支出难以压减、财政收支“紧平衡”的情况下，我们必须树立过“紧日子”思想，切实履行财政部门职责，严格把关，厉行节约。一方面，要严控一般性支出。2017年，参照中央的做法，省级带头压减一般性支出，部门预算中除基本支出和必保项目以外，其余一般性项目支出统一压减5%，将压减的支出全部用于补齐小康社会短板项目中文化、养老等增支。要严格控制“三公经费”，严格执行差旅费、会议费、培训费、因公出国经费等管理办法，进一步健全厉行节约的长效管理制度。另一方面，要严肃财经纪律。严格按照预算法要求，进一步规范预算管理，细化预算编制，将年初预算算准、算实。坚持“先预算，后支出”的观念，支出必须以经批准的预算为依据，未列入预算的不得支出。除应急救灾特殊需要及省委、省政府新批准的重大事项外，原则上未列入预算的一律不再新增安排。要切实发挥财政监督职能，进一步完善管理制度和优化运行机制，堵塞资金分配、拨付、使用等环节存在的管理漏洞，确保资金使用安全。

（八）继续深化财政改革

围绕率先基本建立现代财政制度的目标，按照省委、省政府有关改革工作部署，继续推进财政体制、管理、分配等方面的改革。一是加快推进省以下财政事权和支出责任划分改革。近期，省将出台实施省以下财政事权和支出责任划分改革方案，选取民政、社保等领域开展先行先试。各地要按照中央和省的统一部署，进一步研究和完善转移支付制度等配套措施，积极支持和参与改革试点，推动财政事权与支出责任相匹配。二是深化预算管理制度改革。进一步细化预算编制，按照中央支出经济分类科目改革部署，稳步推进全省改革试点工作；继续推进零基预算改革和财政资金项目库管理，2017年省级将全面铺开，各市县也要加快财政资金项目库管理改革步伐；要进一步编准编实年初预算，提高年初预算到位率，落实跨年度预算平衡机制，编制实施新一轮中期财政规划，增强预算科学性和前瞻性；要进一步加强政府预算体系之间的统筹衔接，硬化预算约束，强化预算控制。三是完善省以下财政体制。按照中央部署，研究制定省以下收入划分总体方案。结合中央推进财政事权与支出责任划分改革、地方税体系建设和中央与地方收入划分总体方案进程，积极向中央争取有利于全省的收入划分方案，统筹研究完善财政体制的长效机制，研究制定省以下收入划分总体方案。结合市县收入形势，合理调整激励性转移支付政策，加大对粤东西北支持力度，进一步调动市县发展积极性。四是落实税收制度改革。继续深化资源税改革，实施水资源税试点。开展个人所得税、房地产税、环境保护税等专题研究，推进个人收入和财产信息系统建设工作。五是推进财政投入机制改革。经营性领域投入改变行政审批式的安排方式，通过股权投资、组建政策性基金等方式，实现投入的资金有人负责、放大效应、持续利用。各地要进一步推广运用PPP模式，提高PPP项目落地率。要进一步清理规范政策性基金，切实发挥财政资金的放大作用。六是积极参与和支持包括国资国企、产权保护、价格金融、对外开放、养老保险、土地确权、新型城镇化、行政管理体制改革等各类关键性和基础性改革。

（九）切实加强财政管理

进一步突出重点，推进财政管理规范化、精细化。一是加强财政监督。按照财政部的统一部署开展财政资金管理使用专项整治工作，推进综合治理；加大对财政专项资金、一般性转移支付资金、民生保障资金及财税优惠政策等的检查力度，确保资金落实、政策落地；扎实做好会计信息质量检查和注册会计师行业监管工作，提高基础管理水平。二是加强预算绩效管理。加强预算绩效管理制度建设，完善预算绩效管理办法及专项资金绩效目标管理办法，进一步完善第三方评价制度，加强评价结果的应用，建立健全预算绩效管理制度体系。继续开展部门整体支出绩效评价试点，扩大绩效管理范围。三是扎实推进财政信息公开。结合贯彻落实省政府关于推进阳光政务建设的决策部署，深入推进阳光透明财政建设。严格公开时限，拓宽公开范围，建立财政信息公开硬性约束机制、考核机制和行政问责制度，加强财政信息公开监督检查，及时回应政务舆情，统筹推进预决算、专项资金、“三公”经费、重点项目资金、政府采购、PPP项目等各类财政信息公开工作。四是继续加强行政事业单位资产、政府采购、会计、资产评估、投资审核、票据监管等方面的工作，加快全省财政信息一体化建设，全面提升全省财政管理水平。

（十）落实全面从严治党要求，进一步加强各级财政部门自身建设

坚持用习近平总书记系列重要讲话精神统领财政各项工作，坚持以新发展理念引领财政改革发展，坚决落实全面从严治党要求，提高财政自身建设水平。一是进一步发挥各级财政部门党组对本部门工作的领导核心作用。落实党组理论中心组学习制度、党组务虚会议制度等，加强党的理论和路线方针政策学习，做好经济财政运行分析和趋势性问题研究，增强分析问题、解决问题的能力。健全党组工作制度，完善党组决策事项督查和反馈机制。积极开展调查研究，提高抓工作落实的针对性和有效性。二是加强财政干部队伍建设。落实党管干部要求，完善干部选任机制和交流轮岗办法，坚持新时期好干部标准和正确的选人用人导向，落实严格管理干部各项规定，打造忠诚干净敢于担当的财政干部队伍。落实法治财政建设实施纲要，深入推进法治财政建设。加强全省财政系统干部教育培训，加快知识更新，提高专业素养和履职本领。三是加强作风建设。从严从实加强干部日常管理监督，完善考核问责机制、工作落实定期通报制度，加强工作督查督办，既要避免不作为、乱作为，也要防止缺位、越位行为。要虚心听取服务对象、基层干部、普通群众意见建议，确保财政政策措施更加符合实际、符合群众意愿。四是自觉落实全面从严治党主体责任。财政部门党组要严格落实党风廉政建设主体责任清单、抓机关党建工作落实责任清单，主动承担起从严治党的主体责任、党内监督的主体责任。严格党内政治生活，落实好“三会一课”、民主生活会等制度，提高组织生活质量。完善权责管理制度，推进财政“放管服”改革，规范财政权力运行。坚持把纪律和规矩挺在前面，健全完善纪律教育、抓早抓小等工作规程，加强党内监督，强化执纪问责。

全省财政工作

Provincial-wide Financial Work

经济财政概述

【概况】 2016年，来源于广东的财政收入完成22830.4亿元，比2015年增长9%。全省地方一般公共预算收入完成10390.35亿元，比2015年增收1023.57亿元，增长10.3%，连续26年位居全国各省市首位，其中，税收收入完成8098.63亿元，比2015年增长11.1%；全省地方一般公共预算支出完成13446.09亿元，比2015年增支618.29亿元，增长4.8%。省级一般公共预算收入完成2475.64亿元，比2015年增收512.35亿元，增长13.6%，其中，税收收入完成2220.27亿元，比2015年增长11%；省级一般公共预算支出完成897.57亿元，比2015年减少278.5亿元，负增长23.7%

财政收支管理

【概况】 2016年，广东省财政收入基本与经济增长速度相适应，财政运行态势良好。收入方面，及时监测分析财政收支运行情况，建立健全抓收入的协作机制，强化收入组织工作，促进依法征收、应征尽收；规范非税收入管理，实施收费基金目录清单管理，加强非税收入监督检查，提高收入质量。全省地方一般公共预算收入完成10390.35亿元，比2015年增长10.3%，总量连续26年居全国各省市首位。全省税收收入完成8098.63亿元，比2015年增长11.1%。支出方面，实施“三挂钩一通报”，开展省直部门年度预算执行情况、综合支出进度和存量资金考核，按规定收回统筹省直部门预算资金和扣减市县2015年转移支付资金。继续清理盘活存量资金，提出压减存量资金一揽子措施，全省各级应收回存量资金均已收回并实际支出，收回资金统筹用于社会发展亟需支持的领域。从严控制一般行政性经费和“三公”经费增长，落实各项节支措施。省级行政和参公事业单位会议费及“三公”经费财政拨款支出5.99亿元。

财政经济调控

【概况】 2016年，广东省级年初预算安排相关资金2600亿元，运用财政投入和税费减免等一揽子政策措施，注重发挥好各类投资引导基金的作用，加大筹集社会资本参与经济社会事务建设力度，带动全省财政性资金近万亿元用于稳定经济增长。2016年全省与GDP核算相关的八类支出比2015年增长17.8%，拉动GDP增长约0.8个百分点。

【供给侧结构性改革】 2016年，广东省财政厅推进供给侧结构性改革，履行降成本行动计划牵头部门职责。牵头组织实施降低制度性交易成本、人工成本、税负成本、社会保险费成本、财务成本、电力等生产要素成本、物流成本等七方面35项政策措施。实现现行省定涉企行政事业性收费“零收费”、营改增试点全面推开、社保费用进一步降低等目标任务，全年降成本2124.63亿元。去产能方面，制订实施《关于支持国有企业出清重组“僵尸企业”财政政策措施》，安排1.37亿元支持处置“僵尸企业”，落实钢铁行业化解过剩产能省级配套奖补资金6564万元，安排4423万元支持做好淘汰落后产能工作；去库存方面，安排5亿元支持组建省属国企专业化住房租赁平台；去杠杆方面，完善地方政府债券发行机制和债务风险预警机制，做好存量债务置换工作；补短板方面，统筹安排资金超过400亿元，支持补短板重大项目实施。

【创新驱动战略支持】 2016年，广东省财政厅落实近三年统筹1000亿元支持创新驱动战略实施计划，投入325亿元推动各项工作落实，包括推动科技创新发展，支持实施企业研究开发事后奖补、创新券补助政策试点、新型研发机构建设和省市共建面向科技企业孵化器的风险补偿金等；增强创新驱动内生动力，支持高新技术企业培育，支持省市共建高校及高水平大学、理工科院校建设等；推动科技和经济融合，支持重大科技成果产业化、应用型科技研发等；推动完善创新链条，支持科技应用基础研究、公益研究与能力建设、协同创新与平台环境建设、前沿与关键技术创新等。选取省科技厅、省公安厅、省教育厅、省公安消防总队等作为试点部门，通过创新产品清单等措施开展政府采购支持创新驱动发展试点。印发实施进一步加强省级财政科研项目资金结转结余管理规定，通过完善项目立项和申报管理、分年度拨付补助资金、优化结余资金使用管理、加强结余资金收回再安排管理等，解决省级科技项目资金在研期间的持续使用问题，提高财政科研资金使用效益。

【粤东西北振兴发展和珠三角优先发展支持】 2016年，广东省财政厅支持粤东西北振兴发展和珠三角优化发展。省级统筹超过2000亿元落实粤东西北振兴发展战略，推进“三大抓手”，支持高速公路及普通公路、轨道交通、西江北江航道扩能升级及港口等交通基础设施建设，以及粤东西北中心城区扩容提质、新区加快发展和省产业园扩能增效。加大对贫困县域农业综合开发扶持力度，改进资金使用管理。加强统筹平衡，提出支持粤东西北财政平稳运行政策措施，根据营改增及增值税收入划分体制调整情况，调整完善激励性转移支付财政增量返还核算办法，制订实施促进县域经济社会发展十项财政政策措施，完善重点生态功能区转移支付机制，加大对“老少边穷”地区的支持力度。支持珠三角优化发展，落实支持横琴新区、南沙新区、中新广州知识城发展的财税政策措施，安排20亿元支持珠江西岸先进装备制造业发展，支持广东自贸区、珠三角自主创新示范区建设，以及广州开展地下综合管廊试点、珠海开展海绵城市建设试点、江门开展小微企业创业创新基地城市试点和东莞、梅州、韶关开展节能减排财政政策综合示范城市建设。同时，支持珠三角与粤东西北产业共建，研究制订产业共建的财政政策措施，政策实施期内统筹约210亿元，对企业实行普惠性事后财政奖补和一次性叠加财政奖补相结合，对转出转入地实行共建项目经济利益共享，鼓励有技术含量的珠三角企业优先在省内梯度转移，推动珠三角与粤东西北产业共建。

财政民生保障

【概况】 2016年，广东省完善保障改善民生基本制度。修编基本公共服务均等化规划纲要，明确广东省基本公共服务制度，编制基本公共服务清单，调整细化新一阶段目标任务，将10个领域基本公共服务项目细化为109项具体内容，推进基本公共服务均等化。全年全省基本公共服务支出4969亿元，占一般公共预算支出比重达35.7%，比2015年提高0.33个百分点。

【底线民生保障】 2016年，广东省落实底线民生保障。加大投入力度，保障城乡低保补助、五保供养、医疗救助、基础养老金、残疾人保障、孤儿保障等六类底线民生项目，全年全省投入底线民生保障资金276.27亿元，比2015年增长8.7%。

【民生十件实事】 2016年，广东省财政厅抓好十件民生实事工作。牵头遴选强化低收入困难群体住房保障、促进教育资源公平均衡配置、加强污染治理和生态建设等2016年十件民生实事项目，并做好巩固提升底线民生保障水平、改善农村生产生活条件两个项目实施，配合推进其他民生实事项目实施。全年全省十件民生实事下达拨付资金2366.76亿元，完成年初预算的111.8%，其中省财政下达拨付资金941.05亿元，完成年初预算的108%。

【基本民生保障】 2016年，广东省加强基本民生保障。城乡居民基本医疗保险补助标准从年人均380元提高到420元，城乡居民基本养老保险基础养老金从每人每月100元提高到每人每月110元，城镇低保补差水平从每月374元提高到每月418元，农村低保补差水平从每月172元提高到190元，农村五保集中、分散供养水平实际分别达到年人均9600元、7600元，城乡医疗救助人均补助标准从1556元提高到2178元，实际年均每人次住院医疗救助达到2516元，山区和农村边远地区义务教育学校教师岗位津贴标准从人均700元/月提高到800元/月等。

【精准扶贫　精准脱贫】 2016年，广东省财政厅落实精准扶贫、精准脱贫工作要求。印发精准扶贫开发资金筹集方案及资金使用监管办法等，2016年安排130.3亿元，支持实施精准扶贫精准脱贫，并按照规范资金筹集、规范资金分配、规范资金使用、规范项目管理、规范财务管理、严格监督检查、严格绩效考核、严格责任追究的“五规范三严格”抓工作落实。

【基层公共服务平台建设】 2016年，广东省财政厅推进基层公共服务平台建设。履行牵头部门职责，统筹各级财政资金63.5亿元，推广村（社区）公共服务中心（站）建设试点，提高村（社区）公共服务水平，推进公共服务向基层延伸。全省121个县（市、区）基本建成县级公共服务中心120个，占比99.2%；1609个乡镇（街道）基本建成镇级公共服务中心1583个，占比98.4%；25925个村（社区）基本建成村（社区）公共服务中心（站）25521个，占比98.4%。

财政改革管理

【财政改革】 预算管理制度改革　2016年，广东省实施预算管理制度改革。细化预算编制，税收返还和转移支付补助分地区分项目编制，省级专项资金分为目录清单、使用总体计划和备选项目库三张表编制，部门预算按基本支出和项目支出分别细化到经济分类的“款”级科目；推进零基预算改革，2016年扩大到20个单位，编制2017年预算时覆盖全部省级一级预算单位，实现预算安排由“基数＋增长”向“动态＋标准”转变；全面推进项目库管理改革，除基本支出之外全部省级财政资金纳入项目库管理改革范围，入库项目2.8万个，预算管理模式实现由“以资金分配为主线”转变为“以项目管理为主线”，由“先定预算，再定项目”转变为“先定项目，再定预算”；加快中期财政规划管理，基本建立跨年度预算平衡机制，实施项目全周期滚动管理，推动支出确定由“当年安排当年工作”向“当年研究下年工作”转变。

省以下财政体制改革 2016年，广东省财政厅推进省以下财政体制改革。调整省以下财税体制，制订实施《全面推开营改增试点后调整省以下增值税收入划分过渡方案》，将省以下增值税（不含电力增值税）收入划分比例调整为五五，实现省与中央收入划分体制相衔接；印发《关于健全生态保护补偿机制的实施意见》，探索建立有利于调动各方积极性的多元化生态保护补偿机制，促进受益地区与保护地区共同发展；制定《广东省农业转移人口市民化奖励资金管理办法》，建立省以下农业转移人口市民化奖励机制；完善增值税收入划分体制调整配套政策，研究优化激励性转移支付政策，完善“老少边穷”地区转移支付政策，增强对粤东西北支持力度，确保粤东西北财政平稳运行；研究制订广东省省以下财政事权和支出责任划分改革实施方案。

财政投入改革 2016年，广东省财政厅推进财政投入改革。加快公共服务领域推广运用PPP模式，纳入省PPP项目库管理的项目147个，总投资额2293亿元；入选财政部示范项目由4个增加到22个，签约落地17个，落地率达77%，超过全国平均水平28个百分点；省级经清理规范后整合设立政策性基金15项，投入375.3亿元，基金计划规模2748.3亿元，财政资金平均放大7倍；创新农业资金投入方式，制订现代农业产业发展基金组建方案和产品目录，推动设立省农业融资担保有限责任公司，加快发展农业保险，在国内首创巨灾指数保险模式，开展巨灾保险试点。

税收制度改革 全面推开营改增试点，将试点行业扩大到建筑、房地产、金融和生活服务业，试点纳税人户数增加到280.81万户，累计实现减税788.44亿元，各行业税负只减不增目标基本实现；推进资源税改革，印发《关于实施资源税改革的通知》，将广东省28个矿产资源品目纳入资源税改革范围；推进其他税收政策改革试点，启动境外旅客离境退税试点。

其他领域改革 支持创新驱动发展先行省建设改革创新，创新财政科技资金投入方式，实现稳定性和竞争性相结合，立项资助和普惠性政策相协调，优化财政科技投入结构；支持司法体制改革，完善司法人员工资改革政策，全面推开省以下法院、检察院财物省级统一管理改革；支持省以下审计机关人财物统一管理改革，出台财务管理配套办法；全面推开农业“三项补贴”改革，规范基础数据采集、补贴资金发放等工作；推进行政事业单位养老保险制度改革、医药卫生体制、教育体制改革等。

【财政管理】 专项资金管理 修订《广东省省级财政专项资金管理试行办法》，规范专项资金设立退出，细化专项资金预算编制，规范专项资金预算执行，对专项资金实行清单式动态管理。继续推进专项资金清理整合，落实“一个部门一个专项”，省级财政专项资金从2015年的237项压减到2016年的52项，编制2017年预算将进一步压减到51项，并不再固化安排“子专项”，将跨年度支出从“一次安排、分年执行”向“一年一定、据实安排”转变。

财政库款管理 实施库款资金存量与增量调度挂钩，印发库款资金存量与增量调度挂钩工作规程，规范省财政对下级财政增量调度资金管理，保障财政资金合理调度和安全使用，提高财政资金使用效率。

行政事业资产管理 印发省直行政事业单位国有资产对外出租出借清查工作方案等文件，执行规范和加强国有资产管理以及出租出借管理的有关规定，租金收入一律实现“收支两条线”管理。

政府采购监管 通过实行计划合同备案制、提高公开招标数额标准和采购限额标准、推行电子化采购、试行进口产品清单管理，以及探索推动省属高等院校科研仪器设备项目库管理等具体措施，优化政府采购流程。同时，提出进一步加强政府采购管理的意见，在细化政府采购时间节点、合理选择政府采购方式、规范委托代理行为、优化进口产品采购核准程序、加快资金支付等方面加强督促指导，加快政府采购实施进度，解决政府采购慢、操作不规范等问题，促进政府采购效率提升。

财政投资审核管理 印发投资审核内部工作规程，推进审核监管关口前移，加强与预算管理改革措施协调衔接，并探索联合审核机制，明确审核规范标准。

财政监督管理 在一个基本制度和8个专项内控办法基础上，制定35项内控操作规程，形成“1+8+X”模式的内部控制制度体系，并完善内部稽核规程，强化巡视、审计、督查反馈问题整改落实，全面加强内部控制管理。强化财政监督检查，继续组织开展转移支付资金、专项资金及“三公”经费使用管理监督检查，并在全省组织开展技改奖补、高新技术企业培育奖补资金和税收优惠政策落实情况专项检查，涉及资金178亿元，对20个市、121个单位出具检查结论及处理决定。

财政绩效管理 规范第三方绩效评价和预算绩效目标管理，完善预算绩效管理链条。开展一般性转移支付、创新驱动资金、住房保障资金等22类、278项资金的绩效评价工作，涉及资金达6000亿元。选取6个部门开展省级部门整体支出绩效评价试点工作，实现评价范围向“部门整体支出、专项资金、财政政策和财政管理”的横向覆盖。

财政信息系统一体化建设 启用新版信息管理综合平台。实现预算管理全链条闭环管理，将预算收入管理、编制、执行、核算、决算、绩效评价、监督及信息公开等预算管理全流程纳入信息一体化体系，并将专项资金管理、政府采购、资产、投资审核等相关模块整合进信息管理综合平台，实现业务流程贯通、数据存储集中，业务系统碎片化、信息“孤岛”等顽疾得到明显改进。推进全省财政资金实时在线联网监督系统建设。按照“关口前移、上下衔接、全程跟踪”要求，建立横向覆盖各级次预算单位、纵向贯通省、市、县各级的财政资金实时在线联网监督系统，逐步实现“横向到边，纵向到底”的多层次、全方位财政资金监督体系，并在此基础上有序推进财政信息一体化向市县延伸。

财政信息公开　在省政府网站设置“政务公开—部门财政预决算信息公开”栏目，对各地各部门预决算信息通过集中链接进行公开，并通过省级专项资金管理平台及时公开专项资金信息，118个非涉密省级部门中有117个公开2016年部门预算、“三公”经费预算，21个地级以上市、119个县市区全部公开2016年总预算及市本级部门预算、“三公”经费预算；在厅门户网站设置重点领域信息公开专栏，推进信息公开规范化建设，在做好预决算、专项资金、“三公”经费信息公开基础上，将财政信息公开拓展到重点项目资金、政府采购预算、PPP项目及减税降费等领域；提请省政府印发《关于进一步推进广东省财政信息公开工作的意见》，建立分工明确、责任清晰的工作机制，健全工作指引沟通机制，明晰公开要求和工作流程，健全督查机制，对未按规定公开预决算的部门和单位相关责任人严肃追究责任。

财政风险防范　2016年，广东省财政厅加强财政风险防范。建立库款保障与资金调度平衡机制，防范引发财政运行风险，保运转、保支付、保稳定。督促指导市县财政部门防控收入质量问题。对非税收入占比高的市县进行警示提醒，主动协商研究对策措施，督促解决非税收入占比过高影响收入质量的问题；印发《广东省政府性债务风险应急预案（试行）》等系列规范性文件，完善广东省地方政府性债务监管体制，将债券收支纳入预算管理，落实政府债务限额管理，健全风险预警机制，分类处理解决存量债务，同时合理安排各期债券支出计划，抓好存量债务置换工作。2016年，发行地方政府债券3499.71亿元，其中新增政府债券631.9亿元，置换债券2867.81亿元。

第二届对非投资论坛

【概况】　2016年，经国务院批准，由广东省人民政府、国家开发银行和世界银行联合主办第二届对非投资论坛。参加论坛的中外嘉宾包括国务院副总理马凯、南非总统祖马、贝宁总统塔隆、世界银行行长金墉等300多人，举办各类活动11场，签署项目合作协议金额超过25亿美元，期间开展国家领导人及省领导多边、双边活动15场次。

（办公室供稿，柯迪执笔）

降成本组合政策措施

【概况】　2016年，根据中共广东省委、省政府关于推进供给侧结构性改革五大重点任务的工作部署，由省财政厅牵头实施降成本工作。对此，省财政厅在深入调查摸清企业成本情况的基础上，会同省有关部门研究提出降成本政策意见。省委主要领导主持专题会议听取情况汇报，研究贯彻落实中央决策部署的具体意见，省政府领导多次召集研究完善政策文稿，于2016年2月出台《广东省供给侧结构性改革降成本行动计划（2016—2018年）》（简称降成本行动计划）。省财政厅牵头抓组织实施，各地、各部门细化制订具体实施方案和责任清单，组织开展专项督查，推动降成本行动计划各项政策措施落地，取得明显成效。

现行省定涉企行政事业性收费实现“零收费”，收费目录清单管理制度全面建立，营改增全面扩围，社会保险单位费率在全国范围处于较低水平，全省21个地级以上城市均公布本地区规范和阶段性适当降低住房公积金缴存比例工作办法，全省18个试行普通车辆通行费年票制的地市均取消年票制。各地创新政策措施，中山市实行收费情况报告制度，河源市将市县级收入项目从342项减少到182项等。各项降成本措施集中发力，2016年帮助企业减负2124.63亿元。

【工作措施】　2016年，广东省财政厅加强组织领导，健全工作机制。各地、各部门重视降成本行动计划实施工作，省级层面成立由省财政厅牵头，省编办、省发展改革委等18个部门负责人为成员的工作小组，领导小组下设办公室，负责组织协调省供给侧结构性改革降成本行动计划实施工作，并建立联络员工作制度。各地各部门也成立相应领导机构，明确部门责任，形成齐抓共管的工作格局。如珠海、湛江等市专门成立降成本工作领导小组，东莞等市专门成立减轻企业负担联席会议制度，建立市镇村三级减负工作机构，落实各级单位工作责任。

深入调查研究，完善政策措施。省财政厅组织开展企业成本调查摸底，研究帮助企业降成本的政策措施，提出降低制度性交易成本、人工成本、税负成本、社会保险费成本、财务成本电力等生产要素成本、物流成本等七方面35项政策建议，形成省政府降成本行动计划。同时，加强配套政策措施衔接，相继印发《广东省免征部分涉企行政事业性收费财政保障实施方案》和《广东省免征部分涉企行政事业性收费省级财政保障措施》，做好财政资金保障工作。2016年8月，国务院印发《降低实体经济企业成本工作方案》后，牵头研究贯彻落实国务院方案的意见，拟订全省降低实体经济企业成本工作方案，提出降低实体经济企业成本的57项政策措施，加大降成本工作力度。

加强督促评估，确保政策举措落实。省财政厅印发降成本行动计划督查工作方案，对降成本行动计划督导工作进行具体部署，建立专项工作台账，梳理77项具体工作措施，逐项明确责任部门，建立降成本任务完成统计表及工作台账按月（季度）报送机制，配合省委督查室、省府督查室组织开展两次实地督查，强化督察督办，确保工作实效。按照国家发展改革委要求，对全省2016年降成本工作效果进行了阶段性评估，包括工作推进机制、工作进展、政策实施效果等，以评估促落实，加大工作力度，统筹推进各项政策措施落地。各地也参照省的做法，建立由市督查部门牵头的协调联动机制。

加强宣传引导，提振发展信心。降成本行动计划印发实施后，受到各界普遍关注，各类媒体开展形式多样的宣传和解读，人大代表、政协委员等积极建言献策，形成支持降成本的广泛共识。各地各有关部门结合工作实际加强宣传引导，如省财税部门通过媒体对营改增试点政策和工作情况进行滚动宣传报道，第一时间制作“两分钟读懂营改增”、“营改增十问十答”、图解征管办法等动漫、宣传图等，通过微信等互联网渠道主动推送给纳税人，营造良好氛围；中山市通过召开千家民企大会、中山发布微博、微信红包等方式宣传惠企减负政策，佛山市通过召开新闻发布会等形式开展专项宣传，形成良好的工作氛围。

【落实成效】 2016年，广东省财政厅税负成本明显降低。全面推进营业税改增值税试点。2016年5月1日起，营改增试点行业扩大到建筑、房地产、金融和生活服务业，截至2016年底，全省营改增试点纳税人280.81万户，全年累计减税788.44亿元，减税规模全国最大，基本实现各行业税负只减不增的目标。围绕创新驱动战略实施，采取财政奖励措施引导企业申报高新技术企业、实行研发费用加计扣除等，落实高新技术企业优惠政策、研发费用加计扣除优惠政策、固定资产加速折旧优惠政策、集成电路和软件企业等税收优惠政策。组织开展高新技术企业税收优惠政策执行专项检查，改善纳税服务，做到应免尽免，2016年实现减税726.8亿元。

制度性交易成本有效降低。涉企行政事业性收费项目和金额大幅减少，印发《关于免征部分涉企行政事业性收费的通知》，2016年为企业减免相关收费金额129.5亿元，现行省定涉企行政事业性收费实现“零收费”；2016年公布实施两批126项行政审批中介服务事项，不再作为行政审批的受理条件；规范进出口环节经营服务性收费，推进港口收费政策改革，对在海关环节查验没有问题的集装箱货物和箱式货柜车运输物，免除仓储、移位、吊装费用；建立省级收费目录清单管理制度；组织开展全省涉企收费、银行收费、电力价格、进出口行业等各项检查，加强涉企收费监管。

人工成本合理控制。合理调节最低工资标准增长；组织开展“春风行动”“南粤春暖”等系列公共就业服务活动，落实就业补贴政策，加强公共就业服务；2016年新增高技能人才23.4万人，建立学校主导、行业指导、企业参与的专业建设机制，启动建设首批33个省级重点专业和10个省级特色专业，举办广东省技工院校技能大赛，提升企业劳动力技能水平；将失业保险基金支持企业稳岗政策实施范围扩大到所有符合条件的企业，2016年发放稳岗补贴45.15亿元，惠及职工797万人。

社会保险费成本合理降低。落实生育保险、失业保险、工伤保险、基本养老保险等各项社会保险费用费率下调政策，社会保险费单位费率在全国处于较低水平；按照国家统一部署开展合并生育保险和基本医疗保险试点；明确住房公积金缴存比例按规定不得超过12%，全省21个地级以上城市均公布本地区规范和阶段性适当降低住房公积金缴存比例工作办法。

财务成本有效降低。全省设立或正在筹建的政策性担保和再担保机构26个；优化信贷结构，加大对战略性新兴产业、先进制造业、生产性服务业等重点领域的信贷支持；提高企业直接融资比例，广东境内上市公司总数继续保持全国首位，区域性股权交易市场建设成效显著；21个地市、佛山市顺德区及20个县（区）设立信贷风险补偿资金；累计办理小额票据贴现33523笔，金额119.96亿元，小额票据贴现加权平均利率为3.32%，与市场平均利率的利差从0.5个百分点下降至0.22个百分点。发挥广东省中小微企业发展基金、广东省重大科技成果产业化基金、广东省重大科技专项创业投资引导基金等政策性产业基金作用，通过股权投资等方式，为企业提供长期、稳定的资金来源，减轻企业筹资压力，支持企业发展。全年发行地方政府债券3499.71亿元，降低公共基础设施项目举债融资成本。

电力等生产要素成本进一步降低。调整销售电价，全年降价金额

71亿元，加快推进电力市场化建设和售电侧改革试点，培养市场主体2016个，其中电力用户1746家、售电公司210家、发电企业60家；完善“西电东送”交易机制，会同南方电网公司分别与云南和贵州签署“十三五”云电送粤、黔电送粤框架协议；建立购气成本与城市管道燃气价格联动机制，降低油气使用成本；完善工业用地供应制度。

物流成本稳步降低。以托盘标准化及其循环共用、城市配送体系标准化建设为依托，推进物流标准化试点工作，建成深圳华南物流、珠海汇通、广州黄埔、广州林安等采用多式联运、甩挂运输等先进运输组织方式的货运枢纽（交通物流园区）；2017年1月1日起全省18个试行普通车辆通行费年票制的地市均取消年票制，落实鲜活农产品绿色通道免费通行政策等；推广应用PPP模式，构建交通项目多元化的筹资、运营模式。

全省各地在落实省统一部署的同时，结合各地实际，采取一系列具有地方特色的政策措施，帮助企业降低生产经营成本。广州市研究制订建设工程项目审批制度改革实施意见，精简6个环节、合并办理14个事项，下放7项审批权限，降低制度性交易成本。梅州市举办“春暖梅州”“民营企业招聘周”“广州—梅州劳务人才对接”等各类型就业服务专场、现场招聘会442场，为供求双方搭建全免费的公共就业招聘平台，组织劳动力免费技能晋升培训2.2万人，实际发放补贴资金4031万元。肇庆市加大力度落实国家重点扶持的高新技术企业税收优惠政策，为符合条件的高新技术企业减免税负2.6亿元。惠州市实现职工医保与生育保险合并实施，每年约减轻企业负担3.8亿元。东莞市建立统筹统贷机制，以贷款形式批发承接国家开发银行低成本资金，并以融资租赁模式向“机器换人”企业提供所需资金，实现中小微企业“零首付”购置设备。深圳市回购4条市内高速公路，实施免费通行，2016年降低企业物流成本10.12亿元。佛山市启动“互联网+”易通关改革以及国际贸易“单一窗口”建设，提升关区通关实效。（办公室供稿，冯冰执笔）

省级财政工作

Provincial-Level Finance Work

财政法制税政

【财政法制】 2016年，广东省财政厅配合国家和省有关部门做好《中华人民共和国烟叶税法》《广东省实施〈中华人民共和国律师法〉办法》《基础设施和公共服务项目引入社会资本条例》等立法工作，对转来省财政厅征求意见的100份法律、法规和200份党内规范性文件，组织研究并提出立法意见，把好财政职能关；制定发布规范性文件《关于继续实施公共交通车船和农村车辆车船税减免政策的通知》，推进《广东省政府非税收入管理条例》和《广东省预算绩效管理办法》等立法工作，《广东省政府非税收入管理条例》的前期立法准备工作基本完成。

为确保实现省财政厅“十三五”时期依法行政依法理财工作水平处于全国前列，根据《广东省法治政府建设实施纲要（2016—2020年）》和《法治财政建设实施方案》要求，结合工作实际，制订《广东省法治财政建设实施方案》，召开全省财政法治工作会议暨七五普法动员会议。

制定出台《广东省财政厅法律风险内部控制办法（试行）》和《法规税政处内部控制操作规程（试行）》，对1080份文件进行合法性审核，涉及财政预算管理、政府采购、行业监管、财政投资项目等业务类型。

2016年，作为行政复议机关办理行政复议案件33件（维持18件、复议驳回3件、撤销6件、确认违法2件、不予受理1件、申请人撤回复议申请3件），作为被申请人案件5件（复议驳回1件、复议终止1件、复议撤销1件，复议维持2件），行政应诉案件15件（驳回15件），合计53件，是2015年案件总数的1.8倍。

根据《中华人民共和国资产评估法》的调整，及时函请省编办调整“资产评估机构（含分支机构）审批”事项，由原先的事后审批变为备案制，行政许可事项减少到4项（含子项7项）；按照国家和省信用办关于做好行政许可和行政处罚等信用信息公示工作的要求，梳理省财政厅行政许可和行政处罚的事项名称和公示要素，组织各相关业务处室收集整理过往年度的行政许可、行政处罚信息并报送省信用办。同时，与厅办公室、厅信息中心共同完成厅门户网站“双公示”栏目建设；完成行政审批标准化合法性备案审查，按照规范受理范围、简化申请材料、明确审批条件、严格审批时限的要求，梳理优化行政审批要素和流程。

按照省依法行政工作领导小组的工作部署，根据《广东省法治政府建设指标体系（试行）》和《广东省依法行政考评办法》认真组织开展依法行政考评自查工作，并结合考评结果组织各处室完善依法行政依法理财工作机制，查漏补缺，总结提升依法行政水平。

2016年，省财政厅被评为“2011—2015年全国法治宣传教育先进单位”，法规税政处被评为“2011—2015年广东省法治宣传教育先进单位”“全国财政‘六五’法治宣传教育先进普法办公室”。此外，省财政厅制定《全省财政法治宣传教育第七个五年规划》；组织全省财政部门参加“全国百家网站、微信公众号法律知识竞赛”活动；联合中山大学对全厅干部450余人开展为期两天的集中培训，培训课程包括依法决策与公众参与、法治政府建设中的依法行政能力管理与创新等内容。

为提升财政管理法治化水平，牵头会同信息中心完善财政法规数据库建设，完成财政法规库上线工作，实现与财政部、各省市财政部门的数据联网。

2016年，省级财政收到破产债权资金4937894.12元，其中中关村证券股份有限公司破产第三次分配款1190364.30元，广东证券股份有限公司破产管理人上缴破产分配款3747529.82元。

【地方税政】 2016年，广东省财政厅牵头开展境外旅客离境退税政策实施准备工作，7月1日会同省自贸办等有关单位在南沙港举行广东省境外旅客离境退税政策实施启动仪式，启动实施该项政策，并逐步扩大到64家退税商店，累计办理退税申请200多笔，累计退税金额20多万元；争取财政部出台自贸区进口税收政策，广东获财政部批准开展选择性征收关税试点。

按照财政部的统一部署，继续开展重点企业税源快报、税式支出、重点产品国际竞争力调查、关税调整建议等四项调查，并开展重点企业税源调查快报工作。

2016年，经认定获得免税资格的非营利组织190个，累计认定名单2344个。会同科技厅等有关部门开展2016年高新技术企业认定审核工作，2016年累计认定高新技术企业7487家。参与审核软件企业、集成电路企业等税收优惠资格，并形成与税务部门、发改委、经信委的具体操作工作机制，促进税收优惠落实到位。

办理有关政策文件涉税征求意见会办近500件，把好税政管理关。办理涉税人大代表建议主办件3件，人大代表建议会办件2件，政协提案会办件4件，协调解决有关税收政策落实问题。

【税制改革】 2016年，按照国家部署，会同省地税局开展资源税改革测算，广东省财政厅研究提出广东省28个税目税率建议以及资源税减免税政策建议，草拟资源税改革方案和实施资源税改革通知，经财政部核准和备案同意后，连同广东省自定的税目税率共28个资源税改革品目以及税收优惠政策，由省政府公布，自2016年7月1日起全面实施，并按照财政部的要求做好政策运行评估工作。

按季度对税制改革影响地方收入和结构性减税情况进行专题分析，形成专题材料呈报厅领导。按照省委要求，开展地方税体系专题研究，梳理国内外专题观点和地方税体系现状及存在问题，形成专题研究报告。

按照财政部部署，先后开展资源税专题调研、耕地占用税法调研、环境保护税立法调研、车辆购置税立法调研、内部车船税优惠政策调研、股权转让引起的房地产转让土地增值税相关政策问题调研，为财政部提供政策研究的参阅资料。

（法规税政处供稿，潘敏执笔）

【营改增全面试点】 2016年，广东省各级财税部门先后召开全省营改增试点工作视频会，制订实施方案，明确59项工作任务，实行倒排工期、责任到人。同时，广泛宣传动员，组织13个主管部门和15家行业协会参与做好政策宣传和监测分析，组织南方日报社等主要媒体连续刊发报道，营造良好的宣传氛围。按照国家统一部署，2016年5月1日，广东省全面推开营改增试点，将试点行业扩大到建筑、房地产、金融和生活服务业。

截至2016年12月（税款所属期，下同），广东省营改增试点纳税人280.81万户，比5月启动试点时增加8.97万户，增长3.3%，其中四大行业增加4.02万户。按行业分，“3+7”行业试点纳税人103.39万户，四大行业试点纳税人177.42万户，分别比5月增长5.03%和2.32%。从减税规模看，2016年5—12月，广东四大行业实现净减税202.4亿元，加上1—12月前期试点行业增加抵扣减税297.44亿元，原增值税纳税人增加抵扣减税288.6亿元，全年累计实现减税788.44亿元，占到全国同期减税5700亿元的13.8%，在全国减税规模最大。从减税幅度看，截至2016年底，四大行业均实现税负只减不增，总体减负15.1%，其中：建筑业、房地产业、金融业和生活服务业分别减负6.3%、6.3%、7.4%和31.5%。特别是占试点纳税人82%共计232万户的小规模纳税人，由过去5%的营业税率改革为实行3%的简易计税后税负下降达40%。从财政减收情况看，2016年6—12月征收增值税和营业税合计同比下降3.4%，其中四大行业实现增值税与2015年同期营业税下降20.2%，远低于以往年度10%左右的增幅。

成效　广东省全面推开营改增试点，至年底，取得的主要成效有：

减少重复征税，企业税负明显减轻。由于营改增的全面推开，消除增值税和营业税并行所造成的重复征税问题。从试点情况看，四大行业整体全面实现净减税，细化分26个行业，减税额最大的5个行业为餐饮业、不动产出租业、房地产开发业、商务服务业和居民服务业。

打通抵扣链条，转型升级明显加快。营改增试点后，第二、三产业之间的抵扣链条得以打通，推动主辅分离，现代服务业加快发展。营改增试点激励企业将内部研发、设计、营销等环节从原有的企业分离出来，走专业化发展道路。同时，促进技术改造，制造业加快升级。

促进规范管理，市场环境明显优化。试点中企业普遍优化经营模式，开展集中采购，加强内控管理。如有的纳税人明确规定差旅费、办公用品等抵扣比例，倒逼业务部门要求客户提供专用发票。

激发业态创新，市场活力明显增强。5—12月，全省试点纳税人新增近9万户，其中四大行业新增4万户。在具体行业中，建筑业探索装配式、工厂化模式发展，不少房地产企业将施工、园林、物业等配套服务剥离实行专业化、产业化。金融行业向资产管理、金融产品等现代金融服务发展。

（法规税政处供稿，郭玉祥执笔）

财政预算管理

【财政预算安排】 2016年，广东省编制财政收支预算总的指导思想是：落实党的十八大，十八届三中、四中、五中全会精神和中央经济工作会议精神、习近平总书记系列重要讲话精神以及省委、省政府决策部署，坚持创新、协调、绿色、开放、共享的发展理念，实行宏观政策要稳、微观政策要活、改革政策要实、民生政策要托底的总体思路，继续实施积极的财政政策并加力增效，扎实推进预算管理、财政体制等各项改革，落实稳增长、促改革、调结构、惠民生、防风险各项政策措施，促进经济持续健康发展，为实现“三个定位、两个率先”目标任务提供坚强财力保障。

全年全省一般公共财政预算收入按可比增长9%安排10114亿元，人均收入9307元，比2015年增加672元。主要收入项目安排为：税收收入8002.89亿元，其中增值税1459.65亿元，营业税2259.4亿元（2016年收入预算按“营改增”扩围前政策预计安排），企业所得税1357.98亿元，个人所得税566.25亿元，城市维护建设税511.9亿元，房产税262.69亿元，城镇土地使用税153.75亿元，土地增值税621.51亿元；非税收入1618.49亿元；政府性基金预算转列一般公共预算收入492.57亿元。

全年全省一般公共财政预算支出按可比增长9.5%安排11459亿元，

人均支出10544元，比2015年增加713元。主要支出项目安排：教育支出2303.62亿元；科学技术支出345.48亿元；文化体育与传媒支出221.59亿元；社会保障和就业支出1020.93亿元；医疗卫生与计划生育支出989.24亿元；节能环保支出318.15亿元；城乡社区支出990.71亿元；农林水支出842.16亿元；交通运输支出1024亿元；住房保障支出322.67亿元。

【财政预算支持方向】 2016年，广东省财政预算围绕保增长、降成本、调结构、促协调、保民生的目标，编制财政预算。

稳增长方面，省级年初预算安排相关资金2600亿元，全年全省统筹财政性资金近万亿元用于稳定经济增长。

降成本方面，落实广东省推进供给侧结构性改革工作部署，研究执行广东省降低企业制度性交易成本的政策措施，分步对全省企业免征34项行政事业性收费地方收入，实现广东省现行省定涉企行政事业性收费“零收费”，2016年减免收费金额129.5亿元。

调结构方面，省级统筹615亿元，综合运用补助、贴息、风险补偿、设立引导基金等方式，重点支持珠三角自主创新示范区建设、高新技术企业培育、高水平大学及理工科院校建设、重大科技成果转化等。

促协调方面，省级统筹1893亿元落实粤东西北振兴发展战略，推进“三大抓手”；参与制定《关于深化珠三角地区与粤东西北地区对口帮扶工作的意见》，省市财政预算安排总计约210亿元支持省内产业共建；省级财力向基层倾斜，提高一般性转移支付占比，在省级转移支付中，一般性转移支付占比提高到65%。

保民生方面，全年省级预算支出中用于保障和改善民生、均衡区域基本公共服务水平和帮助市县增强发展后劲的支出3057亿元，占省级总支出的81.5%，比2015年提高0.5个百分点；其中，安排872亿元用于“十件民生实事”，占省级一般公共预算支出的23.2%。

【预算执行管理】 税收收入分析监控加强 2016年，广东省加强税收收入分析监控。拓展分析视野，加强对税收收入分税种、分行业、重点税源等监控，争取建立税务、人民银行部门收入信息交换固定机制；关注政策变动，包括中央营改增全面扩围、中央收入划分体制调整等政策，及省以下体制调整、减免行政事业性收费等各项因素，跟踪收入增长变动，做好分析测算；关注收入质量，落实《广东省市县财政收入质量考核办法》，促进财政收入平稳、持续、健康发展。2016年，来源于广东的财政收入完成22830.37亿元，比2015年增长9%；全省一般公共预算收入累计完成10390.35亿元，其中税收收入完成8098.62亿元，增长11.1%，增速持续高于全国平均水平，税收占比77.9%；剔除政府性基金转列一般公共预算因素后，税收占比为83.5%，比2015年提高2个百分点。省级一般公共预算收入税收收入完成2220.27亿元，比2015年增长11%，税收占比89.7%。

非税收入管理规范 推动非税管理法制建设，将《广东省政府非税收入管理条例（稿）》广泛征求意见，草拟《广东省政府非税收入管理条例释义》，对条例进行逐条解释说明，提交省法制办按程序办理立法；完善非税管理制度建设，印发《广东省省级非税收入退库管理暂行办法》，明确申报审核要求；推进非税系统建设，实施《广东省级非税收入管理系统二期需求升级改造建设方案》，完成网上缴费平台、基础信息管理、手续费管理、应收未缴账务管理、退库管理等模块建设；推进便民、利民政策实施，新增非税缴款通知书二维码扫码支付功能，方便群众缴费；在全省推广应用交通违法罚款网上缴纳工作，解决异地缴纳交通违法罚款难的问题。

财政支出管理强化 完善支出管理制度，修订省级部门支出进度统计通报制度，制定省直部门年度预算执行情况考核办法，并纳入省政府绩效考核范围；按预算法要求下达预算，省级在省人大批准预算后的7日内批复部门预算，75%以上的转移支付资金在2015年底前提前下达；加强对省级支出进度的跟踪督导，印发《关于采取有效措施切实加快财政支出进度的通知》，实行每月省直部门、厅内各业务处室支出通报，定期督促大额资金支出；严格落实“三挂钩一通报”制度，印发《关于采取有效措施切实加快财政支出进度的通知》，明确支出目标和支出重点，对支出进度不达标的部门，按一定比例对部门资金收回统筹；全面加强督查。配合省政府开展全省财政支出专项督查动员会相关工作，参与3个支出专项督查组，对全省21个地级以上市和省直部门财政支出工作开展全面督查，2016年1—11月广东省（不含深圳）支出进度在全国排名比2015年同期提升10位，深圳排名第一位；研究提出压减存量资金一揽子措施，建立存量资金支出情况通报制度。

预算约束强化 2016年，广东财政认真落实预算法等规定，严格执行经批准的预算。按照财政预算、用款计划、项目进度、有关合同和规定程序办理资金审核拨付；控制不同预算科目、预算级次或者项目间的预算资金的调剂，对确需调剂使用的，审核把关，并按规定程序报批；加强对财政资金分配使用的审核把关，严控预算单位行政经费支出、过高标准支出及不合理支出；严控省本级支出，加大对下转移支付力度；严控扶持对象、范围、分配方式及绩效目标不符合资金管理办法的支出；严控将专项资金用于补充人员公用经费、安排楼堂馆所建设等。

预算支出进度加快　2016年，广东省建立并落实“三挂钩一通报”机制。即市县支出进度与转移支付挂钩、市县库款规模与资金调度挂钩、省直部门支出考核与财政资金安排挂钩以及市县和省直部门支出进度通报机制，定期对省级部门及市县支出情况进行通报，并将支出进度与预算安排挂钩，并将省直部门预算执行情况纳入省政府绩效考核范围。

限时批复下达预算。通过细化预算编制、提早确定专项资金总体计划和明细计划等措施，将下达省级部门资金在省人大批准预算后的20日内全部批复部门；75%以上的转移支付资金在2015年底前提前下达市县，其余除个别据实清算类资金外，基本上都按照法定时限（即一般性、专项转移支付分别在30日、60日）要求下达。2016年上半年省直部门专项资金等下达进度达90%，比2015年提前3个月。

加强财政支出督查。配合省政府召开“全省财政支出进度集体约谈会”“全省财政支出专项督查动员会”，多次召开全省会议、抓支出进度专项工作会议等，研究部署加快资金支出进度的措施。开展对21个地级以上市和省直部门的财政支出专项督查，对财政支出工作进行全面“体检”，推动支出进度明显加快。2016年1—11月，广东省（不含深圳）支出进度在全国排名比2015年同期提升10位，深圳排第1位；2016年省级部门预算项目支出进度为83.8%，比2015年加快3.6个百分点。

研究优化预算执行管理流程。深化国库集中支付，改进和规范基建项目管理和资金安排，提高政府采购执行效率，优化资金安排审批流程，加快推进财政支出进度。对于不需按原用途使用的资金，按程序调剂用于其他亟需资金支持的领域，依法依规整合使用，加快财政支出效率。

加强与部门、市县的沟通协调。先后多次开展《预算法》学习培训，并了解各地、各部门预算执行情况，就存在问题提出对策建议。

财政存量资金盘活　2016年，广东省全面部署盘活存量资金有关工作。省政府、省财政厅先后召开多次会议研究部署盘活存量工作，通报工作进展和存在问题，加强工作指导和督促检查，多措并举加快推进存量资金盘活使用力度。

规范各类存量资金的清理盘活。对结转2年以上的各类结转资金及结余资金，收回预算统筹；政府性基金结转超过30%的，调入一般公共预算统筹使用；部门预算人员经费、公用经费结余不再结转使用；对依规设立的财政支出专户资金中超过2年以上的结转资金及时调入国库，其余财政支出专户资金全部调入国库；清理统筹实有资金账户结余资金等。根据实际需要将闲置不用的预算周转金等调入预算稳定调节基金，并结合预算平衡情况统筹安排预算稳定调节基金。清理收回的存量资金及时统筹用于稳增长、促改革、调结构、惠民生等重点领域和关键环节。

加大督查问责力度。配合政府督查、审计部门及财政专员办做好财政存量资金督查审计工作，对发现的问题，边审边改，推动盘活存量工作落实；同时，将市县存量资金清理工作的落实情况纳入财政监督工作范围，查摆市县盘活存量不作为、慢作为等问题，建立监督制约长效机制。

预算执行监督加强　2016年，广东省加强财政资金监督检查。健全涵盖财政监督、审计监督、监察监督、人大监督、社会和舆论监督等五层次监督体系，配合省人大实施在线监督、审计部门开展专项审计。定期开展专项资金常态化监督检查和巡查监督或重点抽查。实施省级专项资金实时在线联网监督，提升省级对市县专项资金执行情况的监管水平。

加强预算绩效管理。建立完善专项资金绩效目标申报和绩效评价考核机制，扩大第三方绩效评价，严格落实绩效评价考核结果运用，实行评价结果与资金安排挂钩机制、评价整改措施备案核查机制、依规将评价结果向社会公开机制等。

强化责任追究。对检查中发现的违规违纪行为，严格按照预算法等法律法规的规定严肃处理。

【预算管理改革】　2016年，广东省推进预算编制方式转变。优化编审流程，实行“提前申报项目、提前评审论证、提前入库备选、提前明确总体计划、提前细化二级项目、提前纳入预算编制”；完善预算执行反馈机制，压减收入高增长时期支出标准过高、承诺过多的不可持续的支出，实行预算编制与以前年度预算执行结果挂钩机制，根据预算执行情况完善预算科目、级次编制。

细化预算编制。2016年预算草案实现“五个首次”：共有8份材料，装订为11本，厚达2200多页：首次编制“预算报告资金安排附表”，使主报告更加精简易读、条理清晰；首次分地区编制“税收返还和转移支付补助预算表”，直观反映转移支付资金流向哪里；首次公开地方政府债务预算，将政府债务分门别类纳入全口径预算管理；首次建立网上微信公众平台，发布预算编制、财政改革等新闻动态和协助代表审查预算的服务信息；首次将市县级检察院、法院共284个单位纳入部门预算编制，省级预算单位增至404个。

实行中期财政规划管理。首次编制2016—2018年省级中期财政规划，通过实施中期财政规划管理，初步建立起跨年度平衡机制，加强中期财政规划与省委、省政府重大决策和部门中长期规划相衔接，强化对中长期重大事项科学论证，提高预算编制的前瞻性、有效性和可持续性。

全面铺开零基预算改革。将省级行政（参公）单位全部纳入零基预算改革范围，实现零基预算改革全覆盖；健全行政（参公）单位基本支出定员定额标准，分性质、级别、岗位制订人员经费定员定额标准，做实人员经费支出；公益一类事业单位收支实行“开前门、堵后门”，基本支出按工资政策保障，并严格实行“收支两条线”；完善项目支出编制方式。

全面推进项目库改革。实行项目库常态化、动态化申报和管理，建立完善项目储备；做细做实项目库，实行预算级次、支出性质、分配方式、功能分类科目和经济分类科目、项目分年度预算计划“五个细化”，将项目细化编制至具体地区、用款单位和执行项目

深化专项资金管理改革。修订《广东省省级财政专项资金管理试行办法》；建立专项资金动态调整机制，打破“子专项”固化安排；规范专项资金目录清单和使用总体计划审批程序，需提交省政府常务会议审议，列入预算草案依法审批；规范专项资金设立、退出、分配、拨付、监督和绩效管理。

完善预算征询机制。完善征询机制，通过网络、召开座谈会等方式充分听取人大代表、省直部门、专家学者和社会各界对预算编制和“十件民生实事”遴选等方面意见、建议。预算编制方面，累计征询979人次，收集意见共420条；十件民生实事遴选方面，收到21个地级以上市，267位党代表、人大代表、政协委员和省直有关部门的建议135条，收到网友和各地、各部门反馈意见156份。省财政厅对收到的意见建议进行研究采纳并体现在预算编制中。省人大代表专项介入预算编制工作方面，对省人大代表视察组到省财政厅视察时提出的合理的意见建议，省财政厅全部吸纳。

全面推进预决算公开。推进2016年预算信息公开，印发《关于做好2016年省直部门预算信息公开工作的通知》、《关于做好2016年各市县预算信息公开工作的通知》，指导省直各部门和各市县做好预算公开工作。省级分别于2月和8月公开2016年省级政府预算报告和2015年省级总决算，并通过省级专项资金管理平台公开专项资金信息。省直118个非涉密部门中，有116个公开2016年部门预算、“三公”经费预算；21个地级以上市和119个县（市、区）全部公开2016年本级总预算、部门预算及“三公”经费预算。

【省以下财政体制】 省以下财政体制调整　2016年，广东省调整增值税收入划分，理顺省与市县收入分配关系。按照中央决策部署，5月1日“营改增”全面扩围，原作为地方主体税种的营业税不再征收，中央也相应印发《全面推开营改增试点后调整中央与地方增值税收入划分过渡方案》，将中央与地方增值税的收入划分比例由75%：25%调整为50%：50%。为贯彻落实中央文件精神，促进省与中央收入划分体制相衔接，保持省以下收入格局大体不变，省财政厅研究制订并报省政府印发《全面推开营改增试点后调整省以下增值税收入划分过渡方案》，明确增值税（不含电力增值税）地方分享的50%部分，统一实行省与市县“五五分享”，省级通过税收返还方式确保市县既有财力不变。

研究制定加快县域经济社会发展财政政策措施，促进县域经济加快发展。为落实省政府办公厅有关促进县域经济社会发展的有关工作部署，省财政研究制定十项财政政策措施，包括激励性转移支付政策、推进基本公共服务均等化、推进基础教育、推动原中央苏区和民族地区教育事业发展、保障薄弱镇乡运转、企业技术改造、基层公共服务综合平台建设、欠发达地区生态环境保护、市县城镇扩容提质、重点生态功能区转移支付等措施，支持县域经济加快发展。

完善对重点平台支持政策。结合增值税收入划分体制调整情况，按照保持原有收入格局大体不变的原则，研究完善对广州体制结算核算办法，促进体制结算补助政策与收入划分体制相衔接；研究延续省财政对中新广州知识城专项补助政策，促进知识城加快发展。

转移支付制度完善　2016年，广东省完善激励型财政机制，促进粤东西北地区加快发展。继续实施激励性转移支付，2016年核定下达激励性转移支付280.47亿元；继续加大县级基本财力保障力度，下达2016年县级基本财力保障机制奖补资金141.84亿元；合理安排重点生态功能区转移支付资金，考核测算分配2016年广东省重点生态功能区转移支付资金23.31亿元；争取中央加大对广东省革命老区、民族地区转移支付力度，科学设置广东省一般性转移支付分配因素和权重，加大对“老少边穷”地区扶持力度，2016年下达原中央苏区财力补助3.8亿元、革命老区转移支付2.88亿元、民族地区转移支付1.28亿元，同时结合省政府工作部署，研究制定支持广东省革命老区扶持政策；落实粤东西北地区中心城区贷款贴息、新区补助资金，支持粤东西北地区中心城区扩容提质和新区加快发展；保障财力薄弱镇（乡）运转，下达2016年财力薄弱镇（乡）清算补助资金11.4亿元。

为调动市县加快发展的积极

性，促进区域协调发展，省财政根据营改增全面扩围及增值税收入划分体制调整情况，调整上划省“四税”口径，将增值税纳入上划省“四税”，完善财政增量返还核算办法，增强市县发展后劲。

健全生态保护补偿的实施意见，引导各地加强生态文明建设。按照《国务院办公厅关于健全生态保护补偿机制的意见》要求，研究制定并报请省政府印发《广东省关于健全生态保护补偿机制的实施意见》，建立健全省级生态保护补偿资金投入机制，拓宽资金来源渠道，增加对重点生态功能区的转移支付，支持欠发达地区加强生态环境保护、保障和改善民生。

研究建立省以下农业转移人口市民化奖励机制，促进农业转移人口市民化。按照中央关于建立农业转移人口市民化奖励机制的要求，参照中央财政农业转移人口市民化奖励资金管理办法，结合广东省实际，研究制定广东省农业转移人口市民化奖励资金管理办法，建立省以下农业转移人口市民化奖励机制，对农业转移人口市民化进行奖励，增强省以下各级政府落实农业转移人口市民化政策的财政保障能力，逐步使农业转移人口与当地户籍人口享受同等基本公共服务，促进基本公共服务均等化。

落实转移支付政策，保障市县财政稳定运行。继续实施激励性转移支付政策，调动市县发展积极性。加大县级基本财力保障力度，保障市县正常运转。安排重点生态功能区转移支付资金，促进生态文明建设。重点加大对“老少边穷”地区扶持力度，提高财力薄弱地区基本公共服务水平。落实粤东西北地区中心城区贷款贴息、新区补助资金，支持粤东西北地区中心城区扩容提质和新区加快发展。

政府债务管理体制机制建设加强 2016年，广东省规范政府债务预算管理，将债券收支分类纳入预算管理，将预算调整方案报同级人大批准；实施政府债务限额管理，确保债务余额不突破债务限额的底线，并将广东省政府债务限额情况向社会公开，主动接受监督；科学分配新增债券资金，在财政部下达的限额内，按照债券资金使用要求，根据债务风险、财力状况等因素并统筹考虑本地区公益性项目建设需求等，制订新增债券分配方案；合理分配置换债券资金，按照各地需求全额分配置换债券资金，优化存量债务期限结构，降低债务成本，缓释偿债风险。

【地方政府性债务管理】 2016年，广东省加强政府债务管理。规范政府债务预算管理，将债券收支分类纳入预算管理，将预算调整方案报同级人大批准；实施政府债务限额管理，将财政部下达广东省地方政府债务限额情况向同级人大报告，经人大批准后向社会公开，主动接受监督；科学分配新增债券资金，印发《广东省新增地方政府债券资金分配审批规程》，规范债券额度分配流程，项目报批要求等，并在人大批准的限额内，按照财政部规定的使用要求，结合各地资金需求与债务风险情况，制定新增债券分配方案；按照各地需求全额分配置换债券资金，优化存量债务期限结构。

【政策性基金管理】 2016年，广东省完善政策性管理，印发《广东省政府投资基金管理实施办法（试行)》，明确广东省政策性基金的设立、运作和风险管理、终止和退出等方面细化制度等具体要求；清理规范政策性基金，报请省政府印发《关于省级财政出资政策性基金清理规范的实施意见》，将原有的24项省级政策性基金整合为15项，省级财政出资375.3亿元，基金计划规模2748.3亿元，财政资金平均放大7倍。

【行政事业性收费清理规范】 2014—2016年，广东省按照中央部署，取消或暂停征收征地管理费、企业注册登记费等56项行政事业性收费，对小微企业（含个体工商户）免征房屋登记费等42项行政事业性收费。

为减轻企业负担，提升企业发展后劲，在落实好中央减免政策的基础上，广东省结合实际，加大涉企收费的减免力度，研究出台广东省收费减免政策。主要包括：2014年，省财政厅和省发展和改革委员会联合印发《关于免征中央 省设立的涉企行政事业性收费省级收入的通知》，自2014年5月1日起对全省范围内所有企业免征矿产资源补偿费等39项涉企行政事业性收费的省级收入，每年为企业减轻负担23亿元；在此基础上，2016年根据广东省供给侧结构性改革降成本行动有关工作部署，省发展和改革委员会、省财政厅联合印发《广东省发展和改革委 广东省财政厅关于免征部分涉企行政事业性收费的通知》，自2016年4月1日起分步免征堤围防护费等34项涉企行政事业性收费地方收入，2016年为企业减免相关收费金额129.5亿元。至此，广东省现行省定涉企行政事业性收费全部减免，成为全国行政事业性收费项目较少的地区之一。

2016年，广东省行政事业性收费收入比2015年下降19.6%，行政事业性收费占一般公共预算非税收入的比重为14.3%，比2015年下降6.2个百分点。

收费项目目录清单管理 2016年，广东省为提高涉企行政事业性收费等各项收费政策的透明度，根据中央和省相关政策的调整变化情况，更新编制《国家定项目行政事业性收费目录清单》《广东省涉企行政事业性收费目录清单》《广东省省定行政事业性收费目录清单》3个行政事业性收费目录清单，通过门户网站、新媒体等向社会公布，锁定全省涉企行政事业性收费的“底数”。通过目录清单制度管理，实行“清单之外无收费”，加强对行政事业性收费的监督。

收费监督检查 2015年后，广东省收费监管部门通过省直接检查、市交叉检查以及全面自查、抽查、核查和督查等多种检查方式组织开展全省涉企收费、进出口环节收费等各项检查，累计对20个涉企收费部门及下属单位共1617个单位进行检查，对违反法律、法规和政策规定收费的行为进行严肃查处，累计处罚金额7000万元。2016年，广东省制订《涉企收费清理情况专项检查工作分工方案》，由省财政厅联合省发展和改革委员会、省经济和信息化委员会、省民政厅等部门于2016年7—8月在全省范围内开展涉企收费清理情况专项检查，规范包括行政事业性收费在内的各项收费管理，企业普遍反映各项收费减免政策落实力度得到加强。

（预算处、预算编审处供稿）

金融与政府债务管理

【财政支持金融改革发展】 2016年，广东省实施普惠金融“村村通”奖补政策，安排补助资金10010万元，对试点县县级综合征信中心、信用村建设乡村金融（保险）服务站和乡村助农取款点给予奖励补助；落实农村金融机构定向费用补贴政策，对广东省16家村镇银行给予定向费用补助1162.5万元。

履行审核职责，支持设立小额贷款公司和融资担保公司；加强小额贷款公司风险补偿专项资金管理，2016年继续安排专项资金5000万元，支持小额贷款公司发生的涉农和中小企业贷款的风险补偿等。

贯彻落实国家和省委、省政府关于供给侧结构性改革的决策部署，配合有关部门研究制定广东省金融支持供给侧结构性改革的实施意见，参与推进“去产能、去库存、去杠杆、降成本、补短板”等改革重点任务。

参与互联网金融专项整治和处置非法集资工作。参与制订《广东省互联网金融风险专项整治工作方案》及6个分领域专项整治工作实施方案，支持P2P网络借贷、股权众筹、通过互联网开展资产管理及跨界从事互联网金融业务、第三方支付业务、互联网金融领域广告等行为、互联网保险等6个重点领域专项整治工作；支持广东省处置非法集资工作，安排处置非法集资工作经费190万元。

做好广东省金融类企业国有资产产权登记年检和金融快报汇总；加强地方金融企业国有资产管理，印发《关于加强对广东粤财投资控股有限公司监管工作的意见》，从加强资本和财务监管、建立监事会制度、健全监督管理机制等方面提出了加强监管意见；支持广东粤财投资控股有限公司开展业务重组和所属企业改革发展；加强对广东华侨信托投资公司的监管，督促广东润达资产经营有限公司加快对华侨信托公司非政府债务的处置。

【债务管理】 2016年，广东省按照财政部工作部署，组织市县财政部门开展2015年置换债券整改工作；对违规问题予以纠正，对操作性问题予以规范，对存量债务信息变动核实更新。

规范2016年置换债券管理，要求各地及时掌握政府债务到期情况，合理安排各期债券支出计划，严格按照规定用途使用，按程序申请回补和转拨；开展债券发行工作，全年分9批次，共发行地方政府债券59期，合计3499.7亿元；按时足额上缴广东省地方政府债券还本付息资金约113亿元。

汇总编制2015年全省地方政府性债务年报，并从7月开始实施地方政府性债务月报制度；按照财政部部署，对全省融资平台公司、事业单位、国有企业债务和财政支出责任情况进行全面摸底统计；对广东省地方政府债务管理工作进行全面自查，将自查情况及时向财政部报告并督促整改；举办广东省政府债务及PPP管理培训班，对省直有关单位和各市县财政部门工作人员进行业务培训。

【PPP模式推广】 2016年，广东省财政厅会同省有关行业主管部门，开展推广PPP模式实地督导。截至年底，全省（不含深圳）财政部PPP示范项目落地率77%，高于同期全国平均水平（49%）28个百分点；广东省PPP项目总体落地率47.8%，高于全国平均落地率（29.8%）18个百分点。

在全国率先印发《广东省PPP项目库审核规程（试行）》，并以此为依据，会同省有关部门，引入第三方咨询机构对各地2016年全年新增申报项目进行审核。截至年底，纳入省PPP项目库管理的项目总数为147个，总投资额2293亿元。对省PPP项目库实施“能进能出”的动态管理。全年有24个项目由于不符合PPP模式要求或采用其他方式建设退出省PPP项目库。确定重点示范项目，全省18个项目入选财政部第三批PPP示范项目。同时，省财政厅选取13个项目作为省级PPP重点项目。

落实PPP项目财政管理办法。转发财政部《政府和社会资本合作项目财政管理暂行办法》，并印发广东省贯彻落实意见；落实定期信息通报制度，将财政部示范项目和省重点督导PPP项目进展情况向省领导报告，并通报各地区各单位，要求各地加快推进项目落地；加强PPP推广宣传工作，通过《广东财政理论与实务》杂志对广东省PPP工作进行专题宣传报道。

（金融债务处供稿，陈高华执笔）

国库管理

【国库管理改革】 2016年，广东省推进国库集中支付制度改革。在巩固省、市、县三级全面实施国库集中支付制度改革的基础上，重点推进乡镇国库集中支付改革，及时跟踪掌握各地改革进展情况，督促各地按要求完成改革任务。截至年末，全省各乡镇基本全面开展国库集中支付改革。

加快开展政府综合财务报告改革。在全部20个地级以上市（不含深圳）和全部县（市、区）开展试编工作，实现省、市、县三级试编覆盖面100%；制订省本级工作方案，明确工作分工，并组织3个省直部门先行开展部门财务报告试编。

稳步实施财政预算会计制度改革。研究新《财政总预算会计制度》规定，对照新旧制度差异，梳理总预算会计制度改革实施后相关事项核算要求；制定《广东省省本级财政股权投资核算暂行办法》，细化财政股权投资事项核算规范；按照要求设立新的科目体系、辅助核算要素，做好总预算会计数据新旧转换及补录，确保新旧制度衔接规范有序。

探索试编经济分类财政总决算。强化组织领导，成立由省财政厅领导任组长、副组长，相关业务处室主要负责人参加的试编工作小组；制订试编工作方案，明确厅内处室职责分工及工作流程、工作步骤、保障措施等；结合省级财政实际情况，会同相关处室反复研究，以总会计账数据为基础，再补充非部门拨款列支数据，初次编制较为完整准确的省级经济分类决算，初步建立科学高效的经济分类决算编制路径。

【国库管理创新】 2016年，广东省夯实省级财政国库管理基础。做好省级财政资金拨付审核，在安全、规范、高效完成各项财政资金拨付审核的基础上，明确资金支付方式的划分依据及办理标准，优化支付审核流程；优化完善省级财政资金支付流程，在确保资金支付安全的前提下，提出减少审批环节、调整支付方式等多项措施，有效提高财政资金拨付效率；完成会计核算，做好财政收支旬（月）报表、决算报表以及其他专项资金收支报表的编制及报送；做好暂存暂付款、权责发生制资金等往来挂账款项的清理、核销和通报工作，督促业务处及时清理挂账事项，加快预算执行进度。

强化财政资金风险防范。建立健全内部风险防控制度，会同有关处室制定广东省财政厅预算执行风险防控办法，并制定国库处内部风险控制操作规程，明确业务风险点和防控措施，筑牢风险防线；开展全省财政资金安全管理检查，制定详细具体的检查工作方案，开展市县财政逐项自查，省财政分片实地核查，并在此基础上跟踪落实各级财政部门整改情况。

加强财政库款管理。贯彻落实国务院和财政部关于有效控制库款规模的工作要求，强化库款管理，建立完善财政库款管理的一系列机制。完善全省库款统计和监控制度，向财政部报送库款数据，跟踪分析省级库款变动情况，细化市县库款统计报送内容，加强对市县库款结构和变动情况的分析，按旬开展全省库款监控；召开压减库款工作约谈会，建立全省完成库款管理目标责任制，要求市县财政部门制定分月库款完成计划，明确压减库款责任和目标；建立全省库款通报制度。按月向市县财政部门通报全省库款情况，研究建立全省库款考核制度，跟踪全省库款压减工作情况；加强对市县财政库款工作的督导力度。对库款规模和库款保障水平持续较高的市县财政部门进行重点督导，做好压减库款工作的督促落实；落实库款资金存量与增量调度挂钩机制。根据市县库款情况拨付省财政对下级财政增量调度资金，提高财政资金使用效率。

规范财政专户管理。开展全省存量财政专户清理工作，2016年全省各级财政部门累计撤销各类财政专户875个，撤并率69.5%，其中，省级财政撤销专户16个，撤并率100%，市县财政撤销专户859个，撤并率69.1%；加强对地市财政专户的管理，对地市专户开设事项严格审核把关，2016年共办理全省42个财政专户的开户申请审核手续。

规范资金存放。开展代理银行年度综合考评，对省级财政资金存放银行和开户银行2015年度代理财政业务情况进行评估，强化资金存放外部风险防控；结合中央有关工作要求和广东省业务实际，会同人民银行广州分行修订完善《广东省省级国库现金管理操作细则（试行）》，加强国库现金管理操作制度保障；开展国库现金管理试点，会同人民银行广州分行开展3期共计560亿元广东省省级国库现金管理操作，并按照财政部关于开展地方国库现金管理试点工作督察的工作部署，对省级国库现金管理试点开展情况进行全面自查；优化省级财政资金保值增值竞争存放机制，2016年开展4期共计200.5亿元省级社保基金定期存款竞争存放工作。

规范省级单位银行账户和垫支归垫管理。从严控制单位新增开设银行账户，对294个省以下法院、检察院3500多个存量银行账户进行清理，对保留必要性不强的账户撤并；强化省级预算单位财政资金垫支归垫管理制度机制，从严把好垫支归垫申请审核关，强化预算执行硬约束，规范预算单位财政资金使用行为。

【预算执行分析】 2016年，广东省加强预算执行报表编报。做好旬月报和“十件民生实事”汇总报送等基础工作，加强数据审核和系统支撑，通过人工与系统“双审核”确保数据的准确性；按要求完成2015年度全省财政总决算报表汇审编制并上报财政部。

加强预算执行分析。落实《广东省财政厅预算执行分析工作规程》，依据各处室对财政收支和宏观经济分析的职责分工，推动各处室开展预算执行分析；坚持底线思维和问题导向，跟踪了解经济财政运行中存在的新情况、新动向，研究提出有利于经济和财政协调增长的措施建议；制定横向涵盖经济、财政、税收、金融等领域的《广东省财政厅预算执行分析数据库数据采集清单》，初步完成预算执行分析数据库的系统建设，逐步优化完善分析模块和展现形式，研究提出新的分析需求。

【政府债券发行】 2016年，广东省做好广东省政府债券发行工作。针对2016年置换债券发行额度倍增，市县财政申退置换项目复杂和省财政厅债务管理职责调整的情况，制定广东省地方债发行工作方案和计划，科学设定工作结点，明确职责分工，落细落实发行工作程序要求；择优选取具备较强实力和承销意愿的机构作为主承销商，动员承销团成员参与债券发行，采用定向承销方式发行地方政府债券，将40多家地方性银行、农信社纳入定向承销债券；加强与银行等金融机构的沟通，2016年先后组织9批次广东省政府债券发行工作，共发行债券3499.7亿元，平均利率3.04%。

【存量资金清理】 2016年，广东省做好部门实有资金账户存量资金清理考核。对120个省级部门实有资金账户财政存量资金进行全面清理，其中涉及结余资金或结转两年以上应上缴财政资金的37个部门，全部足额上缴存量资金，累计收缴资金5.99亿元；开展部门实有资金账户财政存量资金考核评价，对部门存量资金规模变动情况进行考核计分及通报，并对存量资金规模增长幅度超过5%的12个部门，启动存量资金收回机制。

【国库集中支付制度改革】 推进乡镇国库集中支付制度改革 做好改革前期准备工作，对全省乡镇财政部门有关预算管理、账户开设、资金拨付及使用、系统建设、当地金融机构等情况进行摸底，掌握各地开展改革的条件；制订改革实施方案，结合广东省乡镇实际情况，制订并印发《广东省乡镇国库集中支付制度改革实施方案》，明确改革的指导思想、基本原则和改革目标等，为改革提供制度保障；建立定期上报改革进展情况的机制，要求各地市财政部门定期上报乡镇改革情况，并召开乡镇国库改革座谈会，掌握全省乡镇国库集中支付改革的最新进展情况和各地市在改革过程中存在的问题；强化调研和改革督查工作，结合财政资金安全检查工作开展调研，对乡镇国库改革进展情况进行通报，督促各地完成改革任务。

至2016年末，全省各乡镇基本全面开展国库集中支付改革。全省1289个乡镇中共有1283个乡镇实施改革，占比为99.5%；6个尚未实施改革的乡镇因划归功能区管理或行政区域调整等原因导致改革较为滞后。

推进国库集中支付相关改革 稳步推进公务卡改革、预算执行动态监控改革、财务核算信息集中监管改革等一系列改革措施，初步建立覆盖预算单位资金收支全流程的监控机制，加强对预算单位的不规范行为的防控，保证政令畅通和财政政策的落实；推进乡镇信息系统软硬件建设，实施财政支出管理电子平台建设，构建覆盖所有县（市、区）的国库支付系统，到2016年末多数乡镇实现在沿用所在县区国库支付系统的基础上升级建设乡镇国库支付系统，搭建联通乡镇与县级财政的专用网络；加强信息技术人才配备和信息化业务培训，为实施乡镇国库集中支付制度改革创造条件。

深化国库集中支付改革取得明显成效 提高预算单位思想认识和业务管理水平。通过国库集中支付改革，预算单位从思想上认识到国库集中支付改革是提高财政资金使用效率，从源头预防和治理腐败的重要措施。实行改革后，各项工作的新变化促使相关人员不断提高业务水平。提高预算管理水平和编制质量。国库集中支付改革的基础是真实、科学、准确、细化的资金预算，财政资金使用必须严格按照批复的预算执行。实行改革后，预算单位必须按照用款计划申请财政资金，资金使用的计划性、科学性和规范性得到加强，促使预算单位细化支出管理，提高预算管理水平和预算编制质量。

提高财政资金的使用效率。国库集中支付改革改变过去资金下拨环节多、在途时间长、支付程序繁琐等局面。财政资金直接支付到商品和服务供应者或补助对象，减少中间环节，降低资金运行成本，使预算资金及时到位，提高了财政资金的使用效率。

构建财政资金安全的制度保障。实行国库集中支付改革后，财政资金不直接拨入单位银行账户，全部预算资金都在国库单一账户体系内运行，改变原先多个账户核算等现象，从源头上杜绝分散、多重开设账户等各类乱象，财政资金得到有效监管，资金运行实现了公开化、透明化，为财政资金安全管理提供有力的制度保障。

提高预算执行的信息化和透明度。实行国库集中支付改革后，各部门预算资金通过现代化信息系统集中支付，提高预算执行信息的完整性、准确性和及时性，预算执行透明度得到大幅提高，为财政运行管理提供更为可靠的信息基础。

（国库处供稿，吴宇执笔）

综合财政

【供给侧结构性改革】 2016年，广东省财政厅参与商品房“去库存”。主动与省住房主管部门对接，参与制定《广东省供给侧结构性改革去库存行动计划（2016—2018年）》；办理关于化解广东省房地产库存系列提案，6月27—30日，由厅党组成员、巡视员欧斌带队赴茂名市和湛江市开展商品房去库存督查调研；参与研究建立购租并举的住房保障制度，研究提出广东省专业化住房租赁平台组建方案相关意见，并按照省政府常务会议有关决定事项安排5亿元支持组建省属国企专业化住房租赁平台，培育住房租赁市场。

规范和阶段性适当降低住房公积金缴存比例。按照《广东省供给侧结构性改革降成本行动计划（2016—2018年）》有关要求，与省住房和城乡建设厅联合印发《关于规范和阶段性适当降低住房公积金缴存比例的通知》，明确广东省住房公积金缴存比例上限不得超过12%，生产经营困难企业可按规定降低缴存比例和申请暂缓缴存住房公积金。

推动取消普通公路车辆通行费，支持降低物流成本。截至2016年底，经省政府审定，配合有关部门批复全省实行车辆通行费年票制的18个地市从2017年1月1日起取消车辆通行费年票制。

【交通建设资金管理】 2016年，广东省财政厅按照省委、省政府关于推进高速公路大会战的要求，通过多渠道筹措交通建设资金，完善交通建设资金省级投入模式，拨付年初预算资金拨付及时拨付项目建设资金等措施，支持广东省交通基础设施建设，拉动基础设施投资，促进稳定增长。2016年，共安排省管高速公路资本金303亿元。做好交通口资金测算和各项基础设施建设资金安排计划，统筹用好存量资金，挖掘财政资金潜能，做好各项资金拨付工作。

抓好交通领域政府和社会资本合作模式（PPP）推广运用工作。针对广东省交通基础设施特别是收费高速公路建设仍处于集中建设期的关键阶段，建设规模仍保持高位发展阶段，交通基础设施领域特别是收费高速公路领域对财政资金需求巨大的情况，探索研究在收费公路领域推广运用政府和社会资本合作模式工作。

配合做好财政事权和支出责任改革工作。按照厅改革办的统一部署，会同省交通运输厅对广东省交通领域财政事权和支出责任改革进行深入研究，初步提出广东省交通领域财政事权和支出责任改革的思路和方向。

【彩票市场和资金监管】 2016年，广东省财政厅做好彩票机构财务监管，针对彩票销售机构首年纳入国库集中支付管理的情况，联合国库处、采购处等加强对彩票机构国库集中支付方面的指导和培训，确保支付业务规范操作、彩票机构正常运转。

加强彩票资金管理，及时下达、清算彩票相关资金，包括：及时下达体育彩票公益金6.3亿元，支持全省群众体育和竞技体育事业发展；、市级福利及时安排彩票销售机构业务费123.2亿元，保障彩票发行销售工作顺利开展；做好彩票销售机构部门预算执行有关工作，保障彩票机构开展各项业务所需经费。

支持彩票业务发展，支持体彩机构向国家申报电话销售业务，拓宽销售渠道。

加强彩票市场监管，促进广东省彩票市场稳步发展，2016年广东省彩票总销量实现396.33亿元，同比增长10.9%，总销量及福彩、体彩各自销量均居全国首位。

【住房保障财政支持】 2016年，广东省下达住房保障相关资金11.55亿元（含中央补助资金3.42亿元），推动有关工作及早开展。

研究调整住房保障有关财政政策，将“棚户区改造贷款贴息”和“公共租赁住房省级以奖代补”资金整合为“支持保障性安居工程”补助资金，统筹用于支持广东省城镇低收入住房保障家庭租赁补贴、公共租赁住房和棚户区改造有关支出。

支持省属企业国有工矿棚户区改造。根据省政府常务会议有关决定事项，省财政安排广晟公司2016年棚户区改造贷款贴息补助资金2亿元，专项用于支持广晟公司棚户区改造项目国开行贷款贴息。

【国土和海域（海岛）管理】 2016年，广东省根据征求意见情况及国家《农村集体经营性建设用地增值收益调节金征收使用管理暂行办法》，对《广东省土地增值收益分配管理办法》进行进一步修改完善；转发国家关于规范土地储备和资金管理等相关问题的通知，并会同省直有关部门研究贯彻落实办法；协调省直有关部门及厅有关处室做好省级海域使用金取消专款专用、由财政统筹使用后相关项目经费支出的保障工作；配合做好中央资金申报工作，及时下达中央海域和海岛保护资金安排用于“蓝色海湾”整治行动项目资金；做好海域使用金、无居民海岛使用金减免审批工作。

（综合处供稿，林晓燕执笔）

行政财政财务

【行政部门经费保障和预算执行】 2016年，广东省做好71个行政部门预算管理工作，如期编制预算，全年下达144亿元；做好经管预算单位结余结转资金审核拨付和2016年部门预算执行有关工作，优先保障部门基本支出和省委、省政府重点工作项目支出；加强与部门沟通协调，督促部门加强预算执行；加快资金审核进度，提高资金执行效率。

加强党委政府事务、发展改革、民族宗教、财政审计、外事侨务、税务统计、知识产权、机构编制等行政部门工作经费保障；加强县乡人大换届选举工作经费、“两新”组织补助、欠发达地区社区工作和大学生村官补助等基层组织经费保障，落实援藏援疆工作经费、劳模津贴、军转干部经费，支持工青妇事业和旅游事业发展；开展省级旅游景点建设资金申报和评审，支持重点旅游景点建设发展。根据省委有关工作部署，做好元旦春节期间送温暖慰问活动、网络安全和信息化工作、党的群团工作会议、统一战线培训、孙中山诞辰150周年系列纪念活动、纪检监察机关办案执纪等专项工作经费保障。落实质监系统免征涉企收费保障经费和工商系统市县人员保障经费。落实省领导指示，按要求完成省领导专款的审核呈批工作。根据工作安排和要求，按时完成2017年各项转移支付资金的提前下达、各单位新增预算审核和呈报。

按照新出台的省级财政专项资金管理办法以及各项专项资金管理办法，做好各项专项资金申报、审核、审批、公示、拨付及监督管理等；按照财政部有关要求，开展省查办大案要案奖励基金专户及基金清理盘活；会同省纪委制订印发《省纪委派驻机构纪检专项工作经费管理办法》，对省纪委派驻机构改革后，专项工作经费开支管理、预算编制和执行、绩效管理、监督检查等作出明确规定。

【行政经费支出控制】 2016年，广东省抓好省直单位差旅费、因公临时出国经费、外宾接待经费、因公短期出国培训费用和培训费等公务支出制度的执行；为规范省直单位差旅费管理，加强与省直机关公务用车制度改革的衔接，制定并印发《关于省直党政机关和事业单位差旅费管理问题的补充通知》；按照财政部细化完善差旅住宿费标准的要求，组织各市县开展修订差旅住宿费标准的调研，并在汇总分析各地数据和修改意见的基础上，制定并印发《关于调整省直党政机关和事业单位差旅住宿费标准有关问题的通知》；按照中央文件精神，实施广东省公务机票购买管理改革工作。

落实财政供养人员和机构“只减不增”承诺，完善省直单位减编控编政策措施，审核提出省法制办等9个单位主要职责、内设机构和人员编制的意见，全年提请厅长办公会议审议的机构编制事项（含汇总厅各处室情况）19项。

对照“八项规定”的要求，对省直部门和各地落实“八项规定”及“三公”经费只减不增涉及的会议费、因公出国（境）经费、接待费、车辆购置及运行费支出按季度统计，加强对全省会议费及“三公”经费使用监督。

根据业务职能，牵头配合省外办做好省直单位因公出国经费预算的先行审核，加强对因公出国（境）经费的管理和控制；做好省直单位非贸易非经营性用汇预算的编制和日常审核，保证外事工作正常开展。

【行政财政管理改革】 2016年，广东省开展省以下审计机关财物统管经费保障机制的调研，采取书面调查与实地调研相结合等多种方式，并通过座谈会、广泛征求和收集各方意见，形成调研材料和数据；研究制订《广东省省以下审计机关财物统一管理改革实施方案》和《省财政厅审计机关财物统一管理改革工作方案》，明确审计机关财物统一管理改革工作的做法；初步确定各地上划基数并按程序报省政府审定；研究制订《广东省审计机关财务管理改革实施方案》。

开展省党政机关车改实施情况督查，牵头组织省发展改革委员会等有关部门组成第二督查组，于3月赴湛江市、茂名市、阳江市、江门市、中山市、珠海市、佛山市开展全省公务用车制度改革实施情况督查，经全面督查检查后形成《全省公务用车制度改革实施情况督查工作第二督查组督查报告》；牵头抓好《广东省省直机关公务交通补贴管理办法》《广东省财政厅公务用车制度改革任务落实工作方案》《广东省省直机关公务交通补贴操作规程》等制度的执行；提供必要财力保障，在规范公务用车补贴的预算、拨付、发放及管理流程的基础上，保障公务用车制度改革所需资金，同时确保改革性补贴及时到位。

会同省人力资源社会保障厅联合印发《广东省全面治理机关事业单位违规发放津贴补贴问题实施方案》，随后组织召开全省全面治理机关事业单位违规发放津贴补贴电视电话会议，部署开展广东省全面治理机关事业单位违规发放津贴补贴问题工作；会同省人力资源社会保障厅制订出台《广东省调整机关事业单位工作人员基本工资标准和增加机关事业单位离退休人员离退休费的实施意见》；牵头完成省直单位调整基本工资和增加离退休费等多项工资制度改革所需经费的测算。

根据《国务院办公厅关于成立政府购买服务改革工作领导小组的通知》，报请省政府成立广东省政府购买服务改革工作领导小组；根据省政府修订的《广东省省级培育按照社会组织专项资金管理办法》，印发《2016年广东省省级培育发展社会组织专项资金申报指南》，择优扶持381家行业协会商会类、科技类、公益慈善类、城乡社区服务类等社会组织，支持社会组织有效承接政府职能转移、购买服务和授权委托事项，支持社会组织培育服务品牌，提供公共产品和公益支持；根据《财政部 中央编办关于做好事业单位政府购买服务改革工作的意见》要求，结合广东省政府购买服务和事业单位改革情况，研究起草《广东省事业单位政府购买服务改革工作实施方案》。

【重点工作推动】 2016年，广东省财政厅结合盘活财政存量资金、公务用车改革、零基预算有关改革工作，完成《省直机关事业单位行政经费节约考核办法》的修订、报批和印发。根据中央关于此届政府任期内“三公”经费只减不增的要求，在维持原《办法》总体框架和考核基数测算依据的前提下，对有关财政改革工作涉及的部分内容进行修改完善。根据考核办法规定开展2015年行政经费节约考核，具体对办公费、会议费、培训费、其他交通费用、公务用车购置、公务用车运行维护费、因公出国（境）费用、公务接待费等8个经济科目开支情况进行考核，并按照考核结果评定考核级次。

根据《国务院办公厅转发人力资源社会保障部 财政部关于调整机关事业单位工作人员基本工资标准和增加机关事业单位离休人员离休费三个方案的通知》，从2016年7月1日起，调整机关事业单位工作人员基本工资标准，增加机关事业单位离休人员离休费。根据国办发〔2016〕62号文和省人力资源社会保障厅提供的人均增资情况，及时落实调资所需经费。

（行政处供稿，孙琪执笔）

政法财政财务

【财政推进司法体制改革】 2016年，广东省财政厅牵头将284家省以下法院、检察院全部纳入省级财政预算管理，从加大经费保障力度、完善财务制度建设、规范预算级次管理等方面推进落实，初步建立财物统管运行机制。2016年市县两院经费预算共110.23亿元，比2014年决算数增加36.06亿元，增长48.62%；制订《省以下法院、检察院财物统管工作联系机制方案》，与省级两院建立定期会商制度，加强实地调研，分别组织珠三角片区、粤北片区和粤东片区三次座谈会，全面掌握市县两院改革进展情况及存在问题；会同省级两院对市县两院财务人员分别进行部门预算编制和管理政策、各业务信息系统操作等培训；出台省以下法院、检察院财物省级统管操作规程、财物统一管理暂行办法、劳动合同制司法辅助人员管理办法等制度，联合相关部门制定关于做好省以下法院检察院新建基础设施和信息化项目立项申报与审批、工资及社会保险工作等规定。

根据广东省全面深化公安体制改革实施方案，按照事权与支出责任相一致的原则，联合省公安厅制定《关于进一步完善广东省基层公安机关公用经费保障标准的意见》，健全责任明确、分类负担、收支脱钩、全额保障的公安经费保障体制：全面提高广东公安民警警衔津贴标准，安排省级公安提标增支经费6.52亿元；会同省公安厅研究制定《广东省公安机关警务辅助人员管理办法》，促进广东公安警辅力量管理制度化、规范化和法治化；清理盘活省公安厅禁毒基金会启动资金、民警医疗救助基金会启动资金等存量资金超过1亿元，规范公安资金管理；理顺完善省公安厅下属单位经费预算管理体制，理顺机场公安局、交通管理局等单位预算管理。

配合省司法厅研究制定《关于深化律师制度改革的实施意见》和《关于依法保障律师执业权利的实施办法》，落实经费保障政策；加大对全省欠发达地区社区矫正工作的转移支付力度，自2017年起每年安排2500万元，支持欠发达地区提高2.2万名社区服刑人员的社区矫正质量；按照中央改革精神，发挥财政资金导向作用，落实人民监督员选任管理、普法专项、法律援助办案补贴等工作经费，安排全省大集中公共法律服务电话和网络平台经费2700万元，安排法律援助基金会启动资金600万元；根据《规范省属监狱监企收支分开实施办法》等有关规定，会同省监狱局批复广裕集团2015年财务决算和利润分配方案，并做好监狱企业利润返拨工作；落实省属监狱狱政设施、犯人生活设施等安全警戒设施建设和改造经费，安排省属司法行政戒毒场所安检设备、囚车及救护车等特殊装备购置经费1800万元。

【政法重点支出落实】 2016年，广东省“支持欠发达地区司法行政部门办理法律援助事项及公职律师事务所开展法律援助业务”、启动“电诈防火墙”工程、“加强病残吸毒人员收治场所建设和医疗保障”、“推进全省违法犯罪人员

DNA数据库建设”、“为欠发达地区执勤边防站区111个执勤消防站配备抢险救援消防车及配套随车抢险救援器材”等事项纳入2016年省十件民生实事。为推进落实省十件民生实事，省财厅拨付2016年欠发达地区法律援助及公职律师事务所补助经费2000万元，提升社会公共安全指数项目资金1.76亿元，消防业务及装备补助经费1.62亿元，新增安排支持欠发达地区法律援助专项经费5000万元。

支持消防、边防、警卫、国家安全等专项工作，落实第二届对非投资论坛警卫任务、边防反偷渡工作、消防救援装备、安全部门业务装备建设等经费，提高欠发达地区边防部队公安业务经费保障标准，提升武装警察部队执行专项任务能力。

按照经当地房改部门审核确认后的已享受（未享受）福利分房人员人数，对省属监狱戒毒单位在职人员住房改革性补贴予以清算调整，安排经费6.47亿元，确保监狱戒毒单位人员经费正常发放。

【政法财政资金管理加强】 2016年，广东省财政厅按照“三挂钩一通报”规定，提高处室资金下达进度和对口部门资金使用进度。落实厅内抓支出工作机制，开展支出进度月报分析，提高对口部门支出进度情况分析精确性，督促对口部门均衡用款，提高资金支出进度。

按照省级财政专项资金管理要求，加强和规范政法口专项资金管理。按照“一个部门一个专项”的管理要求，清理整合政法口专项资金，2016年整合为4项资金；按照专项资金管理要求，会同部门提前编制专项资金分配计划和年度总体计划，纳入年度预算编制，年中严格按照规定时间和程序拨付资金；结合政法口资金特点，依托省政府网上办事大厅，对专项资金管理办法等内容公开，主动接受社会监督，同时严格区分涉密信息，把握信息公开口径。

（政法处供稿，张可薇执笔）

【省以下法院和检察院财物统管改革】 2014年，广东开展司法体制改革试点后，省财政厅作为省以下法院、检察院财物统管工作具体牵头部门着手开展实地调研、制定统管方案、划转基数等。2016年1月1日，省以下284家法院、检察院全部纳入省级财政预算管理。

“财”的统管工作成效显现。经过一年的财物统管运行，初步建立保障有力、高效运行的预算保障管理体系。省财政厅按照中央关于省以下法院、检察院财物统管改革的要求，将省以下法院、检察院作为一级预算单位管理，省以下法院、检察院直接向省财政编报预算。省以下法院、检察院2016年预算执行和2017年预算编报工作已逐步适应省级财政预算单位管理，市县“两院”在预算编报、资金拨付、经费使用等各方面实现了省级预算单位管理模式。

“物”的统管工作迅速推进。为将市县两院资产上划省级统管，省财政厅于2016年7月底组织对各地级以上市两院资产清查上划工作进行督查，建立工作进展通报制度。10月底，全省21个地市全部按要求将资产清查情况汇总报送省“两院”。

经费保障 2016年，为推进司法体制改革，广东省财政厅从加大经费保障力度、完善财务制度建设、规范预算级次管理等方面落实中央司法体制改革精神，探索适合自身实际的财物统管改革模式，建立具有广东特点的财物统管运行机制。

吃透政策，坚决贯彻落实。按照中央要求将省以下法院、检察院列为省级财政一级预算单位，284家省以下法院、检察院预算编制和执行、预决算公开、政府采购、资产管理等均按照省级财政一级预算单位执行；落实中央关于充分发挥省法院、省检察院在财物统管工作方面积极作用的精神，在重大经费安排、信息上传下达、财务指导等方面发挥省法院和省检察院优势；按照中央规定及时保障改革资金，通过实行公用经费保高托低等措施，贯彻落实中央关于改革后经费保障水平只增不减的要求。

加大投入，落实经费保障。通过实事求是上划基数、统筹安排非税经费、省财政加大投入等方式，筹措资金，加大经费保障力度，审判、检察工作基本去除地方化和行政化障碍，经费保障从制约司法公正的短板转变成为司法公正的支撑。2016年，市县“两院”经费预算共110.23亿元，比2014年决算数增加36.06亿元，增长48.62%，2017年达到123.36亿元。

制度机制完善 2016年，广东省出台《省以下法院、检察院财物省级统管操作规程》《广东省省以下法院、检察院财物统一管理暂行办法》和《广东省劳动合同制司法辅助人员管理办法》等制度；完善账户管理。强化省法院、省检察院管理责任，制定制度文件对市县两院账户开立、变更、撤销等事项予以明确；推行核算监管。分批次将市县两院全部纳入省财务核算监管系统记账；理顺采购渠道。将市县“两院”全部纳入省级政府采购监督管理范围。

任务分工明确 2016年，在财物省级统管改革工作中，广东省财政厅与省级“两院”间权责清晰、分工明确，在确保市县“两院”作为一级预算单位管理独立性的基础上，发挥省级“两院”作用，做到“三个充分”：在制订方案、经费划转等方面充分听取省级两院的意见；在预算编制、经费申请等环节充分发挥省级两院优势；在日常沟通工作中充分调动省级两院积极性，化解省财政厅与各单位沟通衔接方面人手紧缺难题。

专场业务培训　2016年，广东省财政厅针对市县“两院”财务人员业务素质总体不高，对省级预算单位财务管理不熟悉等情况，会同省级“两院”组织开展部门预算编制和管理政策培训，开展政府采购、财务核算监管系统等专场业务培训，配合省级“两院”开展财务人员年度培训等。

财物统管改革目标初步实现　2016年，广东省初步完成财物统管顶层设计。通过出台保高托低、统分结合等政策，同时完善政府采购监管、基建立项申报、财务监管系统等配套措施，全省构建统管制度、经费保障、沟通衔接等财物统管体系。实现分区域保障标准的相对统一。通过提高全省公用经费保障标准，各单位经费不仅有“量”的增加，更有“质”的提升。通过“保高托低”，缩小一直困扰广东省的粤东西北与珠三角地区的经费保障差距。市县两院经费保障水平显著提高，各单位普遍反映当前经费保障足额到位。

财物统管工作机制运行高效　2016年，广东省通过将市县“两院”设置为一级预算单位的扁平化管理，全省法院、检察院落实中央政策的执行力和时效性大幅提升。全省法院、检察院在预算编制、预算执行、预决算公开实现统一规范。

财物统管管理制度规范统一　2016年，广东省财政厅结合改革特点和单位需求，在部门职责、预算管理、集中支付、非税收支、诉讼费退费备用金、内控机制等方面出台《广东省省以下法院、检察院财物统一管理暂行办法》《省以下法院、检察院财物省级统管操作规程》等一系列制度文件，并结合改革推进和深入，细化相关制度，以制度促进改革。

（政法处供稿，武龙文执笔）

教科文财政财务

【教育财政投入】　2016年，广东省财政（含中央补助资金，下同）安排109亿元落实城乡全面免费义务教育政策，安排10.4亿元用于落实免费教科书政策，下达农村中小学校舍维修改造长效机制补助资金6.5亿元，安排基础教育现代化资金13.2亿元。

安排普通高校生均定额补助经费82.56亿元，安排高水平大学重点学科建设项目覆盖专业学生生均提标经费1.2亿元；支持广东省高水平大学建设，安排高水平大学建设资金20亿元、安排高水平理工科大学建设资金4亿元，共计24亿元。

安排2亿元推进世界一流大学和国际一流学科建设；安排资金5.485亿元支持推进高等教育“创新强校”工程，加强“四重”建设；加强高等学校基本建设，改善学校基础办学条件，安排资金3亿元；根据省政府的决定和李嘉诚基金会的实际捐赠情况，安排省财政配套资金1亿元支持汕头大学改革和发展；安排1.5亿元专项经费，继续对中山大学附属医院和暨南大学附属第一医院给予支持；争取中央资金支持，下达中央支持地方高校发展专项资金2.91亿元，中央地方高校生均奖补资金1亿元。

落实中等职业学校免学费政策，2016年起省对地市的补助标准由2015年的每生每年3000元调整为每生每年3500元；拨付中央和省级中职免学费补助资金14亿元（不含技工学校）；安排下达现代职业教育综合改革试点省奖补专项资金5.987亿元。

安排下达强师工程资金4.04亿元，对全省学前教育阶段至高等教育阶段的教师队伍建设给予支持；安排山区和农村边远地区义务教育学校教师岗位津贴补助资金20.89亿元，稳定欠发达地区乡村教师队伍；安排资金8.69亿元落实教师工资待遇“两相当”政策，确保教师工资待遇；安排大学毕业生到农村从教上岗退费经费0.61亿元，吸引优秀人才到艰苦地区任教。

完善义务教育学生资助政策，2016年安排农村家庭经济困难学生生活费补助2.75亿元，安排5000万元实施农村义务教育学生营养改善计划；下达高等教育阶段各类奖助学金12.37亿元，下达高校学生服义务兵役、退役士兵学费资助、直招士官以及国家助学贷款中央奖补等资金6106万元；安排3.8亿元增量资金精准资助建档立卡贫困户子女。

2016年安排学前教育发展奖补资金3.3亿元，继续改善幼儿园办学条件，资助家庭经济困难幼儿；下达民办教育发展专项资金6550万元，专项支持民办教育的专业建设、师资队伍建设；下达义务教育阶段特殊教育学生公用经费和课本费补助资金1.6亿元，保障义务教育阶段残疾学生受教育机会；在教育发展专项资金中安排新建标准化特殊教育学校建设资金2.7亿元，安排特殊教育学校建设维护资金1.5亿元，支持特殊教育基础能力建设，建立特殊学校建设维护的长效保障机制。

2016年，广东省财政厅在落实现有各教育阶段家庭经济困难学生资助政策的基础上，精准资助建档立卡贫困户子女，实现家庭经济困难学生资助全覆盖，共安排2016—2017学年广东省建档立卡学生免学费和生活费补助资金38496.99万元，确保教育精准扶贫政策落实到位。

【科技资金管理改革深化】　2016年，广东省财政教科文口预算安排省科技发展专项资金16.48亿元，其中基础与应用基础研究（自然科学基金）3亿元、公益研究与能力建设6亿元、协同创新与平台环境建设5亿元、企业研究开发2亿元、科技奖励0.48亿元，支持高校、科研机构开展基础研究，提升公益研究实力，支持产学研协同创新与国际科技合作、重大科学工程创新与应用、创新载体与创新服务体系建设和创新创业环境的营造，全年下达资金16.48亿元。

2016年，安排应用型科技研发及重大科技成果转化专项资金8亿元，重点扶持广东省企业、高校和科研机构根据市场和企业需求开展工业应用研究。安排浙江大学华南工业技术研究院省级补助资金5000万元，扶持新型研发机构建设发展，提升广东省产业竞争力和促进转型升级。

2016年，安排下达知识产权工作专项资金1.84亿元，其中第二轮知识产权高层次战略合作工作经费1500万元、专利申请资助及奖励资金1.11亿元、知识产权工作经费5753万元，推动广东省开展知识产权保护，鼓励发明创造，组织实施知识产权战略等各项工作。

按照遵循尊重科研规律，尊重科研人员劳动的要求，研究制定省级财政科研项目资金管理等政策的实施意见。扩大科研经费使用的自主权，取消和下放项目预算调整权限，放权给项目承担单位结合科研工作实际制定经费开支标。强化对科研人员的激励，允许列支劳务费、人员费、绩效支出等用于人力资源成本补偿，并提高列支比例标准，明确绩效支出不计入总量调控。衔接现有财政财务管理制度，加强与现有预算管理、国库集中支付、政府采购等制度的衔接，优化流程，简便操作。

围绕全省经济社会发展重大战略需求和政府购买实际需求，省财政、科技主管部门委托第三方机构向社会发布远期购买需求，通过政府购买方式确定创新产品与服务提供商，并在创新产品与服务达到合同约定的要求时，购买单位按合同约定的规模和价格实施购买。

【财政推动文化强省建设】 2016年，广东省财政一般公共预算安排文化支出228.76亿元，其中省财政24.4亿元，保障公共文化财政支出稳定增长，省级转移支付资金重点向粤东西北欠发达地区倾斜，推动全省文化体制改革发展和基本公共文化服务标准化、均等化，提升公共文化服务水平。

贯彻落实中央和广东省关于推动宣传文化发展部署，2016年省财政预算安排省宣传文化发展专项资金超9亿元、文化设施建设与文化遗产保护专项资金超4亿元，国家电影发展专项资金省分成部分约2亿元。扶持电影发展专项资金超1亿元，扶持文化产业发展，支持推进文化创意和设计服务与相关产业融合发展。支持省属文化企业发展，报经省级政府批准，省属重点文化企业在2020年底前免缴国有资本收益。

落实基层公共文化服务设施全覆盖工程，创建、培育省级公共文化服务示范区及项目。采取财政补贴、市场运作的方式，组织乐团等艺术院团实行低票价惠民演出。安排1.38亿元补助农村文体协管员和补助城乡低保户购买书籍和音像制品等基本文化消费；安排专项经费扶持国际动漫博览会、深圳文博会、南国书香节；提高省级非物质文化遗产传承人的补助标准，增加对国家级非物质文化遗产传承人的补助，推动广东省海上丝绸之路申遗工作。2016年，安排档案馆维修改造及重点档案抢救保护资金2371万元；安排体育场馆运营经费1300万元、备战重大体育赛事经费4372万元、运动员退役补偿经费500万元；下达公共体育场馆免费低收费开放补助中央资金2328万元、中央集中彩票公益金支持地方体育事业专项资金2475万元。

贯彻落实中央和广东省关于推动传统媒体和新兴媒体融合发展部署，新媒体产业发展基金正式挂牌，省财政出资部分按分年度计划拨付安排；安排专项经费支持南方报业传媒集团、羊城晚报报业集团和广东广播电视台等省主流传统媒体巩固壮大和转型发展。

【财政推动实施“人才强省”战略】 2016年，广东省安排2016年“千人计划”省财政专项资金4825万元，用于资助广东省引进创新科研团队和领军人才；安排2016年博士后专项经费6195万元，用于广东省引进博士后的工作生活补贴；安排2016年享受政府特殊津贴专家补贴经费2979万元；安排省科学院6198万元用于引进高层次领军人才。

安排2016年广东特支计划专项资金13025万元，用于广东省三个层次九类人才培养；安排2016年扬帆计划专项资金11907万元，加大对欠发达地区人才工作的扶持力度。

（教科文处供稿，姚晓龙执笔）

工贸发展财政财务

【支持供给侧结构改革】 2016年，广东省推进去产能行动。下达中央财政工业企业结构调整专项奖补资金9284万元，省级配套奖补资金6398万元（含提前下达2017年310万元），制定印发《广东省工业企业结构调整中央财政奖补资金使用管理实施细则》《广东省钢铁行业化解过剩产能省级配套奖补资金管理办法》，明确资金管理职责，使用范围、管理要求等。支持处置“僵尸企业”。省财政厅会同省国资委印发实施《支持全省国有企业出清重组“僵尸企业”财政政策措施》，统筹使用现有各项财政性资金，通过一般公共预算和国有资本经营预算安排资金超过1.36亿元，支持国有“僵尸企业”兼并重组、职工分流安置、解决企业历史遗留问题等。2016年安排资金4423.1万元支持各地市淘汰落后产能，涉及造纸产能79.59万米，水泥熟料94万吨，水泥粉磨站15万吨。

落实降成本工作部署。减轻中小微企业融资成本，贯彻落实《关于创新完善中小微企业投融资机制的若干意见》要求，安排2.5亿元支持完善中小微投融资服务体系建设。加快推进政策性基金组建工作，截至2016年底工贸发展处经管的15支基金（整合前）已完成募集社会资本905.53亿元，其中珠西基金、重大科技成果产业化基金、丝路基金等已经省政府批准组建，并签约落地具体项目。贯彻落实出口企业减负工作。按照国家关于免除企业吊装、移位、仓储等费用的要求，制订《广东省开展口岸查验配套服务费改革试点实施方案》，在全省范围内开展试点工作，免除外贸企业在海关系统查验环节发生的、查验没有问题集装箱（重箱）货物和箱式货柜车运输货物的吊装、移位、仓储费用。推进广州、东莞等5个物流标准化试点，提高物流效率，降低物流成本。

【支持产业转型升级】 2016年，广东省安排资金20.37亿元继续支持珠江西岸先进装备制造产业发展，支持重大项目落地建设、工作母机类制造业、产业集聚区发展；推动珠江西岸先进装备制造产业发展基金落地，制订印发《珠江西岸先进装备制造产业发展基金组建方案》，基金已签约5个区域子基金及一批重大项目；制定印发《关于进一步完善珠江西岸先进装备制造产业发展财政扶持政策的通知》，配合省经信委制定印发《珠江西岸先进装备制造业发展财政政策实施细则》，扩大政策扶持范围，优化项目审批流程；省财政出资10亿元参股国家先进制造产业投资基金，2016年已按进度拨付3.83亿元。

2016年新增安排10亿元加大力度支持企业技术改造，全年累计安排技改资金31.42亿元，支持企业设备更新、智能化改造、普惠性事后奖补等，引导带动企业加大技改投入；督促地市加快资金使用进度，将地市未落实项目资金收回统筹使用，共收回地市资金10.55亿元，全部重新安排地市用于支持企业技术改造、公共服务平台建设、淘汰僵尸企业等；降低技术改造支持门槛，将企业主营业务收入从5000万元以上调整为3000万元以上，项目投资额由5000万元以上调整为珠三角地区3000万元以上，粤东西北地区1000万元以上；加快推进技术改造普惠性事后奖补资金，配合做好高企和技改事后奖补政策专项监督检查，督促各地市落实配套资金，截至2016年底有9个市（区）落实第一批普惠性事后奖补项目，涉及资金5.77亿元。

2016年安排省产业园扩能增效专项资金10.65亿元，支持产业园区基础设施建设、招商选资、企业创新和集约集聚发展；按照省委十一届七次全会有关研究支持产业共建一揽子政策要求，研究制定《广东省财政厅支持珠三角与粤东西北产业共建的财政扶持政策》，政策实施期间省市财政计划安排210亿元鼓励有技术含量的珠三角地区企业优先在省内梯度转移。

安排信息化和信息产业发展资金5.95亿元，支持欠发达地区信息化、网上办事大厅、电子政务、信息基础设施建设等；安排企业转型升级资金6.7亿元，支持通过两化融合支持企业升级改造，加快智能制造发展。

按规定核准有关地市报送的内河船舶拆解改造申请和老旧运输船舶提前报废更新申请，拨付中央财政船型标准化补贴资金13920万元。

【支持创新驱动战略】 2016年，广东省继续实施企业研究开发事后奖补，全年下达企业研究开发补助资金29亿元，惠及企业3774家；修订印发《广东省高新技术企业培育工作实施细则》，下达高新技术企业培育资金7亿元并分批兑付，惠及企业约5000家；安排各地市创新券补助政策试点资金6000万元，引导中小微企业加强与高等学校、科研机构、科技中介服务机构及大型科学仪器设施共享服务平台的对接；安排省市共建面向科技企业孵化器的风险补偿金4000万元，支持孵化器内创业投资和在孵企业融资。

安排前沿与关键技术创新资金6亿元，围绕全省重点领域、重点产业的重大科技需求，支持研发创新项目；安排产业技术创新与科技金融结合资金4亿元，探索开展科技融资补贴与风险补偿、科技创投联动、科技金融服务体系建设等新的扶持方式，完善科技型企业投融资体系建设；支持重大科技成果产业化。推动重大科技成果产业化基金落地，落实集成电路母基金15亿元，生物产业母基金10亿元，安排重大科技成果产业化扶持专项资金12亿元，重点支持战略性新兴产业。

【支持对外经济合作】 2016年，广东省财政拨付支持外贸资金21.85亿元，其中安排内外经贸发展与口岸建设专项资金13.49亿元并统筹中央资金8.55亿元。安排1.85亿元促进外贸产业转型升级，支持创建和打造国际著名品牌，推进高新技术、新兴产业聚集区域国际化发展；安排0.8亿元支持服务贸易和跨境电商发展，调动全省稳定外贸增长的积极性；加大国际市场开拓力度。安排国际市场开拓资金2.39亿元，支持企业参加和承办各类境内外各种形式的贸易活动以，支持企业境外投资及境外资源开发；安排促进投保出口信用保险资金0.5亿元，按实缴保费的一定比例支持企业投保出口信保，增强广东省中小微企业的抗风险能力，降低外贸企业融资成本；安排促进进口资金1.58亿元，对列入中央和省鼓励进口技术和产品目录的先进技术、产品和设备给予贴息；安排稳增长调结构资金2亿元，支持各地结合当地情况用于稳增长调结构事项，推动各市重点外贸企业提高自身竞争优势，扩大外贸出口优势；省财政提前安排2017年资金3亿元于2016年使用，其中用于补充支持各地市外贸稳增长调结构1.25亿元、促进进出口1.25亿元和支持企业投保出口信用保险0.5亿元。

省财政出资20亿元引导设立广东丝路基金，重点支持企业赴“一带一路”沿线国家开展基础设施、产业园区、能源资源、农渔业、制造业和服务业等重大项目建设，兼顾国内“一带一路”交通枢纽型项目，2016年丝路基金有多个项目达成合作方案，完成投资5.99亿元，正落地项目计划投资3.03亿元；安排省发展改革委2016年推进广东省参与建设“一带一路”工作经费260万元，用于支持开展重点课题研究、建立2016年重大项目库并协调推进重点项目、推进国际产能合作、开展对外联络等“一带一路”建设工作。

【支持生态文明建设】 2016年，广东省级财政安排节能环保和生态环境保护类专项资金21.88亿元。主要包括：安排环境整治专项资金12.59亿元，支持加强环境监管能力建设，提升环境执法水平，全方位支持环境保护工作；支持欠发达地区水环境综合整治、集中式生活饮用水源地保护项目等；支持练江、小东江等重点流域水环境综合整治工作；支持农村环境连片整治及环境保护等工作。安排治污保洁和节能减排专项资金8.98亿元，支持列入国家和省重金属污染综合防治规划计划的重金属污染防治项目；支持生态县污水处理设施建设、粤东西北污水处理设施“以奖促减”、大气污染防治等重点领域污染减排；提升垃圾收运及处理能力，改善农村人居环境；支持公共机构领域、建筑领域等节能降耗，促进资源节约利用。安排省级低碳发展专项资金3000万元，加强碳排放管理；推进广东省环保设施建设基金设立，支持粤东西北垃圾和污水处理等环保基础设施建设；推进横向生态补偿试点，配合研究制订广东省《关于健全生态保护补偿机制的实施意见》，2016年完成粤桂九洲江、粤闽汀江—韩江、粤赣东江生态补偿协议等签署，并落实生态补偿试点资金。

争取中央财政资金支持，2016年累计获得中央财政节能环保类资金35.84亿元，重点支持重点流域、重点区域水污染防治，加强土壤及重金属污染防治能力建设、状况调查及治理，提升珠三角地区空气污染防治监测水平；支持农村环境整治及传统村落保护；支持广州、珠海开展地下综合管廊试点示范及海绵城市建设，推动实施珠海经济开发区园区循环化改造；支持韶关、梅州、东莞等地市开展节能减排财政政策综合试点示范工作，全面完成国家下达的节能减排任务；支持新能源汽车应用推广、开展新能源汽车应用推广资金清算、核查工作，支持公交新能源汽车运营，加快充电基础设施建设，支持金太阳及太阳能光电建筑应用示范等项目。

【支持新经济新业态】 2016年，广东省安排现代服务业发展资金5000万元，通过支持电子商务、现代物流标准化建设、商务诚信体系建设服务平台项目等项目，优化现代服务业结构，提升全省现代服务业发展水平；安排中央财政服务业发展专项资金1亿元，支持冷链物流信息化、标准化及基础设施建设。安排生产性服务业发展资金0.8亿元，支持工业设计、供应链管理等生产服务业发展；安排省供销社综合改革及惠农服务专项资金3500万元，支持我省供销系统深化改革，增强惠农服务能力。

统筹用好省级拓展内销市场专项资金2000万元，支持开展广东产品全国巡回展活动，推动广东产品全国行及建设广东商贸城；安排加博会、海博会、中博会等各类展会8680万元，推动广货全国行、世界行，提升广货知名度。

【国资预算编制】 2016年，广东省财政厅按程序编制2016年国有资本经营预算并报省人大审批。2016年省级国有资本经营预算草案纳入编制范围的企业共30户，省级国有资本经营预算收入15.9亿元，支出15.9亿元。抓好省级国有资本经营预算执行，推进国有资本收益申报、审核和收取工作，2016年省级国资预算实际完成收入15.9亿元，实现年初预算的100%；完成支出15.6元，完成年初预算的98.3%。研究探索扩大国有资本经营预算编制范围，将部分行政单位未脱钩、脱钩未移交企业，事业单位出资企业以及企业化管理的事业单位纳入收益收取范围，完善省级国有资本经营预算管理。

【支持国企改革】 2016年，广东省财政厅安排拨付广东国有企业重组发展基金，支持深化省属国有企业改革，重点投向体制机制改革创新的50家试点企业，支持深化省属国有企业改革；继续做好省属企业政策性关闭破产工作，及时审核安排政策性关闭破产企业关闭费用。做好加快剥离国有企业办社会职能和解决历史遗留问题，参与研究制定《广东省人民政府转发国务院关于印发加快剥离广东省国有企业办社会职能和解决历史遗留问题的工作方案的通知》以及《广东省人民政府办公厅关于推进省属企业职工家属区"三供一业"分离移交工作的实施意见》，配合出台实施《关于深化国有企业改革的实施意见》，加快推进国有企业改革发展；落实省政府部署，研究制定《省财政支持韶钢改革重组实施方案》，支持韶钢改革重组并对韶钢改革重组给予资金支持，对恒健公司增资韶钢给予贴息支持；加强珠三角城际轨道交通项目运营保障金管理。

【民生政策保障】 2016年，广东省做好粮食等重要物质储备工作，加大对粮油、药品、化肥和冻肉储备体系建设支持力度，及时拨付相关储备费用补贴；举办12场省级储备粮竞价交易会，销售采购省级储备粮172万吨。

安排省级安全生产专项资金1.1亿元支持开展应急救援基地、队伍建设，事故隐患排查，监管监察能力建设等；安排地质灾害防治专项资金2亿元，支持地质灾害预警预报体系建设、粤东西北地区地质灾害隐患治理、搬迁避让等；支持做好安全生产、地质灾害、海上搜救、核应急、电力应急等各项应急工作，支持有关地市和单位开展救灾复产工作。

（工贸处供稿，陈斌执笔）

【跨省河流域横向生态保护补偿试点探索开展】 *流域水质整治保护* 2016年，广东省完善管理和监控措施，构建流域水质保护管理工作体系。制订印发《广东省人民政府办公厅关于健全生态保护补偿机制的实施意见》，加强工作管理和监控的顶层制度设计，推进流域横向生态补偿试点工作，加快推进流域环境综合整治。同时，省财政厅会同有关业务主管部门采取措施，通过设立流域管理机构等方式，完善水资源管理架构，构建全方位的流域监控体系，制订印发《广东省跨地级以上市河流交接断面水质达标管理方案》《广东省地表水环境功能区划》等，对三条试点流域严格实施水环境分类管理。

控制流域项目建设，推进流域综合整治。流域各级政府按照法律法规及相关文件要求，加大重污染企业淘汰力度。流域各市全面清理整顿流域内非法洗砂场、采矿点和沿岸码头堆场，划定畜禽养殖禁养区并制定管理办法，清理违规养殖场点。加快推进流域污水处理设施及配套管网建设，提升流域污水处理能力，推进流域环境综合整治，水质持续改善。

创新多种扶持机制，重点保障试点流域的生态保护。广东省在人均财力水平低下、收支矛盾突出、支出压力较大的情况下，仍重点倾斜支持三条试点流域的生态保护，通过安排专项资金，重点生态功能区转移支付、发行地方政府债券、引入社会资本参与等方式，加大力度推进流域生态保护工作，从水体治理、水周边环境防治、生态建设等多个位面支持试点流域水环境修复和保护工作等重大公益性项目。

流域资源环境综合治理与协同保护 开展东江流域国土江河综合试点整治。2014年9月，财政部会同环境保护部、水利部搭建国土江河综合整治平台，启动国土江河综合整治试点工作并确定东江流域为第一批试点，计划用4年时间推进流域资源环境的综合治理与协同保护，探索建立适合中国国情的江河流域综合治理和保护的新模式和新机制。按照财政部、环境保护部和水利部的要求，省财政厅、环境保护厅、水利厅共同编制完成《国土江河综合整治东江流域试点总体方案（2014—2017年）》，并在此基础上编制完成2014—2017年年度实施方案。

开展九洲江流域上下游产业共建。根据《九洲江流域生态补偿协议》及实施方案，粤桂两省区环保、经信等部门加强联络对接，探索创新工作机制，通过设立粤桂合作区等方式开展深度合作，推进生态补偿试点工作。将粤桂合作区纳入广东省产业转移政策补助范围，省财政安排5000万元专项用于扶持粤桂合作区省产业园基础建设项目，支持合作区中符合条件的区域进行基础、环保设施建设，加快承接产业转移、引导工业集聚发展。

开展汀江—韩江流域上下游合作共治。粤闽两省依托泛珠三角区域合作平台，签订生态补偿协议，制订配套实施方案，建立跨界流域污染防控、突发环境事件应急联动、环境污染纠纷协调处理、工作会商和交流等机制；联合调查处置一批突发环境事件，保障汀江—韩江上游乃至全流域的水环境安全；持续推进跨界污染整治规划科技合作。

跨省流域生态补偿 国家将东江流域列入国土江河综合整治试点，探索流域整治新模式，粤桂九洲江、粤闽汀江—韩江已列入《生态文明体制改革总体方案》和国务院《关于健全生态保护补偿机制的意见》的生态补偿试点，跨省流域生态补偿工作全面展开。

加强规划对接，统筹上下游省份水环境功能区划。加快推进与上游省份研究建立一致可行的跨省界断面水质达标交接管理机制，启动流域生态经济带发展规划编制工作，理清治理项目和环保产业目录，梳理试点流域环境综合整治的政策措施及建立省际协调机制。

按照"积极稳妥、分步有序"的原则，务实探索生态环境保护机制。推进国土江河综合整治试点工作、粤桂九洲江、粤闽汀江—韩江生态补偿试点工作。试点工作完成后，先行评估试点工作生态补偿机制实施效果，在总结经验的基础上，根据国家统一部署，研究探索防治试点流域跨省污染的路径。

采取有效措施，创新跨省合作工作机制。在统筹考虑上下游的经济社会发展、产业布局和水质控制目标基础上，粤赣桂闽四省应依法切实采取措施，加大联防联治力度，保证辖区内流域水质符合环境功能区划控制目标要求。同时，探索创新生态环保合作新机制，按照泛珠三角区域合作省（区）部际协商会议精神，同时结合“十三五”脱贫攻坚要求制定重大环保政策，共同推进泛珠三角区域经合社会和资源环境协调发展。

（工贸处供稿，王立超执笔）

农业财政财务

【财政支农】 2016年，广东省按照《中共中央 国务院关于落实发展新理念加快农业现代化实现全面小康目标的若干意见》要求，全省农林水支出科目累计支出688.43亿元，2016年农业处全年下达预算451.11亿元。

在保障支农投入的基础上，继续调整财政支农支出结构，推动资源要素向农村配置，突出生产发展、基础设施建设、社会事业、生态建设和劳动力素质提高等五个支持重点。同时，注重发挥财政支农政策的导向功能和财政支农资金“四两拨千斤”的作用，通过资金整合、财政贴息、以奖代补、以补促建、以补代投和竞争性分配等方式，调动各级财政部门和社会各有关方面投入“三农”的积极性，鼓励、引导和带动社会资本参与农村经营性基础设施、公用事业以及相关配套设施建设，形成以政府投入为引导的多元化“三农”资金投入机制。

【农业基础设施建设专项资金】 2016年，按照国务院广东省建设高标准基本农田的总体要求，全年下达33.45亿元支持全省建设14.87公顷高标准基本农田，支持土地整理复垦开发，增加有效耕地，解决土地资源瓶颈问题，实现耕地占补平衡和耕地总量动态平衡；下达基本农田保护经济补偿省级补助资金11.19亿元，建立健全基本农田保护长效机制。

【水利事业财政投入】 2016年，广东省级以上财政安排水利建设资金134亿元，并预下达2017年水利建设资金38亿元。主要用于：加大投入力度积极推进中小河流治理工程、海堤加固达标工程、练江流域水环境综合治理工程建设；支持韩江（高陂）水利枢纽工程、连山县德建水库等供水调水重点工程建设；支持韩江粤东灌区续建配套与节水改造工程、省河口水利工程实验室建设工程、飞来峡水利枢纽社岗防护堤除险加固工程、省水资源监控能力建设项目等省属重点水利工程建设；继续推进中央及省级财政小型农田水利重点县、省级水利建设示范县、村村通自来水工程示范县等示范项目工程建设；支持病险水库除险加固、中小型灌区续建配套和节水改造工程、农村中型及重点小型机电排灌工程等民生水利项目建设；支持珠江三角洲水资源配置工程等重点工程开展前期准备工作。

【精准扶贫财政投入】 2016年，广东省财政厅根据新一轮扶贫工作目标及任务，研究制定《关于我省财政支持新时期精准扶贫精准脱贫三年攻坚的一揽子方案》，下达2016年广东省各级财政新时期扶贫攻坚投入一揽子资金38.43亿元，并提前下达2017年资金37.03亿元；加快推进危房改造，省财政厅提前下达2015—2017年补助资金52.44亿元，并按精准扶贫方案要求，2016年安排5.95亿元用于提高五保户和建档立卡贫困户危房改造补助标准，其中五保户提高到3.4万元/户，建档立卡贫困户提高到4万元/户；针对扶贫资金管理使用中存在的薄弱环节和突出问题，研究制定《广东省精准扶贫开发资金筹集和使用监管办法》，围绕扶贫资金审核、分配、使用、监督、公开全过程，强化资金监管，督促指导市县完善本地区扶贫资金监管实施细则、制订资金使用方案。

【基层组织经费保障】 2016年，广东省加大农村基层组织工作经费保障力度，全年省财政安排资金15.6亿元，继续对欠发达地区贫困村农村基层组织工作经费给予补助，将村干部补贴提高到每月不低于2200元，村级组织办公经费补助提高到每村6万元/年；继续对村务监督委员会委员给予补助，按照16764个村，每村补贴3人，每人每月补贴275元的标准，将1.66亿元分配到14个地级以上市及相关省直管县；加大离任村干部生活保障力度，研究制订《关于提高离任村干部生活补贴标准的方案》。

【林业生态建设财政投入】 2016年，广东省级以上财政统筹安排50.8亿元支持林业生态建设：支持生态公益林管理和保护，统筹安排生态公益林补偿资金18.79亿元，按390元/公顷的补偿标准对省以上生态公益林进行补偿；支持森林资源培育，统筹安排16.1亿元，推进森林碳汇、生态景观林带、森林进城围城、乡村绿化美化等林业重点生态工程建设，支持林业科技创新、林业种苗、林木种苗生产示范基地、林业科技推广示范等项目，推进造林绿化工程；支持森林资源管护，统筹安排11.99亿元，用于森林抚育、森林防火、病虫害防治、林火远程视频监控系统建设、森林公安补助、森林公园建设、自然保护区建设、天然林保护工程补助、护林员补助等；支持推进林业改革工作，安排集体林权制度改革资金0.3亿元，安排中央国有林场改革补助资金3.7亿元。

【现代海洋渔业发展财政投入】 2016年，广东省财政厅围绕“一带一路”国家战略，支持广东省实施海洋强省战略，推动海洋经济创新发展，现代海洋渔业转型升级。安排0.5亿元，用于海洋规划与区划、海洋经济运行监测、海域和海岛管理、海洋生态修复、海洋保护区建设、海洋战略研究、海洋生态和资源调查等日常管理；安排0.48亿元，推动海洋科技创新与成果转化，推进建立健全海洋与渔业科技创新体系，支持重大海洋科技项目攻关与研发，促进高新海洋科技成果转化和推广；安排0.2亿元，继续支持水产良种体系建设；安排0.6亿元，支持水产品质量安全监管体系建设、扶持开展水产品质量安全基础研究，提高水生动物防疫检疫体系能力；安排0.12亿元，支持渔业机械化建设，扶持建设一批机械化循环水育苗示范场、高效水产养殖机械化示范场及高效生态的工厂化生产示范场；安排0.68亿元，用于现代渔港建设项目，支持3个区域性避风锚地和1个三级渔港建设；安排渔港抢险维护与海洋渔业救灾复产资金0.26亿元，支持受灾地区开展海洋渔业救灾复产工作。统筹中央资金用于实施海洋、淡水经济物种增殖放流、濒危物种增殖放流、海洋牧场示范区建设等渔业资源保护项目约0.31亿元；支持渔业标准化健康养殖扶持项目约0.1亿元；安排船舶报废拆解和船型标准化补贴（渔民减船转产）资金1.79亿元。

【惠农资金投入】 2016年，广东省推进扶持农民专业合作组织发展和农业现代园区建设。整合安排专项资金1.5亿元，培育龙头企业、合作社、家庭农场、种养大户等经营主体，加快农业经营主体培育；整合安排省级农业基础设施建设专项资金及其他相关资金共约3.2亿元，继续推进省级农业示范区建设，加快农业产业化发展步伐。

推进农村综合改革。安排中央和省级村级公益事业一事一议财政奖补资金6.7亿元，支持农村公益基础设施建设；安排新农村连片示范工程建设专项资金14亿元，支持全省欠发达地区新农村示范片建设。

推进落实各项惠农补贴政策。安排2016年中央财政农机购置补贴资金1.94亿元，对广东省符合补贴条件的农民和直接从事农业生产的农机专业服务组织购买农机具给予补贴；安排政策性农业保险保费补贴资金8.04亿元，统筹推进家禽、生猪、水果和水产养殖保险试点工作；安排休（禁）渔渔民生产生活补助专项资金0.34亿元，用于对休（禁）渔渔民生产生活进行补助。

【基层公共服务平台建设财政投入】 2016年，广东省扩大全省基层公共服务平台建设试点范围。加强贯彻落实省委关于基层治理的决策部署，2016上半年，在对开平市等第一批8个试点县基层公共服务平台建设考核验收的基础上，学习借鉴吉林、浙江兄弟省份的先进做法，在全省范围内选取珠海等4个市、广州番禺区等15个县（市、区）以及2个镇列为第二批试点，探索如何建设“五个统一”的村（社区）公共服务中心（站），加强推动村居公共服务便利化、统一化、规范化，打通联系服务群众“最后一公里”。

全面铺开村（社区）公共服务中心（站）建设。2016年下半年，在总结两批试点工作的基础上，制定并报省委基层治理领导小组名义印发《关于全省村（社区）公共服务中心（站）建设的指导意见》等指导性文件，明确全省村（社区）公共服务中心（站）建设的总体目标是：整合各级各部门在村（社区）设置的各类机构、牌子、平台等，统一场所，统一系统，统一内容，统一制度，统一保障，把村（社区）公共服务中心（站）建设成为党和政府在村（社区）基层的执政阵地。2016年底，在各级党委政府及各有关部门的合力推动下，全省基本实现村（社区）公共服务中心（站）建设全覆盖，25925个村（社区）基本建成标准规范化的村（社区）公共服务中心（站）25521个，占比98.4%。

【农村改革财政投入】 2016年，广东省支持农业信贷担保体系建设。根据财政部、农业部、银监会《关于财政支持建立农业信贷担保体系的指导意见》等有关规定，由省财政厅牵头、会同省农业厅、广东银监局、省金融办按照“政府引导、市场运作、财政支持、专注农业、合作共赢”的原则，共同推进广东省财政支持建立农业信贷担保体系工作。2016年3月，经省政府同意，省财政厅会同省农业厅、广东保监局和省金融办联合印发《广东省财政支持农业信贷担保体系建设工作实施方案》，明确广东省财政支持农业信贷担保体系建设工作的指导思想和目标原则、主要工作措施、实施步骤、保障措施等。2016年9月，广东省农业信贷担保有限责任公司正式注册成立。

推进农业“三项补贴”改革。根据《财政部 农业部关于全面推开农业“三项补贴”改革工作的通知》和《财政部关于加强2016年农业支持保护补贴资金管理的通知》，2016年起在全国全面推开农业“三项补贴”改革，推进农业“三项补贴”由激励性补贴向功能性补贴转变、由覆盖性补贴向环节性补贴转变，将农业“三项补贴”中直接发放给农民的补贴与耕地地力保护挂钩，提高补贴政策的指向性、精准性和时效性。按照中央要求，广东省制订印发《广东省全面推行农业“三项补贴”改革工作实施方案》，明确广东省“三项补贴”改革的总体要求、实施内容和保障措施。

推进巨灾保险试点改革。按照《广东省巨灾保险试点工作实施方案》要求，在汕头、韶关、梅州、湛江、清远、河源、汕尾、阳江、茂名、云浮等10市开展巨灾保险试点工作。为支持巨灾保险试点工作顺利开展，省财政对各地市投保保费给予适当补助，其中：在0.3亿元以内（含0.3亿元）的，按照省级与市县3：1的分担比例安排省级补助资金，超过0.3亿元部分由市县承担（市、县分担比例由各市确定），2015—2016年，省级安排10个试点市保费补助资金共计2.25亿元。2016年，10个试点市均与保险机构签订了巨灾保险合同。

（农业处供稿，林侃执笔）

基本建设财政财务

【重要基础设施建设保障】 2016年，广东省财政厅通过统筹存量资金等方式，于2015年提前拨付部分以后年度轨道交通项目资本金，2015—2016年累计安排轨道交通项目省级资本金168亿元，设立铁路发展基金400亿元。

2016年累计拨付轨道交通资本金66.15亿元，拨付港珠澳大桥珠海口岸工程3亿元；继续推进铁路投融资体制改革，2016年铁路发展基金累计投资24.59亿元，扩大建设资本金来源，推动投资主体多元化；定期与相关部门沟通交流，掌握最新工作进展，协调解决各类问题，按照省委、省政府决策要求及时足额落实省级出资安排；参加省重点项目及中央预算内投资项目专项督查，督促有关市县落实出资责任，加快推进重点项目建设；配合加快推进广东省专项建设基金投入实质性运作（首期规模约500亿元，力争带动投资2500亿元），降低投融资成本，缓解重大项目融资难、融资贵问题，推动广东省供给侧结构性改革取得实效。

【对口援建资金支持】 2016年，广东省财政厅全力做好对口援建各项工作，研究提出资金安排政策，拨付援建资金。2016年累计拨付对口援建资金159186万元，其中：援疆资金86047万元、援藏资金53294万元、援川资金19845万元；加强与前方工作队沟通联系，协调解决各类问题，跟踪监管援建资金，指导建立有关财务管理制度，提高资金效益，建立健全援建资金管理长效机制；派员赴新疆、西藏、四川开展实地调研、绩效评价、监督检查等，了解掌握援建项目情况和存在问题，提出合理化建议；按照国家政策，筹措“十三五”援建资金，其中：援疆资金92.95亿元、援藏资金31.20亿元、援川资金10.97亿元。

【民生实事项目建设财政投入】 2016年，广东省财政厅经济建设处负责省政府“十件民生实事”项目中的“智慧食药监”项目相关工作。经济建设处派员参加省政府组织召开的项目建设专题会议，贯彻落实会议精神；会同有关处室严格审核项目估算，对超过建设标准和不宜由省财政包揽的市县支出责任事项予以核减，并结合项目具体情况，测算分年度预算安排计划；跟踪和督促建设单位尽快开展建设，确保形成实际支出。

【基建项目预算支出进度加快】 2016年，广东省通过建立项目台账，全面梳理和掌握各个项目的预算执行情况，对新《预算法》要求收回的项目坚决予以收回；对可以支出的项目，逐项进行分析并采取“一项目一措施”的原则提高预算执行进度。

对所有基建项目分解落实到具体经办人，由专人跟进项目进度。2016年预算处累计追加经济建设处预算额度130.09亿元，经济建设处下达预算129.74亿元（其中中央资金约35.82亿元，全部在规定时限内下达），预算下达率99.73%；在已下达129.74亿元中，已拨付111.24亿元（含下达市县资金30.91亿元），资金拨付率85.74%。

按照新《预算法》及广东省专项资金管理的有关要求，制定明细时间表，确保专项资金（包括基建投资与低碳发展资金以及援藏、援疆、援川4项专项资金）在规定时限内完成下达，并督促有关单位尽快形成实际支出，提高专项资金支出效率。

【基建项目预算编审强化】 2016年，广东省财政厅逐一审核单位报送材料的完整性、准确性；审核新建项目的资金安排依据，核对在建项目的预算执行台账及指标余额；征求项目建设单位意见，综合分析项目建设进度、往年预算执行情况；集中会审，逐项确定2017年经管省直单位基建项目预算安排方案，2016年共审核2017年基建项目预算162项，建议安排72.64亿元。

【基本建设财务管理完善】 2016年，广东省探索建立广东省基本建设财务规范管理长效机制，在参加财政部基本建设财务规则培训的基础上，分别举办省直单位现场专题培训班和全省财政系统视频培训班，详细讲解《基本建设财务规则》及配套办法的内容，对如何结合贯彻部长令、规范做好广东省基本建设财务管理工作提出要求；研究起草《广东省基本建设财务管理实施办法》及相关配套文件，并征求省直各单位及各地级以上市财政局征求意见。

【财政经建工作水平提升】 2016年，广东省停建楼堂馆所项目，严控办公用房维修改造项目，严禁豪华装修。对擅自扩大投资、突破概算的项目一律不予追加资金；履行乐昌峡水利枢纽工程、北江大堤加固达标工程、省委10号楼停车场、113工程等重点项目财务总监职责，落实好省委、省政府的相关重点项目建设工作部署；贯彻落实中央和广东省委关于精准扶贫精准脱贫精神，做好农林水基本建设财务管理等相关财政工作，推动农产品质量检测事业、防护林工程、渔港建设发展；做好国债还本付息工作。每季度收缴下级财政和有关单位还款，及时归还财政部，减少暂存暂付款挂账；对省直单位的基建项目进行初步排查，协调有关单位加快办理工程结（决）算审核，2016年审定工程结算项目36个，批复14个竣工财务决算项目；以清理工程建设领域保证金和清理偿还政府欠款专项工作为抓手，制订广东省清理偿还政府欠款专项工作方案，开展政府欠款摸底清查、还款计划的汇总统计以及清理政府欠款工作专项督查；按照《关于试行省级财政专项资金及基本建设项目预算信息公开的通知》文件精神，将省人大代表之家及智能化补充工程等31个项目纳入2016年基建项目预算公开的范围，通过在门户网站上公开预算信息的方式，主动接受社会公众对政府投资基建项目的监督，提高政府公信力和预算执行约束力。

（经济建设处供稿，陈明杰执笔）

社会保障财政财务

【医药卫生体制改革财政投入】 2016年，广东省推进基本医疗保障制度建设。落实提高城乡居民基本医疗保险财政补助标准资金，将各级财政对城乡居民基本医疗保险的补助标准提高到每人每年420元，省级财政安排资金160.77亿元支持经济欠发达地区落实城乡居民基本医疗保险补助资金；全省城乡居民基本医疗保险住院政策规定为76%；完善城乡居民大病保险，扩大覆盖范围，健全筹资机制，稳步提高保障水平，强化精准扶贫。

推动公立医院综合改革与发展。全面落实对公立医院的基本建设和大型设备购置、重点学科发展等六大投入政策，通过建立科学合理的公立医院补偿机制，以投入换机制，促进深化公立医院综合改革，省级财政安排逾6亿元重点对经济欠发达地区县级公立医院的业务用房、医疗设备、人才培养等予以补助。

推进城乡基层医疗卫生服务体系建设。省级财政统筹安排各类资金15亿元，重点用于补助基层医疗卫生机构事业费，支持乡镇卫生院标准化建设，落实农村边远地区乡镇卫生院医务人员岗位津贴、村卫生站医生补贴、基层医疗卫生机构综合改革以奖代补资金等。

促进基本公共卫生服务逐步均等化。省级财政下达补助资金12.25亿元推动基本公共卫生服务项目深入拓展，安排专项资金6亿元对经济欠发达地区实施重大疾病防控和重大公共卫生服务项目给予补助。2016年，广东省人均基本公共卫生服务经费不低于45元。

安排各类资金共计13.11亿元，支持中医药事业、计生事业、食品药品监督管理等各项工作。

【底线民生资金保障落实】 2016年，广东省财政厅支持全省特别是经济欠发达地区逐步提高底线民生保障水平，2016年下达中央和省底线民生保障资金160.83亿元（其中：中央55.24亿元，省105.59亿元）。

落实城乡居民最低生活保障资金51.04亿元，支持全省低保补差水平达到城镇418元/月、农村190元/月；落实农村五保供养资金9.57亿元，支持全省五保供养补助标准达到当地上年农村居民人均纯收入的60%以上，提高至每人每年6470元以上；落实孤儿基本生活保障资金3.61亿元，支持全省孤儿基本生活最低养育标准提高到集中供养每人每月1340元、分散供养每人每月820元；落实城乡医疗救助资金19.44亿元，实现政策范围内住院自负医疗费用的救助比例提高到70%以上，年均每人次住院医疗救助标准提高到2178元以上；落实残疾人两项补贴补助资金7.95亿元，实现残疾人生活津贴1200元/年和重残护理补贴1800元/年的目标任务；落实城乡居民基本养老保险补助资金69.22亿元，确保养老保险待遇按时足额发放，城乡居民基本养老保险基础养老金水平提高到每人每月110元。

【积极就业政策财政支持】 2016年，广东省重点支持建立创业资助体系。根据省委省政府关于以创业带动就业的战略部署，省级财政安排创业带动就业项目资金5亿元，用于设立创业引导基金、建设创业孵化基地、创业资助以及优秀创业项目奖励等，建立普惠性的创业资助体系。

支持构建国际水准的技能教育体系。继续安排技工教育发展项目资金3.875亿元，技工教育产业能力提升补助1.5亿元，重点用于加强全国示范性技师学院建设及经济欠发达地区技工学校建设补助，促进以技工学校为主阵地，建立覆盖城乡的职业技能培训体系；继续安排0.85亿元加强技工学校实训中心建设，支持实训基地充分发挥培养高技能人才的基础作用，提升培训质量。

支持开展多层次职业技能培训。继续安排劳动力培训项目资金4亿元，专项用于劳动力培训转移就业的技能晋升培训补贴、“圆梦计划”补助，全面建立起劳动力技能培训普惠制度；继续对农村贫困家庭子女入读中等职业技术学校、技工学校实行免学杂费和补助生活费，按照人均每年3500元的标准给予学杂费补助，并纳入中等职业学校国家助学金体系统一给予人均每年2000元的生活费补助，全年中央财政及省财政共安排资金9.7亿元。

加大促进就业专项资金投入力度。安排促进就业资金3.085亿元、人力资源市场和基层服务平台建设资金1.3685亿元，主要用于城乡各类就业扶持对象按规定给予职业培训等补贴以及加强公共就业服务机构建设。

【残疾人补助与优抚对象抚恤等社会保障】 2016年，广东省财政支持残疾人各项事业发展安排3.29亿元，主要用于补助欠发达地区完成国家、省重点康复项目、无障碍改造项目任务以及提高残疾人康复水平等支出，支持省残疾人康复基地及欠发达地区残疾人康复设施建设等。

做好优抚对象生活待遇、退役士兵安置、流浪乞讨人员救助等工作。继续提高部分优抚对象等人员抚恤和生活补助标准，下达中央和省财政优抚对象抚恤和生活补助资金18.96亿元；安排退役士兵安置一次性经济补助和职业技能培训等支出2.63亿元；下达中央和省财政补助资金1.89亿元，支持全省特别是经济欠发达地区做好流浪乞讨人员救助工作。

做好自然灾害救济经费保障。下达中央和省财政自然灾害生活救济补助资金2.81亿元，保障因台风等自然灾害的应急救济、全倒户重建家园和救灾物资储备等支出。

【养老保障】 2016年，广东省继续完善基本养老保险制度。制定出台广东省机关事业单位工作人员养老保险制度改革实施办法，建立与企业职工等城镇从业人员统一的社会统筹和个人账户相结合的基本养老保险制度。以非公有制单位为重点，加强企业职工基本养老保险扩面征缴，实现应保尽保。发挥调剂金（储备金）统筹共济功能，确保社会保险待遇按时足额发放。巩固完善养老保险省级统筹，推动统一养老保险单位缴费比例，夯实缴费基数。

加大对养老保险基金的投入。继续安排8000万元专项补助14个经济欠发达地区提高基本养老金发放标准后造成的基金增支缺口，确保企业离退休人员基本养老金按时足额发放；安排5000万元专项资金用于提高省属企业部分早期退休人员生活待遇，解决企业部分早期退休人员生活待遇偏低问题。

做好离退休人员养老待遇保障工作。贯彻落实中央以及省委、省府工作要求，共安排省直行政事业单位离退休经费预算40多亿元，保障6万名离退休人员养老待遇；对1950年6月30日前参加革命工作的退休干部给予政策性倾斜，安排中华人民共和国成立初期参加革命工作的部分退休干部生活补助经费1597万元；分别测算离退休人员调资经费、省直驻穗外单位离退休人员住房维修补贴经费；加强与省社会保险基金管理局沟通，逐步做好养老保险并轨衔接工作。

完善养老服务体系建设。健全投入机制，整合公共预算和福利彩票公益金，完善养老服务体系建设。下达中央和省财政养老服务体系建设项目资金4.22亿元，支持全省特别是经济欠发达地区福利院、敬老院、光荣院等养老服务机构新建、扩建、改建和设施改造、设备购置更新、养老服务补贴及城乡居家养老服务建设等支出；安排3000万元支持15个欠发达县（区）改善老干部学习场地；采取各项扶持政策吸引社会资金投入，通过“公办公营”“公建民营”“民办公助”“政府购买服务”等方式办好各类养老机构，完善高龄、失能等老年人补贴制度。

（社会保障处供稿，廖建中执笔）

会计管理

【会计法规制度贯彻实施】 2016年5月至11月，广东省先后3次配合财政部会计司调研组召集多家会计事务所、企业召开座谈会，了解企业会计准则实施情况，为企业会计准则的修订提供帮助。全年配合财政部开展会计准则、制度征求意见工作16次。

加强行政事业单位内部控制制度建设。根据财政部关于全面推进行政事业单位内部控制建设的指导意见和基础性评价工作要求，建立省直行政事业单位内部控制联络机制，并及时跟进评价工作进展情况。10月，召开全省基础性评价工作指导会议，邀请北京国家会计学院教授进行现场讲解；收集整理各单位基础性评价自评材料，向财政部报送全省开展基础性评价工作情况。

贯彻实施《会计档案管理办法》。8月，召开全省贯彻落实《会计档案管理办法》工作会议，重点对《会计档案管理办法》的重大变化、新旧衔接等内容进行培训学习。

【管理会计人才培养和管理会计体系建设】 2016年，广东省按照财政部《关于开展管理会计案例征集活动的通知》要求，组织各地区、各单位报送管理会计案例；召开专场动员会议，鼓励会计领军人才总结实践经验，踊跃投稿。全省收集案例20份，经筛选报送财政部案例16份。

4月和10月，在北京国家会计学院举办第一期会计领军人才（管理会计方向）培训班的第一、二次集中培训。召开领军学员座谈会，听取学员对课程设置的需求和建议，应对培训中遇到的实际困难和问题。如厅领导带队到省人民医院等单位调研走访，倾听学员及单位意见。

【会计培养管理机制完善】 2016年，广东省财政厅对全省会计从业资格考试题库管理及试题传输进行规范管理，确保试题安全；对省属会计从业资格业务流程进行梳理，按照“规范、便民”的原则进行流程再造；通过信息化手段对全省会计从业人员有关信息进行收集、统计和分类，并报送财政部。全年全省会计从业资格考试共组卷36.59万份，省直组织1576人次参加会计从业资格考试；受理申领、换证、调转、信息变更、继续教育登记等会计从业资格业务14439件，接通咨询电话51816个，回复读者来信7910份。

会计专业技术资格和全国会计领军（后备）人才选拔考试报名。会同省人力资源和社会保障厅印发广东省2016年度全国会计专业技术中高级资格考试、2017年度全国会计专业技术初级资格考试考务日程安排，部署2016年全省中、高级和2017年初级会计资格考试报名工作。全省2016年中、高级资格报名总人数为8.5万人，其中中级资格82626人，高级资格2391人；2017年初级资格报名人数19.1万人。

配合财政部做好全国会计领军（后备）人才企业类、行政事业类选拔考试报名工作。经过笔试、面试，两类别各有1人入选全国领军班。

会计专业技术资格考试。2016年，全省继续实行会计专业技术初级资格无纸化考试，并在17个考区开展中级资格无纸化考试试点。制订无纸化考试实施工作方案和考试技术设备突发事件应急处理工作方案；对相关人员就无纸化考试工作流程和考试软件系统进行培训；根据初、中级资格考试报名人数测算并落实考场和机位需求；组织相关机构对选定考点所属考场开展模拟测试；协同供电部门做好供电保障准备工作。考试期间，做好试卷押运、传输以及保密工作，与各考区签订责任书并向各考区派出巡视小组，加强考场监督检查。考试结束后，采取网上评卷的形式，做好中、高级笔纸考试评卷，并将考试成绩报送财政部。

高级会计师资格评审。1月和12月，分别组织召开2015年度、2016年度广东省高级会计师资格第一评审委员会评审工作会议。经过评审，2015年申报评审人数为387人，评审通过276人，通过率71.3%；2016年申报评审人数为319人，评审通过241人，通过率为75.55%。

总会计师素质提升工程。印发2016年总会计师素质提升工程培训报名工作通知；开通“广东省会计”微博进行报名情况实时反馈。培训期间，与北京、上海、厦门国家会计学院协调沟通，完成年度培训计划。2016年，全省共计培训714人，其中一类班级315人，二类班级399人。

会计人员继续教育。完成2016年度省直会计从业人员继续教育培训机构登记及用人单位公布工作，并做好各类继续教育学分登记工作。省直继续教育培训机构38个，其中面授培训机构19个，远程培训机构19个。省直部门共有5家用人单位自行开展会计人员继续教育培训，完成省直会计从业人员继续教育学分登记4.89万人。

会计人员诚信和职业道德建设。加强全省会计从业人员个人信用体系建设，利用信息化手段，全面收集会计从业人员基础信息，强化人员信息管理，做好数据归集共享和信息公开公示，强化以诚实守信、爱岗敬业、廉洁自律、客观公正、坚持准则为主要内容的会计职业道德教育。

【注册会计师行业监督管理】 2016年，广东省财政厅与省监督局、省注册会计师协会联合召开注册会计师行业管理工作联席会议，凝聚三方共识，打造联席工作长效机制。对在办理工商变更登记后，未能按照时间要求（20天内）到省级财政部门办理变更备案的会计师事务所，建议有关成员单位在监管过程中知会相关会计事务所尽快办理相关手续。3月，参加财政部会计司就修订《注册会计师法》和《会计法》来粤开展的法治工作实地调研，并就全省会计法律法规执行情况和相关开展工作情况进行汇报。

全年全省（不含深圳）新批复会计师事务所6家，会计师事务所分所1家。受理10家会计师事务所更名，责令22家会计师事务所整改，审查确认7家会计师事务所终止备案材料，118家事务所变更股东、地址等备案材料。批复境外会计师事务所来内地临时执行审计业务26次，变更境外会计师事务所来内地临时执行审计业务1次。

【粤港澳会计服务合作交流】 2016年7月，广东省财政厅会同省审计厅、省国税局、省地税局和省注协，在广州与香港商界会计师协会代表团召开“粤港会计专业合作研讨会”，香港会计业界的专业人士120多人参加会议，共同分享两地会计服务合作的经验，并提出进一步扩大合作的具体建议。

2016年，组织开展各项CEPA、营改增试点、自贸区税收、“一带一路”税收、港澳会计专业人士担任广东省会计师事务所合伙人等有关政策宣讲活动。5月，在香港召开“粤港澳会计行业发展座谈会”，财政部和省财政厅会计处分别介绍了会计服务领域对港开放的最新政策，解答香港会计业界专业人士对政策的疑虑。

【代理记账行业监管】 2016年，广东省财政厅贯彻落实和印发财政部新修订的《代理记账管理办法》，调整信息系统业务申请流程和申请材料。配合财政部做好新版代理记账许可证书样式的调研。

【会计服务宣传】 2016年，广东省财政厅打造“一门式、一网式”便民利民服务模式，总结会计服务工作亮点和经验，通过《中国会计报》向社会进行宣传报道。

（会计处供稿，李志宏执笔）

财政绩效管理

【预算绩效管理制度体系建设】 2016年，广东省加强顶层制度设计，构建“一个办法+X个规程+X个细则”的绩效管理制度体系，提高绩效管理工作规范化水平。

按照新《预算法》规定和预算绩效管理工作要求启动《广东省预算绩效管理办法》的研究制订工作；为规范第三方机构管理，印发《预算绩效管理委托第三方实施工作规程（试行）》，明确第三方实施预算绩效管理工作的工作规则、责任、流程、费用和管理考核等内容。

【年度预算绩效评价】 2016年，广东省财政厅围绕省委、省政府重点工作，稳增长、惠民生重点领域，财政预算工作大局，预算绩效管理创新等方面，开展一般性转移支付、创新驱动、住房保障、一般公共预算到期项目、十件民生实事等22类、278项资金的重点绩效评价，评价项目资金总额6000亿元。其中，除第七批援疆、援藏资金，以及扶贫资金和省直部门例行节约执行情况外，其余18类项目的评价工作委托第三方机构实施或邀请第三方机构参与。评价报告报送省政府和省有关部门参考，并在省财政厅门户网站上公开。

【部门整体支出评价试点】 2016年，广东省为全面推进预算绩效管理改革，逐步实现评价范围向“部门整体支出、专项资金、财政政策和财政管理”的横向覆盖，根据《广东省省级部门整体支出绩效评价暂行办法》和《关于做好省级部门整体支出绩效评价试点工作有关问题的通知》等规定，2016年选取省国土资源厅、省林业厅、省质量技术监督局、省食品药品监督管理局、省知识产权局和省残联等6个部门作为试点，推进省级部门整体支出绩效评价试点工作。

【预算绩效目标审核规范】 2016年，广东省财政厅根据2017年省级预算编制的要求，结合预算编制和绩效管理实际，印发《关于做好2017年省级预算绩效目标申报工作的通知》，对2017预算绩效管理申报、评审要求进一步细化，除500万元以上（含500万元）的项目支出需申报绩效目标外，新增“各省直部门申报2017年部门整体支出绩效目标”的要求，并按照“合规性、相关性、可行性、完整性、合理性”的原则进行审核。2016年，共审核一级目标1215个，二级目标9002个，合计12217个。绩效目标的审核情况提交省人大审议，经审议通过和批复的绩效目标作为绩效监控、绩效评价的依据。

【预算绩效管理链条完善】 2016年，广东省构建绩效评价指标体系。在现行“经济性、效率性、效果性和公平性统筹结合”的通用指标体系的基础上，结合重点评价项目的不同特点和个性要求，在三级共性指标下分别研究设置具体、可量化的个性指标。同时，注意指标信息积累，向省直有关部门和市县财政部门统一收集绩效评价指标。

推进信息化建设。升级现行绩效管理信息系统功能和模块设置，实现与第三方机构、省直部门的互联互通，强化绩效管理系统的实用性。

培育第三方市场。继续扩大服务选购范围，在具备资格的第三方机构中择优确定具体承担单位，促进第三方机构间的良性竞争，提高第三方评价的专业性和公正性。同时，建立第三方评价质量监控和考评退出机制。强化第三方评价过程中的监管职能，对第三方评价各环节工作情况进行跟踪管理和监控，在评价工作完成后实行评价报告验收和工作业务考核，并将考核结果与评价费用支付和承担第三方评价工作资格相挂钩。

【预算绩效管理影响力扩大】 2016年，广东省财政厅配合中国财政学会绩效管理研究专业委员会在佛山市南海区召开中国预算绩效管理论坛；参加财政部在宁夏召开的全国预算绩效管理培训班并做典型经验介绍。

整理完成《广东财政坚持改革创新推进预算绩效管理工作》经验材料，在财政部预算绩效管理信息交流平台上发布。

配合完成《广东规范委托第三方实施预算绩效管理工作》《广东探索走出第三方独立评价财政支出

绩效新路子》《广东省积极推进预算绩效管理机制创新》等稿件，在《广东财政信息》《广东财政改革动态》上发布，并报省委办公厅、省政府办公厅等部门参阅。

【决算服务功能提升】 2016年，广东省财政厅加强决算报表交流辅导。通过网上交流和网上公告等方式，发布决算报表公式参数；通过电话、QQ、微信等信息交流平台加强对各地各部门决算报表编制人员的辅导，解答编制工作疑难问题。同时，对个别工作进展缓慢、技术力量薄弱的地区和单位进行重点帮扶和业务指导。

做好决算报表汇审和数据收集。建立预审、集中汇审等审核程序，层层把好数据质量关。在召开年度报表汇审会议前首先进行决算预审，由各地财政部门将初步编制完成的决算数据通过网络传送至省财政厅，省财政厅审核后及时反馈预审结果，各地根据预审结果进行核实修改。经过预审和集中汇审，共收集全省部门决算29324户、国有企业决算10402户、金融企业决算269户、固定资产投资决算28763户。

完成决算报表分析和上报。通过对各地、各部门（单位）决算数据审核、汇总和分析，撰写《广东省2015年度部门决算报表分析报告》《广东省2015年部门决算填报说明》《广东省2015年度企业财务会计决算报表财务情况说明》《广东省2015年度金融企业财务决算分析报告》《广东省2015年度（国有）资本保值增值情况汇总分析报告》等分析报告，按财政部要求完成2015年度部门决算、企业（包括国有、集体企业）财务会计决算、金融企业财务决算和固定资产投资决算报表的分析、上报等各项工作任务。

加强决算数据应用。继续应用决算数据开展省直部门厉行节约绩效评价工作，重点促进建章立制和建立长效机制；将各类决算报表的资料加工整理分析，形成数据汇编资料，为大数据库的建立提供数据支撑；加强数据服务功能，为有关部门、单位整理加工所需决算数据资料。

开展决算考核评比和通报。总结2016年决算工作，根据《广东省会计决算工作考核评比办法（修订）》，对各地市财政部门、省直部门、省属企业2016年会计决算工作开展考评，对在会计决算工作中认真组织、及时报送、资料齐全、数据质量高、决算数据分析利用好的单位予以通报表扬。

【预算绩效管理第三方评价政策体系构建】 制度体系构建 2016年，广东省财政厅制订《预算绩效管理委托第三方实施工作规程（试行）》，对第三方评价中各方职责分工、机构选取和委托、工作程序、委托服务费用的计算、管理与考核等做进一步明确。同时，组织编印《预算绩效管理委托第三方实施业务指南》，以第三方机构视角，立足于具体工作开展的实操性，对预算绩效管理基础概念、操作流程、常见问题、典型案例和注意事项等做进一步介绍，有针对性地指导第三方机构承接评价业务。

准入管理 2016年，广东省财政厅公开选定第三方评价机构，通过公开招投标、评审等方式，按得分高低排序从具备资格的意向单位中选定承担机构。在此基础上，签订委托协议，明确任务要求、双方权责、服务费用、支付办法和违约责任等。

合理确定服务费用。采用“定额计费法”或“计时计费法”，按规定标准测算安排服务费用；并实行分期支付，签订协议后预付60%，剩余40%视工作完成情况、质量和纪律等进行综合考评后支付。

协同参与 2016年，广东省财政厅在绩效目标审核、绩效自评、重点评价等各环节均注重发挥第三方机构的力量。全年省财政厅组织的22类、278项资金的重点评价中，有18类、245项资金的评价工作委托第三方机构实施或邀请第三方机构参与。

主动加强与审计、监察、人力资源管理等部门的沟通联系，建立协同机制，协调相关部门参与有关重点环节工作，加强外部监督支持，扩大绩效管理的公信度和影响力。

管理链条完善 2016年，广东省财政厅健全评价指标体系，重新建立指标库，在广泛征求各方意见和认真筛选的基础上，健全涵盖共性与个性（包括指标参考值）、定性与定量相结合、符合预算绩效管理工作实际的第三方评价指标体系。

升级绩效管理信息系统，将系统技术架构由2.0升级到3.0，使用业务功能模块动态装载、业务逻辑在线编辑和业务流程跳转参数动态配置等新的功能，并把第三方机构纳入系统覆盖范围，实现第三方评价在线管理功能，完成在线业务申请、方案提交和审批，以及评价工作在线跟踪和监督等功能，实现绩效评价业务安排从线下向线上逐步转移。

监督管理强化 2016年，广东省财政厅建立监督考核机制，将评价工作的考核验收结果与费用支付及以后年度承担绩效管理工作资格挂钩；建立质量监控机制，财政部门以问卷调查、抽查工作底稿等方式，对评价工作情况及质量进行跟踪管理和监控；建立评价报告质量考核机制，对评价指标设置是否科学、评价范围描述是否清晰、评价结论是否合理、评价建议是否可行、报告体例格式是否规范等方面进行综合考核；建立意见反馈机制。由被评价单位将第三方机构现场核查工作纪律情况反馈财政部门，财政部门经核实后采取相应的惩戒措施。

（绩效管理处供稿，方亮执笔）

行政事业资产和公务用车管理

【概况】 2016年，按照财政部的工作部署，开展十年一次的全国行政事业单位国有资产清查工作。省财政厅成立“全省资产清查工作小组”，由厅长曾志权任组长、分管副厅长负责抓落实。行政事业资产管理处（公务用车管理处）［简称资产处（公车处）］以资产清查工作为重点和抓手，制订清查方案，明晰工作方法、内容和步骤、组织实施方式和经费保证来源等；优化系统支撑，实现广东省资产管理系统与资产清查系统间的有效衔接；动员培训，召开全省电视电话会议动员部署，对资产清查政策和软件进行培训；加强督查，组成三个督导组，分赴全省各地开展监督检查工作；专项审计，聘请审计机构对省直行政事业单位资产清查情况进行审计，提高清查数据准确性；加强复核，通过系统自动筛选，人工复核等方式对省直单位和各地区资产清查上报结果进行审核汇总，反馈单位修正存在问题。截至2016年9月底，全面完成全省清查工作。

资产清查区域涵盖省直及广州市等20个地级以上市有关单位（不含深圳），全省有清查单位34596个，其中省级单位1247个，市级单位4832个，县（市、区）级及以下单位28517个。全省纳入此次资产清查范围的国有资产账面数16671.27亿元，负债账面数4930.13亿元，净资产账面数11741.14亿元；资产清查数16670.02亿元，负债清查数4895.38亿元，净资产清查数11741.14亿元，清查待处理资产33.5亿元。

按照广东省公务用车制度改革工作部署和常务副省长徐少华在《关于贯彻落实中央车改办督导意见推进全省车改后续工作的会议纪要》上的要求，资产处（公车处）完成车改取消车辆处置批复工作，批复全部101个省直机关的2791辆取消车辆处置，其中批复拍卖1919辆，报废872辆。推进车辆拍卖工作；与省公共资源交易中心共同组织举办25场拍卖会，上拍车辆1897辆，成交1716辆，整体成交率90.65%，成交总价9696.94万元，成交均价5.65万元/辆，较好地回收了车辆剩余价值。

按照省车改办要求，开展喷涂标识工作，除广州外省直及其他各地市同步完成统一标识喷涂工作，完成率达100%。其中喷涂机要通信、应急用车16328辆、喷涂执法执勤用车27975辆。同时，开展省直机关特种专业技术用车核验工作，对省直26个车改单位申报的420辆特种专业技术用车进行现场核验，373辆符合政策标准予以认定，47辆不符合标准的车辆按车改处置程序公开拍卖。

在全省范围内放开央属和外省驻粤单位的各类公务用车业务，由其自行到属地公安车管所办理各类车辆业务。将各类公务用车业务办理权限下放到各地级以上市公务用车管理部门实现公务用车业务分级管理。为避免浪费，全省暂停事业单位和国有企业公务用车配备业务。

印发《关于进一步明确位出租出借收入使用管理的通知》，要求事业单位国有资产出租、出借取得的收入实行“收支两条线”管理；对2016年8月1日后收入且需编列2017年度预算（含以前年度未审批已出租）的国有资产出租出借取得的收入，要求按规定申请办理相关手续；对2016年8月1日前已发生，但未按程序履行报批（报备）的，组织开展摸底清理工作，针对违规情况，出台措施进一步规范行政事业单位资产出租出借行为。

【省直单位资产管理】 2016年，广东省财政厅按照省领导在《广东审计重要信息要目》（第9期）上的批示精神，加强与省审计厅沟通联系，掌握《审计要目》中反映的省直单位资产管理使用存在的具体问题和审计认定依据；全面征询，发函收集省直单位有关资产管理的做法、问题及意见建议，并分批召开座谈会，听取存在问题的37个单位意见；建立台账，对全部问题建立整改明细台账，详细掌握各单位的进展情况；分类处理，对可以整改的问题，督促单位限时进行整改，对暂无法进行整改的问题，提出建设规范资产管理长效机制的建议。

【服务司法体制改革】 2016年，广东省财政厅根据省司法体制改革工作安排，组织省以下法院、检察院共284个单位开展国有资产清查上划工作。统筹协调市、县两级法院、检察院开展国有资产清查工作，明确市、县两级财政部门、法院、检察院工作职责。实时与省法院、检察院和各地市沟通联系，督促指导省以下各法院、检察院资产清查工作的实施推进，按照资产清查方案要求分级分层报送、审核汇总，并向省两院上报资产清查汇总结果。

按照中央和省的工作部署，草拟《行业协会商会与行政机关脱钩国有资产管理办法（征求意见稿）》和《行业协会商会与行政单位脱钩办公用房管理办法（征求意见稿）》，征求各单位意见并进行修改完善。

【党政机关办公用房管理】 2016年，广东省对全省党政机关办公用房清理工作中腾退的办公用房统筹使用情况进行摸底，掌握全省腾退办公用房统筹使用及闲置基本情况；协助省政府机关事务管理局，与新华社和国家行政学院等国务院机关事务管理局委派机构进行座谈，围绕党政机关办公用房使用管理工作，反映广东省办公用房管理现状、成绩和问题；盘活、处理存量办公用房，按“建新收旧”原则收回省社科联、省戒毒局原办公用房和省疾控中心原办公业务用房，以有偿使用方式解决广东社会科学大学教学科研用房不足问题，协调处理省民族宗教研究院、省贸促会办公用房问题，派人参加省政府成立政法投资大厦历史遗留问题协调小组，配合省政府研究措施解决该大厦多年产权纠纷问题，盘活国有资产。

【公务用车管理】 2016年，广东省财政厅做好公务用车配备、过户、注销等日常审核工作，全年办理公务用车业务申请审核2560件；对公务用车网上办公系统进行升级改造，增加非定编车辆指标类型和综合保障管理模块，加强车改后留用非定编车辆的管理。对全省公务用车配备进行全天候网上监察，纠正违规违纪行为。加强对市、县小汽车定编管理的日常监督；加强公务用车使用管理监督检查。与省纪委党廉办、省车改办联合开展省直单位党政主要负责同志定向化保障用车违规行为专项治理活动，会同省监察厅、公安厅加强对公务购车用车行为的监督检查，坚决查处违规配备和使用公务用车行为。

【资产使用管理】 2016年，广东省财政厅审批资产出租出借、对外投资等事项10项；资产处置管理方面，审批资产无偿划转、股权转让、报废等事项38项；企业监督管理方面，审批企业产权变动登记事项5件；按照预算编制要求，严格执行资产配置标准等制度，审核2017年省级部门预算增量资产计划。

［行政事业资产管理处（公车用车管理处）供稿，王婧玮执笔］

农业综合开发

【农业综合开发项目质量提升】 2016年，广东省重点抓高标准农田建设纳入全省统筹和农业产业全产业链集成式开发试点，两项工作都走在全国前列。高标准农田建设方面，积极协调省发改委、国土厅、农业厅等部门，将广东省农业综合开发高标准农田建设纳入全省总体规划，实现各部门高标准农田建设“三规合一”，并通过统一规划，提高农业综合开发高标准农田建设亩投资标准和建设勘测精度。农业产业全产业链集成式开发方面，推动建立“高标准农田+新型经营方式+配套产业”的项目组合一体化建设模式，着力打造优势特色产业，推进农业适度规模经营。以“一二三产业”融合为主旨试点建设现代农业示范项目和农业产业优势特色项目，打通全产业链，土地治理项目和产业化发展项目同步规划、地方切块项目和农口部门项目统筹安排，实现产业融合、项目融合、资金融合。

【农业综合开发项目预算执行】 2016年，广东省立项农业综合开发项目140个，安排财政资金124664万元，其中：高标准农田建设项目120个，治理农田79.23万亩，安排资金110293万元；产业化贷款贴息项目10个，安排资金511万元；现代农业园区试点项目2个（续建，含3个高标子项目，6个产业化子项目），安排资金9700万元；创新试点项目1个，安排资金1000万元；部门项目7个（1个水利部门中型灌区项目，6个林业部门项目），安排资金3160万元。

狠抓预算过程中，在国家农发办和省财政厅的年度工作目标指引下，与市县农发机构以及省直农口部门紧密配合，精心组织项目申报，扎实做好项目评审，提前建立2016年度农业综合项目库；制定农业综合开发办内控制度并严格执行，理顺工作流程，仔细排查流程上的风险点，设定AB角，确保资金及时准确下达；不再强制要求市县财政配套高标准农田建设资金，降低市县财政配套压力，提高资金到位保障水平。

【农业综合开发项目管理规范化】 2016年，广东省简政放权，优化项目管理审批程序。按照建立事权与支出责任相适应制度的要求，修订印发《广东省农业综合开发项目调整变更和终止实施细则》，下放部分审批权限，规范审批要求，完善违规情形的处理。

明确职责，合力推进项目管理。制订印发《广东省国家农业综合开发部门项目实施办法》，初步建立农口部门和财政部门各负其责、相互配合的工作机制；修订印发《广东省国家农业综合开发竣工验收管理办法》，明确省市县三级机构的验收权限和职责。

结果导向，着力提高财政资金使用效益。注重将验收结果和监督检查、绩效考核情况作为资金和项目分配的依据，建立结果导向机制，发挥财政资金效益。2016年，财政部广东专员办对广东省实施的2015年度高标准农田建设项目绩效评价，结果为优。

进调退补，初步建立开发县动态调整机制。制定《广东省国家农业综合开发县管理实施细则》，明确农业综合开发县的新增、退出、暂停、取消的标准、要求和程序。2016年择优批复龙川、陆河、广宁、阳山等4个县为新增开发县。2016年广东省有国家开发县59个，基本覆盖粤东西北地区。

【农业综合开发项目监管精细化】 2016年，广东省实现统一上图入库，完善高标准农田建设信息管理。与省国土厅、农业厅联合印发《关于做好高标准农田上图入库和信息统计工作的通知》，明确要求从2016年起，广东省将农业综合开发高标准农田建设项目的年度任务分解，资金下达，项目立项、规划设计预算、实施、验收等进展信息在全国农村土地整治检测监管系统和广东省高标准基本农田建设进展报备管理系统中按时报备，实现全省高标项目“一张图”管理。广东省此项措施推行较财政部要求时限提前一年。

建立信息月报制度。印发《关于建立广东省国家农业综合开发项目信息统计报告制度的通知》，初步建立项目进度跟踪机制，明确每月8日前各地市统计上报上月农业综合开发项目任务完成情况、资金到位和使用情况等，对于建设进度滞后的项目还须报送项目建设情况、存在问题及解决方法等。

【农业综合开发宣传】 2016年4月，在《广东财政理论与实务》杂志中以农业综合开发为主题，对广东省“十二五”期间农业综合开发成效及2016年以来工作创新情况等进行专刊宣传；10月协调配合广东电视台对平远县农业综合开发助力精准扶贫进行专题报道；将广东省农业综合开发管理中形成的经验探索、创新亮点和重点工作汇总整理，形成材料报送财政部，先后报送综合信息和动态信息10余次；在《广东财政改革动态》《广东财政简报》、广东财政公众微信号刊登农综开发专题信息；组织广东省各市县向《中国农业综合开发》杂志投稿4篇，采纳刊登2篇。

【专题调研】 2016年，广东省财政厅通过全省摸底、多方征求意见，先后开展全省部门项目优化扶持结构问题、土地治理项目工程管护费使用管理、涉农资金统筹整合等专题调研，并向国家农发办提交各项调研报告，反映广东省的工作情况和意见建议。

【农业综合开发高标准农田建设】

统一规划 2015年年底开始，广东省财政厅主动与省发展改革、国土资源等部门协调，将农业综合开发高标准农田建设纳入全省统一规划，推动高标准农田建设整合。

广东省明确在全省统筹发展改革、财政、国土资源、农业、水利等部门开展的高标准农田建设（土地整治）、农业综合开发、新增千亿斤粮食生产能力规划田间工程建设、农田水利建设等项目，做好相关专业和专项规划在高标准农田建设任务上的衔接与平衡，将相关部门建设任务落实到田间地块；按照“统一规划、统一布局、统一标准、统一监督管理、统一上图入库”的要求，由相关主管部门分头实施。全省初步实现以高标准农田建设为平台，将包括农业综合开发资金、新增城市建设用地土地有偿使用费等各渠道、各领域建设资金的整合。

统一标准 2016年，广东省统一规划后，农业综合开发高标准农田建设借鉴其他部门高标准农田建设经验，补齐农业综合开发建设资金和测绘精准度短板：将广东省农业综合开发高标准农田建设财政投资标准从1200元/亩提高至1500元/亩；由省级全额承担地方财政投入资金，加强项目建设资金保障力度；将项目测绘图比例从1：5000提高至1：2000，从而有利于提高农业综合开发高标准农田建设水平，促进农业综合开发工作创新，在服务全省“三农”工作中发挥农业综合开发作用。

统一上图入库 2016年，广东省农业综合开发利用国土部门现有信息系统平台，实现农业综合开发高标准农田建设信息“上图入库”，并与省国土资源厅、省农业厅联合对各部门高标准农田建设报备信息指标体系和报备要求进行统一，实现信息互通共享“一张图”，方便对高标准农田建设信息进行查询、对比分析和统计汇总。

统一监管 2016年，广东省国土、农业和财政部门初步建立统一监管机制，利用信息系统动态跟踪项目实时进展，定期联合通报全省高标准农田建设项目进展情况，推进项目实施，协调解决项目推进中的问题，并通过国土部门将项目任务完成情况与用地指标相挂钩，促使市县加强管理，督促项目规范实施。同时，广东省还将2011年以来实施的农业综合开发高标准农田建设项目信息通过系统补充报备，将项目坐标信息统一入库，通过信息系统“坐标与重叠校验”功能，对各部门拟建项目与已建、在建项目建设范围重叠情况审查，实现高标准农田建设不重不漏。

工作成效 2016年，广东省通过对项目立项、建设和验收全过程信息进行报备，用信息化手段实现跨部门间统一动态监管，做到底数清、情况明、数据准，对全省高标准农田建设、资金投入、建后管护等情况实现动态化、数字化管理，为实现统一监管考核提供数据支撑。

通过“一张图”管理，全省高标准农田待整治面积信息在各部门间实现共享，并在县域内实现统筹规划，将建设任务落实到具体部门、地块，对项目区进行整体规划，确保全省的高标准农田项目建设做到不重不漏，整体协调推进，避免资金重复投入，提高了财政资金使用效益。

（农业综合开发办供稿，杨伟光执笔）

农村财务管理

【涉农补助资金和农村财务专项治理】 2016年，广东省财政厅按照省委农村工作领导小组的要求，会同省民政厅、省农业厅、省林业厅、省审计厅印发《2016年广东省涉农补助资金监管和村务（财务）管理矛盾纠纷专项治理工作方案》，在全省范围部署开展专项治理工作。厅农村财务管理处（以下简称农管处）加强对专项治理工作的指导，指派专人督导专项治理自查和地市抽查，协调成员单位开展重点检查，完善涉农专项资金拨付制度，健全涉农财政专项资金公开公示制度，加强对精准扶贫开发资金筹集使用的监管，建立健全涉农资金监督检查和绩效评价机制，强化村级财务会计基础工作，发挥村务监督委员会的作用，促进农村基层组织稳定规范运转。

【村账镇代管】 2016年，广东省规范会计基础工作，指导各地农村财务会计档案和财务票据管理；指导各地总结"村账镇代管"工作经验，提高"村账镇代管"服务水平和工作效率，在尊重农民意愿并依法与各村民小组签订会计委托代理服务协议的基础上，逐步推进"组账镇代管"工作；加大农村财会人员培训力度，依托农村财会人员财政支农政策培训平台开展涉农政策规定和农村财务会计业务知识的培训学习，不断提高农村会计从业人员的整体素质和业务能力。截至年底，全省90%以上乡镇、93%以上行政村实行"村账镇代管"，部分地区开始实行"组账镇代管"。

【村务财务公开】 2016年，广东省财政厅农管处落实省委常委、省纪委书记黄先耀批示精神，与厅办公室、厅预算处、厅行政处、厅农业处会商办理2016—2018年每年安排15个定点联系县（市、区）各50万元专项经费报批工作；制订并印发省财政厅定点联系云浮市新兴县村务公开工作方案，并加强对新兴县村务公开工作的指导；按照《广东省村务公开协调小组办公室关于开展全省村务公开工作督查的通知》要求到云浮市新兴县、云城区开展实地督查；指导基层做好村务监督委员会履行审核和监督职责，保障财务公开数据真实和完整，财务公开内容、形式和时间符合规定。

【农村财务监管平台建设】 2016年，广东省财政厅农管处对全省农村财务监管平台建设工作情况进行调查摸底，通报全省农村财务监管平台建设工作进展情况，提出工作要求。各地完善监管平台功能，加强监管平台制度建设，利用政府现有网络及电子设备资源，健全数据信息与网络安全机制，强化监管机构和人员管理，做好与农村产权管理服务平台的优化整合，落实建设和运维经费保障等各项工作。截至年底，珠三角地区完成农村财务监管平台建设任务，粤东西北地区12个地市所辖98%以上的乡镇建成农村财务管理监管平台并投入运行。

【农村审计监督】 2016年，广东省财政厅与省监察厅、省民政厅、省农业厅、省审计厅联合印发《关于开展第七届村民委员会换届审计的通知》，在全省部署换届审计工作；指导各地对集体土地征用补偿、涉农补助财政资金及财务管理问题开展专项审计；指导各地做好农村审计人员继续教育等工作。

（农村财务管理处供稿，陈妍斐执笔）

政府采购监管

【政府采购监管新模式构建】 2016年，广东省政府采购创新监管模式，实现从程序控制转向结果导向，从事前审批转向事中、事后监督：政府采购计划和合同管理从"逐级审核"改为"秒过备案"；统一修订全省集中采购目录，提高采购限额标准和公开招标数额标准，扩大采购自主权限；优化进口产品审核程序，同一预算年度相同进口产品"不再审"，引导实施部门进口产品清单管理，省级教育部门进口产品清单从2016年8月1日开始实施；探索重点领域采购管理试点，协调省教育厅牵头推行省属重点建设高水平学校科研仪器设备动态项目库管理。

【政府采购透明度增强】 2016年，广东省完善政府采购电子交易管理平台应用功能，实现从采购计划编制到履约验收结果评价的闭环运行，全程留痕可追溯；规范政府采购信息公告发布，明确信息公开主体责任；明确全省政府采购信息发布渠道；完成2015年度政府采购信息统计，受到财政部通报表扬。

【政府采购管理执行水平提升】 2016年，广东省部署全省电子政府采购交易管理系统建设工作，明确工作目标和任务时间表，初步完成全省实施推广，建立全省统一的电子政府采购交易管理平台；建立全省统一的供应商、代理机构和评审专家信息库；启动专家抽取系统升级改造；建立与人大、纪检、审计等部门的信用数据共享联动机制；配合省公共资源交易中心整合全省公共资源交易平台，实现省电子政府采购交易管理平台与省公共资源交易平台的数据对接。

【政府采购效率和质量提高】 2016年，广东省政府采购规模2618.67亿元，比2015年实际采购金额2221亿元增加397.67亿元，增长18%，节约资金242.92亿元，节约率达8.48%。

2016年网上竞价完成项目数2845笔，采购金额2.02亿元，电商直购完成采购订单27920笔，采购金额2.87亿元，较好满足采购单位快速采购的要求，加快了财政资金支出进度。

2016年实施4期批量集中采购活动（含东莞、中山），采购金额2.89亿元，节约资金1.33亿元，节约率31.54%，集中采购规模效益进一步凸显。

推动全省电子化采购联动工作，全省政府采购统一市场逐步成形。2016年，广东省电子化采购工作获财政部财经报社“年度创新奖”。

【政府采购调控能力加强】 2016年，广东省财政厅根据《关于进一步深化政府采购管理制度改革的意见》要求及厅党组重点工作部署，研究充分发挥政府采购政策功能，支持创新驱动发展；贯彻执行财政部等国家部委出台支持节能环保和中小微企业发展的政府采购政策，做好指导解释工作，并对监管中发现政府采购未执行相关政策的行为及时予以纠正；会同省监狱管理局研究对监狱企业在服装、印刷、家具等项目中实行定向支持。

【政府采购从业素质提升】 2016年，广东省财政厅举办省直预算单位政府采购电子交易管理平台操作培训班，针对政府采购计划编制及备案、信息公开、代理委托、项目组织实施、项目合同管理等内容进行培训。全年举办培训班14期，全省省直预算单位1100多人次参加培训。

加强政府采购政策服务，先后40次派员参加省直单位、地市财政部门组织的政府采购业务辅导授课。同时，通过设立业务交流QQ群、微信群等方式，点到点服务采购单位。

【政府采购监管调研】 2016年，广东省财政厅开展加快政府采购支出进度专题调研。组织调研组赴省教育厅等6个单位进行专题调研，通过剖析案例、座谈交流等方式，查找政府采购支出偏慢的症结，研究制定进一步加快政府采购支出进度的工作措施，制定《关于进一步加快省级政府采购支出进度的通知》印发省直各单位执行。

围绕《关于进一步深化政府采购管理制度改革的意见》贯彻落实情况开展专题调研，挖掘问题症结，分析成因，形成《贯彻落实进一步深化政府采购管理制度改革意见的调研报告》，并印发《关于进一步加强政府采购管理工作的通知》。

【内控制度完善】 2016年，广东省财政厅建立健全内控管理机制，强化主体责任。制定《政府采购监管处内部控制操作规程（试行）》，以及《省级政府采购供应商投诉处理内部工作规范》等8个内部工作规范，涵盖供应商投诉处理、进口产品核准、变更采购方式审批、信访举报处理、专家管理、内务管理等方面。

完善对外工作流程，规范业务指南。对于进口产品核准、变更采购方式审批等业务，梳理工作存在问题和责任风险，完善工作流程，及时将现行管理要求和工作流程以操作指南的方式挂网明确，指导采购人规范申报，提高采购效率。

【政府采购责任追究】 2016年，广东省财政厅组织开展全省社会采购代理机构执业检查，对68家代理机构执业情况进行检查，并加强对市县检查工作的检查督导和协调沟通。有关监督检查情况以《关于报送广东省2016年度全国政府采购代理机构监督检查工作情况报告的函》报送财政部。

完成对省级集中采购机构考核，形成《关于监督考核2013—2015年度广东省省级政府集中采购机构工作情况的报告》，依法将考核结果在广东省政府采购网进行公布。

做好政府采购供应商投诉处理，纠正不规范采购行为，加大对违法行为的处罚问责力度。对违法违规行为实行全网通报，强化行政处罚的执行效果。

【《关于进一步深化政府采购管理制度改革的意见》贯彻落实】 2016年，广东省推出一系列举措，为改革提速，多管齐下，放权到位，压缩审批环节，简化管理流程，提高采购执行效率，破解政府采购“慢”的难题：政府采购计划和合同管理从“逐级审核”改为“秒过备案”；统一修订全省集中采购目录，调高采购限额标准和公开招标数额标准，扩大采购自主权限；优化进口产品审核程序，同一预算年度相同进口产品“不再审”，引导实施部门进口产品清单管理；探索重点领域采购管理试点，协调省教育厅牵头推行省属重点建设高水平学校科研仪器设备动态项目库管理。

信息公开，创新模式，政府采购价格阳光透明。在做好放权的同时，广东省注重利用电子化手段，丰富采购模式，扩大信息公开，完善操作执行，提高政府采购执行透明度，政府采购“贵”的问题逐步得到解决：推动政府采购电子化交易，创新建立网上竞价、电商直购等采购新模式，完善批量集中采购，扩大市场竞争“降成本”；建立健全覆盖政府采购全流程的信息公开机制，加大采购项目信息以及监督结果公开；加快电子政府采购平台建设和实施推广工作，推进全省采购联动，完成省电子政府采购平台与省公共资源交易平台的数据对接共享，做足电子化交易的“纵横联合”。

加强监督，严格问责，政府采购行为日益规范。广东省立足“结果导向”，强化采购主体责任，做好权责“加减法”：强化政府采购履约管理和验收环节；依法建立常态化的监督检查工作机制，开展对代理机构执业情况的监督检查；依法处理政府采购供应商投诉举报，对发现的违法违规和不良失信行为坚决纠治；建立统一的政府采购严重违法行为和失信行为曝光机制，落实财政部统筹建立的“一地受罚，全国禁赛”的责任追究模式，强化监督问责效果。

协同发力，注重实效，采购政策功能愈发彰显。广东省执行财政部等国家部委对节能环保产品的优先采购和强制采购，落实对中小微企业参与政府采购中价格扣除、评审优惠，会同省监狱管理局研究对监狱企业的扶持政策；探索政府采购支持创新驱动发展；明确和落实采购单位执行政府采购政策主体责任，加大政策实施检查和考核力度，推动各项采购政策落到实处。

（政府采购处供稿，王俊哲执笔）

财政监督检查

【财政收支专项监督检查】　2016年，广东省财政厅联合省国税局、省地税局、省审计厅、省经济和信息化委、省科技厅等部门在全省范围内开展支持技术改造、高新技术企业培育财政扶持和税收优惠政策落实情况专项检查，检查涉及技术改造和高企培育资金178亿元，收回无法落实项目的违规资金10.12亿元，通过抵扣各市固定性补助督导各地市安排技改事后奖补配套资金5.79亿元。

根据《广东省人民政府关于修订广东省省级财政专项资金管理办法的通知》等有关要求，部署开展对全省2016年省级财政专项资金和一般性转移支付资金的自查；10—12月选取清远、韶关、汕头、潮州、湛江、阳江和东莞等7个地级市及所属2个县（市、区），组织开展2016年省级财政专项资金和一般性转移支付资金重点检查。

根据省领导批示和厅党组部署，印发《关于开展新增政府债券资金和置换债券腾出财政资金使用情况自查的通知》；11月，结合2016年省级专项资金重点检查工作，选择东莞、清远、韶关等7个地级市及下属县区开展新增政府债券资金和置换债券腾出财政资金使用情况重点检查。

为贯彻执行中央八项规定，落实党的十八大提出“加强对政府全口径预算决算的审查和监督”精神和新《预算法》中关于“规范政府收支行为，强化预算约束，加强对预算的管理和监督”的要求，开展对省安全生产监督管理局、省科学技术协会、省人力资源和社会保障厅等12个单位及其下属单位的2015年预算执行情况重点检查。

根据财政部部署，组织开展全省非税收入收缴情况专项检查，组织17个检查组对肇庆、云浮、茂名、汕尾等11个市、63个单位开展重点检查，检查发现违规金额合计77亿元，并将检查发现的8大类问题专题上报财政部。

按省政府部署，配合省预算支出进度专项督导工作，组成17个检查组对肇庆、云浮、茂名、汕尾等11个市开展预算支出进度重点检查，并督促各市加快预算支出进度，确保各市支出进度达到年度时序进度。

组织4个检查组对财政部（监督检查局）移交的8家企业套取地方新能源汽车推广应用专项资金的问题进行专项核查，查出8家企业多申报地方补贴1.02亿元，共计多拨付地方补贴0.41亿元。

【会计信息质量检查】　2016年，广东省财政厅组织全省118个省直行政事业单位及32家省管企业开展会计信息质量自查自纠工作，加强财政资金监管，强化会计监督；研究制订《2016年广东省地方财政部门会计监督检查工作方案》，指导全省20个地级以上市（不含深圳）开展2016年会计监督检查；在组织对12个省直单位及其下属单位2015年度会计信息质量情况进行重点检查的过程中，研究制订《会计监督检查工作手册》，建立起检查情况反馈制度。

【会计师事务所监管】　2016年，广东省财政厅针对2015年会计师事务所执业质量检查发现的部分严重问题，加大处理处罚力度，坚持处理事与处理人相结合、处理所与处理注师相结合，对2家会计师事务所给予警告的行政处罚，向1家事务所和2名注册会计师下达《监管关注函》，并列为重点关注对象。

加强联合联动，开展会计师事务所执业质量检查。组织全省（除深圳外）510家非证券资格会计师事务所开展执业质量自查，并选取19家事务所开展重点检查；为确保执业质量检查效果，继续加强与省注册会计师协会的横向联合，发挥行业协会的人力、信息、专业优势，联合开展执业质量重点检查。

加强信息沟通，强化注册会计师行业日常监管。牵头召开注册会计师行业管理工作联席会议，总结交流2015年注师行业监管工作情况和2016年工作计划，研究确定会计师事务所及注册会计师的违规问题定性及处理处罚，并对监管工作中遇到的重点难点问题进行研究讨论，提出联合约谈、跟踪监管等加强监管的措施。

加强信息公开力度，扩大行政监督影响力。完善会计师事务所监督检查的公示公告制度，坚持查前公示、查后公告，提高检查的透明度和威慑力。具体包括：在开展执业质量检查前公示检查名单、检查目的、检查内容、举报联系电话等，为开展检查创造良好的外部环境和舆论氛围，扩大行政监督检查的社会影响；在厅门户网站主动公开对事务所及注册会计师的行政处罚决定书；向省注协提供行政处罚情况，并在中国注册会计师协会、省注册会计师协会等权威行业网站上公开相关处罚信息。

【预决算信息公开专项检查】 2016年，广东省财政厅做好2015年预决算公开检查后续处理整改，包括下达处理决定、向地方党委政府汇报、督促被查地区单位整改落实等；联合预算处、国库处承办全省财政信息公开工作推进会会务，组织各市县针对2015年预决算公开存在问题整改情况和2016年预算公开情况进行网上核查，对发现整改不到位的情况，督促单位完善；组织开展对18个地级市负责编制政府或部门预决算信息的单位或部门2016年预算和2015年决算公开情况的全面检查，覆盖面达到100%，涉及2016年市级预算部门2369个、2015年市级决算部门2380个。

【内控制度建设】 2016年，根据《广东省财政厅内部控制基本制度(试行)》，明确七个牵头处室（单位）和八类需防控的一级流程主要业务风险，并正式印发八个专项内控办法；制作内控操作规程格式化模板，督促完成35个厅处室（单位）的内控操作规程制定；组织召开全省财政系统内部控制工作会议，编印《广东省财政内部控制文件汇编》，向各地财政部门印发《转发财政部关于加强财政内部控制工作意见的通知》《关于报送财政内部控制工作进展情况的通知》，督促市、县财政部门加快推进内控建设。

（监督检查局供稿，许泽辉执笔）

财政国库支付管理

【资金拨付核算】 2016年，广东省财政厅做好省级财政资金拨付管理工作。全年累计拨付（下达）各项省级财政资金（额度）134443笔合计7801.49亿元，业务量、资金量分别比2015年增长30.77%、2.71%；研究探索省直预算单位养老保险改革下统发工资与退休金发放操作模式，从合并来源统一纳入统发模式到对应来源双渠道发放模式；结合预算管理一体化系统（简称一体化系统）上线运行情况，明确资金支付业务办理流程，完善一体化系统资金支付模块功能；制定《省级财政资金退单、退票以及退回业务操作规范》和《国库支付局省级财政资金退单、退票以及退回业务内部操作流程》；修订完善省级财政资金支付流程（含厅内部管理流程以及预算单位操作流程），研究制定《省级预算单位财政国库集中支付业务操作规程（暂行)》和《省级财政资金支付内部管理规程（暂行)》。

强化省级代理银行监督管理。做好2015年度省级国库集中支付代理银行（简称代理银行）业务考评，在向省级预算单位发放调查问卷收集代理银行服务质量情况的基础上，会同省财政厅监督检查局成立业务考评检查小组对各代理银行的代理业务情况开展现场检查，同时引入第三方参与考评，并将考评结果尤其是代理银行存在的重点问题及薄弱环节向代理银行进行沟通反馈，督促代理银行有针对性地提高代理业务的服务质量和服务水平；依规定期结算各代理银行业务手续费，不断健全代理银行服务激励机制，保障省级财政国库集中支付业务的顺利运行。

完成省级财政资金支出核算管理。完成省级财政资金拨付支出核算、省级国库集中支付旬月报表编制和月度对账，以及国库集中支付等14个账套的账务处理及会计凭证的整理装订和归档；做好省级财政资金拨付情况月度分析，为领导决策提供参考；做好省级部门预算支出进度通报和监测分析工作。

制定支付局内部控制操作规程。根据有关法律、行政法规以及《广东省财政厅内部控制基本制度（试行)》和广东省财政厅八个专项内部控制办法，按照分事行权、分岗设权、分级授权，强化流程控制、依法合规运行的要求，制定《国库支付局内部控制操作规程（试行)》，从制度机制上防控国库支付局内部行政风险和廉政风险。

【国库支付各项改革】 2016年，广东省推进全省财政资金实时在线联网监督系统和省级财政专项资金在线联网监督系统建设。按照省财政厅的工作部署，国库支付局牵头建设全省财政资金实时在线联网监督系统（简称全省联网系统），会同财政厅数据信息中心印发全省联网系统建设方案和技术接口规范标准，完成全省联网系统展示界面的开发。2016年8月16日，召开全省各市县开展系统建设工作动员部署会议。自2016年9月12日起，佛山、肇庆两市作为试点市实现数据正式传输，2016年11月底基本完成省市县三级系统联调测试。截至2016年底，全省联网系统顺利实现一期试运行，共有155个地区实现技术联通，138个地区上报本级财政数据。

推进国库集中支付电子化管理改革。继续指导跟进佛山市完善国库集中支付电子化改革工作；推进省级国库集中支付电子化二期建设；加强对省级全流程国库集中支付电子化改革业务梳理，整理起草国库集中支付电子化内部管理细则等制度。

推进预算执行动态监控工作。做好省级预算单位预算执行的日常动态监控工作，2016年省级动态监控系统累计发生预警信息1038条、涉及违规操作预警资金61489.86万元；做好动态监控预警信息反馈，按季度向省一级部门反馈预算单位动态监控预警情况，督促预算单位及时纠错整改；优化完善预警规则，重点加强对授权支付、会议费培训费、大额提现等业务的动态监控；推进全省动态监控，印发《关于加快推进预算执行动态监控工作的通知》，建立工作情况报送制度、通报制度、督导调研制度。截至2016年底，省本级、20个地级市（不含深圳）、115个县（市、区）全部开展动态监控工作，一些具备条件的乡镇也按要求开展此项工作，其中省、市、县三级已实现将所有预算单位纳入监控范围。

深化财务核算信息集中监管改革。推进改革扩面，配合广东省司法体制改革，制定《市县法院、检察院财务核算信息集中监管改革业务操作规程》，分批次推进284家市县法院、检察院纳入省级财务监管改革范围；推进未上线改革单位做好系统上线工作；按季做好改革单位记账情况通报；加强财务监管数据分析运用，利用改革单位财务数据进行统计分析，编报《省级财务核算信息集中监管改革试点单位2015年度财务分析报告》。截至2016年底，省本级共有471个预算单位纳入财务监管改革范围，其中省一级预算单位和行政单位100%纳入改革。

【国库支付相关配套】 2016年，广东省财政厅配合做好省人大预算支出联网监督。配合省人大预算支出联网监督系统升级项目的需求，升级完善系统查询和统计功能，协调有关处室向省人大提供并定期更新所需数据信息，配合省人大做好日常分析；会同有关处室做好数据对接、口径协调，按规定向省人大提供所需历史财政数据信息；配合省人大开展预算支出联网监督全省调研，2016年6月底派员参加深圳、惠州等7市的调研，听取各级人大部门对预算支出联网监督系统的意见建议；配合省人大完成全国人大预算工委对广东省人大预算支出联网监督情况的调研和中央新闻媒体采访。

做好预算计划和资金支付稽核。对稽核系统的风险预警进行跟踪、处理，提高稽核数据分析水平；根据业务需要，增加对增量调度等新增业务的稽核规则设置，使稽核功能覆盖所有财政业务；做好稽核系统的人工稽核，保障财政资金的安全拨付。

推进公务卡制度改革。改进一体化系统支付模块与代理银行公务卡系统之间的数据交换模式，实现数据交换从异步机制向同步机制转变；结合2016年新增三家代理银行的情况，完成一体化系统上线后公务卡系统接口的联调测试；配合做好公务机票购买管理改革相关操作的解释答复等。截至2016年底，全省公务卡累计开卡559449张，比2015年增长19.89%，全省公务卡结算额30.55亿元，比2015年增长6.97%。

做好财税库银税横向联网。牵头召集人民银行广州分行、省国税局、省地税局等部门召开省级财税库银横向联网座谈会，总结2015年工作并研究部署2016年工作重点；联合转发《关于2016年财税库银税收收入电子缴库横向联网有关工作事项的通知》，部署2016年有关工作；审核省地税局2015年度财税库银横向联网系统（TIPS）手续费共计4893.84万元。截至2016年底，TIPS已覆盖全省16个地市国地税部门，通过TIPS实现POS机刷卡缴税直解国库、电子退库、电子退税、电子更正、电子免抵调等业务覆盖面的不断扩大。

（国库支付局供稿，戚伟强执笔）

国际金融合作与外债管理

【在建项目实施推进】 2016年，世行贷赠款广东农业面源污染治理项目进入全面实施阶段。项目计划全面落实，环境友好型种植业子项目扩大实施规模，牲畜废弃物治理示范工程项目新增80个。培训采购全面启动，设计审批全面提速，并根据项目进度及时申请及拨付世行款项，向世行提取贷款项目预付款300万美元，回补683万美元。

亚行贷款潮南区水资源保护及综合开发利用示范项目贷款1亿美元，招标采购、工程建设稳步进行；注重加强项目实施单位能力建设，协助解决项目实施过程中存在问题，完成咨询服务公司合同谈判，配合亚行检查团开展项目检查工作等。

广东亚行贷款节能减排促进项目已实施6年。截至2016年底，累计发放贷款14.12亿元，扶持子项目个数达43个，拉动社会投资超过20亿元。项目有关贷款还本付息情况良好，贷款风险得到良好控制，基本实现稳健略有盈余的目标。

推进广东新供销天保再生资源集团有限公司再生资源综合利用基地升级改造项目。该项目计划利用德国政府/德国促进贷款4000万欧元，通过引进先进技术设备，创新工艺和研发，计划建成废塑料初加工30万吨，深加工10万吨的国家级废塑料“圈区管理”示范园区。该项目列入国家发展改革委的备选项目规划。

继续推进经济综合开发示范镇项目，该项目世行贷款5000万美元。其中中山和乳源示范镇项目进展顺利，阳江和肇庆示范镇项目开始提款报账。项目中期调整工作完成，2个新调整项目河源和肇庆示范镇项目完成转贷。2016年，向世行回补3次，共提取1136万美元，总提款数为1629万美元。

实施广东供销合作联社直属两校建设项目，该项目利用外国政府贷款1500万欧元，已进入建设阶段；向财政部PPP中心申报世行中国PPP改革发展贷款项目，初步确认给予广东省2200万美元世行贷款额度，为各申报省市中最大的确认额度。

世行贷款广东省欠发达地区义务教育均衡优质标准化发展示范项目总投资18.3亿元人民币，其中利用世行贷款1.2亿美元。项目通过世行评估，根据省政府常务会议的精神，国合办与省教育厅、省发改委协调，研究调整项目建设内容，向财政部和世行汇报项目调整情况，推进项目前期准备工作；社保一体化和农民项目利用世行贷款8000万美元，分社保一体化子项目和农民工培训子项目，其中社保一体化项目相关系统合同已签署并驻场开展工作，农民工培训子项目已通过世行中期评估。

【项目实施规范】 2016年，广东省国际金融合作办公室按照财政部有关规定办理外国政府贷款利费申报减免及国际金融组织贷款项目还贷等有关工作；按照财政部和国家外管局的要求做好有关报表的统计报送；按照外汇管理要求，及时办理外汇贷款的购汇、支付和偿还。广东省2016年12月底还贷准备金余额合计7.35亿元，能够及时足额地保障偿还地方政府外债。

为确保项目规范执行，2016年，国合办继续加强对在建项目的监督检查，配合审计厅和国际金融组织做好项目审计检查工作；配合审计署完成对省直单位债务数据的确认和检查工作；对省供销社利用德国促进贷款建设两校项目进行不定期跟踪，推进项目开展。

为保证国际金融组织贷赠款项目的执行，省级财政安排部门经费用于承担国际金融组织贷赠款项目组织协调、指导监督和实施管理的省级主管部门、地方财政部门的经费补充。根据新《预算法》的有关规定，2016年国合办经管的国际金融组织贷款协调管理费760万元指标全部按时下达。

按照财政部的要求，广东省选择广东农业面源污染治理世行项目开展中期绩效评价。国合办成立项目绩效评价工作小组，聘请第三方机构开展评价，制定绩效评价指标体系，完成项目有关背景资料的收集，掌握该项目实施情况的第一手资料，并编写完成绩效评价报告上报财政部。

【第二届对非投资论坛筹办】 经国务院批准，由广东省人民政府、国家开发银行和世界银行联合主办的“第二届对非投资论坛”（简称论坛）于2016年9月7—8日在广东广州举办。论坛是广东省改革开放以来，与多边国际金融组织联合主办的规格最高、参会非洲国家最多、参与的国际性组织最广泛的一次国际性论坛。国务院副总理马凯高度评价论坛，称其为“推动对非合作的重要平台，是利用多边金融机构平台开展三方合作的有益尝试”。南非总统祖马，贝宁总统塔隆、世行行长金墉，非洲各国部长与驻华使节，世界银行等国际金融组织主要负责人，中央相关部委与国家开发银行等领导均对论坛的召开给予高度评价，也对论坛取得的丰硕成果以及广东展示的良好形象表示高度肯定。

广东省人民政府专门成立论坛筹备工作组，明确省财政厅作为牵头承办单位，会同省内各有关部门负责具体筹备各项工作。省财政厅国际金融合作办公室会同厅各有关处室，具体承担论坛筹备各项工作。省长朱小丹高度认可省财政厅的工作，“省财政厅对对非投资论坛成功举行所作努力和贡献值得充分肯定”。常务副省长徐少华也给予高度肯定，“省财政厅牵头具体承办第二届对非投资论坛工作，从领导同志到工作人员，都高度重视、布置有力、严谨细致、落实到位。论坛取得圆满成功，获得中外各方的积极评价，大家也付出了宝贵心血和辛勤劳动。”论坛的联合主办方世界银行与国家开发银行均特意来信感谢广东省财政厅为论坛成功举办所作出的贡献。

论坛正式参会嘉宾300多人，主要包括：中外国家领导人与世界银行行长；中非部长级官员，包括中国国家发展改革委员会、财政部、外交部等近10个部委领导，非洲30多国70多名部级官员和驻华使节；国际组织官员、智库与专家学者、中非工商界代表等。国务院副总理马凯、南非总统祖马、贝宁总统塔隆、世界银行行长金墉、广东省省长朱小丹和国家开发银行董事长胡怀邦出席开幕式并致辞，广东省委书记胡春华出席开幕式。

论坛在2天会期安排11场活动，重点包括：中非国家领导人，国家发展改革委员会、财政部、外交部部长级官员，世界银行集团多边担保机构副总裁兼首席运营官，专家学者等分别做主旨发言，从政策、学术等角度阐述中非发展经验和合作愿望；以农业经济、工业化、技能开发与职业培训、互联互通、旅游文化为题开展5场专题沙龙式讨论，非洲多国部长、国际组织官员、专家学者超过60人发言；来自中外智库的13名专家在圆桌会议上就如何建立一个网络的、多边的、开放的知识合作平台，促进非洲、中国和其他伙伴与国际智库之间的分享、合作、研究这一议题进行讨论；尼日利亚、塞内加尔等国代表，商务部、世界银行集团、国家开发银行、广东省商务厅以及中非商界代表，在投资推介会上分享在非投资成功企业的投资经验，探讨投资机遇、挑战与政策；论坛期间共主办、协助安排国家领导人及省领导多边、双边活动15场次。

广东省在论坛会场周边举办“广东名优产品展示”活动，宣传推广“广东智造”产品；印制并派发论坛广东专刊与画册，在主会场滚动播放中英文的广东专题宣传片；安排与会嘉宾珠江夜游以及到广州、东莞、佛山实地参观考察。

此次论坛共有67家中外媒体131名记者参加采访报道。《中国日报》《南方日报》还推出专版进行深度报道、追踪报道。世界银行在其官方网址面向全球进行宣传报道。南非国家电视台专题播放了祖马总统出席论坛的系列报道。截至2016年9月12日，境内外媒体共刊发原创新闻稿件280多篇、网络新闻860余条，被全球中文、英文、法文、俄文、日文、阿拉伯文等6种文字媒体网站转载18万条次以上。

主要做法 作为牵头承办单位，省财政厅所有厅领导亲自上第一线，全面推进工作。厅长曾志权担任筹备专项组综合组组长，多次召开厅党组会和厅长办公会议，专项研究部署相关工作；副厅长郑贤操担任综合组副组长、会务组组长，论坛召开前提前两周率领全厅抽调人员赴现场集中办公，靠前指挥，抓具体工作落实，并在论坛期间全面负责论坛现场指挥调度工作；巡视员欧斌担任考察组副组长，论坛期间陪同外宾参加珠江夜游与东莞调研；副厅长杨朝峰担任外事组、接待组副组长，与副厅长郑贤操一同协助推进前期筹备工作，论坛期间牵头负责嘉宾机场迎送工作；副厅长叶梅芬担任经贸组副组长，多次与省商务厅对接广东名优产品展方案落实工作，论坛期间陪同外宾参加珠江夜游与佛山调研；总会计师钟炜担任综合组副组长，论坛期间陪同外宾赴广州调研。论坛筹备期间，厅领导带队3次向省领导专题汇报工作，9次参加省政府协调会汇报工作情况、研究审议有关事项，5次赴财政部、外交部专题汇报工作。

省财政厅以国际金融合作办公室作为具体落实责任处室，会同厅办公室、人事处、预算处、金融债务处、国库处、行政处、政法处、教科文处、工贸发展处、社保处、党办、政务中心、科研所、省财政学校等处室单位共同推进各项筹备工作。从2016年5月起，以国际金融合作办公室为主体，抽调办公室、科研所、财校等处室单位业务骨干集中办公。同时，论坛正式召开期间抽调大量工作人员，最高峰抽调超过80名厅工作人员参与论坛工作，确保每个工作、时间节点上都有厅工作人员跟进；厅工会、团委组织厅礼仪队担任论坛签约仪式助签员和礼仪引导等工作。

筹备工作前期谋划阶段主要着力于建立健全组织架构、制订完善工作细化方案、推进会议计划报批手续等工作；全面推进阶段主要着力于设计论坛议程、制订具体活动流程图、编写呈报文案材料、落实嘉宾邀请等工作；最终攻坚阶段主要着力于桌面推演与现场彩排中优化完善，不断优化流程，逐一落实每个细节。

梳理筹备工作的全链条、各环节，特别注意容易脱节的地方，做到各细节无缝对接，特别注重强化顶层设计，做实工作方案；制订N份工作流程图，形成“1+8+N”的工作方案，以此为操作手册落实每项工作，在桌面推演与实地彩排中查找问题，不断优化流程，做细做实。同时预设问题，全面周到考虑各种变数，做足预案，提出不同的方案，充分掌握工作主动性。

主动作为，统筹全局，对外协调好世界银行与国家开发银行等主办方，保持沟通协调顺畅，采取定期召开电话会议或实时电子邮件联系的方式加强沟通，制订倒推工作时间表，列出各自负责工作事项与完成期限，协同推进。主动与省委、省政府和财政部、外交部等有关国家有关部委请示汇报，争取支持。对内重视发挥省直相关部门的积极性，主动沟通对接，掌握工作进展，帮助解决问题，得到省外办、省商务厅、省公安厅（警卫局）、省委宣传部（新闻办）、省府发展研究中心、省卫计委、团省委等部门的支持和配合。对下重视与有关市的协调指导，确保实地考察工作顺利进行。省财政厅建立健全工作汇报机制，每周报送筹备工作简报，通报嘉宾报名总体情况，会同省外办平均每十天向省委外事工作领导小组、相关省领导、论坛筹备工作领导小组报送外事审批手续、重要外宾邀请等涉外工作进展情况。

工作成效 2016年，第二届对非投资论坛首次在中国举办，选择落地广东，有利于广东与非洲扩宽投资合作领域，深化投资合作水平。广东以筹办论坛为重要契机，根据粤非双方发展战略、产业梯次发展规律、非洲资源要素禀赋以及广东产业转型升级的实际需要推动粤非投资合作，具有重要的战略和现实意义。

论坛期间举行2项揭牌仪式、签署12项合作协议，涉及合作金额超过25亿美元。中国国家能源局、财政部与世界银行签署《对非战略能源合作备忘录》。广东省政府和国家开发银行签署促进广东企业对非投资战略合作备忘录。国家开发银行为“中国海外基础设施开发投资有限公司”揭牌，并与世界银行一同为对非投资智库联盟成立揭牌。与会领导现场见证中资企业与埃及、南非、埃塞俄比亚、乌干达、塞拉利昂、加纳、刚果（金）等7个非洲国家签署9个经贸投资合作协议，涉及航空、电力、汽车制造、陶瓷、纺织服装、渔业等领域。

中非政府官员、企业代表、专家学者在论坛期间深入交流，在政策措施、投资实践、金融支持等方面多维度分享双方的发展历程和发展经验，达成务实深入推进中非投资合作的强烈共识。特别在营造中非投融资合作的良好环境、提高投资积极性方面，在促进对非投资的关键领域方面，在积极探索开展三方合作方面，形成了广泛共识。

论坛的举办开创国内利用多边合作平台资源服务地方改革开放、贯彻落实“走出去”战略的先河，为三方合作发展注入强劲的动力，有利于打造发展共同体和利益共同体。

世界银行、国家开发银行与广东省人民政府组织开展对非合作系列研究，同时论坛期间非洲国家部长、国际组织官员、智库代表、专家学者进行了多场高端对话，提出了许多独特观点与有建设性的意见，可供后续参考借鉴。

（国际金融合作办公室供稿，李栩、林怡环执笔）

财政纪检监察

【概况】 2016年，广东省纪委驻省财政厅纪检组加强纪检监察执纪力度。到综合监督单位省供销联社进行调研，做好问题线索及资料移交，先后到联系监督单位粤财控股有限公司、省农村信用社联合社进行走访调研，熟悉监督单位党风廉政建设情况，针对监督单位有行政机关、事业单位、国有企业、金融企业的不同特点，深入研究，加强针对性和监督的有效性。

每周参加或列席综合监督单位党组会、班子会议、理事会等，将“三重一大”（重大问题决策、重要干部任免、重大项目投资决策，大额资金使用）列为监督重点事项，列席综合监督单位决策会议57次，对廉政建设方面存在的问题，敢于发声、督促整改，对各单位纪检监察工作存在的问题提出指导性意见和建议。

坚持廉政谈话制度，2016年对驻在部门新招录公务员开展谈话12人次，对新提拔领导干部开展谈话24人次。坚持“凡提必核”，对拟提拔考察对象个人有关事项报告情况进行核实，对驻在部门（含综合监督单位，下同）出具廉政意见85人次。

督促监督单位开展提醒谈话工作，各单位全年开展提醒谈话1588次，其中，厅级3人，县处级319人次，乡科级741人次，其他525人次。

在监督单位工作地点设置举报箱，在各单位官网上公布举报电话、电子信箱、举报地址。全年收到群众信访举报62件，按照“属地管理、分级负责，谁主管、谁负责”的原则分类，分类转办52件，初核11件。

对监督单位十八大以来的问题线索进行全面排查，建立干部违纪违法情况动态监督台账。建立及时报送制度，对监督范围内的问题线索实行动态监管。对全省财政系统纪检监察部门执纪办案数量、办理进度等进行统计，建立管理台账。对监督单位的办案数量、问题线索和信访举报做到数字准、情况明。

【考核问责强化】 2016年，广东省纪委驻省财政厅纪检组聚焦监督执纪问责主业，督促驻在部门履行全面从严治党主体责任，按新要求重新修订主体责任清单。向驻在部门移交原纪检组承担的4类16项工作职责，使“两个责任”的职责更加清晰，任务更加明确，关系更加顺畅。

督促驻在部门开展纪律教育学习月活动，组织副处以上及重点岗位干部开展党纪政纪法纪教育学习活动。驻厅纪检组组长每年在“三纪”教育学习班给监督单位党员干部解读中央全面从严治党的新要求，阐述全面从严治党党组主体责任要求，要求驻在部门党员干部要切实提高党性修养，认真学习党章党纪党规，严防逾越纪律规矩底线。

督促监督单位以制度建设为根本，加强廉政风险防控工作。如省财政厅在部门预算、国库集中支付、政府采购、“收支两条线”、绩效评价、资产管理、财政监督等20多项财政管理方面进行改革创新，将省级一般公共预算专项资金从219项压减到50项左右。建立省级财政专项资金管理平台和省级财政专项资金实时在线联网监督系统，强化财政监督和绩效评价。

严格执行“一案双查”，综合运用批评教育、诫勉谈话、通报批评、组织处理、纪律处分等方式，追究主体责任、监督责任，追究领导责任、党组织的责任。以考核为抓手促进主体责任落实，强化考核结果应用，如省财政厅对发生收受“红包”、礼金等行为的11个处室、单位进行一票否决。

【派驻机构干部队伍建设】 2016年，广东省纪委驻省财政厅纪检组按照省委关于开展“两学一做”学习教育部署安排，纪检组党支部召开“三会一课”11次，专题学习党章和《监督条例》《处分条例》《问责条例》等党内法规，研读习近平总书记系列重要讲话，省财政厅党组成员、纪检组长叶昊文先后为省财政厅办公室、国库处、政法处党支部讲党课。

通过请进来、走出去等多种形式加强学习培训，提高派驻机构监督执纪问责的能力和水平。2016年委派10人次参加中纪委、省纪委业务培训，2人次参加省纪委“以案代训”，组织监督单位32名纪检监察干部进行业务培训。到省统战部、省经信委、省科技厅、省人力资源和社会保障厅等4个兄弟单位纪检组开展业务交流，学习借鉴有关单位的先进经验。召开“监督单位监督执纪问责研讨会”，邀请省纪委机关业务骨干讲解信访办理、党风政风监督、案件管理等业务知识，邀请驻在部门业务处室给纪检组全体干部讲授业务知识，熟悉驻在部门廉政风险的关键环节和监督重点。

落实省纪委的工作部署，加强纪检组规范化建设，完全实现“十有”建设目标。修改完善纪检组《工作规程》，对组内决策程序等13个方面工作制度进行健全和完善；制定信访举报、约谈监督、巡察等11项工作制度，完善廉政风险防控制度，建立组内工作报告制度、日常谈心提醒制度等内部监督机制，加强八小时以外活动教育引导。

（驻厅纪检组供稿，闫宇执笔）

省直行政事业单位经营性资产管理

【三层架构管理模式】 2016年，广东省省直行政事业单位物业管理中心坚持“三层架构”的物业管理模式，明确物业管理思路：在宏观层面上接受省财政厅行政事业资产管理处的监督指导，严格执行国家和省相关国有资产管理制度、政策；省直物管中心作为参公管理的事业单位，承担代表政府持有物业产权、行使国有资产出资人的角色，作为财政部门管理资产职能的具体操作者；物业具体经营管理委托专业物业管理公司操作，由受托物业管理公司直接面向市场对物业进行专业化、规范化、市场化经营管理，省直物管中心负责监督指导，并对其绩效进行考核评估，促进受托物业管理公司提升经营管理绩效。

【物业管理效益提升】 2016年，广东省省直行政事业单位物业管理中心动态化调整经营策略。在房屋租赁市场持续受经济结构性调整影响租金持续下滑的前提下，省直物管中心努力实现单体效益最大化。如广园东物业原移交合同结束后，2016年省直物管中心和受托物业管理公司取消中间环节，将物业直接向12家商户出租，提高对租户的服务和管理水平，减少中间商对租金收入的分流，使租金收入较原来增长近55%。

广泛调研，合理定价。省直物管中心和受托物业管理公司结合经济发展新状况，广泛调研后不定期调整区域租金目标价格。如体育西路物业，省直物管中心委托受托物业管理公司通过网络招租、中介放租、刊登报纸等多种形式宣传，在公开市场通过公平竞争确定租户，使租金提升三倍。

坚持“三公”招租原则。省直物管中心及受托物业管理公司始终坚持“公平、公正、公开”原则，招租信息发布公开透明，结合市场在物业招租方面情况，完善优化定价机制。采用一种或几种方式发布招租信息，如通过网络形式、通过中介或物业管理处发布招租信息、现场张贴招租广告形式发布招租信息等等，对物业租金定价方式、信息发布形式等进行系统整理，使定价方法和招租方式更明晰、具体，提高物业租金定价的科学性和市场化，提升物业收益。

2016年，物业平均出租率保持在97%以上，物业租赁收入比2015年增长10.85%，首次突破1亿元大关，达1.05亿元。

【物业管理方式规范】 2016年，广东省省直行政事业单位物业管理中心理顺物业账务关系。将符合入账条件的代管房产土地并入省直物管中心财务账；重新梳理土地相关资料，对于产权明晰、完整的，符合入账条件的番禺石楼镇地块记入财务账，对于产权不够明晰、完整的其余地块继续在资产备查账登记；再次核实未办理产权过户的物业基本情况，确保符合手续的全部完成办理，不符合政策要求无法办理过户的物业，待地方政府过户政策调整符合后，迅速办理。

建立物业信息动态化管理。省直物管中心落实物业信息系统建设资金来源，加快项目建设进度；与省财政厅信息中心、受托物业管理公司、承建公司沟通协商，从实际出发设计用户需求，并结合省财政厅信息综合平台、非税系统进行开发。2016年底，物业管理系统在综合平台上线试运行。

规范境外物业管理流程。省直物管中心代管的港澳物业由受托物业管理公司委托其在香港分设的一家全资子公司代理开展出租经营管理事宜，相关费用由香港公司通过受托物业管理公司与省直物管中心按季度定期结算。

履行物业行政划拨职责。省直物管中心分别派员赴湛江、汕头两地查看物业，并与广州海事法院办理交接，完成移交手续；向省财政厅资产处提供省社科联物业移交及原办公用房调整给广东社会科学大学使用的意见，配合做好物业调拨工作。

【物业安全管理完善】 2016年，广东省省直行政事业单位物业管理中心继续实行物业安全巡查制度。9月，省直物管中心督促受托物业管理公司开展安全大检查，将全面普查和重点检查相结合，查找安全生产工作存在的问题，消除安全生产隐患；与受托物业管理公司一同制定应急措施，如火灾应急处理措施、水电设备应急处理措施、自然灾害应急处理措施等；向各租户派发书面通知，提醒租户加强节假日期间的安全生产工作。

全面做好物业维护维修。省直物管中心要求受托物业管理公司做好报建、审批手续的合规性审查；对装修方案安全可靠性进行可行性论证并择优确定施工单位及方案；监督检查施工过程中是否存在安全隐患以及是否按工程承包合同进行施工；组织验收机构进行工程竣工验收检查等。如针对外贸大厦，因使用年限较久，外墙剥落严重的问题，省直物管中心多次派员到现场进行检查，要求该物业管理处组织全部业主召开业主大会，督促启动外墙整改工程。

细化物业租赁管理事务审批。省直物管中心细化工作流程，明晰各岗位职责，明确区分省直物管中心与委托物业管理公司之间、各岗位人员之间的责任，并细化到招租、维修、改造等具体项目。2016年审批租赁合同133份、其他租赁事项52份，开出非税缴款单3217份，实现零投诉。

（省直行政事业单位物业管理中心供稿，欧颖执笔）

财政投资审核

【概况】 2016年，广东省省级投资评审系统正式上线运行，覆盖预算单位、省财政厅业务处室和中介机构，实现评审业务全过程管理和评审监管公开透明。

广东省财政厅投资审核中心（以下简称投审中心）强化中介机构管理，制定中介机构审核工作指南，规范中介机构日常业务办理，通过完善审核标准、加强审前准备、明确岗位责任、推动审核配合等措施，在保障质量的情况下进一步压缩各环节的审核时限，为加快预算执行进度服务。全年完成审核项目598个，审核金额235.63亿元，比2015年增长25.77%；审定金额202.09亿元，增长21.00%，审减金额33.53亿元，增长64.96%。

【审核管理规范】 2016年，《广东省财政厅投资审核中心审核业务岗位责任制度》制定，明确各审核业务岗位岗位职责，建立问责机制；总结前三轮中介机构参与省级财政投资评审工作的经验，开展第四轮中介机构招标工作，严格中介机构准入条件和退出机制，细化评审人员要求，强化考核，明晰权责；修订审核过程各阶段的工作底稿和成果文件格式，明确成果文件和工作底稿的要求，提升评审成果标准化水平；制定管理规范，通过省一级机关档案综合管理考核，成立档案管理鉴定小组，并定期做好档案安全检查，督促审核业务各岗位人员做好档案形成、归集、归档等。

【投资审核服务和监管】 2016年，广东省财政厅投审中心配合厅预算处等处室办结基建项目分年度预算安排审核工作；通过优化审核流程，多岗位提前介入，联合作业，确保特急件、急件保质按期完成。通过择优选用中介机构审核、严格审核程序和审核要求，协调有关处室和部门完成民生水利项目和中小河流治理重点县综合整治和水系联通试点项目的评审任务。

强化对中介机构的入门培训，着重培训投资评审政策法规、评审技术、管理制度要求、评审系统操作和廉政纪律等内容；强化中介机构审核技术培训，着重培训相关财政政策的运用和财政投资评审技巧；制定《中介机构参与省级财政投资评审工作指南》，为中介机构开展审核业务提供全面审核指引；针对项目审核的不同情况，制定科学的付费标准和计付程序，激励中介机构提供优质服务。

结合财政部颁布的《基本建设财务规则》等法规制度以及省级财政投资评审的相关规定，对省直建设单位进行培训，明确建设单位主体责任和投资管理的要求。

【投资审核风险防控】 2016年，广东省财政厅投审中心强化项目评审复核审批制度和评审结果意见反馈制度，细化审核询证、现场勘验审批制度和评审资料补充审批制度，加强考评工作。

通过印发《广东省财政厅投资审核中心估、概算项目复核与复审工作实施办法》，明确复核、复审的程序、要求，明晰审核业务标准和强化审核管理机制，建立争议解决和会商机制，强化层层监督，减少审核风险。

制定《广东省财政厅投资审核中心工程项目涉密审核管理规定》，明确涉密项目管理要求；完成投资审核中心档案室达标升级改造工作，提升档案管理水平。经省档案局正式考核评审，批准中心为省一级机关档案综合管理单位。

【投资评审业务规范】 2016年，广东省财政厅投审中心制定《广东省财政厅投资审核内部工作规程》，规范厅内部投资评审各项工作程序，明确投资评审业务在厅内的委托程序、受理范围、流程设置、时限要求、结果应用以及监督管理等。

印发《关于做好省级财政投资项目评审有关工作的通知》等文件，明确省级财政投资评审范围、程序、责任划分及具体工作要求等，规范财政部门与省级单位在财政投资评审中的责任与义务关系，构建省级财政投资评审业务基本制度规范。

实行省级财政投资项目送审工程结算和竣工财务决算之前，必须报经省财政厅审核估、概、预算三者之一，即“三算必审一算”，提供精细的比对基础，从源头控制好财政投资。

【信息化建设】 2016年，广东省省级财政投资评审系统建设经历三次重大的升级调整：评审系统架构实现从CS结构到BS结构的调整，减少系统技术支持难度，使技术人员回归到评审业务主业；机房等硬件由自建自管到由厅信息中心统一管理的调整；评审系统的使用范围由投资审核中心自身业务管理拓展到省级投资评审业务监管的全过程，逐渐形成覆盖项目概（估）算、预算、结（决）算全过程评审的监管体系。

主要做法 设立由投审中心领导和各组人员共同组成的信息小组，小组成员负责收集整理新需求或修改建议，不定期提交投审信息小组统筹规划；建立信息化会议制度，根据信息小组收集反馈的问题，投审中心不定期召开信息化会议，从可行性、紧迫性、经济性等方面讨论各项需求，梳理出下一阶段的系统开发计划，交由评审系统开发公司研究并提交开发方案。

重构投资评审系统物理架构，通过评审系统迁移到厅内网，同时考虑监管中介需要，在外网部署系统，内外网实现数据同步交换，提升投资评审参与传统基建项目评审，参与项目预算评审，服务财政支出预算的能力；强化信息公开，借助省级财政政务内网，实现评审系统对建设单位的全覆盖，拓展评审系统功能，加大评审信息公开力度，方便建设单位对评审信息的获取和反馈，主动接受外部监督；构建项目建设全过程监管体系，投审中心按照项目估算控制概算、概算控制预算、预算控制结算的原则，改进省级投资评审项目管理模式，将以单个任务为管理和统计对象的模式改为以完整项目建设过程为管理和统计对象的模式：一个项目从概（估）算评审入库开始形成一个项目的根，一直到结、决算评审全过程逐次形成项目的枝叶，最后构建出该项目的整体。

在评审主流程中嵌入对各评审环节的跟踪、提醒功能，实施限时督办，提升评审效率；在优化评审流程的同时，构建连接投资评审活动各主体的投资评审架构，强化投资评审信息在投审中心、中介机构、建设单位及其主管部门、厅内分管处室之间的及时反馈，提升各方协调性；评审系统强化各类统计、报表等功能，实现对不同时期评审工作成效的实施查看，为领导决策安排提供直观的数据支持。

工作成效 提升支持财政投资决策的能力。通过业务整合，主动将评审系统融入厅数据信息中心统一管理，为财政基建资金管理提供及时、全面、准确的评审业务数据支撑，提升服务财政投资决策的能力，也为将来实现与厅内业务处室数据实时交换打下基础。

提升服务建设单位的能力。实现评审业务网上报送、网上受理、网上询证、网上征求意见、网上结果公示及网上查询评审进度等功能，通过省级财政投资项目的信息共享和业务办理的公开、透明、高效，实实在在方便建设单位。

提升评审质效的保障能力。通过历史项目库、定额库、材价库、计费文件库的建设，提升评审人员对相关文件、价格引用的准确性，促进评审质量稳步提升。通过投审管理信息系统，加强评审工作监督，促进经管人员加快评审进度，缩短财政投资项目的评审周期，使省级财政投资评审项目的时间基本控制在规定时间内。

提升评审业务风险管控的能力。评审系统实现中介机构网上评审、网上提交审核初稿、网上办理现场稽核、网上提交评审报告等功能，投审中心可通过网络快速反馈复核、复审意见，对中介机构进行质量考核等，提升对中介机构的监管效能。通过加快系统建设，完善系统功能、缩减评审环节、优化业务流程、随机抽取复审、限时督办等质量和风险控制手段，强化投审中心的风险防控能力，提升服务财政中心工作的能力。

（投资审核中心供稿，王勇执笔）

财政票据监管

【概况】 2016年，广东省票据监管中心强化对财政票据印制、发放、核销、销毁的全过程监管，全面提高票据管理水平。

在印制环节，与2015年底公开招标确定的3家票据定点印制企业签订印制合同，明确票据印制的规格、质量、包装、检验标准及有关服务要求。2016年监制各类财政票据10.78亿份，印刷费支出8293万元，与2015年同期相比，减少支出719万元，节约率为9.5%。

在配送环节，研究下发《关于明确广东省财政票据配送管理要求的通知》《关于各级财政票据监管部门申领财政票据有关事项的通知》，明确票据配送管理流程和申领工作指引，落实厂家和领购单位主体责任，确保票据配送及时、规范、安全。

在发放环节，坚持“凭证购领、分次限量、验旧换新”原则，全年全省发放各类财政票据10.96亿份，产生票据工本费成本8231万元，发放与印制基本持平，库存维持在低水平，有效减少仓库积压，确保高效流转。

在核销、销毁环节，按照《广东省财政厅关于上门核销财政票据工作规程指引》，采取集中审核、现场核票等多种方式，查验用票单位票据使用管理情况。对用票量大的医疗、教育系统等省直单位，制定年度核销工作计划，全年派出核销人员16批48人次，主动上门核销票据。2016年下半年，针对省交通厅、省工商局、省法院驻各地市下属单位多、机构票据库存量大的实际情况，委托各地级以上市财政票据监管部门对以上单位财政票据进行核销、销毁，同步督促各地区加强对票据存根的核销、销毁。2016年，全省核销票据8.29亿份，票面金额3826.89亿元；安全销毁票据9655.52万份，票面金额722.01亿元。

【票据管理方式创新】 2016年，广东省票据监管中心发挥财政票据在维护国家财经秩序、政府非税收入源头管控中的基础性作用，推动信息技术与传统的票据管理工作深度融合，提高工作效率和管理水平。

搭建培训交流平台。针对票据监管制度更新快、管理人员变动大、监管水平参差不齐等现状，组织全省各地级以上市、省直管县票据监管机构召开全省财政票据管理工作培训班，传达贯彻全国会议精神，明确工作思路，研究部署下一步工作任务，推动全省票据监管机构提升业务能力，规范监管工作。

注重统筹推进形成合力。强化业务指导和工作协调，推进各地区、各单位上下联动。尤其是加快财政票据管理系统升级推广，基本实现与地级以上市财政票据监管部门互联互通，初步形成财政票据从印制到销毁全生命周期、覆盖面“横向到边，纵向到底”全方位监管体系。

【票据监管管理体系完善】 2016年，广东省票据监管中心完善内部管理机制。研究制定《广东省财政厅票据监管中心内部控制操作规程》，明确三个内设小组岗位职责，落实定人、定位、定职、定责要求；规范财政票据印制、发放、核销与销毁等业务工作流程，防控行政、廉政风险。

优化、简化服务流程。编写《广东省财政票据领购、使用手册》，明确相关政策依据和票据申领、核销等工作流程，方便用票单位办事；收集编印《广东省财政票据管理制度汇编》，汇总梳理国家和省有关财政票据管理的规章制度和管理办法，汇编成册，免费发放用票单位使用。

研究制定管理制度。研究制定省以下法院、检察院财物统管改革后两院使用财政票据的监管制度，确保财政票据及时供应，推进改革顺利进行。

落实清费减负政策。根据省政府关于取消财政票据工本费有关工作要求，测算票据印制成本，编实列细支出预算，落实印制经费；做好宣传和有关衔接工作，确保政策落实到位。全年减免票据工本费8210万元（其中：省本级减免689万元，各地市减免7521万元），取得良好的社会服务效果。

【财政票据信息化建设】 2016年，广东省票据监管中心坚持以信息化建设为抓手，推进财政票据电子化改革，运用现代电子信息技术，升级、完善新的票据管理信息系统。

解决好“建”的问题。专门成立信息化建设工作小组，严格按照信息化建设关键节点，推进研发工作落实。先后派出人员赴省直单位和各地走访调研，研究建设需求，督促技术研发机构研发。多次召开项目建设研讨及演示会，基本完成新系统对财政票据的申请、印制、登记、入库、核发、出库、核销、销毁等过程再造，范围涵盖政府非税收入、资金往来结算、捐赠、医疗收费、社团会费等所有财政票据，具有在线申领、核销（销毁）、票据跟踪、统计分析等功能，对财政票据从印制计划、申领审验、入库出库、使用到核销、销毁实现全过程实时在线管理。

解决好“推”的问题。按照“试点先行、稳步推广”的原则，为确保系统的推广使用工作顺利实施，从8月初开始，先后组织各省直单位、社会团体及医疗卫生、教育系统等1000个单位2000人进行操作培训。新的票据管理信息系统于2016年9月1日在省直单位正式上线运行；21个地市中，12个市实现数据对接，18个市完成系统上线，14个市与非税对接，10个市完成培训任务。

解决好“用”的问题。在信息系统推广实施过程中，开展阶段性总结，收集各地区各单位的意见，根据业务需要完善系统功能，对功能实用性和操作便利性进行补充、完善和改进。2016年，完成新版机打社会团体会费统一票据网上开票打票功能，启用省直用票单位申领、核销票据的短信推送功能。

【票据监控】 2016年，广东省票据监管中心加强票据监控。强化主动抓、求作为的意识，研究动态条件下抓好工作的新办法新途径。

对“分散”的集中管。对承担全省财政票据印制任务的定点印制企业进行定期检查，同时组织各地市财政部门对票据印制质量及配送服务等方面进行问卷调查和评议。

对“要害”的加强管。对票据印制、发放、核销等关键环节进行重点监管，对纸张、油墨等原材料及印刷过程进行全程监控，定期升级票据防伪技术，加强安全保密管理；依法协助公安部门打击伪造票据违法行为4起，维护监管权威和用票秩序。

对“日常”的专项管。组织开展对省直有关用票单位的专项检查，要求单位先行自查自纠，督促单位完善内部管理制度、规范票据使用及库存管理；对与财政票据相关的延伸业务进行稽查，保证执收经费应缴尽缴。

对“违规”的严格管。加大对违规使用财政票据的处罚力度。2016年，处理违规收费1642.05万元，其中：补缴财政专户85.47万元，补开税票金额1377.37万元，补缴税款179.21万元。

（票据监管中心供稿，吴文春、李琪民执笔）

人事管理和教育

【干部选拔任用】 2016年，广东省财政厅做好干部选拔任用工作。配合中央组织部做好省委换届提名人选曾志权的考察工作；按照《省管干部选拔任用工作规程》，配合省委组织部对选拔省财政厅1名副厅长、1名巡视员、3名副巡视员和交流提任1名省直机关班子副职人选进行民主推荐和考察测评；贯彻执行《党政领导干部选拔任用工作条例》，适时根据岗位空缺情况研究拟定干部选拔任用工作方案，全年办理处级干部选拔任用事项7次，共有19名干部提拔任职（其中提任正处级4名、副处级15名），办理科级干部选拔任用事项1次，共有12名干部晋升职务（其中晋升主任科员5名，副主任科员7名），办理3名处级领导干部试用期满转正手续，并按照《关于建立干部选拔任用工作纪实制度的实施意见（试行）》要求，对选拔任用工作进行全过程纪实。

【机关机构职能转变】 2016年，广东省财政厅整合内设机构，调整交叉职能。重新修订《广东省财政厅主要职责内设机构和人员编制规定》，新设预算编审处、金融与政府债务管理处，将行政政法处分设为行政处和政法处，撤销地财处、外金处和公车处；理顺和细化内设处室职责分工，调整处室间交叉职能18项。

梳理省财政厅权责清单。将原行政审批、行政处罚、行政强制、行政征收、行政给付、行政检查、行政指导、行政确认及其他9大类权责事项重新归类划分为行政许可、行政处罚、行政强制、行政征收、行政给付、行政检查、行政确认、行政奖励、行政裁决及其他10大类权责事项，新增行政权责9项、调整行政权责47项、归并或删减行政权责43项。经省编办审核，确定省财政厅权责清单共209项。

【人事管理制度完善】 2016年，广东省财政厅修订完善《广东省财政厅人口与计划生育管理暂行办法》《广东省财政厅因公出国（境）工作管理规定》《广东省财政厅因私出国（境）工作管理规定》；制定《广东省财政厅工作人员休假管理办法》《省财政厅工作人员人事档案管理规定》；进一步整合省财政厅干部交流轮岗、重大事项报告和干部任职回避等制度，研究制定《广东省财政厅岗位利益冲突风险内部控制办法》，形成相互制约、相互监督的工作机制。

【干部监督管理】 2016年，广东省财政厅建立个人重大事项报告制度。组织全厅干部职工通过人事系统填报个人重大事项报告信息，掌握干部个人有关事项动态信息。

个人有关事项考察。执行《关于防止干部“带病提拔”的意见》，全年共对28名考察对象开展“四凡四必”，其中2人因存在漏报或不如实填报个人有关事项被取消考察对象资格。

干部人事档案专项审核试点。审核厅机关公务员、参公单位工作人员以及厅属非参公单位班子成员共367人400卷干部档案，发现信息记载不一致问题共171人，对71人的“三龄二历”进行调查核实和重新认定。

人员信息重新登记造册，证件集中保管。对全厅公务员及参公人员信息重新登记造册报省公安厅备案，执行证件集中保管制度，严把计划关、严控预算关、严审目的地关，核查统管因私出国（境）证件621本，办理自行组织因公出国（境）团组11个，因公出国（境）40人次，因私出国（境）达180人次。

建立完善内控机制。研究制定《人事教育处内部控制操作规程》，建立完善处内岗位利益冲突风险防控机制。

【财政干部队伍培训】 2016年，广东省财政厅结合“两学一做”教育活动，举办专题讲座4期，内容包括“认真学习领会习近平总书记管党治党思想”“弘扬中华传统文化、培育昂扬向上的公民品格”“贯彻落实十八届六中全会精神”等；结合财政改革的新任务和新目标，协助业务处开展各类财政业务培训18期，选派6名干部参加境外专题培训班6期；举办新录用人员培训班，选派12名干部参加省委组织部、省人社厅举办的各类岗位培训班。

【人事服务管理】 2016年，广东省财政厅加强机关公务员录用、干部选拔、人员调配、退休管理。全年招录7名公务员，按照人岗相适原则安排岗位；组织从基层选调6名公务员；接收安置军转干部5人；组织选拔推荐8人到省直有关单位任职；办理退休手续7人、调出6人、辞职1人。

干部交流轮岗常态化。全年交流轮岗干部54人，办理处室间人员借用3人，办理公务员转任调任12人，推荐援川1人、援藏1人、援疆1人，安排扶贫驻村3人，选派省农业信贷担保有限责任公司董事长1人。

事业单位人事管理服务。为厅属有关单位补充班子成员4名，加强厅属单位班子建设；通过公开招聘等，为厅属有关单位补充编内人员14人；配合省财校做好高职院筹建有关准备工作；办理退休手续2人。

日常考勤管理。坚持实行上下班指纹签到登记，每月通报迟到、旷工和考勤异常情况。

工资福利、计划生育、休假管理。完成住房改革补贴调整、应休未休年休假工资报酬和绩效考核奖金发放、基本工资和离退休费调标等工作；为厅干部职工做好计生服务、休假审批以及出具有关证明等人事服务。

安全保卫管理。会同有关处室单位做好厅大院及周边的安全监管、法定长假前的安全检查、安全隐患排查、领导干部节假日值班安排等工作。

【精准扶贫】 2016年，广东省财政厅根据省委、省政府新一轮精准扶贫要求以及厅党组部署，选派3名驻村干部进驻龙川县鹤市镇鹤市村开展帮扶工作。

宣传扶贫攻坚政策。驻村工作组会同村两委干部学习省委、省政府有关精准扶贫工作指示要求，宣传精准扶贫工作的主要内容及要求，确保上级有关扶贫工作政策要求深入人心、家喻户晓。

核实贫困户基本情况。按照贫困人口识别原则、程序和要求，精准核实贫困户63户135人，逐一建立贫困户档案数据库，组织全厅处级以上干部与63户贫困户建立一对一帮扶对子。

科学制定帮扶工作三年规划。研究编制《省财政厅新时期精准扶贫精准脱贫对口帮扶龙川县鹤市镇鹤市村2016—2018年工作规划》，制定《省财政厅精准扶贫工作制度》《鹤市村精准扶贫资金管理办法》等7项工作制度

扶贫工作。筹资50万元入股深圳宝安（龙川）产业转移工业园项目，确保村集体每年分红收益；引导贫困户参加科学种养技术培训学习；补助村民参加农村合作医疗保险，募集100多万元扶困基金；完成慈母桥架设和沿河村道建设工程，启动村文化广场、鹤市小学围墙、足球场改建工程项目，改善村容村貌。

（人事教育处供稿，邵子川执笔）

机关党建

【思想建设】 2016年，广东省财政厅坚持把理论武装放在机关党建的首要位置，根据中共中央和中共广东省委关于开展“两学一做”学习教育的部署，以学习党章党规、习近平总书记系列重要讲话精神为重点，组织广大党员干部学习贯彻党的十八大和十八届三中、四中、五中、六中全会精神，引导党员干部用先进理论武装头脑、指导实践、推动工作，着力增强“四个意识”特别是核心意识、看齐意识，在思想上、政治上、行动上始终与党中央保持高度一致。

组织开展个人自学、“四讲四有”4个专题学习讨论、“我是共产党员‘五个一’”主题教育、“学原文、话初心、当先锋”等主题活动，以及厅党组书记带头给全厅党员讲党课、各厅党组成员到所在党支部讲党课、党支部书记联系实际讲党课、普通党员轮流讲党课和“七一”前后集中安排一次党课等系列党课活动；组织学习十八届六中全会精神、习近平总书记在庆祝中国共产党成立95周年大会上和在纪念红军长征胜利80周年大会上等重要讲话精神、胡春华书记“两学一做”学习教育专题党课；组织参加全省“两学一做”学习教育考学工作、省市县三级机关“两学一做”学习教育知识网络竞答邀请赛，开展党章党纪知识测试、知识竞赛活动。2016年召开中心组集中学习5次，省财政厅党组书记、厅长曾志权为全厅党员干部上党课2次，各厅党组成员参加支部专题学习40次，党员干部撰写心得体会文章109篇。

中共广东省财政厅党组成立厅“两学一做”学习教育工作领导小组及其办公室，并创新实行“三盘账”督导模式，通过建立“关键少数”、支部工作、督导分工3个台账，实行精准督导，其中：通过建立“关键少数”台账，发挥厅领导示范引领作用；通过把“党支部应做好的10项规定动作”作为督导的重点，建立支部工作台账并定期进行通报。省财政厅创新实行“三盘账”督导模式的做法，被中共广东省直属机关工作委员会以简报、公众微信号等方式作推介。

2016年，省财政厅办公室党支部被中共广东省委授予“全省先进基层党组织”称号，省财政厅预算处党支部罗睿、省财政厅党委办党支部黄志伟分别被中共广东省直属机关工作委员会授予“优秀共产党员”“优秀党务工作者”称号。

【组织建设】 2016年，广东省财政厅细化制定省财政厅抓机关党建工作责任清单，逐一明确厅党组及党组书记、党组成员，厅直属机关党委及党委书记、厅各党支部（党委）及负责人等7个主体抓机关党建工作的职责；落实省财政厅基层党组织负责人述职制度、基层组织建设考评制度等。全年对支部党建工作进行1次检查、3次通报。

召开中共广东省财政厅第四次党员代表大会，选举产生中共广东省财政厅直属机关第八届委员会、纪律检查委员会；坚持每季度召开一次党委会，坚持每一次党委会都安排至少一个专题学习；落实党委

委员联系点制度，每位党委委员每年还选择3个党组织作为联系点，参加组织活动、加强指导督促。

省财政厅厅长曾志权专门主持召开支部书记学习教育座谈会，梳理支部书记职责，指出存在问题，明确有关要求；组织2名新任党支部书记、2名党务干部参加省直机关工委培训；结合干部轮岗，任免党支部书记、副书记11人次，增补支委11人；开展党员组织关系集中排查，治理党员组织关系“空挂”“失联”等现象；开展党费清理、补缴工作，明确省财政厅党员交纳党费的基数、比例，并组织全厅党员补交2008年4月份以来的党费差额部分；结合实际，办理组织关系结转73人次；坚持党章规定的党员标准，全年发展新党员13名，预备党员转正10名，组织10名入党积极分子参加省直工委党校培训，向2名50年党龄老党员发放纪念章；印发实施《关于严格基层党的组织生活的意见》，明确厅各基层党组织开展“三会一课”“党员活动日”等的频率、内容、形式以及强化问题导向、开展批评与自我批评等要求。

【党风廉政建设】 2016年，广东省财政厅以党章以及廉洁自律准则、纪律处分条例、问责条例等党规党纪为重点，组织开展以案治本、正反典型学习教育等学习教育活动。7～9月纪律教育学习月活动期间，组织举办4场纪律教育专题讲座，观看5个警示教育片，组织220人到广东省党风廉政建设教育基地参观学习，组织2014—2016年新入职公务员到监狱开展警示教育活动，开展党章党纪知识测试，组织副处级以上领导干部及部分重点岗位人员开展为期2天的“三纪”学习教育活动。

贯彻落实中央八项规定和广东省实施意见、省财政厅有关作风建设制度，按照中共广东省委办公厅、省政府办公厅关于深入贯彻落实中央八项规定精神坚决防止中秋国庆期间“四风”问题反弹等通知要求，整治“四风”问题和不严不实问题。结合开展“两学一做”学习教育，组织厅各党组织和党员干部继续梳理问题清单，坚持边学边改，突出对照查找解决理想信念模糊动摇、党的意识淡化、宗旨观念淡薄、精神不振、道德行为不端、组织生活不正常不健全等方面的问题。

协助实施“建设优质服务型党组织‘565’工程”厅党组书记项目，推进创新建设服务财政管理的业务平台、服务公众办事的窗口平台等“五个平台”，建立财政权责规范运行、社情民意直通等“六项机制”，深入开展攻坚克难、亮点创建、党员到社区报到为群众服务等“6个行动”；开展办事群众满意度调查考评，并纳入年终考核指标体系。

【党建促业务】 2016年，广东省财政厅围绕牢固树立五大发展理念、落实广东省委省政府决策部署和省财政厅党组工作安排，开展“我为‘十三五’规划实施献计策”、贯彻落实新理念新思想新战略“知信行走在前”等系列活动；以党支部为单位组织开展比学创优等“我是共产党员”践行行动，通过“比学习、比创新、比作风、比实效”等措施，引导党员干部以先进为榜样，树立标杆，创先争优。

落实厅党组成员抓重点工作落实制度，各厅党组成员结合各自分管工作，分别领衔2～3项重点工作，带头攻坚克难；厅各党支部也选择1～2项工作事项作为本部门“示范工程”，由支部书记亲自抓，推动形成新的改革亮点。

组织5个党支部开展服务创新驱动发展战略“共产党员先锋岗”创建活动，鼓励群团组织以“践行新理念、建功十三五”为主题开展系列主题活动，着力提升创先争优活动的深度、广度、精度。

【机关文化建设】 2016年，广东省财政厅针对干部职工的文体活动需求，开展舞蹈培训、瑜伽课、羽毛球、网球、太极拳健身、足球等活动，其中舞蹈、瑜伽、太极拳等健身活动还聘请专业老师进行指导；举办第十八届全民健身运动会、庆祝建党95周年文艺汇演、摄影基础培训班，开展“庆祝三八”系列活动、保健知识专题系列讲座；举办“学党章、知党史、守党规”主题知识竞赛，参与对非投资论坛礼仪接待；支持厅直属机关团委组织开展“携手青春、梦想同行”、“财政青年学党史知党史”等主题活动。

2016年，慰问生育、住院及直系亲属去世的干部职工70人次；推行干部职工医疗互助保障，帮助干部职工申领重大疾病医疗互助金、住院医疗互助金，互助金理赔金额最高达城镇医保覆盖范围内自付部分的80%，提高了干部职工医疗保障水平。

（厅党办供稿，廖冬云执笔）

机关政务

【机关后勤服务】 2016年，广东省财政厅每逢节假日均组织相关人员对办公楼、集体宿舍进行安全检查，排查安全隐患，确保消防安全；定时召开保安会议，要求厅保安人员提高警惕，加强防范，强调进出厅大院和办公区人员严格执行出入登记制度。

做好各资金账户的报账、算账、结账工作，如实、全面地反映资金活动情况，做到手续完备，内容真实，数字准确，账目清楚，按期结算。编制并执行财务预算，遵守各项收支制度，加强对资金的管理。加强制度建设，制定完善财务审批、财务报销和财务管理制度，杜绝违规现象的发生。

做好厅办公楼、厅属物业、厅周转房的日常物业、水电维修和保养，保障机关工作正常进行；做好原有公车的拍卖处置和司勤人员的安置，按规定做好定向化用车和租赁社会化车辆的保障，建立对车辆进行检查、维护责任制度，将行车安全落实到人，保障车辆行车安全。

建立厅机关食堂监督管理员制度，规范机关食堂各项管理，要求食堂管理人员严格执行卫生制度，严把采购进货关，确保采购原料的新鲜，认真听取全厅干部职工的意见改进用餐服务。

【内控管理】 2016年，广东省财政厅按照分事行权、分岗设权，强化流程控制、依法合规运行的要求，结合工作实际，制定《政务服务中心内部控制操作规程》。

定期组织各科业务开展情况的自查自审，确保监督制度常态化，对制度执行不到位等现象进行整改；建立健全厅机关大院的安全防范责任制，立足于提高自治、自防、自卫能力，维护好机关的正常工作和生活秩序；支持业主委员会对大院住宅出租和日常自治管理的指导，加强对出租出售住宅后外来居住人员出入大院的登记管理；加强机关食堂食品安全、厅大院卫生和住户饲养宠物等的管理；做好厅大院的供水改造，逐步对大院的用电设备进行更新换代。对于有老化迹象的设备设施日常更注意检查和维护保养，对老化严重的设备设施进行更换；通过公开招标和第三方中介进行评估，确定承租方和租赁价格，按照《广东省财政厅周转房管理暂行规定》对周转房进行管理，严格执行退出机制。

（政务服务中心供稿，陈倩芸执笔）

离退休人员服务

【离退休党支部建设】 2016年，广东省财政厅离退休支部坚持将每月8日作为固定的离退休支部活动日，组织离退休党员参加支部组织生活。组织“两学一做”专题教育，组织学习《习近平总书记系列重要讲话读本》《2016广东老干部政治理论读本》和厅党组会议决策。

【离退休人员日常服务】 2016年，广东省财政厅离退休人员服务处订阅《秋光》《健康文摘》《长寿生活》等保健书刊；邀请机关门诊医生每月一次到厅坐诊，为有需要的离退休人员看病开药；为有需要的老干部沟通协调看病就医、入院出院事宜。

坚持定期走访和春节、中秋、生日等重大节日慰问制度。全年走访慰问离退休人员112人次，探望患病住院人员70多人次，协助和指导6位去世离退休人员家属处理丧葬善后工作。

加强对异地安置和外地居住老同志的关心。坚持每月电话联系，关心异地安置和外地居住老同志的生活和思想状况，为他们办理福利费、医药费和邮寄等工作。

邀请中山大学第一附属医院专家教授对离退休人员上年度体检的总体情况进行梳理，针对老年人常见病、多发病开展健康专题讲座。

为4位困难党员申请补助，为3位重病住院的离退休人员申请生活困难补助；9月下旬分三批完成130余人次的离退休人员健康体检工作；完成100多名离退休党员的党员基本信息核查和校对；完成9名符合粤组通〔2016〕28号文照顾对象人员的信息查阅和上报工作；建立“粤财夕阳红”微信平台，不定期发布养生保健知识和活动通知；11月初，完成20多名离休和副厅以上退休干部及家属在省干部疗养院疗养的保障工作。

【文化娱乐活动】 2016年，广东省财政厅离退休人员服务处根据离退休人员特点，适时、就近、就地安排文体活动。3月、4月、7月和10月分别组织部分离退休人员到番禺沙湾古镇、顺德顺峰山公园、东莞东江纵队纪念馆和南沙广汽丰田汽车厂等地参观学习。

【做好关心下一代工作】 2016年1月7日，广东省财政厅关工委被评为“全省关心下一代工作先进集体”；6月16日，省直关工委召开部分省直单位关工委座谈会；暑假期间，组织干部职工子弟18名（中、小学生）参观省直机关关心下一代工作活动基地中远航运公司，组织14名（中学生）到广东温泉宾馆进行爱国主义教育；9月26—27日，厅关工委部分成员一行5人，到龙川县鹤市小学开展调研，了解鹤市村贫困户学生情况和鹤市小学现状；11月中旬在厅开展扶贫助学捐款活动，12月下旬向龙川县鹤市小学送上爱心慰问金。

（离退休人员服务处供稿，张江涛执笔）

财政信息化建设

【财政信息一体化建设】 2016年，广东省财政厅按照《广东省财政信息一体化系统升级改造工作方案》，通过开展预算管理系统、办公自动化系统（含移动办公）、财政大数据库系统、信息管理综合平台二期建设等，初步完成财政信息一体化建设工作。全年数据信息中心收集汇总财政信息一体化系统需求367条，其中预算管理系统237条，办公自动化系统122条（含移动办公20条），财政数据库系统7条，其他

8条。截至年底，解决342条需求。相关信息系统流程贯通、数据集中存储、办公协同，初步实现财政核心业务各信息系统顺向控制，逆向反馈的业务闭环。

升级完善预算管理系统。从项目库管理源头出发，支持财政中长期规划编制，将预算收入管理、预算编制、预算执行、总会计核算、决算、绩效评价、监督、信息公开等预算管理全过程纳入系统一体化管理，并将专项资金管理、政府采购、财务核算集中监管、资产、投资审核等相关模块整合进信息管理综合平台，贯通业务流程，集中存储数据，形成业务闭环。通过抽取财政内部数据，包括预算一体化、OA、档案、专项资金管理平台、单位账务、资产、决算等，构建财政数据体系，实现预算收、支、管全过程数据跟踪、发掘和各地区、各部门数据联动，实时查询各地区、各税种最新收入情况，实时查询分析各业务处室预算执行进度、各部门预算指标执行进度、各市县执行进度，以及具体查询分析预算执行的具体项目、科目情况。

升级办公自动化系统（含移动办公）。实现全流程无纸化办公，在信息管理综合平台中将OA办文、移动办公与业务办理结合，实现公文办理流程与业务办理流程相结合，优化业务流程，加强资金拨付稽核，提升业务办理的准确性和安全性。通过移动办公助手可实现文件审批、查阅功能，并可实现查询财政实时数据、历史数据等大数据内容。2016年完成335台移动办公设备的初始化配置及派发工作，覆盖厅领导、处领导及核心业务处室的经办人员。

继续完善财政数据库（大数据库）系统建设。通过数据集中、数据整合、数据标准化和公共资料库的建设，实现厅内业务数据整合、贯通与集中，充实和完善财政数据仓库及决策分析系统，将数据及分析主题运用于预算执行分析、执行进度分析、综合查询等各方面。同时，通过公共资料数据库建设，为厅领导、厅各处室、省级预算单位、全省市县财政部门提供共享的资料平台。

构建财政信息一体化管理技术支撑平台。为各系统间数据共享、流程互联互通、协同办公提供技术支撑，实现统一操作界面、统一代办、统一信息等，并提供人性化、便捷化的办公操作平台。

【财政资金实时在线联网监督系统建设】 2016年，广东省财政厅启动全省财政资金实时在线联网监督系统建设。按照“关口前移、上下衔接、全程跟踪”要求，制订《全省财政资金实时在线联网监督系统建设工作方案》，初步建立起横向覆盖各级次预算单位、纵向贯通省、市、县各级的财政资金实时在线联网监督系统。2016年全省所有市、县（区）财政局（不含深圳地区、功能区）都已完成本地系统改造和上线工作，实现全省联网系统的上线试运行；全省98个市、县财政局已上报数据。通过系统实时收集全省财政资金执行数据，可查询省本级和所有市、县区每一笔资金的下达和支付情况，统计跟踪各地资金下达和拨付进度。

【“金财工程”项目建设】 2016年，广东省财政厅推进财政业务信息系统建设。按照《广东省财政厅信息化建设暂行管理办法》规定，数据信息中心收集整理省财政厅业务处室和单位的建设需求，统筹“金财工程”广东项目（一期）（简称“金财工程”）建设，编制2016年度省财政厅信息化项目建设计划，包括业务应用系统建设、网络平台、安全平台、视频会议建设等方面16个项目。

2016年“金财工程”新签项目合同5个，监理协议3个；16个在建项目中通过初步验收1个，通过竣工验收6个。截至2016年底，“金财工程”累计签订合同金额40270.89万元（其中已支付35658.58万元），完成概算总投资48435万元的83.14%；累计已开展134个项目（合同）建设，已竣工验收118个，已初步验收8个。工程规划建设的23个项目大类中有22个已基本完成建设。

【网络硬件基础设施建设】 2016年，广东省财政厅强化信息基础设施建设。完成广东省财政厅服务器扩容。包括：扩容数据中心现有的服务器，提供11台高端4路服务器、18台刀片服务器、1套终端存储等设备，建立云数据中心测试平台，提升信息系统存储容量。

开展财政业务网络网盘项目建设，为财政内部用户、预算单位用户提供业务资料存储空间和业务资料共享机制。

继续做好财政业务专网接入扩面工作。在2015年完成665个省级二、三级预算单位联网工作的基础上，完成全省法检两院285个单位的专线联网实施工作，配合全省司法体制改革工作；完成47个质监系统单位、20个市级审计局、41个航道局单位接入财政业务专网的联网工作。2016年，已超过1000家二、三级预算单位通过专线接入财政业务专网。

【全省财政信息网络和数据安全体系建设】 2016年，广东省财政厅加强信息安全项目建设。完成“金财工程”广东项目（一期）内网身份认证与授权管理系统（地市财政）和全省财政系统数据备份项目（容灾二期）建设。

制订信息系统管理内部控制制度，按照厅建立“1+8+X”模式的内部控制制度的要求，完成《广东省财政厅信息系统管理风险专项内部控制办法》的制订。

日常安全监控。利用安全平台对内外网网络设备、主机、终端、应用系统、数据库、中间件、网络流量、系统日志、计算机病毒和安全威胁等情况进行全面的监控，升级防病毒代码和服务器、数据库、中间件的漏洞修复。

网络安全检查。协助厅保密委完成财政部、省保密局、网信办、公安厅、经济与信息化委对全省财政部门的信息系统网络安全检查。

【日常运维管理】 2016年，广东省财政厅做好业务系统日常运维。完成部门预算、预算管理、非税管理等近60个系统的运维及数据备份。包括：定时对业务系统巡检，提前做好预防性维护及升级工作，快速处理突发故障，及时响应业务处室的业务数据信息维护需求。全年解答业务系统用户的操作问题1万次，处理处室问题2000次。此外，完成核心业务系统的数据库和应用中间件的运行维护服务、故障处理、数据库设计及性能优化。

基础设施的日常运维。厅机房、网络设备运行维护。包括：厅内部局域网（厅大院、仓边路办公楼）、外连单位城域网（100多个一级预算单位、1000多个二、三级预算单位联网）、2条连接省信息中心到省地税局南海机房、2条连接省厅到省地税局南海机房、财政业务纵向网的网络运维服务。

硬件平台、桌面终端日常维护。做好主机、服务器、存储设备等硬件平台以及全厅800多台桌面终端的日常维护。全年共计维护故障设备169次，桌面端维护2500次。

财政系统视频会议运维。对省财政厅主会场、21个地级市分会场及121个县级分会场视频会议系统接入联调。2016年召开15次视频会议，参会人数达2.9万人次。

【信息化培训】 2016年，广东省财政厅开展系统操作培训。配合系统上线需要，面向财政部门和预算单位相关用户开展部门预算编制、预算管理、实时在线监督、财务集中监管、政府采购、电子公文交换等系统操作培训，参训人数共计5000人次。

CA系统培训。组织各地级以上市财政部门负责信息化工作的技术人员对CA系统的运维管理和防病毒软件进行培训。

新业务、新知识培训。选派中心技术人员参加财政部、机构举办的技术培训。

（财政数据信息中心供稿，谢峰执笔）

财政科研宣传

【财政科研】 2016年，广东省财政厅财政科学研究所围绕经济发展、财税改革等热点问题，组织所内研究力量先后完成《推进供给侧结构性改革研究综述》《粤苏两省固定资产投资比较分析》《加大“三大抓手”实施力度的建议》《结构性改革中财政金融政策协调研究》《营改增对广东产业发展影响分析》《当前广东经济形势分析》《广东财政转型研究》等多项课题研究。

2015年，通过以公开择优和自主参与方式立项，与全省财政系统、高等院校、科研机构开展合作研究，共完成公开择优课题10个、自主参与课题26个，形成《广东财政改革发展转型研究》、梅州市《广东省原中央苏区现实发展与财税政策比较研究》等一批突出财政改革发展前沿性理论的研究成果。2016年继续开展公开择优课题立项10个和自主参与课题立项40个。

2016年，组织开展省市财政科研协作课题研究，其中，由广州、梅州、肇庆、东莞等市共同参与《关于加快创新驱动财政支持政策有效落地的调研》课题研究，由茂名、江门、东莞、韶关等市共同参与《营改增对产业发展的影响分析》课题研究。

先后多次参与2016年厅领导重点调研课题的调研和材料组织工作；协助厅预算处、法规处、社保处、教科文处、农财处等处室开展专题调研，组织土地财政、预算编审、地方税体系建设等调研材料；完成6份中非论坛中央领导、省领导讲话稿的起草任务；参与中国财政科学研究院组织开展的全国协作课题《新形势下政府投融资方式转变研究》研究，完成分报告和总报告初稿撰写；与厅办公室、综合处共同完成《广东省财政“十三五”规划》文字修改工作。

2016年，组织到省直部门、企业、各地级市开展相关调研12次。在此基础上，加强对第一手基础性资料和经济社会发展数据收集分析，注重定性分析与定量分析相结合，通过量化分析数据支撑研究观点。

【杂志宣传】 2016年，广东省财政厅财政科学研究所负责编印的《广东财政理论与实务》从杂志规格、封面样式、内文排版、纸张印刷等方面都进行改进，设有财政理论前沿等8个宣传板块，以及局处长论坛、代表视点、业务研究、建言献策等15个宣传栏目。

突出财政改革发展热点、难点，抓住财政重大改革和重点工作开展宣传。2016年，杂志聚焦栏目先后以“广东财政‘十三五’再起航”“营改增改革”“精准扶贫、精准脱贫”“降成本行动”“农业综合开发改革”“财政社会保障”“项目库改革”“PPP模式”“第二届对非投资论坛”等主题进行深度宣传。广东省财政科学研究所被中国财政科学研究院评为“2016年度全国财政科研宣传工作一等奖”。

以开展“五四”征文比赛、全

省财政征文大赛、“建言献策”等征文活动为载体，构建全省财政系统宣传交流平台和机制，丰富财政文化交流。

【史鉴资政】 2016年，广东省财政厅财政科学研究所做好《广东财政年鉴》和地方志资料年报编纂，完成150万字《广东财政年鉴(2016)》的组稿、编校和250万字《广东省财政厅2015年省级地方志资料年报》的编校，并注重内容上的提炼总结和形式上的编排创新；协助厅办公室组织召开厅史陈列室专家咨询会，为档案室提供厅史陈列室图片资料90项，建议补充图片资料并收集到68项，合计158项。

2016年，围绕经济财政改革热点、重点，以“省委十一届七次全会概念解读”“供给侧改革”“地方税体系”“民间投资”“促进科技成果转化”等为主题，编印《财经信息辑要》19期，为厅领导和厅各处室（单位）政策研究制定提供信息参考。

【图书服务】 2016年，广东省财政科学研究所完善厅图书馆“网上导读”和“数字图书馆”服务，编印《厅图书馆新书目录》4期，提高图书资料服务质量，2016年根据业务需要和读者需求采购新书超过1000册，力求提高馆藏图书的吸引力和参考价值。

【内部管理】 2016年，广东省财政厅财政科学研究所根据实际修订内部控制操作规程、绩效工资考核分配办法、收发文和文件归档管理办法、稿费发放管理办法、厉行节约反对浪费制度等。

建立《科研所财务支出管理操作细则》《科研所内部财务稽核制度》《科研所项目经费使用管理办法》《科研所事业收入管理办法》等制度，以制度保障财务收支规范；严格执行财务审批机制，各项经费支出严格按照中央、省和厅规定执行；聘请第三方财务稽核，确保财务管理符合要求。

按照厅内控办的统一部署，修订科研所内控规程，对科研、宣传、年鉴、资料等各项业务流程存在的风险点进行全面梳理，确保职责明确、分工合理、风险可控。

（省财政科学研究所供稿，丁丽芸执笔）

农业综合开发评估

【概况】 2016年，广东省农业综合开发评估中心（简称广东省农评中心）受省财厅农业综合开发办公室（简称厅农发办）委托，组织完成农业综合开发项目评审152个，其中：评审土地治理项目54个、评审现代农业园区子项目11个、评审部门项目11个、评审新增开发县项目5个、产业化经营变更项目2个，农业产业扶持项目4个共30个子项目，产业化贷款贴息项目39个。

【评审模式和评审程序】 2016年，广东省农评中心收集项目申报相关资料、整理项目申报、评审有关政策文件，明确要求、依据和评审目标，再根据项目类别特点和相关政策要求等，结合实际，制订项目评审工作方案，包括评审工作思路、评审程序及日程安排、评审内容及要点、评审保障措施等，同时根据需要拟订专家使用申请，按程序会签有关处室和报送分管厅领导审批。

评审指标设置方面，根据不同项目的特点，评审指标设置坚持共性、突出特性。如所有项目评审基本上采用相同的一级指标分类系统，包括项目条件、项目方案、项目绩效、申报材料等四方面内容。根据项目类型的不同，土地治理项目和产业化经营项目分别采用不同的二级分类指标，具体到更细分的项目类型可采用进一步细分的三级分类指标。评审指标及其标准设置符合有关政策要求，依据充分、且操作性强，通过前置性评审将明显不符合立项条件或明显弄虚作假的项目排除在外；通过量化评分指标对项目相关内容进行逐项评分。

评审方式方面，为了解和核实项目申报有关条件，论证项目建设方案的可行性和项目绩效的合理性，省农评中心将现场评审作为项目评审的一种主要方式。全年组织完成项目评审152个，全部组织评审专家到项目建设现场进行实地评审。其中土地治理项目主要核实项目地块条件、水源条件和现状条件等，同时帮助完善项目规划设计方案；产业化经营类项目则主要核实项目申报单位经营状况和财务条件、建设用地条件和项目选址的适宜性等，同时验证申报材料有关附件的真实性等。

评审程序方面，广东省农评中心注重程序的公开透明和相关制约。专家由广东省农评中心根据项目类别提出业务需求，按照厅专家库管理办法通过厅办公室随机抽取，并实行回避制度。评审标准由广东省农评中心拟订，政策依据由厅农发办把关，经厅领导批准后严格执行。评审工作由专家依据业务规范独立负责，广东省农评中心负责指导和进行政策解释，同时评审过程接受基层农业综合开发部门和项目单位的监督。评审结论由参评专家讨论确定，同时广东省农评中心对专家评审结论进行合规性审核把关。评审结果的应用由厅农发办结合其他相关因素拟定意见并按程序报批后公开，接受公众的监督。

【评审管理和纪律】 2016年，广东省农评中心加强评审专家廉政管理。按照《广东省财政厅专家库管理办法》、《广东省财政厅专家库管理内部操作规程（修订）》以及《“农综开发”专家管理实施办法》等有关规定，采取随机方式抽选评审专家；与评审专家签订《项目评审责任书》、明确评审职责，对不符合条件的专家以及评审过程中违反评估工作纪律等的专家坚决予以清除或列为“黑名单”；在评审开始前向专家宣传并强调评审纪律尤其是廉政纪律具体要求，在评审过程中加强对专家的监督管理，同时要求市县农发机构及项目单位对专家工作过程廉洁评审情况和工作作风等进行监督。

加强评审对象廉政要求。对市、县财政部门和农业综合开发机构配合项目评审提出具体要求，要求项目单位评前签订《评审单位承诺函》，明确项目单位在评审特别是实地考察环节必须配合并履行廉政评审的纪律要求；对于项目单位违反评审纪律有关要求的，所申报项目实行一票否决。

【评审政策和业务培训】 2016年10月，广东省农评中心与厅农发办联合组织对全省各有关市、县财政和农业综合开发机构干部进行培训，共培训干部180余人。其中，结合国家农业综合开发资金和项目管理政策调整，重点讲解农业综合开发产业化发展项目评审的主要流程和程序、评审重点及主要内容，明确省、市、县及项目单位在评审各环节的主要责任，同时对项目单位申报项目、县级筛选项目和市级初选项目等工作提出要求和建议。结合从2017年开始高标准农田建设项目评审权限下放，在培训中重点讲解以往省组织土地治理项目评审的主要做法、指出一些常见问题，对于市级今后做好项目评审工作提出意见和建议。

（农业综合开发评估中心供稿，刘强执笔）

注册会计师行业管理

【行业党群建设】 2016年，广东省注册会计师协会（以下简称省注协）实施以“完善平台 巩固成果 全面提升行业党建工作水平”为题的党委“书记项目”。全省实现事务所党的工作100%全覆盖；事务所党的组织255个，覆盖率提升至80.09%；中共党员4256名，其中注册会计师1008名。

开展注册会计师行业“标杆党组织”培育活动，共有19家事务所党组织作为“标杆党组织”的培育点。组织全省行业250多名基层党组织书记参加能力提升（远程）培训班。推荐行业优秀人士进入人大、政协等部门，全省行业共有49人担任省、市、区（县）的人大代表、政协委员和党代表。开展创建“青年文明号”、“岗位能手”、“五四”等评选表彰活动。首次举办全省行业青年团干部培训班。

【“创新服务年”活动】 2016年，广东省注协党委、省注协组织开展全省行业“创新服务年”主题活动，围绕供给侧结构性改革、大众创业万众创新、政府职能转变、资本市场改革等重大改革发展主题，推进包括市场建设、业务拓展在内的各项创新，创新服务品种、服务内容、服务方式，提升服务质量和服务水平。

建立以省注协党委委员、省注协党支部委员为指导人的分片指导和挂靠联系点制度，明确分工、责任到人，定期、及时深入指导地区和挂靠联系点指导有关工作。2016年，省注协党委、省注协支部委员先后近40次深入基层调研指导党建工作。

【行业科学发展】 2016年，广东省注协研究制定行业“十三五”发展规划，提出新时期行业发展的指导思想、基本原则和发展目标，并从人才队伍、事务所机构建设、专业服务市场、国际会计服务合作、行业信息化、行业监管、行业自律管理体制、行业宣传与文化建设、行业党建等九个方面提出发展思路和具体措施，引领行业科学发展。应对国务院商事登记制度改革，适应政府购买服务、财税体制改革、地方债务管控、混合所有制经济发展、内部控制建设等领域给注册会计师行业带来的需求，指导事务所主动适应市场变化加快转型升级，拓展业务服务领域，提高自身竞争力。

修订《广东省会计师事务所综合评价办法》，增加全国综合评价前百家和业务增长奖励分指标，引导事务所做强做大、做精做专，2016年12月，公布《广东省会计师事务所综合评价排名信息》。

【行业人才培养】 2016年，广东省注协坚持分级分类分模块培训模式，多角度开展执业会员培训工作。全年举办各类培训班13期，培训注册会计师约5950多人，培训完成率达到99%。

先后与英格兰及威尔士特许会计师协会(ICAEW)、澳大利亚公共会计师协会分别在英国、澳大利亚举办事务所高级管理人才培训班；引进澳洲会计师公会高端课程；与英格兰及威尔士特许会计师协会、特许公认会计师公会（ACCA）、北京国家会计学院等联合举办主任会计师培训班。

【行业信息化建设】 2016年，广东省注协组织同步直播中国注册会计师协会行业信息化咨询项目动员部署（视频）会和法律法规库座谈（视频）会。召开两场行业信息化建设座谈会，对《注册会计师行业信息化建设规划（2016—2020年）(征求意见稿)》进行交流讨论。印发《广东省注册会计师协会专家库管理办法》，着手构建行业专家库、师资库信息系统。

继续推动行业百家网站建设，引导地方注协和事务所依托网站进行各项工作；引导事务所依托网站提升形象、发布信息、拓展商机、在线服务、在线咨询、招聘人员等；指导事务所建设以审计作业流程为主线的内部管理系统。

按照“精要、便捷、可用、直观”的原则，将业务报备类型分为4大类18项主要业务类型，涵盖各类型业务报告89项核心指标，持续优化防伪报备系统；建立工时预算模块、完善省外事务所报备模块、深化省市系统一体化功能等。

【注册会计师考试组织】 2016年3月25日，广东省财政厅注册会计师考试委员会发布《2016年度注册会计师全国统一考试广东考区报名简章》和《2016年度注册会计师全国统一考试英语测试广东考区报名简章》，启动考试报名工作。全年全省报名参加专业阶段考试共有105821人，合计281523科次，人数与科次比2015年增长22.19%和24.8%，创历史新高。全省综合阶段考试报考2926人，英语测试报考31人。

省考办派出10个检查组，对全省19个考区80个考点，1025个考场的环境设施和机位的配置进行检查。8月27日，完成综合阶段考试广东考区组织工作，全省1926人取得综合阶段合格证。10月15—16日，完成专业阶段考试广东考区组织工作。

【行业监管】 2016年，《广东省注册会计师协会约谈工作规则》《广东省注册会计师行业防伪报备系统报备员管理暂行办法》制定并印发，规范广东省事务所报备行为；修订《广东省注册会计师行业惩戒办法》，规范广东省注册会计师行业惩戒行为。

加强对高风险领域业务的风险监控与提示，下发提示风险函，提示各事务所从事高新技术企业认定专项审计工作可能存在的政策风险与执业风险；利用防伪报备系统，将监管关口前移，对业务报备数据进行日常监控；开展2016年执业质量检查工作，对4家事务所和13名注册会计师给予不同程度的行业惩戒；注重监管与帮扶并重，对受到投诉举报、其他行政部门移交及重点检查中发现存在严重执业风险的31家次事务所、82人次注册会计师约请谈话提醒。

【行业管理服务】 2016年，广东省有会计师事务所（团体会员）814家；执业注册会计师9098人，从业人员3.2万人；非执业会员13594人，分布在政府和企事业单位；全省行业实现业务收入实现突破80亿元。

2016年，通过五年（2012—2016年）为一周期的全省注册会计师面检；全省通过年检的注册会计师8548人（含深圳2799人），不予通过年检的282人（含深圳49人）。2016年，召开6次注册管理委员会会议及2次小组工作会议，对162名拟担任事务所股东（合伙人）的注册会计师进行评审，通过154名。全年批准注册会计师注册347人，办理非执业会员入会1350人及注册会计师转非执业344人、注册会计师转所466人、非执业会员转会87人。全年共为事务所出具投标证明140多份，非执业会员积分入户证明2份。

做好事务所年度书面报备和网上报备，对100多家事务所法人、地址、股东、合伙人的变更信息进行网上系统操作和团体会员证书登记；完成事务所基本信息报备，备案率达100%；汇总67项基本信息报备差异事项报省财政厅。

召开广东省公共服务平台会员模块升级培训会议，部署行业公共服务平台会员信息更新完善工作，打造“七个一”会员数据统一标准。即团体会员（会计师事务所）“一个公章、一份简介”；个人会员（执业注册会计师）“一张照片、一个签名、一份个人履历表”；非执业会员“一张相片、一份个人履历表”。

引导全科合格人员登记入会，鼓励合格人员登记为中国注册会计师协会非执业会员；布置开展2016年度非执业会员年检工作，现场直接办理非执业会员入会1350人，共2581名非执业会员完成年检。

【行业宣传】 2016年，广东省注协组团参加“2016年海峡两岸及港澳地区会计师行业交流研讨会”“粤港会计服务合作交流研讨会”等；与香港商界会计师协会联合举办财会专题讲座；接待特许公认会计师公会、香港会计师公会，中山大学管理学院、广东外语外贸大学会计学院等来访交流；与广东省管理会计师协会签订战略合作协议。制作省注协报备系统宣传画册和幻灯片；建立事务所所长、常务理事、行业秘书长、党委委员、党支部书记等微信交流群；编印出版《广东注册会计师》杂志4期，在中国注册会计师协会、省财政厅、省注协门户网站等网站发布上网信息和宣传工作动态300余次。

【协会建设】 2016年，《关于界定广东省省市注册会计师协会工作职能的意见》印发，明确省、市工作分工，确保履职有据；制定并执行《广东省注册会计师行业协会工作人员廉洁自律若干规定》《广东省注册会计师协会内部控制操作规程》《内外部办事流程》等制度，公开会员办事程序，推进行业管理权力运行程序化和透明化；按新《预算法》要求及省财政厅统一部署，编制省注协2017年省级部门预算及2017—2019年部门中期财政规划，将财政拨款及省注协自有资金的支出“全口径”编入部门预算；规范注册会计师考试报名费收缴工作，全面实现省注协非税收入“收支两条线”管理。

【行业党建信息化平台】 “党群管理”平台　2016年，按照“两学一做”学习教育的部署，广东省财政厅依托省注协门户网站和“广东省注册会计师行业公共服务平台”，开发建设注册会计师行业党群管理信息系统，建立起集党群信息管理、党员管理和学习教育培训等于一体的党建信息化平台；采集行业基层党组织和党员、基层团组织及人大代表、政协委员、党外代表人士等信息，掌握行业党群管理信息；通过平台运用，运用“大数据”思维，实现数据的录入、统计、查询和数据分析在线进行，探索从业人员入党申请在线受理，组织关系在线结转，党员培训在线开展，活动组织在线进行。

“先锋考核”平台　2016年，广东省财政厅建立行业基层党组织考核评价制度，在“广东省注册会计师行业公共服务平台”上开发考核评价模块，按照“一级评一级”的原则对基层党组织党建工作进行考核。科学设置考核内容和指标，注重对基层党组织班子建设、组织建设、工作推进、信息沟通五大方面共37项指标的考核，坚持指标的合理性、可操作性和针对性，最大限度量化行业党建各项日常工作；科学运用考核结果，以系统考评评价结果作为行业“标杆党组织”培育、推优及表彰、选树典型的重要依据。

“信息传播”平台　2016年，广东省财政厅开设省注协微信公众平台——党群建设栏目，推送中央、广东省委及中注协党委、行业党建要闻、基层组织工作的典型做法和亮点，实现党建信息的实时传递；开通“省注协党委”“粤注师党建群”“事务所所长群”等微信群，发布通知要求、活动情况等，为事务所党组织、党务工作者交流党建经验、组织活动开展提供平台，做到党建活动的实时互动；针对党员流动频繁化、学习需求多元化的特点，将优秀党课、党史知识、工作方法等推送网站，方便基层党组织及广大党员查询下载学习，创新党员干部教育与培训。

微信公众平台发布党群各类信息100条，发布《中国共产党章程》《广东省社会组织党建工作指引（试行）》、“两学一做”学习教育等党建学习材料。

“互通共享”平台　2016年，广东省注协党委探寻党建与业务工作结合的连接点，构建行业党建和业务发展的立体综合网络，整合行业管理各大系统，打造互联共享的信息平台。平台建设探索以党员注册会计师为连接点，通过党员姓名、事务所代码、事务所名称、个人身份证号码等关键信息，把党员流动管理纳入注册会计师的注册、转所、年检等工作中，实现党建制度与会员管理、会员监管制度等的相互作用，党建管理信息系统与会员管理业务系统、业务报备系统的互融互通，党群信息与会员信息的相互共享。

管理服务和党建决策科学化　2016年，广东省财政厅通过开发和应用党群管理信息系统，在线收集党群信息、党务办理、党内生活、党员教育和考核评价等，避免手工操作、人工管理存在的随意性，提高管理效率，实现党建服务的动态延伸，缩小基层党组织和党员的时空距离，增强基层党组织的存在感、信任度和凝聚力。12月9日，普华永道中天会计师事务所（特殊普通合伙）广州分所党委成立，成为全省第一家事务所基层党委。此外，“书记项目”要求“用数据说话”，在推进“两个覆盖”工作过程中，利用信息化手段将党群信息进行整合，实现党建分析和决策的精确化和科学化。2016年，事务所党的组织259个，覆盖事务所652家，覆盖率76.6%；全省行业中共党员4624名，其中注册会计师1008名。党在行业影响力得到持续巩固提升。

考核评价和选树典型实效化　2016年，广东省财政厅“书记项目”打造先锋考核平台，改进考核评价方式方法，采取网上考核的方式，结合日常信息填报，减少查看资料台账、听取汇报的环节，减少基层党组织工作负担。此外，综合利用考核评价数据及动态工作流程信息，为“标杆党组织”培育、评优评先提供依据。2016年，广东正中珠江会计师事务所（特殊普通合伙）党总支等18家事务所党组织作为“标杆党组织”进行培育推广。

宣传交流和教育培训灵活化　2016年，广东省财政厅通过微信公众号、微信群和门户网站等方式，开设宣传交流平台，在党组织和党员之间、党员和党员之间建立起沟通桥梁，畅通基层党组织和党员的交流渠道，提高交流效率和信赖程度。党员教育培训方面，“书记项目”打造开放化、全天候党员教育新模式，通过开设网上党课、网络资源、远程教育等，让党员根据自身多元化需求获得针对性的信息和资源，提升党员学习的积极性和针对性。部分事务所党组织开发或采用内部管理信息系统，配合省注协党委“书记项目”的实施，如正中珠江党总支通过Lync系统，定期召开党员会议、进行党员培训等工作；普华永道广州分所党委在微信群建立网上党支部，公布党内信息，通报党内情况，把党员知情权、参与权、选举权、监督权落到实处。

党建工作和业务管理融合化　2016年，广东省财政厅“书记项目”实施后，探索将党建信息和会员管理、业务监管等系统打通，利用身份证等关键字段实现系统间的关联，有利于行业协会管理与服务，减少基层党组织的工作量，为党建业务相互促进提供基础的保障。全年全省有事务所（团体会员）814家；执业注册会计师9134人，从业人员3.4万人。另有非执业会员13594人，分布在政府和企事业单位。2016年度，全省行业实现业务收入80.75亿元。

（省注册会计师协会供稿，林壮镇执笔）

资产评估行业管理

【广东省资产评估协会成立20周年总结大会暨第三届理事会第三次会议】 2016年1月26日，广东省资产评估协会成立20周年总结大会暨第三届理事会第三次会议在广州召开。会议表彰“十佳”评估机构和20名行业杰出代表，审议通过《广东省资产评估协会第三届理事会第一次会议以来的工作报告》《广东省资产评估协会副会长、部分理事调整事项》，以及《广东省资产评估协会会员代表大会制度》等4个制度。

【《中华人民共和国资产评估法》学习贯彻】 2016年，广东省资产评估协会宣传《资产评估法》。在协会门户网站上转载中国资产评估协会等单位有关《资产评估法》的宣传或解读文章，做好《资产评估法》的宣传。

学习《资产评估法》。10月，协会与广东财经大学联合举办评估论坛，邀请国内评估学术及实务专家与省内近200名评估机构代表深入研读《资产评估法》。11月，协会联合广东省国有资产监督管理委员会、广州市国有资产监督管理委员会举办《资产评估法》专题讲座，近500人参加。

修订调研相关配套制度。协会组织全省评估机构，研究《资产评估行业监督管理办法（修订征求意见稿）》，收集、汇总和整理行业内的修改意见并向财政部门反馈。

【行业人才培养】 2016年，广东省资产评估协会组织举办4期共7个培训班，实际培训1500多人次；组织行业内33名业务骨干分别参加12期中国资产评估协会业务骨干培训班。

行业人才发展工作会议。7月，协会在广东财经大学召开广东省资产评估行业人才发展工作会议，研究讨论《广东省资产评估行业人才发展十三五规划（讨论稿）》。

资产评估专业供需见面会。10月，协会与广东财经大学财政税务学院联合举办2016年资产评估专业供需见面会，为2017年资产评估专业毕业生搭建“供需见面双向选择”平台。

【资产评估师职业资格考试】 2016年，广东省有749名考生成功报考，其中申请免考一门的考生2名，报名科次2495次。2016年度资产评估师职业资格全国统一考试时间定为10月22日至23日，广东考区考点设在广东技术师范学院。协会按照规定督促考试服务机构做好各项考务工作。

【执业监管】 2016年，广东省资产评估协会开展行业检查，行政检查与自律检查同时开展。协会会同广东省财政厅工贸发展处制订《广东省2016年资产评估行业检查工作方案》，派出7个检查组对28个评估机构进行实地检查，对检查中发现问题的7个机构作出处理，其中对1个评估机构作出予以警告的行业自律惩戒处理，对6个评估机构发出监管关注函，要求进行整改。

办理投诉信访等事项。截至2016年12月，协会自行受理投诉事项4起，广东省财政厅会办信访事项6起及移交事项1起，协助办理有关公安局、法院来访来函事项2起，妥善处理1起因投诉事项引发的行政诉讼事件。

应对行政诉讼案件。2016年11月，广州市某公司因不满意协会对其投诉举报的处理答复，向法院提起行政诉讼。协会认真履行举证责任，从实体和程序两方面搜集并向法院提交有关依据和证据。法院最终裁定驳回对方诉求。

【日常服务】 2016年，广东省资产评估协会加强评估机构审批和管理。截至2016年12月底，协会收到评估机构设立（注销）事项网上申请29件，受理15件；收到评估机构变更备案事项网上申请58件，受理37件。

日常会员管理。截至2016年12月底，办理资产评估师职业资格登记工作六批，共71人，办理资产评估师变更登记类别70人，办理资产评估师注销登记3人，办理资产评估师转所141人，出具无不良执业记录证明149份，开具业务咨询意见函21份。

评估机构年度报备。经审核，全省（含深圳市）应参加年度报备的评估机构204个，年度报备合格的评估机构183个，不合格的评估机构21个（含未提交报备资料的1个）。

公示首席评估师备案情况。3月，协会开展2015年全省资产评估机构首席评估师统计备案工作。全省应参加备案的机构135个，实际备案机构134个，未备案机构1个。参加备案的机构中，122个机构的首席评估师未发生变更，12个机构发生变更或新增首席评估师。

资产评估师年检。2016年上半年，协会组织开展全省资产评估师2015年度年检工作，全省应参加年检资产评估师1501人，其中通过年检1427人，未通过年检74人。

【评估机构综合评价】 2016年上半年，广东省资产评估协会印发《关于做好2016年资产评估机构综合评价工作的通知》，收集、整理和汇总属于评价范围内的143个评估机构上报的信息。依据《广东省资产评估机构综合评价办法》规定，于10月公开发布综合评价排名前80名机构名单。

【协会自身建设】 2016年3月，按照广东省民政厅公布的全省性社会组织评估等级结果，广东省资产评估协会获广东省专业类社会团体评估最高等级——5A级社会组织称号。

召开第三届常务理事会第四次会议。2016年7月8日至20日，协会以信函方式召开第三届常务理事会第四次会议。会议通过《广东省资产评估协会2016年上半年工作总结和2016年下半年工作要点》《广东省南方文交所艺术品运营有限公司申请加入中国资产评估协会联系团体会员》两个表决事项，同意对《广东省资产评估机构综合评价办法》和《广东省资产评估协会章程》的部分条文进行修订。

开展各项政府购买服务工作。受广东省财政厅委托，协会承接2015年省级部门整体支出绩效评价试点工作，对广东省食品药品监督管理局等3个省级部门进行整体支出绩效评价。

加强行业宣传。协会制作20周年纪念画册，共印发700多册，画册内容涵盖协会成立20年来的发展历程、重要会议、大型活动等。

完善制度建设。1月，协会第三届理事会第三次会议审议表决通过《广东省资产评估协会会员代表大会制度》《广东省资产评估协会理事会制度》《广东省资产评估协会重大活动备案报告制度》《广东省资产评估协会信息披露制度》等四个制度，完善协会决策管理、信息披露等制度的建设。3月，协会通过查找、梳理、评估行业管理中的各类风险，制定《广东省资产评估协会内部控制操作规程》，规程包括各项制度、流程、程序和方法，对协会工作风险进行事前防范、事中控制、事后监督和纠正的动态过程和机制。

（广东省资产评估协会供稿，黎雪瑜执笔）

广东省财政职业技术教育

【概况】 广东省财政职业技术学校（简称省财校）一方面继续推进依法治校，按照《广东省财政职业技术学校依法治校工作方案》和《广东省财政职业技术学校章程》开展依法治校工作，推法制校园建设。另一方面，根据《广东省财政职业技术学校管理水平提升行动计划（2015—2018年）实施方案》文件精神，对照工作方案、重点任务分工及进度安排表，分步组织实施各项任务。

按照教育部、省教育厅关于开展职业教育活动周和完善学生顶岗实习、就业指导和服务体系的相关要求分别组织开展2016年财政职业教育活动周暨技能大赛和以“巩固合作成果，推动共同发展”为主题的2016年合作办学经验交流暨人才供需见面会。技能大赛活动共设计29个项目，各项目参赛人数合计达3814人，共有500多名选手、15个团体和6个部门分别获奖；见面会则吸引103个用人单位，为2014级顶岗实习学生提供2000多个实习或工作岗位。

【教育教学】 2016年，省财校加强日常教务管理，维护教学秩序，做好各项考务及成绩管理，组织会计从业资格证、全国英语等级证、全国计算机、PAT电子商务、市场营销（初级）、珠算定级考证等考试；做好2014级3+2电子商务专业学生中高职转段考核工作；规范教材的采购征订和分发管理工作，制定《广东省财政职业技术学校教材管理办法》；根据《广东省教育厅关于启动广东省中等职业学校教学工作诊断与改进工作的通知》文件要求，编制2016年编制职业教育质量年度报告。报告涵盖“学校概况、学生发展、质量保障、校企合作、社会贡献、举办者履责、特色创新、问题与措施”6大方面、99个诊断点。

利用国旗下讲话，学雷锋活动月、主题班会、专题讲座等形式，加强学生的思想教育建设，坚持在广大学生当中开展团课、党课教育工作，引导学生树立积极的人生目标。发挥校园广播站的宣传和引导作用，促使学生形成良好的行为作风。

加强对学生的日常管理，强化学生的集会安全教育、节假日出行安全教育，对教学区、宿舍区不定期进行安全检查，制定学生宿舍应急处理流程、学生提前外出实习制度等工作；深入开展学生的心理健康教育，拓宽育人渠道，增强学生的心理素质。

遵照学校《关于聘请企业（行业）能工巧匠兼职教师的管理办法》（试行）的相关精神，聘用企业和行业的专家能工巧匠和技能大师共36位及相关企业8家，把一线的能工巧匠经验带到学校，与企业（行业）在人才培养、资源建设、技术开发应用等领域开展合作，提升教育教学质量。

建立健全图书管理制度，打造书香校园，推出图书馆公众微信号，增加图书馆开馆时间，丰富数字化资源，完成《广东财校学刊》付印工作。全面整理流通书库，完成图书馆馆藏清查，流通书库的倒架，科学采购，全年共采购新书

2818本，采编图书2247本，上架报纸杂志12344册（份），接收到馆师生7000余人次，为教科研提供有力支撑。

【交流合作】 2016年，省财校与罗定中等职业技术学校、普宁职业技术学校等学校进行联合办学，分别开展春季和秋季联合招生和学生培养工作，为区域经济建设培养、输送更多专业技术人才；与广州民航职业技术学院联合实施“3+2”人才培养模式改革，提升办学层次，实现双方互利共赢，为今后与广东财贸职业学院实行中高职一化衔接积累宝贵的经验。

以省财校培训中心业务为依托，发挥“广东省财政干部教育培训基地”的职能作用，组织各种教育培训工作，开展多期培训班，培训学员超过3000人次；与中南财经政法大学合作开办成人大专和本科学历班、与广东金融学院合作开办电大专科学历班，设立深圳瑞辉、广州加利福、东莞航信等教学点，并完成广东龙川县、和平县、兴宁市、海丰县、陆河县等多地财政系统干部培训任务。

【校园文化】 2016年，省财校组织“学雷锋活动月”“第十五届社团活动月”“第十七届校园文化艺术节”等品牌活动，开展“走下网络、走出宿舍、走向操场”主题教育活动；举行“十校嘉年华”联谊晚会、2016年迎新晚会、邀请北京心灵之声艺术团文艺演出等活动。同时举办校园十大歌手比赛、第十九届现场作文大赛、手工艺制作比赛、宿舍LOGO设计比赛、“校体杯”篮球比赛、羽毛球比赛、排球比赛、硬笔书法比赛、棋艺比赛等活动。文体活动成果丰硕。在2016年广东省中职学校学生田径运动会中，学校代表队获得1金4银；4位绿潮文学社成员成为广州市青年作家协会的年轻会员；7月，《南方农村报》以整幅版面刊登我校绿潮文学社简介及社员优秀作品。8月，学校荣获第十二届全国中等职业学校“文明风采”竞赛活动的全国“优秀组织奖”；10月，学校获得2015—2016双年“书法教育公办学校十佳”称号。

【后勤保障】 2016年，省财校关注学生饮食卫生和质量。完成对教工食堂、学生第二食堂的厨房厨具设备的维修维护及更新改造工作，完成学生第一食堂的“餐饮服务许可证”的到期换证工作，并根据白云区食品药品监督管理局的要求完成对第一食堂厨房硬件设施的整改工作。

完成培训楼供水系统、饭堂排水系统、运动场、教学楼、办公区、学生宿舍楼维修改造。做好田径场、教学楼和商务礼仪实训室相关设施设备和全校水、电、太阳能等维修维护。重视疾病控制、医疗宣传，医务室共接诊师生约4000人次。分别邀请龙归医院和广州市疾控中心的专家为全校师生讲授艾滋病讲座。春季流感时期，进行全校性宿舍的消毒和预防。

新增一条50M的光纤网络专线、更新学生宿舍区网络路由设备；完成教学楼机房电脑设备的更换和云桌面电脑机房、多媒体电教设备更新改造的招投标工作；完成培训中心考场机房、校园一卡通系统的更新改造以及电子办公设备和实训设备的采购；完成《校园安防监控系统维修及升级改造工程项目》和《视频直播系统维修改造工程项目》建设项目的验收。

【广东财贸职业学院筹建】 *总体情况* 2016年，根据省政府《关于深化教育体制综合改革的意见》和《关于推进我省教育“创强争先建高地”的意见》，广东省财政厅经过研究论证，决定筹设广东财贸职业学院（简称学院），培养财会、金融、商贸类高素质技能型人才。

省财政厅党组、厅领导亲自督办，完成学院筹设机构组建、选址及用地、资金落实、专家论证、初步规划、筹设申报等一系列工作。2016年11月15日，省政府以《广东省人民政府关于同意筹设广东财贸职业学院的批复》文件批复同意筹设广东财贸职业学院，筹设期三年。

学院规划总用地面积591994平方米，规划总建筑面积280320平方米，办学规模12000人。按照初步办学规模全日制在校生4000人左右，首期项目规划建筑面积97210平方米，首期项目工程总投资估算为62608.26万元。

学院总体规划在深入分析地域环境、校园用地的基础上，融合学校的发展模式，展现学校的办学理念，形成“一轴·一带·多中心”的规划结构，打造拥有地域特色的校园。

学院由省财政厅主管，实行党委领导下的院长负责制，具有独立法人资格。以财务会计、财政税务、财经信息、经济贸易、金融类专业为主的公办全日制普通高等职业学院。

学院以高职教育为主体，主要面向普通高中、中等职业学校应届毕业生招生，兼顾职业培训、继续教育和科研技术服务，坚持以服务为宗旨，以就业为导向，以能力为本位，通过产教融合、工学结合、校企合作，发挥专业优势、突出专业特色，培养具有一定的理论水平、扎实的专业基础，适应县（区）、乡镇财税、经贸、金融等部门，以及会计事务、资产评估等行业工作需要的，德智体全面发展的应用型复合型专业人才，为广东经济社会发展服务。

筹建做法 2009年4月29日，广东省财校校长参加省教育厅举行的关于申请进驻省级现代职业技术教育基地（广州开发区）竞争演

讲；2012年上半年，围绕“扩大校园面积，提升发展水平”这一核心任务，省财校扩建工作办公室深入到学校周边地区、白云区钟落潭、花都区、增城市、从化市等地进行实地考察，全面了解有关选址、规划、国土、立项、报批等情况。

2014年下半年，省财校组织筹建工作小组成员和有关专家，赴广州市钟落潭高职园区考察学习，实地察看广东机电职业技术学院、广东工贸职业技术学院和广东青年职业学院校园等，全面了解高职园区规划建设情况，学习借鉴兄弟院校项目规划设计、校园功能布局、建筑风格特色、分步建设工作经验，并召开项目规划工作座谈会，广泛征求意见，完善《广东财贸职业学院（筹）项目建议书》（简称《项目建议书》）编制内容。

2014年9月，省财校修改完善《广东财贸职业学院（筹）可行性研究报告》；11月，组织专家对广东省轻纺建筑设计院负责编制的《项目建议书》进行首次评估；12月，华南理工大学建筑设计院初步完成《广东财贸职业学院（筹）概念性规划》编制工作；2015年12月底，根据专家组的意见建议，省财校对《筹建广东财贸职业学院申报材料》进行修改完善，并呈报省教育厅。

2016年3月，按照省财政厅领导的有关指示精神，以及粤财校签〔2015〕第10号文上关于“要加快人才队伍建设”的批示精神，围绕建设高水平高职院校的目标要求，省财校对现有师资情况及增补计划做报告签报；2016年下半年，省财校向厅领导呈报《关于报送广东财贸职业学院（筹）有关资料的请示》。在多次会签厅有关处室的基础上，省财校要求编制单位对《广东财贸职业学院（筹）首期工程项目建议书》进行反复的修改完善，几易其稿。

2016年11月30日，按照省教育厅和清远市省级职教基地建设指挥部工作要求，围绕建设高水平广东财贸职业学院的目标任务，结合当前学校实际，统筹推进各项工作，省财校拟订《筹设广东财贸职业学院具体工作方案》。

2016年12月9日，省财政厅党组会议和厅办公会议分别对筹设广东财贸职业学院工作实施方案（送审稿）进行研究，原则上审议通过筹设广东财贸职业学院工作实施方案，并对筹设相关事项明确了指导性意见。12月12日，学校以省财政厅名义向省发展改革委申报筹设广东财贸职业学院首期工程项目建议书，12月底省财政厅向省发改委申报立项。

（广东省财政职业技术学校供稿，郑金荣执笔）

会计函授职业技术教育

【农村财会人员财政支农政策培训】 2016年，广东省会计函授职业技术学校完成培训55686人，完成全年培训计划任务的103.1%。全年举办两期师资培训班，为20个地级以上市（不含深圳）培训280名骨干师资；完成师资库及地方骨干师资、支农培训地方负责人的提升培训，选派省师资库及地方骨干师资参加四期广东省中高级会计人员培训班；举办师资库培训班，共60人参加培训；组织参加财政部中华会计函授学校举办的财政基层培训班3次。

2016年，组织省师资库教研组的教师共开展7次教研、调研活动，开发“基层公共服务平台”等3个培训专题，编写10万多字的专题培训讲义，制作以上4个专题配套的课件，完成9个课时的《村报账员实务》影视教学片拍摄，承担财政部中华会计函校《村集体经济组织会计档案管理》教程编写任务并配合完成基层培训工作调研任务。

2016年，为全省各地市培训单位征订《村集体经济组织会计实务操作》等教材23223本、发放培训证书4828本。监督全省各市、县、区完成基层培训信息管理系统的录入，做好基层培训信息系统管理。对珠海、阳江、东莞、清远4个地市的培训开展情况和效果进行实地考核。对全省各地市的省级补助经费、全省14个教研工作联系点的建设补助经费进行检查。

2016年，省函校制作的影视教学片《村报账员实务》在全国财政基层培训课件（教案、微课）征集活动中获一等奖；《基层公共服务平台建设、使用》获三等奖，省函校作为组织单位获组织奖；在5月召开的全国“财政基层培训教材建设工作会议”上，省函校代表广东省作为教材建设先进单位之一在会上发言，《财会教育信息》对广东省的经验进行报道。

【会计从业资格考试考务和会计服务大厅的日常管理】 2016年，广东省会计函授职业技术学校完成省直会计从业资格考试1576人次，其中考试及格并符合发证条件的501人。全年接受各地市的试卷申请共180次，发出试卷365899份。

2016年，受理会计从业资格申领业务630笔，换证8804份，办理变更、调转等业务5005笔，回复网上咨询来信4330份，接听咨询电话51816次，受理省属单位备案208个。在省直单位志愿服务岗活动中，参加104小时的志愿服务。

2016年，服务大厅实行所有前台业务当场办结、短信通知、开展邮件办理业务和开放邮件办理进度查询功能等。

（省会计函授职业技术学校供稿，关坤翘执笔）

市县财政工作

Municipal & County Finance Work

广州财政

【经济财政概况】 2016年，广州市实现地区生产总值（GDP）19610.94亿元，比2015年增长8.2%，其中第一产业下降0.2%，第二、三次产业增加值分别增长6.0%和9.4%。三次产业结构为1.22：30.22：68.56，第三产业增加值占比提高1.45个百分点，对经济增长的贡献率达77.0%。全年全市完成固定资产投资5703.59亿元，比2015年增长8.0%；完成进出口总值8566.9亿元，增长3.1%，其中进、出口总值分别为3379.9亿元和5187亿元，分别增长3.3%和3.0%；实现社会消费品零售总额8706.49亿元，比2015年增长9.0%，其中批发零售业、住宿餐饮业分别增长9.2%和7.7%；城市居民消费价格（CPI）比2015年上涨2.7%，其中消费品和服务项目价格分别上涨2.7%和2.8%。

2016年，广州市财政总收入2324.7亿元，其中市本级总收入1180.6亿元，区级总收入1144.1亿元；全市财政总支出2950.5亿元，其中市本级总支出1282.5亿元，区级总支出1668亿元。

【财政经济调控】 2016年，广州市落实供给侧结构性改革降成本行动计划，全年为企业减负超过700亿元（全口径）。全面推开营改增试点改革。从2016年5月1日起，将建筑业、房地产业、金融业、生活服务业纳入“营改增”试点，落实小微企业免征增值税政策、小型微利企业所得税优惠政策和高新技术企业减按15%税率政策。截至2016年12月，全市“营改增”试点全行业纳税人约38万户，全年全行业实现改征增值税收入428.8亿元（含市地税两代业务，全口径）。推行普遍性降费。减免52项行政事业性收费、8项政府性基金收费项目，为企业持续减负逾63亿元。降低企业缴纳社会保险费率。制定《关于阶段性降低职工社会医疗保险费率的通知》，将单位缴费率从8%降至7%；转发《关于调整失业保险费率的通知》，从2016年3月1日起，单位缴费率从1.5%降至0.8%，执行浮动费率后的失业保险综合费率从1.64%降至0.82%；制定《关于调整广州市工伤保险费率及有关问题的通知》，从2016年7月1日起在市实施新的八类工伤保险行业基准费率政策，整体工伤费率下调21%，对执行新费率后行业基准费率升高的，继续实施阶段性下调费率措施。落实所需财政资金。市本级科学技术支出24亿元，加上转移支付区级39.9亿元，全年总投入63.9亿元；落实安排集聚产业领军人才资助、奖励及配套服务经费6.8亿元；落实安排战略性新兴产业发展资金、工业转型升级、电子商务发展、新一代信息技术发展以及智慧广州等专项资金23.9亿元；安排促进中小微企业发展专项资金1.54亿元，整合新增安排3.5亿元专项资金用于设立再担保机构改善中小微企业融资环境。

【财政民生保障】 2016年，广州市本级财政一般公共预算安排用于民生和各项公共事业支出572.9亿元，占一般公共预算支出总额的76.7%。全市城乡低保标准从650元/月提高到840元/月，城乡居民基础养老金水平从180元/月提高到191元/月，城乡居民医疗保险参保人员政府资助标准从380元/年提高到420元/年。全年全市筹集保障性住房资金31.2亿元，新开工保障性住房、棚户区改造住房25830套，基本建成7441套，新增发放租赁补贴1693户。联合国开发计划署发布人类发展指数广州保持全国第一。

【财政改革管理】 2016年，广州市研究制订新一轮市对区财政管理体制。财政体制体现强区激励政策，对区属地一般共享收入增幅超过全市平均水平的，超出部分按市本级分成收入的50%予以奖返（比原30%的奖励标准提高20%）。完善财政转移支付制度，印发《广州市市对区财政转移支付资金管理办法（2016年修订）》。开展新一轮市对区财政管理体制调研，研究加大对常住人口较多、财政负担较重区的倾斜。向市委、市政府报送《关于完善市对区财政管理体制有关情况的报告》，提出新一轮市对区财政管理体制方案的基本思路及改革建议。贯彻落实五大发展理念，科学谋划，精心编制《广州财政改革与发展第十三个五年规划》，为“十三五”时期广州提升财政管理水平，加快完善与建设国家重要中心城市相匹配的财政支撑体系提供指引。

推进预算管理制度改革。印发《广州市深化预算管理制度改革实施意见》，建立健全政府预算体系、完善收支预算管理等十个方面43项改革。实行中期财政规划管理，印发《广州市关于实行中期财政规划管理的实施意见》，组织市直部门试编2017—2019年三年财政规划。建立权责发生制政府综合财务报告制度，实现全市各区试编工作全覆盖。开展财政专项资金清理整合工作，纳入清理整合范围的专项资金60项，金额144.01亿元；随部门预算同步编制财政专项资金预算上报市人大审议。完善项目库管理，协调推进基本建设、改建改造类和信息化项目前置立项审核。组织33位社会专家对329个2017年部门预算项目进行评审。实现市财政预决算、预算调整、预算执行以及所有向财政编报部门预算单位部门预决算的全范围公开。在2016年中国市级政府财政透明度排行榜上广州再次名列次席，在2016年地市级政府采购透明度第三方评估中排名第一。

加强国有资本经营预算管理。印发《广州市本级国有资本经营预算办法》《广州市市属国有企业国有资本收益收缴管理办法》《广州市市属国有企业国有资本收益支出管理办法》，自2016年起，市属国有企业（集团）税后利润上缴比例从20%提高至25%，实现市本级国有资本经营预算按照当年利润收入的20%（8.3亿元）调入一般公共预算。推进政府投资基金改革，将政府出资额编入业务主管部门年度部门预算上报市人大审议，建立政府投资基金定期报告制度。

推进绩效管理改革。印发《广州市本级试行部门全过程预算绩效管理工作总体方案》，启动全过程预算绩效管理试点工作。扩大绩效目标批复和公开的范围，2016年对33个预算绩效评审项目进行绩效目标的批复和公开。构建多元化绩效评价体系，2016年组织开展各项绩效评价项目80个，涉及财政资金79亿元，其中绩效自评复核项目70个，首次聘请第三方机构对绩效自评进行复核；第三方评价10个，项目涵盖政府投资项目、民生项目、产业资金等重点领域。与中国发展研究基金会签订“推进广州市预算绩效管理”合作框架协议。

加强专项资金管理。开展“财政专项资金管理统一平台”二期建设。研究修订《广州市市级财政专项资金管理办法》，实现“一个部门一个专项”的目标。开展专项资金清理整合，市级财政专项资金项目数由60个减至21个，资金规模由144.01亿元减至107.39亿元，清理压减率25.4%，2017年预算安排100.27亿元。

2016年，《广州市政府性债务风险应急预案（试行）》印发实施，对政府性债务风险应急组织指挥体系及职责、风险预警机制、应急处置、后期处置等作出明确规定。落实《广州市政府性债务化解工作调整方案》，加快存量政府债务化解，严控新增政府债务，将新增政府债务纳入全口径预算管理，强化对政府性债务动态实时监控，债务存量余额和总余额均下降。省财政厅核定广州市2016年地方政府债务（即审计口径中政府负有偿还责任的债务，下同）限额2367.5亿元，其中市本级1494.9亿元。2016年底市地方政府债务余额为2075亿元，其中市本级1272亿元，债务风险可控。

2016年，《广州市关于加强市直党政机关工作人员财经问责工作的意见》印发。《广州市财政局“两提高一促进”工作方案》印发实施，即：优化流程，提高财政运行效率；用好用活财政资金，提高财政资金使用效益；着力建立符合科学管理要求的“一套制度、一套流程、一套标准、一张网络、一个项目库、一支队伍”，促进财政管理工作上水平。同时，完善内部控制“1+8+X”框架体系。

2016年，广州市构建财政大监督格局，即涵盖人大监督、审计监督、监察监督、财政监督、社会监督等层次的健全有序监督体系。推进财政监督关口前移，形成预算编制、预算执行与财政监督相互协调、相互促进的财政资金监管机制。把严肃财经纪律和“小金库”、“三公经费”专项治理工作、专项资金绩效监督纳入财政监督常态化检查。开展市科技企业孵化器发展专项、市鼓励提前报废黄标车奖励资金等专项检查。开展会计监督检查，将行政事业单位的会计监督检查与部门预决算检查相结合，对存在资金挪用、虚报预算支出、使用假发票等违法行为处理。2016年共对851个单位单位（项目）进行财政检查，查出问题资金16300.17万元，查缴财政资金642.60万元。开展财政数据挖掘和分析工作，识别风险，评估风险，管理风险。实现财政资金动态监控，实现监督检查网络化、业务处理电子化、数据流程一体化。加强与纪检监察、审计、公安、税务、工商、金融、统计等部门信息互通共享。依托财政专项资金管理平台等信息化手段，向社会公众提供财政专项资金信息查询以及资金申报、审核等在线业务办理和过程监管功能。加强监督检查人员专业知识和技能培训，健全市、区两级专职监督机构“上下联动”工作机制，推动各区财政部门充实监督力量，完善机构设置，提高业务水平。完善财政监督检查成果与预算安排紧密衔接的工作机制，健全预算资金管理激励制约机制，完善财政监督信息披露和公告制度。落实分事行权、分岗设权和分级授权。建立健全内部控制检查情况定期披露制度和内部控制情况报告制度。

（广州市财政局供稿，贺志华执笔）

【国有资本经营预算管理】 制度体系建设　自2013年起，广州市开始单独编制国有资本经营预算，与一般公共预算、政府性基金一并提交市人大审议。广州市财政局、国资委等部门结合广州市实际，2016年初印发实施《广州市本级国有资本经营预算办法》《广州市市属国有企业国有资本收益收缴管理办法》和《广州市市属国有企业国有资本收益支出管理办法》，建立广州市国有资本经营预算制度体系。

《广州市本级国有资本经营预算办法》面向市本级国有资产监管机构监管的市属国家出资企业，规范国有资本经营预算的编制原则、收支范围、预算编制执行和绩效评价、监督管理，设置“广州市本级国有资本经营预算收支表”“广州市本级预算单位国有资本经营预算收支表”“广州市市属国有企业国有资本经营预算收支表”。

《广州市市属国有企业国有资本收益收缴管理办法》适用于广州市人民政府授权履行出资人职责的

机构监管的市属国家出资企业，含监管和持股企业。规范市属国有企业国有资本收益的收缴原则、申报核定、上缴程序和监督考核，设置“企业国有资本收益（应交利润）申报表”“企业国有资本收益（国有股股息、股利）申报表”“企业国有资本收益（国有产权转让收入）申报表”“企业国有资本收益（企业清算收入）申报表”。

《广州市市属国有企业国有资本收益支出管理办法》适用于广州市人民政府授权履行出资人职责的机构监管的市属国家出资企业，含监管和持股企业。市本级国有资本经营预算遵循“收支平衡，量力而行”的原则，预算支出根据预算收入规模编制，不列赤字。规范市属国有企业国有资本收益的支出原则、支出范围、支出预算的编制执行和绩效评价，设置《企业国有资本经营预算支出项目表》《企业国有资本经营预算支出投资项目申请表》《财政支出项目绩效目标申报表》，支出严格按照“统筹兼顾，讲求效益”的原则进行安排。

国资收益上缴比例提高　2000—2015年，广州市一直沿用的市属国有企业按照集团上缴税后利润的20%上缴国资收益，2016年起提高至25%，到2020年按30%上缴。为落实该项措施，将市属国有企业国有资本收益上缴的完成情况纳入企业负责人经营业绩考核指标体系，企业负责人绩效年薪和奖励年薪的兑现与企业完成国有资本收益的上缴情况挂钩，完善国有资本收益上缴的监督与考核机制。

在保证国有资本经营预算的完整性和相对独立性的基础上，做好国有资本经营预算与一般公共预算相互衔接。规范国有资本经营预算调入一般公共预算的计算口径和程序，市本级国有资本经营预算每年应按照当年利润收入的一定比例调入一般公共预算。从2016年开始，按照当年利润收入的20%调入一般公共预算。以后每年调入比例调增2个百分点，2020年调入比例将达到28%。2016年调入一般公共预算8.3亿元，2017年达10.33亿元，逐步加大国有资本收益用于重点民生项目建设的支出比例。

扶持企业发展方式创新　2016年，广州市在项目安排上注重促进国有企业创新发展，提高国资配置效率和国有企业核心竞争力，推动国有经济布局和结构优化调整。

循环利用财政资金。2016年，广州市颁布实施《关于推动市属国有企业加快创新驱动发展的指导意见》，2017年至2020年期间，每年从国有资本经营预算利润收入中安排一定比例的资金，设立广州国资国企创新投资基金，发起设立若干子基金，形成国资发展基金群。通过国有资本撬动各类更大规模的社会资本共同参与，投资于市属国有企业技术实力强、有广阔市场发展前景的优质项目。2017年，市本级国有资本经营预算中安排广州国资国企创新投资基金3.90亿元，以股权投资的方式投资于高科技、成长性项目或企业，以及战略性新兴产业引进、企业并购重组等重大项目。引导支持企业每年从被收储土地获得的补偿收入中（剔除土地有关成本和职工安置费用）安排不低于20%比例的资金，投入到创新投资基金中，促进循环利用财政资金，扶持企业创新发展。

鼓励企业研发投入。2016年广州市国资委、科创委、财政局、统计局四个部门结合广州实际，联合制定《对市属企业增加研发经费投入进行补助的实施办法》。对企业增加研发投入进行后补助，按照企业上一年研发经费支出实际增长额度按不超过20%的比例给予资金补助，支持企业创新发展。2015年广州市本级国有资本经营预算安排0.84亿元用于企业研发后补助项目支出，2017年已达1.27亿元。

引导国有资本更多投向支柱行业、关键领域和优势骨干企业。2017年广州市本级国有资本经营预算中共安排21.90亿元用于增加国有企业资本金，支持传统优势企业加快转型升级，支持重点企业做优做大做强，支持国有企业战略性重组整合。引导广州国资国企成为城市基础设施、公共服务建设的主力军。

预算编制细化　2016年，广州市国有资本经营预算细化编列至更明细的“项”级，细化国有资本经营收入和支出情况。按财政预算管理规定，明确项目结转资金超过一年的，一律收回市财政统筹安排，强化预算管理的刚性。同时，建立市本级国有资本经营预算资金绩效评价制度和绩效管理结果应用机制，评价结果作为下一年度编制预算支出草案的参考依据，提高国有资本经营预算资金的绩效水平，加强国有资本经营预算执行，规范资金的使用管理。

国资收益预缴制度实施　自2016年起，广州市属监管企业在年度终了的第一个季度内预缴利润预算收入的25%。2016年一季度国有资本经营预算收入实现入库22.6亿元，保证收入收缴入库进度和支出执行序时进度，改善收支进度的均衡性。

（广州市财政局供稿，揭月慧执笔）

深圳财政

【财政经济概况】　2016年，深圳市实现地区生产总值19492.60亿元，比2015年增长9.0%，净增近2000亿元。其中，第一产业增加值6.29亿元，下降3.7%；第二产业增加值7700.43亿元，增长7.0%；第三产业增加值11785.88亿元，增长10.4%。第二、三产业结构比39.5∶60.5，第三产业占GDP比重比2015年提高1.7个百分点，首次突破六成。第二产业中，工业增加值7190.86亿元，增长6.8%，建筑业增加值525.32亿元，增长9.0%。第三产业中，批发和零售增加值2103.05亿元，增长3.7%，住宿和餐饮业增加值359.36亿元，增加2.8%，交通运输、仓储和邮政业增加值594.81亿元，增长10.0%，金融业增加值2876.89亿元，比2015年增长14.6%。

2016年末深圳常住人口1190.84万人，全市人均生产总值16.74万元，按2016年平均汇率折算为2.52万美元，继续居全国内地副省级以上城市首位。

【财政收支管理】 2016年，深圳市加强财政收支管理。收入方面，从规模看，2016年深圳地方级一般公共预算收入首次突破3000亿大关，达到3136亿元。从2010年突破1000亿元到2014年突破2000亿元用了四年时间，再到2016年突破3000亿元仅用两年时间，已具备与经济大省相当的财政收入体量。从增速看，在全国经济下行压力加大，财政收入增速放缓的形势下，深圳财政收入继续保持稳定增长态势，增速自2014年以来连续三年位居全国前列。从贡献看，2016年深圳辖区实现的中央级一般公共预算收入达到4765亿元，剔除海关关税和代征两税、证券交易印花税、其他收入后，比2015年增长26.3%。深圳以全国约万分之二的国土面积、不到千分之一的人口，贡献全国地方级近4%和全省30%以上的收入份额，对全国地方级和全省收入增长的贡献分别达9.7%和41.7%。除此之外，深圳还积极落实中央和省对口支援、扶贫协作工作部署，全年安排各类对口帮扶资金62.5亿元，增长31.6%。

支出方面，2016年，深圳财政部门紧盯各项支出不放松，按照《预算法》和国务院规定，及时通过预算调整、资金统筹，调整预算执行进度较慢的资金用于经济社会发展亟需的领域，加快执行进度。建立支出进度考核机制和“周、旬、月”多层次督办机制，滚动排查资金体量大、支出进度慢的单位和项目，主动上门服务，协调解决重大项目支出的瓶颈问题，督促责任单位制定计划、倒排工期、定期反馈进度。每月盘查、动态掌握预算执行过程中存量资金情况，及时盘活使用。2016年深圳一般公共预算支出4211亿元，比2015年增长19.6%，支出规模首次突破4000亿元，两年连跨两个千亿元台阶。7月以来一般公共预算支出进度、政府性基金支出进度、盘活存量资金支出进度在全国36个省级财政中连续5个月排名第一，支撑了稳增长、调结构、惠民生。

2016年，深圳市财政共偿还地方政府性债务29.6亿元，截至年底专项债务和政府负有担保责任的债务全部偿还完毕。财政部核定深圳2016年地方政府债务限额332.1亿元，截至年底深圳地方政府性债务余额129.8亿元。财政收支稳健，支撑经济社会发展的能力充裕。注重建章立制，研究制订《深圳市地方政府性债务风险应急处置预案》，明确适用范围，建立分级响应机制，实施分类应急处置，严格落实责任追究，完善深圳政府性债务管理制度体系，维护经济安全和社会稳定。

【财政经济调控】 2016年，深圳市财政委全程参与深圳科技创新、支持企业提升竞争力、促进人才优先发展、住房保障、高等教育等重大政策措施制定、实施。在政策制定过程中，与相关部门密切配合，坚持加大投入与完善机制并重，研究提出系列财政扶持措施。在政策实施过程中，及时拨付下达资金，对于重大增支需求及时启动预算调整、资金统筹等程序，全力做好保障。紧扣创新驱动发展战略，完善国内外高层次人才奖励补贴、新引进人才租房和生活补贴、产业发展与创新人才奖、留学人员创业前期费用补贴资金管理等办法，激发创新创业活力。落实中小微企业创业创新基地各项扶持政策，推动深圳“双创”基地建设和发展。完善义务教育经费保障机制，提高公办学校运行经费生均拨款标准。研究人才安居集团运营管理机制，拨付注册资本金400亿元。开展“二线插花地”政策调研，推进“二线插花地”改造。统筹安排相关资金，保障提升企业竞争力、重大产业发展、中小微企业发展和人才创新创业基金政策措施落实到位。注资110亿元成立国资改革与战略发展基金，深化市属国有企业改革发展。出台城市公共安全政府采购项目管理规定，优化城市公共安全政府采购流程，确保采购结果高质高效。

2016年，深圳市财政委把供给侧结构性改革作为主线贯穿全年工作。推进“营改增”试点改革，所有试点行业均实现税负“只减不增”目标，全年减税315亿元。牵头制定《深圳市供给侧结构性改革降成本优环境行动计划（2016—2018年）》，包括7大项、41小项政策措施，通过实施降低制度性交易成本、降低企业人工成本、降低企业税负成本、降低社会保险费成本、降低企业财务成本、降低电力等生产要素成本和降低企业物流成本等一揽子政策措施，积极为企业降本增效。取消行政事业性收费项目15个、政府性基金项目1个，实现省定涉企行政事业性收费“零收费”，全年为企业减负超过1300亿元，全面优化企业发展环境，助推企业转型升级。创新投融资机制，发挥财政资金引导效应，完善政府投资引导基金管理机制，参股市场化子基金42只，基金总规模超过2000亿元，对社会资本的放大比例近7倍，重点投资深圳鼓励发展的战略性新兴产业领域，为深圳产业转型升级夯实基础。积极探索再担保发展新模式，借助再担保平台优势，打造财政为中小微企业服务的新功能。

【财政民生保障】 2016年，深圳市按照保基本、兜底线、可持续的原则，加大民生实事和重大民生工程资金保障，全年教育、医疗卫生和就业等九大类民生领域支出合计2380亿元，占财政支出的比重超过六成。深圳全市116件民生实事支出302亿元，12项重大民生工程稳步推进，年度投资完成322亿元，提高人民群众民生幸福获得感。启动落实包括民办学校在内的“两免一补”政策，促进教育优质均衡发展。积极支持国内外一流高等院校来深圳市办学，推进高等教育开放发展全面提速。提高公办中小学和高职院校生均拨付标准。提高社会保障和就业水平，城镇居民医保财政补助标准从384元/人年提高至420元/人年。完善残疾人特殊困难救助体系，建立困难儿童基本生活保障制度。增加医疗卫生投入，基本公共卫生经费补助标准由每人每年40元提高到70元，保障新增6所三级医院和1所三甲医院资金需求。加大力度集聚人才，提高新引进人才一次性租房和生活补贴标准，加大人才住房保障力度。持续加大环境治理资金投入，新推广应用新能源汽车2.9万辆，新增污水管网1033公里。研究制定“海绵城市”建设中央补助资金管理办法和相关财政激励政策。

【财政改革管理】 2016年，深圳市做好中央财税体制改革影响分析、市区财力测算、事权和支出责任研究，着力构建市区事权与支出责任相匹配的体制机制。按照简政放权、放管结合、优化服务的要求，配合做好强区方案设计工作，对强区放权拟下放的事权，包括政府投资、规划国土管理、城市管理、水务、交通运输、社会管理等，分析测算“十三五”期间的支出和保障需求。拟定第五轮市区财政体制改革方案，切实增强区级政府治理能力和财政保障能力，强化落实区级预算主体责任，调动市区两级积极性，提升城市整体竞争力。牵头推进深圳基层公共服务综合平台建设，建成区级公共服务平台10个，街道级公共服务平台64个，社区党群服务中心646个，基本实现公共服务便利化、统一化、网络化，有力推动公共服务向基层延伸，着力提升行政效能和公共服务水平。

谋划财政长远发展大计，编制完成《深圳市财政发展“十三五”规划》，为深圳“十三五”时期深化财税体制改革、率先建立现代财政制度提供指引。制定出台《深圳市实行中期财政规划管理实施方案》，落实财政部门和预算部门职责分工，做好与国民经济和社会发展规划、专项事业发展规划等的衔接。落实《预算法》要求，细化完善预算编制，年初部门预算到位率大幅提高；推进绩效目标管理，强化预算执行管理，深入开展绩效评价和重点评价；完善全口径预算体系，加快建立全面规范、公开透明的预算管理制度。深入做好预算公开工作，在财政部地方预决算公开专项检查工作中，市预决算公开度在全国排名第二。首次公开预算绩效信息，提高预算透明度。国库改革向纵深推进，市本级实现国库集中支付全覆盖，加快区级国库改革，深圳59个街道的预算单位全部实现国库集中支付；加强国库现金管理，实现利息收入56亿元，撬动金融机构对深圳市社会经济发展的信贷支持力度。加强资产管理，组织完成全市2299家独立核算机构行政事业单位资产清查工作。加强法治政府建设，积极开展执法类行政职权编制和管理工作，推进依法行政，依法理财。加强内控制度建设，制定13个内控管理办法，切实强化对权力的制约和监督。全面优化政府采购流程，大幅提高集中采购限额标准，扩大高等院校和科研机构采购自主权，简化优化审批审核事项。推行电商采购，深化进口产品清单制管理改革，完善预选采购管理，推进公共资源交易平台整合。全面落实中央八项规定和《党政机关厉行节约反对浪费条例》，从严控制一般行政运行经费，全年市本级“三公”经费实际支出控制在年初预算范围以内。

（深圳市财政委员会供稿，陈强执笔）

【财政法治建设】 2016年，深圳市财政委员会按照根据全面依法治国的新要求，推进依法行政依法理财，加强财政干部法治思维和法治能力，“六五”普法工作被评选为全国财政“六五”法治宣传教育先进单位。

以完善法规制度为抓手，夯实财政法治基础。修订一个条例，利用特区立法权优势，对《深圳经济特区政府采购条例》进行修订，制定政府采购条例实施细则。新修订的条例重点围绕提高政府采购的效率和质量进行修改和完善；明确“两个处罚”依据和标准，夯实行政执法责任制，对行政执法职能进行梳理，制订《行政处罚依据指南》和《行政执法职权运行流程图》，建立行政执法的岗位责任制，保证行政执法程序的规范、高效和统一，依据《深圳经济特区注册会计师条例》制定《罚款处罚实施标准》，并细化和量化，通过财政门户网站向社会公开；完善31个管理制度，深圳市财政委对市级专项资金管理办法、实施细则（31个）进行全面清理、修订，基本做到一项专项资金对应一个管理办法，制订深圳市行政事业单位国有资产管理办法以及相关处置办法、操作规程等，建立健全行政事业单位国有资产管理制度体系；清理失效规范性文件45个，坚持“立改废”并举，每年向市人大报告地方性法规实施情况，对地方性法规及时进行清理，将规范性文件汇编成册，及时废止已失效的规范性文件45个。

以建立财政权责清单为抓手，划清权力边界。按照权力法定、权责一致、阳光运行原则，对深圳市财政委8类187项行政职权进行清理，对每项行政职权逐一编制外部、内部行政职权运行流程图，形成权责清单，在委门户网站公开发布，纳入市政府“权责清单管理系统”，接受市相关部门的监督及政府绩效考评，实行动态管理，做到“有权必有责，履责受监督”。

以行政监督为抓手，助推财政法治建设。在健全机制上下功夫，先后制订《重大行政执法决定法制审核办法》《法律文书合规性审核工作流程》等制度，行政案件的审核严谨、规范；在畅通渠道上下功夫，及时受理行政听证、行政复议申请，行政听证工作中及时提出补充调查的建议，行政复议中按照规定时效作出行政复议决定，做到申请有回音，决定能落实；在行政应诉上下功夫，行政诉讼活动中深圳市财政委依法配合法院的审判活动，印发《深圳市财政委员会关于行政诉讼案件机关负责人出庭应诉有关事项的通知》，制订委领导出庭应诉制度，委领导带头履行行政应诉职责，积极出庭应诉，依法接受司法机关的监督；在加强监督能力上下功夫，“内挖潜，外借力”，提升干部行政监督能力，多次组织有关干部学习有关政策文件和法律知识，常年聘请法律顾问，通过提供包括口头和书面法律咨询、参加专题会议、出具合同审阅意见、提出法律意见书、参与协商在内的各种形式的法律服务，充分发挥法律顾问的作用，提高行政案件质量。

以普法宣传为抓手，提升依法行政能力。深圳市财政委一直把法制教育学习作为提高财政干部法治思维和依法行政能力的重要手段，开展普法宣传活动。建立法制宣传教育建设体系，成立由委主要领导担任组长的法治宣传教育和依法理财工作领导小组，制订法制宣传教育考核制度、党组中心组学习法律制度等；多形式、多渠道开展法制宣传工作，在财政网站开通“政策法规”和“政策解读”专栏，每月更新30篇以上的政策宣传文章，每月在官方微信和微博转载网站的政策内容，宣传财政政策；落实领导干部学法尊法守法用法制度，每年都邀请专家学者为全委财政干部举办两次以上法律知识讲座，并由委领导为全委人员开展法制专题讲座，提高财政干部依法行政、照章办事的意识和能力。

2016年，深圳市财政委以财政法治建设推进简政放权。精简行政审批事项，深圳市财政委行政审批事项由42项减至目前“会计师事务所设立”1项；优化行政审批流程，提高办事效率。实行“先照后证”改革，优化会计师事务所行政审批流程，利用信息化系统精简申请材料；压缩审批期限，合伙所设立审批期限由原来30个工作日压缩为16个工作日。对会计师事务所变更实行事先电子备案，将申请人到场次数由2次减少到1次。强化审批监督制度的内外衔接，制定《会计师事务所商事登记制度改革后续监管办法》，明确有关信用监管措施。采取以网上报备为主、纸质报备为辅的方式进行年度报备，并取消按年度更新会计师事务所执业证书的规定。

以财政法治建设推进预算改革。完善预算管理制度体系，出台预算管理办法、经费开支标准、厉行节约规定、项目库管理办法、资产管理规定等多项制度文件，推动预算管理在制度框架内向规范化、科学化发展；完善支出标准体系，创新部门预算编制管理机制，在委内成立部门预算编审委员会，负责研究解决本级部门预算编制中的问题，做到统一标准、统一政策；项目库改革顺利推进，预算编制更加细化，预算单位所有项目全部纳入项目库管理；市本级将公共财政预算、政府性基金预算、国有资本经营预算和社保基金预算等四本预算统一纳入政府预算体系，按照统一时间、统一格式和统一程序编报；财政预算信息公开透明，2016年，在市人代会审议通过政府预算后两天即公开《关于深圳市2015年预算执行情况和2016年预算草案的报告》《深圳市2016年本级政府预算（草案）》，按照本级部门预算批复时间，市111个一级预算单位（保密单位除外）全部按时按要求通过各单位网站、深圳市政府在线网站公开部门预算信息，根据2016年财政部关于地方预决算公开专项检查的通报，深圳预决算公开度在全国排名第二；推行公务卡结算制度，市区两级全面推行公务卡改革，通过采取持卡人可自由选择发卡行、率先使用功能更加丰富、资金更加安全公务卡卡片介质等便利措施，推动公务卡制度改革。

以财政法治建设推进政府采购改革。推进政府采购标准建设，建立起全市统一的采购文档、采购文书和验收报告的规范格式，以及预选供应商库和全市统一的政府采购专家管理体系。针对采购效率低下问题，推行网上采购和“商场供货”等简化采购方式。制订《深圳市政府采购评标定标分离管理暂行办法》，建立深圳市政府采购项目评标与定标相分离的制度，对政府采购评标定标操作程序作出重大改变。印发《关于深化商场供货改革推行电商采购的通知》，深圳政府采购进入“互联网+”时代，对市本级集中采购目录内的通用类商品实行电商采购，同时建立网上商城，供采购人选购不纳入集中采购范围的商品，发挥电商采购在产品可比、杜绝专供、价格监测、同步更新、公开透明、方便快捷、节资提效等方面的优势。

（深圳市财政委员会供稿，刘官保执笔）

珠海财政

【经济财政概况】 2016年，珠海市实现地区生产总值（GDP）2226.37亿元，比2015年增长8.5%。其中，第一产业增加值48.21亿元，增长1.4%；第二产业增加值1059.77亿元，增长5.8%；第三产业增加值1118.39亿元，增长11.7%。全年完成固定资产投资1389.75亿元，比2015年增长6.5%。完成外贸进出口总额2757.05亿元，下降7.0%。实际吸收外资22.95亿美元，增长5.4%。居民消费价格指数为101.9，比2015年增长1.9%。2016年，全市一般公共预算收入累计完成292.27亿元，比2015年增长12.3%（可比口径，下同）。一般公共预算支出累计完成418.16亿元，比2015年增长7.4%。

【财政收支管理】 2016年，珠海市加强财政收支管理。收入方面，依托财税联席会议平台，加强与税务、国土、国资等征管部门的联系沟通，强化对重点税源、重点行业、国有土地出让、国资收益上缴等监测，特别是加强“营改增”试点全面推开对地方财税收入影响的分析，提高收入调控的预见性和主动性，协调各收入征管部门按时安排收入缴库，确保依法征收、应收尽收；重新制定局领导分片抓收入机制，明确市、区各级财税部门收入任务，把收入任务落实到具体的部门、落实到具体的人，加强分区域收入增长和进度监测，重点针对进度偏慢区域进行指导帮扶；严格非税收入征管，加强国有资本经营收益征管，规范境外企业利润管理，清缴财政专户历年结余资金，多渠道深入挖潜增收。

支出方面，2016年，珠海市财政部门加强预算支出管理，加快一般公共预算支出进度和增幅，支出结构持续优化，提升资金使用效益。每月通报市直预算单位、重点项目和各区支出进度情况，不断督促各级各部门落实主体责任，加快预算支出进度；按照《珠海市直部门预算支出进度考核暂行办法》的规定，召集约谈连续两个月在部门二次分配资金执行率和单位自有项目执行率全市排名倒数的预算单位；多次召开加快预算执行、控制库款规模工作会议，督促相关科室和区加快预算执行进度，明确支出要求和考核办法，要求各区每月倒排支出任务，按时间进度要求完成月度支出进度任务；从完善经费标准、督促“三公”经费公开、执行季度报告机制、开展年度“三公经费”考核通报机制等多处入手，确保“三公”经费支出只减不增。2016年，珠海市“三公”经费支出13507万元，比2015年下降16.3%。其中：因公出国（境）费1440万元，比2015年下降7.4%；公务用车购置费支出893万元，比2015年下降40.2%；公务用车运行维护费7030万元，比2015年下降13.7%；公务接待费4144万元，比2015年下降16.1%。

【财政经济调控】 2016年，珠海市保障基础设施建设资金需求。严格把关项目资金支出，促进项目建设单位依法依规用好资金，保障市政府投资项目顺利推进。全年市直审核拨付资金37.42亿元，保障港珠澳大桥珠海口岸、香海大桥、洪鹤大桥、鹤洲至高栏港高速、珠海通用机场等重点项目资金需求。

大力扶持产业发展。整合优化工贸类扶持产业发展资金6亿元。大力促进外贸回稳，安排外贸稳增长专项资金1.76亿元。培育消费新形态，安排商贸流通、电子商务及创名牌专项资金1430万元，会展业专项资金936万元，第十一届航展经费6409万元。

贯彻创新驱动发展战略。加大财政在培育高新技术企业和新型研发机构、促进企业加大研发投入、引导和促进企业实施技术改造等方面投入力度，全年安排创新驱动支出37.86亿元。加快创新人才队伍建设，制定实施更开放、有效的人才政策。推动科技金融融合发展，鼓励和引导金融资源支持科技创新发展，支持设立创业投资引导基金和科技创业投资公司，引进股权（创业）投资企业，推动科技金融产品创新以及科技型企业有效利用多层次资本市场。

严格落实正税清费政策。牵头落实降成本行动计划，制订印发《珠海市供给侧结构性改革总体方案（2016—2018年）及五个行动计划的通知》和《〈珠海市供给侧结构性改革降成本行动计划（2016—2018年）〉2016年工作方案》，成立降成本行动计划工作小组，明确建立降成本行动计划工作台账、各责任单位定期报送工作落实情况表等工作要求，2016年为全市企业减负超过100亿元，有效激活市场活力，切实减轻企业负担。其中全市减征、免征涉企行政事业性收费、政府性基金4.2亿元。

【财政民生保障】 2016年，珠海市九项民生支出完成285.12亿元，比2015年增长26.7%，占一般公共预算支出68.2%，比2015年同期提高10.3个百分点。城乡居民基础养老金财政补助标准从每人每月350元提高至360元，补贴水平位居全省前列；城乡居民医疗保险财政补贴标准由每人每年400元提高到480元；住院报销比例提高到90%，报销限额由每年40万元提高到62万元；人均基本公共卫生服务经费从每人每年45元上调到50元；低保标准从每人每月580元提高至630元；孤儿基本生活标准调整为每人每月1408元，并纳入低保制度进行管理。

落实新一轮精准扶贫要求。落实完成中央和省部署“精准扶贫、精准脱贫”的扶贫任务，筹措安排扶贫专项资金3.16亿元。其中拨付阳江、茂名地区等扶贫点“精准”扶贫资金2.5亿元，凉山对口项目资金1284万元，巫山对口帮扶资金210万元，四川甘孜州理塘县和稻城县帮扶资金300万元，云南怒江州帮扶资金2999万元，支援西藏林芝市米林县361万元，那曲地区300万元，其他扶贫资金1176万元。

【财政改革管理】 2016年，珠海市加强资金拨付审核和会计核算。全年市财政国库支付中心办理国库集中支付业务135945笔，金额510亿元，比2015年增长0.7%和4.5%。

加强政府投资项目预决算审核。市财政投资审核中心全年审核财政投资预算、结算及竣工财务决算项目247个，财政专项资金项目45个，二类费用282笔，送审金额109.01亿元，核减金额7.17亿元，核减率6.58%，上缴国库0.021亿元。

优化部门预算现场联审。市财政部门首次邀请市民代表参加现场联审，完成从预算结果公开到预算编审过程公开的转变，政府的钱袋子更加阳光透明。试行中期财政规划管理。试编中期财政规划，建立支出中期规进程，加快项目落地实施，做好后续项目储备工作；通过成立城市发展投资基金、增资科创投公司以及参与组建各类产业扶持基金等方式，撬动社会资本投入经济社会发展的关键领域和薄弱环节，为经济长远发展提供后续财力支撑。加强支出管理。严格控制库款规模，全年各个月在全省支出进度考核工作中排名持续位居前列，其中6—9月进度考核连续四个月排名全省第一。落实信息公开制度。落实财政预决算、部门预决算及“三公”经费预决算信息公开，2016年珠海市政府财政透明度在全国295个地级与地级以上市政府中排名第四（仅次于北京、广州、上海），连续三年在广东省21个地级市中位居第二。

（珠海市财政局供稿，吴利锋执笔）

【政府财政透明度提高】 主要做法 2016年，珠海市按照新《预算法》的要求开展预算编制与执行工作，推进政府预决算信息公开。清华大学公共管理学院公共经济、金融与治理研究中心发布的《2016年中国市级政府财政透明度研究报告》显示，珠海市政府财政透明度在全国295家地级与地级以上市政府中排名第四（仅次于北京、广州、上海），连续三年在广东省省内排名第二。

领导重视。珠海市委市政府历来重视财政预决算信息公开工作，将其作为推进政务公开、加强党风廉政建设的重要内容来抓。2011年，市政府主要领导对预算信息公开作出明确指示，要求分三年逐步实现包括市委、市人大、市政协、民主党派和工商联、群众团体、直属事业单位在内的所有预算单位信息公开，同年，市府办印发预算信息公开工作实施方案。2013年，市委、市政府认真落实党政机关厉行节约的要求，规范“三公”经费信息公开，并以市委办的名义印发“三公”经费信息公开实施方案。2016年财政预决算信息公开情况已纳入党风廉政建设主体责任评估系统、机关事业单位年终考评范围。

完善制度体系。2011年启动财政信息公开工作，珠海市完善财政信息公开相关制度。2011年6月，印发《珠海市市直部门预算信息公开工作实施方案》，首次明确部门预算信息公开的相关要求；2013年5月，印发《珠海市市直部门“三公”经费信息公开工作实施方案》；2014年8月，印发《珠海市市直部门决算和“三公”经费决算信息公开工作实施方案》；2016年6月，印发《珠海市人民政府办公室关于进一步加强预决算公开工作的通知》。2016年关于政府预决算、部门预决算、三公信息预决算信息公开的制度体系已较为健全。

市财政部门加强对区级财政部门预决算信息公开的工作指导：2013年9月，印发《转发财政部关于推进省级以下预决算公开工作的通知》，对区级财政预决算、部门预决算及“三公”经费预决算的公开工作提出具体要求，要求各区在2014年开展试点公开，2015年完成全部公开事项；2015年5月，印发《关于深入推进我市决算公开工作的通知》，推进各级财政决算公开工作的深入开展。

加强组织实施。建立预决算公开的协调机制，各级财政部门按照统筹规划、协调一致、积极稳妥、逐步深化的原则，建立由财政局牵头，宣传部门、信息化部门和各决算部门参与的协调机制，精心组织，周密安排，结合实际，积极、稳妥、分步推进预决算公开工作；完善预决算公开的工作指引。根据上级部门的部署，逐年完善预决算信息公开方案，明确部门预决算公开的原则、步骤、范围、时间及方式、格式和内容，要求各部门在政府门户网站集中向社会公开、在部门网站公开。市本级预决算公开采用统一格式，数据由财政部门通过预决算系统下发，各预算单位结合工作实际补充完善后自行公开；加强预决算公开工作的宣传引导，做好部门预决算公开的应对预案，对公开前后的社会反映进行预判，采取有效方式，积极与媒体沟通，加强预决算公开工作的宣传和引导。

主动接受监督。树立主动公开理念。财政部门在预决算公开方面始终秉持主动接受监督的理念，并把社会大众和媒体对部门预算执行主体的监督转化为改进财政预算管理和提高财政治理水平的动力，“借力使力”，使财政预算管理质量不断提升。

市人大实时在线监督。2006年珠海市财政部门在全省范围内较早开发应用实时在线预算监督系统，通过监督平台将财政资金的分配、执行、分析等管理全过程向人大公开，主动接受市人大监督。2016年人大实时在线监督系统涵盖部门预算、集中支付、决策分析、收支分析、月度分析、财政预决算、社保预算、重点监督、政策法规、代表建议等九大模块，市人大代表可通过实时在线监督系统实时掌握一般公共预算、政府性基金预算、国有资本经营预算以及社会保险基金预算全口径预算编制、执行以及决算情况。

搭建专项资金信息平台。2015年4月上线运行“珠海市财政专项资金申报和管理平台”，实现项目编制、网上申请、项目评审、项目跟踪、结题验收的“一站式管理”。企业、研发机构可结合自身的实际条件和需求直接在网上申请政府资金扶持，加强社会各界对专项资金管理的监督，拓宽信息公开范围。截至2016年底，该平台整合市、区26个部门219项业务，为上线注册的3700余家企事业申报单位提供无纸化、一站式、全流程信息化管理。同时，平台对接微信公众平台，实时为平台用户推送申报状态、申报通知等信息，实现珠海市互联网+政务生态圈。

实现预算编制过程公开。从预决算编制结果公开扩大到预算编制过程的公开，提升财政透明度。在2015年开展预算面对面现场审核的基础上，2016年参与现场审核的单位个数由5个扩大到10个，参与人员在市人大代表、行业专家、政协委员、审计人员的基础上增加市民代表，全程接受媒体监督，顺应公共财政民主化的要求。

建立长效机制。落实主体责任。明确政府预决算信息由各级财政部门负责公开，部门和单位预决算信息由本部门、本单位负责公开。各区、各单位按照要求，切实履行财政信息公开的责任和义务。

建立反馈机制。要求市直各单位在预决算信息公开后2个工作日内将公开情况报市财政部门。要求区级财政部门建立健全预决算信息定期统计和汇总上报机制，动态掌握本区财政信息公开情况，并及时向市财政部门、区政府（管委会）报告。

开展监督检查。开展预决算信息公开监督检查，组织各区各单位进行自查。根据自查情况开展网上核查，对存在问题的下发整改通知，督促各区各单位按要求做好预决算信息公开工作。

强化问责力度。2015年11月印发《珠海市政府部门党委（党组）党风廉政建设主体责任评估系统实施方案》，政府部门预决算（含“三公经费”）是否按要求公开、是否及时公开、“三公经费”支出有无超预算作为效果指标之一纳入政府部门党委（党组）主体责任评估指标体系。未按要求公开预决算信息的单位，纪检部门将采取短信提醒、短信预警、廉政谈话、追究责任等形式追究党风廉政建设主体责任。

2016年，珠海市要求所有预算单位公开，包括市人大、市政协、公检法司、社会团体等社会关注部门，更大程度上满足公众的知情权。2016年全市有246个市直预算单位在珠海政府网（www.zhuhai.gov.cn）上公开本单位的部门预算信息，预算公开实现100%覆盖；公开信息内容全，实现一般公共预算、政府性基金预算、国有资本经营预算以及社保基金预算“四本预算”的全口径公开。并且，公开转移支付、“三公”经费、政府性债务、大额专项资金、重点项目的相关情况；公开格式统一，采用统一的口径和格式公开预决算信息，公开内容均采用可编辑格式，用户界面友好，便于社会公众采集、分析和比较；公开平台集中，政府预决算、部门预决算信息除在部门网站公开外，全部集中在市政府门户网站的专栏上公开，方便社会公众一站式查找和阅读；公开内容细化，政府四本预算支出均公开到“项”级科目，同时分地区分项目公开政府转移支付收支情况、一般公共预算支出按经济性质分类基本支出公开到款、“公务用车购置和运行费”细化公开为“公务用车购置费”和“公务用车运行费”、公开重点民生支出以及扶持产业资金安排情况。部门预算除按支出科目公开支出情况外，还披露部门职能、年度工作计划、专项支出明细以及项目说明，更有利于公众全面了解单位职能和工作内容，监督资金使用是否合理。

主要成效 增强部门接受监督的意识。经过财政部门多年的宣传和引导，市直部门从以往想方设法不公开部门预算转变为主动公开部门预算。2013年珠海市只有81%的市直部门公开了部门预算，2016年实现100%的市直部门公开预算。

增加外部监督的途径。2016年人大代表和监察审计部门可以通过财政预算实时在线监督系统对财政资金的审批和使用实现全过程监督，社会人员可以通过专项资金管理平台对财政专项资金使用管理进行全面监督、通过政府网站和部门网站查看财政预决算以及部门预决算信息。

提升资金使用效益。预决算信息公开使得财政资金的使用有法可依、有迹可循，促进部门更加合法、合理、规范地使用财政资金，支付过程规范、支付管理细致，提高财政资金的整体使用效益。

促进财政规范管理。预决算信息公开要求预算编制、预算执行、决算全过程对外公开，对政府预决算和部门预决算编制提出了更高的要求，促进财政部门提高精细化管理水平，规范预算编制行为，加强政府债务管理。

提高预算编审水平。财政部门和预算单位在预算公开的过程中，也在全面改进了预算编制方法和审核方式。2015年珠海市改变了以往传统“基数+增长”的预算编制模式，全面启动零基预算改革，推行项目库管理，并探索实行人大代表和专家学者共同参加的参与式预算审核模式。

（珠海市财政局供稿，李刚执笔）

汕头财政

【经济财政概况】　2016年，汕头市生产总值2080.54亿元，比2015年增长8.7%，比全国、全省分别高2和1.2个百分点，增速在全省21个市中排第二位，在粤东西北12市中排第一位。其中，第一产业增加值107.57亿元，增长3.4%；第二产业增加值1051.59亿元，增长9.0%；第三产业增加值921.38亿元，增长9.0%。全年完成固定资产投资1579.53亿元，比2015年增长24.0%，增速居全省首位。全年居民消费价格总水平上升2.1%，社会消费品零售总额1515.19亿元，比2015年增长12.3%。完成进出口总额85.27亿美元，比2015年下降8.2%。

2016年来源于汕头市财政总收入343.3亿元，比2015年增长9.6%。其中：上划中央收入68.4亿元，下降8.3%；上划省收入48.4亿元，增长21.8%；市县级收入226.5亿元（含一般公共预算收入和政府性基金收入），增长13.8%。全市一般公共预算收入137.1亿元，加上税收返还收入17亿元、上级补助收入113.5亿元（不含税收返还）、债务转贷收入30.9亿元、动用预算稳定调节基金10.2亿元、调入资金30.5亿元、上年结余28.6亿元，收入总计368亿元。全市一般公共预算支出完成295.7亿元，加上上解上级支出12.4亿元、地方政府债务还本支出16.5亿元、安排预算稳定调节基金13.06亿元、增设预算周转金0.6亿元、待偿债置换一般债券结余3.1亿元、结转下年支出26.7亿元（结转下年使用的专项资金），支出总计368亿元。

【财政收支管理】　2016年，汕头市抓好组织收入工作，确保财力稳定增长。针对经济新常态下的收入压力加大和政策性减收的实际，树立“大财政”的发展理念，实行公共财政预算、国土基金、国有资本经营、政府投融资“四轮齐转”，调动一切积极因素。坚持落实减税降费与依法征收相结合，规范非税收入管理，注重培植后续财源。2016年全市一般公共预算收入137.1亿元，按可比口径增长6.2%（考虑营改增政策调整收入划分因素，以及部分政府性基金按规定转列公共预算收入，下同）。其中，税收收入83.0亿元，增长8.6%，增幅比非税收入高5.8个百分点，占一般公共预算收入比重为60.5%。着力争取上级政策及资金支持，缓解发展建设难题。全力争取上级转移支付资金，主动做好政策对接、项目对接工作，加强协调联动，争取上级项目和资金支持，2016年上级对汕头转移支付补助132.5亿元（含省补助南澳县资金）；争取地方债券资金支持，在年初省财政厅预下达汕头市地方政府债券38亿元的基础上，先后两次向省财政厅争取增加地方债券资金共17.6亿元，2016年获得地方政府债券资金额度55.6亿元，比2015年增加25.7亿元，增长85.8%。统筹盘活存量资金。创新宏观调控方式，盘活各领域财政“沉睡”资金，2016年市本级清理上缴财政存量资金3.5亿元，统筹用于保民生、补短板、增后劲的项目以及消化历史挂账。确保财政资金保值增值。出台《汕头市财政局财政专户资金保值增值操作暂行办法》，在确保财政资金安全和保证资金支付的前提下，通过采取定期存款等方式，促进财政性资金保值增值，切实盘活国库资金。推进厉行节约，建立长效机制。落实中央“八项规定”、《党政机关厉行节约反对浪费条例》和国务院“约法三章”等要求，严格控制一般性支出。全年全市“三公”经费和会议费比2015年下降18.2%，节约行政成本0.4亿元。

【财政民生保障】　2016年，汕头市优化支出加大民生投入。坚持小财政办大民生，优化支出结构，增加民生投入，把保障和改善民生作为财政支出优先方向，全市十类民生支出占一般公共预算支出75%以上。优先落实省、市十件民生实事资金。全年全市落实省十件民生实事资金20.8亿元，安排市十件民生实事资金11.5亿元，重点解决人民群众关心关注的热点难点问题。保障“创文强管”活动。克服困难，科学调度、想方设法筹措资金保证创建全国文明城市工作顺利开展，促进宜居宜业城市环境建设。加大底线民生保障力度。完善财政托底保障机制，做好城乡低保、医疗救助、基础养老金、残疾人保障、高龄老人津补贴等底线民生保障工作，提高保障标准。健全基本公共保障服务体系。投入6.8亿元推动教育均衡发展，落实义务教育经费保障机制，推进教育布局调整和义务教育阶段薄弱学校改造，优质教育资源总量不断扩大。投入4.4亿元强化城乡公共卫生服务资金保障，通过预算安排实施“绿满家园”全民行动，改造一批城市公园、森林生态项目，实施城市道路、单位大院、社区、庭院绿化美化，打造宜居城市。投入支农扶贫资金13.5亿元推进农业设施、农田水利、农业综合开发等重点项目实施，建设美丽幸福乡村。投入各类资金7.7亿元，支持大气污染综合治理和生态环境整治，促进生态环境持续向好。完善社会保障政策体系。围绕保障和改善民生的工作主线，贯彻落实《社会保险法》，推进城乡一体化社会保障制度建设，推进机关事业单位养老保险制度改革和社保扩面征缴工作，强化社保基金监督管理，加强社会保险经办能力建设，支持城乡居民医保人均筹资标准、基础养老金、城乡居民低保以及高龄补贴等扩面提标，加大对城乡困难群众和重点优抚对象扶持救助力度，提升社会保障服务水平。投入资金1.6亿元支持提升医疗卫生保障水平，落实市属公立医院经费保障机制，确保医疗服务便民惠民各项举措落实。投入1.6亿元促进文体旅□游事业发展，丰富群众业余文化生活。

【财政经济调控】 2016年，汕头市以财政资金的集中投入、择优配置为手段，推进新增地方政府债券资金、存量资金、政府性基金等统筹使用，合力支持转方式、调结构各项措施落实。采取措施加快财政支出进度、扩大支出规模。通过落实预算执行主体责任、及时分解下达财政支出任务、建立完善约谈机制等措施，发挥财政资金使用效益，促进汕头经济稳中向好。创新投融资机制推进“三大平台”和重点项目建设。加快推进政府购买服务融资，推动设立汕头城市发展基金。创新投入方式，通过加强与农发行、国开行等金融机构合作，综合利用政府与社会资本合作模式(PPP)、专项建设基金、政策性银行优惠利率贷款、开发性金融贷款、产业发展基金等多种融资渠道，加快推进华侨试验区、国家级高新区、临港经济区，以及市政道路改造、重大水利工程、交通基础设施、教育及医疗卫生、棚户区改造等重点项目建设。2016年市直已有广澳港防波堤、火车站枢纽广场、汕头保税物流中心等5个项目落地，总投资57.9亿元，融资资金42.6亿元。发挥财政资金引导功能促进产业转型升级。统筹安排上级和市本级补助资金，围绕实施“四大产业计划”和“五个100工程”，拨付科技发展专项资金2.3亿元，提升企业研发能力；拨付产业园区资金0.4亿元，促进产业园区完善配套；拨付工业与信息化、旅游、金融服务等专项资金2.5亿元，推进企业创新驱动发展、产业转型升级；拨付外贸扶持资金1.3亿元，促进外经贸稳健增长。同时，创新财政资金支持方式，采取竞争性分配方式，市财政预算安排扶持民营中小企业、现代服务业发展、战略性新兴产业专项资金0.8亿元。

2016年，汕头市做好惠企政策服务。对中央、省、市出台的惠企政策进行整理汇编，并在市政府门户网站首批公布138份，使惠企政策透明化、公开化，便于企业了解和申报，利于扶持实体经济发展。推进供给侧结构性改革降成本行动。出台《汕头市供给侧结构性改革降成本行动计划（2016—2018年）》，推进简政放权、正税清费，健全要素价格市场化形成机制，完善法治化营商环境；全面推行“营改增”和“三去一降一补”相关减税降费政策，降低企业成本。全年全市降低企业成本约60亿元，其中为全市企业减轻税收负担约18亿元。帮助企业解决融资问题。筹设粤财普惠金融（汕头）融资担保股份有限公司，解决企业融资难、融资贵等问题。开展企业转贷方式创新试点，设立汕头市支持企业融资专项扶持资金，专门为汕头市行政区划内符合合作银行续贷条件、还贷资金存在困难的企业，提供短期周转的政策性资金。

【财政改革管理】 2016年，汕头市深化预算管理改革。探索建立跨年度预算平衡机制，研究编制中期财政规划。完善预算编制内容，改进部门预算草案格式，细化基本支出、项目支出的经济科目及功能科目。推进预决算和“三公”经费公开，扩大公开内容与范围，政府预决算细化到支出功能分类的“项”级科目，专项转移支付预决算细化到具体项目及分地区，并重点公开“三公”经费、专项资金和基建项目的使用范围和绩效情况。提升财政服务效率。连续出台多份优化拨款流程的管理规定，改进与区县资金往来结算办法，规范指标管理，优化国库集中支付流程。实施市直预算单位网上编制支付申请单，形成每天多次支付格局，多措并举优化业务流程，市财政资金拨付当天到账率达95%，两天到账率达100%。执行资金拨付时限制度，每月6日前统发工资准时拨出，8日前单位公用经费准时拨付预算单位。提高工程审核时效。市政道路及配套设施建设重点项目财审时间缩短为5个工作日内完成。市财政探索创新预算审核办法，在项目前期准备阶段提前介入，与建设单位沟通、了解设计进度，改进预算审核工作流程，为项目后续建设创造有利的时间条件。推进批量集中采购改革。发挥批量集中采购的优势，提高财政资金使用效率，汕头市于2016年10月开始实施批量集中采购。完成2016年第四季度批量集中采购任务，采购资金节约率14.05%。探索建立采购人对供应商履约的评价机制，将评价结果运用到后续采购评审中，促使供应商为采购人提供更好的产品和服务。强化监督检查和绩效评价。配合省财政厅开展技改奖补、高新技术企业培育奖补奖金、高新技术企业税收优惠政策落实情况专项检查。组织开展市直部门盘活财政存量资金专项清理检查、全市财政预决算公开情况检查等，促进财政管理规范化。对“2012—2015年10月市本级保障性住房资金”等社会关注度较高的政府重点项目资金开展绩效评价工作。参与和支持其他领域改革。协调推进司法体制改革、省以下审计机关人财物统一管理改革、行政机关公车改革、行政事业单位养老保险制度改革及医药卫生体制、教育体制改革等。

（汕头市财政局供稿，张开达执笔）

佛山财政

【经济财政概况】 2016年，佛山市地区生产总值实现8630.00亿元，比2015年增长8.3%。其中，第一产业增加值144.60亿元，增长3.0%；第二产业增加值5110.09亿元，增长7.5%；第三产业增加值3375.32亿元，增长9.7%。全年社会消费品零售总额3017.76亿元，增长11.6%。居民消费价格总水平比2015年上涨2.3%。全社会固定资产投资3512.04亿元，增长15.7%。全市进出口总额4130.8亿元，增长1.1%，其中出口3105.4亿元，增长3.6%，进口1025.5亿元，下降5.8%。

2016年，佛山市地方一般公共预算收入完成604.29亿元，同比增长8.41%，可比增长12.32%，是自2013年以来第三次跨越百亿大关，其中南海区、顺德区一般公共预算收入双双破200亿元，对全市拉动作用明显；全市地方一般公共预算支出完成695.86亿元，为年初各级人大通过预算的109.28%。

【财政收支管理】 2016年，佛山加强财政收支管理。收入端，拓财源，稳增长。发挥财政部门组织收入的牵头作用，加强统筹协调，努力形成各区、各部门齐抓共管的增收态势；密切关注宏观经济和财税政策变化，增强组织收入的主动性和风险防范的预见性；加强非税收入征管，强化土地收储与出让管理，健全非税收入征管网络系统，不断创新非税收入征缴渠道，深入挖掘非税收入潜力。

支出端，抓进度，调结构。加强日常预算指标核算，落实通报约谈机制，加快重点区域、重大项目支出，合理控制库款规模，并建立抓支出的长效管理机制，将部门支出进度考核纳入市政府绩效考核体系，增强部门抓支出进度的积极性和紧迫感，提升财政支出的均衡性和时效性；调整优化支出，贯彻落实中央八项规定，继续严控一般性支出，健全公务支出制度体系和管理机制，严格执行全市党政机关和事业单位各项经费管理办法，开展公务用车专项整治，压缩政府行政成本。

资产端，抓管理，促盘活。盘活财政存量资金，继续清理不需使用的项目资金，提高财政资金使用效益；探索盘活公共资源，研究国资系统政府性债务优化工作新机制，促进国有资产保值增值；加强行政事业资产管理，全面开展行政事业单位国有资产清查，摸清政府资产状况，夯实政府资产管理基础

【财政经济调控】 2016年，佛山市支持产业转型升级。推进供给侧结构性改革降成本行动。在支持实施供给侧结构性改革去产能、去库存、去杠杆和补短板行动的同时，重点推进供给侧结构性改革降成本行动。全年为企业减负284亿元，通过持续减轻企业负担，促进实体经济持续健康发展。实施创新驱动发展战略。全市安排国家创新型城市建设资金23.42亿元，其中市级安排国家创新型城市建设资金5.56亿元，助力打造制造业创新中心和推动珠江西岸装备制造业发展。推动企业技术改造。全年全市安排技改专项资金8亿元，并采用风险补偿基金、事后奖补等多种方式支持企业技术改造，促进“佛山制造”强筋健骨、提质增效。支持外贸稳定增长。全市外贸稳增长方面支出2.2亿元，保持扶持政策延续性，推动加工贸易企业提高技术创新能力、加强自主品牌建设，稳定外贸进出口。

推进城市升级战略。推动城市升级提质。全市重点工程项目建设方面支出120.95亿元，支持城市升级两年延伸计划，加快推进地铁轨道交通重点工程建设，打通城市“断头路”等，提升城市载体功能。优化城市环境。全市节能环保方面支出13.75亿元，加大城市环境整治、美化绿化和节能减排投入，打造宜居宜业的高品质佛山。利用置换债、新增债支持推进重大项目建设。利用好省下达佛山的置换债和新增债，推进高速公路、国铁干线和城际轨道项目等公共基础设施项目建设，扩宽渠道筹集资金支持城市升级。推行政府与社会资本合作（PPP）模式。推进PPP模式运用，多渠道筹措资金支持推进城市建设项目。

2016年，佛山市统筹超过千亿元财政性资金支持稳增长、调结构。

加大财政投入。佛山市陆续出台《提振民营企业家信心 促进创业创新若干措施》《加快培育高新技术企业专项工作方案》《创新驱动发展三年行动计划》《佛山市2016年稳增长工作方案》等政策方案。各级财政部门围绕市政府的各项促进实体经济发展的政策部署，筹集财政资金，坚持加大财政对经济科技、产业发展、技术创新等方面的扶持力度，加快实体经济发展。

2014年至2016年分别投入科技创新方面资金21.07亿元、21.55亿元和23.42亿元，力争5年内共投入

不少于100亿元，助力打造制造业创新中心和建设国家创新型城市。同时，加大对企业开展技术改造的支持力度。2015年至2017年将安排财政扶持资金24亿元支持企业技术改造。

利用2015年、2016年省转贷佛山市的置换债券资金，腾出资金重点支持城市轨道、道路建设等重大基础设施建设以及民生政策项目。

减轻企业负担。2016年，佛山市贯彻落实供给侧结构性改革降成本行动计划，推进降低制度性交易成本、税负成本、人工成本、社会保险费成本、生产要素成本、物流成本等各项企业营运成本以及工商业用电、用气等生产要素成本的25项政策措施，帮助企业降低成本，提升发展能力与竞争能力，促进实体经济持续稳健发展。全市通过贯彻落实降成本行动为企业降低各类成本284亿元，完成年初为企业减负目标任务。

降低制度性交易成本33.14亿元，实施34项国家规定或省定涉企行政事业性收费减免工作，停征价格调节基金，开展行政审批中介服务项目监管清理，规范涉企经营服务性收费行为，优化企业营商环境；降低税负成本157.09亿元，推进营业税改增值税全面扩围，并严格落实好国家、省的各项税负优惠政策；降低企业运营成本32.93亿元，从人工成本、社会保险费成本、电力等生产要素成本、物流成本入手，落实各项降低企业运营成本政策措施；降低财务成本60.84亿元。

放大资金效应。优化财政扶持方式。2016年佛山市通过设立科技型中小企业信贷风险补偿基金（总规模2亿元）、优质技改创新项目贷款风险补偿基金（总规模1亿元）、创新创业产业引导基金（总规模100亿元）、产业金融引导资金（总规模10亿元）、佛山市支持企业融资专项资金（总规模15亿元）等一系列政府投入基金与扶持资金，通过投入财政资金并引入社会资本运作，放大财政资金乘数效应，为全市各类企业提供增信、风险补偿、低利率的融资续贷以及贴息扶持，引导社会资本投资方向，加快发展多层次资本市场，解决实体经济发展的融资难题，帮助中小企业做强做大。

推行PPP模式。2016年佛山有8个PPP项目，投资总金额100.17亿元，主要涉及交通运输、市政工程等方面，其中，顺德区广东（潭州）国际会展中心首期工程以及顺德北部片区华阳南路一环互通立交、菊花湾大桥、南沙新桥及北引道建设工程项目入选财政部第三批政府与社会资本合作示范项目。

消除经济发展障碍与风险。参与全市产业政策、产业结构和产业布局的统筹谋划，发挥佛山制造业基础雄厚、链条完整的优势，支持推进产业集群和工业园区发展建设，加快发展生产性服务业。同时，加大对招商引资工作投入，重点支持推进“招大商、大招商”，优先引入经济效益好的汽车、医药、饮料等行业，并支持在先进装备制造业、智能制造、现代服务业等领域开展精准招商，优化佛山市产业结构，补齐经济产业发展短板，推进产业转型升级与经济提质增效。

支持供给侧结构性改革去杠杆行动，加强政府债务管理，依法对地方政府债务实行限额管理，消化存量债务，建立偿债准备金制度，建立债务动态监测预警机制，防范化解金融财经风险，加快佛山市实体经济健康发展。

【财政民生保障】 2016年，佛山市民生支出448.98亿元，占一般公共预算支出的比重为64.52%；同时，省十件民生实事完成40.77亿元，完成年初计划的112.41%，大力促进了社会民生各项事业的发展。促进教育事业均衡发展。全市教育方面支出125.23亿元，促进教育资源优化整合和合理配置，深化教育综合改革，促进各阶段教育均衡、综合发展。完善社会保障和就业体系。全市社会保障方面支出58.24亿元，研究推进社保险种结构优化，加强养老机构和居家养老服务体系建设，落实机关事业单位工作人员养老保险制度改革，提升社会保障水平。全市就业方面支出0.95亿元，加大就业支持力度，落实促进创业带动就业。支持医疗卫生事业发展。全市医疗卫生和计划生育方面支出61.77亿元，其中安排基层医疗卫生机构经费4亿元，支持基本医疗保险城乡一体化、公立医院改革工作，完善大病医疗救助制度，进一步支持全市医疗卫生工作。推进住房保障工作。全市住房保障方面支出22.87亿元，加快推进以公租房、廉租房为主的保障性住房建设，全年全市基本建成公共租赁住房3368套，切实满足低收入群体住房需求。发展文化体育事业。全市文化体育与传媒方面支出15.62亿元，推进城乡公共文化体育设施建设，为市民提供公共文化服务。推进农业及扶贫工作。全市农业方面支出26.08亿元，重点落实各项惠农补贴政策，加快基层公共服务综合平台建设。全市扶贫和援藏援疆援川方面支出6.61亿元，贯彻落实精准扶贫政策，加大对援藏、援疆、援川、湛江、云浮的扶贫开发扶持力度，打好打赢扶贫攻坚战。

【财政改革管理】 2016年，佛山市着力深化预算制度改革。细化完善预算编制，建立完善滚动式项目库管理机制；推进预决算信息公开，建立起预决算信息公开的常态化机制；推进中期财政规划管理，出台佛山市实行中期财政规划管理的实施意见，建立完善跨年度预算平衡机制；推进权责发生制政府综合财务报告试编工作提质扩面，提升政府财务管理水平。加强财政信息化建设。深化公共财政综合管理平台建设，重点完成财政综合管理平台决策分析系统（二期）、系统安全体系以及“三重一大”和“三公经费”监督系统建设。推进国库集中支付制度改革。推行资金清算业务电子化，迈向财政支出业务全流程电子化；在镇（街）级全面推进实施国库集中支付制度改革，至年底全市五区33个镇（街）均铺开国库集中支付制度改革。深化绩效管理改革。改革完善第三方机构参与绩效评审的方式，扩大绩效评价的项目范围，将绩效管理全面贯穿于财政预算编制、执行、监督全过程。全年全市对5774个预算项目进行绩效评审评价。加强政府债务管理。强化财政风险意识，建立完善规范的地方政府举债融资机制；加大存量债务化解力度，积极争取、合理分配地方政府债券置换额度，优化债务结构。加强财政监督管理。推进财政内控制度建设，构建财政内部控制体系。开展专项资金常态化监督检查和重点抽查，编印行政事业单位财务与预算管理规范及操作手册，并完善财政性资金投资建设项目工程审核办法，实行工程预、结算委托中介机构双审制度，强化财政财务监督管理工作。

（佛山市财政局供稿，上官蔚云、许汉楚执笔）

【财政投资项目评审质量和效率提升】 2016年，佛山市禅城区财政支撑经济保持中高速增长，预计全区“十三五”固定资产年投资达到840亿元，年增长率达12%。财政投资作为固定资产投资的重要组成部分，是政府稳增长、调结构的重要抓手，投资规模也逐年增大，投资领域不断拓展，各类投资项目不断增多。财政投资评审面临更多业务领域和工作任务，必须强化投资评审力度，提高评审质量和效率，以适应发展形势的需要。

存在问题　2016年，佛山市禅城区财政投资评审存在的主要问题有：建设单位送审资料不完整。资料齐全和完整是评审工作的基础。在工作中，有些建设单位疏于评审资料的管理，报送资料出现很多问题，评审工作被动，评审效率低。资料内容不全，仅提供图纸和预算书等，没有施工方案、施工组织设计及专业技术参数等，而且补充资料不够及时；图纸深度不够，发现图纸达不到设计深度，或者设计不完善，要求建设单位补充，造成评审时间长；手续不完备，送审资料没有相应单位印章、相关内容填写不完整、图纸没有进行审图等造成手续不完善，影响了评审资料的运转。

建设单位不了解评审程序。部分建设单位一些项目送来就急，有的甚至第二天就要结果，这些建设单位归根结底是不明白项目评审的操作流程，以为评审工作顷刻间就可以完成。实际上，每个项目的评审都需要一个从熟悉图纸、了解定额、合理选择计算顺序、掌握现场情况，到仔细计算调测工程量等科学化的程序，必要时还需请教专业技术人员。而有的建设单位事前没有计划好时间，临近项目挂网招标，才送来评审，造成评审人员正常的工作时间不足，需要加班加点，匆忙评审的结果自然无法保证评审质量。

评审信息化建设滞后。评审信息化建设是提高评审工作效率的有效手段。至年底禅城区评审工作信息化水平偏低，整个评审工作流程及评审资料的运转没有通过办公网络运转，还主要是依靠纸上留痕，不利于掌握评审工程进展情况，还存在评审工作透明度、评审管理效能低下的问题。

现行法律、法规不够健全。尽管中国已经有预算管理、基本建设相关的法律、法规，但是由于各方面的原因，这些法律、法规还有待完善细化。涉及评审微观范畴内的业务范围、管理制度、运转流程等，并没有一部统一的法律法规予以规定，造成评审业务范围的不确定性，评审项目选择的随意性等问题。这些问题都直接或间接地成为影响项目评审效率和质量的因素。

主要做法　2016年，佛山市禅城区财政局针对投资评审信息化建设滞后、法律法规不够健全以及建设单位不了解评审程序、送审资料的不完整的情况，以问题为导向，保障项目建设为目标，优化评审流程、强化队伍建设为抓手，多措并举，做好区政府投资建设项目的评审工作。

开展培训指引，提高建设单位送审水平。举办政府投资基础建设项目报建审批培训班，由负责项目评审工作的业务骨干组成培训小组，采用集中授课形式，对送审资料、送审条件以及审核重点难点等相关内容进行详细的讲解；编制印发《佛山市禅城区政府投资基础建设项目报建审批业务指引》供建设单位参照，明确送审资料要求、工程预算、工程结算以及注意事项等四大方面内容，涵盖评审的全过程。

充实评审机构队伍，提高评审人员素质。2016年，禅城区财政局通过公开招聘专业技术人员充实队伍技术力量，解决技术复核人员不足的问题。加强队伍业务培训，借助建筑业“营改增”及禅城区PPP项目集中启动的契机，组织人员参加了多场业务培训，提升工作人员业务能力。通过充实队伍、严格要求相关工作人员及时掌握最新政策动态，履行财政职责，增强评审工作的主动性。

改革优化评审流程，提高评审效率。针对重点项目时间紧、任务急的情况，禅城区财政局建立重点项目评审“绿夹制度”，项目预算评审全部提前介入，采取边评审边沟通边完善的形式，精简评审流程，加快评审进度。为确保重点项目招标工作的如期开展，按照招标文件挂网时间做好倒排计划，督促中介机构提前介入并按时按质审核，安排局内工程师同步复核，保障重点建设项目评审工作高质高效顺利推进。

建立财政评审信息化平台。禅城区财政局建设财政评审信息系统，为评审信息的高效传递和及时反馈提供技术平台，实现评审手续从纸上留痕向电子留痕转变，并筹备建立材料价格信息库、工程造价指标库、项目支出指标库等基础信息库。通过评审信息化的建设，提高评审各阶段的工作效率和评审质量。

加强制度建设，保障评审质量。针对禅城区政府投资项目工程变更随意性较大、部分项目建设主体责任难落实等问题，禅城区财政局修订评审管理监督办法，通过制度化的设计，倒逼建设单位做好施工过程管理，同时优化评审流程，评审工作环环相扣、层层把关，使评审过程科学、客观、公正，评审结论具公信力。

（佛山市禅城区财政局供稿，徐昌奎执笔）

韶关财政

【经济财政概况】　2016年，韶关市实现地区生产总值1218亿元，比2015年增长6.3%，增幅比2015年提高0.1个百分点。分产业看：第一产业增长4.1%，第二产业增长3.5%，第三产业增长9%。分季度看：第一季度增长6.3%，第二季度增长6.3%，第三季度增长5.5%，第四季度增长7%。三次产业结构由2016年的13.2：37.5：49.3调整为13.7：36.3：50；按常住人口计算，人均GDP4.14万元，增长5.4%；固定资产投资702亿元，增长0.1%；外贸进出口总额156.32亿元；实际利用外资5062万美元；全社会消费品零售额638.2亿元，增长9.9%；居民消费价格累计上升1.9%，涨幅比2015年提高0.7%。

【财政收支管理】　2016年，韶关市来源市财政总收入219.25亿元。其中中央级收入77.89亿元（上划中央收入67.42亿元），占35.52%；省级收入26.41亿元（上划省收入22.17亿元），占12.05%；市县级收入114.95亿元，占52.43%。上划中、省收入均完成全年考核任务。全市一般公共预算收入完成85.04亿元，可比增长2.28%。一般公共预算收入加上上级补助收入、债券转贷收入、2015年结余收入和调入资金等211.96亿元，全市财政总收入完成297亿元。全市政府性基金预算总收入完成47.81亿元，其中全市政府性基金预算收入完成29.91亿元；省专项债务转贷收入6.73亿元，2015年结余11.17亿元。市本级国有资本经营预算总收入1.02亿元，其中当年收入0.84亿元，2015年结余0.18亿元。全市五项社会保险基金（企业养老、失业、职工医疗、工伤、生育）收入完成57.62亿元。

2016年，全市一般公共预算支出完成268.80亿元，比2015年下降5%。一般公共预算支出加上上解上级支出、债券还本支出、增设预算周转金、安排预算稳定调节基金等5.46亿元，全市财政总支出完成274.26亿元。全市财政总收支相抵，年终结余22.74亿元。全市政府性基金预算总支出完成43.34亿元，其中全市政府性基金预算支出完成41.7亿元。收支相抵，年终结余4.47亿元。市本级国有资本经营预算支出0.77亿元，结转下年0.25亿元。2016年，全市五项社会保险基金支出完成60.98亿元，滚存结余35.78亿元，当年缺口3.36亿元。

2016年，韶关市强化预算收入管理。受经济下行和“营改增”等一系列减税降费政策影响，财税部门加强新常态下财政收入监测分析，发挥协税护税工作机制的作用，实施“一企一策”，用足用好乳源税收优惠政策，提高财力保障水平，实现2.28%的增长。加快财政支出进度。通过推行零基预算改革，细化预算编制和按月通报各县（市、区）及市直各单位支出进度，及提前告知下月支出任务。对支出进度慢的县（市、区），扣减转移支付；对支出进度慢的市直单位，年终实行考核评分，结果运用于机关绩效考核，提高支出执行率。全年全市一般公共预算支出总量在全省地市排名第16位，支出进度全年执行率82.2%，比2015年提高21.2个百分点，得分排名第12位。优化支出结构。突出“压一般”，市级会议费和“三公”经费比2015年下降3.09%。突出“保民生”，全市用于保障和改善民生事业资金200.53亿元，占一般公共预算支出比重75%。用于基本公共服务支出资金110.33亿元，占一般公共预算支出比重41.17%。投入底线民生保障资金8.38亿元，比2015年增长3.3%。投入省十件民生实事资金24.81亿元，完成年初计划的107.92%。突出“保重点”，确保“三大主题”工作、“八大战略新兴产业”等重点领域支出需要。

【积极财政政策】　2016年，韶关市推进投融资工作。建立机构，落实人员，专职研究落实投融资工作，把融资资金等同于预算资金进行管理。通过政府购买服务、PPP模式、政府投资基金等方式，引导和带动社会资本、金融资本参与市经济建设。建立融资落地、风险保障等长效工作机制，出台加强政府和社会资本合作项目管理的指导意见等制度措施。全年市级项目融资额度达415亿元，为市振兴发展提供资金保障。开展供给侧结构性改革。制定《韶关市供给侧结构性改革降成本行动计划（2016—2018）》，全年全市为企业减负31.97亿元。同时全力配合上级部门开展税制改革工作，全年停征、减免收费项目35个，减收资金约6500万元。加强政府债务管理工作。制订政府性债务管理实施意见和政府性债务风险应急预案，完善市政府性债务监管体制，严格将债券收支纳入预算管理，健全风险预警机制，多举并措防范政府债务风险，同时抓好地方政府存量债务置换工作。2016年底全市政府债务余额为155.17亿元，其中，一般债务111.65亿元，占71.95%；专项债务43.52亿元，占28.05%。市本级政府债务余额111.05亿元，比2015年增加9.52亿元（主要是新增债券），增长9.38%。其中一般债务79.62亿元，占71.7%；专项债务31.43亿元，占28.3%。市本级政府债务资金主要用于园区基础设施、保障性住房、债务还本付息（置换存量债务）、交通设施建设等。

【财政改革管理】 2016年，韶关市推进预算管理制度改革。深化零基预算改革，2017年预算编制实现市级预算单位全覆盖，形成“基本支出标准化、刚性项目支出保障化、零基预算项目编制精细化”的预算编制模式。开展权责发生制政府综合财务报告制度改革。完成2015年度政府综合财务报告编制工作，强化政府资产管理、降低行政成本、提升运行效率、有效防范财政风险。建立政府投资项目成本控制工作机制。制定《韶关市政府投资项目成本控制指导意见》，用最严格的方式来控制涉及财政资金项目成本。开展事权和支出责任相适应的体制改革。按照财权与事权相统一、“财随事走”的原则，适当调整浈江区、武江区与市本级之间的财政收入划分，加大对区的财力支持，理顺政府间事权纵向配置。开展财政投资评审工作改革。制定《关于进一步优化市级财政投资项目评审工作有关事项的通知》，实现“管审分离”，改变以往财政评审“大包大揽”的局面。推行政府购买服务。制定《韶关市人民政府办公室关于印发政府向社会力量购买服务暂行办法的通知》和《关于印发韶关市政府向社会力量购买服务指导目录的通知》，完善政府向社会购买服务标准体系。

2016年，韶关市推进依法行政依法理财。在全市2015年度依法行政考评中得分93.73分，市直单位排名第二，考评等次为优秀。规范财政专户管理。贯彻落实上级部门决策部署，对存量财政专户进行全面清理。2016年撤并财政专户16个，调入国库的财政支出专户存量资金10亿元。规范财政专项资金管理。开展财政资金安全检查工作和2015年市级财政专项资金和一般性转移支付资金重点检查工作，查处违规资金445.22万元。加强库款管理。加强对库款的统计分析和动态监测，建立库款通报制度，督促县（市、区）增强库款管理水平，压减库款规模。截至2016年12月份，市库款保障水平1.33，市本级库款保障水平1.40。推进财政信息化建设。完成市本级非税收入电子直缴国库系统开发并上线试运行，完成全省财政资金实时在线联网监督系统建设，完善市本级财政资金支出动态监控工作。加强财政绩效管理。规范第三方绩效评价和预算绩效目标管理，完善预算绩效管理链条。做好财政决算编审工作。市2015年度财政决算编审工作顺利完成。其中：市财政总决算编报工作荣获全省一等奖，部门（含固定资产投资）决算类报表被评为优秀单位，企业（含金融）类决算报表被评为表扬单位。加强财政内部控制工作。成立韶关市财政局内部控制委员会，在一个基本制度和八个专项内控办法基础上，制定各科室（单位）内部控制操作规程，形成“1+8+X”模式的内部控制制度体系，并完善内部稽核规程，强化审计、督查反馈问题整改落实。同时，全面加强党风廉政建设、财政信息公开、行政事业资产管理、政府采购监管、公务用车管理、投资评审管理、财政票据监管、会计管理及财政科研、离退休人员服务、全市禁毒经费保障等工作，注重统筹推进、资源整合，财政管理效能提升。

（韶关市财政局供稿，邓韶江、胡莹莹执笔）

【部门预算监管】 2016年，韶关市财政局将部门决算工作列入重要工作来抓，逐步完善工作程序，提高决算编制质量，为推进部门预算监管提供有效依据。

高度重视，确保决算工作有序推进。市在组织领导、工作机制和资金保障上狠抓落实：组织本级和县（市、区）人员参加省决算布置会培训，明确决算编审的工作方向，把握决算编审的具体要求，熟悉软件操作，为决算编审工作奠定基础，提高全市决算编审水平；布置市直单位和各县（市、区）财政部门培训，召开市直部门决算报表工作布置会，传达财政部和财政厅部门决算报表工作会议精神，对全市的决算报表工作进行统一部署和安排，提出工作要求、制定工作措施、明确工作目标，确保全市报表编审工作按计划有序推进；制定详细的工作时间安排表，并主动参与到业务科室与国库科对数等工作中，严格按照时间安排节点，完成各项编制、审核和汇总工作。

加强培训指导，提高决算编制水平。组织好各层次业务培训。组织市本级预算单位和各县（市、区）财政部门决算报表编报人员开展业务培训，对编报决算报表的具体要求、注意事项、编报方法和说明分析等内容着重进行讲解；各县（市、区）财政部门也及时组织对基层单位的培训，使每一位负责决算编制的工作人员都能熟悉和掌握本套报表体系，熟练掌握决算填报口径和要求。加强部门决算报表指导工作。通过微信、qq群等网络渠道，实现网上交流和网上公告，及时解答编制决算报表中出现的疑难问题，支持和保证市直各部门、各县（市、区）顺利开展决算工作。

强化部门决算编审工作，提高数据质量。完善财政一体化数据平台系统，利用系统功能，做到快速、准确的分割发放数据，提高工作效率，确保数据的真实性、准确性。

完善制度，规范编审流程。为促进全市部门决算报表编审工作的制度化、规范化，我市汇编成册，印制部门决算工作流程，明确报表编制的具体要求，并对报表的分类编制、电脑录入、数据审核、汇总分析、装订上报等五个环节作严格、细致的规定，力求决算工作及时、准确、规范、完整。

坚持实事求是，不弄虚作假，把好四个关：把好与财政的对账关；把好年度结账前的基础工作关；把好编制环节的数据录入和汇审关；把好部门决算责任制考核关。

完善、改进和加强决算报表汇审工作。国库科与业务科联合对账，绩效评价科实行集中预审，发现问题及时通知市直各部门和县（市、区）进行修改，把工作做在前面，避免决算汇审时再大量修改数据；从决算报表的正确性、编报内容的真实性、全面性等方面入手，按照统一的标准要求，对各单位编报的报表和相关资料进行技术性审核；采取人工审核与计算机审核相结合的审核方法，着重审核年度预算执行过程中反映出来的突出问题和缺表、少表，少填、漏填指标等问题，以及表间、表内的逻辑关系，确保数据的一致性和数据关系的正确性，保证财政支出与部门收入数据相衔接；四是认真审核，公正、准确出具审查意见，并签字确认，对审核中发现的问题，审核人员当面和各预算单位进行讨论，查找、分析问题产生的原因，并及时予以调整和改正。

主动做好全市部门决算工作。在决算汇总和审核过程中，市直各部门积极上报，认真修改，县（市、区）财政局大力配合，选派业务精英协助决算汇总工作，加班加点，通宵奋战，及时反馈询问意见和编写数据说明，在规定的时间内上报数据、说明和分析，参加财政厅组织的汇审会议；根据财政厅要求，市选派人员作为主审人员参加全省汇审，协助、配合财政厅审核工作，积累工作经验。

预算编制监管 2016年，韶关市财政部门加强数据分析和运用，提高部门预算编制水平。以预、决算数据分析反映预算执行情况。通过决算系统分析功能，对比预算单位收入、支出的预算数、调整预算数与决算数，计算各项指标的预、决算差异率，直观地呈现预算执行全貌，检验预算单位当年预算编制的科学性，评估各单位预算在年度执行中的约束力。预算单位本年收入、支出的预决算差异率都超过50%，需督促其提高预算编制的合理性，深化预算的刚性约束；预算单位各项支出与预算完全或几乎没有差异，则需关注是否存在为完成预算要求集中调整账务或直接调整决算报表的情况；对项目支出小于预算安排较多的单位，应关注其项目预算申报的合理性、年末结余结转资金的后续使用。

分析全市和各部门收入、支出和结转结余情况，指导预算编制“盘子”测算。按财政拨款收入、事业收入、经营收入等占比情况统计了解其收入构成，分析相关收入的合规性，预测下年度收入状况；按基本支出与项目支出，工资福利支出、商品和服务支出等各项占比情况统计了解其支出结构，分析支出结构的合理性，指导下年度预算编制总的支出方向；分析支出结转和结余的情况，掌握其原因，为制定预算执行和加快支出进度提供有效依据。

分析人员变动和人员支出情况，完善预算编制人员支出和公用经费安排。按上下年人员变动情况、人均支出情况进行对比分析，提高性质和规模不同的预算单位间数据的可比性。基本支出分别采集基本支出中人员经费、日常公用经费，并对“三公”经费人均支出数予以重点关注，对比分析支出合理性。基于此项分析，在编制部门预算时，测算全市行政事业单位公用经费水平，按照“分类分档、明确定额、细化类别”的方法和预算单位的性质分档次提高下年公用经费，确定相应补贴构成。

分析部门资产负债情况，规范资金管理和监督。通过对固定资产种类、价值分布和人均占有量、资产负债率等数据的分析，进一步加强财政财务管理，不断规范资金监管。

指导部门项目预算编制、执行和开展项目绩效评价。决算数据中，包含全市所有部门的所有项目情况，有效地利用系统分析资金来源、支出、结余情况，可以统筹下年预算编制重点项目安排，指导做好项目支出，并为开展项目绩效评价提供素材和方向。

汇总和分析数据，为相关部门监管、考核工作提供支撑。为推进财政监督检查、审计工作提供数据。以部门决算数据为依据，配合全市审计和监督检查部门，对各预算单位资金支出的合规、合理、合法性进行审核，加强对部门预算单位账表一致性核查。

为全市“三公”经费厉行节约考核提供数据。以决算数据为基础，根据部门决算报表中收入支出决算表中公务用车运行维护费、公务用车购置费、公务接待费、因公出国（境）费、办公费、其他交通费、培训费和会议费等八类，考核市直预算单位“三公”经费开支情况。

为市人大、政协、人社、卫计、教育等部门提供相对应领域数据，给上述部门调研、分析以及决策的提供有效数据支撑。

以决算工作促进财政一体化数据平台建设和财政信息公开。部门决算工作自上而下，数据和表格填列、系统开发已趋完善，对市财政一体化数据平台建设（科目和表格设置、数据统计口径、账目处理、指标管理等）具有指导意义。

部门决算工作与财政信息公开相辅相成。部门决算工作使财政信息公开更准确、更详细；财政信息公开工作，可以促进各位对部门决算工作的重视，提高决算数据的真实性和账表一致性。

2016年3月，韶关市2015年度会计决算报表通过省财政厅汇审，得到通报表扬，其中部门（含固定资产投资）决算类报表被评为优秀等次，企业（含金融）类决算报表被评为表扬等次。通过审核的共有部门决算、国有企业、城镇集体企业、金融企业和固定资产投资等7大类决算报表，部门决算汇编范围独立核算单位有1819户，市本级209户。

加大普惠性的基本支出（相对2016年预算，基本支出增长约2.7亿元，提高16%；提高公用经费，公务交通补贴、住房维修基金和物业管理费纳入人员经费管理），保障各预算单位正常业务工作的开展，提高在职及退休人员待遇，加大绩效奖励投入，提高干部工作积极性，稳定队伍。

取消一切与收入有直接关联的支出政策和违反财政政策、涉及提取比例的供给规定，实现“收支脱钩”，试行聘用人员管理制度改革，逐步建立“养事不养人”的机制。

改革项目编制方式，突出“保民生、保重点、压一般”，融入“零基”概念，区分刚性项目支出和零基项目支出，削减项目中开支公用类支。统筹安排好有限的财力，保障党委、政府设立的重大建设项目和政策实施，满足各预算单位的业务需求，使项目支出规范、合理和快速。与2016年预算比较，2017年项目数量和金额大为减少（2017年项目数为996个，比2016年1328个减少332个，下降25%；金额压减近10亿元，下降近18%）。

（韶关市财政局供稿，申薇执笔）

【农业综合开发】 规划方案编制精准 2016年，韶关市精准编制规划设计方案，做精做细规划设计等项目前期准备工作。

储备项目。为精准、快速地完成项目申报工作，韶关市财政局完善农业综合开发项目储备库，将可以开发治理的位置和面积纳入项目储备库。各县（市）平时工作中也非常留意下年度项目申报区，在省还没有发出申报通知前，就提前有意向选择好项目申报点，通知一到马上进场进行勘测、规划、设计等工作。

现场勘察。农业综合开发办公室工作人员和规划设计单位到现场勘察，把拟建设的每条路、每条渠道都走一遍，充分听取镇村干部、新型农业经营主体和村民意见，不单纯用地图或航拍等勘测技术在室内绘制规划设计方案。

专业设计。聘请有专业资质、责任心强、服务质量好的规划设计单位进行规划设计，力求规划设计方案合规、合理、实用、美观。

科学规划。围绕当地农业优势特色产业，尽可能优先安排集中连片、产业发展前景好、农民建设意愿高的乡村。在机耕路和渠道规划设计上，尽可能按“井”字形、“十”字形或“田”字形结构进行，使项目区形成路直渠畅、田路相接的架构，为现代农业发展打好基础，兼顾满足方便项目区农民生活的需要。

实地考察。在各县（市）编制规划设计初稿出来后，定稿报省前，韶关市财政局组织有关专家到现场对规划设计方案进行实地考察评估，看看是否按省、市专家评审反馈意见进行修改和完善，确保项目的真实性、合规性、合理性和有效性。

时间倒逼机制 农业综合开发土地治理项目是跨年度工程，由于受气候及耕作特点的影响，土地治理项目建设期短（一般为当年11月至次年3月），若错过冬季施工的黄金季节，就会造成春耕后至秋收前农忙季节的工程被迫停工，剩余工程量只能等到第二年冬季农闲才能继续施工，造成至少推迟一年才能完工的被动局面。为解决这一问题，韶关市实行时间倒逼机制，在时间安排上，突出一个“早”字，抓住冬季施工的黄金季节，及早掀起冬季建设高潮。

及早招标。韶关市财政局农发办负责的土地治理项目施工监理公开招投标工作在各县（市）工程施工招投标前完成，即在8月底前完成；各县（市）10月底前完成当年度农业综合开发土地治理项目工程施工的公开招投标工作。

及早开工。督促建设施工中标单位在10月底或11月上旬晚造收割后马上开工建设；次年春节前完成项目主体工程建设任务，春耕前全面完成工程建设任务。

及早验收。督促各县（市）在5、6月份做好上年度项目单项工程竣工验收工作，7、8月份做好审计和相关申请市级验收资料的准备工作。9或10月份韶关市组织验收组对上年度农业综合开发土地治理项目进行竣工验收。

创新试点探索　2016年，韶关市财政局探索国家农业综合开发高标准农田建设模式创新试点，创建农业综合开发现代农业示范园工作，成为广东省第一个国家农业综合开发高标准农田建设模式创新试点项目，在翁源县建设以蚕桑和粮食加工为主导产业的现代农业示范园来开展创新试点项目，实现韶关市国家农业综合开发现代农业示范园项目零的突破。项目总投资8104万元，其中：财政投资5000万元。包括2个高标准农田建设项目和6个产业化发展项目。项目的创新集中体现了“四个融合”上。

项目融合。翁源县建设项目将农业综合开发高标准农田建设和产业化发展项目相融合，统筹农业综合开发高标准农田建设、产业化发展两类项目，发展蚕桑、粮食等优势特色产业。高标准农田建设项目重点完善水源工程、灌排渠系工程和机耕道路，加强优质粮食、桑叶种植基地基础设施建设；产业化发展项目在高标准农田建设项目的基础上，发展蚕桑、大米的种养、加工等，不断提升主要农产品的生产、加工、储运和交易能力。注重两类产业项目融合发展。即蚕桑和粮食产业的融合发展。该项目将建设3000吨蚕沙有机质肥循环利用项目和种桑治理重金属污染示范区，利用蚕沙有机质肥改善粮食种植基地的土壤质量，利用种桑吸附土壤重金属，治理土壤污染、提高土壤肥力、作物产量和品质，打造生态循环农业示范区。

三产融合。项目按照“提高产品附加值和资源综合利用率、延伸产业链条、实现提质增效”的发展思路，重点开展种桑养蚕，蚕种繁育，茧丝加工，茧丝绸交易展示，蚕沙有机肥加工，种植水稻，粮食加工，休闲观光等，涵盖了第一产业、第二产业和第三产业，促进一二三产业的融合发展。

资金融合。以项目为平台，融合农业综合开发高标准农田建设和产业化发展项目资金、农发切块内项目和部门项目资金、农发资金与其他支农资金。同时，在不改变资金性质和资金用途的前提下，财政支农资金优先向示范园集中使用。广东省财政厅已确定园区内高标准农田建设项目提标部分和原由市县承担的20%地方投入部分资金从省国土厅掌握的新增建设用地使用费中解决，同时，协调翁源县整合环保部门资金420万元，文化产业发展资金500万元，粤台农业合作试验区项目资金85万元，合计1005万元共同投入园区建设。

科技融合。以项目所实施的内容为主体，将产业科技导入整个园区和各相关子项目的建设以及今后的生产运营中。从而使项目具有科技创新增强、科技含量提升、科技引领发展等特点。从家蚕优质品种的引进与繁育，如何培育出蚕农饲养满意、茧丝加工企业欢迎、消费市场客户喜欢的品种；从合作社与北京大学东莞研究院合作开展的，既能消除温度不平衡、又能确保高温饲养小蚕的采用水流式地面控温饲养小蚕的新技术；从蚕沙回收堆沤，如何保证既消除原生病毒，又确保肥效最大化，实现农业生态循环利用；再到茧丝加工引进6组全自动智能缫丝机、力求生产6A级高值高效高品位生丝，改造替代原产能低、消耗大、质量低的缫丝机等子项目，均引进和采用新了技术、新设备、新工艺、新管控流程。

责任落实推进　2016年，韶关市财政局抓项目责任的落实。主动协调各县（市）工作中遇到的较重要、较难解决的问题，各县（市）财政局负责协调理顺项目工程实施中的各种关系，开好项目建设动员会、村干部会、村小组和村民代表会、家长会等“四个会”，使项目区干部群众的思想统一起来；工程技术和监理人员负责项目工程现场技术指导和质量监督；镇、村干部负责协调、处理项目工程实施中的一般矛盾纠纷。

抓招标工作的落实。督促各县（市）着力抓好招投标的各项前期工作，主动向领导汇报，协调好发改、住建、交易中心等部门，确保按时公开招投标，选好施工队伍和监理单位。

抓工程质量的落实。在实施期间，发挥各县（市）农发办自身的管理职责和监理单位的监理责任，加强质量检查，对在检查中发现的问题，督促项目承担单位按项目建设和管理要求进行整改。对不符合设计要求和质量要求的，及时予以纠正，该返工的坚决要求返工。同时，聘请或推荐项目所在地村民代表参与施工项目工程监督。

抓工程进度的落实。做到“四个”保证。从时间上给予保证，及时完成工程招投标，确保工程中标施工单位在10月底或11月上旬进场施工；从场地上给予保证，在施工期间，农发办干部经常会同镇、村干部深入工地，协调处理建设所需用地、农作物的清理等问题；从人力上给予保证，经常与中标施工单位沟通，及时掌握进度情况，进度偏慢时，责成施工单位增加施工人员；从财力上给予保证，全面实行县级报账制，按进度及时拨付工程款。

抓资金管理的落实。严格执行预算法，落实好农业综合开发项目地方财政配套资金；严格执行农业综合开发财务会计制度和县级财政报账制，实行专人管理、专账核算、专款专用；推行农业综合开发项目资金财政部门经常性检查、审计部门定期审计的资金监管机制，确保项目资金安全运行。

抓检查督促的落实。在项目建设过程中，定期或不定期地进行项目建设检查督促，对在检查中发现的问题与不足，及时督促项目承担单位按项目建设和管理要求进行整改完善。在工程建设的关键时期，组织各项目县（市）开展1—2次交叉检查，达到相互交流、相互监督、相互促进、相互提高的目的。

2016年，韶关市农业综合开发工作进度排在全省首位，绩效评价为“优”。

（韶关市财政局供稿，朱光仁执笔）

【金融信贷机制创新】 主要做法 2016年，韶关市曲江区财政局鼓励和引导曲江区辖区内各金融机构加大信贷投放力度，促进曲江经济社会持续较快发展；制订实施《韶关市曲江区金融机构信贷投放考核奖励办法》，提升各金融机构加大信贷投放的积极性。全年驻区银行存款余额132.8亿元，比2015年增长10.8%，各项贷款余款58.51亿元，贷款增量增长10.19%。金融信贷的增量投入助推曲江经济持续平稳发展。

强化组织保障。由区政府牵头，区金融办、区财政局、区发改局、区审计局、人民银行曲江支行等部门组成金融信贷投放考核领导小组，领导小组下设区金融办为办公室，具体负责日常工作和考核认定工作。考核小组考核认定各金融机构考核结果后提出奖励方案，报区政府审定；制订《韶关市曲江区金融机构信贷投放考核奖励办法》，明确考核对象、考核原则、奖励标准等事项；各金融机构的财政性存款每半年调整一次，具体由区财政局会同人民银行曲江支行组织实施。

明确奖励事项。考核奖励对象是曲江区驻区各商业银行、农信联社、邮政储蓄银行、农业发展银行、广发银行、汇丰银行、交通银行；区政府根据各金融机构在本地的信贷投放资金量，对金融机构实行奖励，金融机构对辖区内的信贷投放，以上年为基数，按净增额的1‰给予奖励，其中奖金总额的90%奖励给金融机构，10%奖励给人民银行曲江支行和区金融办（各奖励5%）。奖金原则上主要用于弥补办公经费的不足，以及有关政策规定范围内同意发放的有关补贴；金融信贷投放考核结果，作为金融机构参与区委、区政府年度评优评先的重要依据。

加强部门协调。区政府作为金融信贷机构的牵头单位，组织做好金融信贷工作的实施，同时做好督查等各项工作。建立了部门协调配合制度，健全金融信贷部门联席会议机制，各金融部门相互配合，树立“一盘棋”的思想，形成合力。在工作中遇到问题及时向政府请求、汇报，及时商解工作中的矛盾和问题。

落实工作责任。金融信贷涉及社会各个层面，为使工作取得实效，各个金融部门增强工作责任感和使命感，真抓实干。区财政局认真落实支持金融的政策，最大程度发挥财政杠杆对金融发展的撬动作用。区金融办做好业务指导工作。其他金融部门各司其职，认真落实部门责任。

工作成效 2016年，韶关市曲江区经济取得长足发展。全年全区实现地区生产总值133.95亿元，比2015年增长3.6%。人均生产总值达4.24万元，增长2.8%。完成一般公共财政预算收入8.07亿元，增长6.4%。固定资产投资56.17亿元，完成市下达的目标任务。社会消费品零售总额62.72亿元，增长9.9%。农业、工业、第三产业分别完成增加值18.2亿元、61.44亿元、54.11亿元，分别增长4.1%、5.6%、6.3%，三大产业结构比分别是10.5：50.9：38.6。

推进农业经济发展。加快农村金融创新，推进农业供给侧结构性改革。2016年全区涉农贷款15.71亿元，通过开办定单农业贷款、农户联保贷款、农村青年创业贷款等方式支持农村经济发展。完成农业增加值18.1亿元，增长4.1%。完善农业基础设施，规划高标准农田3.87万亩，垦复灾毁农田67.73公顷，治理中小河流39.3千米，农村公路硬底化40千米。在连接镇村的主要路网安装太阳能路灯7276盏。完成农村饮水安全工程18宗，农村饮水安全覆盖率达91%。扎实推进精准扶贫工作，30个贫困村贫困户1245户脱贫。全区农民专业合作社167个，家庭农场81个，木竹加工企业68家，4家农业龙头企业。推动“互联网+”试点建设和农村淘宝项目，发展农业综合开发，提升特色农业发展和农业组织化水平。金融信贷促进农村发展、农民增收，全区农村经济总收入达79.48亿元，农民人均收入1.51万元，增长8%。

推进项目建设。完善财政扶持项目建设政策，融资3.5亿元解决重点项目融资、用地瓶颈等问题。曲江经济开发区路、网、气、电及排水、排污等“扩园提质”基础设施不断完善，园区吸引力增强；华南先进装备产业园完成征地面积333.33公顷，园中路等4条园区主干道路建成使用。当年“两大”园区完成工业增加值17.83亿元，增长2%。当年招商引资1000万元以上项目共34个，签约投资总额达337亿元。当年全区新开工重点项目19个，完成投资26.85亿元。加快马坝人国家考古遗址公园项目建设，打造名城效应。融入韶关主城区，推进曲江大道、莲花大道二期建设；十六冶棚户区改造、“大南华”开发、韶钢转型升级工程、大宝山钢硫资源综合利用项目、北江航道（曲江段）升级工程、台泥（韶关）水泥生产等项目进展顺利。

推进企业发展。全区企业贷款13.84亿元，鼓励企业创新发展。全区有6家企业获得高新技术企业认定，新增规上企业2家，全区工业企业达68家。民营企业快速发展，全区民营企业达1675家。企业注册资本总额52.32亿元，增长19.62%。落实技术改造政策，加快传统产业转型升级。实施“一企一策”，支持宝钢韶钢、大宝山、韶电等驻区中省企业通过技术革新做强做优。积极承接中省企业关联产业，延长中省企业产业链。支持民营企业参与ppp项目和国有、集体企业改制重组，鼓励民营企业加大研发投入，提高自主创新能力。完善创业孵化平台和激励政策，支持大众创业，扩大民营经济总量。

（韶关市曲江区财政局供稿，林劲松执笔）

河源财政

【经济财政概况】 2016年，河源市实现地区生产总值（GDP）898.72亿元，比2015年增长8.6%。其中，第一产业增加值105.05亿元，增长4.2%，对全市经济增长的贡献率为5.7%，拉动GDP增长0.5个百分点；第二产业增加值407.83亿元，增长9.9%，对全市经济增长的贡献率为52.7%，拉动GDP增长4.5个百分点；第三产业增加值385.84亿元，增长8.4%，对全市经济增长的贡献率为41.6%，拉动GDP增长3.6个百分点。全年完成固定资产投资652.29亿元，比2015年增长15.6%。全年进出口总额261.0亿元，比2015年增长4.0%，其中出口总额188.8亿元，增长7.1%。全年合同利用外商直接投资3.65亿美元，年增长6.2%；实际利用外商直接投资0.95亿美元，下降34.1%。全年社会消费品零售总额537.44亿元，增长11.0%。全年居民消费价格总水平上涨2.0%。

全年实现地方一般公共预算收入68.89亿元，增长2.1%。其中：地方库税收入45.13亿元；非税收入23.76亿元，增长12.9%。全市一般公共预算支出293.95亿元，增长9.53%。市本级实现一般公共预算收入25.44亿元，增长1.9%；其中，地方库税收入16.95亿元，增长0.4%；非税收入8.5亿元，增长4.9%。市本级一般公共预算支出68.2亿元，增长12.31%。

【财政收支管理】 2016年，河源市财政收入稳定增长，全年全市一般公共预算收入增速在全省21个地级以上市排名第12位，一般财政可比口径为排第8位，在粤东西北地区排名第3位，高于粤东西北地区平均增速4.2个百分点，在粤北5市排名第1位，高于粤北5市平均增速6.2个百分点；非税占比为34.5%，收入质量在全省排名第十位。落实省加快财政支出进度各项要求，全年全市一般公共预算支出增长率在全省排名第四位；完成年度预算的134.2%，完成年初预算进度在全省排名第三位。

【积极财政政策】 2016年，河源市支持创新驱动发展，市本级安排创新驱动发展资金3100万元，统筹上年结转资金1605万元支持产学研合作、科技成果转化等工作；安排工业技改创新扶持专项资金和产业引导专项资金5500万元，通过贷款贴息、以奖代补等方式支持企业进行技术改造；争取设立深河产业投资基金20亿元，争取省产业园区扩能增效扶持资金1.2亿元，为产业园区提速发展夯实资金保障。2016年全市共筹措资金7500万元设立中小微企业信贷风险补偿金，支持企业增信贷款1亿多元；筹集1亿元建立中小微企业政策性融资担保机制；建立政府科技贷款风险补偿和风险分担机制，安排2300万元建立科技金融风险准备金，以1∶10放大资金规模效应，支持企业融资；安排财政专项资金5100万元组建政策性担保机构；整合财政贴息政策，落实2014年度、2015年度深圳对口帮扶河源产业园区项目贷款贴息资金6639万元，112个项目获得贴息补助。打好降成本“组合拳”，牵头制订《河□源市供给侧结构性改革降成本行动方案（2016—2018年）》《河源市切实降低费（险金）率水平工作方案》和《关于推进供给侧结构性改革降低实体经济企业成本的意见》，推动降成本各项政策措施精准落地，全年全市为企业减轻负担41.89亿元。

【财政民生保障】 2016年，河源市民生支出达226.05亿元，占公共预算支出的76.9%，增长10.5%；基本公共服务支出136.86亿元，占公共预算支出的46.56%，增长13.35%，高于一般公共预算支出增速（9.53%）5.82个百分点。省“十件实事”市县级支出41.75亿元，完成年度任务的106.4%；市“十件实事”支出48.32亿元，完成年度任务的91.4%。加大财政惠农工作力度，全年中央、省和市投入45.5亿元（市本级10亿元）支持“三农”发展。完善农业农民补贴制度和涉农资金监管制度；牵头制定《河源市精准扶贫开发资金筹集和使用管理办法》；推进基本公共服务向基层延伸，基本完成7个县级基层服务平台建设，进驻事项2522项，建成镇级基层服务平台100个，完成率100%，具备建设条件的村（社区）建成公共服务站1394个，完成率100%。

【财政改革管理】 2016年，河源市启动编制财政中期发展规划；推进零基预算改革试点；完成项目库管理平台建设；试编权责发生制政府综合性财务报告试点在全市全面铺开；完成乡镇国库集中支付制度改革。完善市与源城区、江东新区、高新区的财政管理体制；完成源城区、紫金县与江东新区财权与事权划转基数工作；建立江东新区、市高新区金库。推广PPP模式，促进4个项目成功入选省项目库，其中市中医院二期内科大楼建设项目被财政部确定为第三批PPP示范项目。全面推开“营改增”试点；公益二类事业单位全面纳入“收支两条线”管理。协助市车改办开展市直行政单位公务用车改革工作；制定《河源市政府采购领域加强内控管理的实施意见》和《关于进一步加强政府采购管理工作的意见》；协助推进司法体制改革、行政事业单位养老保险制度改革及医药卫生体制、教育体制改革等。

2016年，河源市建立财政存量资金定期清理机制，完成预算单位银行账户清理工作，统筹使用结转结余资金3.5亿元；加强库款管理；制定《河源市财政局内部控制基本制度（试行）》、八个风险管理办法和内部控制操作规程。强化财政收支运行监测；强化政府债务管理。组织开展财政资金监督检查；推进行政事业单位内部控制机制建设；加强行政事业资产和公务用车规范化管理；开展财政支出重大项目绩效评价。完成新的信息管理综合平台建设；实行办公自动化系统；落实财政专项资金监管和信息公开管理制度；全面公开市级预决算信息。强化对财政票据申领、发放、核销、销毁等全过程监管。严格把好项目概算预算决算审核、资金使用评审等工作。对全市1382个独立核算单位进行“拉网式”摸底；2016年受理预算单位资产处置申请业务105批，严把资产处置关口。

（河源市财政局供稿，黎章驹执笔）

梅州财政

【经济财政概况】 2016年，梅州市实现地区生产总值（GDP）1045.56亿元，比2015年增长7.5%，其中：第一产业增加值211.89亿元，增长4.3%，拉动GDP增长0.9个百分点；第二产业增加值371.28亿元，增长6.3%，拉动GDP增长2.3个百分点；第三产业增加值462.39亿元，增长9.9%，拉动GDP增长4.3个百分点。三次产业的结构比例由2015年的19.6：36.7：43.7调整到2016年的20.3：35.5：44.2。民营经济增加值655.05亿元，增长7.2%。全年完成固定资产投资650.36亿元，比2015年增长14.5%。全年社会消费品零售总额619.77亿元，增长10.8%。全年进出口总额155.1亿元，增长1.7%。

2016年，来源于梅州的财政总收入269.38亿元，比2015年下降2.89%。其中：中央级收入79.7亿元，增长0.77%；省级收入33.88亿元，增长14.54%；市县级收入155.8亿元，下降7.67%。

全市一般公共预算收入105.46亿元，比2015年增长1.81%，按可比口径计增长4.3%。其中：税收收入完成68.69亿元，下降6.96%；非税收入完成36.77亿元，增长23.56%。全市一般公共预算支出384.02亿元，比2015年增长2.03%。

市本级一般公共预算收入25.2亿元，比2015年下降11.14%。其中：税收收入14.66亿元，下降26.22%；非税收入10.54亿元，增长24.15%。市本级一般公共预算支出70.4亿元，比2015年下降13.41%。

【财政收支管理】 2016年，梅州市财政收入保持增长。克服经济下行压力，针对“营改增”政策全面铺开、财政体制调整、普遍性减税降费政策以及部分重点税源企业大幅减收等状况，加强与国地税部门的沟通协调，帮助寻找税源，配合做好税费组织工作，规范收入征管秩序，切实做到“收足、收实、收好”。全年全市一般公共预算收入增幅在全省排名第13位，在五个山区市中排名第二位。2016年，梅州市财政支出管理规范。规范预算执行，强化预算约束，严格执行年度预算。继续压减财政存量资金规模，加大对财政暂付款等往来指标的清理，加快财政支出进度，促进财政支出各项关键指标达标。进一步完善公务活动支出管理系列制度，调整市直党政机关和事业单位差旅费、误餐补助等开支标准。推进厉行节约反对浪费，从严控制一般行政性经费和“三公”经费增长，降低行政运行成本，把有限的财政资源用在刀刃上，集中财力办大事。全年全市、市本级行政和参公事业单位会议费及“三公”经费财政拨款支出分别比2015年下降16.08%、31%。

【积极财政政策】 2016年，梅州市力争转移支付资金支持。想方设法争取上级财政在激励型财政机制、县级基本财力保障机制、生态保护补偿机制、重大项目建设、重点民生项目等方面给予梅州市更多转移支付资金支持，增强市县两级可支配财力。全年全市获得上级各项转移支付资金258.97亿元，其中市本级53.85亿元。力争省级债券资金支持。主动对接债务置换政策，利用省置换债券置换利率高、期限长的存量债务，降低政府债务的利息成本，并通过新增地方政府债券等方式，缓解市经济社会发展的资金需求。全年全市获得省置换债券66.54亿元，其中市本级30.68亿元；全市获得省新增政府债券59.02亿元，其中市本级32.07亿元。

2016年，梅州市保障重大项目支出。牢固树立服务大局观念，在财政支出压力非常大的情况下，想方设法筹集资金支持嘉应新区起步区、梅兴华丰产业集聚带和梅江韩江绿色健康文化旅游产业带和交通基础设施建设。全年市财政拨付江南新城建设项目资金39.11亿元、芹洋半岛建设项目资金4.05亿元；全市各产业园区（集聚地）共获得省级产业园区扶持资金1.01亿元；市财政共安排旅游专项资金3000万元；全市财政交通运输支出16.92亿元。推进融资模式创新。拓宽融资渠道，充分依托城投公司等融资平台开展融资工作，与建设银行、交通银行等金融机构合作设立发展基金，加大PPP项目规范推广力度，引导和筹集更多资金投入市委市政府确定的重点项目建设。

【财政民生保障】 2016年，梅州市牢固树立和落实共享发展理念，支持补齐民生和社会事业短板，保障社保、医疗、就业、教育等重点民生支出，支持文化体育等事业发展，筹集资金支持实施省市民生实事，健全完善财政支农投入机制，支持实施新时期精准脱贫工作，落实好政法经费保障，促进社会更加和谐稳定。全年全市财政民生支出完成315.09亿元，比2015年增长2.55%，占一般公共预算支出的82.05%。

【财政改革管理】 2016年，梅州市推进供给侧结构性改革。研究制定支持降低企业成本的一揽子政策措施，落实各项税收优惠政策，全面推开“营改增”试点工作，开展清理规范涉企收费工作，全年共为全市企业减负31.48亿元，其中降低税负成本18.23亿元。支持实施创新驱动发展战略。综合运用发放创业券创新券、风险补偿、设立引导基金等方式，加大对中小微企业发展的扶持力度，培育创业创新示范平台，促进外向型经济发展。全年市财政投入股权投资资金2.6亿元，全市为企业争取上级技改等资金2.1亿元，全年通过市信贷风险补偿基金共为企业发放增信贷款2亿元。落实节能减排财政综合示范政策。推进国家节能减排财政政策综合示范城市建设，组织开展2016年度节能减排典型示范项目征集申报工作，全市有54个典型示范项目入选，项目总投资额101亿元，年度计划投资32.6亿元，核定中央奖补资金3.17亿元。

2016年，梅州市加大财政监督力度。围绕群众关心的焦点问题以及财政资金的重点领域、行业开展监督检查，先后组织开展转移支付资金、债券资金、技改奖补资金、重点支出资金、税收优惠政策落实、会计信息质量等专项检查。强化财政支出绩效评价结果应用，完善专项资金绩效评价考核机制，推进第三方绩效评价。提升财政管理效能。协调做好各县（市、区）世界银行和外国政府贷款项目的申报、审批、实施等工作。推进财政信息化建设，实施财政一体化信息系统升级改造，推进财政资金实时在线联网监督系统建设。加强地方政府性债务管理，防范和化解债务风险。加强财政内控机制建设，制订内部控制办法和操作流程。加强政府采购监管、财政投资评审、会计管理、农村集体“三资”管理、农村财务管理、行政事业单位资产管理、国有企业资产管理、财政票据监管、市拍卖行管理等工作。

2016年，梅州市加大财政改革管理力度。加大财政预决算信息公开力度，加快推进实施中期财政规划管理，推行市、县、镇三级国库集中支付改革，深化行政审批制度改革，配合推进公务用车制度改革、司法体制改革、审计机关人财物管理改革、农业“三项补贴”改革、国有企业改革、机关事业单位工作人员养老制度改革等工作，开展基层公共服务综合平台建设试点工作，各项改革工作取得预期成效。

（梅州市财政局供稿，李振豪执笔）

惠州财政

【经济财政概况】 2016年，惠州市实现地区生产总值3412.17亿元，按可比价格计算，比2015年增长8.2%。分产业看，第一产业增加值完成172.54亿元，增长4.1%；第二产业增加值完成1836.45亿元，增长8.1%；第三产业增加值完成1403.18亿元，增长8.8%。三次产业结构比重调整为5.1∶53.8∶41.1。

2016年，全市地方一般公共预算收入完成361.29亿元，增长10.0%；其中，税收收入完成219.7亿元，占一般公共预算收入比重的60.8%，完成市代编预算的94.4%，增收21.77亿元，增长11%；非税收入完成141.59亿元，完成市代编预算的100.2%，增收11.17亿元，增长8.6%。市本级一般公共预算收入完成115.73亿元，增收6.32亿元，增长5.8%；市本级一般公共预算支出完成136.23亿元，增支5.54亿元，增长4.2%。全市地方一般公共预算支出完成509.25亿元，增长4.8%。

【财政收支管理】 2016年，惠州市财政运行平稳。财政收入稳步增长，实现预期增长目标。通过健全财税联席会议制度，强化征管，全市一般公共预算收入完成361.29亿元，比2015年增收21.29亿元，在诸多不利因素影响下，财政收入实现逆势增长，总量继续保持在全省第五位。财政支出保障有力，较好地服务经济社会发展。全市一般公共预算支出完成509.25亿元，比2015年增支23.25亿元。

增强县（区）级财政实力。县（区）级一般公共预算收入完成245.56亿元，增收24.16亿元，增长10.91%，占全市一般公共预算收入的比重为67.97%，比2015年上升2.85个百分点。从总量看，大亚湾开发区、惠阳区、博罗县一般公共预算收入迈上40亿元新台阶，惠城区、惠东县一般公共预算收入接近40亿元水平。从增速看，各县（区）平均增速高于全市平均增速0.9个百分点，其中，大亚湾开发区、仲恺高新区、惠阳区、惠东县、博罗县等五个县（区）的一般公共预算收入增速实现两位数增长并超过全市平均水平。

【财政经济调控】 2016年惠州市推进供给侧结构性改革。早在2014年，惠州率先在全省开始逐步减免38项涉企行政事业性收费，实行“2014年减半，2015年全免”的优惠政策，2016年该项减免政策直接减轻企业负担11亿元。2016年，财政部门牵头制定《惠州市供给侧结构性改革降成本行动计划（2016—2018年）》，通过降低制度性交易成本、人工成本、税负成本和社会保险费成本等7方面任务35项措施，释放供给侧结构性改革降成本红利。落实涉企税费减免等各项降成本政策措施，全年为全市企业减负超过100亿元。

推进“营改增”改革。减轻企业税负，主动做好“营改增”各项准备工作，狠抓“营改增”各项减税政策落到实处，释放结构性减税红利。发挥财政部门统筹协调作用，加强与税务部门、行业主管部门的沟通协作，推动“营改增”在地税部门与国税部门之间的平稳过渡。加强对“营改增”过渡期间的征管，防止征管真空或服务不到位现象的发生。支持税务部门开展“营改增”各项工作，为“营改增”创造良好条件。自2016年5月1日全面实施“营改增”起，至2016年底，本轮“营改增”的四大行业纳税申报率达99%。

推进投融资体制改革。按照“政府引导、市场运作、规范透明、监管有力”的要求，创新财政投融资体制，制订《惠州市市级政府投资基金组建工作方案》，推动组建市级政府投资基金，发挥财政资金的杠杆作用，提高资金使用效益。在基础设施建设和公共服务领域，推行政府和社会资本合作（PPP）模式，吸引社会资本参与提供公共产品和公共服务，全年录入PPP项目综合信息平台的项目共计39个，项目投资概算金额449亿元。

支持创新驱动发展。加大对环大亚湾新区、潼湖生态智慧区两大省级战略平台政策倾斜力度，市财政安排财政资金4亿多元，加快两大平台建设。支持推动中海油惠炼二期、信利一期等重点项目加快建设，夯实中长期财政收入增长的经济基础。实施创新驱动发展战略，释放“1+6+N”创新政策红利，加大对科技创新发展的扶持力度。全市一般公共预算科学技术支出21.8亿元，增速高于平均水平，推动企业转型升级、产业结构调整和有效激发科技创新动力。

【财政民生保障】 2016年，惠州市加大民生保障投入力度。健全民生投入保障机制，确保民生投入水涨船高，坚持将市级新增财力的75%，县级新增财力的60%以上投入民生，民生投入随着财政收入的增长而不断增长。全年全市民生支出完成359.05亿元，比2015年增支20.71亿元，增长6.1%，民生投入力度不断加强。民生支出占一般公共预算支出比重达70.5%。

深化基本公共服务均等化综合改革成果。完成全市基本公共服务均等化综合改革试点任务后，深化改革成果，推动均等化改革深入发展。率先在全省编制市级“十三五”基本公共服务均等化规划，提升基本公共服务保障水平。建立健全基本公共服务均等化财力保障机制。设立扶持社会组织发展专项资金，培育社会组织承接基本公共服务职能，提高社会组织参与供给基本公共服务的积极性和供给水平。运用PPP模式吸引社会资本参与基本公共服务的有效供给和运营，把推广PPP模式的重点放在公共服务领域。基本公共服务均等化改革得到了创新发展。

办好民生十件实事。遴选市十件民生实事，完善征询机制，市十件民生实事项目共实施69个具体项目，资金计划总投资额209.7亿元，年度资金计划投资额85.6亿元，其中财政资金投入53.7亿元，全年累计拨付资金50.1亿元。同时，加快省十件民生实事资金的拨付进度，全年累计拨付资金33.9亿元。资金拨付与项目实施进度相匹配。

推进精准扶贫工作。坚持把精准扶贫工作作为一项重要任务来抓，支持三年精准扶贫攻坚战，落实脱贫攻坚任务，确保扶贫资金预算足额、使用精准、拨付及时、监管严格，提高扶贫资金使用效益。2016年安排精准扶贫、精准脱贫市级配套资金0.6亿元，推动精准扶贫各项工作的落实，加快贫困人口脱贫的速度。

完成基层公共服务综合平台建设任务。按照“互联网+政务服务”建设的基本原则和要求，以网上办事大厅为基础，采取“线上+线下”相结合的模式，通过统一信息系统、统一服务场所、统一人员队伍、统一内容流程、统一经费保障，整合基层公共服务平台资源，至2016年底，全面建起县、镇、村（社区）三级联动、规范统一的基层公共服务综合平台信息系统，实现公共服务事项“群众办事不出村”的“一网式”办理、“一门式”服务，方便群众办事。

【财政改革管理】 2016年，惠州市加强预算管理。在2017年市本级部门预算编制中，铺开零基预算改革，在现行预算控制安排水平的基础上，优化支出结构，打破固化基数安排，提高年初预算编制的精准性和到位率。制定《惠州市人民政府关于市本级实行中期财政规划管理的实施意见》，改进预算管理和控制模式，提高预算编制的前瞻性、有效性和可持续性。建立清理盘活存量资金工作机制，控制结转资金规模，强化预算约束，2016年全市财政按规定收回存量资金的比率达100%，统筹用于经济社会发展亟需资金支持的领域。

加强绩效管理。提高财政资金的使用效益，加强绩效管理，树立绩效权威，以绩效评价结果倒逼财政资金的高效使用。选取“农村公路养护市级补助资金”等23个涉及民生、社会关注度较高的财政支出项目开展综合绩效评价，涉及资金4.7亿元，通过委托第三方机构对上述项目开展第三方评价，对项目资金使用效益进行评分定级，提高公共资源配置效率和财政资金使用效益。组织市级50多个部门预算单位对200多个项目开展绩效自评工作，并抽取部分项目委托第三方评价机构进行评审，督促部门预算单位加强绩效管理。

加强专项资金管理。建立财政专项资金监管平台，构建“科技+制度+监督”资金监管体系，以网络为基础，信息为支撑，对专项资金实行“五网”管理（即网上信息发布、网上受理审核、网上专家评审、网上资金监控、网上实时预警），规范专项资金的使用，平台涵盖5个部门13大类、39项专项资金。

加强债务风险管理。把防风险放在重要位置，主动向市人大报告地方债务限额，严格按市人大通过的债务限额控制债务规模，确保政府债券用于规定用途。制订债务风险化解规划和债务风险应急预案，明确责任，完善机制，构建市、县两级政府债务防控体系，防范和化解财政金融风险。加大存量债务置换工作力度，主动争取地方债置换额度，全年争取债务置换债券278.4亿元，统筹用于重点项目建设和BT项目债务置换，减轻政府短期偿债压力，降低财政运行风险，同时推动重点项目建设。

建章立制强化管理。着力管长远管基本的目标，加快制度建设，出台一系列管理制度，通过制度建设强化管理。构建“1+8+X”内控制度体系，出台《惠州市财政局内部控制基本制度（试行）》，8个专项风险管理办法，以及各科室（单位）的“X”部分制度，加快内控建设，按照分事行权、分岗设权、分级授权，强化流程控制、依法合规运行。制订《惠州市市级政府投资基金组建方案》，对基金设立和管理的指导思想、基本原则、主要目标、部门职责、组建程序及组织保障等进行明确，规范政府基金组建和管理。

（惠州市财政局供稿，李欣执笔）

【“一站式”基层公共服务综合平台构建】 *主要做法* 博罗县是2016年全省推进基层公共服务综合平台建设的第二批试点县之一，全县基层公共服务综合平台建设完成，解决服务群众“最后一公里”问题。

高度重视，部署落实。在被确定为省基层公共服务综合平台建设工作试点县后，县委、县政府迅速召开会议，按照省、市的最新精神和要求，对县基层公共服务综合平台建设工作进行全面部署和安排。

成立县委基层公共服务综合平台建设工作领导小组。县委书记为组长，县长为常务副组长，县分管领导为副组长，其他县直单位及各镇（罗浮山管委会）为成员，领导小组下设办公室，负责日常工作。严格落实责任。对平台建设涉及的重点工作落实责任分工，主要包括：平台建设工作的牵头协调，平台建设资料的整理归档、统一镇村（社区）标识牌、增配高拍仪、身份证读卡器、服务评价器和经费保障等方面由财政部门负责；打通县镇村网络连接、生产生活类服务事项网上链接由县科工信局牵头负责；各镇村（社区）办公场所升级改造、完善三资平台以及网上村务公开等内容由县民政局牵头负责；网上基层公共服务平台建设、三资专用设备安装以及村级基层公共服务站专职操作人员配置和业务培训等由县行政服务中心牵头负责；梳理政务类审批事项、办事流程和制定公共服务事项办事指南等工作由县编委办牵头负责。明确时间节点。明确要求2016年4月中旬全面完成试点县建设任务，在基础较好的镇村打造亮点品牌，总结出可复制、可推广的经验，为全市下来全面铺开做好示范。

科学谋划，制订方案。调查研究。由县委组织部、县财政局牵头会同县基层治理有关成员单位，到各镇、村（社区）实地调研，深入了解平台建设运作情况，以及基层干部群众的服务需求，全面掌握情况，并初步确定27个行政村作为县基层治理公共服务综合平台首批建设示范村，在罗阳镇安排2个村（观背村、横坑村）作为全市基层平台建设现场会参观点。外出“取经”。摸清自身情况后，博罗县派出基层治理主要成员单位领导，随市委基层治理办调研组前往省第一批试点县新兴县和德庆县，学习借鉴其先进经验，把好做法、好理念融入到博罗县工作之中。分析总结。根据掌握的县内情况和其他地区的成功经验，进行全面分析和总结，制订《博罗县推进基层公共服务综合平台建设工作方案》，明确目标任务、完成时限、责任分工及工作要求，为平台建设及下来运行管理提供指导和指引。

整合资源，构建平台。博罗县严格按照“五个统一（机构人员统一、场所标识统一、流程内容统一、信息系统统一、经费保障统一）”和“八有（有机构、有牌子、有办公场所、有办公设备、有制度、有人员、有系统、有经费）”的要求，通过有效整合现有资源，建立起集“政务类、村级组织运作类、生产生活类”三大事项办理功能于一体的“一站式”农村公共服务综合平台。全县378个村（社区）全部建成公共服务站，完成率达

100%。

统一机构人员。严格按照“应进必进、非禁即进”及“三集中三到位”原则，确保人员、职能及事项完全进驻。人员主要由村委干部及大学生“村官”等构成；县、镇及村（社区）制定并印发公共服务工作管理考核办法，开展系列培训工作。2016年4月、5月，连续举办6期全县基层公共服务平台操作员业务知识培训班，共培训专（兼职）操作员1250多人次，现场发放培训手册1500本，办事指南2000本。

统一场所标识。县、镇、村（社区）全部统一公共服务场所及标识，办事大厅分别设于各镇镇政府、村委会或社区办公大楼等中心位置。统一悬挂“××村（社区）公共服务站”标识牌、路标建设及事项办理区、群众休息区、自助办事区的划分工作。

统一流程内容。确定县、镇、村（社区）三级公共服务权责清单及项目清单，在各级办事大厅及网上办事大厅予以公示；统一编制《网上办事指南》；制定各级标准化、透明化的办事流程图、服务事项内部运行控制图并予以公示。

统一信息系统。开通“博罗县网上公共服务中心”网页，主要界面设置有政务服务、村级运作、生产生活、智慧党建、惠农政策、镇街中心等6个模块。推进全县378个行政村（社区）农村“三资”监管平台建设工作，完成液晶电视、电脑、打印机、复印机、触摸型自助终端机的采购和安装，2016年3月，按照省、市关于基层公共服务平台设备配备的标准，完成购置安装高拍仪、身份证读卡器、服务评价器等设备及WiFi配备工作。

统一经费保障。全县各级政府将基层公共服务综合平台建设及运行经费列入年初预算，2016年县财政预算安排6000多万元，保障公共服务平台建设顺利推进和正常运作。

工作成效　2016年，博罗县依托完善网上政务服务体系，建成县、镇、村（社区）三级联动“一站式”基层公共服务综合平台。博罗县在全市率先完成网上办事大厅向村（社区）延伸工作，17个镇，1个管委会网上办事大厅，378个村（社区）网上办事点全面开通运行，县级网上办事大厅可以办理行政许可事项、非行政许可事项、社会事务事项共计771个；镇（管委会）级网上办事大厅可办理涵盖卫计、民政、林业、农业、安监、国土等方面政务类事项共计221个；村级网上办事点可办理包括民政、卫计、民宗、农业、国土、林业等6类共40个政务服务类事项；构建县、镇（管委会）、村（社区）三级政务服务网络体系联动，实现政务服务重心的下移。博罗县网上公共服务中心均与县电子监察系统实行数据对接，各环节接受县电子监察系统全过程的效能监察。博罗县的农村集体“三资”监管平台已正式上线。全县建立378个村账，2630个村小组账，各个村（社区）实现电脑记账率达到100%，真正实现“村民小组村代理、村账镇管”。

实施“光改”和“省信息先导村”项目，解决农村信息化基础设施薄弱、信息资源封闭滞后等老大难问题。早在2014年11月开始，博罗县利用农村党员远程教育光纤，重新规划设计各镇、村（社区）的电子政务内网，理顺原有混乱的网络并将镇、村（社区）网速分别进行提速至100兆和10兆，完成全县357个村（社区）的光纤铺设及村（社区）内部局域网的建设工作，在全市率先建成县、镇、村三级高速网络，实现“村村通光纤”。

实现村（社区）生产生活等民生事务代理代办，提高群众的生活质量，解决为群众办事的“最后一公里”问题。博罗县委、县政府与电信、移动、联通三大运营商以及供电局、自来水公司、有线电视等建立联动工作机制，在辖区各村（社区）委会设立公共服务签约网点，推进各项民生事务在村（社区）委会代理代办。各个“公共服务网点”业务主要涉及话费、水电费、网费的缴费充值，号码卡销售，报装宽带、固话、有线电视，实名制登记等26项民生事务代办工作，实现公共服务事项“一站式”办理、“一条龙”服务。

建设农村电商服务站，通过线上引流推动辖区农家乐、自驾游发展，促进农特产品线上的销售。博罗县发挥“互联网+”的优势，拓宽农产品销售渠道，降低流通成本，帮助农民增收致富，制定出台《关于加快电子商务产业发展的意见》，县财政安排每年不少于100万元资金，扶持电子商务发展。2015年7月，博罗县与阿里巴巴召开首次博罗县农村淘宝合伙人招募大会，建成1个县级农村淘宝服务中心和9个村级农村淘宝服务站，2016年5月推广至全县所有行政村。农村电商的发展，解决农村买难、卖难问题，实现“网货下乡”和“农产品进城”的双向流通功能。

引进“农财通”金融服务平台，提升三农经济发展水平。根据博罗为农业大县的特点，通过与县农村商业银行协调沟通，“农财通”金融服务平台延伸到村公共服务站，为辖内农业龙头企业、专业合作社、农民提供多种创业贷款、小额农贷等涉农贷款类产品，完成助农缴费、助农贷款、助农取款、助农理财及日常消费等基础金融服务，打造“足不出村，即可办理日常金融业务”的农村特色金融服务体系，实现农村金融“村村通”，带动农村经济全面发展。对接基层公共服务平台的“三资”管理服务平台，实现监管村级账户的签约及维护、支票数据的登记与查询等，并且通过短信银行实现大额支出的实时监督，增加农村财务管理的透明度，实现农村财务管理制度化、规范化和党风廉政建设关口前移，推动农村经济稳健发展，维护农村社会稳定。截至2016年底，全县378个村（社区）在县农商行开设村委资金专户，完成率100%；铺设POS机的村有230个，完成率60.8%；开立村小组账户2671个，完成率95.6%。

（博罗县财政局供稿，杨文辉执笔）

汕尾财政

【经济财政概况】　2016年，汕尾市一般公共预算收入完成307752万元，完成调整预算的101.91%，比2015年增收37326万元，增长13.8%。全年全市一般公共预算支出完成2066519万元，完成代编预算的176.95%，比2015年减支64587万元，下降3.03%。其中：涉及GDP考核的八项支出完成1576326万元，占一般公共预算支出的76.28%，增长24.93%，占GDP增加值比重的10.2%，对GDP的贡献率达10.8%，拉动GDP增速近1个百分点。

【财政收支管理】　2016年，汕尾市狠抓财政增收。面对“营改增”改革和供给侧结构性改革政策性减税降费等多种减收因素影响，全市各级财政部门把抓收入摆在预算管理和财政运行中的突出位置，会同税务等征管部门，加强分析协调和收入组织，促进财税收入实现增长。

加强财税监测分析。围绕全年收入预期增长目标，加强对经济运行情况的调研和财税收入形势的分析，落实财政收支月度分析制度和财税联席会议制度，及时掌握财政经济形势，提高分析预测的前瞻性、准确性。加大税收收入组织力度。配合税务部门以更有针对性和更加有力的措施抓综合治税、抓联动征管、抓主体税种、抓区域监管，提高征管效能，确保税收收入总量稳步提升，全市税收收入增长19.19%，居全省第一位。加强非税收入征管。清理规范非税收入项目，加强政府性基金、行政事业性收费、罚没收入、国有资源（资产）有偿使用收入征缴管理，确保非税收入及时足额划解入库。全年全市一般公共预算收入完成307752万元，比2015年增长13.8%，非税收入比重为35.39%，创历年最低水平。

优化支出结构。坚持把保障和改善民生作为公共财政投入的优先方向，优化财政支出结构，严控机关运行经费、财政供养人员以及“三公”经费等一般性支出，全年全市“三公”经费执行数比2015年下降13.42%。完善民生保障机制，集中财力保障和改善民生，支持补齐社会建设短板，财政支出向民生、基层、三农等短板和薄弱环节倾斜。全年全市民生支出占一般公共预算支出比重为77.67%，财政惠民力度加强。

【财政民生保障】　2016年，汕尾市加强教育事业保障，全市安排教育支出433003万元，占一般公共预算支出的20.95%，推动教育攻坚战三年行动计划，设立教育经费专户，支持中小学建设和校舍修缮、设备购置，推进教育创强和义务教育发展基本均衡化，全市通过国家教育创均督导验收，县镇两级基本通过省级教育创强督导验收工作；加强医疗卫生保障，全市医疗卫生与计划生育支出213872万元，占一般公共预算支出的10.35%，深化医药卫生体制改革，实施医疗卫生强基三年行动计划，加强公共卫生服务体系和基层医疗卫生设施建设，将财政对城乡居民基本医疗保险的补助标准从年人均380元提高到420元，完善重大疾病保障机制，将基本公共卫生服务经费从年人均40元提高到45元，推进县级公立医院综合改革；支持精准扶贫、精准脱贫，全市投入30336万元支持新一轮扶贫开发，对省核准的相对贫困户、相对贫困人口开展建档立卡、动态管理、重点帮扶。

支持和保障底线民生。全市社会保障和就业支出248159万元，占一般公共预算支出的12%。提高底线民生保障水平，将城乡居民基本养老保险基础养老金从每人每月100元提高到110元；城镇、农村低保补助补差水平分别从每月375元、175元提高到420元、195元；孤儿集中供养水平从每人每月1240元提高到1340元，分散供养水平从每人每月760元提高到820元；城乡医疗救助人均补助标准从每年1556元提高到2178元。加大对弱势群体帮扶力度，提高部分优抚对象等人员抚恤和生活补助标准，每人每月提高幅度为50元至654元不等，将福利彩票公益金重点用于支持发展养老服务体系建设。加大就业创业扶持力度，投入4200万元落实各项就业创业优惠政策，36099人享受社会保险补贴、岗位补贴、劳动力培训转移就业补贴等财政补助政策。

完善基层治理体系。支持抓基层强基础，2016年全市财政安排基层组织保障经费18073万元，将村干部补贴标准从每人每月1600元提高到每人每月2200元，村级组织办公经费补助标准从每村每年5万元提高到6万元，确保村级“两委”干部待遇提标和基层组织正常运转。

加大惠农强农力度。全市农林水支出212968万元，占一般公共预算支出的10.3%。重点支持农田水利、公平水库、潔河流域等河道生态工程、农业综合开发高标准农田建设、新农村连片示范建设，落实村级一事一议奖补、政策性农业保险、农业支持保护补贴、石油价格改革对渔业的补贴，投入9200万元推进基层公共服务平台建设，全市基本完成县、镇、村三级基层公共服务平台建设。

实施省、市“十件民生实事”。全市财政投入379745万元用于市“十件民生实事”，完成年初预算的102.07%；市县两级财政投入130659万元落实和配合实施省“十件民生实事”，完成年初预算的126.85%。

【财政经济调控】 2016年，汕尾市发挥财政资金的乘数效应和引导作用，加大对关键领域、重点行业的扶持力度，助推经济增长与产业升级。

拓宽融资渠道。争取新增地方政府债券资金269900万元投入60个重点项目建设，联合市发改局、国资委等部门推进市金叶公司企业债券发行，探索设立政府投资引导基金和城投基金。支持“三大抓手”建设。全市投入51367万元推进交通基础设施建设，潮惠高速公路建成通车，国道324线陆丰穿城路段等一批道路基础设施项目陆续开工建设。全市投入103000万元推进红草工业园区、海丰产业园区等园区征地和基础设施建设，加快工业园区扩能增效。全市投入178954万元推进中心城区扩容提质，中央商务区项目、市区工业大道西段综合市政改造工程、市区红海西路改造工程、市区埔边至罗马广场升级改造工程、市区金湖路（示范段）岸线修复景观工程等项目相继开工建设。加大产业扶持力度。2016年制定出台《汕尾市财政扶持产业发展政策的若干规定（试行）》《汕尾市政府投资引导基金管理办法（试行）》等系列扶持产业发展政策，全市安排招商引资专项资金1430万元加大招商引资力度，市级财政统筹财力设立“汕尾高新技术产业开发区发展专项资金”对投资总量大、产业关联度高、对全市经济拉动性强的重大项目进行重点扶持，2016年市级财政投入15000万元对比亚迪汽车项目进行扶持，力促该项目上马、投产、见效。落实中小微企业优惠政策。市级财政投入2000万元设立中小微企业融资风险补偿平台，投入中小微企业担保股权投资基金5000万元，联合广东省融资再担保有限公司设立注册资本为1.1亿元的中小微企业融资再担保平台，帮助中小微企业解决融资难等问题。支持“三大环境”建设。全市投入34326万元开展社会治安环境整治，开展禁毒专项治理，打造平安稳定和谐的社会环境；全市投入62622万元支持城乡卫生环境整治，加强主要街区、道路和农村环境整治，打造整洁优美的城乡环境，助推文明城市创建；全市投入16857万元打造优质高效法治的政务环境，提高服务效能。

【财政改革管理】 2016年，汕尾市突出规范资金管理，将监督工作贯穿到财政资金的分配、使用、管理、绩效考评等各个环节，提高财政管理水平，确保财政资金的安全、高效。

强化支出管理。细化预算支出计划，优化资金申报审批流程，明确各单位的预算执行主体责任，建立健全支出进度通报和考核办法，落实责任惩罚和责任追究机制，提高预算支出进度的均衡性和时效性。推进财政信息公开。按照《预算法》规定，公开政府总预算、决算信息和“三公”经费信息，协调、指导各预算单位公开预、决算信息和“三公”经费数据，提高财政运行透明度。2016年市一级部门除涉密部门外全部公开2016年部门预算；6个县（市、区）全部公开2016年总预算、部门预算及“三公”经费预算。提高财政性资金投资项目的评审质量。优化政府投资评审工作流程，提高政府投资评审工作效率。全年完成审核工程预、结算项目3276个，送审金额807283.87万元，核定金额725100.21万元，核减金额82183.66万元，核减率10.18%。开展财政专项检查。以财政监管平台和专项检查为抓手，开展会计信息质量检查、省级专项资金和非税收入等系列检查，突出对重大建设项目资金、重点专项资金实施全程监管，2016年查处违规违纪资金1688.9万元，确保财政资金核算规范和专款专用。加强政府采购监管。强化采购预算和计划的约束，规范政府采购行为，制定出台《汕尾市2017年政府采购集中采购目录与限额标准实施方案》自2017年1月1日起执行。全年全市政府采购预算资金82234.6万元，实际采购金额78780.75万元，节约采购资金3453.85万元，节约率4.2%。加强会计监管。贯彻执行《会计法》，将会计监管与会计管理、预算管理、财务管理、国库集中支付管理有机结合起来，推行会计工作规范化、标准化、电算化管理，提高会计信息质量，促进行政事业单位内部控制规范完善。建立专项资金实时在线联网监督机制。2016年12月实现省、市、县财政资金实时在线联网监督系统上线运行，努力构建多层次的财政资金监督体系。加强财政票据管理。规范财政票据使用行为，严把票据发放、使用、核销等关口，严格执行行政事业性收费和罚没收入“收缴分离、罚缴分离”、“收支脱钩”的规定，规范行政事业性收费、罚没收入收支行为。加强行政事业资产管理。制定出台《汕尾市市直行政事业单位国有资产处置管理暂行办法》，开展行政事业资产清理清查，加强行政事业单位资产处置管理，全市完成316辆公务用车公开拍卖工作，拍卖金额1332.5万元。推进财政资金绩效评价。对2015年度省财政一般性转移支付资金使用绩效、省级十件民生实事财政资金使用绩效、市级科技创新券后补助项目开展绩效评价，推进绩效评价结果与资金安排挂钩，提升绩效管理水平。

2016年，汕尾市深化预算管理改革。探索推进项目库建设，完善政府预算体系，加大政府性基金预算、国有资本经营预算与一般公共预算的统筹力度，推进预算绩效管理。推行权责发生制政府综合财务报告制度。在2015年市级财政试编权责发生制政府综合财务报告的基础上，2016年全市全面铺开权责发生制政府综合财务报告编制，市、县两级财政均编制了年度政府综合财务报告。推进巨灾指数保险试点。市级财政投入保费3000万元建立汕尾市巨灾指数保险，因受台风“海马”正面袭击，全市获得全国首例巨灾指数保险赔付1000万元，运用现代商业保险机制创新社会管理。推进PPP投融资改革。推动汕尾高新区红草园区综合污水处理厂PPP项目落地建设和珠东快速干道等项目PPP的前期工作。推动政府向社会力量购买服务工作。对政府向社会力量购买服务指导目录进行修订，将各类项目建设、运营及维护等内容纳入政府购买服务指导目录范围。推进“营改增”全面扩围。牵头国、地税部门开展“营改增”工作，推进建筑业、房地产业、金融业、生活服务业等“四大行业”实施营业税改增值税改革。推行供给侧结构性改革降成本行动。牵头制定《汕尾市供给侧结构性改革降成本行动计划》，协调配合有关部门推进降低制度性交易成本、企业人工成本、企业税负成本、社会保险费、企业财务成本、电力等生产要素成本和企业物流成本等一揽子政策措施，正税清费，减轻企业负担。全年免征涉企行政事业性收费3200万元。

（汕尾市财政局供稿，谢岚执笔）

东莞财政

【经济财政概况】 2016年，东莞市实现地区生产总值6827.67亿元，按可比价计算，比2015年增长8.1%。其中，第一产业增加值22.80亿元，下降0.3%；第二产业增加值3172.50亿元，增长7.2%；第三产业增加值3632.37亿元，增长8.9%。三大产业比重为0.3：46.5：53.2。全市固定资产投资1557.46亿元，比2015年增长7.7%。全市进出口总额11416亿元，比2015年增长9.8%，其中出口6556.8亿元，增长2%；进口4859.2亿元，增长22.4%。全市社会消费品零售总额2470.78亿元，比2015年增长13.1%。居民消费价格总水平（CPI）比2015年上涨2.7%。

【财政收支管理】 2016年，东莞市依法组织财政收入。年内，受进口税收增长较快及经营性用地溢价较大影响，来源于东莞的财政收入1569.1亿元，比2015年增长38.5%，连上4个百亿元台阶。全市一般公共预算收入实现544.7亿元，增长8.2%，收入规模稳居全省第四，收入增速居全省第六。一般公共预算收入中，税收收入完成431.1亿元，增长12.9%，税收占比为79.1%，比2015年提高2个百分点，收入质量位居全省第三。非税收入方面，尽管受取消、减免和暂停征收涉企行政事业性收费等政策因素影响，通过依法加强征收管理，挖掘收入潜力，全年非税收入完成113.6亿元。2016年，全市政府性基金预算收入322.3亿元，增长109.5%；国有资本经营预算收入5亿元，下降2%；全市社会保险基金收入463.3亿元，增长8.9%。

狠抓预算支出进度。综合运用月度通报、季度约谈、年度考核等举措，强化追究问责，加快市本级预算支出、中央省转移支付支出、结转资金的支出进度，严控一般专项结转规模。2016年，市本级一般公共预算支出完成预算的95.6%，上级转移支付结转资金下降62.1%，市本级权责发生制列支资金下降65.2%。

【财政经济调控】 2016年，东莞市财政总支出1341.3亿元，主要包括拨镇街及园区分成支出464.9亿元，市本级支出388.4亿元，债券支出377.7亿元。

支持加快经济转型步伐。投入10亿元，设立产业投资基金，充分撬动社会资本，支持新兴产业发展。强化科研创新平台与人才队伍建设，引导新兴战略产业发展，推动加工贸易转型升级，开展高新技术企业“育苗造林”行动，支持加工贸易企业转型升级，促进电子商务发展，实施“机器人智造”计划，发展机器人智能装备产业。全市新增高企761家、高企后备企业819家，总量均居全省地级市第一。支持治理生态环境。以建设节能减排财政政策综合示范城市为契机，推动水乡地区101家污染企业整治和退出，加快生态环境修复，建设绿色宜居都市，投入13.5亿元，支持全市污水处理、截污主干管网养护及截污次支管网建设。加大森林公园建设力度，增加城市绿化休闲空间。支持区域协调发展。投入4.4亿元，加快公共交通发展，整合跨镇公交资源，提升公交服务能力。投入3.5亿元，支持环莞快速路二期、S256篁村至虎门段及S358虎门至长安段大修工程、铁路东莞站配套工程等交通基础设施建设。投入2.4亿元，支持打造水乡特色发展示范片区。推动地铁2号线开通运营，建设美丽幸福村居，推进帮扶协作，提升区域发展的协调性。支持产业合作交流。对接广东自贸区，深莞惠3+2经济圈合作日益紧密，莞深产业合作不断强化。

支持企业主动对接"一带一路"战略，加强产业交流合作，提升对外开放水平。深入实施加工贸易增效计划，促进加工贸易企业转型升级，支持办好海博会、加博会、漫博会等，深化与"一带一路"沿线国家交流合作。支持民生事业发展。市本级用于民生方面的支出达255.9亿元。将教育摆在优先发展的位置，坚持公办学校与民办学校共同支持，基础教育与高等教育联动发展。完善城乡一体化社会保障体系，推进就业创业。支持公立医院医药分开改革，加强文体基础设施建设，满足群众文体生活需求。

【财政改革管理】 2016年，东莞市推进降成本计划，通过从降低制度性交易成本、人工成本、税负成本、社会保险费成本、财务成本、电力等生产要素成本、物流成本等7个方面综合发力，2016年为全市企业减负221.1亿元。深化财政投融资体制改革，初步建立"十三五"政府投资建设项目库，出台PPP项目以奖代补政策及入库前期指引，加快PPP模式推广应用。组建首期200亿元的莞信基础设施和公共服务政府投资基金，保障基础设施建设。建立完善预算支出项目库和政策库，制定市级财政资金项目库管理办法和市级财政专项资金管理办法，对326个项目开展入库绩效评审，核减金额15.7亿元，核减率25.5%。推进非税系统推广应用，实现非税收入网上缴费平台、交通违章微信支付系统等模块上线运行。将政府性债务全面纳入预算管理，全年置换存量债务361.5亿元，争取到新增债券16.2亿元，优化债务期限，减轻利息负担，防范债务风险。着力加强内部控制建设，构建以局内控基本制度为主体，8个专项内控办法为重点，"1+8+X"模式的内控制度体系，堵塞内部管理漏洞。深化镇街（园区）国库集中支付改革，33个镇街（园区）基本建立起操作规范、运行良好的现代乡镇财政国库管理制度。推广电商直购、电子竞价等现代采购模式，推进公务用车制度改革，加强投资评审材料价格数据库建设，完善财政票据监管与政府物业管理，以点带面贯彻落实新会计制度，推进财政一体化信息平台建设，规范国库集中支付和基建工程集中核算等基础性管理工作，增强依法理财的意识和能力。

【经济转型升级】 企业成本降低 2016年，东莞市通过降低制度性交易成本、人工成本、税负成本、社会保险费成本、财务成本、电力等生产要素成本、物流成本等7个方面综合发力，切实减轻企业负担，降低企业生产经营成本，促进经济平稳健康发展。2016年，共为企业减负221.1亿元。

降低制度性交易成本。免征23项国家规定、11项省定涉企行政事业性收费市级收入，其中省定涉企行政事业性收费实现"零收费"。停征价格调节基金，将散装水泥专项资金并入新型墙体材料专项基金。公布涉企行政事业性收费、政府性基金、市级政府定价的涉企经营服务收费、第一批市直部门行政审批中介服务收费等4类目录清单，清单以外的项目严禁收费，提高涉企收费的透明度。

降低人工成本。全年举办各类招聘活动57场，举办第七届校企合作洽谈会，全年组织开展技能晋升培训2.7万人，申领补贴3.5万人，核拨补贴7043.04万元。对失业保险基金支持企业稳岗政策支出范围进行扩大调整，全年发放补贴4522万元。

降低税负成本。将全市建筑业、房地产业、金融业和生活服务业的10.93万家企业全部纳入营改增范围。借力中介机构和12366纳税服务热线两大平台，开展"点对点"政策宣传辅导，打造小微企业优惠政策咨询双向通道。切实简化高新技术企业税收优惠备案享受流程，提高高新技术企业申报研发费用加计扣除积极性，采取多种途径推进企业固定资产加速折旧工作。

降低社会保险费成本。将失业保险单位费率调整为0.5%，处于全省最低水平。继续减少企业0.5个点的社会基本医疗保险缴费，维持企业的单位费率为1.8%。继续执行2015年10月1日调整的八类工伤保险行业基准费率。生育保险单位费率设定为0.46%，相对于省原来规定的1%费率上限下调0.54%。将住房公积金缴存比例上限由20%下降至12%。

降低财务成本。加大对现代产业体系、战略性新兴产业、现代服务业和"三重"建设的信贷支持力度，全市企业贷款加权平均利率从2015年6.35%降至2016的5.6%。出台省市共建发展中小企业设备融资租赁资金操作规程，全年在"智造东莞"平台进行融资租赁业务备案的合同数量超550笔，涉及企业超220家、融资总额超20亿元。运用地方政府置换债券减轻企业债务成本，增加企业流动资金，提升企业营运能力。

降低电力等生产要素成本。两次降低一般工商业和大工业用电价格，全年降低企业用电成本7.3亿元。建立非居民用户管道天然气价格与购气成本同向联动调整机制，降低工商业用户最高气价，每立方米下降0.15元，全年为工商企业减轻用气负担3.26亿元。

降低物流成本。通过支持企业申报国家多式联运示范工程、推动物流项目规划建设、向省申报物流项目投资建设计划及建设资金补助等方式，支持物流行业技术创新。

创新驱动 2016年，东莞先后召开全省新型研发机构现场会、"四众"平台建设工作推进会、全省专业镇协同创新工作现场会、全省推进珠三角创新驱动发展培育高新技术企业工作现场会。并获得国家知识产权示范市、国家可持续发展实验区、国家首批促进科技和金融结合试点地区、广东省“互联网+创新创业”示范市等荣誉。

建设高企培育“育苗造林”计划和孵化体系。投入10亿元，设立产业投资基金，撬动社会资本，支持新兴产业发展。投入1.4亿元，开展高新技术企业“育苗造林”行动。全市新增高企761家、高企后备企业819家，总量均居全省地级市第一。新增新型研发机构6个、科技孵化器12个、国家级众创空间9个。促进科技金融产业紧密融合，新增上市企业2家、“新三板”挂牌企业105家。

实施“机器换人”带动智能制造。2014—2016年连续三年每年安排2亿元专项资金用于推动企业实施机器换人，采用事后奖补、贷款贴息、融资租赁等资助方式，掀起全市“机器换人”新高潮。全市申报“机器换人”项目577个，总投资72亿元，项目数和总投资额均居全省第一，带动全市工业技改投资增长35%。

培育创新主体。重点支持科技企业孵化器、众创空间等各类科技孵化载体建设和新型研发机构的发展。东莞市协议投入40多亿元，与国内知名高等校校、科研院所共建广东省智能机器人研究院、东莞国际机器人研究院、松山湖机器人基地、华中科技大学制造工程研究院、东莞深圳清华大学研究院创新中心、北京大学东莞光电研究院等25个公共科技创新平台，强化技术成果转化和企业孵化功能建设，力争将平台集聚的松山湖大学创新城打造成为面向云计算、智能机器人、新能源汽车、生物制药等战略性新兴产业的高层次高水平的科技孵化载体。重点支持科技企业孵化器、众创空间等各类科技孵化载体建设和新型研发机构的发展。

建立信贷扶持机制。在组建东莞银行松山湖科技支行、浦发银行松山湖科技支行、东莞农商行科技支行3家科技支行的基础上，先后与17家银行签订科技、金融、产业“三融合”合作协议，引导合作银行重点加大对广大中小微企业的支持力度。2016年发放企业贷款1017笔，贷款金额44.62亿元。设立2亿元信贷风险补偿资金池和每年6000万元的贷款贴息专项资金，专门用于合作银行对科技、经信等政府部门立项或推荐的企业发放信用贷款所产生的风险损失进行补偿和对企业的信用贷款进行贴息补助。2016年市财政贴息165笔共2381.64万元，平均每笔贷款贴息14.43万元，惠及企业138家。引导金融机构丰富科技企业金融产品，推出了“科技信用贷”“科技小巨人”“科创贷”“机器换人融资贷”等一批专为科技企业量身定制的信贷品种。

开拓国外市场。投入2亿元，推动对外贸易发展。投入8080万元，鼓励企业开拓市场，提升品牌知名度。投入6977万元，支持石龙国际班列运转，加快石龙铁路国际物流基地及中俄贸易产业园建设，打造优质产品进出口交易平台。投入3969万元，加快保税物流、航空物流、港口物流发展，积极参与国际物流大通道建设。投入6021万元，支持海博会、加博会、台博会等重点展会举办。

引进各类人才。出台人才子女入学、“千人计划”专家配套资助、特色人才住房补贴申领等13个配套办法和细则，确保人才优惠政策落地。实施高层次人才引进计划，全市引进中央“千人计划”专家31名，省、市创新科研团队44个，“特支计划”领军人才5名，省市创新创业领军人才44名。依托高层次人才活动周、“千人计划”东莞行等引智活动，吸引海内外高层次人才来莞发展。

资金投入加大　2016年，东莞市本级用于基本建设投入达70.8亿元，同时深化投融资体制改革，出台PPP项目入库前期指引及以奖代补政策，加快PPP模式推广应用，引导和吸引社会资本参与基础设施建设，通过公开招投标组建首期200亿元的莞信基础设施和公共服务政府投资基金，为基础设施建设提供有力保障。

建设交通设施。投入3.5亿元，支持环莞快速路二期、S256篁村至虎门段及S358虎门至长安段大修工程、铁路东莞站配套工程等交通基础设施建设。地铁2号线开通运营，累计客流量2160多万人次。莞惠城际轨道常平至惠州段通车。启动地铁1号线工程前期工作。从莞高速主线、粤晖大桥等项目建成。虎门二桥、深圳外环高速东莞段、莞番高速扎实推进。

推进污水治理。投入13.5亿元，支持全市污水处理、截污主干管网养护及截污次支管网建设。投入5292万元，推动水生态一期工程建设运营。投入1732万元，用于运河、石马河及茅洲河水环境综合整治。建成260千米截污管网，完成4家污水处理厂扩建，新增污水处理能力17万吨/日。

推动节能减排。完成国家节能减排财政政策综合示范城市建设任务，推动水乡地区101家污染企业整治和退出，主要污染物排放量持续下降。投入2900万元，开展生活垃圾焚烧飞灰处理。投入1.4亿元，加快淘汰黄标车。投入2.4亿元，支持打造水乡特色发展示范片区。

（东莞市财政局供稿，陈俊辉执笔）

中山财政

【经济财政概况】　2016年，中山市实现地区生产总值3202.78亿元，比2015年增长7.8%。其中，第一产业增加值70.12亿元，比2015年下降0.4%；第二产业增加值1675.39亿元，增长6.4%；第三产业增加值1457.26亿元，增长9.8%。三次产业结构优化调整为2.2∶52.3∶45.5。全市2967家规模以上工业企业实现增加值1385.88亿元，比2015年增长6.7%。固定资产投资额1149.01亿元，比2015年增长8.9%。社会消费品零售总额1205.84亿元，比2015年增长11.0%。全市居民消费价格总指数比2015年上涨1.9%，涨幅连续4个月持平。全市进出口总值2237.7亿元，比2015年增长1.3%，增幅由负转正。实际利用外资4.74亿美元，增长3.9%。

2016年，中山市一般公共预算收入295亿元、可比增长6%。一般公共预算支出累计完成367.6亿元、同比增长3.4%。

【财政收支管理】　2016年，中山市市镇两级财政部门能主动加强与国、地税以及各征管部门的沟通协调，做好财政收入形势分析监测，采取措施，实现收支平衡、运行平稳目标。

继续抓好盘活财政存量资金工作，落实中央、省有关文件精神和各项措施，加大政府性基金统筹力度，统筹用于重点项目建设和民生支出领域，提高财政资金统筹使用效益，财政存量资金收回进度和支出进度均达到100%。抓好预算支出管理，坚持落实预算执行情况通报和预算编制与执行、绩效、监督结果“三挂钩”机制，并通过电话提醒、文件督办和内部约谈等措施，提升财政支出的均衡性和时效性，稳定库款保障规模。截至2016年12月，中山市一般公共预算支出进度达112%，库款规模也始终保持在合理水平之内。

【财政经济调控】　2016年，中山市支持产业转型升级，促进经济优化创新发展。全年安排用于产业扶持方面资金超过35亿元。其中市财政安排15亿元，比2015年增加7亿元，增长87.5%，向上级部门争取各类扶持资金20多亿元（含2015年结转资金）。重点采取股权投资、组建基金、无偿资助和贷款贴息等方式，发挥财政资金的杠杆效应和“助推器”作用，降低企业融资成本，提升产业核心竞争力，促进企业转型升级和创新发展。推进供给侧结构性改革降成本计划。及时制定降成本行动计划、工作台账、督查方案和《免征部分行政事业性收费财政保障方案》，推进减负惠企各项政策落实。自2016年4月1日起，中山市全面实施免征堤围防护费等34项涉企行政事业性收费，实现省定涉企行政事业性收费“零收费”目标，同时制定实施降低制度性交易成本等八个方面政策措施，完成降成本计划各项指标任务，全年为企业降低各类成本达92亿元。支持重大基础设施项目建设。通过主动向上级争取债券资金、继续盘活存量和年度预算安排等方式多渠道筹集资金，支持2016年度及本市“十三五”期间各项重大基础设施建设。推进PPP项目建设工作，制定出台《中山市政府和社会资本合作模式操作实施细则》。截至12月，已向上级财政部门报备PPP项目7个，涉及总投资约233亿元。其中，长江路改造一期工程、翠亨新区环岛路工程和黄圃镇污水处理厂一体化工程2016年已正式签约并开工。翠亨新区翠城道北段综合管廊、翠海道综合管廊及水利工程等PPP项目按计划有序推进。

【财政民生保障】　2016年中山市做好改善民生经费保障工作。截至12月底，全市民生支出259.3亿元，占比70.53%。其中教育支出645435万元，社会保障和就业支出134802万元，城乡社区支出678056万元，节能环保支出104842万元。同时，继续加大镇区转移支付力度，安排均衡性转移支付资金7亿元，比2015年增加2.8亿元。安排3亿元临时救助资金，分别支持横栏、东升、民众等10个政府运转比较困难的镇区，保障镇区基本公共服务支出，确保上级既定政策的推进落实。开展基层公共服务综合平台建设。24个镇级公共服务中心和286个村级公共服务中心全部成立并投入运行。截至2016年10月底，镇级公共服务事项一站式办理率、网上申报办理率、网上全流程办理率平均达到95.4%、100%、51.4%；村级公共服务事项一站式办理率、网上申报办理率、代办事项办结率、网上全流程办理率平均达到97.4%、100%、96.8%、79.2%。群众对全市基层公共服务综合平台建设工作的平均满意率达98.9%。开展精准扶贫精准脱贫工作。2016年，中山市财政安排扶贫资金超过5亿元。其中，年初预算下达全省扶贫开发资金1960万元，调整942万元对口帮扶县重点帮扶资金用于全省扶贫开发，安排扶贫工作经费250万元；通过农业定向财力转移支付安排市内相对困难村扶贫开发资金2750万元；安排4000万元用于协作支持云南省昭通市扶贫工作（其中1200万元代省财政垫付），安排4.46亿元对口肇庆、潮州扶贫投入配套资金。

【财政改革管理】　2016年，中山市完善预算管理机制。按照“4+2+1”模式编制全口径预算，首次将中央和省提前在2015年底下达的专项转移支付资金编列2016年预算，并将每一项资金分配细化至各镇区，提高基层部门年初预算到位率。推进预算项目库管理，建立并落实项目库联审制度，发挥项目库管理功能作用。继续推进部门预、决算信息公开工作，在财政局网站着手准备建立财政预、决算和“三公”经费公开专栏，规范充实公开内容，加大监督检查力度，部门预、决算信息公开率达100%。规范财政资金管理。更新和公开专项资金目录，修订完善专项资金管理办法。清理撤销市级财政专户11个，镇级财政专户20个，镇区财政资金全部集中在财政账户核算，解决资金长期沉淀、闲置问题。继续优化国库支付流程，直接支付占国库集中支付的比例达91.3%。开展财政资金安全检查和镇区政府债务统计调查工作，印发《关于进一步加强财政专户资金安全管理有关事项的通知》等指导性文件，向政府提请减轻相关镇区债务负担、降低财政风险的措施建议，确保资金安全运行。提高财政资金使用效益。坚持厉行节约，加强会议费及“三公”经费支付环节控制，规范市直党政机关事业单位差旅费和政府购买服务管理，完善行政运行经费管理体系，降低行政运行成本。推进新一轮公务用车管理改革，制定出台系列配套制度。推进预算绩效审核常态化管理。加强对财政性资金建设项目的监管，建立参与财政投资项目评审的中介机构库，完成重点、重大交通等民生建设项目预、结算审核809项。发挥财政监督职能作用。升级优化实时在线财政预算监督系统，纳入部门预算安排的所有财政性资金在线监督实现全覆盖。推进财政内控体系建设，初步建立“1+8+N”内控制度机制。强化政府采购监督管理，优化工作流程，落实政府采购信息公开。全年接受国家审计署、省审计厅及市审计局对我市财政政策贯彻落实及资金使用情况开展审计检查10余批次，均无发现重大问题。提升镇区财政管理水平。采取以会代训、专题培训和专项检查等形式，对镇区业务实行分门别类的指导。各镇区财政部门能紧紧围绕任务要求，发挥工作主动性，加强预算编制管理，推进政府采购、资产管理和国库集中支付等改革，财政各项业务工作管理水平提高。如沙溪镇和神湾镇的政府采购管理工作，翠亨新区和黄圃镇的PPP项目管理工作，小榄镇和坦洲镇的国库集中支付改革工作，东区和西区的基层公共服务综合平台建设工作等，为全市镇区财政管理工作发挥示范作用。

（中山市财政局供稿，周子婷执笔）

【小榄镇乡镇国库集中支付改革】

主要做法 小榄镇从2015年11月起经过前期筹备，通过系统的安装调试、代理银行的商定落实、新旧系统的账套转换、人员的业务培训以及客户端的配备等一系列工作，于2016年1月启用国库集中支付系统。

加强组织领导，明确工作任务。根据中山市财政局印发的《中山市镇区国库集中支付制度改革实施方案》文件精神，结合小榄镇实际情况，成立国库集中支付改革工作领导小组，加强对国库集中支付改革工作的组织领导和统筹协调。制订《中山市小榄镇国库集中支付制度改革实施方案》，明确国库集中支付改革的阶段性目标任务，分类实施，扎实推进，确保改革顺利进行。

进行账户清理，做好前期准备。根据《中山市小榄镇国库集中支付制度改革实施方案》要求，为保障与改革之前数据的衔接和统一，在确定工商银行作为国库集中支付清算银行及零余额账户开户行后，小榄镇财政在全镇行政事业单位范围内组织开展实有银行账户的清理和归并，为实施国库集中支付制度做好准备。小榄镇财政设置国库集中支付清算账户1个、代管资金财政专户1个和其他财政专户账户5个。同时纳入国库集中支付改革范围的预算单位全部取消实有银行账户，改设零余额账户和特设专户。

明确操作流程，规范支付行为。国库集中支付由以往的“财政拨款、单位开支票”传统支付方式，改变为国库单一账户支付直达资金使用单位远程操作方式，改革的动作大，牵涉面广。为使各单位迅速掌握新方法，做好新旧衔接和过渡，减少差错率，小榄镇通过明确直接支付、授权支付、传统支付等3种支付方式的范围和操作流程，使各单位清晰快捷掌握国库集中支付的操作。直接支付流程为：由镇财政分局向代理银行开具支付令，代理银行根据支付指令通过国库单一账户体系，直接将财政资金支付到收款人（即商品和劳务供应者）或用款单位账户。授权支付流程：预算单位根据镇财政分局的授权，自行向代理银行开具支付指令，代理银行根据支付指令，在镇财政分局批准的用款额度和资金使用范围内，通过国库单一账户体系将资金支付到收款人账户。明确资金审批权限，规财政资金收付行为。截至2016年12月31日累计办理国库集中支付业务近4万笔，国库集中支付资金占乡镇财政资金的比例为53.27%，计划到2017年4月底实现国库集中支付资金全覆盖，国库集中支付资金比例达到100%。

清理沉淀资金，实行归口管理。通过回收备用金，清理往来款项等措施，将各预算单位账面结余和实有账户的资金按性质进行分类，该上缴的上缴，该清理的清理，盘活资金存量，做到单位账面简单清晰明了，资产存量心中有数，为顺利过渡国库集中支付管理打下良好基础。

开展业务培训，提升工作绩效。2016年1月国库集中支付系统上线正式运行后，为帮助单位财会人员快速掌握国库集中支付新系统的操作方法和技巧，专门邀请软件公司专业人员对财政分局全体工作人员以及各预算单位财会人员、报账员进行账务处理及软件操作相关业务培训。同时加快各预算单位客户端的安装，解决报账员远程报账的实际困难，提高工作质量和办事效率。

结合公务卡制度改革。小榄镇通过将公务卡制度改革与国库集中支付制度相结合的方式，制定《中山市小榄镇预算单位公务卡管理办法（试行）》《小榄镇预算单位公务卡强制结算目录》等公务卡制度改革规范性文件，把公务卡结算范围由镇属机关部门扩大到事业单位、学校，提高公务卡结算的使用率。截至2016年12月31日，镇公务卡改革单位58个，发卡量当年新增544张，累计达920张；激活卡量当年新增636张，累计达920张。2016年镇公务卡报销金额达1387.1万元，均通过国库集中支付系统进行报销。

财政支付信息系统建设。小榄镇财政国库集中支付信息系统经过财务软件公司的开发搭建及与代理和清算银行、网络专线运营商的沟通协调，通过一年的运行已逐步走上正轨，并在使用中与各方进行沟通，不断完善财政支付信息系统。

工作成效　小榄镇通过设立国库单一账户体系，建立联接财政部门、代理银行和预算单位的国库集中支付管理系统，借助电子信息化和现代网络技术，可以对所有财政性资金收支活动均通过线上完成支付和清算等一系列远程操作，实现预算资金收支事前、事中、事后全过程的实时监控和各环节的动态管理。

国库集中支付改革，使资金集中管理，改变单位预算资金沉淀、财政资金分散的局面，盘活资金存量，集中财力办大事；有助于建立健全财政资金支出的监督制约机制，提高财政资金的使用效益和社会效益；建立国库集中支付系统，改变账务和国库核算手工操作的模式，通过线上和远程操作，减少单位财会和报账人员来回奔波的时间，加快资金流转速度，使单位领导实时掌握财务收支情况，为领导决策提供参考和帮助；真实反映财政预算支出执行情况，监督控制支出，实现预算资金全过程实时监控，堵塞财政资金支出的漏洞，从源头上预防腐败行为的发生，有利于推进廉政建设。

（中山市财政局小榄分局供稿，邓爱民执笔）

江门财政

【经济财政概况】　2016年，江门市实现生产总值（GDP）2418.78亿元，比2015年增长7.4%；规模以上工业增加值1041.82亿元，增长7.0%；固定资产投资完成1517.77亿元，增长16.0%；进出口总额完成1261.8亿元，增长4.1%；实现社会消费品零售总额1159.06亿元，增长12.1%；全市一般公共预算收入完成204.13亿元，增收5.16亿元，增长7.28%；市本级一般公共预算收入完成41.61亿元，增收0.40亿元，增长7%。全市一般公共预算支出完成292.72亿元，增支1.56亿元，增长0.53%。其中，市本级一般公共预算支出完成49.41亿元，减支4.49亿元，下降8.33%。

全市三库收入（一般公共预算收入+中央库收入+省库收入）381.07亿元，比2015年增长9.29%，其中：中央库收入99.18亿元，增长3.42%，省库收入77.76亿元，增长19.85%，市库收入204.13亿元，增长7.28%。全市一般公共预算收入完成204.13亿元，比2015年增收5.16亿元，增长7.28%，财政收入增幅与GDP等主要经济指标基本同步；市本级一般公共预算收入完成41.61亿元，增长7%。2016年全市镇级财政收入运行平稳，按财政决算口径计算，即按现行各市（区）镇（街）财政体制口径计算，全市镇级地方财政收入83.38亿元，增收5.1亿元，增长6.53%，占同期全市一般公共财政预算收入204.13亿元的40.84%。全市74个镇（含街道办事处、海侨经济管理区）中，镇级财政实力逐步增强，超亿元镇的数量达到27个。

全市一般公共预算支出完成292.97亿元，比2015年增支1.55亿元，增长0.53%。其中，市本级一般公共预算支出完成49.41亿元，减支4.49亿元，下降8.33%。全市民生支出得到较好保障，全市2016年民生投入210.4元，增长13%，占地方一般公共预算支出比重达到71.8%。落实省、市十件民生实事资金62.7亿元。

【财政收支管理】　2016年，江门市财政收入与经济增长相协调。全市一般公共预算收入完成204亿元，为调整后代编预算数203亿元的100.59%，首次突破200亿元大关，增长7.28%，基本与主要经济指标增速同步。落实降税清费政策。落实全面营改增改革试点、供给侧结构性改革等政策，为企业减负。自全面营改增以来，四大试点行业营改增收入与上年同期征收营业税相比，下降25.9%。剔除国有资源（资产）有偿使用收入一次性收入及政府住房基金转列因素，非税收入下降1.7%；其中行政性收费收入下降18.85%。保障重点和民生支出。全市一般公共预算支出完成293亿元，为调整后代编预算数233亿元的125.59%。各级政府着力保重点、保民生，全市涉及GDP核算财政八项支出完成235亿元，增长12.05%，拉动GDP增长接近0.72个百分点。

【积极财政政策】　2016年，江门市实施积极的财政政策，立足“工业立市”战略，推动实体经济做大做强，促进市经济提质增效。组建政府投资基金。组建先进装备制造产业基金、创业创新基金和PPP融资支持基金三支政府性基金母基金，基金总规模计划达到110亿元，发挥财政“四两拨千斤”的作用，为助力全市加快发展打开资金筹措新路子。引入华夏幸福产业新城模式。会同高新区（江海区）共同推动华夏幸福华南首个区域合作项目在我市率先落地，探索园区发展新模式。推进“小微双创”工作。落实资金保障，推动实施“雏鹰计划”；加大对小微企业创业创新公共服务平台扶持力度，提升创业创新公共服务水平；优化小微企业投融资环境，设立江门市创业创新基金，并完善小微企业信贷风险补偿机制；投入1269万元深化商事制度改革，使将近2000家小微企业受惠，增强小微企业发展活力。落实“珠西行动”。主动做好与上级政策的对接，争取上级资金支持6亿元，市本级统筹落实1.3亿元，力推先进装备制造业发展。落实创新驱动发展战略。以提高R&D投入为抓手，深化产学研结合，投入4788万元，重点保障创新驱动“1+8”扶持政策落实。

落实“两无两藏”，研究取消和减免收费的方案，为企业减负，激发市场主体活力。推进全面营改增试点改革工作，制订《江门市全面推开营业税改征增值税试点实施方案》，推进全市全面营改增试点改革工作。主动加强与税务等部门的联动沟通，研究预判，共同做好全面营改增改革后一系列问题的应对。推进供给侧结构性改革，实施降成本行动计划。结合市“六新六去”工作要求，牵头制定全市降成本行动计划目标和政策措施，督促落实降成本计划各项工作任务，全年为全市企业减负超过60亿元。

2016年，江门市创新政府投融资改革，规范政府债务管理。从江门市长远发展着眼，开展市本级投融资规划中期评估工作，重新整合国有资源，研究以“大财政、大国资、大土储”思路逐步消化存量债务，防范债务风险。根据省核定江门市2016年分地区地方政府债务限额情况，经市人大常委会审查批准全市2016年地方政府债务限额511.75亿元，根据各级单位上报数据，截至2016年底，全市地方政府债务余额490亿元，控制在限额以内。此外，向省争取并置换存量债务256亿元。推动PPP模式。在全省率先成立地市级PPP中心，建立健全PPP项目库和服务机构库，完善PPP工作管理协调机制，推动市PPP工作健康可持续发展，加快城市发展进程。国省道（G325线、五邑路等）PPP项目、鹤山市滨江路工程PPP项目列入财政部示范项目。保障政府重点投资项目资金。筹措落实项目资金，截至2016年12月，落实资金118.13亿元，并按制度切实加强项目资金管理。

【财政民生保障】 2016年，江门市履行配置资源职责，加强预算执行管理，优化财政支出结构，集中财力，全市民生投入预计完成210.4亿元，增长13%，保障各项惠民政策落实。

推进基本公共服务均等化。全市基本公共服务均等化投入131亿元，增长11%。加大对县市（区）底线民生保障和转移支付力度，保障底线民生项目资金需求，落实应保尽保。全年安排底线民生项目转移支付补助9022.17万元，增长23.96%。支持精准扶贫体制机制。统筹资金专项用于建立分类分档资源补助和奖补机制，实行基本公共服务均等化补助和资源激励型财政补贴政策，力推精准扶贫取得阶段性成果。以点带面推进基层公共服务平台建设。各级财政部门把“基层公共服务平台建设”作为提升基层基本公共服务水平的重要抓手，加大政策扶持和资金保障。同时，通过创新思路和举措，狠抓工作落实，推动全市1324个村（社区）公共服务站全面建成并投入使用，实现“业务办理零距离、服务就在家门口”。加大教育投入。设立民办教育发展专项资金，扶持非营利性民办学校发展；积极谋划省市共建本科高校五邑大学财政支持措施，筹措资金经费，按照广东省创建高水平工科大学要求，支持五邑大学进行高水平工科大学建设。提高社会保障标准。2016年城乡居民养老基础养老金标准每人每月提高10元，城乡居民基本医疗保险财政补助提高到420元/人。城镇低保标准由550元提高到为600元，各市（区）农村低保标准均有不同幅度提高。

【财政改革管理】 2016年，江门市深化预算管理改革，提升预算管理水平。完善预算编制。制定《江门市人民政府关于编制中期财政规划的实施意见》，实施中期财政规划管理，增强预算的前瞻性和可持续性；全面实施项目库管理，将基本支出之外的所有市级财政项目支出纳入项目库管理，细化到具体可执行项目；完善预算审核制度，严格审核项目实施计划和时间进度，建立预算执行与预算编制相适应的机制，对预算执行慢或清理存量不力的部门压减其下年预算规模。严格支出执行管理。强化支出预算约束，健全预算执行进度通报和考核制度，实行支出进度与资金安排挂钩机制；盘活存量资金，加大财政资金统筹力度，对支出进度慢的项目统筹使用；加强结余结转管理，落实一般公共预算结余结转不超过9%，基金预算不超过当年收入30%的规定，有效减轻财政预算安排压力，保障民生和重点支出，提高资金使用效益。推进预决算公开。完善财政预决算以及“三公”经费预决算信息公开工作。同时根据省财政厅检查发现市预决算公开存在问题进行研究分析，查漏补缺，采取措施落实整改，提高预算公开的完整性。

（江门市财政局供稿，莫玉冰执笔）

【基层公共服务平台建设】 江门市财政部门将基层公共服务平台建设作为提升基层综合治理水平的重要载体和手段，统筹推进基本公共服务均等化综合改革。2015年开始，会同相关部门，按照机构人员、场所标识、流程内容、信息系统、经费保障等“五个统一”的标准和要求，整合现有各类公共服务平台的场所、设备、人员、经费等资源，2016年底建成三级基层公共服务平台，成为保障和改善民生的重要支点。

统一机构人员。整合现有各类公共服务平台资源，将各类行政审批和公共服务事项统一纳入市（区）、镇（街）、村（社区）三级基层公共服务平台集中办理，建立“一站式”办事大厅，提供“一条龙”公共服务，基本建成标识统一、设备齐全、制度规范、人员到位的平台服务体系。截至2016年底，全市7个市（区）依托行政服务中心已全部建成7个县级公共服务中心办事大厅，73个镇（街）分别整合当地“七站八所”办公场所完成73个镇级公共服务中心办事大厅，进驻相关人员对县级职责范围内的面向基层群众的行政审批和公共服务事项，按照“应进必进”的要求，凡符合条件的，均纳入县级行政服务中心集中办理。1324个村（社区）分别依托原有办公场所进行改造升级或重新选址建设，均建成村级公共服务站，集中受理村（社区）自身承担的公共服务事项，受理代办市（区）、镇（街）职责范围内公共服务事项，提供不少于103项基本公共服务；各村（社区）公共服务站均由村（社区）党支部书记或主任担任站长，其余工作人员由村（社区）干部兼任，整合计生专干和大学生村官等进入村级公共服务队伍，实行全员代办。每个村（社区）公共服务站均安排1名以上专职工作人员并固定坐班，负责网上办事大厅系统的操作。科学制定三级公共服务综合平台工作人员考核办法，将考核结果纳入干部年度考核范围，加强对各级人员的协调管理力度，强化市（区）、镇（街）、村（社区）三级工作人员的队伍建设。

统一场所标识。各市（区）、镇（街）、村（社区）三级公共服务平台均按照要求统一名称挂牌。各市（区）、镇（街）、村（社区）三级公共服务平台均按照要求统一名称挂牌，7个县级挂有“××市（区）人民政府行政服务中心”牌子，73个街道统一挂有“××镇（街道）公共服务中心”牌子，1324个村（社区）统一按“××村（社区）公共服务站”名称挂牌。村（社区）公共服务站均按照《指导意见》规范统一外观标识，国旗：旗杆树立在主楼正中上方或主楼正前方，或其它显目位置；门牌：原则上门口两边只挂村（社区）党组织、自治组织2个牌子；公开公示栏：按照《关于加强全省农村（社区）党务村（居）务公开栏规范化建设工作的通知》要求进行党务、村务公开；内部设置办事大厅、“两委”干部办公室、综合服务室等“一厅四室”。设立办事大厅：大厅背景板上标识“凝聚党心 服务群众”字样，配备必要的服务设施。工作台牌均有党徽、职务、姓名、电话等相关内容。上墙制度牌有工作人员岗位职责、服务事项、办事流程等内容。设立“两委”干部办公室：办公室门口有标识牌，内墙有相应的职责牌，办公桌面有台牌等。设立会议室：墙上挂党组织、自治组织、经济组织等议事规章制度，墙上悬挂“三会一课”等制度。设立综合服务室：村（社区）的中心、站、点、室、会、队、之家等机构的牌子、办公室集中统筹整合成一至二个综合服务室。综合服务室门口挂样式一致、有序排列的相关标识牌；室内布置简约实用；内墙上挂规章制度。设立便民服务活动室。部分村（社区）还设置阅览、书画、歌舞、棋牌、健身等便民服务活动室。

统一内容流程。按照“一站式”办理的服务要求，完善贯穿县镇村三级标准化办事流程，强化“首问责任制”、“首办责任制”，确保有专人跟进，做到事事有人跟，有记录，有回应。各市（区）编制《公共服务事项权责清单》，明确市（区）、镇（街）、村（社区）三级公共服务事项权责。结合职责和权限，对每一项服务事项制定标准化的办事流程图，对审批流程进行优化，在此基础上统一编印各市（区）《公共服务工作指南》，对办理业务的办理依据、办理要求、办理程序、办理时限及需要提供的材料等要素进行明确，在三级办事场所和网上办事大厅公布，方便群众查询，接受群众监督。全市统一村级最低基本公共服务清单标准共103项，并在最低标准之上，由各（区）结合地方实际，稳步提升服务项目和标准。村（社区）公共服务站规范办事流程，根据职责和权限，逐项业务制定办事流程图，明确办理要求、提供材料、办理时限等，在办事大厅公示，并在镇级网上公共服务中心公布，还建立规范化的办事内控规程，对公共服务事项逐项制定内部办理流程图，一般包括申请和受理、承办、审核、批准、办结等环节；提高全流程网上办理率，对网上办理的服务事项，减少办理环节，争取为群众办事只“跑一趟”。推行村（社区）干部代办制，对于不能网上办理的事项，做到“群众动嘴，干部跑腿”；对于可以网上办理的事项，群众有需要的，帮助群众网上办理，帮助递交书面材料，除正当办理费用外，不收取任何其他费用。

统一信息系统。全市统一依托“邑门式”、“邑家园”等系统，推进各市（区）、镇（街）、村（社区）整合各部门原有的公共服务有关信息系统，统一链接到网上办事大厅系统，建成统一的办事入口，提供清楚全面的服务内容，实现网上办事“一站式”服务。完善行政审批事项目录管理系统，支持通用目录在线动态管理、跨层级跨部门事项进驻管理、办事指南和业务手册的录入与生成，与网上办事大厅江门分厅的审批子系统和效能监察子系统实现对接。打通村级公共服务网络系统，提供涵盖政务服务、村级组织运作、生产生活服务三大类服务项目，基本实现网上信息查询、业务受理等“一站式”服务功能。经全市各级各职能部门对平台建设公共服务事项梳理、录入、网办事项标准化整合和平台的运行管理、培训指导、推广应用，目前，各村（社区）公共服务站系统做到连接畅通、简便高效、信息安全、运行稳定的工作要求。

统一经费保障。建立经费综合保障制度，各市（区）将基层公共服务经费列入财政预算作为基础保障，为克服各市（区）村级公共服务站基础薄弱和区域发展不均衡的现实困难，江门市对其经费保障进行一系列的创新探索。2013年，制订《江门市村（社区）公共服务站建设工作方案》，将每个公共服务站建设经费提高到5000元，办公经费按户籍人口每人每年不低于5元列入财政预算。2015年，各市（区）村级公共服务站日常工作经费，按照属地管理原则，纳入本地年度财政预算统筹安排，按照每人每年不低于5元的标准，以常住人口为基数落实公共服务站工作经费；市本级结合自身财力和各市（区）工作情况，予以补助，依托基本公共服务均等化综合改革的开展，创新性地将“精准扶贫”和基层公共服务综合平台建设相结合，市级预算每年安排专项资金对行政村自然资源建立分类分档资源补助和激励奖补政策，专项用于保障村级公共服务站建设。为增强村（社区）干部维护和提升公共服务站服务的积极性，2013年出台《关于完善村（社区）干部激励保障机制的实施意见》，加大对村（社区）干部报酬保障的支持力度，确保村干部到2015年每人每月总收入不少于2500元，落实医保社保和退休保障。2016年，通过《关于创建“堡垒型、服务型、制度化”基层党组织行动计划》，激发基层干部工作的积极性。2016年全市各级财政累计安排基层公共服务平台建设经费和日常运行经费1.96亿元，保障各项工作的落实。

（江门市财政局供稿，梁学明执笔）

阳江财政

【经济财政概况】 2016年，阳江市生产总值实现1319.33亿元，比2015年增长6.7%。其中，第一产业增加值226.27亿元，增长3.4%；第二产业增加值546.50亿元，增长4.7%；第三产业增加值546.55亿元，增长10.4%。全市固定资产投资503.92亿元，比2015年下降27.1%。社会消费品零售总额634.83亿元，比2015年增长8.6%。外贸出口115.0亿元，下降23.6%；进口23.3亿元，下降16.8%。实际吸收外商直接投资0.70亿元，下降17.7%。年末金融机构人民币各项存款余额1122.34亿元，增长11.0%；城乡居民储蓄存款余额737.60亿元，增长11.2%。全市城镇在岗职工年平均工资54245元，增长8.1%；农村常住居民人均可支配收入13961元，增长11.3%。全年居民消费价格指数上涨2.8%。

2016年，全市一般公共预算收入完成579411万元，比2015年收入654558万元下降11.5%。市直（含滨海新区）收入完成193206万元，增长0.4%；高新区收入完成34400万元，下降26.4%；海陵区收入完成34755万元，下降26.3%；江城区收入完成40136万元，下降33.3%；阳春市收入完成103668万元，下降14.6%；阳西县收入完成66346万元，下降4.2%；阳东区收入完成106900万元，下降8.9%。

全市一般公共预算支出完成1983349万元，比2015年支出1709079万元增支274270万元，增长16%。市直（含滨海新区）支出完成577637万元，增长49.9%；高新区支出完成72120万元，增长40.3%；海陵区支出完成110050万元，增长74.3%；江城区支出完成162815万元，增长2.1%；阳春市支出完成437175万元，增长5.9%；阳西县支出完成251088万元，下降25.1%；阳东区支出完成336464万元，增长25.7%。

【财政收支管理】 2016年，阳江市抓好组织收入工作。贯彻落实新《预算法》，加强对财政收入运行的监测和分析，按照收入预算由约束性转向预期性的改革要求，加强征收部门沟通协调，加强税收大户监控，优化税源结构，加强零散税源征管，高度重视收入预测工作，因应情况变化采取措施，规范非税征管秩序，提高财政收入质量。但是，由于税收收入结构不均衡以及随着营改增试点改革的全面推开、供给则结构性改革尤其是降成本行动计划的一系列以减轻企业负担为目标的减税清费政策措施密集实行，在税、费两方面的减收因素交错叠加下，阳江市财政收入预期目标难以实现，2016年阳江市一般公共预算收入完成579411万元，下降11.5%。

强化支出管理。硬化预算约束，优化支出结构，突出“压一般”从严控制一般行政性经费和“三公”经费增长，2016年全市各行政参公单位会议费及“三公”经费较2015年下降30%。突出“保重点”，腾出更多财力用于重点支出和保障民生。加快支出进度，开展财政支出督查工作，加强对项目资金的管理，督促有关财政资金项目尽快实施，加快资金拨款进度，提高财政支出的均衡性和时效性。

【财政经济调控】 2016年，阳江市促进城市扩容提质。推进重大交通基础设施建设，做好深茂铁路和汕湛高速公路等项目建设，多方筹措市本级财政应承担的资本金1.6亿元，指导做好阳江港深水码头项目前期建设等；抓好重点市政项目建设，市级财政共审核拨付市政项目基础设施建设资金4.0亿元，推进“一河两岸”城南西路及景观示范段、森林公园、南山公园、振兴路一期、三廉公园、鸳鸯湖环湖路等重点工程建设；支持环保节能减排，市预算安排节能减排专项资金220万元，主要用于节能考核、节能宣传、扶持企业节能技术改造等项目；做好阳江市黄标车提前淘汰奖励工作，已兑付787台，发放补助资金792.6万元。

促进产业转型升级。筹措各项资金，促进阳江市产业加快转型升级。其中获得省专项资金24521.6万元，以股权投资、事后奖补、贴息等方式支持阳江市先进装备制造业加快发展；争取省技术改造专项资金6109万元，支持阳江市工业企业设备更新，加快技改项目推进，增强企业竞争力；安排产业园区扩能增效资金300万元，推进智慧园区建设，支持园区循环化改造和清洁生产，促进绿色工业发展。

促进企业创新驱动。2016年，阳江市财政安排中小企业发展专项资金900万元、刀剪机械制造业发展专项400万元，支持阳江市中小企业和传统产业发展。2016年，阳江市市财政安排科技资金3600万元，比2015年增长17.1%。

【财政民生保障】 2016年，阳江市把保障和改善民生作为一般公共建设的出发点和落脚点，通过抓好公共文化投入补短板、公共交通前期投入等重点工作，深入推进基本公共服务均等化综合改革，全市公共财政民生支出占公共财政支出的60%以上。

优先保障各类民生支出。加大文化投入补短板，2016年全市文化传媒支出30982万元，比2015年18461万元增长67.8%，人均公共文化支出123.6元，比2015年人均公共文化支出73.5元增长40.6%，建设一批图书馆、文化馆、阅览室，基本实现基础文化设施逐步完善；推进医疗卫生体制改革，2016年居民医保政府补助到位率达到100%，全市落实城乡居民医保资金18942万元，同时全面推进县级公立医院综合改革，调整财政支出结构，加大财政投入，建立财政补偿机制；逐年提高底线民生保障水平，全年全市拨付养老、低保等六项底线民生事项资金37113万元，其中市本级拨付11795万元；提高困难群众住房保障水平，通过筹集住房保障金和落实各项税费优惠政策，加大对保障性住房建设的投入，2016年拨付公共租赁住房建设资金3052万元，拨付农村危房改造资金1596.9万元；支持发展公共交通事业，在2015年新增地方政府债券（第二批）转贷金中安排公路建设资金3030万元，按股权比例落实2016年第二期1500万元购置公交车辆资金，两期共落实购置车辆资金3000万元，共购置178辆公汽车并投入使用。

提高财政支农力度。2016年，安排村级公益事业一事一议奖补资金500万元。支持美丽乡村建设，2016年，市财政安排2500万元美丽乡村专项资金，惠及100个自然村。全面推进基层公共服务综合平台建设工作，全市6个县（市、区）、47个镇（街道）、825个村（社区）的公共服务综合平台完成相关项目建设。抓精准扶贫，市级配套扶贫资金1535.3万元，使困难群众的基本生活得到保障。继续做好2013至2014年全市农业综合开发立项实施项目共15个，总投资16324.8万元，其中财政资金9926万元。

组织实施省、市民生实事。阳江市各级政府加大投入，加快资金拨付执行力度，2016年投入23亿元（含中央和省资金），办好社会保障、精准脱贫、教育等“十件民生实事”。

【财政改革管理】 2016年，阳江市全面加强和规范债务管理。研究将政府债务分类纳入预算管理，严格控制年度债务规模。制定《阳江市债务风险应急预案（试行）》。争取和分配政府债券额度，向省财政厅争取更多的政府债券发行额度和申请债券转贷资金。年内，争取新增地方政府债券转贷资金144300万元，用于重点项目建设和公益性项目支出；置换债券转贷资金159251万元，用于置换偿还政府债务支出。

探索建立事权和支出责任相适应的制度。加快推进市与县（市、区）政府事权和支出责任划分研究工作，在相关领域进行探索试点。研究推进农业转移人口市民化成本分担机制，推动基本公共服务由户籍人口向常住人口拓展。

健全完善市县基本财力保障机制。按照健全公共财政体系和加快城乡发展一体化的要求，加大对县（市、区）基本财力转移力度，完善县（市、区）基本财力保障机制。强化激励约束，对财政相对困难的县（市、区）给予补助，推进基层政府基本公共服务能力均等化。

推广运用PPP模式，做好项目储备库的管理。向各县（市、区）及市直单位征集PPP项目，共征集PPP项目22个、5个备选项目，2个项目通过省PPP管理平台审核，正式入库。起草《阳江市推广应用政府和社会资本合作（PPP）模式实施办法》，明确PPP项目的审核标准及实施流程。

加强财政资金管理和信息公开。清理盘活财政存量资金，按照中央和省的工作部署，2016年市财政按政策盘活财政存量资金，保证资金用活、用好、高效、安全。推进绩效管理工作，建立自评制度，规范预算绩效管理工作委托第三方实施的行为。做好财政预决算公开工作，建立透明预算制度。

加强供给侧结构性改革降成本行动计划实施工作。按照《广东省人民政府关于印发广东省供给侧结构性改革总体方案（2016—2018）及五个行动计划的通知》要求，从2016年10月1日开始，自中央和省定涉企行政事业性收费共34项涉企收费实行免征后，2016年全年预计减免金额市级507.1万元、县级8175万元。

（阳江市财政局供稿，李珊珊执笔）

湛江财政

【经济财政概况】　2016年，湛江市实现生产总值（GDP）2584.78亿元，按可比价计算比2015年增长7.9%。其中，第一产业增加值507.28亿元，增长4.0%；第二产业增加值984.74亿元，增长10.6%；第三产业增加值1092.77亿元，增长7.3%。三次产业结构19.6：38.1：42.3。全年完成固定资产投资1531.60亿元，比2015年增长16.6%。全年外贸进出口总额304.44亿美元，比2015年下降4.6%。实际利用外资金额6132万美元，下降61.0%。全年社会消费品零售总额1432.96亿元，增长9.5%。全年市区居民消费价格总水平比2015年上涨2.2%。2016年，湛江市全体居民人均可支配收入17934.4元，增长7.8%。

【财政收支管理】　2016年，来源于湛江的财政总收入466.19亿元，比2015年下降5.2%。全市一般公共预算收入112.94亿元，比2015年下降4.8%。其中，税收收入65.38亿元，比2015年增长3.2%；非税收入47.56亿元，比2015年下降14%。全市一般公共预算支出381.11亿元，比2015年下降7.7%。湛江市直一般公共预算收入48.40亿元，比2015年下降4.0%。其中，市直税收收入24.78亿元，比2015年下降2.9%；市直非税收入23.61亿元，下降5.2%，非税占比48.8%。市直一般公共预算支出84.14亿元，比2015年下降29.1%。

优化支出结构，继续压缩一般性行政支出，全市“三公”经费及会议费支出明显下降；增大民生类支出规模，保障民生实事和民心工程的建设，对教育、医疗卫生、社会保障、防灾减灾和环境保护等民生领域予以重点倾斜，统筹扶贫资金，为“精准扶贫”“精准脱贫”计划的实施提供资金保障；围绕市委、市政府中心工作，推进稳增长、调结构和产业转型升级，支持实施创新驱动，落实促进粤东西北地区振兴发展战略。

【财政经济调控】　2016年，湛江市加大对工业园区扩能增效的投入，安排1亿元支持产业园区和招商引资“三讲三评”工作，安排扶持企业发展和技改资金1亿元，用于支持企业加快发展和产业、产品优化升级；获得省产业园基础设施建设和产业聚集发展、园区扩能增效扶持资金2.51亿元，优先扶持重点区域、重点园区和重点产业发展。支持渔业、农业持续发展，下达支持现代农业生产发展项目优质稻产业带建设资金1040万元；成功创建“十三五”期间海洋经济创新发展示范城市，获得中央财政战略性新兴产业发展专项资金3亿元；统筹省、市、县资金4.07亿元，加快现代渔港建设；拨付高标准基本农田建设省级补助资金6.74亿元，治理土地面积44.64万亩；安排农业保险保费补贴资金1638万元，开展甘蔗、水稻、香蕉、玉米等农作物种植和生猪、家禽等养殖的保险工作。支持服务业发展壮大。统筹省市1664万元，推动农村普惠金融建设和设立奖励资金促进金融业发展；安排省滨海旅游产业园区竞争性扶持资金2996万元，用于特呈岛环岛观光绿岛工程；投入3197万元，加大湛江旅游营销宣传力度和办好第四届海洋周、海洋经济博览会、水博会、农博会及赴国内外开展经贸活动；安排904万元促进外贸企业转型升级。支持科技创新，加大科技资金投入力度，安排科技专项4700万元，安排“南方海谷”专项资金3000万元。开展“暖企”活动，落实《关于进一步促进民营经济发展的意见》，推动支柱产业聚合转型，增强产业集聚效应。

支持市政建设，2016年，湛江市市政项目建设累计支出10.05亿元，保障广州湾大道、南方路道路排水及跨线桥新建工程、振兴路新建工程、新湖大道等建设；累计拨付1.14亿元支持主城区实施环卫作业市场化运作；拨付主城区垃圾焚烧处理费1909.83万元，市区收集的生活垃圾由填埋处理改为焚烧处理；拨付1237万元支持数字化城市管理中心项目建设，逐步建立标准化管理体系。支持加快交通基础设施建设，2016年核拨茂湛铁路、汕湛高速、东雷高速和东海岛铁路等项目征地补偿款6.07亿元；拨付东雷高速、云湛高速等资本金、航道包还贷资金及海湾大桥政府购买服务资金、国省道路面改造市级配套资金5.42亿元，利用地方政府债券置换“迎国检”贷款本金3.5亿元。支持重点项目建设，拨付5.2亿元保障钢铁项目村民安置小区工程、鉴江供水枢纽工程、海大路口至蔚律港疏港公路工程、岛东大道、青年运河节水改造和中科炼化安置小区等重点项目建设。

推广政府和社会资本合作PPP模式，调顺跨海大桥项目采用“PPP投资人+施工总承包”一体化模式运作；采用政府购买服务模式融资解决项目建设资金14.66亿元，其中：中央商务区基础设施项目融资4.96亿元，教育基地基础设施项目融资4.04亿元，中小学学位新建扩建项目融资5.66亿元；成立产业基金。由银行募集100亿元设立湛江市城市基础设施产业基金，与市属平台公司共同出资设立新项目公司，后续通过产业基金向新设项目公司以增资、股东借款等形式向城市基础设施项目提供资本金与建设资金。

【财政民生保障】 2016年，湛江市民生支出310.32亿元，占一般公共预算支出的81.43%。

围绕“学有所教”，全市教育支出102.6亿元，获得“广东省教育强市”称号。其中：安排创建国家义务教育均衡发展奖补经费2300万元；省市安排经费2.19亿元，全面改善义务教育薄弱学校基本办学条件；安排城乡免费义务教育学校公用经费10.45亿元；落实中等职业学校免学费经费1.56亿元；落实山区和农村边远地区学校教师生活补贴政策经费2.39亿元；省市安排1.55亿元，全面落实中小学教师工资福利待遇“两相当”政策；加快城区中小学校学位建设，新建扩建公办中小学校8所。

围绕“病有所医”，全市医疗卫生支出59.56亿元，主要用于深化公立医院综合改革、完善基层医疗卫生机构服务网络和体制机制建设。其中：落实配套资金2.95亿元提高城乡居民基本医疗保险补助，补助标准为每人每年420元；安排卫生强基创优行动计划市级配套资金1亿元；拨付各项医改经费2.5亿元促进医改和卫生各项事业顺利开展；统筹中央、省、市资金2.37亿元，用于开展基本公共卫生服务，人均基本公共卫生服务项目补助从每年40元提高到每年45元；省市补助1647万元，全面落实边远乡镇卫生院医务人员岗位津贴；省市补助3732万元，落实农村接生员和赤脚医生生活困难补助政策。

围绕“民有善养”，全市社会保障和就业支出57.95亿元。其中：市级财政安排底线民生保障资金3.2亿元，分别用于城乡最低生活保障、孤儿基本生活保障、城乡医疗救助、残疾人两项补贴和城乡居民养老保障；安排市级残疾人就业保障金3555万元，支持残疾人事业发展；全年投入1.49亿元，支持驻湛部队建设和发展；安排300万元推进普惠型高龄老人津贴制度落实；落实最低生活保障提标工作，其中城乡最低生活保障标准分别从人均每月410元和每月260元提高到每月490元和每月340元，城乡补差水平分别从人均每月374元和每月172元提高到每月418元和每月190元；特困人员（含城市“三无”人员和农村五保人员）供养标准按照当地农村居民人均可支配收入的60%执行，其中最高达到每月790元；拨付省市就业专项资金1992万元，省级劳动力培训资金2072万元，支持劳动力技能培训，稳定和促进就业。

围绕“住有宜居”，全市住房保障支出7.6亿元，落实好保障性住房建设任务，加快保障性住房建设，城市棚户区改造项目共开工建设4378户，面积28.46万平方米，建成保障性住房1572套。

围绕“治以法尊”，全市公共安全支出17.83亿元，加快全市社会治安视频监控系统，保障市交警智能指挥中心和市司法局“两所”建设，支持武警、公、检、法、司法机构提供公共安全服务。

围绕文化强市战略，全市文化体育与传媒支出3.66亿元。其中：省市安排湛江市校园足球特色学校建设经费1236万元；落实文化产业发展、文艺精品创作扶持经费等文化事业支出772万元；安排基层公共文化服务设施建设、湛江海上丝绸之路史迹申遗等工作经费515.5万元；安排312万元支持鼓励奥体中心、体育中心两个大型体育场馆对社会免费或低收费开放，充分发挥体育场馆的社会公共效益。

围绕城乡一体化，全市农林水事务支出42.03亿元，落实强农惠农政策。其中：统筹省市资金7.31亿元开展“精准扶贫”“精准脱贫”工作；安排1200万元做好农村土地承包经营权确权登记颁证工作；安排基层组织经费8308万元确保基层组织正常运转；省市累计统筹5.1亿元支持农村茅草房和危房改造工作，已开工改造茅草房重建户17684户，拆除“无人居住需拆除茅草房”12234户，农村危房改造开工建设19515户；统筹各级财政9950万元，积极推进基层公共服务综合平台建设工作；安排1.06亿元对县（市、区）农村基础设施建设、生态文明创建、农村保洁员及省级中心镇基础设施建设等进行补助。

【财政改革管理】 2016年，湛江市深化预算制度改革。健全完善预算编制，实行“全口径”预算管理；建立健全专项资金项目库管理，年初预算安排的项目支出从财政备选项目库中筛选，未列入财政备选项目库的，原则上不编列预算；启动中期财政规划编制工作，规划涵盖四大预算体系，内容包括宏观经济形势分析、现行财政收支测算、地方政府债务变动预测等内容；健全预算执行动态监控机制，完善财政资金监督管理。

完善县以下财政体制。调整完善转移支付制度，加快推进财政转移支付制度改革。从2016年起，以2015年为基期年，固化县级上划市财政共享“四税”基数，超基数部分市级不再参与分成，同时免除县级应交地市级水资源费；县级辖区范围内每年征收的货物港务费，扣除手续费后，属地方财政留成部分的，安排给所在县（市、区）用于港口航道建设。

加快国库管理改革。实现国库集中支付改革全覆盖，完善国库集中支付系统，实现电子对账，启动预警机制，扩大系统联网强化监督，建立财政部门与人大、纪检、审计之间的监督制约机制；全面开展权责发生制政府综合财务报告试编工作；财务核算集中监管改革实现建立财务核算集中监管平台、建立财政财务监督管理循环体系、建立资金使用科室协同共管体系；财政专户全部实现国库归口管理。

做好重点改革攻坚。为供给侧结构性改革去产能、去库存、去杠杆、降成本、补短板五个行动提供财力保障，牵头制定降成本行动计划，全市涉企收费项目由266项减少为94项，减幅达65%，实现为企业降低成本51.18亿元；制订《湛江市2016年台风巨灾保险实施方案》，实现赔付与灾害级别挂钩，成为全国首个建立台风巨灾指数保险制度城市；开展基本公共服务均等化综合改革试点，拉近城乡基本公共服务均等化水平，实现区域间资源合理配置共享。

加强财政资金监管。引入第三方机构实施评价，全面开展现场核查和重点评价工作，抽取50个资金量较大、社会关注程度较高的项目和10个部门单位进行绩效评价，涉及财政资金10.76亿元，优化绩效管理结果应用，绩效自评结果与年度预算安排挂钩，建立绩效约束与激励机制；以经济民生热点、资金量大、民众关注度高等为开展监督检查工作的侧重点，加大财政监督力度，共查出各类违规问题涉及金额7048万元，其中：应追缴财政资金1460万元，原渠道退回财政资金1146万元，纠正不实核算2015万元，补缴税款8万元，其他违规问题金额2420万元；完善财政投资项目工程审核改革，2016年审定项目943个，送审金额32.8亿元，审定金额29.6亿元，核减3.2亿元，核减率达10.8%；完善政府采购计划管理系统，普及政府采购信息化管理，加强对政府采购中心及社会代理机构监督检查，规范政府采购平台建设，2016年全市政府集中采购预算金额31.08亿元，实际采购金额28.96亿元，节约资金2.12亿元，节约率达6.82%。

健全完善防范债务风险体系。实施地方政府债务限额管理，按照新修订预算法的规定，债务实现限额管理，注重加强监控预警；将债券收支分类纳入预算管理，将新增债券列入预算调整方案报人大批准；开展存量债务置换，对历年债务进行置换，优化债务结构，有效化解债务风险；完善债务风险防控体系，构建省、市、县三级政府债务风险防控体系，建立债务应急处置和责任追究机制。

【全国首个台风巨灾指数保险制度建立】 2016年，广东省印发《广东省巨灾保险试点工作实施方案》，在全省10个地级市开展巨灾保险试点。巨灾保险一般指政府运用保险机制，通过制度性安排，将因发生地震、台风、海啸、洪水等自然灾害可能造成的巨大财产损失和严重人员伤亡的风险，通过保险形式进行风险分散和经济补偿。巨灾保险制度是利用保险机制预防和分散巨灾风险，并提供灾后损失补偿的制度安排，是市场经济条件下国家风险管理体系的重要组成部分。巨灾保险制度的保险模式为指数保险。

作为试点城市之一的湛江市地处台风多发地区，尤其受台风“威马逊”“彩虹”等的影响较大。湛江市选取台风作为试点对象，探索建立台风巨灾指数保险制度的可能性，并签约开始实施台风巨灾指数保险制度。

主要做法 巨灾保险以省政府作为投保人，由湛江市人民政府委托湛江市财政局作为被保险人，并由湛江市财政局与承保服务机构签订保险合同。根据省、市政府采购巨灾保险服务机构中标情况，湛江市2016年巨灾保险服务机构为中国人民财产保险服务有限公司湛江分公司与中国平安财产保险股份有限公司湛江中心支公司组成的共保体，其中：人保财险湛江分公司作为湛江市台风巨灾保险首席保险人，在共保中所占份额为保险总额的70%、平安财产保险湛江中心支公司占保险总额的30%。

根据湛江市与承保机构签订的合同，单次台风受灾事件及年度台风累计赔付限额为2亿元。在保险期间如发生赔付，年度台风累计赔付限额自损失发生日起按保险人的赔偿金额相应减少。保费为2400万元（含6%增值税及附加税），由省、市财政按3∶1的比例共同负担。

保险赔付的范围以湛江市行政区域为基准设定台风巨灾框，圆心位置为北纬20.951°，东经110.350°，半径105千米。台风路径点以台风指数报告机构公布为准，如需要计算台风路径点之间的插值点风速，根据《台风插值点风速计算方法》计算。

根据赔付标准当风速为33米/秒≤A＜37米/秒时赔付0.1亿元；37米/秒≤A＜43米/秒时赔付0.18亿元；43米/秒≤A＜51米/秒时赔付0.37亿元；51米/秒≤A＜60米/秒时赔付0.9亿元；A≥60米/秒时赔付2亿元。当台风路径点进入上述巨灾框时，按照相应的赔付标准进行赔付。台风指数报告机构为中央气象台（即使用中央气象台的台风定位资料计算台风成灾指数）；台风指数计算机构为广东省气候中心。

台风发生时，根据台风指数报告机构、指数计算机构公布的灾害指数及预设的触发条件，经保险人和被保险人确认触及巨灾理赔及赔付金额、达成赔偿协议后，承保服务机构在1天内将理赔款支付至湛江市财政局指定账户。市财政局收到理赔资金后，结合各类救灾补助资金统筹安排，报市政府批准后拨付救灾资金。

工作成效　提高整体抗风险能力，防止“因灾致贫”。湛江在2014年和2015年连续遭受超强台风肆虐，交通、市政基础设施破坏严重，全市经济损失巨大。建立台风巨灾指数保险制度在一定程度上提高湛江的抗风险能力，充实救灾资金准备。

放大财政支出效应。台风巨灾指数保险制度能在灾害发生后由保险公司赔付地方政府，再由地方政府统一安排救灾，使赔付资金全面覆盖受灾地区，是科学化、制度化应急救灾财政资金保障体系的重要组成部分。

有助于构建多层次的风险分摊机制。台风巨灾指数保险区别于一般商业保险，从准公共产品的视角，该指数保险的建立是对构建由财政支持，以商业保险为平台，政府推动与市场运作、灾前风险防范和灾后经济补偿相结合的风险分摊机制的有益探索。

（湛江市财政局供稿，黄丽云执笔）

茂名财政

【经济财政概况】　2016年，茂名市实现地区生产总值（GDP）2636.74亿元，比2015年增长7.1%。其中，第一产业增加值433.49亿元，增长4.2%，对GDP增长的贡献率为9.3%；第二产业增加值1060.16亿元，增长7.6%，对GDP增长的贡献率为43.5%；第三产业增加值1143.09亿元，增长7.7%，对GDP增长的贡献率为47.2%。三次产业结构为16.4 ：40.2 ：43.4。人均地区生产总值43211元，增长6.4%。全年居民消费价格总水平上涨2.5%。全年工业增加值增长7.1%，其中规模以上工业完成总产值2492.73亿元，实现增加值765.51亿元，增长7.4%。全年固定资产投资1262.76亿元，增长13.2%。全年社会消费品零售总额1339.88亿元，增长10.3%。全年进出口总额104.17亿元，增长2.2%。其中，出口总额74.85亿元，增长9.0%；进口总额29.32亿元，下降11.9%。实际利用外资金额7548万美元，下降56.1%。年末全市银行业金融机构本外币各项存款余额2216.93亿元，增长12.3%。各项贷款余额1005.87亿元，增长17.2%。全市居民人均可支配收入18403元，增长9.2%，其中城镇常住居民人均可支配收入23323元，增长9.0%。农村常住居民人均可支配收入14520元，增长9.8%。

【财政收支管理】　2016年，茂名市一般公共预算收入121.42亿元，比2015年同期增收7.21亿元，增长6.3%。完成代编全年预算的100%。其中税收收入累计完成70.68亿元，比2015年同期增收7.27亿元，增长11.5%；非税收入累计完成50.74亿元，比2015年同期减收0.06亿元，下降0.1%。全市地方一般公共预算支出累计完成349.73亿元，比2015年同期增加8.95亿元，增长2.6%。其中，教育支出102.26亿元，增长15.3%；社会保障和就业支出59.13亿元，增长19.9%；医疗卫生与计划生育支出46.74亿元，增长16.8%。

2016年，茂名财政上划收入贡献较大。来源于茂名的财政总收入（含政府性基金）487.15亿元，其中中央库收入273.09亿元、省级库收入43.08亿元，上划中央、省级收入占比64.9%，排全省第二位。

地方财政收入增长可持续性较强。全市一般公共预算收入121.42亿元，比2015年同期增收7.21亿元，增长6.3%。全市一般公共预算收入规模排名全省第十位，比2014年前进三位；增幅排全省第七位、粤东西北第二位。全市一般公共预算收入比2011年增长83.6%，年均增长12.9%。

财政收入质量有所提升。税收收入增幅2014年以来首次高于非税收入增幅。2016年全市税收收入增长11.5%，增幅排全省第六位、粤东西北第二位。全市非税比重41.8%，较2015年下降1.5个百分点，3个区（市）完成非税比重控制目标。

市县财政收入增长相对均衡。市级一般公共预算收入53.80亿元，比2015年增长8.0%，占全市一般公共预算收入的44.3%；市级一般公共预算收入比2011年增长75.3%，年均增长11.9%；区（市）级一般公共预算收入67.63亿元，增长7.2%，占全市一般公共预算收入的55.7%，其中高州市增长20.1%、贡献全市收入增量的40%。区（市）级一般公共预算收入比2011年增长90.9%，年均增长13.8%。

【财政经济调控】　2016年，茂名市注重财政资金的集中使用和统筹盘活，集中财力支持“三大抓手”建设，大额资金50%以上用于实体项目。

争取资金加快重点项目建设，全市获得新增地方政府债券资金24.89亿元、专项建设基金贷款10.86亿元、置换债券资金34.29亿元，降低了资金成本，三大平台蓬勃发展、重点项目顺利推进，滨海新区东西防波堤项目主体堤身基本完工，博贺湾大道一期工程建成通车，博贺湾大桥及东连接线开工建设；支持高新区创建国家高新区，加快项目引进落地和创新发展，中德（茂名）精细化工园顺利启动；

水东湾新城土地征收和融资力度加大，18个公用设施项目建设全面拉开城市框架。

市级筹集交通基础设施建设资金46.35亿元，汕湛高速茂名段进入路面施工阶段，深茂铁路茂名段进入铺轨阶段。支持加快云茂高速、湛江粤西机场建设，完成茂名港大道、茂东快线、茂化快线、包茂大道、市民大道二期等项目建设和G207、G325及S280、S370等15条国省道项目改造，开工建设西部快线、潘州大道、工业大道南项目。

全市累计争取到省级产业园区扩能增效资金11.5亿元，茂名市成为全省率先实现省级园区县域全覆盖的地级市。

市级筹集城区扩容提质资金23.83亿元，其中统筹安排城市维护建设费、城市基础设施配套费、城市公用事业附加费等资金3.7亿元，建成官山五路、西粤北路、文明北路、油城十路、西城西路，打通官渡三至六路，开工建设西粤南路、站前大道。

多方筹资推进生态环境治理，累计投入6.41亿元完成乙烯厂防护带和炼油厂防护带首期搬迁安置，争取到省财政从2016年起五年内每年安排1亿元用于茂名石化炼油厂卫生防护距离内居民搬迁安置补助。累计投入15亿元实施“城乡清洁工程”，累计投入5.38亿元实施高州水库水资源保护和除险加固工程，累计投入2.25亿元推进鉴江、小东江等江河流域综合整治项目，累计投入1亿元推进绿化茂名大行动。

发挥财政稳定经济增长的作用，全市与GDP核算相关的八项财政支出同比增长17%，拉动全市GDP增长1个百分点。

【财政民生保障】 2016年，茂名市一般公共预算支出349.73亿元，比2015年同期增加8.95亿元，小幅增长2.6%，执行率（不含省直管县）为95.1%，排名全省第4位，考核得分100分，是全省满分的6个地市之一。

压减行政运行成本，全市用于维持行政运行的支出下降4.5%，“三公”经费支出下降5.9%，压减市直机关办公经费6000万元用于民生配套支出。

全市民生支出290.1亿元，比2015年增加13.63亿元，增长4.9%；占财政总支出的82.9%，比2015年提高1.82个百分点。其中教育支出102.26亿元、增长15.3%，公共财政教育支出占公共财政预算支出的比重达25.9%，排全省第一位；社会保障和就业支出59.13亿元、增长19.9%，医疗卫生与计划生育支出46.74亿元、增长16.8%。

落实好县镇基本财力保障任务，市级每年对县级转移支付资金均超过10亿元，2016年达13.5亿元，位居粤东西北各市前列。2016年市级财政安排基层党建和政权运转经费1.86亿元，确保镇级政权运转补助经费、农村基层组织保障经费、镇、村党建和运转专项经费落实到位。

拨付省“十件民生实事”市县级配套资金34.4亿元，拨付进度165.7%，超额完成年初预算任务，连续四年排全省第一位，低保医保、养老扶残等底线民生政策逐年提标扩面

筹措新时期精准扶贫精准脱贫资金，市财政及时把第一批省财政资金4.13亿元、珠海对口帮扶配套资金2.09亿元拨付各地，并安排第一批市级配套资金2754万元、帮扶贫困村专项资金180万元、农村危房改造市级配套资金5043万元。

加大财政惠农投入。全市农林水支出34.00亿元，争取到资金4.62亿元支持建设2.12万公顷高标准农田，争取到资金6.27亿元支持农田水利重点县和示范县建设。推行农业“三项补贴”改革，争取到中央财政耕地地力保护补贴资金2.60亿元，全年水稻播种面积21.24万公顷，补贴标准12255元每公顷。茂名作为全省10个试点市之一启动巨灾保险试点，提高受灾地区抗风险能力。

【财政改革管理】 2016年，茂名市对接中央和省财税改革及省以下财政事权与支出责任划分改革，争取地方最大利益。2012—2016年市与区（市）财政体制执行期满，功能区财政体制逐步理顺，区（市）级收入占全市收入的比重由2011年的53.6%提高到2016年的55.7%。

推进供给侧结构性改革，开展企业降本增效专项行动。在筹措资金推进去产能、去库存、去杠杆、补短板任务的基础上，牵头落实好降成本行动计划，为全市企业减负28.1亿元，完成全年任务23.5亿元的120%。

全面推开营改增试点，建筑、房地产、金融和生活服务业等四大新增试点行业全部实现总体税负只减不增的预期目标，试点纳税人13595户，落实国家减税降费积极财政政策，为全市企业和消费者减负12亿元以上。

推进公务用车制度改革。全市按期于2015年10月1日起实施公务用车制度改革，市级处置公车1017辆，其中7场拍卖会拍卖公车624辆、成交总价2460万元，报废车辆（含黄标车）393辆。

牵头做好党政机关办公用房清理整改及调配处置工作，市本级办公用房腾退使用面积31540平方米，统筹使用面积28797平方米。

落实机关事业单位调资和增加离退休费、县以下公务员职务与职级并行改革和乡镇工作补贴制度，提高企业退休人员基本养老金和城镇职工、城乡居民医保报销比例，全面实行大病医保报销制度，最高报销限额由原来的18万元提高到38万元。

推广PPP融资模式。全市4个项目纳入财政部PPP项目信息库，其中茂名市水东湾城区引罗供水工程被列为财政部第二批示范项目并动工建设，高州第二自来水厂工程项目签约落地。

推进基层公共服务综合平台建设。全市安排基层公共服务平台建设资金7235万元，110个镇（街）和1902个村（社区）按照省要求基本建成公共服务中心。

编制零基预算、规范基本支出及运转经费保障标准、集中使用大额专项资金、清理盘活存量资金、加强政府性债务管理等工作纳入制度化轨道。修订并执行市级财政专项资金、转移支付资金等资金管理办法，从制度上防范寻租行为。化州市财政局严把制度完善、分类管理、办结时限、监督问效“四大关口”，加强财政资金管理。电白区财政局在筹集资金、减免税费、扶持企业、加强管理方面用好加减乘除法，提高园区资金使用绩效。做好预决算、专项资金、“三公”经费信息公开，市级主动发布与财政工作相关的信息212条。市级印发并严格执行政府性债务管理办法和债务余额限额管理办法，健全和完善各项管理制度和规范审批程序，规范融资平台公司和机关事业单位的担保及融资行为，全市债务余额在省财政厅核定的债务限额以内。

实行将财政支出进度、存量资金与区（市）转移支付、库款调度以及市直部门资金安排挂钩的机制，执行限时办结和财政拨款备查账制度。在省财政厅四项支出进度指标考核中，一般公共预算支出执行率茂名市（不含省直管县）为95.1%、排全省第12位，高州市、化州市分别为100%、98.9%，排省直管县第九位、第22位；政府性基金预算支出执行率茂名市（不含省直管县）为92.1%、排全省第七位，化州市、高州市分别为122.5%、121.5%，排省直管县第二位、第三位；盘活财政存量资金收回进度和已收回财政存量资金支出进度茂名市（不含省直管县）和高州市、化州市均为100%。实施库款资金存量与增量调度挂钩，规范市级与下级财政增量调度资金管理，2016年茂名市（不含省直管县）库款保障水平为0.63，比2015年增长17.5%、环比下降46.9%，综合得分87.80分，排全省第六位，其中库款保障水平并列第一位、库款余额相对水平指标排第二位；化州市、高州市综合得分分别为93.80分、73.60分，排省直管县第一位、第15位。电白区镇级597个单位纳入国库集中支付制度改革。规范非公开招标采购方式审批、供应商诚信管理、代理机构监督检查，提高货物、服务类项目公开招标数额标准和部门集中采购、分散类采购项目的起点金额，优化进口产品核准程序，推广网上竞价、电商直购、定点采购等电子化采购模式，提高采购效率。市直政府采购金额8.35亿元，节约资金6089万元，节约率6.8%。从严把关、提前介入和全程跟踪重大政府投资项目，对于时限要求紧的重大项目和救灾复产等应急项目的工程概算或预算，进一步压缩审核时间，公开招标择优选定工程造价中介机构参与项目审核。市级审核项目3407个，送审金额185.21亿元，核减造价20.6亿元，核减率11.1%。（茂名市财政局供稿，梁建旭、黄钧执笔）

【内控制度建设加强】 *主要做法* 按照财政部和省财政厅关于2016年全面完成内控制度机制建设的要求，年初茂名市财政局成立内部控制委员会和内控办，督促县镇财政部门全面建立内控建设组织架构；建立和实施内部控制，强化岗位责任意识和内控意识，设置内控管理岗位，确定内控管理联络员，推进内控工作；组织干部职工深入学习各项内控制度、办法和规程，强化流程管理，定期深入县镇财政部门了解内部控制工作开展情况，指导做好财政内部控制工作。

2016年初，印发《茂名市财政局内部控制基本制度（试行）的通知》，细化明确组织架构、管理责任、职责分工、内控目标、实施原则、制度体系、内控方法和主要内容，全市印发内部控制制度101份；围绕财政内部控制的核心内容和要求，先后印发法律风险、政策制定风险、预算编制风险、预算执行风险、公共关系风险、机关运转风险、信息系统管理风险、岗位利益冲突风险等八个专项风险管理办法，分别进行风险识别、评估、分级、应对、监测和报告全过程管理；推进内部控制关口前移，逐步形成预算编制、预算执行、资金分配与财政监督相互协调、相互促进的财政资金监管机制，修订完善转移支付资金、结余结转资金、财政资金安全、财政专户等20多项资金管理办法。

各科室（单位）根据有关规章制度和专项风险管理办法，完善工作流程，细化界定各环节各岗位责任。一方面，绘制岗位职责分解图。以市财政局“三定”方案为依据，细化明确局各内设机构的职能分工、工作规则和科室内部业务分工，从领导职责、决策程序、依法行政、政务公开等方面，明确各环节各岗位职责。全面系统分析、梳理业务流程中所涉及的不相容岗位（职责），通过实施分离措施，明确细化责任，形成各司其职、各负其责、横向与纵向相互制约监督的工作机制。另一方面，绘制业务运转流程图。对预算编制、资金拨付、资产处置、政府采购、投资评审等重点部位和关键环节，以图表形式，详细介绍各项业务的类别和依据、运转流程描述、责任科室（岗位）、关键部位和薄弱环节。关键岗位建立双保险机制和定期轮换制度，建立人员A/B角制度，不同职务层级之间形成“传帮带”的机制，建立人才梯队。

全面查找、梳理、评估财政业务及财政管理中的各类风险，构建形成对各类工作风险进行事前防范、事中控制、事后监督和纠正的动态过程和机制。加强法律风险控制，建立健全重大决策合法性审查、法律顾问和行政执法责任制，定期清理财政规范性文件。加强政策制定风险控制，完善政策制定调查研究和集体协商制度，建立重大行政决策听证制度及政策实施后评估机制机制。加强预算编制风险控制，推进中期财政规划管理，健全支出定额标准体系，强化全口径预算管理，规范地方政府债务管理。加强预算执行风险控制，硬化预算约束，加大结转结余资金统筹使用力度，健全预算支出责任制度和执行通报制度，加强预算执行动态监控。加强公共关系风险控制，密切关注社会舆情热点，严肃新闻宣传纪律，依法、及时、全面、准确公开财政信息。加强机关运转风险控制，消除公文处理、档案管理、保密、安全保卫等方面存在的隐患。加强信息系统管理风险控制，强化流程控制，加强信息安全管理。加强岗位利益冲突风险控制，健全干部轮岗交流、回避和个人重大事项报告等制度。

把加强内控制度建设与推动业务工作提升相结合、与推进惩防体系建设相结合、与规范行政权力运行相结合，逐步建立以前期预防、中期监控和后期处置为主要内容的内部控制“三道防线”，形成一套定位全面、评估准确、预警及时、反应快速、动态跟踪的财政内控机制。开展财政“收支备查登记账”的核查工作，开发备查账软件，从2016年1月开始由内控办组织有关人员每月对有收支业务的科室进行备查登记账开展检查，并于每月3日前对核查情况进行通报。建立内部控制检查情况定期披露制度，强化结果运用，将科室（单位）和个人执行内控制度的情况纳入考核指标体系。局内控办定期检查督导，发现内控薄弱环节、查找原因、堵塞漏洞。加大风险事件的问责力度，对在内控管理中失职渎职的干部按照有关规定予以追责和处理。

工作成效　预算编制更加透明。预算编制、执行、监督相互制约、相互协调，市财政局通过加强归口管理、授权控制和流程控制，建立以科室为基本控制单元，实行经办人员初审或编报、科领导双重控制，科室内交叉审核和集体审核机制。建立健全预算科制定部门预算管理制度、转移支付管理制度等制度，指导科室制定专项资金管理办法，对专项资金项目逐项制定资金管理办法，指导部门完善内部预算编制制度。监督检查科、财政信息中心按照职责分工嵌入到预算编制各个流程和节点。预算编制经过“五上五下”修改，经人大会通过后进行网上公开，接受社会监督。

预算执行更加严格。将预算执行分为内部风险和外部风险，以预算执行流程为主线，以重要环节风险点为导向，对预算刚性不足、部分支出进度较慢、资金安全性和效益不高等风险进行事前防范、事中控制、事后监督和纠正的动态机制，将预算执行风险防控贯穿于收入预算执行、支出预算批复下达、支出预算变更、资金拨付、资金和账户管理、总预算会计核算和决算、绩效管理整个业务流程，建立预算执行权力制衡机制，切实提高预算执行管理水平。国库科每月对上月的收支进行专门分析，避免收过头粮和重复申报项目资金（经费），收支备查账实行电脑对账，提高工作效率，改变各科室拨款凭证统一由一人保管，避免过去原始凭证分散保管容易遗失的现象。

政策制定更加严谨。以风险为导向，综合运用不相容岗位（职责）分离控制、授权控制、归口管理、将风险防控措施嵌入到政策制定的立项、起草、审核、决策、公开、解释、评估、调整和终止全过程，明确各科室（单位）在政策制定风险防控中的职责分工，控制政策制定风险，细化岗位责任和考核机制，提高市财政局政策制定的科学性、规范性、完整性。实行“单位开票、银行代收、财政统管”收支两条线管理，规范非税收入的分配和政府统筹力度，从源头上杜绝腐败。

岗位职责更加细化。对各科室（单位）系统梳理业务流程中所涉及的不相容岗位（职责）进行分离，界定重点管理和监督的关键岗位及承担行政审批、财政资金分配使用、国有资产监管、政府采购和政策制定等重要高风险工作岗位，明确细化岗位责任，规范和限制岗位自由裁量权力，实行人员A/B角制度，按规定进行岗位交流，相互监督，相互制约。

机关运转更加有序。明确各科室（单位）的职责分工，完善风险发现和报告机制，防控机关运转风险，保证工作记录真实完整，确保公文处理、档案管理、保密、安全保卫等方面的安全运行。车辆管理进一步规范，因公外出实行“因公外出派车单”安排车辆，杜绝公车私用。各科室因公出差人员进一步规范，凭领导批准的“外出登记表”进行报账。对由于不严格遵守有关规章制度和操作程序的行为或产生影响机关工作开展和工作效率的，将实行问责。公共关系风险管理实现程序规范、过程透明、防范有效、处置及时，外部言行、沟通、应对、误解、不满意、不信任等损害市财政局声誉和形象减少。

行政执法更加规范。明确各科室（单位）在法律风险防控中的职责分工，有效控制法律风险。各项财政业务管理法律风险防控更加遵循“公平公正、权责统一、程序正当、高效便民”，茂名市财政局内控办负责组织对法律风险落实情况的检查、考核和评价，组织对法律风险事件进行调查，研究制定法律风险事件解决方案、风险定级和责任追究建议，提请市委、市政府研究决定的重大决策建议，以及各科室（单位）提请局党组会议、局长办公会议讨论决定的重要政策建议，进行合法性审查，在法定权限内贯彻执行。

（茂名市财政局供稿，徐志勇执笔）

【基层公共服务全覆盖】 总体情况　2016年，高州市被省列入基层公共服务平台建设第二批试点县（市）。按照“政府主导、整合资源，统一建设、规范运作，信息共享、便民高效”的原则，通过争取省专项资金支持和本级财政投入，落实基层公共服务平台建设专项经费1240万元，推进基层公共服务综合平台建设，试点工作通过茂名市验收。

2016年，高州市的市、镇、村三级公共服务平台机构全面建立运行，并达到“八有”（有机构、有牌子、有办公场所、有办公设备、有制度、有人员、有系统、有经费）标准；面向基层群众的公共服务事项全部纳入三级公共服务平台集中办理，基本建成集党建与基层治理、民政事务、户籍管理、商事登记、综治维稳、文化体育、卫生计生、人力资源与社会保障、食药安全、农村“三资”管理、公共资源交易和财政资金监管、信息咨询、金融业务、农技等服务事项于一体的多功能综合服务平台，形成公共服务事项“窗口服务+互联网+终端服务”办理新平台。

主要做法　科学制订方案，绘制“规划图”。制订《高州市推进基层公共服务综合平台建设方案》《高州市2016年基层公共服务平台建设实施具体方案》《镇村公共服务中心人员配置方案》，明确基层公共服务综合平台建设的目标任务、工作阶段、实施步骤及相关要求。各职能部门根据总体规划方案推动基层公共服务平台建设。

加强宣传工作，形成“好氛围”。通过LED大屏幕、报刊、资料、网络、广播电视、横幅等多形式、多层次、多角度宣传基层公共服务综合平台建设的重要性和具体做法及要求，营造全市关注、支持平台建设工作的良好氛围。统筹协调各职能部门，支持公共服务平台建设，形成上下协同、齐抓共管的工作格局。

保障工作经费，筹集“准备金”。将基层公共服务平台建设经费纳入市财政年初预算，整合有关专项资金，以保障公共服务平台建设和运营。通过争取省专项资金支持和本级财政投入，落实基层公共服务平台建设专项经费1240万元，其中安排500万元财政资金用于三级公共服务平台运营。

围绕“公共服务延伸至村，办事流程简洁高效”这一目标，在原建设三级政务服务平台基础上，统筹整合全市现有各类基层公共服务的场所、设备、人员等资源，完善设施，优化服务，按照“机构人员统一、服务内容统一、信息系统统一、运行模式统一、保障措施统一”五个“统一”的要求，推进基层公共服务综合平台建设。

优化流程，梳理编制公共服务基本目录。以明确市、镇、村三级公共服务平台的服务权责为重点，全面梳理面向群众的公共服务事项，共梳理市级公共服务事项652项，镇（街道）级公共服务事项48项，村（社区）级公共服务事项33项。2016年，高州市的市、镇、村三级服务事项内容全部梳理完成并向社会公布，印制各级公共服务基本目录5万份，办事指南43.5万册。

一网通办，打造“线上”综合服务平台。建立市、镇、村三级公共服务中心网站，并实现网站与农村“三资”管理、公共资源交易、农村产权交易、网上办事大厅、党员远程电化教育、高州市人民政府网站等资讯平台互联互通。通过三级公共服务中心网站，实行党务、政务信息公开，为群众、企业办理政务业务。并扩展服务内容，延伸至村级组织运作服务类、生产生活服务类，如手机充值、网购网销、信息咨询、社保、金融、税务等事项，现在均可以通过公共服务平台进行办理。整合市、镇两级公共服务资源，将原市行政服务中心办公场所升级改造为公共服务中心办事大厅，将原镇（街道）级行政服务中心办公场所升级改造为镇谢鸡镇保华村便民服务大厅按“五个统一”标准建设（街道）级公共服务中心办事大厅。考虑到村级公共服务中心建设的复杂性，采取“先易后难、试点先行、逐步扩大”的模式，有针对性地选择根子、谢鸡、金山等12个镇（街道）各选取一个条件适合的村（社区）为试点，按照规划设计、场所装修、办事台、硬件设备、标识牌匾“五个统一”的标准，建设公共服务中心规范点，通过规范点的示范作用，带动其他公共服务中心建设，确保全市488个村级公共服务中心的建成。

落实人员，确保综合服务平台高效运行。通过建立《镇村公共服务中心人员配置方案》，按照镇级人员由各镇（街道）在现有编制人员中调剂解决，并要求工作人员要相对固定；村级人员主要为兼职工作人员和专职工作人员两类。由市政管办制定详细培训方案，分类指导，分期分批对基层公共服务中心办事员开展了思想道德、政策法规、服务纪律、业务知识、电脑操作等知识培训，其中印制培训教材1.5万册，培训人次达800人，整体提高了办事员的业务水平，确保平台的快捷高效运行。

工作成效　高州市公共服务中心办事大厅，32个镇（街道、片区）级公共服务中心办事大厅，488个村级公共服务中心已全部建成并开始运作。群众只需走出家门口，就可以享受基层公共服务平台提供的“一站式”服务。

基层公共服务平台建设完成后，村级政务服务类事项以及生产生活类事项均可在村级公共服务中心完成办理，免去群众来回奔走的烦恼，让广大群众特别是远离镇（街道）中心的群众直接得益。

通过基层公共服务平台，群众日常生活所需的计生服务证、老人证、低保、五保、土地使用证、房产证等证件在村委会均可完成办理，做到不出村就能办好事。

基层公共服务平台采取“窗口服务+互联网+终端服务”的形式，简化事项审批程序，优化“线上”办理流程，村级服务事项及生产生活服务类事项均可在半小时内办理完成，为群众提供快速高效的服务。

通过在各公共服务中心统一设置标识牌匾、印制办事指南、设置电子显示屏、触摸屏和网站等形式，将行政审批（服务）项目、该项目承办部门、审批依据、申报材料、办理程序、承诺时限、收费依据、办理结果、承办责任人及其联系方式等进行“九公开”，指引群众了解办理相关业务所需的材料、流程。同时，建立高州市公共服务中心微信公众号，让群众通过手机微信直接关注公共服务中心的各类资讯、动态，查询业务办事指南等。

（高州市财政局供稿，吴立文执笔）

肇庆财政

【经济财政概况】 2016年，肇庆市地区生产总值2084.02亿元，比2015年增长5.0%。其中，第一产业实现增加值321.89亿元，增长4.0%；第二产业实现增加值1002.03亿元，增长3.7%；第三产业实现增加值760.10亿元，增长7.4%。全年实现规模以上工业增加值952.73亿元，增长3.7%；实现固定资产投资1373.74亿元，增长3.3%；进出口总额69.87亿美元，下降14.9%；实现社会消费品零售总额731.98亿元，增长12.9%；商品零售价格指数100.2，居民消费价格指数累计上涨1.7%，全市经济社会实现持续稳定发展。

【财政收支管理】 2016年，肇庆市一般公共预算收入91.7亿元，完成调整后预算的102.14%，比2015年下降34.62%，剔除经省审计核定的以前年度超常规收入和“营改增”、免征涉企收费政策性减收因素后增长1.33%，非税占比从2015年的48.92%大幅下降到30.49%，财政收入质量全省排名从第21位提高到第六位。全市一般公共预算支出（含省追加支出）248.16亿元，完成调整后预算的120.03%，比2015年下降7.55%。全市一般公共预算收入加上税收返还、省一次性及专项补助、调入资金和2015年结余等，财政总收入360.3亿元；一般公共预算支出加上专项上解等支出，财政总支出348.01亿元。收支相抵后，滚存结余12.28亿元（其中待偿债置换一般债券结余0.68亿元，专项结余11.6亿元）。2016年，市本级一般公共预算收入30.12亿元（市本级包括市直、肇庆高新区、肇庆新区，下同），为调整后预算的103.18%，比2015年减收6.81亿元，下降18.44%。市本级一般公共预算支出64.42亿元，为调整后预算的114.71%，增长2.89%。市本级财政总收入138.74亿元，财政总支出130.11亿元。收支相抵后，滚存结余8.63亿元（其中待偿债置换一般债券结余0.01亿元，专项结余8.62亿元）。

【财政经济调控】 2016年，肇庆市扶持经济促发展。围绕全市推进产业、交通和城市建设的决策部署，主动谋划、落实各种政策措施促进发展。重点支持现代产业发展，各级财政安排支持先进制造业、高新技术产业、战略性新兴产业、现代服务业、园区产业聚集等各类涉企扶持资金超过18项，共计5.61亿元；重点支持企业降低成本，全市落实供给侧结构性改革降成本行动计划措施37项，累计为企业减轻负担49.76亿元，其中结构性减税政策减轻企业负担30.74亿元，省定涉企行政事业性收费“零收费”等降低制度性交易成本政策减轻企业负担2.32亿元。重点支持改善营商环境，投入财政性资金25.37亿元，推动广佛肇高速、城区“瓶颈路”改造、标准化工业园区等一批重大交通基础设施和园区基础设施项目加快建设。

盘活存量，对超过规定期限不用的沉淀趴窝资金2.57亿元进行回收，重新安排到各类民生发展重点项目。全市争取到上级资金333.99亿元，比2015年的178.25亿元高出155.74亿元，其中：上级补助154.5亿元，新增债券资金28.82亿元，置换债券资金150.68亿元，分别相当于2015年的1.17倍、3.85倍和3.86倍。融资工作加快推进，立足肇庆市大交通、大建设、大发展需求，全年落实政府购买服务项目64个，涉及融资资金310亿元；推进PPP项目8个，投资金额达到81亿元。

【财政民生保障】 2016年，肇庆市优化结构保民生。各级财政着力加强资金统筹调度，坚持压一般、保重点，优化支出结构，确保政府支出责任有效落实。强化支出约束，落实中央八项规定，坚持厉行节约，全市会议费及“三公”经费比2015年减少1.12亿元，下降26.67%。守住支出底线，在保工资、保运转的基础上，优先把资金投入到民生领域，全市一般公共预算民生类支出185.24亿元。其中，省、市十件民生（惠民）实事分别投入20.9亿元、44.16亿元，完成年度计划116.09%、114.96%。肇庆市政府累计投入民生类支出799.02亿元，年均增长12.95%，占一般公共预算支出的比重从2012年的67.43%逐年提升到2016年的74.65%。在总体支出规模缩小的情况下，2016年的民生类支出占比较2015年提高2.86个百分点。

【财政改革管理】 2016年，肇庆市强化征管提质量。全市各级政府和财税部门通过抓重点项目推进、抓房地产去库存、抓重点领域征管、抓政策指标争取等针对性措施，将发展成果体现到财税增收上来。针对日益凸显的收入质量问题，肇庆市对全市超常规收入问题进行整改，2016年全市一般公共预算收入非税占比大幅下降，收入质量明显改善。

深化改革强管理。落实新预算法和深化财税改革要求，推进现代财政制度建设。全方位升级部门预算编报管理，制定市级财政资金项目库管理办法，探索中期财政规划管理改革，细化预算编制；完善市本级财政资金拨款管理办法，依法依规清理撤并财政专户，完成乡镇国库集中支付改革，规范预算执行；严格支出考核制度，加快预算指标分配下达，落实通报约谈措施；强化各类资金检查，主动接受人大、审计、社会各界监督，推进实时在线联网监督系统建设；坚持对50万元以上项目进行预算绩效目标评估，对各类民生发展重点项目实施第三方绩效评价，加强评价结果应用；完善公开程序和内容，加大核查整改力度，财政及部门预决算信息在政府门户网站实现全公开；夯实政府采购、投资评审、公车管理、会计管理、农综农财、基层财政建设等财政基础工作，全年节约采购资金2.03亿元，节约率1.55%，核减预结算投资2.43亿元，核减率6.4%。

【预算绩效评价改革推进】 绩效评价机制完善 2016年，肇庆市择优选定绩效评价机构，坚持能力实绩、信誉优先原则，优先考虑信誉良好、专业能力强、执业规范、管理水平高、工作实绩好的评审机构；坚持公开、公平、公正原则，严格按照摇珠制度选定执行评审的机构。

强化专家资格资质审核，探索建立评审专家库，严格进行专家资质审核，要求专家对相关法律法规、强制性标准和项目所处行业相关技术指标等熟悉了解，保证评价专业性。

建立评价工作考核制度，参照省绩效管理相关做法，研究制定肇庆市预算绩效管理委托第三方实施工作规程，用制度来保证评价工作的质量。

绩效评价范围扩大 2016年，肇庆市在年度部门预算编制中，对预算50万元以上的项目进行预算绩效目标评价，项目单位必须按统一要求编制绩效目标申报材料，肇庆市财政局对目标申报材料进行审核，对专业性强、金额大的项目，实行第三方评价，经审核绩效目标合格才能进入预算编制下一流程；审核不合格或申报金额大幅超出财政安排能力，需调整金额和目标的，提出审核意见要求项目单位限期重报。

绩效评价方式转变 2016年，肇庆市研究制订《部门整体支出绩效目标管理工作方案》，按照“先易后难、吸收经验、逐步推进”的思路，综合考虑有关部门性质、职能、财政资金使用量及支出复杂程度，探索从单一项目预算绩效目标评价向对部门整体支出绩效目标管理转变，依据部门职能、整体战略规划、一定时期事业发展计划和年度工作计划，结合年度部门预算资金安排情况，编制包括长期目标、年度目标以及具体绩效指标的部门整体支出绩效目标，通过实施系统的绩效评价，构建科学化、精细化的部门支出绩效目标体系，为提升政府部门整体的支出编制和执行水平提供有力支撑。

评价结果运用强化 2016年，肇庆市把评价结果作为预算安排的重要依据，项目预算绩效评价结果不仅作为年度预算安排的重要依据，项目单位上一年度同类项目的预算绩效目标完成情况也作为预算编制的重要参考；把评价结果用于完善预算管理，要求有关部门对照绩效跟踪、绩效自评、绩效审核、重点评价工作中发现的问题，落实整改、建章立制，有效提高预算管理水平；把评价结果作为监督考核的参考，财政部门和主管部门根据工作需要，报送财政支出绩效目标完成情况给政府以及人社、监察、审计等有关部门，作为对有关单位进行职能监督和工作考核的参考依据之一；把评价结果作为预算公开的组成。市直部门按照有关法律、法规要求，逐步将有关绩效目标随同市级部门预算予以公开，绩效目标完成情况随同市级部门决算予以公开。

（肇庆市财政局供稿，林军强执笔）

【基层公共服务平台建设】 基本情况 2016年，肇庆四会市作为全省基层公共服务平台建设第二批试点县（市、区）之一，通过开展基层公共服务平台建设工程，整合全市行政资源，建立市、镇（街）、村（居）三级政务管理一体化运行机制，建设“一门式”“一站式”基层公共服务平台，从根本上解决群众办事难的问题。2016年，全市157个村（社区）公共服务站在整体建设、外观标识、信息系统运作、内容功能等方面对照省的标准建设，达到服务群众的目标。

主要做法 2016年，肇庆四会市为落实基层公共服务平台建设任务，组织开展对先进县区学习考察。借鉴“一站式”公共服务平台省试点先进单位阳山县和“一门式”政务服务先进单位佛山市禅城区的建设经验，学习了解系统建设、组织领导、人员保障、资金保障、制度保障等方面情况。市基层公共服务平台建设工作领导小组办公室多次组织职能部门、各镇（街道）的负责人到新兴、德庆等地学习先进经验，解决建设过程中遇到问题。

根据省委、省政府创新基层治理、推动公共服务向基层延伸的统一部署，四会市开展本市基层公共服务平台建设前期调研，深入全市157个村（居），了解全市公共服务平台投入情况、运行情况和存在问题，形成四会市基层公共服务平台建设计划和建议。在综合考虑政策、财力、技术和使用需求等因素的基础上，以务求实效为出发点，取长补短，探索制定《四会市推进基层公共服务平台建设实施方案》。

通过政府购买服务的形式将人员服务外包，节省政府扩大开支进程中的人力、时间和财力，实现效率最大化；可根据实际情况和需要对人员分配做出及时的调整，便于对服务人员的管理，实现资源分配的最优化。

四会市重视基层公共服务平台建设工作，成立由市委书记任组长，市委副书记、市长任常务副组长，市委常委、组织部长任副组长，市委办、市府办、市委组织部、市财政局、市编办、市行政服务中心、市信息中心主要负责同志以及各镇（街道）党（工）委书记为小组成员的工作领导小组，召开全市基层公共服务平台建设工作动员大会，统筹全市基层公共服务平台的总体规划、建设和指导。市委、市政府多次召开会议专题研究基层公共服务平台建设工作，在人员配备、资金投入方面给予以重点支持。

四会市明确高标准综合信息网络平台的定位，在市本级财政预算中优先安排基层公共服务平台建设资金3600万元，落实经费保障。在基层公共服务平台建设过程中坚持以机制建设长效化、办公场所标准化、服务网络信息化、人员队伍专业化、工作流程规范化、服务内容多样化为标准，推进市、镇、村（社区）三级综合服务中心（站）建设的标准化、规范化。

四会市注重整合优化各级已有场所、设备、人员等资源，将“一门式一网式”政务服务系统延伸至村（社区）公共服务站，实现市、镇、村三级政务管理一体化运作机制，形成网上办事大厅为核心，以基层平台为基点，覆盖全市的公共服务信息网络平。

通过《西江日报》、“四会市人民政府网”、“四会市行政服务中心”微信公众号、四会市电视台等多种媒介和派发《服务指南》、便民服务卡等方式，广泛宣传“一门式一站式”平台服务，形成“全民关注、全民参与”的社会氛围。

2016年8月至11月，市行政服务中心先后组织四期镇（街道）、村（居）综合窗口人员业务培训班。除了代办人员的上岗培训，服务外包中标单位肇庆市广域网络科技有限公司从2016年8月29日起每周六对村（社区）公共服务站人员开展公共服务知识和电脑操作知识培训。

四会市基层公共服务平台建设工作领导小组办公室多次开展基层公共服务平台建设工作指导督查，深入镇（街道）、村（社区）公共服务中心（站）现场察看基层公共服务平台建设情况；不定期召开工作推进会议，分析存在问题，部署相关工作。

工作成效 2016年，四会市基本完成省下达的推进基层公共服务平台建设工作的各项任务。创新将微信公众号、手机移动终端、电子商务平台等通过链接的方式将网上办事大厅外延拓宽，为群众的生产生活带来方便；将纸质文件通过EMS传送，让村群众办事“小事不出村，大事不出镇”。此外，各个村级公共服务站为群众提供免费wifi上网服务，设立自助办理服务区并配备相关设备，做到服务群众从“由下而上”转变为“由上而下”。

截至2016年12月，四会市基层公共服务平台录入全市行政许可和公共服务事项标准化925项，进驻市行政服务中心事项852项，镇村级147项，基层公共服务站（中心）实施事项147项（其中市直部门或镇级前移98项，村级事权事项49项），群众在基层公共服务平台申请办理事项12343件，受理11843件，已办11023件，办结率89.3%。群众对办事场所内部环境、工作人员的态度、服务项目和流程、网上办事大厅的操作和网络满意度达到98.9%以上。四会市财政局在2016年创新基层治理工作中表现突出，成绩显著，获“肇庆市重点项目建设和重点工作先进集体”称号。

（四会市财政局供稿，邱泽鹏执笔）

清远财政

【经济财政概况】 2016年，清远市实现生产总值1388.1亿元，比2015年增长7.9%；人均生产总值3.6万元，增长6.17%。全市一般公共预算收入956325万元，完成调整后预算数的100.39%。固定资产投资增长0.1%。社会消费品零售总额增长9.7%。城镇居民人均可支配收入、农村居民人均纯收入分别增长10.3%和10.2%。

【财政收支管理】 2016年，清远市地方一般公共预算收入完成956325万元，完成调整后预算数的100.39%，剔除营改增全面扩围体制调整和五项政府性基金转列一般公共预算等因素影响后比2015年下降7.76%（后面的收入分析均采用此可比口径），收入增幅在全省各市中排第19位、在粤东西北12市中排在第11位。其中：税收完成607609万元，在全省排第14位，税收增幅比2015年下降6.33%，在全省排第20位、在粤东西北12市中排第12位；非税收入完成348716万元，下降10.14%，非税比重36.46%，在全省各市中排第吧位、在粤东西北12市中排第七位。

全市一般公共预算支出累计完成3033487万元，比2015年增长5.16%，增幅在全省排第七位。财政支出以保运作、保民生、促发展为主，严控“三公”经费支出，2016年，全市三公经费支出19637.72万元，比2015年下降21.22%；市本级三公经费支出3376.92万元，下降19.26%。

2016年，全国295个地级以上市政府财政透明度排名榜上，清远市位居全国第八位。

【财政经济调控】 2016年，清远市争取新增债券转贷额度35.04亿元，落实资金35.04亿元，保障长隆项目、职业教育基地、广清城轨、燕湖新区路网建设等项目资金需要。支持“创文”“精准扶贫”“科技创新驱动”等重大活动。

贯彻落实“三去一降一补”重大行动政策。市财政局牵头推进降成本计划，至2016年底，为全市企业减负40.28亿元，1—12月实际完成41亿元，完成年度任务的101.79%。支持市属国有独资公司开展融资工作。利用宽松的金融环境，支持并配合市属独资公司开展融资业务，如国家专项建设基金、企业债、中期票据、项目收益债等。2016年，已经落地的资金额度108亿元，实际到位69亿元。加快推动PPP工作，制订市本级PPP实施方案，完成省级PPP示范项目的财政承受能力和物有所值评估，并加快推进2016年市本级储备项目前期工作。

由于2016年财政收入形势严峻，在强化财政“稳增长”的功能，加快财政支出进度同时，市本级不断加强对各类收入（含上级转移支付）的预测，防控财政支付风险。防控债务风险，2016年全市申请置换债券资金1034345万元，已落地1032155万元，全年减轻利息或回报支出达2亿元，置换到期还本资金40亿元。

2016年，清远市财政安排4208万元，支持工业企业开展技术改造，通过事后奖补、贷款贴息等方式支持工业企业扩产增效、智能化改造、机器换人、设备更新、提高生产的工艺、技术与装备项目，扩大生产规模，提高产品质量，提升产品附加值。鼓励工业企业绿色发展，实施“两化”融合管理体系贯标试点，2016年安排3882.4万元，支持项目151个。配合市政府做好上市公司奖励和扶持工作，设立上市公司奖励和扶持专项资金300万元。设立电子商务资金1200万元，用于支持电子商务产业园区建设、青年电子商务创业发展、中小企业电子商务应用、重点领域电子商务基础设施建设和电子商务行业规制建设。

【财政民生保障】 2016年，清远市财政局牵头的基本公共服务均等化综合改革试点，通过政府购买公共服务，改善公共服务质量、拓宽服务覆盖面、提高公共服务的运作效率和专业化水平。到2016年底，清远市基本公共服务水平达到全省平均水平的80%以上，北部地区达到南部地区平均水平的80%以上。2016年，全市各级财政安排用于省“十件民生实事”的资金351018万元，已拨付资金368466万元，完成全年预算的104.97%，快于时间进度4.97个百分点；全市基本公共服务均等化支出127.37亿元，比2015年增长10.8%。

2016年3月25日，财政部、发展改革委等八部门联合发文，选定清远市全国范围内作为全国涉农资金的整合试点地级市。财政涉农资金整合工作是对全市110项涉农资金项目合计41.53亿元进行全面整合，探索建立“一池一库六类别”资金项目管理模式，对性质相同、用途相近、使用分散的涉农项目实现整合优化，提高资金使用效益，统筹用于“三农”发展急需的重点领域和涉农民生支出，促进农业发展、农村繁荣、农民富裕。与清远市农业发展银行研究制订《清远市涉农资金整合优化配套融资方案》。

【财政改革管理】 2016年，清远市加强地方政府性债务管理，做好存量债务的还本付息，以及置换债券资金支出和统计的日常工作，加快置换债资金的支出进度，实施BT项目提前回购，减轻成本。

加大财审核算和采购监督力度，2016年审核概、预、结算812项，送审金额102.85亿元，审定金额97.27亿元，核减金额5.58亿元，核减率为5.43%。2016年，全市采购预算总金额95.45亿元，实际采购总金额92.97亿元，节约资金2.48亿元，节约率2.59%。

2016年，在清远市财政局网站发布财政动态278条，图片新闻112条，并公布政府预决算等财政信息。办理网上信访件57件，12345政府热线85件。

先后出台政府购买服务人员管理、调整差旅住宿费标准和差旅费管理问题补充通知等政策文件，并代拟《清远市创文突出问题综合整治以奖代补办法》；根据清远市车改工作的要求，做好公务用车统一标识、拍卖车辆解编等车改配套工作。

（清远市财政局供稿，侯长红执笔）

【涉农资金整合优化试点】 基本情况 2016年，清远市从完善村级基层组织建设入手，推进农村综合改革，坚持试点先行，探索推进"三个重心下移"（党组织建设、村民自治和农村公共服务重心下移）、"三个整合"（农村土地资源整合、财政涉农资金整合、涉农服务平台整合）。针对涉农资金存在着多头管理、使用分散、效益不高等问题，探索涉农资金整合，最大限度形成涉农资金的聚合效应。2016年3月底，财政部、国家发改委等八部（委、局、办）发文，选择清远市作为全国、全省唯一的涉农资金整合优化试点地级市。2016年10月中旬，省财政厅、省发改委等八部门正式批复清远市试点实施方案，全面开展涉农资金整合工作。

主要做法 2016年，清远市在涉农资金整合优化试点中，探索建立"一池一库六类别"涉农资金管理新机制，将原来分散在不同部门、不同项目、不同渠道的资金，统一注入一个资金池，并分为"农业综合发展、农业生产发展、水利发展、林业改革发展、农村社会发展、扶贫开发"六个类别。各县（市、区）根据当地农业农村发展规划，组建项目库，并按六个类别安排资金和组织实施项目。

在遵循村民意愿的基础上，对种粮直补、农资综合补贴、良种补贴（现已合并为农业支持保护补贴）、生态公益林效益补偿等普惠性资金也纳入整合范围，并规范整合流程。通过整合普惠性资金，民主议定整合资金使用，统筹用于村公共事业和公共设施建设，集中力量办实事。

按照试点方案要求，从年初预算编制环节开始整合涉农资金，结合"一池一库六类别"涉农资金整合模式，市本级对涉农整合资金单独编制预算。对列入整合范围的涉农资金，结合上级农业农村工作要求，分为农业综合发展、农业生产发展、水利发展、林业改革发展、农村社会发展、扶贫开发六个类别，草拟涉农资金分配方案（含工作任务），报市领导小组研究审定后，按照预算管理的有关程序，列入年初预算。经市本级人大审议通过后，市本级连同工作任务一并切块下达给各县（市、区）。

制订《清远市涉农资金整合优化配套融资方案》，最大限度放大涉农资金的整体合力和聚合效应，发挥金融机构的支农作用，撬动金融资金投入农村农业重点领域。各县（市、区）在涉农资金整合优化试点期间，可实现资金横向和纵向优化，将整合优化后的涉农资金作为资本金，配套信贷资金投入项目建设，最大限度发挥涉农资金的放大效应。

在涉农资金整合过程中，围绕农村综合改革、扶贫开发、美丽乡村建设、农村人居环境综合整治等重点工作，把握"三农"工作的重点和项目资金落地的承载。

制订《清远市涉农资金整合示范区建设方案》，在各个县（市、区）选取一个基础较好、条件成熟的涉农资金整合示范区，在85个乡镇各选取一个自然村或行政村，点面结合，以"一县一区""一镇一村"模式示范推广涉农资金、涉农项目的整合优化。

存在问题 2016年，清远市在涉农资金整合试点工作中还存在以下问题：

涉农资金整合的空间有限。一方面，财政部财农〔2016〕7号文明确："在优先保障国家和省级批准的规划任务的基础上，对资金进行统筹安排"，2016年下达的上级资金基本上都有对应的工作任务，实际工作中往往在完成任务的同时，资金也基本用完，甚至还存在资金缺口的情况，涉农资金整合的空间较小。如村村通自来水工程，清远全市2016年规划涉及农村总人口数266万人，计划投资28.88亿元，其中规划水源地到行政村投资20.04亿元；上级投入仅占全市总投资的24%，剩下的76%需要市、县配套。如按现行整合政策整合该项资金，需先完成上级下达任务数，县（市、区）级政府为应对考核，顾此失彼，整合资金存有顾忌。另一方面，授权不足也增加了涉农资金整合的阻力。

资金与项目对接难度较大。清远市各县（市、区）财力十分薄弱，高度依赖上级财政转移支付，而上级资金量与工作目标任务往往难以提前确定或下达，实现涉农资金总量与规划项目一一对接难度较大。如2015年清远市市级以上涉农资金86.1亿元，中央、省级资金占比达到93%，市本级仅占7%。

项目库建设进度慢。涉农资金整合的关键是做规划、建立项目库，以规划为导向，以项目引导资金。项目库的组建需要一定的时间、专业论证，入库项目选择缺乏技术支撑、制度建设不足。同时，试点工作处于摸索阶段，推进过程中，县级持观望态度，规划项目与资金对接力不从心。

（清远市财政局供稿，吴文宁执笔）

潮州财政

【经济财政概况】 2016年，潮州市实现生产总值（GDP）976.83亿元，比2015年增长7.1%。第一、二、三产业增加值分别为71.05亿元、510.77亿元、395亿元，分别增长4.2%、6.1%和9%。全市实现全部工业增加值478.49亿元，增长6%。其中，规模以上工业增加值379.3亿元，增长6.6%。全市新增工业投资184.4亿元，增长14.2%。全社会固定资产投资总额454.6亿元；海关进出口总额199.9亿元；商品零售价格总指数99.6，居民消费价格总指数101.5。

【财政收支管理】　2016年，潮州市加强财政收支管理。围绕2016年初全市各级人大通过的决议，制定收入目标，细化管理机制，加强对经济运行情况的调研和财税收入形势的预测和分析、跟踪和监测，协调税务部门，通过财税联席会议、收入分片负责和收入目标考核等方式，组织财税收入。2016年，全市一般公共预算收入完成44.4亿元，完成年度预算（经各级人大通过的调整数）的97.7%。其中：税收30.54亿元，非税收入13.86亿元。

坚持统筹兼顾、量入为出、确保重点的原则，强化预算约束，在确保资金安全的前提下切实加快预算执行进度。2016年，全市一般公共预算支出146.7亿元，完成年度预算的105.48%。严格落实中央、省、市厉行节约各项措施，着力压减一般性支出，严控“三公”经费，保障各级党委、政府确定的重点项目、民生保障资金支出需要。2016年全市党政机关（含参公单位）会议费及“三公”经费支出8016万元，比2015年下降17.7%。全市民生类支出科目完成110.71亿元，占一般公共预算支出75.47%；拨付“十件民生实事”资金22.7亿元，民生支出得到有力保障。

【财政经济调控】　2016年，潮州市融入地方政府债券增量资金，做好新增地方政府债券申报工作，全年争取省下达地方政府债券资金37.67亿元，用于重点项目建设。

开展存量债务置换，2016年申请省地方政府置换债券资金8.27亿元，降低债务成本，防范和化解债务风险，同时减轻财政支出负担压力，将有限的财政资金更多用于经济建设和民生保障支出。

推广政府与社会资本合作（PPP）模式，多措并举筹集建设资金。2016年潮州市有2个污水处理设施建设项目实现与社会资本进行合作；同时积极筹集社会资本有力支持韩东新城等重点项目建设，推动潮州市“八网+产业”基础设施建设。

贯彻落实供给侧结构性改革降成本各项行动计划，通过实施降低制度性交易成本、人工成本、企业税负成本、社会保险费（含住房公积金）、财务成本、电力等生产要素成本和物流成本等“一揽子”政策措施，切实为企业减轻负担。

扶持民营企业发展，重点扶持企业开展科技创新、节能降耗和发展循环经济等，助力民营经济做强做大。做好政府搭台企业唱戏工作，把大企业、优质企业“请进来”，支持有实力企业“走出去”，努力促进企业和经济发展。

【财政改革管理】　2016年，潮州市深化预算管理制度改革。继续深化部门预算编制，实行人员经费按编制定员，公用经费按标准定额管理，预算编制细化到具体项目，严格控制预算追加，全市与财政有正常经费领拨关系的512个预算单位纳入部门预算编制范围，实现全覆盖；推进零基预算改革试点，试点单位在维持现行预算控制水平的前提下，建立科学合理、符合实际的定员定额开支标准体系，对专项性工作经费按照“一事一预算”的原则每年据实核定，2016年底有12个不同类型的预算单位纳入零基预算试点范围；依法推进财政信息公开，在市政府门户网站上常态公开预决算报告、财政预决算、部门预决算和“三公”经费预决算等信息。

深化国库集中支付改革。完善国库管理制度，2016年底纳入国库集中支付管理的预算单位有476个，通过支付系统拨款数总计达100.98亿元。同时，推进公务卡管理制度改革、预算执行动态监控、乡镇国库集中支付改革和权责发生制政府综合财务报告制度改革等工作进程。

推进机关公务用车制度改革。做好全市机关公务用车制度改革取消车辆处置，确保车辆处置遵循公正公平、统一规范、公开透明、杜绝浪费的原则，避免国有资产流失。2016年完成17批次的公车改革取消车辆网上拍卖，共拍出公车638辆，拍卖成交总额2602万元，溢价比为29.26%。

强化日常监管。加强预算编制监督审查，严格财政资金拨款程序，健全财政票据核销制度，实现对财政资金运行全过程的动态监控，促进各项财政业务规范化、精细化管理；清理盘活财政存量资金，促进存量资金加快消化，对年内确实无法支出且业务主管部门没有提出调整意见的专项资金，由各级财政部门收回统筹安排，调剂用于其他急需的项目或有条件实施的项目；执行《预算法》《会计法》等法律法规，开展预算编制执行监督、绩效评价监督、财政信息检查、一般性转移支付资金自查、专项资金检查、非税收入收缴情况检查和财政票据使用监督等专项治理行动，提高资金使用效益，确保资金安全；完成市、县、镇行政事业单位国有资产清查，纳入清查的独立编制机构数2047个，独立核算机构数1005个；制订财政内部控制制度，初步构建起职责明确、科学规范、运行高效、制衡有力的内控体系，提高部门科学理财、依法理财水平；主动接受人大、政协、审计、监察和社会各界的广泛监督，听取各方面的意见和建议。

【行政事业单位国有资产管理】
主要做法　2016年，潮州市将“完

成市、县、镇行政事业单位国有资产清查”列入年度重要工作事项，并明确规定各部门、各单位“一把手”为第一责任人。潮州市财政局及时成立由局长任组长的资产清查工作领导小组，下设办公室，统一指导和组织实施全市行政事业单位资产清查工作；各县区、各部门也相应成立资产清查工作机构，负责领导和实施资产清查工作。

全市各级财政部门仔细研读资产清查工作方案和相关报表，把握好资产清查政策内容，准确掌握资产清查相关填报要求，并分别针对各县区、事务所、部门单位为培训对象开展4场次培训。通过全面、系统地讲解资产清查报表体系及软件操作方法，尤其针对单位清查过程中有可能遇到的难点，提高经办人员填报、审核水平；对个别工作难度较大的部门单位有针对性地进行重点帮促和业务指导；帮助解决部门单位编报工作中遇到的政策性、技术性难题；各县区相应组织了多场次的培训学习。

各级财政部门提前要求各单位对省行政事业单位资产信息系统的卡片数据进行维护、更新和完善，利用年度决算报表资料对数据进行核对，对出现差异的要求单位进行核实修改，确保数据的真实性、完整性、准确性。开展户数清理工作，要求各主管部门如实反映行政事业单位的基本户数，潮州市财政局会同市级编制管理部门对户数清理结果进行复核，以确保行政事业单位资产清查基本单位的真实性和可靠性。针对上级配置的软件系统中单位基本信息大面积出错的问题，市财政局经与技术人员沟通，通过后台数据库导出数据，进行批量核实修改，提高工作效率，确保数据质量。

结合潮州市实际情况，潮州市财政局多次召开讨论会，梳理清查程序，整理工作要点，统一填报口径，整理资产清查审核工作问题汇编。针对县（区）财政部门、各基层单位、事务所不同层次分期分批进行培训，根据培训对象制定不同的培训讲义，重点讲解清查要点及注意事项，提高县（区）财政部门经办人员对资产清查报表审核要点、难点及审核流程、操作技巧的水平，确保各基层单位经办人员在较短的时间内能够迅速抓住工作核心、掌握操作技巧、理解清查重点。通过财政门户网站、公文系统、电子邮件等多渠道将上级有关政策规定及时发布给有关单位，指导各单位开展自查工作。加强沟通，建立QQ群、微信群、电信企业短信平台等平台，即时发布工作信息，缩短沟通交流的时间。

提前制订工作审核要点，整理资产清查审核工作问题汇编，方便本级和各县（区）财政对清查结果审核工作，提高基层单位一审通过的概率，减少清查报表收集后修改或调整的工作量。利用年度决算报表数据、国土房管部门提供的行事单位产权数据及以前年度资产管理掌握的资料，发现单位存在问题，反馈差错。建立“四个步骤，五个方面”的审核模式。即采取“单位自查、主管单位审核、事务所复核和财政局组织专人重点审核”四个步骤，从“账实审核、账账审核、政策性审核、报表审核和数据验收”五个方面对单位资产清查结果进行核实，通过反复审核、修改，降低数据的差错率。

工作成效　2016年，潮州市通过此次清查，摸清全市行政事业单位“家底”（以2015年12月31日为基准日）：潮州市行政事业单位总资产为241.65亿元，其中：行政单位资产94.16亿元，占资产总额的38.96%；事业单位资产147.49亿元，占总资产额的61.04%。总负债72.40亿元，其中：行政单位负债40.49亿元，占55.92%；事业单位负债31.91亿元，占44.08%。净资产169.25亿元，其中：行政单位53.67亿元，占31.71%；事业单位115.58亿元，占68.29%。

资产增长情况：2015年潮州市行政事业单位总资产为241.65亿元，与2006年资产清查结果相比，总资产增加132.48亿元，增长121.34%。

（潮州市财政局供稿，陈丽洁执笔）

揭阳财政

【经济财政概况】　2016年，揭阳市全市实现地区生产总值（GDP）2032.61亿元，比2015年增长6.3%。其中，第一产业增加值189.82亿元，增长4.2%；第二产业增加值1192.50亿元，增长5.5%；第三产业增加值650.29亿元，增长8.4%。三次产业结构由2015年的8.9：59.6：31.5调整为9.3：58.7：32.0，产业结构调整稳步推进。规模以上工业增加值1132.66亿元，增长5.8%；固定资产投资1485.54亿元，增长9.1%；社会消费品零售总额978.42亿元，增长12.2%；外贸进出口70.72亿美元，增长0.39%。

2016年，全市地方公共财政预算收入完成73.64亿元，比2015年下降4.86%，增幅在全省21个地级市排名第16位；受同期收入增速下降及2015年盘活存量资金抬高同期支出基数等因素影响，全年地方公共财政预算支出268.50亿元，下降3.03%。

【财政收支管理】　2016年，揭阳市积极应对宏观性、政策性、体制性和基数性等多种因素造成的巨大减收压力，强化牵头协调组织，抓好税源调研，提炼提出“依法、保底、降负、扩量、增收”的征收思路，实行分口施策，压实收入责任，加强动态监测分析，强化督促指导，全力以赴抓收入。贯彻落实积极的财政政策，强化支出统筹安排，严格控制一般性支出，调整支出结构，着力保民生、保重点、保平衡，促进经济社会持续健康发展。重点抓好支出执行工作落实，落实限时下达、通报报告、督促考核等预算执行约束长效机制，以清理大额项目支出为切入，协调指导各部门做好支出具体工作，强化项目进度和资金进度对接，加快财政支出进度，更好发挥资金稳增长促改革调结构惠民生防风险的政策效应。

【财政经济调控】 2016年，揭阳市以落实“三大抓手”为重点，服务和推进重点项目投资，通过公共财政安排、统筹基金预算、争取上级支持、用好债券资金等多渠道筹措资金，加大对重点项目尤其是重大发展平台和公共基础设施建设投入力度，为振兴发展补短板、增后劲。交通基础设施建设方面，统筹各级财政交通建设资金12.2亿元，用于重点交通运输项目、国省道灾毁恢复重建和新农村路面硬化等建设，提升交通枢纽体系功能。产业园区扩能增效方面，实行增值税分享收入全额返还机制，安排新增债券资金1.4亿元，支持大南海石化工业区发展；安排新增债券资金3亿元、争取省贷款还本贴息资金1.28亿元支持中德金属生态城建设。中心城区扩容提质方面，筹集投入资金6.58亿元用于市区市政工程BT投资项目等重点市政设施项目建设，提升中心城区带动力。

支持产业转型升级。落实产业强市战略，整合和优化产业资金投向，保持定力、精准发力支持产业转型升级，全年市财政统筹产业发展相关专项资金5.27亿元，重点是做好“四个支持”：支持培强育优，对接政策方向，重点支持工业技术改造、科研开发、中德合作等重点领域，推动产业改造升级；支持创新发展，安排科技专项资金1000万元支持中德金属科技研究院建设，安排600万元用于举办第二届中德中小企业合作交流会，设立金融科技产业融合风险准备金，市级安排科学技术（“互联网+”）专项资金680万元；支持绿色发展，统筹资金8300多万元用于支持流域污染整治、节能减排等环保工作；支持产金融合，设立中小微企业贷款风险补偿资金和小额贷款保证保险专项扶持资金，为企业贷款提供风险补偿、保费补贴等。

支持强化基层基础。全市安排农林水事务支出278016万元，市财政统筹投入新农村连片示范建设支出1亿元、农村公益事业“一事一议”财政奖补资金5643万元，统筹资金625万元用于推进农村生活垃圾处理和污水处理，筹措投入资金13.53亿元支持民生水利建设，完成农业综合开发支出2533万元、高标准基本农田建设支出1.46亿元、小型农田水利重点县建设支出1200万元，统筹资金1800万元用于青梅产业带、“一镇一品”工程建设；加大扶贫开发投入力度，全市安排扶贫支出4.99亿元，安排360万元支持揭西县金和镇建设农村电商示范镇；加强农村基层组织工作经费保障，全年补助村委会和村党支部支出1.47亿元。市级以奖补形式安排资金500万元支持开展村级组织活动场所“清零”工作，安排资金406万元补助村（社区）推进“一村（社区）一法律顾问”工作，完成全市1623个村（居）基层公共服务平台建设，巩固基础党建和基层治理基础。

【财政民生保障】 2016年，揭阳市坚持以民生事业补短板为切入点加大民生投入力度，加强基本民生和底线民生保障。全市民生支出累计完成216亿元，占全市公共财政预算支出的80.96%。安排省10件民生实事支出16.65亿万元，聚焦解决热点民生。支持提升底线民生保障水平，全市财政共拨付各项底线民生资金15.26亿元，支持各项底线民生提标补短。安排医疗卫生与计划生育支出41.99亿元，支持深化医疗卫生体制改革，健全多层次医疗保障体系。完成公共教育支出65.5亿元，增量资金重点向师资队伍建设、学校内涵建设及扶困助学等方面倾斜，推动教育均衡提质发展。安排就业补助支出5264万元，支持劳动技能培训和促进就业工作。安排住房保障支出4.64亿元，支持推进公共租赁住房、农村危房改造和棚户区改造等工作。

【财政改革管理】 2016年，揭阳市推进供给侧结构性改革降成本工作。牵头制订实施《揭阳市供给侧结构性改革降成本行动计划（2016—2018年）》，坚持综合施策，打出“组合拳”，推动简政放权、正税降费，帮助企业降低制度性交易成本、人工成本、税负成本、社会保险费成本、财务成本、电力等生产要素成本和物流成本，增创经济发展的成本优势，激发全社会“双创”活力。2016年为企业降低相关税费负担和融资等成本18.51亿元。

协调推进“营改增”改革全面试点。协调国、地税部门做好试点改革准备工作，推进纳税管户和信息资料移交，确保征管无缝对接、税种顺利转换、改革平稳落地，推动简化税制、降低税负，增强经济转型升级的内生动力。应对体制过渡期政策，加强改革过程中的财税收入动态监测分析，推动优化纳税服务，增强税企良性互动，推动依法征收、合理税负，确保财政平稳运行。此外，落实资源税改革工作，加快清费立税步伐。

研究调整市区财政管理体制。按照“属地征管，税收共享；一区一率，比例分成”思路和激励型财政体制要求调整市区财政体制，取消纳税人按隶属关系划分收入的办法，统一属地征管，保存量、调增量。对市、区财税收入实行“一区一率、水涨船高”，逐步完善市、区财政事权与支出责任相适应制度，激发市、区两级加快发展的积极性，促进市区扩容提质和区域协调发展。新体制定于2017年1月1日起执行。

深化预算管理制度改革。推进零基预算改革，健全定员定额标准体系，提高项目支出编制的精细化水平。健全预算体系，强化政府预算体系之间的衔接统筹，加大政府性基金预算调入一般公共预算力度。完成财政项目库建设，试编2017—2019年中期财政规划，推动预算管理重心向支出政策拓展。推进政府财务报告试编工作，2016年所有县（市、区）全部纳入权责发生制政府综合财务报告试编范围，强化政府财务基础管理工作，提高政府财务管理水平。深化财政预决算公开工作，细化功能分类及经济分类科目公开。

加强和改进预算管理。把预算管理摆在财政管理的核心位置。实施全口径预算，编全“四本预算”提交人大会议审批后实施，将所有政府收支纳入预算范畴。运用信息化技术改进预算管理，加快构建以预算管理为核心、预算指标为纽带，涵盖预算编制、执行、监督各环节的财政信息一体化系统，强化各环节衔接和制衡，提高预算精细化、科学化管理水平。强化预算执行工作，开展财政支出专项督查工作，实行支出执行与资金安排挂钩，强化单位预算执行主体责任，提高预算执行效率。

规范地方政府债务管理。对地方政府债务实行限额管理，建立债务规模控制长效机制。把地方政府债务收支纳入预算管理，在批准限额内做好新增债券资金分配，列入预算调整方案报市人大常委会审批后分解下达。依规使用新增债券资金，按照政策方向，优化项目筛选，重点用于重大发展平台、重要基础设施、重点民生等全局性、命脉性项目，确保精准投向，提高资金使用效率。推进存量债务置换工作，优化期限配置，缓释集中偿债风险。完善债务风险防控体系，加快建立健全债务风险预警、应急处置和责任追究机制。

推动财政监督转型升级。推动关口前移，将财政监督检查工作嵌入预算编制、执行、公开和评估等各个流程，推动财政监督从事后检查向事前事中监管转变。借助信息化建设提高财政监督的实时性，完善预算支出在线监督系统，推进人大预算支出联网监督工作，强化预算资金实时监督。加强专项资金使用监督检查和绩效评价，加大财政监督问责力度，确保资金安全使用、发挥效益。

（揭阳市财政局供稿，方松坚、黄同涛执笔）

【一体化系统构建】 项目概况 自2000年以来，揭阳市财政局围绕财政各改革，建成多套业务信息化管理系统，广泛应用于预算编制、预算执行、统计分析和行政办公等各个业务环节。

2015年8月，揭阳市财政局着手开展系统设计开发工作，经过业务梳理、整体设计、编码实现、集成测试几个阶段后，于2016年12月，基本完成核心子系统业务梳理和搭建，并与非税管理等4个已有系统对接，统一门户登录，实现财政业务管理一体化、技术架构一体化、实施资源一体化。

2016年1月，完成揭阳市市本级系统上线部署，所有核心业务工作整体迁移到一体化系统上进行，同时，空港经济区财政局也完成系统部署迁移，实现同步上线运行。至2017年1月间，陆续在揭阳市11个县（市、区）财政局上线部署，其中，榕城区、揭东区、蓝城区、高新区，大南海区上线部署一体化系统中的核心子系统，包括部门预算管理子系统、预算指标管理子系统、国库集中支付管理子系统、实拨资金管理子系统、总预算会计核算子系统等；大南山侨区、普侨区、普宁市、揭西县、惠来县上线部署一体化系统中的门户系统，接入行政办公管理系统、决算系统、邮件系统。

揭阳市财政局及6个县（市、区）财政局，基于一体化系统完成2016年度、2017年度部门预算编制工作，通过项目库动态查询、排序、对比功能，对用款单位所申请的支出项目的迫切性、预算合理性做出精准评判，有效遏制用款单位“编故事”现象的发生。

主要做法 建立全程开放、跨年度的项目预算编报体系，实现项目中长期规划、项目预算滚动管理和全流程动态监控。建立基于预算支出项目的绩效评价机制，实现预算管理事前事中和事后的全过程评价。系统基于“应用支撑平台”生长式开发，高度符合实际业务需求，有效解决实际工作困难及实现数据利用、数据共享，从而提高工作效率。

揭阳市财政局遵循分阶段、有步骤、循序渐进、重点突破的建设原则，遵照执行国家各相关部门对项目建设程序及招标采购规定，加强项目的规范管理工作。在项目建设过程中，引进专业的咨询和管理公司提供支持，制定符合实际需求、可操作性强的项目管理规范和流程，并在实际执行管理过程，形成《项目章程》《项目管理文档模板》；对项目建设的事前、事中、事后建立一个完整的管理链条；强化项目的细节管理，重视项目建设的内容管理，在需求调研、方案设计、系统实施等阶段对建设内容予以严格控制。

揭阳市财政局成立由局领导班子、各科室负责人及业务骨干人员构成的业务需求工作小组，全面梳理财政部门内部业务流程、规范业务数据管理口径；商讨财政部门与预算单位、人民银行、代理银行信息交换机制；明确上下级财政部门之间信息交换内容。科学设定项目组织机构及沟通机制，有效的保证系统的先进性、实用性、可靠性和可扩展性。

在设计阶段，揭阳市财政局对流行的各种技术进行研究，最终确定采用基于J2EE技术架构分层设计，其中包括数据存储层、平台服务层和业务系统表层。应用系统、数据库、核心网络等核心设备都采用双机热备方式，与各县（市、区）财政局网络线路采用不同网络运营商光纤线路，实现双网络线路连接，同时，局机房和市政府政务机房形成主、备双机房的部署格局。在用户及用户权限管理上，运用审批机制，只有经过审批通过的用户才有权操作相关系统功能和查看相关数据。采用省厅统一配置的身份认证UKEY作为统一门户登录的通行证，同时，对用户密码采用阶段性有效的管理机全程记录系统用户操作行为，形成完整日志，实现全程跟踪、过程留痕、责任可追溯。

工作成效　在广东省财政系统内率先提出并建设一体化管理系统，覆盖所有财政核心业务和所有财政资金，实现统一、综合化业务管理模式。

在全市范围内建立基础数据规范和标准，保证预算数据、支付数据、决算数据、支出项目数据管理口径一致，真正实现“正向相互制衡，逆向真实反馈”的财政业务核心链条贯通。

在全市范围内建立业务流程规范，实现预算编制业务、预算执行业务、工资统发业务、政府采购业务等业务过程无缝衔接。

建立业务数据单一存储体系，保证业务数据唯一性，有效避免上下游业务之间的数据信息不对称问题。

建立流程开放，滚动式的预算支出项目管理机制，实现预算支出项目的提前储备、跨年度编报、滚动预算的管理新模式。

（揭阳市财政局供稿，肖志雄执笔）

云浮财政

【经济财政概况】　2016年，云浮市实现地区生产总值（GDP）778.28亿元，比2015年增长7.9%。其中，第一产业增加值163.23亿元，增长3.8%，对GDP增长的贡献率为10.1%；第二产业增加值325.62亿元，增长8.5%，对GDP增长的贡献率为46.1%；第三产业增加值289.43亿元，增长9.4%，对GDP增长的贡献率为43.8%。三次产业结构为21.0∶41.8∶37.2。固定资产投资完成591.51亿元，比2015年增长0.2%（统计制度改革，2000万元以上固定资产投资才进入统计范围）。社会消费品零售总额完成345.22亿元，比2015年增长13.3%。居民消费价格指数为101.4%，比2015年上涨1.4个百分点。全年货物进出口总额127.72亿美元，比2015年增长7.3%。其中，出口97.77亿元，增长15.2%；进口29.95亿元，下降12.2%。年末全市金融机构本外币各项存款余额1026.53亿元，比2015年末增加110.64亿元，增长12.1%。全年全市居民人均可支配收入16517.6元，比2015年增长8.6%。按常住地分，城镇常住居民人均可支配收入21887.5元，比2015年增长8.6%；农村常住居民人均可支配收入13016.1元，比2015年增长8.4%。

2016年，全市一般公共预算收入57.42亿元，比2015年下降2.17%。其中税收收入完成33.1亿元，增长2.75%。市级（含新区）一般公共预算收入14.55亿元，下降5.90%；县级一般公共预算收入42.87亿元，下降0.84%。全市一般公共预算支出164.93亿元，增长2.52%；市级（含新区）一般公共预算支出完成28.97亿元，下降4.21%。

【财政收支管理】　2016年，云浮市建立财政预算执行工作台账，特别是建立市直50万元以上专项资金支出计划台账，对市直重点支出项目加强跟踪和监控，掌握收入支出进度并解决存在问题；实施全市财政运行情况通报制度，从2016年7月起全市财政运行情况升级到市政府层面通报，对一般公共预算收支、政府性基金收支、省、市“十件民生实事”支出、八项支出以及2016年市直预算安排的重大资金项目前50项支出进度情况等九大项目进行全方位通报。创新建立财政支出提醒机制，每月对预算支出不理想、项目资金使用绩效不高的市直有关部门进行提醒，并以此作为下一年度减少预算编列额度或不安排预算的依据。加强全市财政支出工作督查力度，按照市政府统一部署，开展省、市专项资金支出情况专项督查以及全市中小河流治理工作专项督查工作，2016年全市一般公共预算支出进度为110.81%，总体支出情况较好。

【财政民生保障】　2016年，云浮市调整优化支出结构，加大民生领域的投入，优先保障各项民生政策落实到位。全年全市各级财政（含上级资金）拨付资金32.86亿元落实和配合实施市十件民生实事工作，占全市一般公共预算支出的19.92%。其中市级（含新区）共计投入5.13亿元，占市级（含新区）一般公共预算支出的17.72%。“八项支出”全市累计完成127.73亿元，比2015年增长13.70%。

2016年，云浮市投入“三农”财政资金达10.87亿元（中央和省级资金不含省直拨罗定市、新兴县部分），比2015年增长10.85%。

【财政改革管理】 2016年，云浮市全面推进预算管理制度改革。完善政府预算体系，建立覆盖一般公共预算、国有资本经营预算、政府性基金预算和社会保险基金预算的预算体系，实现全口径预算编制；启动2017—2019年中期财政规划编制，加强中期财政收支情况分析预测；将民生项目和具有较大经济社会影响的重大项目作为绩效评价的重点，逐步推进绩效预算和第三方独立评价财政支出使用绩效工作，建立绩效评价结果反馈和应用机制；全面铺开乡镇国库集中支付制度改革，2016年全市各县（市、区）已实现100%以上的镇（街）铺开国库集中支付制度改革。试编权责发生制政府综合财务报告工作，在2015年市直、云城区、新兴县为试点的基础上，2016年组织其余各县（市、区）试编2015年度权责发生制政府综合财务报告的有关工作，完成并汇总上报省财政厅备案；建立债务风险防控体系，制定出台《云浮市政府性债务风险应急预案（试行）》，防范和化解财政金融风险；推进预决算信息公开，完善公开主体、公开时间、公开形式和公开内容，逐步对政府债务限额、政府采购预算等内容予以公开。

2016年，云浮市财政局根据上级部门要求，开展2014年至2015年度云浮市新增政府债券和置换债券自查和省级财政专项资金和一般转移支付资金、预算执行和非税收入收缴、预决算信息公开、技改奖补高新技术企业培育奖补资金和税收优惠政策落实情况等自查工作。其中新增政府债券和置换债券自查资金总规模为8.32亿元，省级财政专项资金自查资金总额27亿元，一般性转移支付资金自查总额16亿元，技改奖补高新技术企业培育奖补资金自查总额2.17亿元。

逐步扩大全市预算项目绩效评价试点范围，其中市直机关对50万元以上的资金全部实行绩效目标申报，对4.63亿元的重点项目资金委托第三方进行绩效目标评审；强化政府采购和投资评审管理，全年共节约采购资金0.35亿元，节约率4.08%；加大全市财政投资评审工作力度，其中市级概预算、结算项目共核减投资1.39亿元（结算项目核减0.6亿元，核减率17.38%）；强化厉行节约，全市会议费及“三公”经费比2015年减少2545万元，下降18.4%（其中市直减少1248.9万元，下降25.8%）；加强公务用车管理。市直机关拍卖封存车辆360辆，拍卖成交总价1280万元，溢价率164%，报废处置各类“黄标车”130多辆。此外，为节约财政支出，对市直有关单位的30辆车辆进行调剂置换。

（云浮市财政局供稿，张宇良执笔）

财政统计资料

Fiscal Statistics

2016年度广东省一般

预算科目	决算数合计	省级	地级	其中：地级直属乡镇	县级	乡镇级
一、税收收入	80986307	22202713	31384966	2108518	23480807	391782
增值税	25794907	9057923	8777585	808253	6777015	118238
营业税	10364164	4055219	3809936	162638	2101222	39778
企业所得税	14920784	5111891	5994877	225338	3373770	44024
企业所得税退税						
个人所得税	6381077	1666789	3005656	94751	1582988	12564
资源税	166994		11322	223	118109	3756
城市维护建设税	4917355	1220	1643341	219348	2842684	43011
房产税	2439664		1191235	67907	1008354	24007
印花税	1194670		285292	58927	791839	11753
城镇土地使用税	1336073		428277	46134	686695	22110
土地增值税	6815759	2309671	2596724	129501	1675255	23410
车船税	735914		398854	44124	288851	4820
耕地占用税	766780		225230	20995	444015	9753
契税	5136684		3016637	230379	1775356	34469
烟叶税	15482				14654	82
其他税收收入						
二、非税收入	22917230	2553713	12580461	9146	7218942	56411
专项收入	8630186	1453147	5753247	3113	1296425	12736
行政事业性收费收入	3282970	546050	1392108	1324	1235506	10930
罚没收入	1526681	132614	790200	131	581681	2218
国有资本经营收入	542300		171985		332220	3809
国有资源(资产)有偿使用收入	4012476	198877	1975383	4446	1685884	15233
其他收入	4922617	223025	2497538	132	2087226	11482
本年收入合计	103903537	24756426	43965427	2117664	30699749	448193

注：此表由省财政厅国库处提供。

预算收支决算分级表

单位：万元

预算科目	决算数合计	省级	地级	其中：地级直属乡镇	县级	乡镇级
一般公共服务支出	11473483	823824	3860610	373132	5382339	1406710
外交支出	1916	1916				
国防支出	124627	25656	44858	201	51786	2327
公共安全支出	10660806	2391397	3969877	773345	4030813	268719
教育支出	23184736	2256317	6156117	1127303	12477568	2294734
科学技术支出	7429674	206855	3246071	70909	3879765	96983
文化体育与传媒支出	2297085	244037	959843	85896	1008295	84910
社会保障和就业支出	11463068	897631	3237430	371821	6342996	985011
医疗卫生与计划生育支出	11218304	346057	2849884	326939	7266216	756147
节能环保支出	2974514	30556	1347402	80125	1444369	152187
一、城乡社区支出	15152883	10483	7161269	455432	7256688	724443
二、农林水支出	7154423	440571	1926720	194044	3910530	876602
三、交通运输支出	10145159	1762920	7032494	89588	1254283	95462
四、资源勘探信息等支出	7729630	169062	5646457	68882	1812930	101181
五、商业服务业等支出	2033255	11466	1564972	7035	444589	12228
六、金融支出	1594667	-13842	384800	741	1208366	15343
七、援助其他地区支出	837418	134459	561875		137762	3322
八、国土海洋气象等支出	778001	76260	328870	17034	340768	32103
九、住房保障支出	6628486	62000	3809176	40635	2600791	156519
十、粮油物资储备支出	564387	76649	263798	19388	218268	5672
十一、其他支出	182597	-1090882	311256	16628	787939	174284
十二、债务付息支出	816425	111904	467245	39131	212093	25183
十三、债务发行费用支出	15340	449	10110	1593	4586	195
本年支出合计	134460884	8975745	55141134	4159802	62073740	8270265

2016年度广东省一般公共预算收支决算总表

单位：万元

预算科目	决算数	预算科目	决算数
一、税收收入	80986307	一、一般公共服务支出	11473483
增值税	25794907	二、外交支出	1916
营业税	10364164	三、国防支出	124627
企业所得税	14920784	四、公共安全支出	10660806
企业所得税退税		五、教育支出	23184736
个人所得税	6381077	六、科学技术支出	7429674
资源税	166994	七、文化体育与传媒支出	2297085
城市维护建设税	4917355	八、社会保障和就业支出	11463068
房产税	2439664	九、医疗卫生与计划生育支出	11218304
印花税	1194670	十、节能环保支出	2974514
城镇土地使用税	1336073	十一、城乡社区支出	15152883
土地增值税	6815759	十二、农林水支出	7154423
车船税	735914	十三、交通运输支出	10145159
耕地占用税	766780	十四、资源勘探信息等支出	7729630
契税	5136684	十五、商业服务业等支出	2033255
烟叶税	15482	十六、金融支出	1594667
其他税收收入		十七、援助其他地区支出	837418
二、非税收入	22917230	十八、国土海洋气象等支出	778001
专项收入	8630186	十九、住房保障支出	6628486
行政事业性收费收入	3282970	二十、粮油物资储备支出	564387
罚没收入	1526681	二十一、预备费	
国有资本经营收入	542300	二十二、其他支出	182597
国有资源(资产)有偿使用收入	4012476	二十三、债务付息支出	816425
其他收入	4922617	二十四、债务发行费用支出	15340
本年收入合计	103903537	本年支出合计	134460884

注：此表由省财政厅国库处提供。

2016年度广东省各市一般公共预算收支决算总表

单位：万元

科目	一般公共预算收入		一般公共预算支出	
地市	累计完成数	增长%	累计完成数	增长%
广州市	13936442	5.2	19437465	12.5
深圳市	31364923	16.8	42110429	19.6
珠海市	2923683	12.4	4171576	7.3
汕头市	1370934	6.0	2957416	5.3
佛山市	6045001	12.3	6958523	-13.0
韶关市	850492	2.3	2669458	-7.0
河源市	688934	6.1	2939538	9.5
梅州市	1054643	4.3	3840163	2.0
惠州市	3613044	10.0	5090750	4.7
汕尾市	307778	13.8	2068834	-2.8
东莞市	5447543	8.1	5992899	3.1
中山市	2950382	6.1	3675692	3.4
江门市	2041744	5.4	2932116	0.1
阳江市	579861	-11.4	1943148	13.7
湛江市	1129375	-4.9	3811065	-7.6
茂名市	1214259	6.3	3545704	2.2
肇庆市	917002	-34.6	2481551	-7.3
清远市	956388	-7.8	3037684	3.8
潮州市	444022	-3.8	1466732	-0.7
揭阳市	736436	-3.2	2669413	-3.6
云浮市	574225	0.3	1684983	7.0

注：1. 此表由省财政厅国库处提供。2. 收入增幅为剔除五项基金转列和营改增全面扩围体制调整影响后的增幅。

2016 年度广东省地

地　区	收入合计	税　收　收　入							
		小计	增值税	营业税	企业所得税	个人所得税	资源税	城市维护建设税	房产税
广东省	103903537	80986307	25794907	10364164	14920784	6381077	166994	4917355	243966
广东省本级	24756426	22202713	9057923	4055219	5111891	1666789		1220	
广东省地市合计	79147111	58783594	16736984	6308945	9808893	4714288	166994	4916135	243966
广州市	13936442	10620609	3093013	722661	1615390	772512	2649	1238301	77858
广州市本级	6634106	4998267	1103601	258822	666252	744395	18	333257	34959
广州市区县合计	7302336	5622342	1989412	463839	949138	28117	2631	905044	42899
越秀区	519197	362427	106022	26766	54495			62642	3891
海珠区	499941	292961	74524	32752	48921			48640	4284
荔湾区	457448	319506	110771	27031	36065			76577	3051
天河区	659556	542262	166492	41450	56346		1	116208	6282
白云区	554143	390462	125454	41238	49701		163	66318	4558
黄埔区	1412121	1262226	554019	61576	276876		40	185744	6600
花都区	714556	549232	238900	44384	113629		1484	62161	2965
番禺区	818151	650724	247179	80438	123559			96223	5088
南沙区	691834	477682	176174	33591	109774			83103	2621
从化区	245383	187599	42582	21405	23161	8421	441	17271	1155
增城区	730006	587261	147295	53208	56611	19696	502	90157	2399
深圳市	31364923	24888827	6509463	3639382	5695240	3047503	20	1334868	53688
深圳市本级	19959464	14206714	3622160	2569142	3902451	1745171	20	-133	29198
深圳市区县合计	11405459	10682113	2887303	1070240	1792789	1302332		1335001	24489
福田区	1471267	1403065	251992	88723	337009	195135		261459	2914
罗湖区	938218	805754	153954	70271	190846	97057		133909	2694
盐田区	323957	296977	58542	43948	74371	27701		18648	982
南山区	1863735	1798838	334810	169409	399345	183456		271800	2409
宝安区	3814192	3607778	1347248	398065	461495	218484		389274	9055
龙岗区	2994090	2769701	740757	299824	329723	580499		259911	6433
珠海市	2923683	2319016	702588	203243	373949	115551	29	231005	9803
珠海市本级	2101017	1636279	462289	140575	285063	90817	16	160519	6708
珠海市区县合计	822666	682737	240299	62668	88886	24734	13	70486	3095
香洲区	359138	304767	122569	19831	46924	12334	2	28059	1459
金湾区	213890	165187	55309	13054	21181	5986		20469	754
斗门区	249638	212783	62421	29783	20781	6414	11	21958	881
汕头市	1370934	830211	240400	60351	99033	33271	4678	84676	5846
汕头市本级	521693	353055	82831	23412	38203	15609	17	26791	1852
汕头市区县合计	849241	477156	157569	36939	60830	17662	4661	57885	3994
金平区	100213	56709	19004	4746	7912	5052	764	6373	507

公共预算收入情况表

单位：万元

镇土地使用税	土地增值税	耕地占用税	契税	其他各项税收收入	非税收入 小计	专项收入	行政事业性收费收入	罚没收入	国有资本经营收入	国有资源（资产）有偿使用收入	其他收入
36073	6815759	766780	5136684	1946066	22917230	8630186	3282970	1526681	542300	4012476	4922617
	2309671				2553713	1453147	546050	132614		198877	223025
36073	4506088	766780	5136684	1946066	20363517	7177039	2736920	1394067	542300	3813599	4699592
54086	629830	77968	1085760	449853	3315833	1200998	266706	240517		433096	1174516
46	569144		970639	2502	1635839	742817	117735	108012		208697	458578
54040	60686	77968	115121	447351	1679994	458181	148971	132505		224399	715938
5982				67601	156770	26538	3957	4855		32759	88661
14362		177		30739	206980	23377	6165	8099		29744	139595
8920		210		29418	137942	18628	6767	5191		27638	79718
11102		208		87632	117294	41288	10116	7682		11307	46901
18398		4634		38970	163681	31262	7616	12473		10190	102140
29832		19703		68432	149895	66209	8650	8965		31575	34496
15191		14921		28908	165324	53041	12686	15118		11552	72927
11772		5408		35262	167427	60262	17641	23093		13182	53249
14751		5434		28637	214152	52124	52095	30787		16310	62836
6620	13771	14436	20706	7229	57784	14125	7627	4705		11419	19908
17110	46915	12837	94415	24523	142745	71327	15651	11537		28723	15507
08815	2196422		1287728	532500	6476096	3823354	279760	249007	20864	1098239	1004872
	1227017		683867	165031	5752750	3817731	210879	208920	18040	643816	853364
08815	969405		603861	367469	723346	5623	68881	40087	2824	454423	151508
18000	84651		48571	88381	68202	198	5343	3109		44079	15473
7848	50241		41937	32750	132464	54	1310	4090		109420	17590
3473	27865		24072	8533	26980	67	831	449		20727	4906
25073	202504		92704	95640	64897	465	1765	2550		49007	11110
31459	360402		231271	79523	206414	4387	25356	17464	2824	109594	46789
22962	243742		165306	62642	224389	452	34276	12425		121596	55640
38055	215466	26248	243846	70999	604667	167507	101942	61115	368	111789	161946
24644	150146	21969	176548	56607	464738	109797	84191	42451	368	81864	146067
13411	65320	4279	67298	14392	139929	57710	17751	18664		29925	15879
2410	24539	835	28142	4525	54371	21215	5493	1632		18163	7868
5649	12778	2408	17331	3482	48703	17402	4418	16702		10132	49
5352	28003	1036	21825	6385	36855	19093	7840	330		1630	7962
49412	51963	8013	99070	40877	540723	72960	113773	49908	46130	57063	200889
23370	22816	578	87476	13427	168638	34747	31686	31731		24157	46317
26042	29147	7435	11594	27450	372085	38213	82087	18177	46130	32906	154572
	3868			3912	43504	3842	599	470	69	11195	27329

地区	收入合计	税收收入							
		小计	增值税	营业税	企业所得税	个人所得税	资源税	城市维护建设税	房产税
龙湖区	150079	86042	26314	9243	12735	4832	1380	9327	562
澄海区	199566	113632	40185	6107	15794	2922	601	17492	683
濠江区	57333	34469	10833	3102	5397	912	561	3495	226
潮阳区	195321	101194	33337	8332	12824	1911	756	12960	615
潮南区	124871	73386	26103	3497	5225	1745	411	7507	1364
南澳县	21858	11724	1793	1912	943	288	188	731	34
佛山市	6045001	4283713	1212255	325221	486382	166407	383	425872	23753
佛山市本级	419849	208918	77992	-169	40944	18514		15599	1751
佛山市区县合计	5625152	4074795	1134263	325390	445438	147893	383	410273	22002
禅城区	768579	479369	95321	58797	40734	22629		52676	2140
南海区	2033426	1594035	396422	140529	190846	47114		151882	7143
顺德区	2018964	1442806	452327	84742	156283	64929	22	142492	9179
高明区	320917	192959	70622	12927	20533	4874	50	23516	790
三水区	483266	365626	119571	28395	37042	8347	311	39707	2749
韶关市	850492	506160	143776	38683	26561	16483	9976	62595	2892
韶关市本级	363627	193052	53222	10504	9759	6322	637	36509	1082
韶关市区县合计	486865	313108	90554	28179	16802	10161	9339	26086	1810
浈江区	32889	22133	5630	4127	1615	1572	122	2294	224
武江区	37776	23950	6588	5273	2927	1366	405	2689	212
曲江区	80715	46384	13886	3221	2426	1074	563	4421	284
乐昌市	53010	36224	11465	4065	2225	998	1525	3555	189
南雄市	58157	37094	6498	2225	1769	831	439	2190	175
仁化县	62767	35095	12487	1722	1807	906	3236	2810	195
始兴县	38721	26385	7678	1529	1603	429	567	1835	112
翁源县	39774	27445	7073	2125	1326	747	1015	1727	114
新丰县	30985	20827	5318	1527	528	599	765	1301	72
乳源瑶族自治县	52071	37571	13931	2365	576	1639	702	3264	228
河源市	688934	451305	96624	43252	24366	10574	11737	33202	1909
河源市本级	254423	169458	35393	14168	10389	4351	385	13877	889
河源市区县合计	434511	281847	61231	29084	13977	6223	11352	19325	1019
源城区	103918	68485	13414	7565	4401	1994	171	5767	391
东源县	83063	54777	13996	5022	2865	1068	1472	3785	260
和平县	52214	39353	6254	3401	1433	463	6925	1739	61
龙川县	63279	41939	11245	2974	2505	995	260	3295	118
紫金县	65277	41304	7941	5434	1765	631	790	2520	102
连平县	66760	35989	8381	4688	1008	1072	1734	2219	86
梅州市	1054643	686895	136922	55591	48642	21560	71370	65625	2119
梅州市本级	251979	146566	38519	7924	8569	5013	338	34604	532

续表

镇土地使用税	土地增值税	耕地占用税	契税	其他各项税收收入	非税收入						
					小计	专项收入	行政事业性收费收入	罚没收入	国有资本经营收入	国有资源（资产）有偿使用收入	其他收入
	9329			7256	64037	5739	984	414	33510	1304	22086
6910	4751	1407	5495	5131	85934	9332	20147	4453		626	51376
	4528	866		2515	22864	4158	966	472	10551	2527	4190
7379	4808	4124	3885	4725	94127	8819	43223	5646	2000	7937	26502
9795	336	814	592	3718	51485	5592	15457	6150		2424	21862
1958	1527	224	1622	193	10134	731	711	572		6893	1227
38174	297237	73841	742424	177979	1761288	397903	246110	156084	111975	449935	399281
3200	11150	2553	11179	10443	210931	8829	38706	33702	54123	26496	49075
34974	286087	71288	731245	167536	1550357	389074	207404	122382	57852	423439	350206
3911	42409	3120	102917	35449	289210	63801	22030	31542		167965	3872
51052	138130	13438	332801	60389	439391	152411	71863	33243	43282	28935	109657
37064	74782	33312	249605	55453	576158	122900	87505	37837		147048	180868
15990	8651	7774	14516	5605	127958	19609	13432	8038	9517	39311	38051
26957	22115	13644	31406	10640	117640	30353	12574	11722	5053	40180	17758
40893	23753	49342	37028	28146	344332	58504	56168	26184	4952	101244	97280
15712	11132	14345	15690	8398	170575	34500	23666	12965		36650	62794
25181	12621	34997	21338	19748	173757	24004	32502	13219	4952	64594	34486
468	60	3355		644	10756	543	301	417		1430	8065
164	26	1773		612	13826	627	694	895		9569	2041
5038	2364	5128	3816	1601	34331	4189	4409	902	54	18150	6627
2823	1926	30	3311	2403	16786	3140	5937	1361		4444	1904
2804	1608	6679	3058	7236	21063	2278	4018	1874		4687	8206
5342	877	1388	1718	845	27672	3497	2385	1117		18002	2671
1806	1145	3118	2869	2685	12336	2031	2967	1057	499	4955	827
2087	1337	4361	3458	1048	12329	2078	6816	2501		934	
1553	909	5963	1109	526	10158	1661	1889	1632	2315	1007	1654
3096	2369	3202	1999	2148	14500	3960	3086	1463	2084	1416	2491
24486	23241	95875	53239	15612	237629	29905	67141	21302	9975	30564	78742
8643	8124	38389	21002	5838	84965	9685	22724	10342	1	7499	34714
15843	15117	57486	32237	9774	152664	20220	44417	10960	9974	23065	44028
3767	3939	11644	9216	2695	35433	4317	4468	1661		10199	14788
3681	2167	9194	6745	2182	28286	3992	6061	1326	3735	1396	11776
1993	3297	8007	4193	1033	12861	2623	4505	2066		3667	
1350	2095	9456	4824	1757	21340	2923	11339	3335		3743	
1203	2837	10846	5315	1002	23973	4210	3957	1429	5593	1040	7744
3849	782	8339	1944	1105	30771	2155	14087	1143	646	3020	9720
45669	56620	68012	68026	27660	367748	52896	116303	21221	998	115809	60521
7813	10081	4570	17958	5854	105413	26965	27008	4635		35017	11788

地　区	收入合计	税　收　收　入							
		小计	增值税	营业税	企业所得税	个人所得税	资源税	城市维护建设税	房产税
梅州市区县合计	802664	540329	98403	47667	40073	16547	71032	31021	1587
梅江区	70293	46829	11352	4987	3621	1778	291	7376	187
兴宁市	110386	78982	13339	9685	4603	1645	472	4801	167
梅县区	218830	132481	26661	10207	15014	3620	592	7868	576
平远县	73804	49391	6925	3151	1617	5127	19416	1390	76
蕉岭县	79950	55420	7158	2272	1866	747	28529	1637	140
大埔县	96011	67875	10925	4603	2982	1162	18744	2612	170
丰顺县	84372	59085	10901	4620	5814	1251	2175	2647	158
五华县	69018	50266	11142	8142	4556	1217	813	2690	111
惠州市	3613044	2197136	678266	230351	259720	66283	4978	221745	9442
惠州市本级	1920484	1205738	411740	109784	186640	35665	207	135836	4453
惠州市区县合计	1692560	991398	266526	120567	73080	30618	4771	85909	4989
惠城区	389151	214283	54926	24761	15871	10103	100	21327	1056
惠阳区	448427	305104	78950	37990	23613	8287	154	30471	1583
惠东县	367751	198677	45167	25763	15124	5688	217	11489	691
博罗县	406323	232704	75303	27081	16353	5472	290	19669	1458
龙门县	80908	40630	12180	4972	2119	1068	4010	2953	199
汕尾市	307778	198853	43966	27515	22172	6101	557	19848	616
汕尾市本级	114160	65242	15278	6997	11283	2353	134	7419	242
汕尾市区县合计	193618	133611	28688	20518	10889	3748	423	12429	374
城区	33024	26470	6459	3386	2307	1097	5	3415	28
陆丰市	60685	36503	6835	5290	1963	924	64	3688	103
海丰县	73359	54312	11218	9808	5618	1335	345	4096	195
陆河县	26550	16326	4176	2034	1001	392	9	1230	47
东莞市	5447543	4311691	1659498	330255	467438	197378	214	443620	13438
东莞市本级	5447543	4311691	1659498	330255	467438	197378	214	443620	13438
中山市	2950382	2007433	649753	179558	222170	71388	23	183175	14293
中山市本级	2950382	2007433	649753	179558	222170	71388	23	183175	14293
江门市	2041744	1410171	430692	102285	148072	44467	5926	137500	9955
江门市本级	416342	313367	91753	22431	30332	11774	896	32968	2593
江门市区县合计	1625402	1096804	338939	79854	117740	32693	5030	104532	7361
蓬江区	240889	175564	45577	14614	15940	6952	451	17372	1461
江海区	102545	86509	29300	5574	9971	2346		9666	613
新会区	469201	292741	113478	14978	31549	7730	2811	33586	1673
台山市	243258	161170	47992	11746	21603	6929	256	13498	938
开平市	219510	148402	40840	13470	20892	3595	21	12522	1210
鹤山市	249661	166601	47770	11825	13935	3837	693	13117	1080
恩平市	100338	65817	13982	7647	3850	1304	798	4771	384

续表

镇土地使用税	土地增值税	耕地占用税	契税	其他各项税收收入	非税收入						
					小计	专项收入	行政事业性收费收入	罚没收入	国有资本经营收入	国有资源（资产）有偿使用收入	其他收入
37856	46539	63442	50068	21806	262335	25931	89295	16586	998	80792	48733
2526	4666		5621	2737	23464	1734	3204	260		16313	1953
3881	8356	20231	8331	1968	31404	3890	21271	3573	354	2316	
11323	14739	18049	14573	4068	86349	7566	22248	1694		31598	23243
1481	1202	3338	2646	2336	24413	1792	10259	1525		2577	8260
4784	1639	17	3510	1857	24530	2327	6658	918	523	10451	3653
680	4826	11985	4038	3615	28136	3006	15016	2671	121	4586	2736
11256	5976	5062	5752	2048	25287	2650	3527	409		11831	6870
1925	5135	4760	5597	3177	18752	2966	7112	5536		1120	2018
127838	168671	33327	237655	73881	1415908	177517	150613	120738	27003	206317	733720
59554	62760	11919	109658	37445	714746	90215	70396	87657	26841	49685	389952
68284	105911	21408	127997	36436	701162	87302	80217	33081	162	156632	343768
9235	19862	2763	33006	11761	174868	24847	4526	1349		24936	119210
19621	27895	2089	49442	10760	143323	23139	26181	9589		2468	81946
10350	39134	13342	20409	5081	169074	15045	21762	11541	8	6168	114550
26493	16668	2076	21280	7438	173619	20254	25844	8931	154	112967	5469
2585	2352	1138	3860	1396	40278	4017	1904	1671		10093	22593
11603	15469	4518	32762	8178	108925	24761	35915	13522	1740	13440	19547
1961	4198	1224	9048	2927	48918	12508	14911	5916	250	7179	8154
9642	11271	3294	23714	5251	60007	12253	21004	7606	1490	6261	11393
191	2500		5323	1504	6554	2169	2799	280		205	1101
6076	2928	1436	5188	1075	24182	3167	11041	4977	21	3571	1405
1661	5379		11008	1892	19047	5743	5469	1963	1469	543	3860
1714	464	1858	2195	780	10224	1174	1695	386		1942	5027
81669	257552	44126	481239	214322	1135852	420802	358665	69064	23988	165487	97846
81669	257552	44126	481239	214322	1135852	420802	358665	69064	23988	165487	97846
76715	151646	18470	241164	70440	942949	194294	152651	36752	21059	439180	99013
76715	151646	18470	241164	70440	942949	194294	152651	36752	21059	439180	99013
132534	92367	33760	129530	53487	631573	127792	131964	69216	160980	96390	45231
21262	24350	4666	33532	13467	102975	25926	28694	30503		12219	5633
111272	68017	29094	95998	40020	528598	101866	103270	38713	160980	84171	39598
11324	15521	3912	21871	7420	65325	16020	17894	1644		23173	6594
5033	5890	431	7537	4629	16036	6883	4840	570		3047	696
20401	13574	8569	20940	8394	176460	31871	16714	13427	66239	37900	10309
24850	7592	839	11632	4849	82088	14360	15685	5915	26945	6985	12198
11946	9199	3333	14020	6456	71108	13452	25483	6392	21387	1426	2968
26198	9835	10018	12675	5894	83060	14348	14213	7609	29901	11089	5900
11520	6406	1992	7323	2378	34521	4932	8441	3156	16508	551	933

地　区	收入合计	税　收　收　入							
		小计	增值税	营业税	企业所得税	个人所得税	资源税	城市维护建设税	房产税
阳江市	579861	354557	85960	36189	26886	11904	5931	29325	20332
阳江市本级	262616	139919	23602	15221	8802	4545	887	11817	8733
阳江市区县合计	317245	214638	62358	20968	18084	7359	5044	17508	11599
江城区	40149	26543	8682	3047	2253	1185	218	2929	1445
阳春市	103842	72853	20088	7391	5054	2959	3899	5963	2906
阳东区	107081	66416	17517	5093	5410	2277	522	4670	4776
阳西县	66173	48826	16071	5437	5367	938	405	3946	2472
湛江市	1129375	653815	205089	62074	49050	26521	1447	82990	27902
湛江市本级	579893	333219	108712	28537	24006	13976	73	43400	13611
湛江市区县合计	549482	320596	96377	33537	25044	12545	1374	39590	14291
赤坎区	40248	24120	7742	4157	1936	1315		3020	1613
霞山区	73699	47440	16902	2790	2680	2527	6	14321	2697
麻章区	40791	26718	8035	2192	2459	1518	67	2665	2737
坡头区	51937	31007	5194	4025	2099	1173	370	2133	521
雷州市	50255	25791	7915	3269	2098	1171	245	2911	1004
廉江市	113048	66239	22839	7542	4519	1254	229	6473	1380
吴川市	66889	38186	10679	3707	3962	1094	240	3363	1401
遂溪县	67277	37727	10762	3951	2468	1283	152	2985	1861
徐闻县	45338	23368	6309	1904	2823	1210	65	1719	1077
茂名市	1214259	706809	190287	43975	38860	15553	4464	102212	17303
茂名市本级	541749	287149	121143	12801	9932	5984	483	78781	6432
茂名市区县合计	672510	419660	69144	31174	28928	9569	3981	23431	10871
茂南区	61543	41780	12043	2969	4156	2412	239	4771	1599
信宜市	93196	56090	9830	7426	3072	1458	366	3444	1113
高州市	172115	104776	13666	6265	3912	2431	1929	4815	3043
化州市	112757	66033	10537	4631	8512	1401	831	3796	1542
电白区	232899	150981	23068	9883	9276	1867	616	6605	3574
肇庆市	917002	637374	155196	58779	47243	20483	8670	55831	31481
肇庆市本级	301187	197594	53937	22342	17302	7594	28	22815	10890
肇庆市区县合计	615815	439780	101259	36437	29941	12889	8642	33016	20591
端州区	97796	83114	14645	7361	5181	2920	15	6785	3327
鼎湖区	62964	37924	9456	4220	2240	981	9	3684	1908
四会市	125024	91036	21397	8640	7645	2178	447	7589	6337
高要区	148248	112389	27960	4916	7338	3389	2293	7487	4454
广宁县	42528	26214	6923	2211	1492	822	223	1688	1442
德庆县	53903	33514	5298	3007	1666	793	1076	1759	1272
封开县	35913	23889	7254	2155	1451	643	4163	1751	743
怀集县	49439	31700	8326	3927	2928	1163	416	2273	1108

续表

					非税收入						
镇土地使用税	土地增值税	耕地占用税	契税	其他各项税收收入	小计	专项收入	行政事业性收费收入	罚没收入	国有资本经营收入	国有资源（资产）有偿使用收入	其他收入
34789	25344	28886	31524	17487	225304	28080	63744	23711	21211	42170	46388
14319	12146	16928	14609	8310	122697	11102	20494	14646	555	33201	42699
20470	13198	11958	16915	9177	102607	16978	43250	9065	20656	8969	3689
1701	1717	1343		2023	13606	2065	6316	607	2089	1895	634
3380	5135	6166	6611	3301	30989	6001	16176	3852	3465	1495	
12728	2764	2548	6036	2075	40665	5025	16151	2027	15057	787	1618
2661	3582	1901	4268	1778	17347	3887	4607	2579	45	4792	1437
32538	40122	25768	69291	31023	475560	95460	142318	50178	20672	45188	121744
15252	16825	14620	37261	16946	246674	61659	40974	21156	11486	21209	90190
17286	23297	11148	32030	14077	228886	33801	101344	29022	9186	23979	31554
954	2705			678	16128	2966	170	115		2130	10747
2472	1517	466		1062	26259	9933	13282	1337	101	1153	453
1994	1494	58	2399	1100	14073	1701	10892	474		875	131
3140	3552	1786	6258	756	20930	1429	3319	2888	6154	6869	271
966	1564	793	2523	1332	24464	2778	8412	5505	109	3717	3943
2423	5649	2200	8532	3199	46809	5838	32105	3345	140	3336	2045
1916	2516	1775	4649	2884	28703	3132	7106	4491	2676	2092	9206
2667	3000	2057	4694	1847	29550	3867	16875	4902		2180	1726
754	1300	2013	2975	1219	21970	2157	9183	5965	6	1627	3032
27590	110892	52200	76572	26901	507450	95251	135792	41869	3000	200873	30665
15129	7897	2953	16454	9160	254600	75268	39302	16475		97216	26339
12461	102995	49247	60118	17741	252850	19983	96490	25394	3000	103657	4326
1547	1585	3310	3390	3759	19763	2412	11962	2218		1809	1362
771	7684	11114	7696	2116	37106	2863	18250	2612		13374	7
3686	24608	19861	17282	3278	67339	5495	36192	6262	3000	16390	
1534	12684	5949	11650	2966	46724	3596	9214	8495		22755	2664
4923	56434	9013	20100	5622	81918	5617	20872	5807		49329	293
94346	51161	21356	65660	27168	279628	53216	65292	36842	20099	75433	28746
14905	14074	2819	21038	9850	103593	18606	31465	15730	413	26417	10962
79441	37087	18537	44622	17318	176035	34610	33827	21112	19686	49016	17784
23633	5354	47	9944	3902	14682	4994	1662	460		6553	1013
4128	1864	4042	3858	1534	25040	3437	5505	492	55	13941	1610
13851	7252	902	10643	4155	33988	6762	7243	5706	8006	4048	2223
31614	4317	9031	5961	3629	35859	7885	9391	6690		6710	5183
1626	3125	844	4670	1148	16314	2427	2139	1560		8790	1398
1934	11498	299	3950	962	20389	2164	1638	1907	11625	448	2607
1181	1890	456	1499	703	12024	2562	2017	2002		4141	1302
1474	1787	2916	4097	1285	17739	4379	4232	2295		4385	2448

地　区	收入合计	税　收　收　入							
		小计	增值税	营业税	企业所得税	个人所得税	资源税	城市维护建设税	房产税
清远市	956388	607671	161520	69785	55207	18235	12209	54666	3015
清远市本级	325469	231290	51042	29283	19572	7894	877	19964	1127
清远市区县合计	630919	376381	110478	40502	35635	10341	11332	34702	1887
清城区	132991	81699	16110	11153	6908	3206	264	7563	382
英德市	156791	89697	26887	10205	7014	2087	7688	7962	365
连州市	62275	32843	10580	2859	3007	925	473	3123	158
佛冈县	84413	51587	15484	4639	7584	1127	191	4701	292
清新区	126318	81966	28356	8255	8363	1973	2228	8424	521
连山壮族瑶族自治县	12259	7001	3155	720	150	243	23	708	38
连南瑶族自治县	14807	8148	3366	638	193	299	60	744	33
阳山县	41065	23440	6540	2033	2416	481	405	1477	95
潮州市	444022	305425	94145	18006	29220	13730	9946	30123	1800
潮州市本级	205762	136590	45703	10238	16727	8626	3235	13259	677
潮州市区县合计	238260	168835	48442	7768	12493	5104	6711	16864	1123
湘桥区	44295	35785	6853	2483	3043	2260	538	3125	188
饶平县	80194	49104	15972	3385	5876	806	885	3866	197
潮安区	113771	83946	25617	1900	3574	2038	5288	9873	737
揭阳市	736436	474895	178176	31349	51254	14889	3754	55432	1989
揭阳市本级	248135	150289	52276	9614	12461	5609	1096	19227	692
揭阳市区县合计	488301	324606	125900	21735	38793	9280	2658	36205	1296
榕城区	72930	50015	22530	3649	4301	1138	278	5896	219
普宁市	201701	140642	55767	8369	19985	4794	821	17574	449
揭东区	112951	69809	25266	3914	6164	1613	881	7787	307
揭西县	43048	29469	12468	1869	2325	943	301	2476	132
惠来县	57671	34671	9869	3934	6018	792	377	2472	187
云浮市	574225	331028	69395	30440	22038	23495	8033	23524	1841
云浮市本级	145547	93136	17141	8497	6582	2678	1738	10037	665
云浮市区县合计	428678	237892	52254	21943	15456	20817	6295	13487	1176
云城区	52287	29190	6024	3186	2378	1082	259	144	256
罗定市	115684	62800	15664	7123	5342	1930	2523	5094	277
新兴县	168285	94061	18210	7924	5125	16302	400	4590	422
郁南县	57125	31886	5965	2601	1089	894	199	1693	115
云安区	35297	19955	6391	1109	1522	609	2914	1966	105

续表

镇土地使用税	土地增值税	耕地占用税	契税	其他各项税收收入	非税收入						
					小计	专项收入	行政事业性收费收入	罚没收入	国有资本经营收入	国有资源（资产）有偿使用收入	其他收入
8787	43357	15598	82142	26013	348717	53094	88354	45466	1188	37995	122620
3431	20486	7807	38444	11214	94179	20119	33397	10620	261	15004	14778
5356	22871	7791	43698	14799	254538	32975	54957	34846	927	22991	107842
3900	8289	1554	14312	4619	51292	4621	2555	11769		1841	30506
5646	4185	1880	9141	3346	67094	7883	25580	6043		4222	23366
2878	1532	1319	3179	1382	29432	3293	5585	2780	9	4595	13170
4150	2868	1026	5272	1621	32826	4900	2744	2119		1297	21766
4550	4022		7994	2582	44352	8811	9804	9186	918	4165	11468
703	206	177	316	219	5258	825	1193	998		2102	140
471	375	813	560	292	6659	776	1470	333		239	3841
3058	1394	1022	2924	738	17625	1866	6026	1618		4530	3585
0322	10411	30137	14694	16689	138597	29698	38752	19043	3613	20044	27447
6761	6072		12402	6796	69172	16383	9690	8058	1607	15391	18043
3561	4339	30137	2292	9893	69425	13315	29062	10985	2006	4653	9404
1956	1877	8579	1038	2150	8510	2048	1970	195	1220	165	2912
2299	1552	9747	432	2311	31090	3545	19862	4428	88	2796	371
9306	910	11811	822	5432	29825	7722	7230	6362	698	1692	6121
3268	17653	17580	25618	26028	261541	48898	77706	31822	23794	33154	46167
5519	4346	2896	8498	11822	97846	14505	22305	15752	11817	18707	14760
7749	13307	14684	17120	14206	163695	34393	55401	16070	11977	14447	31407
2288	1595	1561	2912	1676	22915	5316	5293	519	5356	5475	956
4823	6379	3073	7227	7333	61059	13929	21584	7223	3600	5953	8770
5858	3302	6241	3690	2015	43142	9818	5725	2631	2190	1314	21464
1870	987	1161	1528	2213	13579	2840	7041	2660	311	533	194
2910	1044	2648	1763	969	23000	2490	15758	3037	520	1172	23
4484	26911	41755	31712	10823	243197	24149	47251	10506	18691	40189	102411
8372	4762	14398	8931	3347	52411	6789	12569	5113	1176	10292	16472
6112	22149	27357	22781	7476	190786	17360	34682	5393	17515	29897	85939
3434	1878	3091	3700	1445	23097	1987	601	686	12787	939	6097
2629	6764	3084	7609	2268	52884	5615	5139	1424		996	39710
3860	10102	12246	8476	2603	74224	5836	7578	1448	1448	25013	32901
4523	3146	7459	2482	683	25239	1910	18587	675	1901	1244	922
1666	259	1477	514	477	15342	2012	2777	1160	1379	1705	6309

2016 年度广东省地

地　　区	支出合计	一般公共服务支出	外交支出	国防支出	公共安全支出	教育支出	科学技术支出	文化体育与传媒支出	社会保障和就业支出	医疗与计育支
广东省	134460884	11473483	1916	124627	10660806	23184736	7429674	2297085	11463068	11218
广东省本级	8975745	823824	1916	25656	2391397	2256317	206855	244037	897631	346
广东省地市合计	125485139	10649659		98971	8269409	20928419	7222819	2053048	10565437	10872
广州市	19437465	1750807		13239	1641787	3219820	1129546	378136	2064488	1738
广州市本级	7470022	514412		107	550421	713455	257466	231566	841685	716
广州市区县合计	11967443	1236395		13132	1091366	2506365	872080	146570	1222803	1022
越秀区	994319	63428		1815	123026	203293	36677	11670	250324	140
海珠区	934978	92076		1971	98669	208218	34417	9329	126813	115
荔湾区	814835	83736		741	94005	234779	24596	12583	112428	118
天河区	1102089	125779		1431	102120	242681	146489	12393	84787	86
白云区	1056562	139371		717	110874	265537	32820	4251	97482	83
黄埔区	1706816	178103		163	108777	255980	367857	24015	88900	67
花都区	1027977	114659		102	74847	223867	36345	22834	93379	96
番禺区	1230819	130080		3966	143519	269426	54689	13409	104425	106
南沙区	1395151	134325		1601	76349	167234	90559	13816	44506	59
从化区	580468	68971		625	46763	172582	12106	5953	68321	60
增城区	1123429	105867			112417	262768	35525	16317	151438	86
深圳市	42110429	2143840		13093	2073441	4147269	4035240	547941	1054524	2012
深圳市本级	22765872	878262		7380	790022	1488415	1711200	203262	381221	692
深圳市区县合计	19344557	1265578		5713	1283419	2658854	2324040	344679	673303	1320
福田区	2291063	85478		1656	145080	337231	639401	32171	93250	144
罗湖区	1695761	126408		2190	113669	478302	108522	62334	95732	174
盐田区	678758	56939			50603	76375	104652	11977	26930	34
南山区	2739555	84462			127326	404557	547229	40244	77105	231
宝安区	6836632	589706		210	577694	762176	704412	116656	278681	384
龙岗区	5102788	322585		1657	269047	600213	219824	81297	101605	350
珠海市	4171576	349802		11567	369916	572555	352358	62968	391363	223
珠海市本级	3013461	206530		7277	328456	263455	224336	44532	267273	120
珠海市区县合计	1158115	143272		4290	41460	309100	128022	18436	124090	103
香洲区	496921	59501		798	17691	156158	52266	6536	42269	39
金湾区	296961	38288		2880	16182	63363	55164	6511	18375	26
斗门区	364233	45483		612	7587	89579	20592	5389	63446	36
汕头市	2957416	336238		3770	185704	760300	56276	41321	358280	422
汕头市本级	679796	98731		1726	107090	67290	36732	19604	112094	25
汕头市区县合计	2277620	237507		2044	78614	693010	19544	21717	246186	396
金平区	267134	31250		303	3876	91600	6587	3320	32853	44

公共预算支出情况表

单位：万元

能环支出	城乡社区支出	农林水支出	交通运输支出	资源勘探信息等支出	商业服务业等支出	金融支出	援助其他地区支出	国土海洋气象等支出	住房保障支出	粮油物资储备支出	其他支出	债务付息支出	债务发行费用支出
4514	15152883	7154423	10145159	7729630	2033255	1594667	837418	778001	6628486	564387	182597	816425	15340
0556	10483	440571	1762920	169062	11466	-13842	134459	76260	62000	76649	-1090882	111904	449
3958	15142400	6713852	8382239	7560568	2021789	1608509	702959	701741	6566486	487738	1273479	704521	14891
9957	3644578	723828	866614	643645	222837	55674	131015	124533	938028	90760	-173254	91696	866
6637	1862673	146686	731542	332585	67325	36228	116399	23696	340773	64663	-195821	41261	57
3320	1781905	577142	135072	311060	155512	19446	14616	100837	597255	26097	22567	50435	809
2143	77421	15108	1752	4298	5731	474		519	54267	264	1561		
2400	167675	21088	568	5573	9194	10105	2166	5508	22869	4	608		
1660	71866	18365	130	3626	3217	7	6344		27765	256	437		6
3192	191694	25126	752	10057	8697	14		2956	51046	5392	531		
4593	133470	87690	4250	8813	7819	600		16151	55140	2491	652	68	
0848	314347	39249	7305	126873	34178	6688		10083	46079	2469	8660	8292	425
5995	110081	91858	16731	15909	8257	12		19511	76265	2184	5166	13221	32
7288	79130	47552	41494	71846	7641			8148	128695	2202	141	10651	54
6580	497891	104237	28129	37023	65070	1535	6106	16675	22868	1097	3302	16576	281
1975	19869	58328	18855	10556	1761	11		7120	19805	4143	1194	903	11
6646	118461	68541	15106	16486	3947			14166	92456	5595	315	724	
2415	5584938	612541	4508921	5600227	1385575	1364269	491160	113172	4260916	132655	582323	43230	
6831	1657974	328685	4380562	4473645	1313302	211869	379267	81010	2828254	60151	181657	40188	
5584	3926964	283856	128359	1126582	72273	1152400	111893	32162	1432662	72504	400666	3042	
3338	301196	3307		7883	35093		22611	387	418295				
5769	151803	42042	930	3948				1458	293666		24505		
7101	141477	33646		3197	333				129575		1862		
7765	743505	15132	53587	28050	31778		33122	725	242113		1218		
7453	1760791	71080	37518	736144	271		56160	16411	187769	60682	16871	1137	
4158	828192	118649	36324	347360	4798	1152400		13181	161244	11822	356210	1905	
1333	944237	168236	81131	238333	46795	44024	1200	21914	24249	9858	56153	99473	975
9312	852347	121062	69504	228589	22246	41197	1200	19965	16372	6383	9242	93154	940
2021	91890	47174	11627	9744	24549	2827		1949	7877	3475	46911	6319	35
2309	70831	9858	467	6872	16207	1065		472	2908	158	10707		
3113	13159	15552	8547	-6098	4242	647		725	4888	1368	123	3492	35
6599	7900	21764	2613	8970	4100	1115		752	81	1949	36081	2827	
7028	253723	193754	88514	22877	14977	751		19591	49314	8185	44324	9749	264
0161	70486	19478	47192	4458	2091	693		3585	24931	1562	9450	6427	125
6867	183237	174276	41322	18419	12886	58		16006	24383	6623	34874	3322	139
347	40020	5051	12	1144	2337	11		164	2170	15	1507	459	32

地　　区	支出合计	一般公共服务支出	外交支出	国防支出	公共安全支出	教育支出	科学技术支出	文化体育与传媒支出	社会保障和就业支出	医疗 与计 育支
龙湖区	243193	38293		507	4102	77664	4197	1538	20074	47
澄海区	375073	36187		238	20461	98141	1655	4696	34319	80
濠江区	144401	12879		577	2156	41961	5521	2783	14865	21
潮阳区	642838	73732			23081	211318	896	6134	70928	105
潮南区	518324	30296		233	20484	160823	363	1919	67034	87
南澳县	86657	14870		186	4454	11503	325	1327	6113	10
佛山市	6958523	910339		7942	693429	1244663	349559	156194	596648	617
佛山市本级	1176608	116114		3022	143788	121245	37019	38436	126012	42
佛山市区县合计	5781915	794225		4920	549641	1123418	312540	117758	470636	575
禅城区	870151	146208		991	95335	167699	39980	14697	83546	51
南海区	2126311	265532			187097	417804	100249	57902	143559	220
顺德区	1918286	254592		2156	191103	381456	115710	35250	148695	208
高明区	346823	61946		64	31705	72602	18013	3942	25617	58
三水区	520344	65947		1709	44401	83857	38588	5967	69219	36
韶关市	2669458	375019		2819	134000	474072	46138	44845	381576	266
韶关市本级	771904	156954		856	59193	67928	23337	11360	73118	27
韶关市区县合计	1897554	218065		1963	74807	406144	22801	33485	308458	239
浈江区	109281	12397		127	3756	33544	511	1048	24806	14
武江区	96290	13425		2	3008	31233	1992	1116	15944	12
曲江区	165410	19051		292	8122	34522	1250	2855	30572	23
乐昌市	271326	26121		463	11488	60252	3506	3842	41052	33
南雄市	264567	21753		138	9007	53412	2308	5690	38887	34
仁化县	226293	22438		271	9632	41230	2465	3408	24046	22
始兴县	159555	19401		263	7740	29042	2475	3025	29627	21
翁源县	220422	16366			8918	54475	1891	5922	49274	29
新丰县	160959	18817		303	6349	31294	2196	2989	36633	20
乳源瑶族自治县	223451	48296		104	6787	37140	4207	3590	17617	26
河源市	2939538	333853		1758	134840	542639	54133	60550	462300	354
河源市本级	681652	71155		927	63260	79210	36564	18579	63000	23
河源市区县合计	2257886	262698		831	71580	463429	17569	41971	399300	331
源城区	245869	26102		105	3923	52348	1619	2963	29408	22
东源县	393239	81257			13383	65643	3352	6785	59286	57
和平县	345901	41635			10533	69924	2544	5851	59001	45
龙川县	514986	49975			15485	126605	3557	12341	128717	75
紫金县	435347	36765		726	15299	93808	1464	8049	75867	92
连平县	322544	26964			12957	55101	5033	5982	47021	37
梅州市	3840163	445252			146938	732294	35423	68834	585809	475
梅州市本级	704015	62168			51759	39220	17791	14708	83332	31

续表

环出	城乡社区支出	农林水支出	交通运输支出	资源勘探信息等支出	商业服务业等支出	金融支出	援助其他地区支出	国土海洋气象等支出	住房保障支出	粮油物资储备支出	其他支出	债务付息支出	债务发行费用支出
231	33771	7120		2053	2162	10		137	1937	108	1822		57
163	29956	33580	3720	7222	4716			2009	6131	1376	900	843	
500	24730	8751	166	2375	579	7		829	1911	271	888	1043	28
404	38329	45810	6211	2824	1819			7714	1871	3120	6328		
072	9774	59840	25035	2578	790	30		2013	7899	1301	20721	905	8
150	6657	14124	6178	223	483			3140	2464	432	2708	72	14
514	964255	253409	315212	162152	40920	43171	44235	32273	174360	33984	90281	89798	468
602	291097	21698	132758	7639	3664	260	29680	7023	20842	8465	14260	276	
912	673158	231711	182454	154513	37256	42911	14555	25250	153518	25519	76021	89522	468
168	133785	23524	46650	17120	4248	5020	1610	3186	14173	3247	1353	9379	1
999	157992	106518	84893	70828	15660	29969	5371	11486	59609	7558	67318	28985	204
305	319678	56203	26800	39228	10954	6122	5669	5085	53116	4585	4630	34582	192
111	14312	17101	11350	4609	854		802	2851	8336	1724	1812	6769	70
329	47391	28365	12761	22728	5540	1800	1103	2642	18284	8405	908	9807	1
933	112088	330777	125422	28402	11114	1738		20766	153058	10854	24430	21414	345
172	72974	32723	67614	15206	3728	1615		9736	91543	4843	10288	17315	201
761	39114	298054	57808	13196	7386	123		11030	61515	6011	14142	4099	144
163	3757	9430	685	1677	109			164	1106	12	194		
327	2097	8124	428	150	47			283	2795	2	7	399	16
150	2223	16594	2508	2137	977	4		819	10686	21	425	238	7
326	4757	44459	7069	709	676			2618	21413	2077	500	428	10
263	8275	59302	6211	2218	2120	22		1171	5407	1301	9091	749	34
612	2987	48711	17101	2522	374	67		1747	7955	305	1898	672	13
631	3287	20676	3655	208	922	20		902	7390	564	1470	176	
356	2358	33313	6030	442	317			772	2480	304	4	772	18
166	2818	25615	3952	2220	707			1385	1076	338	465	334	8
767	6555	31830	10169	913	1137	10		1169	1207	1087	88	331	38
916	220390	330582	96855	31766	34526	445		16001	100807	11526	52677	18895	192
436	91811	57292	59644	7557	13995	275		5289	49449	4559	12135	10917	
480	128579	273290	37211	24209	20531	170		10712	51358	6967	40542	7978	192
993	27809	17536	1116	3221	11466			216	9196	831	31453	2719	84
194	2243	63716	4080	8089	4788	43		1372	14026	780	191	602	
427	9418	65917	9812	2894	754			2782	7719	1208	977	993	21
880	13540	29162	11873	404	1021	6		1888	8830	967	359	533	66
338	46733	31253	5485	2779	792	9		1386	6946	987	208	2218	21
648	28836	65706	4845	6822	1710	112		3068	4641	2194	7354	913	
2582	130093	562132	222396	61298	24392	119		33812	100047	13762	59127	29185	674
0221	30928	132542	102650	20518	2413	46		4340	59042	5602	13682	20936	327

地　　区	支出合计	一般公共服务支出	外交支出	国防支出	公共安全支出	教育支出	科学技术支出	文化体育与传媒支出	社会保障和就业支出	医疗与计育支
梅州市区县合计	3136148	383084			95179	693074	17632	54126	502477	44
梅江区	181448	20672			2184	45347	1022	2187	35452	3
兴宁市	608741	82981			17515	139603	3720	6060	137646	8
梅县区	511097	79428			16512	100688	1839	8085	73262	6
平远县	230951	33519			7197	57213	1558	3623	31054	2
蕉岭县	220543	30967			9638	50834	210	3865	34371	2
大埔县	355377	41582			10458	74619	1061	17362	45649	5
丰顺县	440441	49754			15709	79125	2305	4473	69309	6
五华县	587550	44181			15966	145645	5917	8471	75734	9
惠州市	5090750	598508		4751	394029	1019079	218192	98150	488266	80
惠州市本级	2185273	222890		178	213631	325303	187138	32730	189587	26
惠州市区县合计	2905477	375618		4573	180398	693776	31054	65420	298679	53
惠城区	563026	80884		581	12332	170548	6337	9453	58580	15
惠阳区	575852	86162		1692	48501	129212	4291	12753	44293	6
惠东县	704916	73842		694	52137	160251	9202	14527	94827	12
博罗县	769806	89561		606	34355	174752	10263	23928	75500	13
龙门县	291877	45169		1000	33073	59013	961	4759	25479	5
汕尾市	2068834	152097		82	92609	421750	36853	33416	259599	21
汕尾市本级	502644	46604		82	40690	48937	21869	10884	35440	1
汕尾市区县合计	1566190	105493			51919	372813	14984	22532	224159	19
城区	155179	15214			2183	43041	411	2243	25876	2
陆丰市	626181	37407			26408	164961	4871	9110	105908	10
海丰县	568965	39889			17450	115778	6056	6904	69736	5
陆河县	215865	12983			5878	49033	3646	4275	22639	24
东莞市	5992899	636650		4622	815375	1429470	279373	148341	352863	363
东莞市本级	5992899	636650		4622	815375	1429470	279373	148341	352863	363
中山市	3675692	236869		1448	327682	645435	278828	77662	134802	203
中山市本级	3675692	236869		1448	327682	645435	278828	77662	134802	203
江门市	2932116	343394		8392	241436	671034	94638	57571	457497	299
江门市本级	489880	71406		3246	68746	67667	12939	11343	53661	31
江门市区县合计	2442236	271988		5146	172690	603367	81699	46228	403836	267
蓬江区	305910	41332		556	29285	73828	11821	3813	48685	24
江海区	158817	24295		395	12328	25609	12536	3096	20038	10
新会区	640185	45627		1803	39701	175151	33607	10160	99140	60
台山市	452823	54947		543	25904	113680	9953	9361	79028	63
开平市	341451	34300		680	24473	95413	5096	6907	68314	40
鹤山市	299092	42214		866	25597	60817	5767	7256	47212	29
恩平市	243958	29273		303	15402	58869	2919	5635	41419	39

续表

环出	城乡社区支出	农林水支出	交通运输支出	资源勘探信息等支出	商业服务业等支出	金融支出	援助其他地区支出	国土海洋气象等支出	住房保障支出	粮油物资储备支出	其他支出	债务付息支出	债务发行费用支出
2361	99165	429590	119746	40780	21979	73		29472	41005	8160	45445	8249	347
3285	14686	16022	954	3501	888	16		97	3501	2	1555		9
2141	13395	67471	15861	3759	1746			4949	11363	920	785	3835	167
2572	33732	76648	3629	4755	1840			3794	1760	1320	27674	1095	34
4105	7419	26134	2277	2263	968			1778	580	876	222	1209	17
3470	2517	29677	691	6663	745			932	2211	1652	3784	195	
7373	7114	39558	25890	4134	3158			5467	3840	1396	11175	463	28
5222	9746	75240	17676	11891	11553			4461	11603	711	26	853	57
9193	10556	98840	52768	3814	1081	57		7994	6147	1283	224	599	35
4035	466733	371896	178408	37999	30340	2898	1211	40063	57330	24785	112846	56072	3090
2196	294095	106305	121944	16683	9171	1372	1211	15265	32346	12010	55834	40351	2415
1839	172638	265591	56464	21316	21169	1526		24798	24984	12775	57012	15721	675
5866	19384	24820	3030	2586	1811	610		372		2758	4763	2665	53
5944	70924	41638	18260	6736	2985	500		6984	19263	3471	325	2038	44
3799	30251	74442	11660	2670	1791			10309	448	2826	25060	4209	151
5419	41473	95001	17677	8414	12961	416		5393	2701	2248	20678	5093	418
3811	10606	29690	5837	910	1621			1740	2572	1472	6186	1716	9
7694	361944	212967	82640	7900	11902	4		30334	27315	10445	69440	5609	230
0645	164473	33834	17427	3986	6483	4		23736	5627	4204	5525	4642	160
7049	197471	179133	65213	3914	5419			6598	21688	6241	63915	967	70
252	12054	26198	208	808	310			209	255	870	3542	112	2
3329	54563	63859	23267	545	544			4229	11440	2521	2009	365	13
5675	105698	65849	19378	2321	3327			1325	2007	2121	54988	94	36
7793	25156	23227	22360	240	1238			835	7986	729	3376	396	19
3815	663787	283313	244051	250495	43714	10981	15118	29851	109578	32197	243	92534	3215
3815	663787	283313	244051	250495	43714	10981	15118	29851	109578	32197	243	92534	3215
4842	678056	204154	498062	117915	25793	65101	19000	18382	36374	9708	-17210	8730	599
4842	678056	204154	498062	117915	25793	65101	19000	18382	36374	9708	-17210	8730	599
0033	131004	250012	109780	71942	18225	2379		20921	59637	10905	14687	28098	1492
7502	8164	25852	67534	14267	2884	1539		5067	18767	4355	603	12497	760
2531	122840	224160	42246	57675	15341	840		15854	40870	6550	14084	15601	732
969	27936	13597	1111	6329	2574	88		1336	9854	1	7456	423	164
1947	6060	5316	1720	24966	3340			1008	2957		2715	206	31
0374	41079	64846	18886	8558	2988	100		5480	7579	2306	3007	9272	365
3457	7673	55971	8559	8459	1214			3158	5225	242	457	1595	10
5567	10813	31354	2812	3593	2087	605		1106	4907	1764	286	613	47
7522	23352	25637	3981	3948	2238	3		2362	6501	1126	110	3180	113
2695	5927	27439	5177	1822	900	44		1404	3847	1111	53	312	2

地　　区	支出合计	一般公共服务支出	外交支出	国防支出	公共安全支出	教育支出	科学技术支出	文化体育与传媒支出	社会保障和就业支出	医疗卫生与计划生育支出
阳江市	1943148	196689		241	104901	329176	19527	29312	247038	224
阳江市本级	701392	65929		44	58249	75222	9270	20179	53458	34
阳江市区县合计	1241756	130760		197	46652	253954	10257	9133	193580	190
江城区	186983	14451		197	3883	33705	1447	1322	32349	27
阳春市	470303	53095			15219	109656	2065	3101	86896	72
阳东区	342019	35720			13457	62161	2616	3151	41454	46
阳西县	242451	27494			14093	48432	4129	1559	32881	44
湛江市	3811065	326364		6493	178294	1026009	46222	36631	579456	595
湛江市本级	1034292	105973		2228	97502	178279	28068	15653	128410	71
湛江市区县合计	2776773	220391		4265	80792	847730	18154	20978	451046	523
赤坎区	99840	16995		331	2711	43256	682	830	11637	10
霞山区	147455	13057		335	3983	57869	1977	589	28739	18
麻章区	111070	11564		266	1632	30009	1700	832	18598	19
坡头区	134833	15615		335	1878	32725	1595	1371	20032	21
雷州市	606067	30062		1084	17735	176029	1125	4698	107809	95
廉江市	613928	44722		594	17758	210191	8645	3603	94682	155
吴川市	366065	27381		490	13094	100786	943	3116	67754	84
遂溪县	388142	34367		529	12524	114958	1303	3381	58082	71
徐闻县	309373	26628		301	9477	81907	184	2558	43713	46
茂名市	3545704	284505		5771	139785	1036614	15717	34854	580280	490
茂名市本级	690044	56935		5707	40290	129249	11656	8121	78936	28
茂名市区县合计	2855660	227570		64	99495	907365	4061	26733	501344	462
茂南区	231371	35341			13258	45771	1495	1095	32352	40
信宜市	548070	39878		64	18631	149378	680	4484	103672	82
高州市	718854	48979			24531	198234	735	12312	144105	121
化州市	530772	51017			18396	187348	459	2097	103151	81
电白区	826593	52355			24679	326634	692	6745	118064	136
肇庆市	2481551	322180		4823	154378	563662	42231	53737	349412	305
肇庆市本级	644222	90526		2132	49612	78599	12128	16654	96522	52
肇庆市区县合计	1837329	231654		2691	104766	485063	30103	37083	252890	252
端州区	181598	19808		338	19484	52421	5123	2767	28785	13
鼎湖区	129139	16211		452	8130	22004	3030	1747	12819	11
四会市	268361	56144		191	17754	68331	6364	6602	29424	27
高要区	281382	29462		825	16998	80646	7018	9781	39132	47
广宁县	242959	21663		263	11305	55109	2972	4317	35381	31
德庆县	189080	25933		258	7874	54303	2438	5151	24886	24
封开县	216371	35632		269	8959	56390	598	3311	33433	31
怀集县	328439	26801		95	14262	95859	2560	3407	49030	64

续表

环出	城乡社区支出	农林水支出	交通运输支出	资源勘探信息等支出	商业服务业等支出	金融支出	援助其他地区支出	国土海洋气象等支出	住房保障支出	粮油物资储备支出	其他支出	债务付息支出	债务发行费用支出
857	101300	304956	97968	46057	15670	51	20	39255	43853	8257	88245	9011	25
585	65038	70247	65693	39052	9769	12		31099	25025	3471	53571	6225	
272	36262	234709	32275	7005	5901	39	20	8156	18828	4786	34674	2786	25
231	1029	56922	81	1567	313	11		558	1191	1320	6473	516	
735	8101	67721	18701	1560	2887	4		1337	7276	1822	11445	1024	25
545	17642	72665	9109	3055	2211	24		3497	5890	1151	9645	921	
761	9490	37401	4384	823	490		20	2764	4471	493	7111	325	
518	159612	420284	143866	45583	15605	1434		38109	75993	18193	24927	24531	303
008	99002	65201	102295	18719	7564	910		17723	33376	12700	10912	22675	245
510	60610	355083	41571	26864	8041	524		20386	42617	5493	14015	1856	58
060	3971	2041		618	394	14		53	882		2791	124	5
518	8620	6284	23	3396	2098			216		10	783	169	8
432	2287	16255	1593	472	785	4		554	3096	10	599	14	
587	16481	13383	541	1347	120	50		3785	2991	5	550	126	9
316	8736	131555	6610	5264	669	28		2571	10245	1849	2170	354	
834	9725	36876	13728	2644	1162	113		2849	890	995	2465	538	28
285	3728	41442	885	309	686	77		1540	8024	967	3779	167	1
302	1260	47355	3335	5328	1047	73		6154	14048	975	208		
176	5802	59892	14856	7486	1080	165		2664	2441	682	670	364	7
179	158764	340160	157036	37996	20426	2763		15582	103569	28511	12916	16021	334
672	55807	83479	67779	26836	4103	477		4170	18662	18567	4877	10741	160
507	102957	256681	89257	11160	16323	2286		11412	84907	9944	8039	5280	174
7559	34457	11059	501	1218	2515			1159	89	1165	870	724	55
118	5520	47092	28052	1068	1225	96		3346	58503	1465	728	580	17
3545	23482	72133	29814	6683	4125	35		2031	13061	2363	4992	1361	22
518	11524	51239	10465	1501	395	2085		2318	2807	1263	1449	629	
9767	27974	75158	20425	690	8063	70		2558	10447	3688		1986	80
0227	106431	243996	134318	44666	13125	226		20242	45172	9878	12541	14160	544
9283	34384	62742	61594	24005	4666	130		6300	21195	3266	8319	9046	291
0944	72047	181254	72724	20661	8459	96		13942	23977	6612	4222	5114	253
2516	22730	2472	2534	2683	782	6		9	1833	1038	2305	197	39
4890	12213	8375	19779	591	1867			901	3491	406	83	254	
3664	4864	31399	4957	4350	2575	48		1316	2451	232	133	256	
4557	5249	20474	6369	3007	852	42		3226	3760	991	127	1140	
4338	13205	34356	11852	8004	564			1894	5136	391	700	269	31
2908	3054	23772	5837	1018	722			1701	990	1188	235	1775	65
4673	861	26725	4885	537	350			2698	4205	478	112	783	57
3398	9871	33681	16511	471	747			2197	2111	1888	527	440	61

地　　区	支出合计	一般公共服务支出	外交支出	国防支出	公共安全支出	教育支出	科学技术支出	文化体育与传媒支出	社会保障和就业支出	医疗与计育支
清远市	3037684	341637		4000	156536	710229	49942	40837	366595	348
清远市本级	678258	83972		2609	37108	172279	31534	7653	31318	18
清远市区县合计	2359426	257665		1391	119428	537950	18408	33184	335277	330
清城区	393693	40581			23339	84202	2382	6851	44567	56
英德市	586231	47084		645	25330	128005	6421	4766	96893	83
连州市	234245	33830			15562	53890	2630	4022	36972	31
佛冈县	221038	39439		271	11532	53922	1015	2628	28414	32
清新区	355956	40189		423	22674	97745	4577	4875	50444	57
连山壮族瑶族自治县	178100	13678		52	5349	28448	560	2501	18104	19
连南瑶族自治县	156006	19302			8354	28954	219	6259	27009	15
阳山县	234157	23562			7288	62784	604	1282	32874	33
潮州市	1466732	120012		766	66007	347132	19748	20090	199849	180
潮州市本级	470508	49064		534	34726	58447	8696	11020	29426	17
潮州市区县合计	996224	70948		232	31281	288685	11052	9070	170423	163
湘桥区	137402	9821			1767	50238	1795	1278	25176	27
饶平县	427537	39331		42	14053	133440	1903	3007	68124	68
潮安区	431285	21796		190	15461	105007	7354	4785	77123	67
揭阳市	2669413	240208		1324	137995	684154	33738	38408	402212	438
揭阳市本级	517457	50348		171	62775	80381	9212	12667	57229	54
揭阳市区县合计	2151956	189860		1153	75220	603773	24526	25741	344983	383
榕城区	155279	13293			1347	52357	5610	2776	26077	24
普宁市	804684	83215			28547	261379	8507	7823	113128	131
揭东区	414447	31954		209	15061	106956	8590	5214	54614	84
揭西县	386988	25430		472	12871	80473	494	2663	85878	65
惠来县	390558	35968		472	17394	102608	1325	7265	65286	77
云浮市	1684983	205396		2070	80327	351063	29137	23250	252580	293
云浮市本级	295243	39118		562	29502	26631	10915	4889	48043	14
云浮市区县合计	1389740	166278		1508	50825	324432	18222	18361	204537	279
云城区	151221	24570		483	2778	43473	2531	1532	27631	18
罗定市	472007	62525			18528	125684	9251	6014	72423	110
新兴县	397352	39723		623	13007	72161	3651	7131	45493	82
郁南县	235229	25544			9918	50812	772	2131	41746	42
云安区	133931	13916		402	6594	32302	2017	1553	17244	25

续表

环 出	城乡社区支出	农林水支出	交通运输支出	资源勘探信息等支出	商业服务业等支出	金融支出	援助其他地区支出	国土海洋气象等支出	住房保障支出	粮油物资储备支出	其他支出	债务付息支出	债务发行费用支出
554	258501	329132	130295	32740	24936	918		31047	104348	6390	38304	19013	459
229	88494	26667	58381	16956	16666	644		13979	29737	1541	14721	13486	257
425	170007	302465	71914	15784	8270	274		17068	74611	4849	23583	5527	202
312	78881	22038	128	1237	1318	50		553	22377	943	742	2236	16
794	32352	77062	32572	5681	992	5		2594	13291	830	16694	1912	108
102	10039	31374	5587	665	975	40		2358	297	657	817	85	11
587	4755	24499	3789	4010	581	30		3420	6342	359	460	164	
397	14366	38274	9633	1399	2059	20		1956	4820	851	799	262	23
706	17524	48015	13747	267	369	49		1196	4895	106	495	309	40
014	2415	25133	2685	444	1648	28		2804	7830	888	1807	290	
413	9675	36070	3773	2081	328	52		2187	14759	215	1769	269	4
590	86346	135375	103973	8808	5912	181		16167	21867	2014	111643	6505	264
172	46836	12365	70695	3828	2457	172		2587	8604	853	103305	6133	238
418	39510	123010	33278	4980	3455	9		13580	13263	1161	8338	372	26
356	4515	10891	16	844	1470			72	572	49	969		
271	1447	42884	17932	3215	979			11415	8920	1039	6975	372	13
791	33548	69235	15330	921	1006	9		2093	3771	73	394		13
364	57907	285299	145002	50084	9390	136		10275	39010	7800	13568	11368	290
791	11701	71435	41858	16763	1334	30		3005	19012	2681	10789	6621	98
973	46206	213864	103144	33321	8056	106		7270	19998	5119	2779	4747	192
436	3370	12908	3673	1384	1042			16	4575	26	442	461	44
215	9364	79958	29241	5915	1522			2351	2898	522	182	1052	44
555	9318	35315	24990	16356	3191	106		1107	4560	1544	1427	2722	41
166	22302	36855	35529	3097	967			1538	2802	1512	407	409	55
701	1852	48828	9711	6569	1334			2258	5163	1515	321	103	8
972	57713	157049	51775	19683	5615	11246		9451	41661	7071	55268	9429	262
290	21142	20960	23715	6755	1604	11245		3062	19667	2017	4874	3090	22
582	36571	136089	28060	12928	4011	1		6389	21994	5054	50394	6339	240
273	10726	9110	3378	-11	454			203	4292	610	8	228	6
582	5863	32114	3838	8211	340			2235	4079	1922	355	2578	165
599	11079	36680	10795	3209	2859	1		1868	8351	1039	47111	2435	28
365	7217	37074	6413	673	169			1189	3563	700	2490	600	12
163	1686	21111	3636	846	189			894	1709	783	430	498	29

2016 年度广东省非税收入规模及结构情况表

单位：万元

项 目	2016 年（决算数）
一、纳入公共财政预算管理的非税收入小计	22917230
1. 专项收入	8630186
2. 行政事业性收费收入	3282970
3. 罚没收入	1526681
4. 国有资本经营收入	542300
5. 国有资源（资产）有偿使用收入	4012476
6. 其他非税收入	4922617
二、纳入预算管理的政府性基金收入小计	38699863
1. 国家电影事业发展专项资金收入	19956
2. 小型水库移民扶助基金收入	22143
3. 国有土地使用权出让收入	33831442
4. 城市公用事业附加收入	491698
5. 国有土地收益基金收入	487930
6. 农业土地开发资金收入	169297
7. 新增建设用地土地有偿使用费收入	567063
8. 城市基础设施配套费收入	1181567
9. 污水处理费收入	678059
10. 新菜地开发建设基金收入	3599
11. 大中型水库库区基金收入	7573
12. 车辆通行费	452359
13. 港口建设费收入	44263
14. 散装水泥专项资金收入	3572
15. 新型墙体材料专项基金收入	67732
16. 彩票发行机构和彩票销售机构的业务费用	130747
17. 彩票公益金收入	535277
18. 其他政府性基金收入	5586
三、纳入预算管理的非税收入合计	61617093
四、纳入财政专户管理收入小计	3421988
1. 行政事业性收费收入（教育收费）	1948453
2. 其他收入	1473535
五、非税收入合计	65039081

注：此表由省财政厅国库处提供。

2016年度广东省一般公共预算收入超亿元县（市）统计表

单位：万元

单位名称	公共财政收入—决算数［2016年(年报)］	单位名称	公共财政收入—决算数［2016年(年报)］
南澳县	21858	阳春市	103842
乐昌市	53010	阳西县	66173
南雄市	58157	雷州市	50255
仁化县	62767	廉江市	113048
始兴县	38721	吴川市	66889
翁源县	39774	遂溪县	67277
新丰县	30985	徐闻县	45338
乳源瑶族自治县	52071	信宜市	93196
东源县	83063	高州市	172115
和平县	52214	化州市	112757
龙川县	63279	四会市	125024
紫金县	65277	广宁县	42528
连平县	66760	德庆县	53903
兴宁市	110386	封开县	35913
平远县	73804	怀集县	49439
蕉岭县	79950	英德市	156791
大埔县	96011	连州市	62275
丰顺县	84372	佛冈县	84413
五华县	69018	连山壮族瑶族自治县	12259
惠东县	367751	连南瑶族自治县	14807
博罗县	406323	阳山县	41065
龙门县	80908	饶平县	80194
陆丰市	60685	普宁市	201701
海丰县	73359	揭西县	43048
陆河县	26550	惠来县	57671
台山市	243258	罗定市	115684
开平市	219510	新兴县	168285
鹤山市	249661	郁南县	57125
恩平市	100338		

注：此表由省财政厅国库处提供。

2016年度来源于广东的财政收入和上划中央“四税”统计表

单位：亿元

来源于广东省的财政收入	上划中央“四税”			
	合　计	上划中央“两税”	上划企业所得税	上划个人所得税
22830.40	6872.82	3513.00	2402.66	957.16

2016 年度广东省

地区	收入								
	收入合计	国有土地使用权出让收入	城市公用事业附加收入	国有土地收益基金收入	农业土地开发资金收入	新增建设用地土地有偿使用费收入	城市基础设施配套费收入	车辆通行费	彩票金收
广东省	38699863	33831442	491698	487930	169297	567063	1181567	452359	5352
广东省本级	1163812				39366	545411		219009	1843
广东省地市合计	37536051	33831442	491698	487930	129931	21652	1181567	233350	3509
广州市	8248382	7389880	91062		16738		448187	56345	767
广州市本级	4355895	3915935	53556				187221	56345	463
广州市区县合计	3892487	3473945	37506		16738		260966		304
越秀区	3100								31
海珠区	3869								38
荔湾区	2257								22
天河区	76246	70330							59
白云区	5233	1100							41
黄埔区	618608	558128	2404		2214		42815		19
花都区	817265	743338	8424		11189		34020		24
番禺区	430513	343774	10741				49305		33
南沙区	707824	638383	6461		1211		54268		8
从化区	20765	-2304	2499		1193		16346		8
增城区	1206807	1121196	6977		931		64212		17
深圳市	9663957	8966081	58739	334569	31400	21652			703
深圳市本级	9560225	8934773	10465	334569	31400	21652			557
深圳市区县合计	103732	31308	48274						146
福田区	1785								17
罗湖区	1293								12
盐田区	112								1
南山区	1459								14
宝安区	40521	3989	28931						64
龙岗区	58562	27319	19343						35
珠海市	3332230	3209989	18161		10824		32530	17577	96
珠海市本级	2744745	2643759	13414		9488		26558	17577	88
珠海市区县合计	587485	566230	4747		1336		5972		8
香洲区	14203	13386			27				7
金湾区	432635	425178			1309		2733		
斗门区	140647	127666	4747				3239		
汕头市	894811	736645	16988	35494	3301		35853	34741	109
汕头市本级	583748	478894	6854	25149	2249		23315	21177	100
汕头市区县合计	311063	257751	10134	10345	1052		12538	13564	8
金平区	1428	1226							
龙湖区	2199	2199							
澄海区	51558	42911	4661	997	250		435		

基金决算收支表

单位：万元

地各项府性基收入	支出合计	国有土地使用权出让相关支出	城市公用事业附加相关支出	国有土地收益基金相关支出	农业土地开发资金相关支出	新增建设用地土地有偿使用费相关支出	城市基础设施配套费相关支出	车辆通行费相关支出	彩票公益金相关支出	其他各项政府性基金相关支出
	支出									
3230	34630582	30402466	400166	139959	113606	535831	877846	428717	512416	1219575
5661	440166	-504			-43			204845	57070	178798
7569	34190416	30402970	400166	139959	113649	535831	877846	223872	455346	1040777
9375	9019174	8237157	69029		37050	22467	342466	43248	70229	197528
6536	4555288	4257244	21064		456		97134	43248	27855	108287
2839	4463886	3979913	47965		36594	22467	245332		42374	89241
	22623	13945	688				3703		3429	858
	16020	3517	3063		169	7	2933		5240	1091
	18837	13576	956		151	3	1176		2374	601
	69502	57845	1312		23		2023		6428	1871
	80555	66717	2437		961	775	2898		4871	1896
1137	714038	660062	4367		3980	918	29360		2102	13249
7800	783092	737711	7978		3015	2211	7922		3832	20423
3312	566396	467009	9741		4034	3432	50007		7214	24959
6685	765043	689085	5915		1359	4164	55617		971	7932
2150	163836	126655	3066		9077	4663	14597		2222	3556
1755	1263944	1143791	8442		13825	6294	75096		3691	12805
31139	4137502	3809943	27156	10485	14304	238			81630	193746
71635	2608815	2361085	14468	10415	13321	238			29413	179875
9504	1528687	1448858	12688	70	983				52217	13871
	24809	16697							7906	206
	11059	4093							6810	156
	38135	36488		57					1590	
	81579	73513			317				7290	459
1119	901799	879024		13					16419	6343
8385	471306	439043	12688		666				12202	6707
33488	3299796	3169656	6968		5069	42732	2684	18209	10900	43578
25141	2544333	2433597	6498		2898	37202	2684	17512	7654	36288
8347	755463	736059	470		2171	5530		697	3246	7290
	50459	48718			27				1490	224
3352	483291	477957			1627	575		76	333	2723
4995	221713	209384	470		517	4955		621	1423	4343
20829	923288	790212	15857	20636	3477	5021	19734	31665	14370	22316
16016	559854	486622	5476	12428	20		9338	19252	9825	16893
4813	363434	303590	10381	8208	3457	5021	10396	12413	4545	5423
202	6967	4582			192	1049			941	203
	5547	4355			110	190			500	392
2304	55287	45684	4574	554	656	492	528		640	2159

地区	收入								
	收入合计	国有土地使用权出让收入	城市公用事业附加收入	国有土地收益基金收入	农业土地开发资金收入	新增建设用地土地有偿使用费收入	城市基础设施配套费收入	车辆通行费	彩票公益金收入
濠江区	199628	182806		9348	645		6769		
潮阳区	25927	18437	4035		157		1679		3
潮南区	18698	8996	1438				1531	5625	3
南澳县	11625	1176					2124	7939	
佛山市	5785113	5420895	64764	65522	8888		72148	55979	305
佛山市本级	304901	239615			364		426	55979	76
佛山市区县合计	5480212	5181280	64764	65522	8524		71722		229
禅城区	1059706	967323	7881	30724	987		28790		21
南海区	1954220	1909551	25249		2008		7764		76
顺德区	2039103	1915271	19075	34798	3524		18159		104
高明区	193375	177435	4702		833		7889		12
三水区	233808	211700	7857		1172		9120		14
韶关市	299097	244555	8854	1582	1899		22922		52
韶关市本级	99318	70327	4414		495		11171		36
韶关市区县合计	199779	174228	4440	1582	1404		11751		16
浈江区	154								1
武江区	609		398						2
曲江区	30167	21490		725	307		6282		1
乐昌市	14892	11291	724	223	134		1194		2
南雄市	45696	44655	100		526				4
仁化县	16209	14529	1320				52		2
始兴县	15067	12972					1303		
翁源县	50741	49273			155		840		
新丰县	13120	10354	600	282	126		976		1
乳源瑶族自治县	13124	9664	1298	352	156		1104		1
河源市	338560	292745	4161		142		22786	6281	49
河源市本级	160922	121320	2400				20466	6281	46
河源市区县合计	177638	171425	1761		142		2320		2
源城区	26642	26302					145		
东源县	69180	69142							
和平县	36767	34521	801				975		
龙川县	12926	12926							
紫金县	21373	18769			142		1200		1
连平县	10750	9765	960						
梅州市	502856	457463	3903		1428		23235		54
梅州市本级	245914	221841	1167		1161		10736		38
梅州市区县合计	256942	235622	2736		267		12499		15
梅江区	171								1
兴宁市	32294	26629					4247		8
梅县区	51570	48740	1182						1

续表

	支出									
各项 性基 收入	支出合计	国有土地使用权出让相关支出	城市公用事业附加相关支出	国有土地收益基金相关支出	农业土地开发资金相关支出	新增建设用地土地有偿使用费相关支出	城市基础设施配套费相关支出	车辆通行费相关支出	彩票公益金相关支出	其他各项政府性基金相关支出
	215220	201160	285	7654	796	313	4654		358	
1230	29894	21973	4102		825	380	1663		837	114
720	25763	10861	1420		859	2560	1191	5611	775	2486
357	24756	14975			19	37	2360	6802	494	69
6318	5369913	5035003	61302	59564	5963	4452	60772	54600	23076	65181
877	236080	175580			236			54600	2866	2798
5441	5133833	4859423	61302	59564	5727	4452	60772		20210	62383
1861	950088	867284	8119	26564	17	36	25949		3150	18969
1962	1753405	1720678	23485		251	1685	3438		2316	1552
7814	1945045	1823808	19083	33000	2500	713	18438		9691	37812
1267	199449	181481	4616		824	459	7477		2970	1622
2537	285846	266172	5999		2135	1559	5470		2083	2428
4056	416619	295513	7384	2330	6320	54397	16617		15634	18424
9303	139100	121895	4223		10		3598		3541	5833
4753	277519	173618	3161	2330	6310	54397	13019		12093	12591
	6415	300			26	1565	3189		1114	221
	4916	350	300		271	1226	2024		668	77
1179	34486	21835		725	2129	4203	3512		1065	1017
1126	28011	8917	371	194	1901	12587	809		1231	2001
	62073	50035	100		118	7708			2994	1118
102	29088	18529	893		4	7159	52		591	1860
792	20674	12948			1105	3149	1090		1670	712
473	51144	37408			17	11035	531		620	1533
631	18488	10804	199	800	735	2320	705		830	2095
450	22224	12492	1298	611	4	3445	1107		1310	1957
7545	466442	356941	2885		1455	26677	16189	3058	11839	47398
5832	187735	164036	1784		162	294	8764	3058	1662	7975
1713	278707	192905	1101		1293	26383	7425		10177	39423
195	48221	32370				35	5355		615	9846
	98881	65751			1073	7075	400		1353	23229
439	52833	41955	801			4667	1084		3275	1051
	37525	26377				5824	20		1971	3333
1079	25440	16664			220	6390	566		1126	474
	15807	9788	300			2392			1837	1490
1410	879323	770267	2479		2937	40616	20695		19260	23069
7159	410558	391943	966		1373	19	4702		4890	6665
4251	468765	378324	1513		1564	40597	15993		14370	16404
	34755	31000			162	961	144		1881	607
536	63709	41401				7701	6592		2492	5523
1492	84974	74140			25	6512			1268	3029

地区	收入								
	收入合计	国有土地使用权出让收入	城市公用事业附加收入	国有土地收益基金收入	农业土地开发资金收入	新增建设用地土地有偿使用费收入	城市基础设施配套费收入	车辆通行费	彩票金收
平远县	15551	15551							
蕉岭县	35137	33344	744		57		425		
大埔县	7786	4457	400		56		2552		
丰顺县	56864	55779					378		
五华县	57569	51122	410		154		4897		1
惠州市	909818	730751	23519	15741	9145		82314	1525	193
惠州市本级	564182	430969	15134	9371	1835		75326	1525	129
惠州市区县合计	345636	299782	8385	6370	7310		6988		64
惠城区	4002						157		17
惠阳区	178020	169757			6662				16
惠东县	57943	49807	2249	1481	644				14
博罗县	87508	67584	4515	3700	4		5416		13
龙门县	18163	12634	1621	1189			1415		2
汕尾市	338530	287283	5125	3969	2581		26628		47
汕尾市本级	218112	192132	1656	3851	1990		11762		45
汕尾市区县合计	120418	95151	3469	118	591		14866		2
城区	93								
陆丰市	48950	37491	1503	118	591		3346		1
海丰县	52048	39016	1640				11392		
陆河县	19327	18644	326				128		
东莞市	3223349	2950032	71839		5775		13574	12198	407
东莞市本级	3223349	2950032	71839		5775		13574	12198	407
中山市	687998	524751	28008	459	2430		55818	24478	158
中山市本级	687998	524751	28008	459	2430		55818	24478	158
江门市	631245	475856	26832	23022	2955		61862	8514	96
江门市本级	238198	184685	3304	7458	875		19311	8514	35
江门市区县合计	393047	291171	23528	15564	2080		42551		60
蓬江区	61508	46448	2537	4573	46		6042		18
江海区	5990	3547	1401						4
新会区	138132	116737	6309	3287	460		6302		11
台山市	58082	40710	3382	1327	226		9377		6
开平市	61340	34329	3415	6377	770		13000		9
鹤山市	45539	33977	3619		151		5193		8
恩平市	22456	15423	2865		427		2637		2
阳江市	267115	223542	8397		2372		17048		63
阳江市本级	163536	135878	4935		601		10506		63
阳江市区县合计	103579	87664	3462		1771		6542		
江城区	9661	9486			126		14		
阳春市	48668	38648	2125		1003		3937		
阳东区	18291	16271	576		148		807		

续表

各项性基收入	支出									
	支出合计	国有土地使用权出让相关支出	城市公用事业附加相关支出	国有土地收益基金相关支出	农业土地开发资金相关支出	新增建设用地土地有偿使用费相关支出	城市基础设施配套费相关支出	车辆通行费相关支出	彩票公益金相关支出	其他各项政府性基金相关支出
	47247	42578			30	3353			853	433
504	43403	38839	744		250	-223	2439		656	698
262	26464	12116	359		282	6838	1921		2709	2239
621	84489	74728				7687			1198	876
836	83724	63522	410		815	7768	4897		3313	2999
7457	1062999	825417	22031	18996	9159	29423	83640	1750	31287	41296
7093	598385	462068	13113	9700	4201	704	74583	1750	15525	16741
0364	464614	363349	8918	9296	4958	28719	9057		15762	24555
2105	41697	25232	1343		2086	3571	1560		3729	4176
	178778	170856			2302	2308			2215	1097
2275	102454	74627	2084	5200	248	6279	572		4760	8684
4904	104389	69073	4281	3700	248	10462	5500		3723	7402
1080	37296	23561	1210	396	74	6099	1425		1335	3196
8189	360843	300375	4530	30	399	16586	17452		9896	11575
2205	171067	157245	1449		119	383	6690		3241	1940
5984	189776	143130	3081	30	280	16203	10762		6655	9635
	1123				1	54	46		894	128
5784	47054	33909	1164	30	264	5415	34		1798	4440
	100165	71739	1640		12	10454	10546		1311	4463
200	41434	37482	277		3	280	136		2652	604
9211	3119352	2846279	79356		4686	4986	1067	10461	40036	132481
9211	3119352	2846279	79356		4686	4986	1067	10461	40036	132481
6160	898497	758015	20509	459	3751	4630	20913	36524	14338	39358
6160	898497	758015	20509	459	3751	4630	20913	36524	14338	39358
2547	609101	426821	27428	27459	2249	26393	50207	7564	12782	28198
0472	195088	146014	3450	7458	616		13385	7564	4103	12498
2075	414013	280807	23978	20001	1633	26393	36822		8679	15700
	61763	46502	2912	4573	76	113	5061		2065	461
548	8499	3560	1539		55	131	2430		703	81
3915	139207	112292	6407	7209	616	2228	4464		1977	4014
2458	55482	37016	3452	1777	312	2909	6082		775	3159
2541	70104	34577	3316	6442	30	7374	12329		1531	4505
1783	43119	31437	3487		84	1554	3826		1000	1731
830	35839	15423	2865		460	12084	2630		628	1749
9402	313445	230325	5344		1519	31666	9802		17381	17408
5262	143155	123640	1267		111	42	4218		8399	5478
4140	170290	106685	4077		1408	31624	5584		8982	11930
35	21520	12546	1178		317	4519			1794	1166
2955	64292	42732	1948		282	6760	3928		4220	4422
489	48799	25918	409		426	15302	807		2182	3755

地　　区	收　　入								
	收入合计	国有土地使用权出让收入	城市公用事业附加收入	国有土地收益基金收入	农业土地开发资金收入	新增建设用地土地有偿使用费收入	城市基础设施配套费收入	车辆通行费	彩票金收
阳西县	26959	23259	761		494		1784		
湛江市	453555	333991	9820	7572	11749		64626	70	58
湛江市本级	345217	256698	5297	7572	10884		45557	70	50
湛江市区县合计	108338	77293	4523		865		19069		8
赤坎区									
霞山区	458								3
麻章区									
坡头区	1018	936							
雷州市	12646	9086	1165		184		1179		
廉江市	16646	7972			681		7221		
吴川市	22191	14946	1320				3829		1
遂溪县	26755	21369	1253				2965		1
徐闻县	28624	22984	785				3875		
茂名市	495535	450412	5766				24572		65
茂名市本级	255990	226442	4410				13456		63
茂名市区县合计	239545	223970	1356				11116		2
茂南区	16587	14964					1622		
信宜市	25365	20277					4053		
高州市	94007	93735							1
化州市	50115	46149	1356				1488		
电白区	53471	48845					3953		
肇庆市	404968	274856	13962		3118		90855		102
肇庆市本级	155568	90413	932		1229		55355		44
肇庆市区县合计	249400	184443	13030		1889		35500		57
端州区	17741	11154	2211				3400		9
鼎湖区	43266	37452	1423		385		3250		1
四会市	77494	49875	2321		713		21000		4
高要区	31555	21153	5030		464		2208		5
广宁县	22741	18581	1321				1103		11
德庆县	11015	9041			50		582		9
封开县	9703	7359			94		1120		8
怀集县	35885	29828	724		183		2837		6
清远市	345126	252589	17745		4096		38209	15642	60
清远市本级	213970	156860			3231		27314	15642	33
清远市区县合计	131156	95729	17745		865		10895		26
清城区	9231		7928				134		11
英德市	51539	45327	3349		435		1856		5
连州市	14043	11564	712		248		1194		2
佛冈县	5515	1156	2466				1251		1
清新区	25812	16647	2512		172		4380		3

续表

	支出									
各项性基收入	支出合计	国有土地使用权出让相关支出	城市公用事业附加相关支出	国有土地收益基金相关支出	农业土地开发资金相关支出	新增建设用地土地有偿使用费相关支出	城市基础设施配套费相关支出	车辆通行费相关支出	彩票公益金相关支出	其他各项政府性基金相关支出
661	35679	25489	542		383	5043	849		786	2587
9863	606049	389084	7632		7375	91344	50864	85	16771	42894
4080	278407	227297	3623		807	3157	26372	85	5005	12061
5783	327642	161787	4009		6568	88187	24492		11766	30833
	6712	1055					5375		256	26
64	32182	27982				10	4039		151	
	6616	3589	19		64	1272	1140		414	118
23	9251	5095			144	586	2934		449	43
1032	90078	22959	678		4549	51917	756		1697	7522
772	52008	26034	160		30	7534	663		3275	14312
1907	35762	20920	1236		266	5704	2995		2559	2082
1005	44532	26582	1072		452	9098	2965		1448	2915
980	50501	27571	844		1063	12066	3625		1517	3815
8186	686175	557518	3049		68	47810	14807		11274	51649
5289	336036	323010	1905		3	162	2546		2712	5698
2897	350139	234508	1144		65	47648	12261		8562	45951
1	31481	24826				2065	3785		651	154
1035	48093	29355			10	8565	4053		2043	4067
172	117533	93993			30	12928			2373	8209
1047	65121	45406	1144		16	10943	1170		1112	5330
642	87911	40928			9	13147	3253		2383	28191
1949	503905	353655	12700		3818	35338	69930		15439	13025
3186	156590	92481	1464		2865		49315		7177	3288
8763	347315	261174	11236		953	35338	20615		8262	9737
	19386	11154	1951				4900		1374	7
608	58253	49979	1330		386	1064	4072		291	1131
3124	83477	69972	2300		19	3560	4861		620	2145
2200	58335	41556	3901		435	7002	1686		657	3098
557	40105	31237	956			4540	794		1701	877
352	23887	18174			19	4339	494		681	180
302	25282	14959			94	6853	1120		1422	834
1620	38590	24143	798			7980	2688		1516	1465
0823	513584	381094	11836		2751	20711	43657	16708	15203	21624
7552	246637	184111			879		30804	16708	5992	8143
3271	266947	196983	11836		1872	20711	12853		9211	13481
	78476	65174	5022			4136	460		1652	2032
	86651	68108	1721		854	5130	1694		2861	6283
83	16411	11616			1	1490	1448		692	1164
483	7146	558	1705		75	1335	1933		626	914
1731	30114	18696	2610		586		5267		1104	1851

地　　区	收　　入								
	收入合计	国有土地使用权出让收入	城市公用事业附加收入	国有土地收益基金收入	农业土地开发资金收入	新增建设用地土地有偿使用费收入	城市基础设施配套费收入	车辆通行费	彩票公金收
连山壮族瑶族自治县	940	38	275		10		330		
连南瑶族自治县	3789	3060	86				494		
阳山县	20287	17937	417				1256		
潮州市	236947	209017	1318		1033		13881		42
潮州市本级	210369	192368			1005		8559		37
潮州市区县合计	26578	16649	1318		28		5322		4
湘桥区	56		56						
饶平县	11150	4181	1262		28		4690		2
潮安区	15372	12468					632		2
揭阳市	315664	271944	7492		4486		19653		36
揭阳市本级	115037	101360	2432		1410		4400		33
揭阳市区县合计	200627	170584	5060		3076		15253		3
榕城区	236								
普宁市	62501	48930	1893				7613		1
揭东区	87159	73661	2326		3069		6328		
揭西县	4100	2543			7		1239		
惠来县	46631	45450	841				73		
云浮市	161195	128165	5243		5571		14866		36
云浮市本级	50558	38260	2042		1962		5124		21
云浮市区县合计	110637	89905	3201		3609		9742		15
云城区	22966	22614			103				2
罗定市	21345	17599			75		2400		6
新兴县	49934	38210	1886		2584		5665		3
郁南县	7152	4371			615		1551		1
云安区	9240	7111	1315		232		126		1

注：此表由省财政厅国库处提供。

续表

	支出									
…各项…性基…收入	支出合计	国有土地使用权出让相关支出	城市公用事业附加相关支出	国有土地收益基金相关支出	农业土地开发资金相关支出	新增建设用地土地有偿使用费相关支出	城市基础设施配套费相关支出	车辆通行费相关支出	彩票公益金相关支出	其他各项政府性基金相关支出
207	3586	38	275		316	1616	472		600	269
90	15786	12960	86			1195	141		1259	145
677	28777	19833	417		40	5809	1438		417	823
7468	400865	372667	1020		105	6570	7862		5708	6933
4702	274706	264506			103	3	6105		1091	2898
2766	126159	108161	1020		2	6567	1757		4617	4035
	37348	35402	53			114	1367		406	6
729	25430	18341	967			1768	228		2826	1300
2037	63381	54418			2	4685	162		1385	2729
8464	418336	342840	7831		438	18034	19155		11643	18395
2111	125039	111550	2241		145	2678	3173		3297	1955
6353	293297	231290	5590		293	15356	15982		8346	16440
236	18950	15720	460		58	13	712		1710	277
3892	86478	64153	1886			3589	7613		3047	6190
1725	113815	97272	2409			4631	6328		1380	1795
270	26889	20676			98	2217	871		991	2036
230	47165	33469	835		137	4906	458		1218	6142
3690	185208	154188	3840		756	5740	9333		6650	4701
1062	56922	47885	1625		171		3257		2751	1233
2628	128286	106303	2215		585	5740	6076		3899	3468
	23543	22106			8	429			482	518
654	19661	18974			–65	–844	1289		771	–464
1245	55710	45461	900		344	2931	3620		857	1597
423	13775	9525			41	1123	1041		925	1120
306	15597	10237	1315		257	2101	126		864	697

2016 年度广东省本级政府性基金收支决算总表

单位：万元

预算科目	决算数	预算科目	决算数
政府性基金收入	1163812	文化体育与传媒支出	1541
		社会保障和就业支出	8599
		节能环保支出	
		城乡社区支出	–547
		农林水支出	197
		交通运输支出	277410
		资源勘探信息等支出	26
		商业服务业等支出	
		其他支出	152940
		债务付息支出	
		债务发行费用支出	
本年收入合计	1163812	本年支出合计	440166

注：此表由省财政厅国库处提供。

2016 年度广东省国有资本经营收支决算总表

单位：万元

预算科目	预算数	决算数	预算科目	预算数	决算数
利润收入	748326	1240093	解决历史遗留问题及改革成本支出	69085	78308
股利、股息收入	525344	523487	国有企业资本金注入	1237820	1299598
产权转让收入	128634	80081	国有企业政策性补贴	74872	80923
清算收入	832	2586	金融国有资本经营预算支出		
其他国有资本经营预算收入	387181	255533	其他国有资本经营预算支出	135315	170824
本年收入合计	1790317	2101780	本年支出合计	1517092	1629653

注：此表由省财政厅国库处提供。

2016 年度广东省本级国有资本经营收支决算总表

单位：万元

收　入		支　出	
预算科目	2016 年决算数	预算科目	2016 年决算数
一、利润收入	87492	一、解决历史遗留问题及改革成本支出	23166
二、股利、股息收入	71717	二、国有企业政策性补贴	70870
三、产权转让收入		三、其他国有资本经营预算支出	3977
四、清算收入		四、国有资本经营预算调出资金	58452
五、其他国有资本经营收入	1284		
本年收入合计	160493	本年支出合计	156465
上年结转	35411	结转下年	39439
收入总计	195904	支出总计	195904

注：1. 此表由省财政厅工贸发展处提供。2. 调出资金为调入一般公共预算，统筹用于社会保障、教育等民生支出。

2016年度广东省社会保障和就业、医疗卫生支出情况表

单位：万元

预算科目	决算数
社会保障和就业支出	11463068
人力资源和社会保障管理事务	815102
民政管理事务	682811
财政对社会保险基金的补助	2389205
行政事业单位离退休	4033636
企业改革补助	35216
就业补助	344483
抚恤	492952
退役安置	330202
社会福利	495493
残疾人事业	447997
自然灾害生活救助	37768
红十字事业	8891
最低生活保障	573290
临时救助	72313
特困人员供养	179629
补充道路交通事故社会救助基金	2180
其他生活救助	25808
其他社会保障和就业支出（款）	496092
医疗卫生与计划生育支出	11218304
医疗卫生与计划生育管理事务	321017
公立医院	2297015
基层医疗卫生机构	1244218
公共卫生	1474591
医疗保障	4048472
中医药	34617
计划生育事务	711595
食品和药品监督管理事务	380552
其他医疗卫生与计划生育支出（款）	706227

注：此表由省财政厅社会保障处提供。

2016 年度广东省社会保险基金收支决算情况总表

单位：亿元

项目	收入			支出			滚存结余
	金额	预算数	完成比例	金额	预算数	完成比例	
企业养老保险	2941.91	2723.07	108.04%	1836.87	1779.76	103.21%	7263.01
职工医疗保险	977.27	941.62	103.79%	718.88	744.29	96.59%	1801.31
失业保险	106.73	103.17	103.45%	99.99	120.77	82.79%	641.24
工伤保险	63.57	58.08	109.45%	52.30	58.68	89.13%	252.57
生育保险	73.49	75.15	97.79%	60.99	79.43	76.78%	117.76
居民医疗保险	439.25	383.09	114.66%	381.79	333.03	114.64%	346.61
居民养老保险	184.80	178.44	103.56%	157.05	160.85	97.64%	385.16
机关事业单位基本养老保险	47.77	729.00	6.55%	10.58	648.10	1.63%	37.19
合　　计	4834.79	5191.62	93.13%	3318.45	3924.91	84.55%	10844.85

注：此表由省财政厅社会保障处提供。

2016 年度广东省国有企业资产主要项目构成

单位：亿元

项　　目	金　　额
流动资产	18417.91
非流动资产	27394.20
其中：长期股权投资	3090.81
固定资产净额	8869.76
无形资产	2368.61
其他非流动资产	952.91
资产总计	45812.11

注：此表由省财政厅绩效管理处提供（不包括深圳数据），由于四舍五入，造成小数点后第二位数不符。

2016 年度广东省国有企业负债主要项目构成

单位：亿元

项　　目	金　　额
流动负债	13595.80
非流动负债	13522.40
负债合计	27118.20

注：此表由省财政厅绩效管理处提供（不包括深圳数据），由于四舍五入，造成小数点后 第二位数不符。

2016 年度广东省国有企业所有者权益主要项目构成

单位：亿元

项　　目	金　　额
实收资本	4590.65
资本公积	7982.25
盈余公积	423.16
未分配利润	1004.34
少数股东权益	4275.91
其他所有者权益	414.77
所有者权益合计	18693.91

注：1. 此表由省财政厅绩效管理处提供（不包括深圳数据），由于四舍五入，造成小数点后第二位数不符。
2. 其他所有者权益包括其他权益工具、其他综合收益、专项储备和一般风险准备。

2016 年度广东省国有企业主要财务指标

地 区	汇编企业户数（家）	资产总额（亿元）	负债总额（亿元）	所有者权益总额（亿元）	国有资本及权益总额（亿元）	营业总收入（亿元）	利润总额（亿元）	净利润总额（亿元）	资产负债率（%）	净资产收益率（%）
广东省	8689	45812.11	27118.20	18693.91	14333.82	12851.30	1098.90	831.42	59.2	4.8
省直国有企业	3298	15735.32	8835.78	6899.54	4808.34	3870.09	278.49	191.18	56.2	2.9
地市国有企业	5391	30076.79	18282.42	11794.37	9525.48	8981.21	820.41	640.24	60.8	5.9
广州市	2449	17441.42	10854.62	6586.79	5121.03	6346.08	487.96	370.28	62.2	6.2
珠海市	588	5116.06	3157.27	1958.79	1409.67	1491.42	220.27	179.06	61.7	9.7
汕头市	230	251.67	231.00	20.67	20.89	54.01	−0.38	−0.83	91.8	−4.4
佛山市	101	1771.63	1162.14	609.48	603.25	57.44	8.50	7.78	65.6	1.3
韶关市	107	240.26	143.78	96.49	98.55	36.79	2.35	1.39	59.8	1.7
河源市	75	69.93	28.38	41.55	41.13	6.97	−0.27	−0.28	40.6	−0.7
梅州市	77	34.55	26.50	8.05	7.86	5.40	−0.47	−0.49	76.7	−6.8
惠州市	272	726.10	439.66	286.45	212.26	290.49	32.79	26.62	60.6	9.4
汕尾市	94	44.18	33.32	10.86	10.86	9.61	0.61	0.58	75.4	5.5
东莞市	183	1193.90	623.78	570.13	505.82	161.96	28.72	21.68	52.3	3.9
中山市	94	805.00	358.91	446.08	383.08	44.25	15.77	14.86	44.6	3.7
江门市	145	272.94	127.79	145.14	141.60	31.75	2.82	2.26	46.8	1.7
阳江市	89	170.70	80.47	90.23	86.99	18.68	0.84	0.67	47.1	0.8
湛江市	173	575.64	351.89	223.75	188.69	211.87	2.39	0.54	61.1	0.2
茂名市	108	373.77	148.40	225.37	225.25	117.87	5.42	4.59	39.7	2.6
肇庆市	173	545.40	308.51	236.89	230.69	55.99	9.29	8.48	56.6	4.2
清远市	35	36.35	21.45	14.91	14.93	4.87	1.98	1.55	59.0	10.8
潮州市	137	199.53	68.38	131.16	131.16	9.71	0.62	0.39	34.3	0.4
揭阳市	209	156.89	81.81	75.08	75.25	13.39	0.83	0.78	52.1	1.1
云浮市	52	50.87	34.36	16.51	16.51	12.65	0.37	0.33	67.6	2.0

注：此表由省财政厅绩效管理处提供（不包括深圳数据），由于四舍五入，造成小数点后第二位数不符。

财经法规选编

Selected Laws and Regulations of Finance and Economy

广东省人民政府关于印发全面推开营改增试点后调整省以下增值税收入划分过渡方案的通知

（广东省人民政府2016年6月17日发布，粤府〔2016〕60号）

各地级以上市人民政府，各县（市、区）人民政府，省政府各部门、各直属机构，中直驻粤有关单位：

现将我省《全面推开营改增试点后调整省以下增值税收入划分过渡方案》（以下称《过渡方案》）印发给你们，并提出以下意见，请一并遵照执行。

一、强化组织领导。各级政府要切实落实全面推开营改增试点工作的主体责任，细化职责分工，完善工作制度，加强部门间的协调联动，认真做好《过渡方案》的组织实施。各级财政部门要配合做好基数核定、收入调库等后续工作，严肃查处弄虚作假行为，保证各级财政平稳运行。各级国税和地税部门要依法做好税收征管工作，严格按确定的级次入库，避免税收混库。

二、加强监测分析。各级政府要做好年度财税收入的监测和分析，掌握底数，合理统筹预算支出，确保收支平衡，切实防范风险。省财政厅要会同有关部门及时研究解决工作中发现的问题，适时调整完善有关政策，为配合中央下一步财税体制改革打好基础。

三、充分释放改革红利。全面推开营改增试点是中央深化财税体制改革、构建现代财税制度的重大举措，有利于减轻企业负担，推动产业升级，支持供给侧结构性改革。各地、各部门要从改革发展全局出发，认真贯彻落实中央与我省的各项部署要求，充分运用营改增政策释放出来的改革红利，切实减轻企业税负，激励企业科技创新，支持服务业以及“三新经济”发展，更好地推动我省经济迈向“双中高”目标。

全面推开营改增试点后调整省以下增值税收入划分过渡方案

按照党的十八届三中全会关于“保持现有中央与地方财力格局总体稳定，结合税制改革，考虑税种属性，进一步理顺中央和地方收入划分”的要求，根据《国务院关于印发全面推开营改增试点后调整中央与地方增值税收入划分过渡方案的通知》（国发〔2016〕26号），结合我省实际，制定本过渡方案。

一、基本原则

（一）保持财力格局总体稳定，保障各级财政平稳运行。坚持分税制总体框架，按照损失共担的原则，采取减收平移的办法，由省市县共同分担执行中央过渡方案后省以下地方财力损失，基本保持省与市县现有财力格局总体稳定，尽量保证省以下各级财政平稳运行。

（二）合理确定分成比例，确保规范公平统一。合理确定分成比例，构建规范统一、兼顾公平、明晰简便、易于操作的财政收入划分体系。

（三）注重体制衔接，实现平稳过渡。按照中央的统一部署和要求，结合地方税收体系建设，做好过渡方案与中央下一步财税体制改革的衔接。

二、主要内容

（一）营业税改征增值税地方分享部分，省与市县按50%：50%的比例分享。

（二）其他增值税（不含电力增值税）地方分享部分，省与市县按50%：50%比例分享。

（三）电力增值税和企业所得税等其他税种地方分享部分，继续执行原体制。

（四）以2014年为基数核定省级返还和市县上缴基数。省级上划收入通过税收返还方式给地方，确保市县既有财力不变。

三、实施时间和过渡期限

本方案与全面推开营改增试点同步实施，即自2016年5月1日起执行。过渡期暂定2—3年，届时按照中央统一部署再作调整。

广东省人民政府关于进一步完善城乡义务教育经费保障机制的通知

（广东省人民政府2016年6月24日发布，粤府〔2016〕68号）

各地级以上市人民政府，各县（市、区）人民政府，省政府各部门、各直属机构：

为统筹我省城乡义务教育资源配置，推进义务教育均衡优质标准化发展，根据《国务院关于进一步完善城乡义务教育经费保障机制的通知》（国发〔2015〕67号）要求，现就进一步完善我省城乡义务教育经费保障机制有关事项通知如下：

一、总体要求

（一）推进城乡义务教育均衡优质标准化发展　深入贯彻党中央、国务院决策部署，坚持创新、协调、绿色、开放、共享发展理念，主动适应新型城镇化和户籍制度改革新形势，按照深化财税体制改革、教育领域综合改革的新要求，围绕实现“三个定位、两个率先”的目标，进一步完善城乡义务教育经费保障机制，加快推进城乡义务教育均衡优质标准化发展。

（二）促进城乡义务教育一体化发展　在统一城乡义务教育公用经费补助标准、分担比例、拨付方式基础上，逐步将农村义务教育阶段学校校舍安全保障长效机制、家庭经济困难学生生活费补助等政策延伸到城市，建立校舍安全保障长效机制，实施城乡一体的“两免一补”政策，增强政策的统一性、协调性和前瞻性。

（三）创新义务教育转移支付与学生流动相适应机制　大力推进教育管理信息化，创新义务教育转移支付与学生流动相适应的管理机制，实现相关教育经费可携带，增强学生就读学校的可选择性。

（四）坚持重点扶持困难地区和分步实施　加强教育脱贫工作的针对性，各级财政教育资金要向农村地区、困难地区倾斜。省级财政资金（含中央补助资金）对原中央苏区县、民族地区及困难地区的城乡义务教育公用经费补助倾斜。要合理安排实施步骤，从2016年起到2018年逐步完善城乡义务教育经费保障机制，并在此基础上根据相关情况变化适时进行调整完善。

二、具体政策

（一）完善“两免一补”政策　继续实施对全省城乡义务教育学生（含民办学校）免除学杂费、免费提供教科书和对家庭经济困难学生补助生活费的“两免一补”政策，所需资金由省（含中央补助，下同）、市、县三级财政分项目、按比例分担。民办学校学生免除学杂费标准按不低于省定的公用经费补助标准执行，按规定可继续向学生收取学费的，须扣除公用经费补助标准部分。

（二）继续实施统一城乡义务教育公用经费补助政策　2013—2015年我省已连续三年大幅提高城乡义务教育公用经费补助标准，目前暂按2015年标准继续实施统一城乡义务教育公用经费补助政策，即：小学每生每年1150元、初中每生每年1950元。对特殊教育学校智力残疾、孤独症、脑瘫及多重残疾学生，按不低于普通学生生均公用经费补助标准10倍拨付经费；对特殊教育学校盲聋哑学生，按不低于普通学生生均公用经费补助标准8倍拨付经费；对普通学校、儿童福利机构、残疾人托养机构附设特教班学生，按不低于普通学生生均公用经费补助标准5倍且每生每年不低于6000元拨付经费；对随班就读、送教上门学生，按每生每年不低于6000元拨付经费。

（三）调整城乡义务教育公用经费分担比例　从2016年起，按照可携带原则和扶持革命老区发展要求，重点加大原中央苏区县、民族自治县和困难地区的义务教育公用经费补助力度，适当提高珠三角地区和欠发达地区市辖区城乡义务教育公用经费补助省财政分担比例，同时取消进城务工人员随迁子女接受义务教育的专项奖补政策。省财政分担比例具体如下：

1. 对原扶贫开发重点县、民族自治县、原中央苏区县和汕尾市海丰县、陆丰市等县（市、区）按100%比例补助。

2. 除第1点所述县（市、区）外，对汕头、韶关、河源、梅州、惠州、汕尾、阳江、湛江、茂名、肇庆、清远、潮州、揭阳、云浮等14个市（以下合称汕头等14市）的县（市）、县改区和江门恩平市按80%比例补助。

3. 除第1点和第2点所述县（市、区）外，对汕头等14市的市本级和市辖区，以及江门台山、开平市按60%比例补助。

4. 对广州、珠海、佛山、东莞、中山、江门（不含恩平、台山、开平市）等6个市（以下合称广州等6市）按50%比例补助。

（四）提高义务教育寄宿制公办学校公用经费补助标准　2016年，在公用经费补助标准的基础上，对欠发达地区农村义务教育寄宿制公办学校按寄宿生生均每年200元的标准增加安排公用经费补助。从2017年起，扩大至全省城市义务教育寄宿制公办学校。省财政对汕头等14市的县（市、区）及江门恩平市给予全额补助，对江门台山、开平市按70%比例给予补助，广州等6市所需资金由当地市县财政承担。2017年、2018年，按每生每年50元的幅度逐年提高补助标准，即2016年200元、2017年250元、2018年300元。

（五）稳定免费教科书政策　继续对全省城乡义务教育学生（含民办学校学生）免费提供教科书和对农村小学一年级学生免费提供学生字典，补助标准为：小学每生每年120元、初中每生每年205元，农村小学一年级学生字典补助标准每生每年14元。汕头等14市的县（市、区）及江门恩平市提供的免费教科书和农村小学一年级学生字典由省统一政府采购，所需资金由省级财政全额负担。广州、珠海、佛山、东莞、中山、江门市（不含恩平市）为县、镇、农村学校学生提供免费教科书和学生字典所需资金，由省级财政全额补助；为城市学校学生提供免费教科书所需资金，由各市财政自行负担。

（六）统筹家庭经济困难学生生活费补助政策　从2017年起，对家庭经济困难学生生活费补助政策作如下调整：

1. 对城乡义务教育家庭经济困难寄宿生，按小学每生每年1000元、初中每生每年1250元标准给予生活费补助。对农村义务教育家庭经济困难的非寄宿学生，特殊困难学生按小学每生每年500元、初中每生每年750元标准给予生活费补助，一般困难学生小学、初中均按每生每年200元标准给予生活费补助。所需资金由省财政承担。

2. 各地按照重在精准的原则，从2017年春季学期起重新核定城乡义务教育家庭经济困难寄宿生和非寄宿生，做到扶持对象精准，应扶尽扶。城乡义务教育家庭经济困难学生主要包括：孤儿、城乡低保家庭或持《特困职工证》家庭的学生、革命烈士或因公牺牲军人子女等。具体认定办法由省民政厅、教育厅、财政厅、人力资源社会保障厅共同制订。

3. 统筹义务教育学生生活资助政策，对符合多项资助条件的同一学生，应按就高不就低原则享受其中一项资助政策，不同时叠加享受。

（七）建立城乡统一的校舍安全保障长效机制　从2018年春季学期起，将城市公办义务教育学校纳入校舍安全保障长效机制补助范围，城乡补助标准统一为小学每生每年80元、初中每生每年100元。省财政对汕头等14市及江门恩平市按50%比例补助，对江门台山、开平市按35%比例补助，广州等6市所需资金由各市自行解决。继续实施好农村义务教育薄弱学校改造计划等项目。

（八）巩固落实城乡义务教育教师工资政策　进一步加大省级财政统筹力度和对县级财政的转移支付力度，提高城乡义务教育教师工资福利待遇水平，落实教师住房公积金和各项社会保险制度。将山区和农村边远地区学校教师生活补助政策实施对象扩大到公办普通高中和公办幼儿园，补助标准逐年提高，2016年人均不低于每月800元、2017年人均不低于每月900元、2018年人均不低于每月1000元。

三、工作要求

（一）落实各级政府支出和管理责任　发展义务教育是各级政府的共同责任，省级加强工作统筹，具体管理以县级为主。各地级以上市、各县（市、区）要切实承担起本级财政的支出责任，按时足额安排资金并拨付到位。各县（市、区）要切实履行义务教育经费管理责任。按照“以输入地政府管理为主、以全日制公办中小学为主”的要求，科学把握人口流动规律，建立健全义务教育学生流动预测机制，依法依规将进城务工随迁子女纳入义务教育发展规划和财政保障范围，促进教育公平。

（二）推进城乡义务教育一体化发展　各地要统筹落实好、使用好城乡义务教育经费保障资金，科学合理布局义务教育学校，加快推进标准化学校建设，推进城乡义务教育均衡优质标准化发展。各级财政要继续加大义务教育经费投入，重点向原中央苏区、革命老区、民族地区、困难地区倾斜，努力消除城镇学校“大班额”问题，着力解决农村义务教育的突出问题和薄弱环节。要确保农村学校教室、桌椅、图书、仪器设备、运动场地等满足基本教育教学需要，学生宿舍、床位、厕所、食堂、取暖、饮水等生活设施满足学生基本生活需要。中小学校要强化资金效益意识，勤俭办学，把资金更多用在教育教学活动、教学设施设备添置、校舍维修维护、信息化建设、教师培训和维护校园安全等方面。

（三）夯实城乡义务教育基础数据管理　城乡义务教育经费保障机制各项补助资金安排，以年度教育事业统计数据为主要依据。各级教育部门要加强义务教育基础信息管理，严格把好基础数据审核关，确保学校、学生、教师数量和校舍面积等基础数据全面、真实、准确。切实加强义务教育学籍管理，完善电子学籍管理系统，加强对学生的入学、流动等监控，及时掌握学生人数的变动情况。

（四）适时调整保障机制　鼓励各地根据本地实际制定高于省定标准的各项补助标准，现行补助标准高于省定标准的，要确保现有水平不降低。各地实际执行中超出上述补助标准和范围所需的资金，由地方自行承担。省将根据国家有关政策的调整、我省义务教育发展需要和财力状况，适时调整城乡义务教育经费保障机制相关政策措施。

四、保障措施

（一）深化学校预算改革　全面落实《中小学校财务制度》关于以学校为单位编制预算的规定，规范学校预算编制，将学校全部收支列入预算，不得在预算外保留收支项目，不留硬缺口。编制预算的基础信息要真实准确，支出标准要符合国家有关规定。预算收支要细化到部门、到学校、到个人、到项目。严格执行预算，各学校、各级教育主管部门要及时做好学生人数统计上报工作，各级财政部门要及时按照教育部门统计的人数将义务教育保障经费足额拨付到校，切实加快支出进度。市县财政、教育部门要建立定期会商机制，落实上级教育转移支付资金安排，探索建立适合教育特点的财政支出进度与转移支付挂钩等奖惩办法。

（二）强化绩效监督　各地要树立“花钱要有效、低效要问责、违规必追责”的管理理念，建立科学、规范、高效的义务教育保障经费分配、使用监管和绩效评价机制，有效运用绩效评价结果。充分发挥财政、教育、价格、审计、监察等部门的作用，结合本地实际，建立一套行之有效的监督检查机制。充分发挥教育督导作用，把义务教育经费保障机制工作落实情况纳入督导考核重点内容。把义务教育保障经费的使用和管理列入重点审计的内容，建立健全审计监督问责机制。

（三）打造阳光财务　各级教育、财政部门要加大信息公开力度，除涉密的财务信息之外，应按规定的时间、方式公开中小学校预决算、“两免一补”补助资金等财务收支信息，确保资金使用管理在阳光下运行。要推进学校民主理财，对资金分配、使用和管理等重大事项实行民主决策、民主管理和民主监督。

（四）营造良好氛围　各地、各有关部门要高度重视统一城乡义务教育经费保障机制的宣传工作，广泛利用各种宣传媒介，采取多种方式，向社会进行深入宣传，使党和政府的惠民政策家喻户晓、深入人心，确保统一城乡义务教育经费保障机制各项工作落实到位。

本通知自2016年1月1日起执行，凡以往规定与本通知规定不一致的，按本通知规定执行。各地执行过程中遇到的问题，请径向省教育厅反映。

广东省政府性债务风险应急预案（试行）

（广东省人民政府办公厅2016年2月2日发布，粤办函〔2016〕56号）

1 总则

1.1 编制目的

构建省、市、县三级政府债务风险防控体系，明确责任，完善机制，牢牢守住不发生区域性和系统性风险的底线，切实防范和化解财政金融风险，维护全省经济社会持续健康发展局面。

1.2 编制依据

《中华人民共和国预算法》、《国务院关于加强地方政府性债务管理的意见》（国发〔2014〕43号）、《广东省人民政府关于加强政府性债务管理的实施意见》（粤府〔2015〕43号）。

1.3 适用范围

本预案所规范的政府性债务风险包括政府债务风险、或有债务风险以及其他债务风险。

1.3.1 政府债务风险。

（1）一般债务风险：指政府通过发行一般债券等方式筹集公益性项目建设资金，应由政府在一般公共预算中安排资金偿还的债务，到期后无法按时偿还本金和利息而产生的债务风险。

（2）专项债务风险：指政府通过发行专项债券等方式筹集专项建设资金，应由政府在政府性基金预算中安排资金偿还的债务，到期后无法按时偿还本金和利息而产生的债务风险。

（3）存量债务风险：指《预算法》修订前政府以地方政府债券、银行贷款、BT融资、拖欠款项、向其他单位和个人借款等方式举借的存量政府债务，在使用置换债券完成债务置换之前，到期后无法按时偿还本金和利息而产生的债务风险。

1.3.2 或有债务风险。

（1）担保责任风险：指企事业单位举借、地方政府及有关部门依法担保形成的政府负有担保责任的债务，当举债单位无法偿还债务时，政府负有连带偿债责任的风险。

（2）救助责任风险：企事业单位在法律法规或国家有关规定范围内为公益性项目举借，由非财政资金偿还，且地方政府未提供担保的债务，政府在法律上对该类债务不承担偿债责任，但当债务人出现债务风险时，政府可能需要承担一定救助责任的风险。企业经营性项目形成的债务，政府不承担救助责任。

（3）PPP合作风险：指政府与社会资本合作过程中，项目合同中明确由政府承担的风险责任，包括由政府承担的法律风险、政策风险、最低需求风险、因政府方原因导致项目合同终止以及不可抗力等突发情况而产生的财政或有支出责任。

1.3.3 其他债务风险。

法律法规或国家政策规定应由政府承担的其他债务偿还责任风险。

1.4 工作原则

贯彻统一领导、分级负责，权责一致、上下联动，及时预警、妥善处置，追究责任、维护稳定的原则。

2 应急组织指挥体系和职责

2.1 组织指挥体系

2.1.1 省人民政府负责并领导全省政府性债务风险应急管理工作。

2.1.2 市县人民政府负责并领导本市县行政区域内政府性债务风险应急管理工作，市政府主要负责人是本市政府性债务风险防控第一责任人。

2.1.3 发生严重债务风险的地区，本级政府应成立债务风险处置领导小组，由本级政府分管领导担任组长，财政部门、债务单位、监管部门等为成员单位。

2.1.4 各级财政部门是本级债务风险应急处置牵头管理部门。举借债务或使用债务资金的有关单位是政府债务风险防控的责任主体。各级审计、监察、金融、人民银行、银监等部门是地方政府性债务监管部门。

2.2 各级政府和部门职责

2.2.1 省级政府职责：制定防范化解地方政府性债务风险制度政策。规范举借新增债务，对省级和市县政府实施政府债务余额限额管理。对省级和全省性债务风险启动应急响应机制，指导和督促市县债务风险应急处置工作。对省级和市县严重债务风险责任进行调查认定，并依法依规追究责任。

2.2.2 地级以上市政府职责：制定本市地方政府性债务风险应急预案。在省财政厅下达的限额范围内规范举借新增政府债务，按期足额偿还到期债务本息。及时向省级政府和有关部门报告债务风险情况。对本市债务风险采取应急响应措施并启动责任追究机制。指导和监督县级政府防范和化解债务风险。

2.2.3　县级政府职责：制定县级政府性债务风险应急预案。在上级财政部门下达限额范围内规范举借新增政府债务，按期足额偿还到期债务本息。及时向上级政府和有关部门报告债务风险情况。对本县（市、区）债务风险采取应急响应措施并启动责任追究机制。

2.2.4　债务风险处置领导小组职责：负责指挥和组织本地区地方政府性债务风险应急处置，启动实施债务风险责任追究机制。

领导小组办公室设在各级财政部门，负责日常工作，主要职责：贯彻领导小组指示和部署，提出地方政府性债务风险应急处置总体方案，协调各成员单位参与应急处置工作，办理领导小组文电，起草相关简报，承担领导小组交办的其他工作。

2.2.5　部门职责。

（1）财政部门职责：指导和监督本级各部门和下级政府在限额内规范举借新增政府债务，监控或有债务变动状况。建立政府债务风险预警机制，向同级政府报告债务风险情况。研究提出本级政府债务风险应急处置方案，报同级政府审定后实施。

（2）举借债务或使用债务资金的有关单位职责：落实债务还款资金安排，配合财政部门将一般债务和专项债务偿债资金分类纳入年度部门预算和中期财政规划，制定或有债务年度还款计划，报财政部门备案。定期梳理本单位政府性债务风险情况，存在逾期债务的单位应制定本单位债务风险应急预案。出现债务偿还风险时，应及时向财政部门报告有关情况，提出处置建议方案。

（3）监管部门职责：在本部门职能范围内监控地方政府性债务风险，配合财政部门做好债务风险处置及责任追究工作。

3　风险预警机制

3.1　预警级别

根据各地区一般债务、专项债务、或有债务水平，测算债务率、新增债务率、偿债率、逾期债务率等指标，综合评估各地区债务风险状况，对全省债务风险进行预警监测，并从低到高划分预警级别。具体预警指标和级别划分按财政部制订的标准执行。

3.2　预警通报

省财政厅根据预警监测结果，定期向市县政府和财政部门通报该地区政府债务预警级别，同时将风险监控信息通报省级发展改革、审计等相关部门，形成多部门监管联动效应。

3.3　预警响应措施

预警通报列入债务高风险地区的市县，要采取措施化解存量债务，降低债务风险，并将新增债务按明细项目逐项向上级财政部门报备。

4　应急处置

4.1　信息报告

4.1.1　各级财政部门应定期梳理到期政府债务（包括一般债务和专项债务），结合债务风险预警情况，预计到期政府债务无法按期足额偿还的，除突发情况外，应提前2个月以上向本级人民政府报告债务违约风险信息，并向上级财政部门报告。

4.1.2　各级有关单位应定期了解或有债务到期情况，预计或有债务无法按期足额偿还的，除突发情况外，应提前1个月以上向本级主管部门和同级财政部门报告或有债务违约信息。各级财政部门会同主管部门研究后，对确实需要承担的政府偿债责任，应及时报告本级人民政府。

4.1.3　市县人民政府根据财政部门报告的债务风险信息确认确实无法偿还到期债务的，应立即向上级人民政府报告有关情况，并抄送上级财政部门。县级人民政府发生严重债务风险的，可以直接向省人民政府报告有关情况，并抄送省财政厅。

4.1.4　报告内容包括：政府性债务基本情况，包括债务类别、期限、本金、利息，债务资金使用情况，债务原定偿还计划、来源安排，债务风险产生的原因，已经采取的应对措施、效果，计划采取的化解风险措施等。

4.1.5　报告方式：报告一般应使用书面形式，紧急情况下也可以先电话报告，随后报送书面报告。

4.2　债务风险分级

根据省、市、县三级政府债务风险严重程度和影响面，将债务风险分为初级债务风险、中级债务风险和严重债务风险三级。

4.2.1　初级债务风险，是指以下任一情形：

（1）政府债务存在一定到期债务逾期现象，逾期债务率在10%以上，但未超过20%。

（2）政府确定应承担的或有债务和其他债务偿还责任超出本级政府筹资能力，但偿债缺口未达到上一年度公共预算收入的1/12。

4.2.2　中级债务风险，是指以下任一情形：

（1）政府债务逾期现象较严重，逾期债务率在20%以上，但未超过50%。

（2）政府确定应承担的或有债务和其他债务偿还责任超出本级政府筹资能力，偿债缺口达到上一年度公共预算收入的1/12以上（含），但不足1/6。

4.2.3　严重债务风险，是指以下任一情形：

（1）政府到期债务大面积逾期，逾期债务率50%以上。

（2）政府确定应承担的或有债务和其他债务偿还责任超出本级政府筹资能力，偿债缺口达到上一年度公共预算收入的1/6以上（含）。

4.3 初级债务风险应急响应

4.3.1 市县政府初级债务风险响应。

（1）市县政府应制定初级债务风险处置方案，排查违约债务情况和责任单位，通过动用偿债准备金、压缩一般性支出、处置可变现资产、调整投资计划等方式筹集还款资金偿还债务，或通过债务重组缓解偿债压力，立足自身化解初级债务风险。

（2）发生初级债务风险的市县偿还省政府代发的到期地方政府债券（包括一般债券和专项债券）有困难的，可申请由省财政先行代垫偿还。

（3）省财政厅对市县垫还到期政府债券申请进行审核，及时办理垫还手续，并应通过年终结算扣回。

4.3.2 省级政府初级债务风险响应。

省财政厅将省本级初级债务风险情况向省政府报告，省政府授权省财政厅启动债务风险响应措施：

（1）责成发生债务违约风险的省级有关单位主管部门制定应急处置方案，报省政府批准后实施。

（2）有关单位筹资能力不足的，在保障基本运转和履职需要的前提下，适当调整省级主管部门的部门预算支出及扣减部门经费。

（3）省财政厅会同主管部门指导督促有关单位化解债务风险。

4.4 中级债务风险应急响应

4.4.1 市县政府中级债务风险响应。

各级政府除采取初级风险应对措施外，还应采取以下升级应对措施：

（1）市县政府将债务风险情况和应急处置方案专题向上级政府报告。

（2）市县政府统筹本级财力仍无法解决到期债务偿债缺口、且影响政府正常运转或经济社会稳定的，可向上级政府申请救助，包括说明债务风险情况、本级政府应急方案及已采取的应急措施、需上级政府帮助解决的事项等。

（3）市县政府应将债务风险应急处置进展情况和处置结果上报省政府，并抄送省财政厅。

（4）省财政厅会同有关部门对市县政府救助申请提出审核意见，并报省政府批准后实施。

（5）省财政厅应扣减发生中级债务风险地区新增发行地方政府债券规模。

（6）省财政厅督促市县政府落实债务风险应急处置措施，跟踪债务风险化解情况。

4.4.2 省级政府中级债务风险响应。

除采用初级风险的应对措施外，还应采取以下措施应对风险：

（1）相关债务单位省级主管部门成立债务风险处置工作小组，指导和督促债务单位化解债务风险，并将债务风险处置方案落实情况及时报送省财政厅。

（2）采取初级风险应对措施筹集资金不足偿还到期债务的，可动用省级偿债准备金代垫偿还到期政府性债务；偿债准备金不足偿还的，可动用预算稳定调节金偿还到期政府性债务。使用省财政代垫资金的有关单位，应提出可行的资金限期归垫计划，并出具归垫承诺。代垫资金通过扣减以后年度部门预算或部门自筹资金解决。

（3）有关债务单位在到期债务全部消化之前，除国家另有规定的项目外，不得新增举借任何债务。

4.5 严重债务风险应急响应

4.5.1 市县政府严重债务风险响应。

各级政府除采取初级、中级风险应对措施外，还应采取以下措施：

（1）市县政府成立债务风险处置领导小组，组织协调有关部门迅速采取应急措施。

（2）市县政府对到期债务进行全面清理，区分轻重缓急，分类提出可行的消化措施。

（3）市县政府与省财政厅建立债务风险处置信息定期报告机制，如有重大情况必须立即报告。

（4）市县政府调整预算支出结构，压减地方建设项目支出，统筹财力优先偿还到期债务。

（5）市县政府启动债务风险责任追究机制。

（6）省财政厅报请省政府通报严重债务风险市县名单。

（7）省财政厅暂停严重债务风险市县申请省政府代发新增政府债券的资格，直至风险级别下降至严重级以下再恢复。

（8）对影响社会稳定或财政金融安全、需紧急偿还的地方政府债务，省财政厅可报请省政府同意后，对有关市县实施财政扣款强制偿还。

4.5.2 省级政府严重债务风险响应。

除采用初级、中级风险的应对措施外，还应采取以下应急处置措施应对风险：

（1）省政府成立债务风险处置领导小组。

（2）省财政厅会同有关部门将债务风险详细情况专题向省政府债务风险处置领导小组报告，并提出风险应急处置方案，呈报省政府批准后实施。

（3）省财政厅调整预算支出结构，压减地方建设项目支出，统筹财力优先偿还到期债务。预算调整方案经省政府同意后，报省人大常委会批准。

（4）在到期债务全部消化之前，暂停有关债务单位及省级主管部门有关表彰评比资格。

（5）启动债务风险责任追究机制。

4.6 全省性债务风险响应

全省性债务风险，指按照全省（不含深圳，下同）地方政府性债务汇总数据计算，达到4. 2规定相应级别的债务风险；同时，超过1/3的市本级和县级地方政府发生相应级别的债务风险。各级地方政府除按照4. 3–4. 5的规定采取应急响应措施外，还应采取以下协调响应措施：

4. 6. 1　发生全省性初级债务风险的，省财政厅应向有关市县财政部门发出初级债务风险提示。

4. 6. 2　发生全省性中级债务风险的，省财政厅应汇总有关情况向省政府报告，经省政府授权责成有关市县政府限期将债务风险等级降至初级或以下。

4. 6. 3　发生全省性严重债务风险的，由省政府成立债务风险处置领导小组，统筹协调省有关部门和市县政府，制定债务风险处置总体方案，并明确责任分工，建立督查机制，迅速将债务风险等级降至中级或以下。

4. 7　信息发布

坚持及时、客观、真实、全面的原则，按照信息公开管理规定，发布地方政府性债务风险有关信息，减少公众不必要的恐慌和社会舆情的负面影响。

4. 8　应急终止

地方政府性债务风险得到缓解、控制，经财政部门评估风险等级下降直至解除，经同级政府同意，终止相应的应急措施。

5　后期处置

5. 1　责任追究

5. 1. 1　违法违规责任范围。

(1) 违反《中华人民共和国预算法》等法律规定的行为：本级政府超过上级政府批准的限额举借债务；政府和部门、单位通过发行地方政府债券以外的方式举借债务；举借债务没有明确的偿还计划和稳定的偿还资金来源；政府和部门违反法律规定，为单位和个人的债务提供担保；债务资金用于经常性支出；增加举借债务未列入调整预算报本级人大常委会批准；未按规定对举借债务的情况和事项作出说明、并在本级人大批准后二十日内向社会公开。

其他违反法律规定的行为。

(2) 违反国发〔2014〕43号文和粤府〔2015〕43号文等国家和省关于债务举借和管理的有关政策规定的行为：通过企事业单位举借政府债务；在预算之外违法违规举借债务；公益二、三类事业单位未经政府批准举借债务；挪用债务资金或改变债务资金既定用途；违规干预金融机构正常活动或强制金融机构提供政府性融资；恶意逃废债务；债务风险发生后，隐瞒、迟报或授意他人隐瞒、谎报有关情况。

其他有关违规行为。

5. 1. 2　追究机制响应。

发生严重债务风险的地区，本级地方政府应在风险解除后立即启动债务风险责任追究机制，对相关责任人员进行行政问责和追究法律责任。

5. 1. 3　责任追究程序。

(1) 发生严重债务风险的省、市、县政府进行风险责任调查，分析查找风险产生的原因、过程、危害和责任。

(2) 各级财政部门会同审计等监管部门以及有关债务单位开展责任调查，对照法律和法规规定，对债务风险责任进行定性分析，形成债务风险责任调查报告，报同级政府审定。

(3) 市、县政府应将债务风险责任调查报告报送上级政府。上级政府应组织财政、审计等监管部门会同有关市、县政府对债务风险责任核实认定。

(4) 经有关各级政府根据责任认定情况，对按照行政问责规定应予以行政处分的相关责任单位和人员给予处分；对涉嫌犯罪行为的相关人员，移交司法机关进行处理。

5. 2　评估分析

债务风险应急处置结束后，有关各级政府和财政部门要对风险发生原因、应急响应过程、应急措施的效果，以及对今后债务管理的持续影响等情况进行综合评估和分析。

6　应急保障

6. 1　人力保障

各地要加强地方政府性债务管理队伍建设，提高相关人员政策理论、日常管理、风险监测、应急处置等业务能力。启动应急响应的地方政府，各有关部门应安排人员负责落实有关工作。

6. 2　资源保障

发生地方政府性债务风险的本级政府，要统筹财政资金、政府资产、政府债权等可偿债资源，为偿还到期债务提供必要保障。

6. 3　通信保障

启动应急响应的地方政府，应保持应急指挥联络畅通，有关部门应指定联络员，提供单位地址、办公电话、手机、传真、电子邮箱等多种联系方式。

6. 4　安全保障

应急处置过程中，对可能影响公共安全和社会稳定的事件要提前防范、及时控制、妥善处理；遵守保密规定，对不宜公开的信息要加强管理，严格控制知悉范围。

7　附则

7. 1　预案管理和更新

7. 1. 1　地级以上市人民政府应根据本预案并结合当地实际情况，制定本地区政府性债务风险应急预案或实施细则，报省财政厅备案。

7. 1. 2　省财政厅根据国家政策变化和实际需要，适时对本预案进行更新完善。

7. 2　预案解释

本预案由省财政厅负责解释。

7. 3　预案生效时间

本预案自发布之日起实施。

广东省财政厅投资审核内部工作规程

（广东省财政厅2016年6月14日发布，粤财办函〔2016〕193号）

第一章 总 则

第一条 为规范省财政厅投资审核内部工作程序，建立高效的审核工作机制，根据《中华人民共和国预算法》、《广东省建设工程造价管理规定》（省政府第205号令）、《财政部关于印发财政投资评审管理规定的通知》（财建〔2009〕648号）、《广东省人民政府办公厅印发广东省省级财政性资金投资民用建筑项目管理暂行办法的通知》（粤府办〔2001〕4号）、省财政厅《广东省省级财政资金项目库管理办法》（粤财预〔2015〕188号）、《广东省财政性资金基本建设投资审核暂行办法》（粤财基〔2000〕18号）等有关文件规定，制定本工作规程。

第二条 本规程适用于广东省财政厅投资审核中心（以下简称“投审中心”）接受省财政厅有关处室委托的财政投资审核工作。有关处室根据工作需要委托投审中心开展审核工作，并及时将审核所需资料信息提供给投审中心；投审中心在省级财政投资评审系统（以下简称“评审系统”）建立审核项目库，具体组织完成投资审核工作，将项目审核意见提供给有关处室查询使用。各处室与投审中心分工协作、各司其职、信息共享。

第三条 投资审核工作应遵循客观、公正、规范、高效的原则，在规定时间内履行规定程序，完成审核工作。

第四条 投资审核工作依托评审系统实行网上受理、网上委托，进度查询和结果反馈。同时，评审系统建立项目档案，归集基本建设项目投资估算、概算、预算的相关信息，通过系统实行估（概、预）算控制合同、合同控制财政资金直接支付的机制，确保预算规范执行。

第二章 审核范围、内容及环节

第五条 投审中心业务受理范围。

（一）省级预算单位使用省财政性资金，全额或部分投资于新建、改建、扩建和修缮，建造或购置形成固定资产，并在省级财政资金项目库中列为基本建设项目的投资项目。

（二）市县申请省级财政补助的基本建设投资项目中省级财政投资资金占比超过50%的项目或大额项目。

（三）使用省级财政性资金的中央基本建设投资项目。

（四）需要进行定额定量审核的其他项目，经厅领导批准纳入投资审核范围。

第六条 审核内容。主要对项目估算、概算、预算、结算、竣工财务决算、财政性资金支付的可行性、合理性、准确性，基本建设程序和基本建设管理制度执行情况及其他相关内容进行评审。

第七条 审核环节。按照估算控制概算、概算控制预算、预算控制结算的原则层层控制开展审核工作。原则上，未经投审中心审核过估（概、预）算的项目，不得申报工程结算和竣工财务决算。中央基本建设投资项目除外。

（一）项目建设前期审核

1. 估（概）算审核。在投资主管部门向财政部门征求基建项目财政资金来源意见时，由有关处室根据建设单位报送的项目建议书或可研报告，委托投审中心进行审核。

2. 工程预算审核。未经过立项环节，不形成估（概）算的基本建设项目在财政下达资金前根据建设单位编制的工程预算，由有关处室根据建设单位报送的施工图纸和工程量清单等，委托投审中心进行审核。

3. 协助开展基建项目年度预算安排计划审核。编制基建项目年度预算时，预算处根据工作需要，汇总各业务处的基建项目提出委托审核清单，委托投资审核中心进行审核。

（二）项目建设过程审核

工程进度款审核。有关处室可根据工作需要委托投审中心对工程建设过程中财政性资金进度款支付情况进行审核。

（三）项目竣工审核

1. 工程结算审核。在项目整体验收或单项工程的合同内容完成后，由有关处室根据建设单位报送的工程结算书，委托投审中心进行审核。

2. 竣工财务决算审核。在工程全部竣工验收后，由有关处室根据建设单位报送的竣工财务决算报告，委托投审中心进行审核。

第三章　审核项目委托与受理

第八条　审核年度送审计划。每年第三季度，投审中心负责通知各项目建设单位通过评审系统报送下一年度省级财政投资项目送审计划，经项目主管部门审核汇总后报投审中心，投审中心会有关处室审核形成省财政厅投资审核项目年度计划，经签报厅领导同意后作为下一年度开展审核工作的依据。

未纳入年度计划的项目，由项目主管部门书面说明原因并报经有关处室同意后委托投审中心审核。

第九条　确定项目委托审核。有关处室根据投资审核年度项目计划及业务实际通知项目建设单位通过评审系统网上申报省级财政投资项目，项目报送前须经主管部门审核。

同一审核项目涉及多个处室安排资金的，由经办牵头的处室负责委托审核。

第十条　有关处室通过评审系统对委托项目进行合规性初审。有关处室接收委托项目后，按不同审核类型对项目进行合规性初审把关，重点审查相关项目是否符合财政投资审核基本条件（附件1.1—1.6《建设单位自查说明》填报均为“是”即为满足条件项目；有一项填报为“否”，原则上不予受理），并于2日（工作日，下同）内确定是否委托投审中心审核。有关处室委托的送审项目原则上应符合以下条件：

（一）属于投审中心接受委托受理的审核范围；

（二）建设单位已按照要求对项目建设有关情况进行自查并由主管部门加具审核意见；

（三）送审内容不超出项目批复概算范围；工程结算和竣工财务决算对应批复概算内容完整送审（未能同时送审的工程结算应同时提供对应概算内容的送审计划）；

（四）项目按法律法规规定执行招标投标（或政府采购）程序，签订合同与招标文件（采购文件）未出现实质性差异；

（五）项目经过审计的，已提供审计情况并根据审计意见进行整改；

（六）项目资料完整准确反映省级财政拨付资金情况。

未通过合规性初审的项目，由有关处室在评审系统上退回至建设单位，并通知项目主管部门组织对审核项目进行核查整改后再按程序重新报送。

第十一条　任务委托。对通过合规性初审的项目，有关处室在《省级财政投资项目审核送审表》（详见附件2，以下简称“送审表”）加具初审意见后送至投审中心，通过评审系统正式办理项目委托。因业务管理需要加急办理的审核任务，由有关处室在下达委托任务的同时与投审中心协商后确定项目审核时限，并在送审表上注明。

第十二条　项目预受理。根据有关处室送达的送审表，投审中心在3日内对项目资料的合规性和完整性进行预受理审核；对于资料不齐的，投审中心应在3日内通过评审系统通知主管部门并向建设单位发出资料补充通知书，通知建设单位在规定时间内办理资料补充手续。

第十三条　正式受理或不予受理。

（一）正式受理。对送审资料符合审核条件的项目，投审中心在2日内正式受理，并通过评审系统将受理情况反馈给委托有关处室、建设单位及其主管部门。

（二）不予受理。对于送审项目资料不满足审核条件且送审单位无法在规定时间内提交补充资料的，投审中心提出不予受理的意见，通过评审系统将项目退回给委托有关处室，有关处室将不能接受委托的有关情况反馈给建设单位及其主管部门。

第四章　实施审核

第十四条　组织实施审核。投审中心根据委托要求在规定时限内完成审核工作。审核过程产生的相关审核工作底稿及审核工作内容全部在评审系统上完成。具体审核程序包括：审核人根据建设单位报送资料进行必要的核实计算、现场踏勘、核查取证后对项目出具初步审核意见；稽核复审人对项目初步审核意见进行三级复核（稽核、复核、复审）后形成初步审核结论。

（一）投审中心应在规定时限内完成项目审核工作。各类型项目完成审核时限具体如下

1. 工程进度款、合同审核完成时限为7日；

2. 估、概、工程预算审核完成时限为30日；

3. 结、决算审核完成时限最长不超过90日。

（二）以上时间不包含需要建设单位配合的补充资料、询证对数、以及处理建设单位反馈意见等时间。

第十五条　征求建设单位意见。投审中心形成审核结论后，对于工程结算及竣工财务决算项目按程序征求项目建设单位意见。建设单位在收到投审中心审核结论起5日内在评审系统中提交经主管部门同意的反馈意见，同时一并提交盖章确认的书面意见；逾期未能反馈的，视为无不同意见。

第十六条　出具审核报告。投审中心通过评审系统出具审核报告书。

（一）对于工程结算及竣工财务决算项目，投审中心在收到建设单位的同意意见或视同认可意见后3日内正式出具审核报告；对于建设单位有异议且补充证明材料的，投审中心在收到建设单位意见及证明材料之日起30日内重新复核论证并形成新的审核结论后出具审核报告书。如投审中心拟不采纳建设单

位意见，在出具审核报告前，需组织专家进行论证，并就论证结果、采纳意见情况征求委托处室意见；涉及法律法规适用问题的，还需同时征求法规处意见。

如有关处室不同意投审中心意见，由其列明不同意理由，按程序报批确定。

（二）对于其他项目，投审中心在规定审核时限内出具审核报告。

第十七条 项目退出审核。在审核过程中，遇有以下情况的，由投审中心在评审系统上出具项目退审意见书，通知有关处室并终止审核工作。

（一）在审核过程中发现缺少有关资料且项目送审单位不予配合提供，导致投审中心无法完成审核任务；

（二）在审核过程中发现项目建设程序存在重大违规问题；

（三）出现其他影响审核工作无法完成的情形。

第五章 审核结果运用及运用情况反馈

第十七条 报送审核报告书。投审中心在审核时限内形成审核报告送委托有关处室报送审核报告书。

第十八条 审核结果运用。有关财政投资审核结果作为拨付工程价款、核实项目实际投资、批复项目竣工财务决算、核定新增固定资产价值等工作的审核依据，以及确定省级财政资金项目库项目入库、安排和调整项目预算、确定分年度预算安排和资金安排计划等工作的参考依据。

第十九条 运用情况反馈。有关处室应将需委托投审中心审核的项目的有关估（概）算审核意见、预算下达文件等抄送投审中心；投审中心在每年预算年度结束后5日内，会各处室通知省级单位报送上年度基本建设项目预算执行情况，结合项目审核意见进行分析、比对，并跟踪工程结算和竣工财务决算的报送情况，适时向有关处室提出改善预算管理、加快预算执行进度的建议。

第六章 附 则

第二十条 本规程适用于投审中心接受委托的投资审核业务工作。

第二十一条 本规程由投审中心负责解释。

第二十二条 本规程自印发之日起实施，已印发的有关财政投资审核工作规定与本规程不符的，以本规程为准。

广东省财政厅 广东省地方税务局关于继续实施公共交通车船和农村车辆车船税减免政策的通知

（广东省财政厅、广东省地方税务局2016年4月5日发布，粤财法〔2016〕9号）

各地级以上市财政局（委）、地税局，顺德区财税局，财政省直管县（市）财政局，横琴新区地税局、深圳合作区地税局：

根据《中华人民共和国车船税法》和《中华人民共和国车船税法实施条例》规定，结合我省实际，经省人民政府批准，现就我省公共交通车船和农村车辆车船税减免税政策通知如下：

从2016年1月1日起，我省继续对公共交通车船，以及农村居民拥有并主要在农村地区使用的摩托车、三轮汽车和低速载货汽车免征车船税，暂不设定政策期限，执行中根据实际情况再作调整。

广东省工业企业结构调整中央财政专项奖补资金使用管理实施细则

（广东省财政厅、广东省发展和改革委员会2016年9月27日发布，粤财工〔2016〕301号）

第一章 总 则

第一条 为贯彻落实国务院关于推进供给侧结构性改革的决策部署，加强中央财政安排我省工业企业结构调整专项奖补资金的使用管理，充分发挥财政资金的政策导向作用，推动我省钢铁行业化解过剩产能工作顺利开展，根据《国务院关于钢铁行业化解过剩产能实现脱困发展的意见》（国发〔2016〕6号）精神和《财政部关于印发〈工业企业结构调整专项奖补资金管理办法〉的通知》（财建〔2016〕253号）、《财政部关于加强工业企业结构调整专项奖补资金使用管理的通知》（财建〔2016〕321号）有关要求，制定本细则。

第二条 本细则所称工业企业结构调整专项奖补资金（以下简称专项奖补资金）指中央财政下达专项用于支持我省完成化解钢铁行业过剩产能目标任务的奖补资金。专项奖补资金分为基础奖补资金和梯级奖补资金两部分。

第三条 专项奖补资金的管理使用，坚持规范、有效、公开、透明的原则。

第二章 管理职责

第四条 相关部门按照职责分工做好专项奖补资金管理工作。

（一）省财政厅负责专项奖补资金预算管理，配合省发展改革委制定资金分配方案，审核拨付专项奖补资金，组织实施专项奖补资金财政监督检查和重点绩效评价等。

（二）省发展改革委负责专项奖补资金的具体管理，牵头会同省财政厅制定资金分配方案，负责组织专项奖补资金项目核查、监督和绩效自评工作。

（三）地市发展改革部门负责专项奖补资金项目的日常管理，组织当地项目实施、监督、验收工作。

（四）地市财政部门负责配合发展改革部门组织项目实施、监督、验收工作，及时按规定拨付项目资金。

第三章 资金支持范围

第五条 专项奖补资金主要用于我省化解钢铁行业过剩产能的企业职工安置工作，具体为：

（一）企业为退养职工按规定需缴纳的职工养老和医疗保险费，以及需发放的基本生活费和内部退养工伤职工的工伤保险费。

（二）解除、终止劳动合同按规定需支付的经济补偿金和符合《工伤保险条例》规定的工伤保险待遇。

（三）清偿拖欠职工的工资、社会保险等历史欠费。

（四）弥补行业企业自行管理社会保险收不抵支形成的基金亏空，以及欠付职工的社会保险待遇。

（五）其他符合要求的职工安置工作。

第六条 各地市不得以任何名义截留、挤占或挪用专项奖补资金，不得以任何名义从专项奖补资金中提取工作费、管理费或奖励费等各类费用，不得将专项奖补资金用于平衡财力。

第四章 专项奖补资金分配管理

第七条 基础奖补资金实行“先预拨，后清算”。省财政厅按照我省确定的当年度钢铁行业化解过剩产能任务量和需安置职工人数，会商省发展改革委、省人力资源社会保障厅等部门后，于每年5月30日前向财政部提出预拨基础奖补资金申请。

第八条 收到中央财政预拨下达基础奖补资金文件后，由省发展改革委在10日内提出资金分配方案报省财政厅，省财政厅按规定将资金拨付至有关地市。

第九条 基础奖补资金按照因素法预拨分配，各因素权重和具体内容如下：

（一）化解产能任务量。权重50%，即各地市化解钢铁产能任务量。

（二）需安置职工人数。权重30%，由两部分组成：一是内退人员数量；二是解除、终止劳动合同人员数量。

（三）困难程度。权重20%，

主要考虑地市财力情况，综合考虑有关地市上一年度人均财力系数、人均支出系数（按常住人口计算）、上级转移支付占当地一般公共预算支出的比重等因素，3项因素权重分别为25%、25%、50%。

第十条 省按照中央财政资金清算文件及各地市化解过剩产能任务完成情况核查结果对基础奖补资金进行清算，具体流程如下：

（一）县（区）级人民政府每年2月底前将上一年度本地区产能化解情况及资金发放使用情况审核结果上报地级市人民政府复核，地级市人民政府复核汇总后于3月15日前报省发展改革委、省财政厅。省发展改革委牵头在每年4月底前完成全省钢铁行业化解过剩产能任务核查。

（二）收到中央财政资金清算文件后，省发展改革委在10日内按照各地市核查情况及本办法第九条规定测算提出基础奖补资金清算方案报省财政厅，省财政厅按规定与各地市进行资金清算，多退少补。

第十一条 梯级奖补资金用于对超额完成化解过剩产能任务并通过核查的地市进行奖励。具体按照各地市基础奖补清算资金及奖励系数进行因素法分配，其中各地市奖励系数参照财建〔2016〕253号文第七条确定。梯级奖补资金由省发展改革委在制定基础奖补资金清算方案时一并测算报送省财政厅，省财政厅按规定办理资金拨付手续。

第十二条 上述资金分配结果由省发展改革委报送省政府，按规定在省政府网站向全社会公示，公示时间不少于1个月。

第五章 专项奖补资金管理要求

第十三条 加强审核监督。化解过剩产能项目所在地市县政府要加强监督检查，堵塞漏洞，防止虚报冒领。项目所在地县（区）级人民政府，应设置由发改部门牵头，经信、财政、人社、监察、审计等部门参与的审核小组，负责审核产能化解项目实施情况、专项奖补资金使用情况，确保审核结果真实、有效。

第十四条 加强档案管理。承担化解钢铁行业过剩产能任务的市县政府和企业要建立化解过剩产能和安置职工情况的专项档案，及时收集整理专项奖补资金使用、人员安置、化解产能、债务处理等文件和影像资料，特别是化解产能过程的照片和视频资料，为核查、审计等工作提供依据。相关企业应建立资金发放、使用全流程档案，每一环节使用发放责任人和接收人均需签字留档备查，每年2月底前将复制件提交县（区）级人民政府审核小组存查。上述档案资料存档时间不少于10年。

第十五条 加强信息公开。承担化解钢铁行业过剩产能任务的市县政府和企业要自觉接受社会监督，通过政府、企业网站、项目所在地信息张贴栏等途径做好信息公开工作，具体包括但不限于以下内容：

（一）专项奖补资金分配情况，包括分配程序、分配方式等。

（二）专项奖补资金使用情况，包括资金使用项目、金额、发放对象等。

（三）专项奖补资金绩效评价、监督检查和审计结果等。

（四）接受、处理投诉情况，包括投诉事项和原因、投诉处理情况等。

（五）其他按规定应公开的内容。

第十六条 获得专项奖补资金的市县和企业应主动接受审计部门的审计监督和财政部门的监督检查，对违反规定骗取、冒领、截留、挤占或挪用专项奖补资金的单位和个人，按照《预算法》、《财政违法行为处罚处分条例》（国务院令第427号）等有关法律法规进行处理。

第六章 附 则

第十七条 本细则自发布之日起施行。

关于进一步完善扶持珠江西岸先进装备制造业发展财政政策措施的通知

（广东省财政厅　广东省经济和信息化委员会2016年11月10日发布，粤财工〔2016〕362号）

珠海市、佛山市、韶关市、中山市、江门市、阳江市、肇庆市人民政府，顺德区人民政府：

为深入贯彻落实《广东省人民政府办公厅关于加快先进装备制造业发展的意见》（粤府办〔2014〕50号）精神，更大程度发挥财政资金引导激励作用，推进珠江西岸先进装备制造产业带（以下简称珠西产业带）建设，经省人民政府同意，现就进一步完善扶持珠江西岸先进装备制造业发展财政政策措施有关事项通知如下：

一、进一步扩大扶持范围

（一）在原有珠西产业带“六市一区”（含珠海、佛山、中山、江门、阳江、肇庆市及顺德区）基础上，将韶关市纳入财政扶持政策支持范围，支持韶关市建设从原材料到零部件配套再到整机的产业体系，打造珠西产业带配套区。

（二）在原有政策基础上，增加支持先进装备制造业公共服务平台建设。以事后奖补方式支持“七市一区”总投资额1000万元以上的先进装备制造业公共服务平台建设，重点支持公共性和产业服务能力强的公共服务平台。奖励资金额度不超过项目已完成的固定资产投资总额的30%，并由项目建设单位用于后续设备购置、平台建设等。

（三）参照《财政部　工业和信息化部　保监会关于开展首台（套）重大技术装备保险补偿机制试点工作的通知》（财建〔2016〕19号）做法，将先进装备保费补贴对象调整为“七市一区”首台（套）重大技术装备生产企业。对符合条件投保首台（套）重大技术装备综合险的企业，按照3%的实际投保费率上限及实际投保年度保费的80%给予事后奖补，补贴时间按保险期限据实核算，不超过3年。首台（套）重大技术装备实行目录制管理，目录由省经济和信息化委制定，定期修订。已享受国家首台（套）重大技术装备保险保费补贴的，不重复享受。

（四）对省财政安排的支持先进装备制造业集约集聚发展奖励资金，在原有股权投资方式的基础上增加奖励资金使用方式，“七市一区”可根据当地实际采用事后奖补、贷款贴息、股权投资等方式，统筹用于支持集聚□区先进装备制造业发展。

二、适当降低部分扶持政策条件

（一）降低支持创新提质发展扶持条件。将支持对象调整为在“七市一区”内注册设立、并在当地申报纳税的研发机构（含分支机构）或企业，事后奖补标准如下：

1. 研发机构年研发总费用（扣除各级财政补助部分，下同）3000万元至5000万元（含）的，按20%的比例进行事后奖补。

2. 研发机构年研发总费用5000万元至2亿元（含）的，其中5000万元按20%、其余部分按15%的比例进行事后奖补。

3. 研发机构年研发总费用超过2亿元的，其中5000万元按20%、5000万元到2亿元部分按15%、其余部分按10%的比例进行事后奖补。奖补总额最高不超过2亿元。

（二）降低支持优质项目落地建设条件。贴息标准如下：

1. 海洋工程装备、轨道交通装备、汽车制造、航空制造四类装备制造项目。

——总投资额为5亿~10亿元（含）之间且实际固定资产投资不低于2亿元的，贴息1年。

——总投资额为10亿~20亿元（含）之间且实际固定资产投资不低于4亿元的，贴息2年。

——总投资额20亿元以上的项目，另行研究政策予以重点扶持。

2. 智能制造装备、节能环保装备、新能源装备、卫星及应用、基础材料及器件装备制造项目。

——总投资额为2亿~5亿元（含）之间且实际固定资产投资不低于1亿元的，贴息1年。

——总投资额为5亿~20亿元（含）之间且实际固定资产投资不低于2亿元的，贴息2年。

——总投资额20亿元以上的项目，另行研究政策予以重点扶持。

符合条件的项目正式动工后，

项目固定资产已投资额不低于固定资产投资总额的30%，可申请首期贴息资金（贴息资金总额的50%）。项目已建□或投产或试产成功后，可申请第二期贴息资金（贴息资金总额的其余50%部分）。

三、进一步落实税费减免政策

（一）全面落实各项税收优惠政策。积极帮助企业打通抵扣链条，支持企业用足用好国家税收优惠政策。对符合规定条件的国内企业进口关键零部件及原材料的，可按规定享受关税和进口环节增值税税收优惠；全面落实国家有关高新技术企业税收减免政策，对符合条件的按15%税率征收企业所得税，对符合条件的技术转让所得可免征、减征企业所得税。

（二）全面落实国家和省涉企行政事业性收费减免政策。按照《广东省供给侧结构性改革降成本行动计划（2016—2018年）》（粤府〔2016〕15号）要求，从2016年10月1日起，实施现行省定涉企行政事业性收费“零收费”。落实涉企收费清单制度，确保“涉企收费进清单，清单以外无收费”。

四、进一步加强资金管理

（一）省经济和信息化委会同省财政厅按照《广东省人民政府关于印发广东省省级财政专项资金管理试行办法的通知》（粤府〔2016〕86号）要求，修订完善珠江西岸先进装备制造业发展专项资金管理办法、实施细则等配套文件，各地市要在省的政策范围内，进一步优化本地区专项资金审批流程，加快落实具体项目，发挥财政资金引导作用。

（二）珠江西岸先进装备制造业发展基金受托管理机构要按照《广东省政府投资基金管理实施办法（试行）》（粤财预〔2016〕178号）、《珠江西岸先进装备产业发展基金组建方案》（粤财工〔2016〕168号）要求，坚持市场化运作原则，加强优质项目对接，加快推进区域子基金组建，充分发挥财政资金杠杆撬动作用，争取带动更多社会资本投入珠江西岸先进装备制造产业带建设。

广东省钢铁行业化解过剩产能省级配套奖补资金管理办法

（广东省财政厅　广东省发展和改革委员会　广东省经济和信息化委员会
2016年11月30日发布，粤财工〔2016〕374号）

第一章　总　则

第一条　按照国家和省有关钢铁煤炭行业化解过剩产能工作要求，根据《财政部　国家税务总局关于化解钢铁煤炭行业过剩产能实现脱困发展的意见》（财建〔2016〕151号）精神，为进一步加快我省钢铁行业化解过剩产能工作进度，确保我省钢铁行业产能有序平稳退出，规范钢铁行业化解过剩产能省级配套奖补资金管理，提高财政资金使用效益，特制订本办法。

第二条　本办法所指钢铁行业化解过剩产能省级配套奖补资金（以下简称省级奖补资金）是指省财政通过预算安排用于支持“十三五”期间（2016—2020年）钢铁行业化解过剩产能的资金，纳入支持范围的钢铁生产企业应符合国家有关化解过剩产能工作的规定。

第三条　奖补原则。

（一）市县政府为主，省适当奖补。落实市县政府产能退出工作主体责任，省按照产能退出情况定额奖补到市，由市县政府统筹用于钢铁行业化解过剩产能退出工作。有关市县应按照产能化解任务量同步安排资金，形成资金合力，支持做好过剩产能化解工作。

（二）早退多补，引导主动退出。鼓励钢铁生产企业落后和过剩产能尽早退出，早退出的企业多奖补，迟退出的企业少奖补，未按时退出的企业不予奖补。对主动退出的钢铁落后和过剩产能企业予以重点支持。

第二章　奖补资金标准及使用范围

第四条　省级奖补资金标准按产能类型分类、分年度确定。

（一）属于国家规定的落后产能。

——列入2016年产能化解任

务，经省发展改革委以粤发改产业〔2016〕499号公告的7家企业，在2016年9月底前退出并通过验收的，奖补标准为10万元/万吨。

——对省发展改革委以粤发改产业函〔2016〕3973号公告的5家企业，在2016年11月底前退出并通过验收的，奖补标准为8万元/万吨。

——按照《广东省人民政府办公厅关于开展钢铁行业落后产能和违法违规项目全面清查的通知》（粤府办明电〔2016〕223号）规定，2016年10月底前主动申报、11月底前退出并通过验收的企业，可享受省的奖补政策，奖补标准另文通知。

——存在被举报、因瞒报而被省有关部门查处、被省级新闻媒体曝光或被国家有关部门通报等情形的，以及2016年12月及以后退出的，不予奖补。

（二）属于主动退出的过剩产能。对2016—2018年按照计划进度退出或提前退出并通过验收的，奖补标准为10万元/万吨；2019—2020年底前退出的，不予奖补。

有关产能退出标准及验收办法按照钢铁煤炭行业化解过剩产能和脱困发展工作部际联席会议办公室印发的《关于做好钢铁煤炭行业化解过剩产能验收工作的通知》有关规定办理。

第五条 地级以上市人民政府对本地省级奖补资金负总责，资金由市县政府统筹用于钢铁行业化解过剩产能过程中的设备拆除、场地平整、转产、善后管理、人员分流安置再就业等相关支出。资金具体使用方案经地级以上市政府批准后执行，并报省发展改革委、省财政厅备案。

第三章 管理职责

第六条 相关部门按照职责分工做好省级奖补资金管理工作。

（一）省财政厅负责资金预算管理，配合省发展改革委制定资金分配方案，办理资金拨付手续，组织实施省级奖补资金财政监督检查和重点绩效评价等。

（二）省发展改革委负责项目具体管理，牵头会同省经济和信息化委核定各地级以上市钢铁行业压减产能性质和数量，牵头会同省财政厅制定资金分配方案，牵头组织项目核查验收、监督和绩效自评工作。

（三）地级以上市发展改革部门负责省级奖补资金项目的日常管理，会同同级经济和信息化、财政、人力资源社会保障部门组织当地项目实施、监督、验收工作。

（四）地级以上市财政部门负责配合同级发展改革部门组织项目实施、监督、验收工作，及时按规定拨付项目资金。

第四章 资金审核拨付流程

第七条 钢铁行业化解过剩产能项目实行清单管理，省发展改革委负责牵头核定钢铁企业退出产能数量、退出设备、退出时限等，根据国家有关规定进行公示后纳入产能退出清单，按本办法第四条规定进行分类管理。

第八条 奖补资金实行预拨清算制度。在人代会批准预算后30日内（2016年度资金在当年11月底前），省发展改革委牵头结合当年度各地级以上市清单内企业计划退出产能情况及奖补资金标准，提出当年度资金预拨方案，同时一并确定上一年度省级奖补资金清算方案，以正式文件提供省财政厅。省财政厅按规定拨付奖补资金，并与各地级以上市进行清算，多退少补。

第九条 市县政府收到省级奖补资金后，应按照规定的用途和实际需要数额支用，设立专账，独立核算。省级奖补资金专款专用，严禁截留、挤占或挪用。

项目单位收到奖补资金后，应按国家有关规定进行会计处理。

第五章 奖补资金管理要求

第十条 各地级以上市及有关企业要将省级奖补资金按照《广东省工业企业结构调整中央财政专项奖补资金实施细则》（粤财工〔2016〕301号）第十三条规定加强审核把关，防止虚报冒领。

第十一条 各地级以上市及有关企业要将省级奖补资金发放、使用记录档案一并纳入化解过剩产能专项档案管理。做好信息公开工作，自觉接受社会监督，按照粤财工〔2016〕301号文第十四、十五条规定做好档案管理及信息公开工作。

第十二条 获得省级奖补资金的市县和企业应主动接受审计部门的审计监督和财政部门的监督检查，对违反规定骗取、冒领、截留、挤占或挪用省级奖补资金的单位和个人，按照《预算法》、《财政违法行为处罚处分条例》（国务院令第427号）等有关法律法规进行处理。

第六章 附 则

第十三条 本办法自印发之日起施行。

第十四条 本办法由省财政厅会同省发展改革委、省经济和信息化委负责解释。

广东省财政厅关于支持珠三角与粤东西北产业共建的财政扶持政策

（广东省财政厅11月27日发布，粤财工〔2016〕384号）

为贯彻落实省委十一届七次全会精神，深入实施省委、省政府关于区域协调发展和创新驱动发展的决策部署，鼓励有技术含量的珠三角地区企业优先在省内梯度转移，推动珠三角与粤东西北产业共建，特制定本财政扶持政策。

一、目标任务

——引导珠三角相关企业（项目）向粤东西北转移。着力提升粤东西北承接产业转移的能力，推动珠三角先进生产力向粤东西北梯度转移。争取到2018年，累计推动珠三角地区1600个项目转移落户粤东西北地区，省产业转移工业园（以下简称省产业园）完成规模以上工业增加值达到3000亿元，占粤东西北地区工业经济比重达到35%以上。到2020年，省产业园规模以上工业增加值达到4400亿元，占粤东西北地区工业经济比重达到40%以上。

——引导产业链跨区域对接融合。在遵循经济规律的前提下，坚持政府引导、市场导向、企业主体，充分调动政府和企业两个积极性，鼓励珠三角企业将生产环节外移，推动珠三角与粤东西北协调联动、融合发展。同时，推动新引进项目与当地原有产业联动发展，激发原有产业发展潜力，把产业共建引向深入，实现高水平转移。

——引导构建粤东西北创新型经济体系框架。增强粤东西北地区创新能力，建成引领产业向中高端发展的重要聚集区。争取到2018年，粤东西北地区主要创新指标实现较快增长，地区R&D经费投入占地区GDP比重达1.4%；到2020年，地区R&D经费投入占地区GDP比重达1.5%。

二、产业共建区域及适用企业

（一）适用地区　珠三角地区，指广州、珠海、深圳、佛山、东莞、中山。粤东西北地区，指汕头、韶关、河源、梅州、惠州、汕尾、江门、阳江、湛江、茂名、肇庆、清远、潮州、揭阳、云浮。

（二）适用省产业园　指经省批准设立的省产业转移工业园及享受省产业转移政策的园区（含依托园区带动产业集聚发展的项目）。

（三）适用企业及项目　珠三角地区符合省产业园环保政策、有利于产业转型升级、有技术含量的企业或项目向粤东西北地区转移，已完成或部分完成固定资产投资，相关经济数据纳入相应省产业园统计。其中，企业投资项目不得属于《广东省主体功能区产业发展指导目录》、《广东省产业结构调整指导目录》禁止发展、限制发展的项目，外商投资企业还应符合《外商投资产业指导目录》的要求。产业转移重点类型为珠三角地区大型骨干企业和特色优势企业的加工制造环节，大型骨干企业和特色优势企业增资扩产、转型升级项目，主导产业的配套企业，拥有较稳定国际市场份额的劳动密集型加工贸易企业，规模以上生产性服务业企业等。

各项措施适用的范围在下文中具体说明。

三、产业共建奖补对象及方式

产业共建奖补实施普惠性事后财政奖补和一次性叠加财政奖补相结合，引导有技术含量的珠三角企业优先在省内梯度转移，支持珠三角与粤东西北地区产业对接共建。享受奖补政策的项目应符合适用范围，并在2018年前动工建设或2020年前建成投产的企业或项目。

（一）普惠性奖补

实施奖补年的下一年度起，每年度由省级与粤东西北地区财政按照1：1比例安排预算资金，对2016—2018年期间珠三角地区符合产业转移园环保政策、有利于产业转型升级、有技术含量的企业向粤东西北地区转移进行事后奖补。

1. 奖补对象。

（1）珠三角地区的规模以上工业企业整体转移进入粤东西北省产业园进行技术改造、转型升级。

（2）珠三角地区的规模以上工业企业在粤东西北省产业园设立的分厂或独立核算生产线等增资扩产项目。

（3）珠三角地区的规模以上工业企业把总部留在珠三角地区，将生产制造环节转移到粤东西北省产业园。

（4）珠三角地区整体转移进入粤东西北省产业园的拥有较稳定国际市场份额的规模以上加工贸易企

业，或对扩大园区当地就业容量有较大贡献的规模以上劳动密集型企业。

(5) 依托珠三角地区主导产业，通过延伸产业链或随珠三角主导企业一并转移到粤东西北省产业园发展的规模以上配套企业。

(6) 随制造业转移进入粤东西北地区的配套完善技术研发、检测计量、工业设计、信息服务、现代金融、现代物流等生产性服务业企业。

具体企业条件目录由省经济和信息化委会同省商务厅等部门另行制订颁布。

2. 奖补标准。

奖补资金按照产业共建（含转移）企业投产当年起连续5年，对园区所在地财政贡献量的一定比例计算。具体核算标准如下：

企业入园投产起第1–3年，单家企业奖补金额=该企业当年度财政贡献量（参考企业当年实际缴纳入库的企业所得税额+增值税额）*40%。

企业入园投产起第4–5年，单家企业奖补金额=该企业当年度财政贡献量（参考企业当年实际缴纳入库的企业所得税额+增值税额）*20%。

企业所得税与增值税额以省级税务机关认定的具体企业数据为准。奖补资金于下一年度核算兑付。

（二）叠加性奖补

对符合下列情形的企业或项目，由省财政预算安排资金，按规定标准予以叠加奖励，如已享受普惠性奖补，可在享受普惠性奖补的基础上予以叠加奖励。2013年实施省产业园扩能增效政策以来转移的企业或项目如符合下列情形，一并纳入奖补范围。

1. 大型骨干企业、世界500强企业、中国500强企业、中国民营企业500强、中国制造业企业500强（含全资子公司及其控股的企业）在粤东西北省产业园投资（控股）制造业企业，按企业或项目在园区内实际新增的固定资产投资额不超过30%比例按年度予以奖励。每家累计最高不超过1亿元。

2. 随同企业总部或生产性环节一起转移进入粤东西北地区的规模以上工业企业研发机构，具有独立法人资格的，视其规模及研发能力按每家一次性奖励300万元至1000万元；属于分支机构的，视其规模及研发能力按每家一次性奖励100万元至300万元。

3. 转移进入粤东西北地区的国家高新技术企业，每家一次性奖励300万元；纳入省高新技术企业培育库的企业，每家一次性奖励100万元。

4. 省级孵化器、新型研发机构、众创空间等创新创业平台整体转移进入粤东西北地区或者在粤东西北地区设立分支机构的，按企业在粤东西北地区实际新增的固定资产投资额不超过30%比例按年度予以奖励，每家累计最高不超过500万元。

具体企业条件目录由省经济和信息化委会同省科技厅等有关部门另行制订颁布。

同时符合以上不同标准奖补措施的，按奖补标准最高的执行。奖补资金于企业符合奖补条件的下一年度的上半年予以核算兑付。奖补资金可由企业用于支付标准厂房建设及租金。

四、产业共建政府间利益共享

2016—2018年期间新增的珠三角与粤东西北地区产业共建项目，如珠三角地区政府直接组织参与推进产业转移项目共建工作，可在产业共建双方政府协商一致的原则上，按照一定比例分享该项目实现的经济利益。

（一）分享内容

1. 产业共建项目产生的国内生产总值、工业增加值、单位生产总值能耗按照一定比例在产业共建双方地市之间分成统计。

2. 产业共建项目产生的主要污染物排放量和能源消费量按国内生产总值分成比例，在产业共建双方地市之间分配。

3. 产业共建项目产生的税收收入（增值税、所得税）市县分成部分，扣除事后奖补资金市县财政应承担额度后，由产业共建双方市县按一定比例分成。

（二）分成比例

产业共建项目产生的利益分享指标、分享年度及双方市县分成比例原则上由共建双方本着互利和自愿原则协商确定，如协商中难以达成一致，可按以下列规定办理：

1. 产业共建项目由项目转出地企业或政府全额投资的，转出地与转入地分成比例各为50%。

2. 产业共建项目由项目转出地与转入地共同投资的，转出转入地分成比例可协商决定。转出地分享比例最高不得超过40%。计算分成比例时，应将项目企业总分机构税收分配比例考虑在内。

3. 产业共建项目利益分享年度从企业奖补政策执行完毕后起连续5年，5年后相关经济指标和利益归属转入地。

产业共建项目转入地分成资金由地方政府优先用于园区标准厂房等基础设施建设投入。

五、奖补资金支付程序

（一）普惠性奖补资金支付程序

1. 确定年度计划。省经济和信息化委、财政厅会同省商务厅、统计局研究提出奖补资金年度需求。各级财政部门按规定在同级年初预算中预留应分担的奖补资金。

2. 组织申报政策。按照前述扶持范围和条件，粤东西北地区各地市经信部门会同同级财政、科技、商务、税务、工商、统计部门组织本地区符合条件的企业申报奖补政策，经审核后上报省经济和信息化委、商务厅、财政厅。

3. 确定奖补计划。省经济和信息化委、商务厅会同省科技、税务、统计等部门对各地申报情况进行审核，确定奖补企业名单，并提出年度奖补计划送省财政厅复核，经复核并公示无异议后确定奖补计划。

4. 兑付奖补资金。省经济和信息化委、财政厅联合下达奖补计划至各地市经信、财政部门，省财政部门将资金拨付至各市县，各市县在收到省拨付资金后15天内完成资金拨付手续。

（二）叠加性奖补资金支付程序

1. 确定年度计划。省经济和信息化委、财政厅会同省科技厅、统计局提出奖补资金年度需求。省财政按规定在年初预算中预留奖补资金。

2. 组织申报政策。按照前述扶持范围和条件，粤东西北地区各地市经信部门会同同级财政、商务、科技、工商、统计部门组织本地区符合条件的企业申报奖补政策，经审核后上报省经济和信息化委、省科技厅、省财政厅。

3. 确定奖补计划。省经济和信息化委、科技厅会同省统计局对各地申报情况进行审核，确定奖补企业名单，并提出年度奖补计划送省财政厅复核，经复核并公示无异议后确定奖补计划。

4. 兑付奖补资金。省经济和信息化委、财政厅联合下达奖补计划至各地市经信、财政部门，省财政部门将资金拨付至各市县，各市县在收到省拨付资金后15天内完成资金拨付手续。

（三）利益共享政策兑现程序

1. 申报利益共享政策。产业共建项目双方地市汇总产业共建项目，并提供共建双方协议，上报省经济和信息化委、财政厅、发展改革委、环保厅、税务局、统计局备案。

2. 审核经济指标情况。产业共建项目双方地市汇总审核经济指标

流程图1：

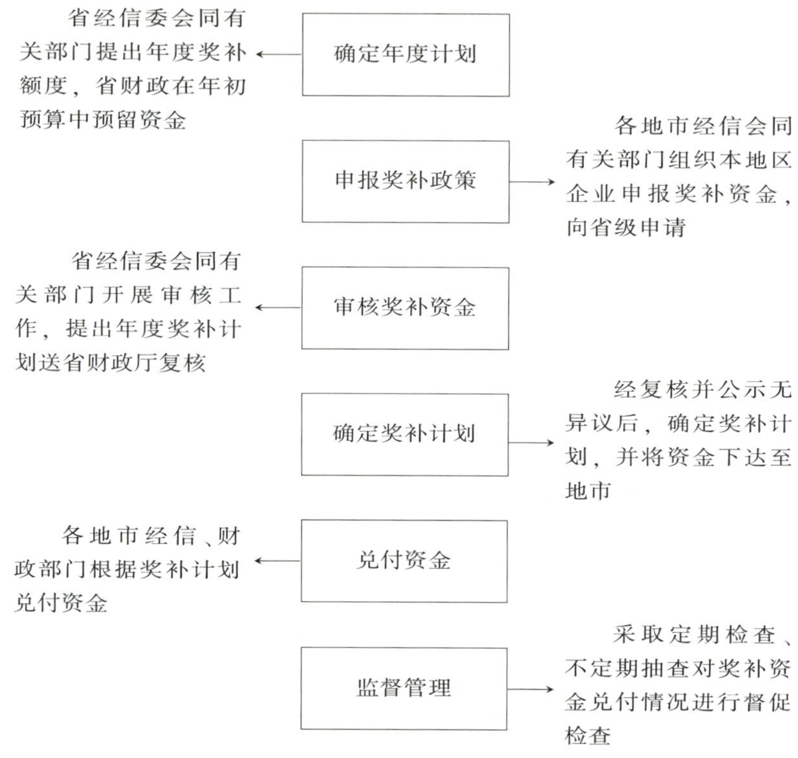

流程图2：

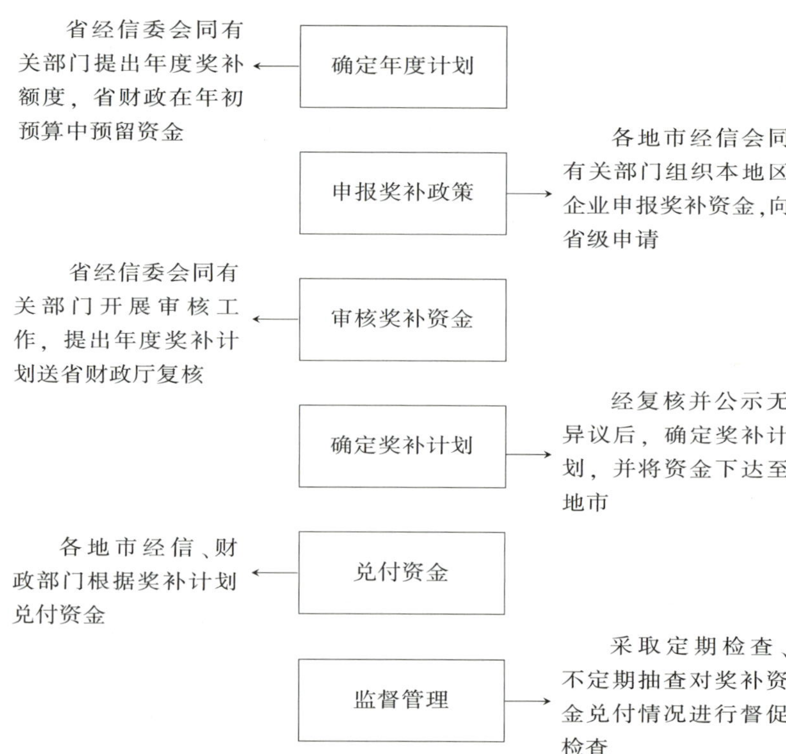

流程图3：

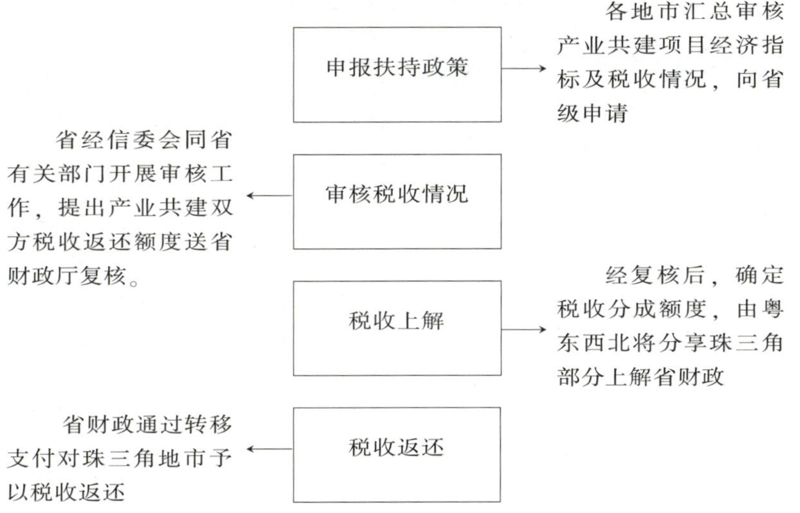

及税收情况（分省级分成和市县分成部分），上报省经济和信息化委、统计局、财政厅。由省统计局办理经济指标分成事宜，省经济和信息化委牵头审核提出产业共建双方税收分成额度送省财政厅复核。

3. 返还税收分成资金。经复核确定税收分成额度后，省财政预算通过市县财政上解及转移支付返还在产业共建双方市县进行兑现，具体是粤东西北地市分享返还给珠三角地区部分，通过上解省财政，再由省财政下达珠三角地市。

六、工作要求

（一）细化扶持目录

省经济和信息化委、商务厅、科技厅牵头会同省直有关部门制订企业扶持条件目录，并建立产业共建财政扶持企业名录库和项目库；省统计局完善利益共享经济指标分成操作规程。

（二）做实基础工作

实行规范化信息数据管理，各地市做好享受普惠性奖补政策的企业税收数据采集工作，做好享受重点奖补政策的企业运行情况动态监测；强化信用约束，各地市要把企业重合同守信用作为重要监测任务，加强对奖补资金的审核，并对资金申报、兑付的真实性、准确性负责。

（三）落实税费优惠

全面贯彻落实国家和省的行政事业性收费减免政策，落实国家和省确定的降成本行动计划工作，积极推进实施“营改增”政策，严格执行国家降低制造业增值税税负政策、落实小微企业税收优惠政策、落实高新技术企业优惠政策以及研发费加计扣除等税收优惠政策，减轻入园企业的负担。

（四）加大政策宣传

各地、各部门要充分发挥主流媒体及互联网新媒体的优势，加强产业共建奖补政策宣传，做好政策解读和引导。建立省有关部门、地市政府及入园企业间的信息沟通机制，提升政策带动效应。

（五）落实工作责任

粤东西北地区要积极采取有效措施，落实地方主体责任；珠三角地区要积极对对口帮扶市进行全面帮扶，引导双方产业共建；省直有关部门要通力合作，各司其职，及时出台配套措施，做好数据核实及资金审核工作，并加强对地市资金申报、兑付及企业涉税数据核实和规范化指导。

（六）加强考核监督

各地、各部门要强化绩效意识，密切关注政策实施情况，及时开展财政资金绩效评估，加强对政策实施、资金发放、信息统计的监督管理和检查力度，防止虚报骗取事后奖补资金等违纪违法行为的发生；实行责任追究机制，对资金使用管理过程中存在违法违纪行为的，依照《财政部违法行为处罚处分条例》予以责任追究，涉嫌犯罪的，依法移交司法机关追究刑事责任。

关于进一步明确我省公务用车管理权限的通知

（广东省财政厅2016年6月1日发布，粤财资〔2016〕7号）

各地级以上市财政局（委）：

中央有关文件明确：党政机关公务用车实行分级管理。党政机关公务用车主管部门负责本级党政机关公务用车管理工作，指导监督下级党政机关公务用车管理工作。根据《广东省人民政府办公厅关于印发广东省财政厅主要职责内设机构和人员编制规定的通知》（粤府办〔2016〕16号），省财政厅原公务用车管理处与行政事业资产管理处合并为省财政厅行政事业资产管理处（公务用车管理处），承担省级公务用车配备使用管理等工作。由于历史原因，目前仍有部分属于地市的公务用车管理业务报省财政厅审批。为进一步规范和理顺我省公务用车管理职能和权限，提高工作效率和服务质量，从2016年7月1日起，省财政厅不再承担对各地公务用车审批事项，并明确如下：

一、省财政厅负责省级党政机关、事业单位、国有企业、未脱钩社会团体以及国有其它机构的公务用车配备使用和管理等工作；根据中央和我省公务用车管理有关精神，牵头制定公务用车配备使用管理制度和标准；指导监督各地市公务用车管理相关工作。

二、各地级以上市党政机关、事业单位、国有企业、未脱钩社会团体以及国有其它机构的公务用车配备使用和管理等业务审批办结权限由各地级以上市公务用车管理部门承担。各地级以上市公务用车管理部门依托“广东省公务用车网上办公系统”，按照中央和我省有关公务用车管理政策开展本级公务用车配备使用和管理等工作，负责审批办结各类业务，不需再上报省审批。

三、各级公务用车管理部门务必认真执行中央和省有关公务用车监管政策，严肃工作纪律，规范工作行为，严格审核把关，合法依规办理公务用车配备使用管理的各项业务。

转发财政部关于进一步规范和加强行政事业单位国有资产管理的指导意见的通知

（广东省财政厅2016年1月21日发布，粤财资函〔2016〕7号）

各地级以上市财政局，省直各单位：

现将《财政部关于进一步规范和加强行政事业单位国有资产管理的指导意见》（财行〔2015〕90号，以下简称《指导意见》）转发给你们，并提出以下贯彻意见，请一并遵照执行。

一、认真组织学习，切实提高认识　各地、各单位要认真组织学习《指导意见》，领会文件精神。结合贯彻执行《中华人民共和国预算法》、《行政单位国有资产管理暂行办法》（财政部令第35号）和《事业单位国有资产管理暂行办法》（财政部令第36号）等制度，进一步提高对规范和加强行政事业单位国有资产管理的必要性和重要性的认识，进一步增强改革意识，理清思路，理顺体制，加强领导，明确责任，把《指导意见》要求贯穿在我省行政事业国有资产管理工作各环节。

二、进一步理顺职能，明确分工　各地、各单位要按照《指导意见》提出的“财政部门—主管部门—行政事业单位”三个层次的监督管理体系，明晰和理顺与主管部门和行政事业单位的管理职责，强化主管部门组织管理和行政事业单位具体管理的主体责任。各级财政部门是政府负责行政事业单位国有资产管理的职能部门，要紧紧围绕财政中心工作，明确管理机构，落实管理职责；要结合本地实际进一步完善本地区行政事业单位国有资产管理规章制度，加强资产配置、使用、处置等各环节管理工作。各级主管部门要强化对本部门行政事业国有资产管理的组织协调，强化监督管理。各行政事业单位是资产的具体占有、使用者，要承担对本单位占有、使用的国有资产的具体管理责任，建立完善良好的单位内控管理机制。

三、进一步明确管理目标，规范管理流程 各地、各单位要按照《指导意见》提出的“配置科学、使用有效、处置规范、监督到位”的管理目标，完善资产配置、使用、处置、收益收缴全流程监管，充分发挥行政事业单位国有资产在单位履职方面的物质基础作用。要对照《指导意见》各项要求，对本单位资产管理情况进行一次全面检查，对做得好的要及时总结，对薄弱环节要切实改善。

四、进一步夯实管理基础，提高信息化水平 各地、各单位要切实加强资产管理基础，按照规定政策开展资产清查核实工作，做到“账账相符、账实相符”。按照政府信息公开规定及时对本部门、本单位国有资产占用、使用情况进行公开。进一步加强行政事业资产管理信息化建设，认真核对本单位资产管理信息系统固定资产卡片信息，查漏补缺，及时更新系统数据，确保数据的真实性、完整性和时效性，为编制部门预算增量资产计划和各项管理决策提供参考依据。

五、进一步加强队伍建设，提高人员素质 各地、各单位要以贯彻落实《指导意见》为契机，切实加强行政事业资产管理队伍建设，确保有专门机构或专管人员负责具体工作；要加强对专管人员的业务培训，认真学习行政事业单位财会制度和资产管理各项规定，提高工作人员水平，确保工作顺利开展。

关于印发《广东省2017年政府集中采购目录及采购限额标准》的通知

（广东省财政厅2016年8月12日发布，粤财采购〔2016〕7号）

各地级以上市人民政府，顺德区人民政府，省直各单位：

根据《中华人民共和国政府采购法》和《中华人民共和国政府采购法实施条例》的规定，经省人民政府授权，现将《广东省2017年政府集中采购目录及采购限额标准》印发给你们，请遵照执行。

附件

广东省2017年政府集中采购目录及采购限额标准

一、政府集中采购目录

（一）集中采购机构采购项目

品目编码	品目名称	备　　注
A	货物类	
A02010103	服务器	

续表

品目编码	品目名称	备　注
A02010104	台式计算机	图形工作站除外
A02010105	便携式计算机	移动工作站除外
A02010202	交换设备	指交换机
A0201060101	喷墨打印机	
A0201060102	激光打印机	
A0201060104	针式打印机	
A0201060401	液晶显示器	指台式计算机显示器
A0201060901	扫描仪	
A020201	复印机	
A020202	投影仪	
A020204	多功能一体机	
A0202050102	通用照相机	指普通照相机，含器材
A02021001	速印机	
A02021101	碎纸机	
A020305	乘用车（轿车）	
A020306	客车	
A02051228	电梯	
A0206180101	电冰箱	
A0206180203	空调机	中央空调、精密空调除外
A020808	视频会议系统设备	指通过传输线路及多媒体设备，将声音、影像及文件资料互传，实现即时且互动的沟通，以实现会议目的的系统设备
A02091001	普通电视设备（电视机）	
A02091102	通用摄像机	指普通摄像机，含器材
A06	家具用具	指办公家具
A090101	复印纸	指打印复印设备用纸
A0902	硒鼓粉盒	指鼓粉盒、粉盒、喷墨盒、墨水盒、色带
B	工程类	
B07	装修工程	指与建筑物、构筑物新建、改建、扩建无关的单独的装修工程
B08	修缮工程	指与建筑物、构筑物新建、改建、扩建无关的单独的修缮工程
C	服务类	
C0501	计算机设备维修和保养服务	
C0502	办公设备维修和保养服务	
C0507	空调、电梯维修和保养服务	
C0801	法律服务	
C0803	审计服务	
C0805	资产及其他评估服务	
C081401	印刷服务	指单证、票据、文件、公文用纸、资料汇编、信封等印刷业务
C1204	物业管理服务	指用于单位办公场所水电供应、设备运行、建筑物门窗保养维护、保洁、保安、绿化养护等项目

续表

品目编码	品目名称	备　注
（二）部门集中采购项目		
A	货物类	
A020307	专用车辆	
A02030707	校车	
A02030708	消防车	
A02030709	警车	
A02030719	医疗车	
A02030728	清洁卫生车辆	
A0209	广播、电视、电影设备	
A020901	广播发射设备	
A020902	电视发射设备	
A020903	广播和电视接收设备	
A020904	音频节目制作和播控设备	
A020905	视频节目制作和播控设备	
A020908	卫星广播电视设备	
A0210	仪器仪表	
A021001	自动化仪表	
A021002	电工仪器仪表	
A021003	光学仪器	
A021004	分析仪器	
A021005	试验机	
A021006	试验仪器及装置	
A021007	计算仪器	
A021008	量仪	
A021009	钟表及定时仪器	
A0320	医疗设备	
A032003	医用电子生理参数检测仪器设备	
A032005	医用超声波仪器及设备	
A032006	医用激光仪器及设备	
A032010	医用磁共振设备	
A032011	医用 X 线设备	
A032013	医用高能射线设备	
A032014	核医学设备	
A0324	环境污染防治设备	
A032401	大气污染防治设备	
A032402	水质污染防治设备	

续表

品目编码	品目名称	备　　注
A032403	固体废弃物处理设备	
A032404	噪声控制设备	
A032405	环保监测设备	
A032408	核与辐射安全设备	
A0325	政法、检测专用设备	
A032501	消防设备	
A032502	交通管理设备	
A032503	物证检验鉴定设备	
A032504	安全、检查、监视、报警设备	
A032505	爆炸物处置设备	
A032506	技术侦察取证设备	
A032507	警械设备	
A032508	非杀伤性武器	
A032509	防护防暴装备	
A032510	出入境设备	
A032511	网络监察设备	
A0333	海洋仪器设备	
A033301	海洋水文气象仪器设备	
A033302	海洋地质地球物理仪器设备	
A033303	海洋生物仪器设备	
A033304	海洋化学仪器设备	
A033305	海洋声光仪器设备	
A033306	海洋船用船载仪器设备	
A033309	海洋计量检测设备	
A033310	海水淡化与综合利用设备	
A0334	专用仪器仪表	
A033401	农林牧渔专用仪器	
A033402	地质勘探、钻采及人工地震仪器	
A033403	地震专用仪器	
A033404	安全用仪器	
A033405	大坝观测仪器	
A033406	电站热工仪表	
A033407	电力数字仪表	
A033408	气象仪器	
A033409	水文仪器设备	
A033410	测绘专用仪器	
A033411	天文仪器	
A033412	教学专用仪器	
A0335	文艺设备	
A033501	乐器	
A033503	舞台设备	

续表

品目编码	品目名称	备　注
A0336	体育设备	
A0337	娱乐设备	
A033705	彩票销售设备	
A0501	图书	
A050101	普通图书	
A050103	电子图书	
A0703	被服装具	
A07030101	制服	
A11	医药品	
A110215	避孕药物用具	
A110503	兽用疫苗	
A110703	人用疫苗	

注：1. 本政府集中采购目录按照《广东省2017年政府采购品目分类表》对应品目列出。《广东省2017年政府采购品目分类表》根据财政部《政府采购品目分类目录》（财库〔2013〕189号）制定

2. 本政府集中采购目录中，除我省另有补充说明外，各品目的具体内容按照财政部《政府采购品目分类目录》（财库〔2013〕189号）的对应内容解释确定

二、采购限额标准

除集中采购机构采购项目和部门集中采购项目外，单项或批量采购金额50万元以上的货物、工程和服务项目应执行《中华人民共和国政府采购法》有关规定，实行分散采购。

三、公开招标数额标准

政府采购货物或服务项目的公开招标数额标准为200万元。

四、采购执行规定

（一）采购单位使用财政性资金或与财政性资金无法分割采购的非财政性资金，采购本政府集中采购目录内或采购限额标准以上的货物、工程和服务项目的，应结合实际采购需求，按照本政府集中采购目录以及《广东省2017年政府采购品目分类表》将预算支出项目细化编制为可执行的政府采购计划。

（二）集中采购机构采购项目必须按规定委托集中采购机构采购。部门集中采购项目和分散采购项目可以委托集中采购机构采购，也可以委托社会代理机构采购。

（三）集中采购机构项目原则上实行批量集中采购、网上竞价、电商直购、定点采购等采购模式，具体适用范围、采购起点金额标准等由省财政厅另行发文。

（四）属于部门集中采购项目的，采购起点金额标准为单项或批量采购金额50万元以上。

（五）涉及社会公益性、保障民生的政府购买服务项目，采购单位原则上应当委托集中采购机构组织实施。

（六）政府采购工程项目采用招标方式采购的，适用《中华人民共和国招标投标法》及其实施条例；采用其他方式采购的，适用《中华人民共和国政府采购法》及其实施条例。政府采购工程项目招标规模标准按国家和省有关规定执行。

（七）对因严重自然灾害和其他不可抗力事件所实施的紧急采购，与涉及国家安全和秘密的采购，不适用政府采购法。但涉密采购项目应执行《关于规范我省政府涉密采购工作的通知》（粤密局〔2010〕46号）有关规定。

五、其他

（一）本政府集中采购目录及限额标准中所指的“以上”含本数。

（二）在执行过程中，本政府集中采购目录及限额标准需要修改、补充的，由省财政厅报经省政府批准同意后另行发文。

（三）全省原则上统一按本政府集中采购目录及限额标准执行。各地级以上市也可结合实际，按照《广东省2017年政府采购品目分类表》对目录适用范围、采购起点金额标准、采购限额标准进行适当调整，制定本地区的政府集中采购目录及限额标准后报省财政厅备案。

（四）本政府集中采购目录及限额标准自2017年1月1日起施行，《关于印发〈广东省2013年政府集中采购目录及限额标准〉的通知》（粤财采购〔2013〕13号）同时废止。《关于调整广东省省级政府采购公开招标数额标准和采购限额标准的通知》（粤财采购〔2015〕23号）和《关于统一广东省政府采购公开招标数额标准和采购限额标准的通知》（粤财采购〔2015〕24号）有关规定与本政府集中采购目录及限额标准不一致的，以本政府集中采购目录及限额标准为准。

附件

广东省2017年政府采购品目分类表

品目编码	品目名称	备　注
A	货物类	
A01	土地、建筑物及构筑物	
A0101	土地、海域及无居民海岛	
A0102	建筑物	
A0103	构筑物	
A02	通用设备	
A0201	计算机设备及软件	
A020101	计算机设备	
A02010101	巨 / 大 / 中型计算机	
A02010102	小型计算机	
A02010103	★服务器	
A02010104	★台式计算机	图形工作站除外
A02010105	★便携式计算机	移动工作站除外
A02010107	平板式微型计算机	
A02010199	其他计算机设备	包括计算机工作站、掌上电脑等
A020102	计算机网络设备	
A02010201	路由器	
A02010202	★交换设备	指交换机
A02010299	其他网络设备	
A020103	信息安全设备	
A02010301	防火墙	
A02010305	容灾备份设备	
A02010306	网络隔离设备	
A02010313	虚拟专用网（VPN）设备	
A02010399	其他信息安全设备	
A020105	存储设备	包括磁盘机、磁盘阵列、存储用光纤交换机、光盘库、磁带机、磁带库、网络存储设备、移动存储设备等
A020106	输入输出设备	
A02010601	打印设备	
A0201060101	★喷墨打印机	
A0201060102	★激光打印机	
A0201060104	★针式打印机	
A0201060199	其他打印设备	
A02010604	显示设备	
A0201060401	★液晶显示器	指台式计算机显示器
A0201060499	其他显示器	

续表

品目编码	品目名称	备　注
A02010605	KVM 设备	
A02010608	识别输入设备	包括刷卡机、POS 机、纸带输入机、磁卡读写器、集成电路（IC）卡读写器、非接触式智能卡读写机、触摸屏等
A02010609	图形图像输入设备	
A0201060901	★扫描仪	
A0201060999	其他图形图像输入设备	
A02010699	其他输入输出设备	
A020108	计算机软件	
A02010801	基础软件	包括操作系统、数据库管理系统、中间件、办公套件等
A02010802	支撑软件	
A02010803	应用软件	
A02010804	嵌入式软件	
A02010805	信息安全软件	
A020199	其他计算机设备及软件	
A0202	办公设备	
A020201	★复印机	
A020202	★投影仪	
A020203	投影幕	
A020204	★多功能一体机	
A020205	照相机及器材	
A0202050102	★通用照相机	指普通照相机，含器材。
A0202050104	专用照相机	
A020206	电子白板	
A020207	LED 显示屏	
A020208	触控一体机	
A020209	刻录机	
A020210	文印设备	
A02021001	★速印机	
A02021002	胶印机	
A02021006	油印机	
A02021099	其他文印设备	
A020211	销毁设备	
A02021101	★碎纸机	
A02021199	其他销毁设备	
A020212	条码打印机	
A020299	其他办公设备	
A0203	车辆	
A020301	载货汽车（含自卸汽车）	

续表

品目编码	品目名称	备　　注
A020305	★乘用车（轿车）	
A020306	★客车	
A020307	专用车辆	
A02030707	▲校车	
A02030708	▲消防车	
A02030709	▲警车	
A02030719	▲医疗车	
A02030728	▲清洁卫生车辆	
A02030799	其他专用车辆	
A020308	城市交通车辆	
A020309	摩托车	
A0204	图书档案设备	
A0205	机械设备	
A020512	起重设备	
A02051228	★电梯	
A02051229	自动扶梯	
A020517	机械立体停车设备	
A020523	制冷空调设备	包括中央空调、冷库制冷设备、机房专用空调、恒温、恒湿精密空调等
A020599	其他机械设备	
A0206	电气设备	
A020601	电机	
A020615	电源设备	
A02061504	不间断电源（UPS）	
A02061599	其他电源设备	
A020618	生活用电器	
A02061801	制冷电器	
A0206180101	★电冰箱	
A0206180102	冷藏柜	
A0206180199	其他制冷电器	
A02061802	空气调节电器	
A0206180203	★空调机	
A0206180205	空气净化设备	
A0206180299	其他空气调节电器	
A02061808	热水器	
A02061899	其他生活用电器	
A020619	照明设备	
A020699	其他电气设备	
A0207	雷达、无线电和卫星导航设备	不包括军用雷达

续表

品目编码	品目名称	备　注
A0208	通信设备	
A020801	无线电通信设备	
A020804	卫星通信设备	
A020807	电话通信设备	
A020808	★视频会议系统设备	
A020810	传真及数据数字通信设备	
A0209	广播、电视、电影设备	
A020901	▲广播发射设备	
A020902	▲电视发射设备	
A020903	▲广播和电视接收设备	
A020904	▲音频节目制作和播控设备	
A020905	▲视频节目制作和播控设备	
A020908	▲卫星广播电视设备	
A020910	电视设备	
A02091001	★普通电视设备（电视机）	
A02091099	其他电视设备	
A020911	视频设备	
A02091102	★通用摄像机	
A02091107	视频监控设备	包括监控摄像机、报警传感器、数字硬盘录像机、视屏分割器、监控电视墙（拼接显示器）、监视器、门禁系统等
A02091199	其他视频设备	
A020915	电影设备	
A020999	其他广播、电视、电影设备	
A0210	仪器仪表	
A021001	▲自动化仪表	
A021002	▲电工仪器仪表	
A021003	▲光学仪器	
A021004	▲分析仪器	
A021005	▲试验机	
A021006	▲试验仪器及装置	
A021007	▲计算仪器	

续表

品目编码	品目名称	备　　注
A021008	▲量仪	
A021009	▲钟表及定时仪器	
A021099	其他仪器仪表	
A0211	电子和通信测量仪器	
A0212	计量标准器具及量具、衡器	
A03	专用设备	
A0301	探矿、采矿、选矿和造块设备	
A0309	工程机械	
A0310	农业和林业机械	
A0312	食品加工专用设备	
A0319	化学药品和中药专用设备	
A0320	医疗设备	
A032001	手术器械	
A032002	普通诊察器械	
A032003	▲医用电子生理参数检测仪器设备	
A032004	医用光学仪器	
A032005	▲医用超声波仪器及设备	
A032006	▲医用激光仪器及设备	
A032007	医用内窥镜	
A032008	物理治疗、康复及体育治疗仪器设备	
A032009	中医器械设备	
A032010	▲医用磁共振设备	
A032011	▲医用 X 线设备	
A032012	医用 X 线附属设备及部件	
A032013	▲医用高能射线设备	
A032014	▲核医学设备	
A032015	医用射线防护材料和设备	
A032016	医用射线监检测设备及用具	
A032017	临床检验设备	
A032018	药房设备及器具	
A032019	体外循环设备	
A032020	人工脏器及功能辅助装置	
A032021	假肢装置及材料	
A032022	手术急救设备及器具	
A032023	口腔科设备及技工室器具	
A032024	病房护理及医院通用设备	

续表

品目编码	品目名称	备　注
A032025	消毒灭菌设备及器具	
A032026	医用低温、冷疗设备	
A032027	防疫、防护卫生装备及器具	
A032028	助残器具	
A032029	骨科材料	
A032030	介入诊断和治疗用材料	
A032031	兽医设备	
A032099	其他医疗设备	
A0322	安全生产设备	
A0323	邮政专用设备	
A0324	环境污染防治设备	
A032401	▲大气污染防治设备	
A032402	▲水质污染防治设备	
A032403	▲固体废弃物处理设备	
A032404	▲噪声控制设备	
A032405	▲环保监测设备	
A032408	▲核与辐射安全设备	
A032499	其他环境污染防治设备	
A0325	政法、检测专用设备	
A032501	▲消防设备	
A032502	▲交通管理设备	
A032503	▲物证检验鉴定设备	
A032504	▲安全、检查、监视、报警设备	
A032505	▲爆炸物处置设备	
A032506	▲技术侦察取证设备	
A032507	▲警械设备	
A032508	▲非杀伤性武器	
A032509	▲防护防暴装备	
A032510	▲出入境设备	
A032511	▲网络监察设备	
A032599	其他政法、检测专用设备	
A0329	殡葬设备及用品	

续表

品目编码	品目名称	备　注
A0330	铁路运输设备	
A0331	水上交通运输设备	
A0332	航空器及其配套设备	
A0333	海洋仪器设备	
A033301	▲海洋水文气象仪器设备	
A033302	▲海洋地质地球物理仪器设备	
A033303	▲海洋生物仪器设备	
A033304	▲海洋化学仪器设备	
A033305	▲海洋声光仪器设备	
A033306	▲海洋船用船载仪器设备	
A033307	海洋综合观测平台	
A033309	▲海洋计量检测设备	
A033310	▲海水淡化与综合利用设备	
A033399	其他海洋类仪器设备	
A0334	专用仪器仪表	
A033401	▲农林牧渔专用仪器	
A033402	▲地质勘探、钻采及人工地震仪器	
A033403	▲地震专用仪器	
A033404	▲安全用仪器	
A033405	▲大坝观测仪器	
A033406	▲电站热工仪表	
A033407	▲电力数字仪表	
A033408	▲气象仪器	
A033409	▲水文仪器设备	
A033410	▲测绘专用仪器	
A033411	▲天文仪器	
A033412	▲教学专用仪器	
A033499	其他专用仪器仪表	
A0335	文艺设备	
A033501	▲乐器	
A033503	▲舞台设备	
A033599	其他文艺设备	
A0336	▲体育设备	
A0337	娱乐设备	
A033705	▲彩票销售设备	
A033799	其他娱乐设备	
A04	文物和陈列品	
A0401	文物	
A0402	陈列品	
A040201	标本	

续表

品目编码	品目名称	备　注
A040202	模型	
A05	图书和档案	
A0501	图书	
A050101	▲普通图书	
A050103	▲电子图书	
A0503	档案	
A0599	其他图书、档案	
A06	★家具用具	指办公家具
A0699	其他家具用具	
A07	纺织原料、毛皮、被服装具	
A0701	纺织用料	
A0702	皮革、毛皮等用料	
A0703	被服装具	
A07030101	▲制服	
A070399	其他被服装具	
A09	办公消耗用品及类似物品	
A090101	★复印纸	指打印复印设备用纸
A0902	★硒鼓、粉盒	指鼓粉盒、粉盒、喷墨盒、墨水盒、色带
A0999	其他办公消耗用品及类似物品	
A10	建筑建材	
A11	医药品	
A110215	▲避孕药物用具	
A110503	▲兽用疫苗	
A110703	▲人用疫苗	
A1199	其他医药品	
A12	农林牧渔业产品	
A1501	农副食品，动、植物油制品	
A17	基础化学品及相关产品	
A1701	化学原料及化学制品	
A1702	化学纤维	
A99	其他货物	
B	工程类	
B01	建筑物施工	
B02	构筑物施工	
B0204	高速公路工程施工	
B0205	城市道路工程施工	
B0206	城市轨道交通工程施工	
B0207	桥梁工程施工	
B0208	隧道工程施工	
B0209	水利工程施工	
B0210	水运工程施工	
B0211	海洋工程施工	

续表

品目编码	品目名称	备　　注
B0213	市内管道、电缆及其有关工程铺设	
B0215	公共设施施工	
B0216	环保工程施工	
B0299	其他构筑物工程施工	
B03	工程准备	
B0303	拆除工程	
B0399	其他工程准备	
B06	建筑安装工程	
B07	★装修工程	
B08	★修缮工程	
B99	其他建筑工程	
C	服务类	
C01	科学研究和试验开发	
C02	信息技术服务	
C0201	软件开发服务	
C0202	信息系统集成实施服务	
C0203	数据处理服务	
C0204	信息化工程监理服务	
C0206	运行维护服务	
C0208	信息技术咨询服务	
C03	电信和其他信息传输服务	
C0301	电信服务	
C0302	互联网信息服务	
C0303	卫星传输服务	
C04	租赁服务（不带操作员）	
C0401	计算机设备和软件租赁服务	
C0402	办公设备租赁服务	
C0403	车辆及其他运输机械租赁服务	
C0499	其他租赁服务	
C05	维修和保养服务	
C0501	★计算机设备维修和保养服务	
C0502	★办公设备维修和保养服务	
C0503	车辆维修和保养服务	
C0507	★空调、电梯维修和保养服务	
C0599	其他维修和保养服务	
C06	会议和展览服务	
C0601	会议服务	
C0602	展览服务	
C08	商务服务	
C0801	★法律服务	

续表

品目编码	品目名称	备　注
C0802	会计服务	
C0803	★审计服务	
C0804	税务服务	
C0805	★资产及其他评估服务	
C0806	广告服务	
C0808	社会与管理咨询服务	
C0814	印刷和出版服务	
C081401	★印刷服务	指单证、票据、文件、公文用纸、资料汇编、信封等印刷业务
C081402	出版服务	
C0817	采购代理服务	
C0819	邮政与速递服务	
C0899	其他商务服务	
C09	专业技术服务	
C0901	技术测试和分析服务	
C0902	地震服务	
C0903	气象服务	
C0904	测绘服务	
C0905	海洋服务	
C0906	地质勘测服务	
C0907	合同能源管理服务	
C0908	其他专业技术服务	
C10	工程咨询管理服务	
C1001	设计前咨询服务	
C1002	工程勘探服务	
C1003	工程设计服务	
C1004	装修设计服务	
C1005	工程项目管理服务	
C1006	工程监理服务	
C1007	工程总承包服务	
C1008	工程造价咨询服务	
C1099	其他工程咨询管理服务	
C11	水利管理服务	包括防洪、水资源管理服务等
C12	房地产服务	
C1202	房屋租赁服务	
C1204	★物业管理服务	指用于机关办公场所水电供应、设备运行、建筑物门窗保养维护、保洁、保安、绿化养护等项目
C13	公共设施管理服务	
C1301	城市规划和设计服务	
C1302	市政公共设施管理服务	
C1303	园林绿化管理服务	
C1304	城市市容管理服务	
C1305	游览景区服务	

续表

品目编码	品目名称	备　注
C1399	其他市政公共设施管理服务	
C15	金融服务	
C1501	银行服务	
C1502	信用担保服务	
C1503	证券服务	
C1504	保险服务	
C1599	其他金融服务	
C16	环境服务	
C1601	城镇公共卫生服务	
C1602	水污染治理服务	
C1603	空气污染治理服务	
C1604	噪音污染治理服务	
C1605	危险废物治理服务	
C1606	其他无害固体废物处理服务	
C1699	其他环境服务	
C17	交通运输和仓储服务	
C18	教育服务	
C1801	学前教育服务	
C1802	初等教育服务	
C1803	中等教育服务	
C1804	高等教育服务	
C1805	成人教育服务	
C1806	专业技能培训服务	
C1807	特殊教育服务	
C1899	其他教育服务	
C19	医疗卫生和社会服务	
C1901	医疗卫生服务	
C1902	社会服务	
C20	文化、体育、娱乐服务	
C2002	广播、电视、电影和音像服务	
C2003	文化艺术服务	
C2004	体育服务	
C21	农林牧副渔服务	

注：1. 本表根据财政部《政府采购品目分类目录》（财库〔2013〕189 号）制定。除广东省另有补充说明外，各品目的具体内容按照《政府采购品目分类目录》的对应内容解释确定

2.“★”为集中采购机构采购项目品目；“▲”为部门集中采购项目品目

关于做好省级财政投资项目评审有关工作的通知

（广东省财政厅2016年8月8日发布，粤财投审函〔2016〕1号）

省直有关单位：

财政投资评审是财政支出管理的重要工作内容。为进一步规范省级财政投资评审工作，提高审核效率，促进省级财政投资项目规范管理，根据新修订的《中华人民共和国预算法》、《广东省建设工程造价管理规定》（省政府令第205号）等要求，现将做好省级财政投资项目评审工作有关事项通知如下：

一、明确省级财政投资评审项目范围

根据国家和省对财政投资资金管理的相关要求，省级财政投资评审项目的范围为：省级财政投资的基本建设项目、由中央和省级财政共同投资的基本建设项目、经省财政厅同意进行评审的其他省级财政投资项目。

二、及时编报财政投资评审送审计划

省直各部门应根据省级财政投资评审范围规定，组织编制本部门（含下属各单位）年度省级财政投资项目送审计划，于每年第三季度通过省财政投资评审系统向省财政厅报送下一年度部门省级财政投资项目送审计划［格式见附件1，其中民生水利项目送审计划按省财政厅《关于印发〈民生水利项目财政评审工作规程（暂行）〉的通知》（粤财农便函〔2012〕48号）通知执行］。在年度执行中，各部门要定期跟踪落实省级财政投资项目送审计划的落实情况。

三、规范报送财政投资评审项目

按照估算控制概算、概算控制预算、预算控制结算的原则，从2016年9月1日起，凡向省财政厅申报工程结算和竣工财务决算（中央基本建设投资项目除外）的新建项目，应先报经省财政厅审核估（概、预）算三者之一。各类型的审核项目报送环节及基本程序要求如下：

（一）估（概）算审核项目　各部门使用省级财政性资金的项目，在报送省发展改革委后，如省发展改革委初步同意立项并发函征求省财政厅资金安排意见，各部门应及时将有关资料报省财政厅审核，并提供项目分年度资金使用计划。已经省财政厅审核批复过的估算项目，不需要再向省财政厅重复报送概算审核。

（二）预算审核项目　不需要经省发展改革委立项审批的使用省级财政性资金的项目，向财政部门申请预算前，各部门需编制项目算报省财政厅审核。

（三）进度款审核项目　省级基本建设资金实行财政直接支付。根据年度资金使用计划、合同约定及工程进度情况，向省财政厅报送审核。

（四）工程结算审核项目　按规定应向省财政厅报送审核的工程结算项目，在建设单位委托造价咨询企业核对并确认之日起30日内送审，根据《关于加强省级财政投资工程结算审核工作有关事项的通知》（粤财投审函〔2015〕4号）规定办理。部分使用省级财政性资金的项目，其中全部由自筹资金形成的单项工程可由建设单位委托工程造价咨询企业审核后纳入项目竣工财务决算送审。

（五）竣工财务决算审核项目　竣工财务决算项目应当在建设项目工程完工投入使用或者试运行合格后3个月内编报竣工财务决算，特殊情况确需延长的中小型项目不得超过2个月，大型项目不得超过6个月。竣工财务决算具体编报要求，由省财政厅另行制订。

四、做好项目送审前自查工作

相关项目送审前，建设单位应对项目实施情况进行核查，按要求填报自查说明（具体格式详见附件2），经主管部门审查后报送省财政厅。建设单位自查工作主要内容包括：

（一）基本建设程序实施情况　自查送审项目是否严格执行基本建设程序，是否按照法律法规和相关规定开展设计、监理和施工等工作，是否依法依规执行招投标程序，合同管理及执行是否符合相关规定。

（二）项目概算和财政预算执行情况　自查送审项目造价是否控制在批准的概算范围内，是否严格按照批准的项目预算使用资金等，确需调整概算或者预算的，是否按照规定程序报批。

（三）工程结算管理有关情况 自查送审项目是否按照《广东省建设工程造价管理规定》（省政府令第205号）等相关规定规范办理送财政部门审核前的工程结算手续。

（四）基本建设财务活动内部控制的有关情况 自查是否按照财政部和省财政厅有关管理规定，建立、健全基本建设项目的核算及账务处理、成本控制、财产物资处理以及竣工财务决算编报等工作。

五、积极配合财政投资评审工作

（一）完善省级财政投资评审系统的基础信息录入工作 建设单位应根据建设项目所处阶段，及时录入省级财政投资评审系统有关项目信息。包括基本建设项目相关批复文件、项目建议书、可行性研究报告、初步设计或者预算文件、招投标文件以及合同台账信息（包括名称、承包单位、金额、签订日期、已支付金额等）等详细资料。

（二）规范报送项目资料 建设单位应按照省级财政投资评审送审资料有关要求，提供真实、完整、准确、有效的项目资料，且送审项目使用的名称和批复文号须与省发展改革委（或省财政厅）批复的项目名称和文号保持一致。项目经过审计的，还应提供审计情况和根据审计意见进行整改的情况。审核过程中原则上不再接受建设单位补充资料，如因审核工作需要补充资料，建设单位应以正式函件的形式对资料的真实性、准确性发表意见报主管部门审核后送省财政厅，补充送审资料原则上不得增加结算内容和送审金额。除保密项目外，所有项目均应通过省级财政投资评审系统报送电子资料，建设单位应指定专人负责省级财政投资评审项目录入管理工作，确保电子资料与纸质资料一致。项目中的资料如有涉密文件，应在提供资料清单中注明并按保密规定做好资料交接工作。

（三）配合开展询证工作 建设单位送审项目时即已做好配合询证的人员和资料的准备工作，在收到询证通知后应在规定时间内组织相关人员配合省财政厅开展询证工作，针对审核提出的问题明确发表客观、真实的意见并附相关佐证资料。确有特殊原因不能及时完成询证工作的，应书面提出延期询证申请，延期最长不得超过30日。

（四）及时反馈评审意见 建设单位在收到省财政厅出具的项目评审结论5日内，提交经建设单位以及主管部门盖章确认的书面意见，并在省级财政投资评审系统中录入。

（五）做好退审整改工作 审核过程中如发现缺少资料且建设单位不予配合提供、项目建设程序存在重大违规问题以及其他影响审核工作无法完成的情形，由省财政厅在评审系统上出具项目退审意见书并终止审核工作，主管部门应及时组织建设单位按相关要求进行核查整改。

六、定期报送项目预算执行情况

项目主管部门要加强对项目预算执行情况的跟踪和监督，于预算年度终了后5个工作日内向财政部门报送项目年度预算计划完成情况。如项目建设实际进度与年度预算计划存在较大差异或者项目进行重大变更等情况的，应另行附书面说明原因和相关情况。

本通知自印发之日起执行，原省级财政投资评审的有关文件规定与本通知不符的，以本通知为准。

财政文选

Selected Speeches on Finance

在全省财政反腐倡廉建设工作会议上的讲话

（节选）

广东省财政厅党组书记、厅长　曾志权

一、突出问题导向，坚定不移推进财政反腐倡廉建设

近年来，我省各级财政部门高度重视财政反腐倡廉制度建设，初步形成了教育、制度、监督、惩治、预警的工作机制。同时，我们也要清醒地看到财政反腐倡廉建设方面存在的问题和不足。部分党员干部组织纪律观念不强；个别党员干部财经法纪意识淡薄；有的领导班子和领导干部党风廉政建设责任制落实不到位；财政权力运行的监督制约长效机制还不够健全；财经纪律失范失序问题时有发生。当前和今后一个时期，全省财政反腐倡廉建设的总体要求是：坚持正确的政治方向，严守党的纪律，严格执行准则和条例；进一步发挥财政源头防腐功能，规范财政权力运行；聚焦监督执纪问责，始终把纪律挺在前面；切实加强内控建设，有效防范廉政风险；进一步加强作风建设，持之以恒落实中央八项规定精神，形成党风廉政建设的长效机制。重点抓好以下五方面工作：

（一）坚持正确的政治方向 习近平总书记强调，各级干部特别是领导干部要善于从政治上看问题，站稳立场、把准方向。我们要认真学习领会，始终坚持正确的政治方向，保持坚强的政治定力。一是尊崇党章，自觉以党章为纲。党章是全党必须遵循的根本行为规范，加强财政反腐倡廉建设，首要的是学习党章、遵守党章，自觉用党章规范自己的一言一行，凡是党章规定党员必须做到的，严格执行；凡是党章规定党员不能做的，坚决不做。二是严明纪律，严守政治纪律和政治规矩。时刻绷紧政治纪律这根弦，切实增强政治意识、核心意识、看齐意识，自觉维护党中央权威和党的集中统一，坚决维护习近平总书记这个核心，主动向党中央看齐，自觉在思想上行动上同党中央保持高度一致，做到在大是大非面前旗帜鲜明，始终做政治上的明白人。三是真抓实干，全面贯彻中央和省委、省政府决策部署。坚持围绕中心、服务大局，认真履行财政职责，对中央和省委、省政府各项决策部署和工作要求，要不折不扣地贯彻落实，不得阳奉阴违、打折扣、搞变通。每位财政党员干部都要相信组织、依靠组织、服从组织，自觉接受组织安排和纪律约束。

（二）严格执行准则和条例 今年1月开始实施的《中国共产党廉洁自律准则》和《中国共产党纪律处分条例》，一个坚持正面倡导，明确了“高线”；一个开列“负面清单”，划出了底线。特别是《条例》将从严治党的实践成果制度化，补充了一系列新规定，一些以往部分同志可能不以为然、认为够不着纪律处分的事项，现在都要引起我们的注意。比如，对群众口大气粗的问题，《条例》规定，对待群众态度恶劣、简单粗暴，造成不良影响，情节较重的，给予警告或者严重警告处分；情节严重的，给予撤销党内职务或者留党察看处分；又如，“吃点喝点不算什么”的问题，《条例》规定，对接受可能影响公正执行公务的宴请、对违反规定组织和参加用公款支付的宴请，给予警告或者严重警告以上的处分。对此，我们要坚持高标准与守底线相结合，对准则和条例各项要求，要刻印在心，坚决落实。一要明确责任，从严从实。严格落实各级党组织严格执行和维护党的纪律的主体责任，坚持党纪面前人人平等、遵守党纪没有特权、执行党纪没有例外，切实强化纪律刚性，确保准则和条例要求不折不扣落实。二要加强自律，从细从微。牢固树立高尚的道德情操和严明的纪律观念，“不以善小而不为、不以恶小而为之”，始终做到遵规守纪不遗细微之处、自我改造没有停滞之时，并自觉接受组织、群众和社会舆论的监督。三要主动经常，抓早抓小。始终把纪律和规矩挺在前面，发现问题就要提提领子、扯扯袖子，使红红脸、出出汗成为常态。要严格落实党员干部特别是领导干部个人有关事项报告、离任审计、任前考察谈话、考勤管理等监督措施，建立重大节假日前打招呼

提醒、发送廉政短信等制度。要坚持“小错误、大警示”，对不规范苗头和现象及时提醒警示，防微杜渐、警钟长鸣。

（三）强化财政源头治腐职能作用 近年来，按照省委、省政府工作部署，省厅牵头开展了整治“小金库”、违规使用财政专项资金、超标配备公车、违规修建楼堂馆所、“三公”经费开支过大以及清理办公用房等专项行动，取得积极成效，财政源头治腐作用进一步凸显，财经纪律和秩序持续好转。但是，上述问题并没有绝迹。最近，省委巡视组给省厅转来一份巡视材料，反映部分地区资金管理使用违规现象比较普遍、领导干部公私不分使用工作经费，有的地方政府性债务沉重，还违规发放奖金补贴，有的镇街甚至向民间举债发放；一些县市违规为四套班子成员安排招商经费、发放重点项目考核奖金；一些部门违规担保、通过管理的协会转移和存放资金、违规套取专项资金用于吃喝送礼或发放福利；村（居）以白条入账现象非常普遍等等。对这类问题，中央和省委、省政府高度重视，中央纪委全会、省纪委全会把对这类问题的查处作为重点工作任务，提出了明确的要求。对此，全省各级财政部门要深化认识，坚持把深化财政改革与党风廉政建设和反腐败斗争紧密结合起来，着力完善财政体制机制，加强财政管理监督，严肃财经纪律约束，推进财政预决算公开，真正发挥财政源头预防和惩治腐败的职能作用，重点要抓好以下五项工作：一是深入推进预算管理改革。一方面，通过建立健全政府预算体系、加大四本预算统筹力度、实行中期财政规划管理、加强地方政府性债务管理等，将政府所有收支都纳入预算管理，全面规范政府收支行为；另一方面，通过细化完善预算编制、开展零基预算改革试点、实施项目库管理等，为提高预算刚性、强化预算约束打好基础。二是加强专项资金管理。近年来，围绕规范专项资金使用管理，压缩自由裁量权，省级构建了“1+8+X”的专项资金管理制度体系，并对专项资金进行了大幅压减，归并和取消了一些“小、散、乱”、容易滋生腐败的项目，省级一般公共预算专项资金从2013年的621项减少到2015年的219项，今年又按照“一个部门一个专项”的原则进一步压减至50项左右。但在加强财政专项资金使用全链条监管，提高资金使用效益方面，我们还有很大的提升空间。如2015年重点评价的49项省级到期专项资金中，有7项基本没有使用。下一步，要着眼于“强化监督、加强管理、提高绩效、严格考核”，加强专项资金使用监督管理。要对现有的专项资金进行定期评估，凡是市场机制能够有效调节的专项资金要及时调整或取消；对保留的具有一定外部性的竞争领域资金，逐步改变行政分配方式，转为基金管理、股权投资等市场化运作模式。要加快推进专项资金预算“一年一定”，打破固化安排。要严格专项资金审批集体研究原则，健全专项资金分配使用部门内部制衡机制和横向并联审批制度，推广因素法分配，减少人为因素影响。要完善专项资金实时在线联网监督系统和财政专项资金管理平台，加强对资金运行全流程的追踪反馈，及时公开资金使用信息，实现专项资金“阳光运行”。要建立专项资金使用责任终身负责制、限时办结制和责任追究制，强化问责。三是强化财政监督和绩效评价。坚持问题导向，加强对转移支付资金、民生保障资金、公务支出经费等财政资金分配使用以及行政事业资产、农村集体资产等领域的监督管理，充分发挥会计日常监督作用，对新预算法规定需要承担法律责任的17种违法行为以及影响当前财经纪律的突出问题进行重点监督和查处。近期，财政部、科技部等四部委将组织对新能源汽车推广应用资金使用情况进行专项核查，各地要按照要求认真组织开展自查，及时发现问题，并抓紧整改。要结合贯彻落实新预算法和即将出台的实施条例，修订完善预算绩效管理办法，进一步扩大绩效评价范围、创新评价方式、强化评价结果应用，加大对重大工程、民生领域等重点支出的绩效评价力度。特别是对省人大关于我省战略性新兴产业发展专项资金绩效情况调研报告反映的问题，如主管部门对项目绩效关注度不够、绩效评价覆盖面小、绩效评价结果应用乏力等，要抓紧研究改进，提高绩效评价的严肃性和约束力。四是严肃财经纪律。要坚决贯彻中央八项规定精神，防止“四风”问题反弹回潮，继续加强对“小金库”、违规发放奖金补贴、公款吃喝送礼、“三公”经费开支过大等问题以及办公用房、公务用车等方面违规行为的整治力度，加强对中央和省委关于厉行节约、公务接待和职务消费执行情况的监督检查。要按照《党政机关厉行节约反对浪费条例》要求和财政部的统一部署，进一步梳理完善现行规章制度，形成相对完备、可操作性强的公务支出标准和管理制度体系。五是深入推进财政预决算公开。“阳光是最好的防腐剂”。虽然我省预决算信息公开工作整体情况较好，但截至2015年底，仍有10个省直部门尚未公开年度部门“三公”经费信息。市县也不同程度存在部门预算及“三公”经费信息公开不到位的情况，去年财政部驻广东专员办对我省预决算公开情况专项检查发现，有的市县该公开的部门没有公开，该公开的内容没有公开，有的未对公开的内容进行及时更新、完善，且部分公开内容不够细化和完整。下一步，要加大力度推进预决算信息公开，进一步规范政府预决算公开制度，扩大部门预决算公开范围，细化部门预决算公开内容，积极稳妥推进专项资金、政府采购、“三公”经费等方面信息公开，自觉接受社会各界监督。另外，在推进财政改革的过程中，如股权投资、竞争性分配、政府购买社会服务、公务用车改革以及支持国有企业改革等，要与防治腐败同步考虑、同步部署、同步实施，避免出现制度真空、政策漏洞、谋私空间。

（四）切实加强内控制度建设　实行内部控制是财政部门落实党风廉政建设主体责任、防控各类风险的有效手段，我省财政系统加快内部控制建设势在必行。以法律风险为例，去年省厅复议诉讼案件达到26件，比2015年案件数（19件）增长了37%，政府采购、信息公开、财政监督等是被诉的热点，这既有社会公众法制观念及维权意识增强的原因，也与我们工作中内控建设不到位、不依规用权有关。去年以来，省厅已经成立了内部控制委员会，并着手构建以厅内控基本制度为主体，8个专项内控办法为重点，“1+8+X”模式的内控制度体系，下一步将逐项抓推进。市县财政部门要高度重视，抓紧行动，尽快推动建设并不断完善内部控制制度，尽早发挥其防控风险的作用。一要体现全程控制。牢牢把握权责一致、有效制衡的核心原则，按照分事行权、分岗设权、分级授权的要求，针对岗位风险点，通过流程再造，建立各类风险进行事前防范、事中控制、事后监督和纠正制度，确保财政干部廉洁和财政资金安全。二要突出重点环节。在推进内控建设过程中，要找准业务流程中存在的主要问题，抓住定岗定责、流程控制、细化风险、控制节点、加强监督、强化问责等六个关键，尽快建立内部控制制度，并明确组织管理架构。三要狠抓制度执行。加强内控制度执行情况考核与评价，将内部控制制度执行情况与评优评先、干部提拔使用等挂钩。加大对内控执行的检查力度，对工作不力的单位和个人予以通报，对内部控制失职失察和违规行为严格追究责任。四要坚持领导带头。各级财政部门领导特别是“一把手”，要强化责任担当，牢固树立内控理念，拿出自我革命的勇气，尽快实现由“要我控制”到“我要控制”的理念转变，并积极引导干部职工将内控意识贯穿于日常工作中，形成全员参与的局面。另外，按照财政部的部署要求，财政部门除加强自身内部控制建设外，还要承担建立内部控制规范推进行政事业单位内部控制建设的职责，近期，财政部将下发《关于全面推进行政事业单位内部控制建设的指导意见》，我省各级财政部门要认真抓好贯彻落实。

（五）强化监督执纪问责　近年来，中央加大了监督执纪问责的力度，作为加强党风廉政建设和反腐败斗争的一项重要举措，并强调力度只能加强、不能削弱。财政部门权力相对集中，有权力，就意味着有责任，意味着要接受监督和考核，如果出现不依法依规用权、不作为慢作为、甚至滥用权力、以权谋私的问题，就要被执纪问责。面对越来越繁重的财政改革发展任务以及执纪问责压力，我们一方面要坚持依法依规，对行使任何一项权力，该遵循什么程序、该遵守什么规矩、该遵从什么制度，做到心中有数，经受得住风险评估、责任拷问，同时要强化监督执纪问责，倒逼权力规范运行。一是抓监督。信任代替不了监督。要积极探索加强监督的有效途径，健全监督机制，完善监督制度，提高监督实效，把对事、对物的监督与对人的监督结合起来，把加强内部监督与自觉接受外部监督结合起来。通过加强监督，管住纪律，管住权力，使干部向高标准看齐，不犯或少犯错误特别是严重错误，这才是对党员干部最大的关心和爱护。二是抓执纪。要以纪律为尺子衡量党员干部的行为，对违纪问题发现一起就查处一起，提高纪律执行力，维护纪律的严肃性。对发生的违纪违规行为，要深入剖析原因，及时通报，使广大财政干部吸取教训、受到教育。同时，要抓住建章立制，围绕发生的违纪违法案例，查找漏洞，吸取教训，完善各方面的制度，压缩消极腐败现象的生存空间和滋生土壤。三是抓问责。有权就有责，权责要对等。当前，中央和省委、省政府把问责追责放到前所未有的高度，省厅已经制定了工作人员问责暂行办法，明确了问责的情形和方式。全省各级财政部门都要高度重视，把问责真正抓起来，特别是对上级的重大决策部署消极应付，搞“上有政策、下有变通”的；工作效率低下，工作纪律松弛，“吃拿卡要”等行为，要严肃问责，发挥震慑效应。

二、落实责任，认真贯彻全面从严治党要求

全面从严治党永远在路上。我们要进一步提高对全面从严治党新要求新内涵的认识，把全面从严治党的要求落到实处，做到以下“四个从严”：

（一）从严落实主体责任　党风廉政建设和反腐败斗争是全面从严治党的一部分，党的建设必须全面从严，各级党组织及其责任人都是责任主体。全省财政系统各级党组织要认真对照自查，是否都做到了按党要管党的要求抓党建，存不存在把业务工作和党建工作割裂开来、“一手硬、一手软”的现象，有则改之，无则加勉，把“严”贯彻于抓党的建设各个方面。一是端正认识。要牢固树立不管党治党就是严重失职理念，认真研究抓党建工作的具体措施，加强对党员的日常管理监督，增强党组织的纪律性和战斗力。二是完善机制。要建立

全面从严治党的责任体系，一级抓一级、层层抓落实，突出上下联动、层层传导压力和责任。出现严重问题的，要分别追究主体责任、监督责任以及领导责任、党组织责任等各个环节的责任。三是以上率下。各级党组织的书记要认真履行第一责任人的职责，班子成员要自觉履行“一岗双责”，抓业务与抓党建“两手都要硬”，当好表率。

（二）从严抓好作风建设　近年来，全省财政系统通过深入开展党的群众路线教育实践活动、“三严三实”专题教育，作风建设取得显著成效，改进作风常态化制度逐步建立健全。但是，作风建设不可能一蹴而就，作风漂浮、不求实效等形式主义问题，脱离群众、推诿扯皮等官僚主义问题，纪律松散、执行不力、贪图享受等享乐主义问题，铺张浪费、勤俭节约意识衰退、廉洁自律意识不强等奢靡之风问题仍然存在。要在巩固既有好做法好成效的基础上，坚持常抓的韧劲和长抓的耐心，细处入手，抓小抓细、抓具体、抓到位。一是抓担当。财政工作上级期望高、工作任务重、改革难度大，迫切需要我们敢于担责负重，敢于攻坚克难，既要有守土有责的高度自觉，也要有守土有责的能力本领，为党委、政府、人民理好财、管好账。二是抓服务。财政工作涉及方方面面，说到底就是要服务好党委政府、服务好部门单位、服务好群众百姓。要彻底摒弃所谓“权力部门”的优越感，狠刹“口气大”“摆架子”的不良风气，增强服务意识，改进服务作风，创新服务机制，提高服务效能。全省财政系统上下多加强工作联系，但要严格按照规定办，不得违背规定搞迎来送往、吃喝送礼等不正之风。严守工作纪律，廉洁自律。三是抓效率。新形势对财政工作效率提出新的更高要求，以省厅为例，2015年全年收发文近15万份，牵头负责的改革事项38项，工作量越来越大，改革任务更加繁重，不提高效率就难以完成任务，更谈不上高质量完成工作。大家都要增强“等不起”的紧迫感、“慢不得”的危机感，落实党委、政府的决策部署和工作任务雷厉风行、一抓到底，严格执行首问责任制和重点工作限时办结制等抓落实制度。在抓好自身作风建设的同时，我们也要注重家风。习近平总书记多次在会议上强调，每一位领导干部都要把家风建设摆在重要位置，廉洁修身、廉洁齐家。财政干部手中握有资金分配的权力，家属、亲友容易被不法分子盯上。对此，我们要有清醒的认识，注重家庭、家教、家风，对亲属严加管教、常敲警钟，决不能让危金峰这样“全家腐”的教训重现。

（三）从严管理干部队伍　总的来看，我省财政系统干部队伍是一支讲大局、专业务、有思路、干实事、勇担当、重廉洁的干部队伍。但是，我们也不能忽视，在我们的身边，贪污腐化身陷囹圄者有之、为官不为被问责训诫者也有之，我们在深感痛心的同时，也要对从严管理干部的重要性和紧迫性有更深刻的认识。一方面，坚持高标准和守底线的结合。既发挥理想信念和道德情操的引领作用，引导干部向善向上，又坚持严明纪律底线，以严格的标准要求干部、以严格措施管理干部、以严的纪律约束干部，使干部心有所畏、言有所戒、心有所止。另一方面，坚持重激励与重约束的结合。进一步完善干部考核评价和选任办法，既旗帜鲜明地肯定和表彰锐意进取的干部，褒奖和重用德才兼备的干部，又教育和帮助“为官不为”的干部、警醒和惩戒品行低劣的干部，树立正确的用人导向。

（四）从严接受自律他律　要成为一名忠诚干净担当的财政干部，自律尤为重要，他律必不可少，只有从严自律、主动接受他律，才能做到廉洁永续。如何做到自律，我认为，关键是做到三点：第一，心有所畏，手握戒尺。要有对信仰的敬畏，对法纪的敬畏，对组织的敬畏，对权力的敬畏。常怀畏惧之心的人，不会轻易浮躁，不容易“出格”，不容易犯错误。第二，慎独慎微，勤于自省。剖析一些党员干部违纪违法案例，往往是从生活中的小事、小节开始，所谓“小节不保，大节必失”。因此，无论是工作、生活、交友，都要自觉约束自己，时刻反省自己。第三，调适心态，保持平和。有些干部之所以违规违纪、走向腐败，心态失衡进而导致自律失效是一个重要原因。比如，有的干部认为财政工作很辛苦，付出太多、收入很少。人一旦心态失衡，那么行为必然会偏离应有的轨道。这时应该扪心自问，离开了现在的岗位自己能做什么，离开组织的培养自己能做到什么。在自律的同时，也要自觉接受监督。当前还有极个别同志对主动接受监督认识不清，有的提到“监督”两字就反感，认为这是组织和上级领导的不信任，是同事和群众与自己过不去；有的认为接受监督只是在工作范围内，“8小时”之外应该自己说了算；有的不如实报告个人重大事项等，这些都是完全错误的认识。自觉接受监督是为自己好，要做到乐于接受监督、主动争取监督、真诚欢迎监督，切不可表面上“欢迎监督”，实际上“不要监督”，出事了“后悔没有监督”，养成在监督下工作和生活的习惯。

（本文系省财政厅党组书记、厅长曾志权2016年2月2在全省财政反腐倡廉建设工作会议上的讲话节选）

统一思想　提高认识
扎实做好省以下增值税收入划分调整工作

（节选）

广东省财政厅党组书记、厅长　曾志权

一、统一思想，充分认识省以下增值税收入划分调整的重大意义

1996年我省开始实行了分税分成财政体制改革，并在2010年进行了调整完善，形成了省以下规范有效的财政分配关系，充分调动了各级政府的积极性，实现了全省各级次和各区域财政收入快速增长。

按照中央决策部署，5月1日“营改增”全面扩围，原作为地方主体税种的营业税不复存在，中央也相应实施《全面推开营改增试点后调整中央与地方增值税收入划分过渡方案》（以下简称中央过渡方案），调整了中央与地方增值税的收入划分比例。为促进省与中央收入划分体制相衔接，保持省以下收入格局大体不变，我厅参照中央过渡方案，研究制定了《省以下增值税收入划分过渡方案》（以下简称我省过渡方案），拟调整省以下增值税收入划分。我省方案总的思路，一是是保持收入格局大体稳定，对中央过渡方案导致的减收部分进行平移；二是各级次分担比例与财力占比一致。刚才各市也谈了对我省过渡方案的认识和意见。大家从不同的角度发表了很好的意见，为做好这项工作，还应从以下方面进一步深化认识：

（一）调整省以下增值税收入划分体制，是贯彻落实供给侧结构性改革和中央过渡方案的必然举措　去年底以来，李克强总理先后两次亲自主持专题座谈会，对收入划分工作作出了重要指示，要求各省市抓紧研究完善省以下增值税收入划分；财政部先后三次就中央过渡方案征求各省市意见。省委、省政府积极落实中央有关工作部署，将其纳入了2016年我省重点改革任务内容，朱小丹省长、徐少华常务副省长多次作出重要批示，要求我厅严格贯彻落实中央政策，合理调整省以下增值税收入划分体制。为实现省以下增值税收入划分体制与中央衔接，落实我省供给侧改革政策，确保省以下各级财政平稳运行，必须及时调整省以下增值税收入划分体制。

（二）调整省以下增值税收入划分体制，是促进省以下各级财政平稳运行，促进区域协调发展的现实需要　一方面，营业税占我省税收收入比重较高，2015年达32.6%。而营改增全面扩围及中央过渡方案的实施，营业税已不复存在，对我省收入影响较大，我省整体上是净损失的。中央过渡方案的实施，集中了3000多亿元财力，全部用于支持中西部地区，这3000多亿中，广东承担了较大部分。另一方面，按照目前省以下财政体制，中央过渡方案实施后，原营业税省级分享部分（特别是金融保险营业税）须上划一半给中央，省级承担了绝大部分损失。因此，合理划分省以下增值税收入分享比例，维持省以下收入格局大体稳定，是实现各级财政平稳运行，缩小珠三角和粤东西北地区发展差距的现实需要。

（三）调整省以下增值税收入划分体制，是完善我省财政体制的必然要求　调整增值税收入划分体制，理顺各级财政分配关系，是落实党的十八大和十八届三中、四中、五中全会部署的财税改革任务的重要一步。李克强总理强调，增值税地方分成比例过高，可能导致地方在产业发展上，为追求税收收入而搞重复建设或发展夕阳产业。中央方案也明确，将结合地方税体系建设、推动事权和支出责任划分改革进展，做进一步调整。为此，我省方案也按照中央的改革要求，明确为过渡方案，为下一步按照中央部署全面推进事权与支出责任改革、地方税体系建设等，打下良好的基础。

总之，大家要统一认识，最重要的是认识到本次收入划分调整是中央统一部署的，同时本次调整震动也不大。

二、准确把握增值税收入划分过渡方案的内涵与实质

刚才，预算处罗睿同志已经详细介绍了我省过渡方案的原则和具

体内容，这里我想再强调一下几个问题：

（一）我省过渡方案充分体现了损失共担的原则　我省过渡方案是按照损失共担的原则，采取减收平移的办法进行设计的，由省市县共同分担中央调整划分方案影响省以下地方财力损失。按照我省过渡方案计算，省级损失占全省上划中央净损失约18%，珠三角地区占60%，粤东西北地区占22%。原来我们也设计了其他方案，想尽量减少粤东西北地区损失，但因分成比例的统一性要求，无法完全照顾到各地区发展的差异性。从近年省以下财力格局来看（省级占比为16%，珠三角地区占比为65%，粤东西北地区占比为19%），对本方案来说，省级、市县、以及珠三角地区和粤东西北地区承担的损失与各自现有财力占比基本一致，大体保持了现行财力格局。这与党的十八届三中全会关于“保持现有中央与地方财力格局总体稳定”的精神，以及中央过渡方案关于“保持现有财力格局、调动各方积极性、实现改革平稳过渡”的要求，是一致的，与朱小丹省长关于“不搞趁火打劫、省级不集中财力”的指示精神也是一致的。

（二）我省过渡方案符合我省实际　我厅对此次收入调整进行了认真研究，先后设计了多套方案，分别进行了测算，并多次向省领导进行了汇报。从测算情况来看，我省过渡方案能维持目前收入格局，符合我省实际。一是将原金融保险营业税、地方铁路营业税等省级固定收入划为省与市县共享收入，与我省发展现代服务业、促进转型升级的战略是相吻合的，有利于调动市县发展金融服务业的积极性。我们也测算过，若不将金融保险营业税设为省与市县共享，省级将不承担损失，这与损失共担的原则是不一致的。二是将电力增值税继续保留为省级固定收入，主要是考虑电力增值税规模较小，且税源分布极不均衡，保留在省级，有利于维持珠三角和粤东西北地区财力格局均衡。

（三）我省过渡方案注重体制衔接，具有过渡性　鉴于中央过渡方案明确实施时间为2—3年，届时将根据事权和支出责任划分、地方税体系建设等改革进展情况，进一步调整收入划分体制。因此，在省以下增值税收入划分过渡方案设计中，也充分考虑了这一因素，参照中央政策，尽量减小调整幅度，简化划分比例，明确方案过渡期，以便在2—3年后随同中央调整体制相应统筹调整省以下体制，以实现其他税种收入划分调整与事权和支出责任划分、地方税体系建设等改革相衔接。

三、统筹协调，确保改革工作顺利推进

为确保改革工作能够有序地推进，结合实际情况，我再提几点要求：

（一）高度重视，服从大局　调整省以下增值税收入划分体制，是按照中央的统一部署和整体要求进行的。各级财政部门要从讲政治的高度，充分认识其重要性。财政体制改革涉及政府间利益格局的调整。本次体制调整，省、市县均承担了相应的损失，但总体上各级次、各地区承担的损失与目前各自的收入格局是相匹配的。当然，具体到地市来看，由于各市产业发展、税收结构等存在差异，会导致各市损益差距不一，但差异不大。这里我重点强调一下，增值税按省与市县“五五分享”，主要原因有：一是中央与地方是按五五比例分享的。二是五五这一分享比例与目前企业所得税、个人所得税、土地增值税省与市县的分享比例是一致的。三是经测算，只有五五这一分享比例，才能够按照损失平移共担的原则，实现省市损失共担、维持省以下财力格局大体稳定。这一分享比例是最合适的。当然，对于省级来说，不管设置哪一分成比例，均是服务于省委、省政府实施促进区域协调发展这一大局的。各地市财政部门要从大局出发，既要算经济账，更要算好政治账，还要算长远账，要将有关情况及时向当地党委、政府汇报，积极争取本级政府对改革的理解与支持，确保本次收入划分调整顺利推行。

（二）周密部署，稳步推进　今天提出的我省过渡方案，在征求各方意见后，将从2016年的5月1日起正式实行。考虑到我省过渡方案实施时间紧、任务重，各市县财政部门要及时行动，做好相关准备工作：一是认真研究方案，实事求是提出意见。我厅将认真研究并积极采纳合理的意见建议。二是抓紧研究制定各地级以上市与所辖县（区）的体制，抓好改革政策落实。因省直管县没有参加本次会议，请各市一并向财政省直管县传达本次座谈会会议精神并布置相关工作。三是做好测算，理清基数。中央明确将2014年作为基数核定中央返还和地方上缴基数，我省方案也参照中央做法处理，各市县要按照省里统一部署，及时配合做好基数核定工作。各市也要密切关注营改增扩围及增值税收入划分调整对所辖县（区）财政运行及收支平衡的影响情况，并及时汇总向我厅反映。同时，希望各市在调整市以下增值税收入划分体制时，遵循损失共担、减收平移的原则，不集中县区财力，该由市本级承担的损失就得承担，不能转嫁给县（区），届时也请各市将各自的方案报送我厅。四是严肃财经纪律，依法做好税收征管入库工作。在认真执行营改增政策要求、减轻企业负担的同时，依法治税，促进应收尽收，不收过头税，不人为调控进度，并严格按财政体制确定的级次入库，确保全年财政收入情况的真实可靠。同时，

禁止各市县干预市场主体自主经营行为，不得人为限制跨区域经营，禁止变相出台先征后返等税收优惠政策，严肃查处人为调整设备投资进项税抵扣地或转移增加值所在地，以及不开增值税发票等行为。五是合理安排预算，要充分考虑此次体制调整对财力的影响，科学预测财政收入，合理安排预算支出，及时做好预算调整，确保今年预算收支执行平衡，做好财政风险防控。六是加强支出管理，优化支出结构，不作过高支出承诺，审慎出台新的减收增支措施。七是营改增提供了加大固定资产投资的机制，固定资产投资设备纳入抵扣，要重视合理有效的投资，防止搞过剩产能的项目。

（三）统筹协调，做好衔接

各级财政作为改革的牵头者，要切实履行好统筹协调的职责，一方面加强横向协调，及时发现并妥善解决过渡方案实施中遇到的困难和问题，消除改革的障碍和阻力；另一方面要加强纵向协调，全省各级财政部门在改革中要团结协作，统筹兼顾，围绕此次过渡方案的内容，结合本地实际情况，做好市与县区的财政体制衔接。同时，还要研究完善增值税税收入划分调整配套政策。省以下收入划分调整后，省对市县激励性转移支付“四税”增量返还、区域平台“一般公共预算收入”及“金融保险营业税”返还等政策须统筹考虑调整，省、市县须做好衔接，加强配合，确保配套政策及时完善。

（本文系厅党组书记、厅长曾志权2016年5月5日在广东省省以下增值税收入划分调整座谈会上的讲话节选）

在全省财政信息公开工作会议上的发言

广东省财政厅党组书记、厅长　曾志权

一、我省财政信息公开的基本情况

（一）政府预决算公开情况

一是省本级公开情况。公开时限方面，严格按法定时限公开预决算信息，2015年2月15日在省财政厅门户网上公开了2015年省级总预算信息，8月15日在省财政厅门户网上公开了2014年省级总决算信息。2016年省级总预算信息已于2月19日如期公开，2015年决算信息将待人大批准后按时公开。公开范围方面，2014年起，实现四本预算全口径预算编制和公开。公开内容方面，政府预决算全部细化到功能分类项级科目，公开“三公”经费及变化情况说明。2016年还将转移支付按地区、按项目公开。二是市、县公开情况。按法定时限，全省20个地级以上市（不含深圳，下同）全部公开了2015年政府预算和2014年政府决算；114个县（市、区）全部公开了2015年政府预算，因财政部部署专项检查时一些县（市、区）决算尚未经人大批准，2015年政府决算公开比例为84%。截至2016年4月20日，全省20个地级以上市全部公开了2016年政府预算，2015年决算工作因尚未完成暂未公开。

（二）部门预决算公开情况

一是省本级公开情况。按法定时限，全省116个省一级预算单位（不含3个涉密单位）中有99个公开了2015年部门预算（公开比例85%），有103个公开了2014年部门决算（公开比例89%）。截至2016年4月20日，404个省一级预算单位中（含市县法院和检察院），有349个部门已公开2016年部门预算，公开比例为86%。二是市、县公开情况。按法定时限，2015年，全省20个地级以上市的部门预决算公开比例分别为94%、93%；114个县（市、区）的部门预决算公开比例分别为87%、77%。

（三）其他财政信息公开情况

在基建项目信息公开方面，从2014年起将除涉密项目外的所有基建项目向社会公开；在专项资金信息公开方面，推行专项资金信息管理办法、申报指南、申报情况、分配程序和方式、分配结果等“八个公开”，实现省级财政专项资金全过程透明化管理；在其他信息公开方面，积极公开有关财政政策规定、政府采购信息、绩效评价报告等。各地也积极探索采取有效措施推进财政信息公开工作。如广州、珠海市部门预算公开实现统一格式、统一内容、统一时间、统一公开平台；珠海市还主动公开了重点民生项目列表等。

二、专项检查中发现的问题

去年底，财政部组织开展了预决算公开专项检查，待会财政部驻我省专员办王瑛监察专员将作专门通报。除财政部驻广东专员办检查的2个地级以上市外，根据财政部的统一部署，省财政厅对其余18个地级市本级和112个县（市、区）2015年预决算公开工作进行了专项检查。从检查的情况看，主要发现以下问题：

一是公开比例偏低。2015年，我省市县级政府预算及地级以上市政府决算公开比例均达到100%，但县级政府决算以及市县级部门预决算公开比例则偏低。其中：县级政府决算公开比例为84%；市级部门预决算公开比例分别为94%、93%；县级部门预决算公开比例分别为87%、77%。政府预决算方面，广州市越秀、番禺、荔湾等8个区、顺德区、陆河县截至专项检查结束时，人大尚未批准或刚刚批准政府决算，政府决算未公开。连南、连山、普宁、阳春、陆丰、乳源等县未公开政府决算。部门预决算方面，清远、潮州、揭阳、湛江、茂名、阳江等市的县级部门预算公开比例不足80%，佛山、阳江、清远、茂名等市的县级部门决算公开比例不足70%。

二是公开不及时。按照《预算法》要求，政府预决算应在人大批准后20日内公开，部门预决算应在本级政府财政部门批复后20日内公开，部分地区和部门虽然最终公开了有关信息，但超过了该时限要求。政府预决算方面，汕头市和湛江市超过50%的县级政府预算未在预算批准后20日内公开，阳江市本级政府决算未在决算批准后20日内公开。财政省直管县中，约50%的县未按要求在10月31日前公开政府决算，约40%的县未在决算批准后20日内公开。部门预决算方面。惠州、揭阳、湛江、珠海等市超过50%的县级部门未在预算批准后20日内公开部门预算，东莞、惠州等市超过50%的部门未在决算批复后20日内公开部门决算，全省约有40%的县级部门未在决算批复后20日内公开部门决算。

三是公开内容不完整。部分地区、部门虽然公开了预决算信息，但公开内容过于简单，不符合有关规定要求。政府预决算方面，主要是税收返还和转移支付情况、国有资本经营收支、举借债务情况等内容公开不完整。如，韶关、江门、河源等全省半数以上地级市的政府预算未公开税收返还和转移支付分地区汇总情况。部门预决算方面，主要表现在部门预算情况说明、一般公共预算基本支出表及政府性基金预算支出表的公开比例较低，如揭阳市超过90%的部门未公开部门预算情况说明，佛山市部门均未公开一般公共预算基本支出表。此外，县级部门的收入决算总表、支出决算总表、财政拨款收支总表、一般公共预算财政拨款支出决算表、“三公”经费支出决算表及政府性基金收支决算表等表格的公开比例仅在55%~75%之间。如清远市超过40%的县级部门未公开收入决算总表和财政拨款收支总表；湛江市超过40%的县级部门未公开“三公”经费支出决算表。

四是细化程度不足。政府预决算方面，超过50%的市县未做到“一般公共预算基本支出按经济分类公开”，“三公”经费增减变化原因等公开情况也不理想。部门预决算方面，突出表现在按经济分类公开部门基本支出以及“三公”经费增减变化原因的公开情况较差。如，全省超过60%的市级部门未按要求公开“三公”经费增减变化原因，其中江门市所有部门预算均未公开相关变化原因。此外，揭阳、汕尾、肇庆等市的因公出国（境）团组数及人数、公务用车购置数及保有量、国内公务接待批次、人数等信息的公开比例也较低。

出现以上问题，我们认为主要有如下原因，首先，作为预决算信息公开工作的牵头部门，我厅也负有指导、督促工作不到位的责任。我厅虽然下发了指导意见，建立了通报机制，但由于涉及的各级部门众多，难以逐一核实，抽查和督查工作力度不足。其次，部分市县政府对预决算公开工作重视不够，对当地部门预决算公开工作督促指导不到位。再次，一些部门作为公开主体的意识淡薄，主体责任不落实，是造成我省未公开2015年部门预算的单位、未公开2014年部门决算的单位较多的主要原因。

三、以整改工作为契机推进财政信息公开规范化常态化

为履行好法定职责，落实好徐少华常务副省长等一会的讲话精神，抓好整改工作，推动我省财政信息公开规范化常态化，我们将会同有关部门、有关市县做好如下工作：

首先，狠抓整改落实。目前，我厅已将财政部专员办处理决定转发省直有关责任部门和广州市、云浮市，并将我厅对其他市县的检查结果及处理决定印发相关市县财政部门。各地、各部门要严格按要求进行整改，并于6月底之前将整改情况按程序报送我厅。省财政厅作为总牵头单位，我们将带头正视问题，切实改进工作，牵头做好整改落实工作。

其次，健全长效机制。一是健全责任机制。建议各地结合实际，按照“公开是常态、不公开是例外”的原则，进一步完善财政部门与职能部门的责任分工，细化公开工作方案，建立分工明确、责任清晰、落实到人的工作机制。二是健全工作指引沟通机制。财政部门应及时传达上级有关规定要求，组织制订财政信息公开统一范本，进一步明晰公开要求和工作流程。市县与省级、职能部门与财政部门之间加强沟通衔接，及时解决公开过程中遇到的问题。三是健全督查机制。建议省委、省政府加大监督检查力度，建立健全督促检查长效机

制，保障我省预决算公开工作稳妥有序进行。四是建立责任追究机制。对未按规定公开预决算的部门和单位相关责任人，建议有关部门按照《预算法》和《中国共产党纪律处分条例》等相关规定，严肃追究责任。

（本文系省财政厅党组书记、厅长曾志权2016年6月21日在全省财政信息公开工作会议上的发言）

细化预算编制　严格时限要求
扎实做好2017年省级预算编制工作

（节选）

广东省财政厅党组书记、厅长　曾志权

一、问题导向，认真剖析以前年度预算编制和执行中的问题

过去一年，省直各部门在预算编制和执行中做了大量工作，但仍有些部门的观念和认识转换不及时，改革推进不到位。我们总结了几个突出的问题，希望与大家一起共同研究改进。

（一）中期财政规划编制不够重视　中期财政规划是创新性工作，国内没有先例可循，编制遇到问题是正常的。但部分部门的重视程度不高，投入力量不足，编制中存在一定的随意性。主要表现为：一是存在未按时限要求编报的现象，影响了编制工作的整体进度。二是部分部门编报的项目三年雷同，未充分预计重大增减支因素，也未对原有项目进行清理评估。三是有些部门提出的支出规划大大超过既定政策支出预算，其中不少新增支出事项并未经过充分的研究论证。中期财政规划这种探索性实践需要高度重视，只有我们用心研究，加强部门间沟通协调，才有可能达到预期目标。

（二）零基预算改革工作不够到位　零基预算改革已试点两年了，有些部门仍未转变认识，仅看重增加部门预算额度，却忽视做好零基预算基础工作。主要表现为：一是个别部门没有对本部门人员结构、资产配置等进行全面、准确的统计，导致基本支出测算频繁调整。二是大部分部门都没有结合行业特点和自身实际，研究制订出可量化的项目支出定额标准。三是部分部门不掌握下属事业单位的收支具体情况，申报预算远超当前财政保障水平。这些工作都是各部门应该及早做好的，不要等到布置预算编制才做，甚至到执行时发现问题再重新测算、申请追加或调剂。

（三）项目库管理不够实、不够细　项目库管理改革推进的总体情况是比较好的，很多部门已经转变观念，提前组织项目入库，但一些部门由于前期准备工作不足，项目编制仍存在不少问题。主要表现为：一是部分部门启动项目申报、论证、审核和储备工作较晚，一些应按项目制管理的专项资金仅简单采取因素法切块下达到市县，待年中再慢慢细化到具体项目，造成资金滞留在市县。二是基建项目前期研究论证不够，分年度资金安排计划不科学，未能按建设进度据实申报预算，年终形成大量资金结余。项目库管理是预算编制的基础，是一项常态化工作，有赖于各部门提高积极性，打好项目储备的“提前量”，否则接下来的各环节都难以按期落实。

（四）专项资金预算编制不够严　专项资金有专门的管理办法，对其预算编制的要求更为严格和规范。但有些部门还是屡屡“明知故犯”。主要表现为：一是部分专项资金分配计划报送不及时，影响转移支付提前下达。二是审计署在省长经济责任审计报告中指出，我省专项资金清理整合为50项后，仍下设222个子专项，并固化了各子专项的预算金额。针对有关问题，今年我们修订了专项资金管理办法，要求专项资金预算编制“一年一定”。

（五）预算公开不够及时、规范　6月21日，省政府召开了财政信息公开工作推进会，当时有50家省级部门参会，考虑到这次各部门都来了，我借此机会再强调一下预算公开问题。省政府会议上通报了我省财政预决算公开检查中发现的问题，其中，省级有关部门存在应

公开未公开、公开不及时、公开内容不完整、公开内容细化程度不够等突出问题。会议强调，要深刻认识到“预决算信息公开不仅仅是财政部门的工作，更是各部门自身的主体责任，没有按规定公开要承担法律责任”，各部门要依法及时、主动、全面、规范公开财政信息。为此，我厅已印发了两个通知（粤财预〔2016〕138号文、粤财预〔2016〕196号文），请按要求及时整改。特别是存在问题但未参加省政府会议的55个部门更要高度重视，针对通知列出的问题相应予以整改。

（六）预算执行到位率偏低、约束性不强　预算执行中存在的不少问题，根源在预算编制时项目论证不充分、分配计划不准不细、分年度安排不合理等。有些部门一方面预算执行率低、支出结转结余大；另一方面在编制预算时又提出许多增支需求，一味希望多拿钱。有几个问题比较突出：一是预算调剂频繁。个别部门甚至在年初预算或预算调整经人大审议通过不久，就提出调剂预算级次或项目要求，严重影响预算严肃性。二是部分资金分配下达进度较慢。截至今年5月底，省直部门平均支出进度为33.7%，慢于序时进度8个百分点；部门主管资金（经费）仍有200亿~300亿元未下达。三是不重视支出经济分类科目编制。支出经济分类科目没有按实际需要编列，年中没有对应执行，导致支出经济分类预决算金额差异较大。例如2015年省本级基本建设支出中的专用设备购置费，完成预算率达1323%。按预算法规定，预决算经济分类科目信息都要公开，有关部门要对差异较大的科目做好解释说明工作。

上述问题，有些是长期存在的老问题，有些是改革中出现的新问题，我们必须采取更有力、更有针对性的改革措施予以解决。

二、周密部署，扎实做好2017年预算编制改革工作

针对上述问题，综合近年来省人大和审计部门提出的意见建议，我们在今年的预算编制中提出以下六个方面改革措施。

（一）深化预算编制方式改革，优化精简编审流程　这两年，我们严格落实预算法，建立了一套行之有效的预算编审机制和规则。但制度建设永远在路上，现行机制仍有较大改进空间，省人大、省直部门也提出了很好的意见建议。在2017年预算编制中，我们将着力把“先定预算，再找项目”的传统编制方式彻底转变为“先定项目，再编预算”，实行“流程再造”，强化时效性要求。为此，要做到“六个提前”，也就是“提前申报项目、提前评审论证、提前入库备选、提前明确总体计划、提前细化分配、提前纳入预算编制”，预留更充足的编制和审查时间。这一转变的核心就是改进原来在预算执行中才分配资金的工作机制，将资金分配计划提前到预算编制阶段完成，及早确定项目，根治“钱等项目”的顽疾，促进预算资金实现精准投向和高效使用。

（二）深化预算执行反馈机制改革，促进预算“编”“用”结合　目前，省级支出进度上不去，盘活存量资金压力大，倒逼我们进一步完善预算编制，建立预算编制与执行相适应的机制，做到“编”“用”结合、以“用”促“编”。一方面，在编制预算时，各部门要对支出项目的实施计划进行严格论证，特别是涉及政府采购、基本建设、据实结算等项目支出，应确保当年具备实施条件、可形成实际支出的才申请编入预算，避免造成预算执行率低或支出结余增大。另一方面，将预算编制与以前年度预算执行结果挂钩，对部门在2016年预算资金尚有结余可收回统筹的，相应核减2017年预算；对零基预算试点单位2015年末基本支出尚有结余的，相应核减2017年经费。通过编制滚动预算等方式，将预算编准、编细，为加快2017年预算执行进度打好基础。

（三）全面铺开项目库管理改革，强化基础性支撑作用　我省项目库管理改革起步较早，成效也很明显。今年我们继续向前推进改革，主要包括：一是全面扩大省级项目库管理改革范围，原则上将除基本支出以外的所有省级财政资金都纳入项目库管。二是实施项目库常态化、动态化申报，之前我们发了两份通知（粤财预函〔2016〕64号文、粤财预函〔2016〕92号文），明确将项目申报工作提前到今年5月份启动，给部门预留充足的项目论证、评审、筛选等编制时间。三是做细做实项目库，对入库项目按预算级次、支出性质、支出科目、项目年度、资金分配方式等进行“五个细化”，做到前期精准编制预算，后期选定项目后即可下达资金。各部门要认真吃透改革精神，及早组织项目申报，将工作做在前面，确保项目库管理能成为预算编制的有效支撑。

（四）全面铺开零基预算改革，优化预算支出结构　在上年20个省级部门试点的基础上，根据省领导指示，2017年将省级404个预算单位全部纳入改革范围，并完善各项配套措施。在基本支出方面，按照勤俭节约的原则，在不大幅增加行政经费的基础上做准部门经费标准，同时核减超标准经费保障。在项目支出方面，在预算限额控制下，允许部门根据实际重新编排项目支出；研究完善会议费、差旅费、培训费、物业管理等项目支出定额标准，待时机成熟时开展试点。需要强调的是，根据预算法关于支出经济分类科目编制和公开要求，各部门要切实做准支出经济分类预算。2016年预算执行将强化预

算约束，按照功能分类和经济分类实行双重控制，部门在执行过程中不能随意调整。

（五）加强中期财政规划编制，强化政策规划论证　去年，我省率先启动编制省级中期财政规划，我们边探索边总结，顺利完成了编制任务。今年要着力解决“如何强化中期财政规划约束”和“如何实现中期财政规划与部门中长期发展规划有效衔接”等问题。我强调几点：一是以去年编制的中期财政规划为依据，完善细化2017、2018年规划，滚动编制2019年规划，原则上不新增支出，确需新增支出的，必须以中央和省委、省政府新出台的政策作为依据。二是各部门要承担起研究论证的主体责任，在经省政府批准的部门中长期发展规划的框架内，研究编制部门中期财政规划。三是我厅制订了部门中期财政规划的范本，按支出类型实施分类指导。在此基础上，我厅将选取2–3个重点领域纳入试点，与部门联合发文将部门中期财政规划呈报省政府审定。

（六）加强专项资金预算管理，实现财政资金统筹使用　去年，我们按照“一个部门一个专项”的原则，将一般公共预算专项资金由219项整合为50项。今年，我们重新修订的《广东省省级财政专项资金管理办法》已提交省政府常务会议审议并原则通过，将进一步加强专项资金预算管理。一是在“预算一年一定”的框架下，清理规范不合理、进度慢、存在结余的专项资金使用方向，适当压减专项资金规模。二是按照事业发展需要和年度工作重点，在总额控制的前提下，打破各使用方向的固化安排，实现专项资金的“零基预算”。三是提前做好2017年专项资金分配计划，将总体计划和明细分配计划呈批提前到今年8–10月，而且总体计划还有可能要提交省政府常务会议审议。四是以“一个部门一个专项资金一张表”为目标，分地区、分项目编制并公开专项资金明细预算，落实部门评审论证、遴选项目、编制计划等工作的主体责任。需要强调的是，修订后的办法对时限要求更严格，部门从现在起就要提前研究专项资金的使用方向，待我厅控制数下达后，立即明确各方向的额度，启动总体计划报批程序。

除了以上几项改革创新内容外，我还想强调一下客观稳妥编制收支预算的问题。去年编制中期财政规划时已经发现，在不考虑新增项目的情况下，2017、2018年预算收支缺口已超过1000亿元。未来几年，受经济增速放缓、中央减免税费和调整收入体制等因素影响，省级财力增长面临很大挑战，财政收支矛盾将更加突出。我们必须牢固树立“厉行节约，过紧日子”的思想，分清轻重缓急，坚持有保有压。要按中央要求研究压减收入高增长时期支出标准过高、承诺过多的不可持续支出，从而腾出资金用于保障国家和省委、省政府的战略部署和重点任务。

（本文系省财政厅党组书记、厅长曾志权2016年6月28日在2017年省级部门预算编制布置会上的讲话节选）

不忘初心　继续前进
为实现“两个一百年”奋斗目标
提供坚实财政保障

广东省财政厅党组书记、厅长　曾志权

习近平总书记在庆祝建党95周年大会上的重要讲话，以不忘初心、继续前进为主题，既高度评价我们党为中华民族作出的伟大历史贡献，又明确提出了面向未来、面对挑战，做好改革发展稳定各项工作、加强和改善党的领导、加强自身建设的各项要求，科学展望了党和人民事业发展的光明前景，是指引我们党奋力推进中国特色社会主义伟大事业和全面推进党的建设新的伟大工程的纲领性文献。我们要把学习贯彻落实习近平总书记重要讲话精神作为当前和今后一个时期的重大政治任务抓紧抓实抓好，把全厅党员、干部、职工的思想和行动真正统一到重要讲话精神上来。下面，我就学习贯彻习近平总书记重要讲话精神讲三点意见。

一、认真学习，深刻领会，准确把握习近平总书记重要讲话精神实质

习近平总书记在讲话中，10次强调要不忘初心、继续前进，提出了坚持不忘初心、继续前进的“八方面要求”，涉及指导思想、理想信念、方向道路、治国治党、内政外交等诸多领域，讲话高瞻远瞩、总揽全局，内涵丰富、寓意深远，令人鼓舞、催人奋进。学习领会其精神实质，要着重把握讲话关于“不忘初心、继续前进”的内涵要求。

第一，唤醒全党“初心”，突出自豪感。习近平总书记重要讲话全面回顾了我们党带领全国人民不懈奋斗的光辉历程，明确指出我们党紧紧依靠人民，跨过一道又一道沟坎，取得一个又一个胜利，为中华民族作出了三个伟大历史贡献，深刻改变了近代以后中华民族发展的方向和进程，深刻改变了中国人民和中华民族的前途和命运，深刻改变了世界发展的趋势和格局，进而指出我们党的领导是历史和人民的选择，必须做到“三个长期坚持、永不动摇”，并强调：“要永远保持建党时中国共产党的奋斗精神，永远保持对人民的赤子之心”。这些生动的阐述使我们作为党的一员充满自豪，提示我们即便每天面对具体繁杂的工作，也要自问有没有忽略甚至忘记了党从哪里来，有没有忘记入党誓词，有没有忘记党员职责使命，以唤醒我们的“初心”。

第二，坚定理想信念，突出使命感。习近平总书记重要讲话中旗帜鲜明地指出，马克思主义是我们立党立国的根本指导思想，我们党自成立起，就把马克思主义这一科学理论作为自己的行动指南，就把为共产主义、社会主义而奋斗确定为自己的纲领，并强调要坚持马克思主义的指导地位，让当代中国马克思主义放射出更加灿烂的真理光芒；要牢记共产主义的理想信念，牢牢占据推动人类社会进步、实现人类美好理想的道义制高点。这些都是对“初心”的生动诠释，明确了党员应肩负的神圣使命，我们要进一步坚定理想信念，保持对远大理想和奋斗目标的清醒认知和执着追求，自觉做共产主义远大理想和中国特色社会主义共同理想的坚定信仰者、忠实实践者。

第三，明确目标任务，突出责任感。习近平总书记重要讲话中指出，现阶段建设中国特色社会主义的主要任务，就是到2020年我们党成立100年时实现第一个百年奋斗目标、全面建成小康社会，为实现第二个百年奋斗目标打下坚实基础，并强调，全面建成小康社会是我们党向人民、向历史作出的庄严承诺，为实现这一目标，形成了“五位一体”的总体布局和“四个全面”的战略布局。讲话还强调，要坚定不移高举改革开放旗帜，勇于全面深化改革，进一步解放思想、解放和发展社会生产力、解放和增强社会活力，不断把改革开放推向前进。这些都要求我们切实增强责任感和紧迫感，扭住发展这一关键，推动经济更有效率、更有质量、更加公平、更可持续地发展，为实现“两个一百年”奋斗目标积极努力。

第四，彰显担当精神，突出自信心。习近平总书记重要讲话中指出，“要坚持中国特色社会主义道路自信、理论自信、制度自信、文化自信。”首次把文化自信与“三个自信”结合起来，将“三个自信”扩展到“四个自信”，并强调，我们的文化积淀了中华民族最深层的精神追求，代表着中华民族独特的精神标示，因此文化自信是更基础、更广泛、更深厚的自信。讲话中还充满了自信的论断和作为大国的担当精神，严肃指出，“中国特色社会主义是不是好，要看事实，要看中国人民的判断，而不是看那些戴着有色眼镜人的主观臆断。中国共产党人和中国人民完全有信心为人类对美好社会制度的探索提供中国方案。”我们要深化认识，增强信心，更加积极地投身财政事业发展中去，敢于担当，履职尽责。

第五，治党务必从严，突出先进性和纯洁性。习近平总书记重要讲话中指出，坚持和完善党的领导，是党和国家的根本所在、命脉所在，是全国各族人民的利益所在、幸福所在。并强调指出，党面临的最大威胁就是腐败，党要管党，首先要从党内政治生活管起；从严治党，首先要从党内政治生活严起；要从中共中央政治局常委会、中共中央政治局、中央委员会抓起，从高级干部抓起，持之以恒加强作风建设，坚持抓常、抓细、抓长，使党的作风全面好起来。作为管理财政资金的部门，我们要深刻认识党中央全面从严治党的信心和决心，持之以恒地抓好党的建设工作，推动全面从严治党在我省财政系统落地生根。

第六，弘扬赶考精神，突出忧患意识。党的十八大以来，习近平总书记多次提及“进京赶考”，在此次七一重要讲话中，又再次作了强调：“60多年的实践证明，我们党在这场历史性考试中取得了优异成绩。这场考试还没有结束，还在继续。今天，我们党团结带领人民所做的一切工作，就是这场考试的继续。”“继续在这场历史性考试中经受考验，努力向历史、向人民交出新的更加优异的答卷!”从中我们既可以体会到强烈的忧患意识，还可以体会到党在历史性考试中不忘初心的坚定决心，鞭策全党在这场考试中取得人民满意、历史满意的好成绩。作为财政部门的党员干部特别是党员领导干部，要牢固树立这种“赶考精神”，奋力拼搏、积极进取，努力向省委省政府、向全省人民交出新的更加优异的财政工作答卷。

二、不忘初心、继续前进，持之以恒推进我省财政改革发展

习近平总书记重要讲话号召全党同志要以史为鉴，不忘初心，继续前进，既指引我们正确看待过去奋斗的历程，又激励我们勇于踏上新的征程。回顾我省财政改革发展的历程，从改革开放初期财政作为我省改革开放的突破口之一，到1994年分税制改革奠定我省省以下政府间财政关系基础框架，为深化社会主义市场经济改革发挥重要的基础作用，再到近年来根据中央和省全面深化财税体制改革的部署，围绕率先建立具有地方特色的现代财政制度，推进了一系列改革创新工作，预算编制改革、专项资金管理改革等走在全国前列。与不断深化财政改革相适应，我省财政工作不断上新台阶，为全省经济社会发展提供了有力支撑。“十二五”时期，我省财政总体实力不断壮大，全省地方一般公共预算收入从2011年的5515亿元增加到2015年的9365亿元，年均增长15.78%，总量连续25年居全国各省市首位；财政支出结构更加优化，集中财力用于保重点、保民生，省级预算支出中用于保障和改善民生、均衡区域基本公共服务水平和帮助市县增强发展后劲的支出占省级总支出的比重从2011年的78%提高到2015年的81%；财政调控作用效果明显，近年来财政支持稳定经济增长、创新驱动战略实施、高水平大学建设、新一轮技术改造、珠江西岸先进装备制造业产业带建设、外经贸转型升级等政策措施相继出台实施，省委、省政府在稳增长调结构促改革惠民生防风险各项工作中更加重视运用财政手段；促进协调发展成效显著，全力支持粤东西北交通基础设施建设、产业园区建设和中心城区扩容提质“三大抓手”实施以及广东自贸区、珠三角创新示范区等重大平台建设，有力保障了粤东西北振兴发展和珠三角优化发展；发展保障改善民生机制不断完善，以实施《广东省基本公共服务均等化规划纲要（2009—2020年）》为抓手，五年全省财政民生支出累计达30065亿元，占全省公共财政预算支出的比重提高了6个百分点；财政管理效能不断增强，财政监督、绩效评价、信息公开等工作稳步推进，财政管理的科学性、规范性日益增强。这些都提示和勉励我们，只有严格遵循党的路线、方针、政策，财政改革发展才能总是沿着正确的方向推进；只有紧紧围绕中央和省委、省政府的决策部署，财政职能作用才能充分发挥；只有始终保有赤子之心、不懈奋斗，财政工作才能勇立潮头、始终走在前列。

回顾走来的路，为的是更好地向前。时至今日，财政作为国家治理的基础和重要支柱，财政改革已经步入需要冲破思想观念束缚和利益固化藩篱的“深水区”，财政工作也处于逆水行舟、不进则退的关键时期，同时我省财政面临困难和问题仍然可能在一定时间内继续存在：一是收入可持续增长压力大，收支矛盾突出；二是区域财力不平衡，区域收入增长速度出现逆转；三是财政管理仍较粗放，资金使用效益有待提高；四是班子建设、能力建设、作风建设、廉政建设和党建工作等自身建设有待加强。我们要认真学习习近平总书记重要讲话精神，不断推进财政改革发展，为推进“五位一体”总体布局、“四个全面”战略布局、全面建成小康社会和实现“两个一百年”奋斗目标提供坚实的财力保障。一要牢固树立主业意识，强化收支管理，进一步加强新常态下财政经济运行规律的研究分析，统筹做好依法应收尽收与推进税制改革、严格落实企业减负政策措施相衔接的工作，强化预算约束力，提高预算执行的时效性和均衡性，确保财政平稳运行。二要坚持以新发展理念为引领，充分发挥财政杠杆作用，积极支持稳增长、调结构、转方式，着力推进供给侧结构性改革，加快推动形成以创新为主要引领和支撑的经济体系和发展模式，加大对珠三角优化发展和粤东西北加快发展的支持力度，支持构建高水平对外开放格局，促进提升我省经济社会发展质量和效益。三要按照改革更加注重系统性、整体性、协同性，敢于涉深水区、啃硬骨头的要求，深入推进我省财税体制改革，突出改革重点，坚决破除利益固化藩篱，坚决清除妨碍发展的财政体制机制障碍，力争率先基本建立现代财政制度。四要围绕增强预算执行的规范性、预算信息的透明性、财政监督的严肃性、风险防控的有效性和资金使用的绩效性，切实加强和规范财政管理，不断提高财政管理的科学化和法治化水平。五要落实从严治党要求，加强队伍建设。狠抓领导班子建设各项制度落实工作，不断提升班子建设水平，切实发挥好党组（委）在财政工作中的核心领导作用。要把精心培养好干部放在突出位置，狠抓干部队伍思想、作风、能力和廉政建设，为推进财政事业发展培养高素质干部。要加强机关建设、作风建设、党的建设，推进优质服务型党组织建设。要树立全局意识，切实提高抓工作落实的执行力。要严格落实党风廉政建设“两个责□任”，营造党员干部不想腐、不能腐、不敢腐的氛围。认真抓党建责任制落实，严格执行党建责任清单，实现党建和业务相互促进、一同提高。

三、立足工作实际，狠抓各项工作任务的落实

习近平总书记重要讲话为新时期财政改革工作指明了方向，当前首要的是把学习贯彻重要讲话精神与促进我省财政改革发展紧密结合起来，同时，要坚持学以致用，立足本职，抓紧做好各项具体工作。

在此，我强调几项重点工作：

（一）继续组织学习贯彻习近平总书记重要讲话精神　这次厅理论中心组学习只是学习的开始，请厅直属机关党委会同厅人教处，按照中央和省委的部署，抓好全厅的学习。各级财政部门要抓紧组织党员干部进行认真学习。要把学习讲话同学习党的理论特别是习近平总书记系列重要讲话精神结合起来，引导党员干部深刻理解讲话蕴含的精髓要义，尤其要深刻理解不忘初心、继续前进的重大意义，进一步增强政治意识、大局意识、核心意识、看齐意识；要把学习讲话同学习中国近代以来的历史，学习党史、中华人民共和国史、改革开放史结合起来，引导党员干部进一步坚定中国特色社会主义道路自信、理论自信、制度自信、文化自信；要把学习讲话同破解改革发展稳定的实践难题结合起来，引导党员干部敢涉深水区、敢啃硬骨头，切实提高推进财政改革的执行力和实效；要把学习讲话同自身实际结合起来，同加强支部建设结合起来，贯穿“两学一做”学习教育全过程，增强学习效果。

（二）深入推进财税体制改革　今年以来，在全厅上下的共同努力和厅改革办的组织协调下，预算管理制度改革、营改增全面扩围等重点改革工作顺利推进，取得了阶段性的进展，但也存在着进度参差不齐、部分改革进展不理想、改革亮点不突出等问题，迫切需要下更大的功夫，推动各项改革举措早落地、见实效。今年我厅负责的改革任务有44项，其中牵头负责的有36项，配合推进的有8项；负责的改革试点有11项，目前牵头改革任务中已经有33项完成了节点目标，11项改革试点中有9项已经启动。还没有推进的改革均属难度较大的，需要我们加大推进力度，特别是对一些重点改革任务，如推进建立事权和支出责任相适应的制度、推进基本公共服务均等化等，要集中力量、抓紧推进，实现重点突破。同时，要进一步落实工作责任，加强督查督办，做好跟踪评估，增强抓改革落实的合力，确保各项改革措施取得实效。

（三）抓好近期几项业务工作　一是抓紧做好2017年预算编制工作。2017年预算编制工作已经正式部署开展，要按照既定安排抓紧推进实施。二是进一步加快预算支出进度，上半年省级一般公共预算支出实现393.12亿元，同比下降7.3%，为年初预算的39.8%，要扭转全省财政支出进度仍不理想的局面，依法依规全面完成支出任务。三是抓好省供给侧结构性改革各项行动计划确定的工作任务落实，特别是我厅牵头组织实施的降成本行动计划，要进一步压实责任，加强督查督办，挖掘减负潜力，切实减轻企业负担、激发经济活力。四是抓紧开展清理规范政策性基金工作，解决现有基金在组建、运营、投资等方面存在基金设立过多过散、基金用途雷同、成本太高、绩效不佳等问题。五是研究建立财政资金实时在线联网监督系统，将监督范围覆盖所有省级预算单位和市县，借助信息化手段实现更加便捷、透明的监督。六是抓紧做好第二届对非投资论坛筹备工作，加快推进嘉宾邀请、会务、接待、安保、后勤、宣传等各项工作落实。

砥砺奋进再扬帆，勇立潮头领风骚。习近平总书记的重要讲话吹响了不忘初心、继续前进的号角，让我们更加紧密的团结在习近平同志为总书记的党中央周围，永保赤子之心、永怀报国之志，做到奋斗不停歇、创新不止步，为实现“两个一百年”奋斗目标提供坚实的财政保障！

（本文系省财政厅党组书记、厅长曾志权2016年7月6日在省财政厅党组理论学习中心组集中学习会上的讲话，原载于《广东财政理论与实务》2016年第7期）

坚持从严治党　强化责任担当
努力开创财政反腐倡廉建设新局面

（节选）

广东省财政厅党组成员、纪检组长　项天保

2016年主要任务

2016年是实施“十三五”规划的开局之年，也是落实全面从严治党的关键之年，做好财政党风廉政建设和反腐败工作意义重大。2016年工作的总体要求是：全面贯彻党的十八大和十八届历次中央全会精神，深入学习贯彻习近平总书记系列重要讲话精神，按照省纪委十一届五次全会和全国财政反腐倡廉建设工作会议部署，围绕协调推进“四个全面”战略布局，坚持全面从严治党、依规治党，认真贯彻廉洁自律准则和党纪处分条例，担当和落实好全面从严治党主体责任，强化监督执纪问责，把纪律和规矩挺在前面；持之以恒落实中央八项规定精神，坚持不懈改进作风；加强制度建设，深化财政体制改革，加快财政部门内部控制建设，坚定不移惩治腐败，从源头上、机制上有效防控廉政和财政业务风险，不断取得我省财政党风廉政建设和反腐败工作新成效。重点抓好六个方面的工作：

（一）全面从严治党，用纪律管住全体党员

严明政治纪律和规矩。落实全面从严治党要求，要把严明政治纪律排在第一位。各级财政部门要以“六项纪律”为尺子，敢于担当、敢于较真、敢于斗争，加强纪律教育，坚决维护党章党规党纪的严肃性。要抓住党员领导干部这个“关键少数”，站稳立场、把准方向，既当好纪律建设的领导者和推动者，更要在遵守和执行纪律方面走在前头、作出表率。进一步完善民主集中制、民主生活会等制度机制，使批评和自我批评成为党内政治生活常态。坚持党内监督与党外监督相结合，把全体党员特别是领导干部遵守政治纪律情况，置于党组织和群众监督之下。各级财政纪检监察部门要加强对维护党章、执行党的路线方针政策和决议情况的监督检查，坚决纠正上有政策、下有对策，有令不行、有禁不止的行为，严肃查处口无遮拦，妄议中央，非议党的领导和中国特色社会主义制度的言行，对于“嘴上说说、纸上写写、墙上挂挂”等执行不力问题，要批评教育、坚决纠正、严肃查处，确保中央和省委省政府决策部署在财政部门得到不折不扣执行。

严格执行准则、条例。廉洁自律准则和纪律处分条例已经正式实施，要教育引导党员严格遵守准则和条例等党内法规，把自己摆进去，做到懂法纪、守底线、知敬畏、存戒惧。特别要认真学习《习近平关于严明党的纪律和规矩论述摘编》，把党规党纪刻印在心里，体现在每项工作和日常生活中。要加大对贯彻两部党内法规的监督检查力度，立“明规矩”、破“潜规则”，让党的纪律和规矩真正成为带电的“高压线”。

严肃财经纪律。财经纪律是党的纪律的重要内容。要坚决查处违反财经纪律的问题，公开通报曝光，重点加强对经建、扶贫、社保、教育、环保以及“三农”等领域特别是涉及民生资金的监管，不断强化财经纪律的刚性约束，保障重大财税政策落实和财政资金安全。

（二）强化政治担当，认真落实党风廉政建设主体责任

强化责任担当。认真落实党风廉政建设主体责任的要求，严格实行主体责任清单制度，督促领导干部履行好“一岗双责”，建立起一级抓一级、层层抓落实的责任体系和工作格局。进一步完善履行主体责任情况定期报告、廉政谈话等制度，着力抓好个人有关事项报告、离开工作地区报告、因私出国（境）审批报告等工作，加大督促检查力度。对2016年党风廉政建设任务进行分解，明确责任部门、责任人和完成期限，不定期召开党风廉政建设工作专题会议，督促各单位将主体责任落到实处。

严肃责任追究。严格执行《广东省财政厅工作人员问责暂行办法》，对执行党的路线方针政策不力、严重违反政治纪律和政治规矩，管党治党主体责任、监督责任缺位，“四风”和腐败问题多发频

发，选人用人失察、拉票贿选、任用干部连续出现问题，巡视整改不落实的，都要严肃问责。特别是对于落实“两个责任”和“一岗双责”不到位，重大情况和重要工作不请示、不汇报，造成严重后果的党组织和党员领导干部，坚决进行责任追究。健全完善问责制度，明确问责的对象、情形和方式等，形成责任分解、检查监督、倒查追究的完整链条。综合运用提醒教育、诫勉谈话、通报批评、组织处理、纪律处分等多种方式进行责任追究。健全责任追究情况定期报告、典型问题公开通报制度，使问责形成制度、成为常态。

（三）规范财政权力，系统推进财政惩防体系建设

深化财政管理制度改革。继续清理整合专项转移支付，对财政专项资金实行清单管理。加快建立透明预算制度，全面推进预算绩效管理改革。完善国库集中支付运行机制，继续扩大非税收入收缴改革范围，推进政府采购制度改革。加大简政放权力度，深化财政行政审批制度改革。继续强化和改进财政监督，提高财政资金的安全、规范和有效性。

建立健全内控体系。把加强内控作为推进财政系统全面从严治党的重要抓手，聚焦预算管理、资金分配等核心业务环节，强化内部流程控制，及时堵塞漏洞，防止权力滥用。推动地方财政部门全面加强内控工作，确保2016年全省各级财政部门完成内部控制制度体系建设，建立健全内容协调、程序严密、配套完备、有效管用的监管制度体系。

加强干部教育监督。深入开展具有财政特色的廉政文化创建活动，坚持并不断完善廉政教育课必修、发送廉政短信等制度。深入剖析财政系统的典型案例，发挥好警示教育和示范教育作用，继续办好纪律教育学习月、党纪政纪法纪教育培训班，宣扬中华民族传统文化和家规家风中的精华。继续深化干部人事制度改革，加大干部交流轮岗力度。强化对干部选拔任用的监督，严格把好党风廉政意见回复关，认真执行廉政一票否决制，推动形成务实、高效、廉洁的选人用人工作环境。

（四）深化“四风”整治，锲而不舍落实中央八项规定精神

从重处理“四风”问题。继续紧盯年节假期，一个节点一个节点抓，坚持以上率下，看住“关键少数”。健全作风建设的长效机制，让中央八项规定精神在财政部门落地生根。密切注意“四风”的新动向新表现，重点治理收送“红包”礼金、违规公款吃喝、发放津贴补贴、打高尔夫球等突出问题，对隐形变异的“四风”问题和改头换面、转入地下的享乐奢靡问题要从重处理。对不收手不知止、规避组织监督，出入私人会所，组织隐秘聚会的一律从严查处。把贯彻廉洁自律准则和省财政厅工作人员廉洁从政15项规定作为改进作风的重要抓手，引导党员干部培养高尚道德情操、抵制不良风气。

构建抓早抓小工作机制。落实谈心谈话制度，切实抓好关于开展谈话提醒、构建抓早抓小工作机制的落实，用好谈话提醒“两个表格”，及时统计谈话提醒情况，进一步强化对党员领导干部社交圈、生活圈、休闲圈的监督。

积极发挥财政职能作用。继续健全公务支出管理制度体系，严控“三公”经费，继续推进厉行节约、反对浪费制度建设，以优良党风促政风带民风。

（五）强化执纪监督，系统推进财政反腐倡廉建设

发挥纪律审查的综合效果。要保持力度不减、节奏不变、尺度不松，坚决遏制腐败蔓延势头。严格分类处置问题线索，扩大谈话函询覆盖面，坚决把存量减下来；综合运用党纪处分、组织处理等形式，坚决把增量遏制住。把党的十八大后不收敛、不收手，问题严重、群众反映强烈，现在重要岗位可能还要提拔使用这三类情况同时具备的，作为重中之重。健全“一案双查”制度，严肃责任追究，举一反三，规范管理。

实践好“四种形态”。转变工作理念、创新思路方法，坚持纪在法前、纪严于法，运用好监督执纪的“四种形态”：让咬耳朵、扯袖子、红红脸、出出汗成为常态，党纪轻处分、组织调整成为大多数，重处分、重大职务调整的是少数，而严重违纪涉嫌违法立案审查的只是极极少数。将“四种形态”运用到线索处置、谈话函询和执纪审查等工作的全过程，作为检验工作的标准，把监督执纪问责各项工作做深做细做实。

坚决查处侵害群众利益的不正之风和腐败问题。重点查处扶贫领域虚报冒领、截留私分、挥霍浪费问题，坚决查处和纠正社保、强农惠农、集体“三资”管理等领域强占掠夺、贪污挪用等严重问题；严肃查处在办理涉及群众事务时吃拿卡要甚至欺压群众的违纪行为，切实维护人民群众的根本利益。

（六）以创新纪检体制为抓手，为财政改革发展保驾护航

支持派驻纪检组履行监督职责。更好地发挥派驻监督的“前哨”作用，派驻纪检组要从问题线索抓起，把监督触角延伸到前端，伸长耳朵、瞪大眼睛，发现苗头就及时提醒，有了问题就谈话诫勉，严重违纪就立案查处；研究和总结财政部门的规律、特点，关注干部的思想、工作和生活情况，推动全面从严治党取得新进展新成效。

推进派驻机构规范化建设。严格执行派驻机构的工作职责、监督权限和职责清单，严格执行下级纪检组长（纪委书记）向上级党组织和纪检部门定期报告工作、重大事

项及时请示报告等制度办法。纪检组长（纪委书记）不是可有可无的，是监督责任主体，不是荣誉待遇，决不能“上面九级风浪、下面纹丝不动”。加强对纪检组长（纪委书记）履职情况的督导检查，对于工作不请示、不汇报造成严重后果的，不作为、不担当、在其位不履职尽责的，严肃追究责任。

加强纪检监察队伍建设。巩固“三严三实”专题教育成果，纪检干部要进一步提高政治觉悟，把对党忠诚作为第一要求，带头尊崇党章，全面加强思想政治建设和作风建设，确保政治过硬。要加强对纪检干部的教育、培训和交流力度，切实提高干部队伍的能力素养，持续深化转职能、转方式、转作风。要加大对系统调研、信息和纪律审查等工作的指导力度，建立全方位、立体化的工作格局。要突出抓好内部监督制约，认真落实“五位一体”廉政风险防控手册，自觉接受党和人民的监督，用铁的纪律建设忠诚干净担当的纪检监察队伍，为财政改革发展提供坚强政治保证。

（本文系省财政厅党组成员、纪检组组长项天保2016年2月2日在全省财政反腐倡廉建设工作会议上的工作报告节选）

落实“两个责任”　守纪律讲规矩
推动全面从严治党迈上新台阶

（节选）

广东省财政厅党组成员、纪检组长　叶昊文

一、正确把握职责定位，确保全面从严治党要求落到实处

一直以来，厅党组和驻厅纪检组严格履行主体责任和监督责任，扎实推进全省财政系统党风廉政建设和反腐败斗争。7月5日，省委常委、省纪委书记黄先耀同志来我厅调研座谈时指出，近年来，省财政厅党组能够坚持把加强党风廉政建设融入到财政工作全过程进行部署和落实，建立不少制度，做了很多工作，很有成效！虽然之前有两位副厅长涉案，但近几年没有发现厅其他干部，特别是厅、处级干部有新的问题，这与省财政厅党组坚持不懈抓反腐倡廉建设密切相关，应予以充分肯定。省委常委、常务副省长徐少华同志在黄先耀同志来我厅调研座谈讲话整理稿上作了“请省财政厅党组认真学习领会先耀书记重要讲话精神，巩固党风廉政建设和反腐败工作成效”等内容的批示，对我厅党风廉政建设取得的成效也给予了充分肯定。在看到成绩的同时，我们更要戒骄戒躁，认真履责，进一步落实全面从严治党要求。

（一）相互配合形成合力，推动落实“两个责任”　党章和其他党内法规对党委肩负的党风廉政建设责任和纪委监督职责作出了规定。落实党风廉政建设责任制厅党组是主体、负全责，党组主体责任是前提，纪检组监督责任是保证，两者相互依存、相互联系、相互促进、缺一不可。离开党组的坚强领导，纪检组的监督作用就难以发挥。没有纪检组的监督，主体责任这个“牛鼻子”也就难以抓住。实践证明，一个地方或单位纪委、纪检组监督主体意识强，查处违纪违法案件坚决有力，党委、党组关于党风廉政建设的决策部署和工作安排就能落到实处，主体责任就能落实到位。反之，纪委、纪检组监督主体错位、缺位、不到位，监督措施软弱乏力，党委、党组落实主体责任就必然受到影响。因此，落实全面从严治党要求，厅党组履行主体责任的重点应该放在教育、制度建设和日常管理上，驻厅纪检组履行监督责任的重点应该放在监督执纪问责上，两个方面相辅相成、互相促进形成不敢腐、不能腐、不想腐的良好局面。一是厅党组和各级党支部（党委）要牢牢抓住主体责任这个“牛鼻子”，认真落实“一岗多责”，既要抓好业务工作，又要抓好党员干部的思想工作和廉政

建设。二是要以强化制度执行力为着力点，对党风廉政建设问题常研究、常部署，种好自己的“责任田”，切实解决“守土不尽责、有责不担当”的问题。三是要强化责任担当，敢抓敢管，对苗头性、倾向性问题，及时提醒，防微杜渐。四是对明知故犯、屡教不改及构成违纪的问题，绝不袒护，严肃批评、坚决纠正，直接追究纪律责任。五是驻厅纪检组要充分发挥执纪监督问责作用，严格落实监督责任，保持惩治腐败的高压态势，充分发挥惩治的震慑力和威慑力。

近年来，厅党组制定了《广东省财政厅落实党风廉政建设党组主体责任、纪委监督责任工作的意见》《广东省财政厅党风廉政建设主体责任清单》《省财政厅抓机关党建工作责任清单》《广东省财政厅工作人员廉洁从政若干规定》《广东省财政厅党风廉政建设责任制考核暂行办法》和《广东省财政厅工作人员问责暂行办法》等制度，以及“1+1+8”专项资金管理、“1+8+X”内控制度等长效机制，构建了财政源头防治腐败制度体系，全厅党员干部要一如既往严格落实。

（二）严格落实“三转”要求，聚焦主业强化监督执纪问责 根据省委《关于加强省纪委派驻机构建设的意见》和《关于全面落实广东省纪委向省一级党和国家机关派驻纪检机构的方案》两份文件要求（以下简称《意见》和《方案》），省纪委对原有的41家派驻（派出）机构重新进行整合，设置35家派驻纪检组和1家派出机构（省直纪工委），负责监督105个省一级党和国家机关单位，实现省一级党和国家机关派驻纪检机构全覆盖，同时撤销所有监察室，要求所有纪检组必须彻底“转职能、转方式、转作风”，全面回归主责主业。

根据《方案》，我组由单一派驻省财政厅调整为综合监督省财政厅、省供销社2家单位，同时，目前仍授权管理省农信联社、粤财投资控股有限公司、广发银行股份有限公司、广发证券股份有限公司、省华侨信托投资公司、光大银行广州分行、中信银行广州分行、中信地产广州公司等8家金融企业。

根据《意见》和《方案》，派驻纪检组是纪委的重要组成部分，派驻机构与驻在部门（含综合监督单位，下同）是监督与被监督的关系，派驻监督本质上是上级纪委对下级党组织和领导干部的监督。派驻纪检组不再承担驻在部门领导班子履行主体责任的日常工作，而是通过对驻在部门领导班子和领导干部监督责任的履行到位,促进驻在部门主体责任的全面落实，主业就是党章规定的三项主要任务和五项经常性工作，首要职责是监督执纪问责。

省纪委制定了派驻纪检组六项工作职责和八项监督权限。六项工作职责具体为：一是督促驻在部门领导班子落实党风廉政建设主体责任，履行对驻在部门党风廉政建设的监督职责。二是检查驻在部门领导班子及其成员遵守党章和其他党内法规，贯彻执行党的路线方针政策和决议，遵守政治纪律和政治规矩，以及贯彻执行民主集中制、选拔任用干部、加强作风建设、依法行使职权和廉洁从政等情况，发现重要的问题向省纪委及时报告。三是经省纪委批准，初步核实反映驻在部门领导班子及省管干部的问题线索；参与调查驻在部门领导班子及省管干部违犯党纪的案件。负责调查驻在部门内设机构、直属单位、省级垂直管理单位领导班子及其成员和县处级干部违犯党纪的案件，必要时可以直接调查科级及以下干部违犯党纪的案件。四是受理对驻在部门党组织和党员的检举、控告，受理对驻在部门党组织和党员不服处分的申诉。五是对驻在部门各级领导班子履行党风廉政建设主体责任不力、造成严重后果的，提出问责建议。六是承办省纪委交办的其他事项，负责本派驻机构干部日常管理和监督，协助驻在部门做好巡视工作。

八项监督权限具体为：一是派驻机构负责人参加或者列席驻在部门班子会议以及研究“三重一大”问题等事项的其他会议。二是派驻机构根据工作需要，经批准可以查阅或者复制驻在部门的有关文件、资料、财务账目等资料。三是派驻机构按照干部管理权限，经批准可以对驻在部门有关领导干部报告个人有关事项的材料进行查阅和调查核实。四是派驻机构应当就驻在部门管理的领导干部和后备干部考察人选的党风廉政情况，提出书面意见。这是一票否决。五是派驻机构负责人可以约谈驻在部门管理的干部。需要函询、诫勉谈话的，按照有关规定办理。六是派驻机构调查驻在部门管理的干部违犯党纪的案件，立案前应当征求驻在部门主要负责人意见。经省纪委批准，也可以立案后予以通报；七是派驻机构可以针对驻在部门党风廉政建设方面的问题，向驻在部门提出书面意见和建议，驻在部门无正当理由的应当采纳；八是派驻机构有权采用党内法规规定的履行纪律检查职能的其他措施。

二、深入学习党纪党规，以案为鉴筑牢思想道德防线

新修订的《中国共产党纪律处分条例》和《中国共产党廉洁自律准则》已于今年的1月1日起实施，6月28日还出台了《中国共产党问责条例》，目前省委正在制定问责条例实施办法，学习贯彻《准则》和两个《条例》，是当前和今后一个时期的一项重要政治任务。大家要高度重视，认真学习、学思践悟，切实看清红线、坚守底线、筑牢防线。

（一）认真学习，严格遵守，做一名合格党员 下面主要针对两个《条例》作个简要解读。一是被称为“史上最严”的新《处分条例》修订的一个显著特点，就是对党员的履职行为和公开言论划出了红线，对党员八小时以内和八小时以外活动立下了规矩，对党员领导干部任职时和退休后从业行为做出了约束，对领导干部本人和亲属子女的经商办企业行为划定了界限。《处分条例》删除了原条例中70余条与法律法规重复的规定，表明全面从严治党既要纪法分开，更要纪在法前、纪严于法。将原规定的10类违纪行为整合修订为政治纪律、组织纪律、廉洁纪律、群众纪律、工作纪律和生活纪律等6类，使《条例》的内容真正回归党的纪律，为广大党员开列了一份“负面清单”，让党规更加明晰，直接指导党员哪些不可以做，做了就会受到什么样的处分。二是《问责条例》明确规定“干部出问题，组织有责任。”即除了追究个人责任，还要追究在党的建设和党的事业中失职失责的党组织和党的领导干部的主体责任、监督责任和领导责任。用制度形式强化对组织责任的约束力，防止“好好先生”、“为官不为”等不良现象的发生。党的十八大以来，对党组织问责的实践已经开展。在山西塌方式腐败发生后，中央对山西省委作出了“改组性质的调整”，湖南衡阳和四川南充拉票贿选案中，时任衡阳市委书记的童名谦、时任南充市委书记的刘宏建均因履行主体责任不力受到了党纪处分。2015年9月，中央纪委对河南新乡市委和市纪委原主要负责人履行“两个责任”不力等问题通报曝光，在社会上引起强烈反响。

《处分条例》重点针对为官乱为，重在立规，划出了党组织和党员不可触碰的底线。《问责条例》重点针对为官不为，通过问责倒逼责任落实。两个《条例》从不同方面将制度笼子越扎越紧。

（二）以案为鉴，警钟长鸣，筑牢防线永葆本色 下面主要结合大家关注的热点问题，和大家探讨一些案例，以案说纪、以案为鉴，筑牢拒腐防变思想防线。

案例一：吴某，某市公安局副局长，中共党员。一次浏览微信朋友圈时，他看到一篇关于“一国两制”的文章，觉得“甚好”，便罔顾“一国两制”政策出台的背景与实际，轻点手机屏幕进行分享，并发表评论大肆抨击、公然否定。由于吴某社会关系广、朋友杂，其观点被广泛转发，造成恶劣影响，后被组织调查处理。

《中国共产党纪律处分条例》第四十六条规定：“通过信息网络、广播、电视、报刊、书籍、讲座、论坛、报告会、座谈会等方式，妄议中央大政方针，破坏党的集中统一，情节较轻的，给予警告或者严重警告处分；情节较重的，给予撤销党内职务或者留党察看处分；情节严重的，给予开除党籍处分。”

妄议中央大政方针构成违纪，形式是通过信息网络、广播或者座谈会等公开的，使不特定人或者特定多数人听到、看到的方式发表看法。吴某社会关系广、朋友杂，微信朋友圈并非仅有家人和少数经常交往的好友，不属于私人空间，而是具有相当的公开性。其通过微信朋友圈妄言妄语，被广泛转发，造成了恶劣影响，破坏了党的集中统一。值得注意的是，造成破坏党的集中统一的危害后果，是妄议中央大政方针构成违纪的必要条件。如果没有这样的严重后果，则不构成违纪，但可以结合监督执纪问责“四种形态”，给予批评教育或者相应的组织处理。

党员干部应自觉在思想上、行动上与中央保持高度一致，一是决不能“当面不说，背后乱说”“会上不说，会后乱说”“台上不说，台下乱说”，如毕福剑辱骂革命领导人、任志强微博乱放厥词，在社会上造成不良影响。二是也不能心无敬畏，在网络世界里丧失政治立场，随心所欲、妄言妄语。否则，一不小心就可能触犯纪律底线，悔之莫及。

案例二：广东某省直单位一副处拟提拔为正处，在考察阶段，发现其妻子名下有一些股票等资产没填写，经调查：说是岳父母的资产，因年龄大了不方便操作，让女儿代为持有和打理，其妻子觉得并不是自己的家庭财产，不需要填报，没有告诉他，因此被剔除考察对象，在退休前也没有提拔上正处级干部，教训深刻。

我想从几个方面和大家探讨这个问题：

哪些事项个人必须填报，隐瞒个人有关事项，是何种行为？

1. 哪些人需要向组织填报个人事项：

根据国务院办公厅印发的《关于领导干部报告个人有关事项的规定》，需要填报的领导干部范围为：

（1）各级党的机关、人大机关、行政机关、政协机关、审判机关、检察机关、民主党派机关中县处级副职以上（含县处级副职，下同）的干部；

（2）人民团体、事业单位中相当于县处级副职以上的干部；

（3）大型、特大型国有独资企业、国有控股企业（含国有独资金融企业和国有控股金融企业）的中层以上领导人员和中型国有独资企业、国有控股企业（含国有独资金融企业和国有控股金融企业）的领导班子成员。

副调研员以上非领导职务的干部和已退出现职、但尚未办理退（离）休手续的干部报告个人有关事项，也需要填报。

2. 需要填报的事项范围是什么：

首先是家事。包括：本人（婚姻状况，出国境证件，出国境记录）；家属：配偶、子女移居国外、境外状况，国内外从业状况，子女与非本国国民（外国人、无国籍人、港澳台人）的通婚状况。

其次是家产。包括：（1）本人的：工资及各类奖金、津贴、补贴；从事讲学、写作、咨询、审稿、书画等劳务所得，名下房产，投资或者以其他方式持有有价证券、股票（包括股权激励）、期货、基金、投资型保险以及其他金融理财产品的情况；

（2）配偶和共同生活的子女（未成年子女和由其抚养的不能独立生活的成年子女。未成年子女是指不满18周岁的子女；不能独立生活的是指无民事行为能力人或者限制民事行为能力人，以及无劳动能力或者无收入，不能独立生活的成年子女等。比如：在大学读书尚未工作，需要父母供养的子女）：名下房产、投资或者以其他方式持有有价证券、股票（包括股权激励）、期货、基金、投资型保险以及其他金融理财产品的情况，投资非上市公司、企业的情况，注册个体工商户、个人独资企业或者合伙企业的情况。

3. 填报不实有什么后果？

《关于领导干部报告个人有关事项的规定》第十七条规定：领导干部有下列情形之一的，根据情节轻重，给予批评教育、限期改正、责令作出检查、诫勉谈话、通报批评或者调整工作岗位、免职等处理；构成违纪的，依照有关规定给予纪律处分：

（1）无正当理由不按时报告的；

（2）不如实报告的；

（3）隐瞒不报的；

（4）不按照组织答复意见办理的。

中组部《关于进一步做好领导干部报告个人有关事项工作的通知》（组电明字〔2013〕25号）规定："对无正当理由不按时报告、不如实报告或隐瞒不报的，根据情节轻重，给予批评教育、限期改正、责令作出检查、诫勉谈话、通报批评或者调离岗位、免职等处理；构成违纪的，依照有关规定给予纪律处分。凡不如实填报或隐瞒不报的，一律不得提拔任用、不列入后备干部名单"。

2014年1月，中组部印发《领导干部个人有关事项报告抽查核实办法（试行）》，规定从2015年1月，中组部在全国范围部署推行领导干部个人有关事项"凡提必核"，凡是拟提拔为副处级以上干部人选、后备干部人选以及转任重要岗位人选等，都要进行重点核实。

《中国共产党纪律处分条例》第六十六条规定：不按照有关规定或者工作要求，向组织请示报告重大问题、重要事项的，给予警告或者严重警告处分；情节严重的，给予撤销党内职务或者留党察看处分。

不按要求报告或者不如实报告个人去向，情节较重的，给予警告或者严重警告处分。

第六十七条第一款规定：有下列行为之一，情节较重的，给予警告或者严重警告处分：（一）违反个人有关事项报告规定，不报告、不如实报告的……。

特别需指出，根据组织部门的有关规定，不如实报告个人有关事项的，一经查实，不仅立即取消提拔任用资格，还会根据情节轻重，受到处理。大家一定要引以为戒。

案例三：赵某，某单位司局级干部，性格外向，喜好张罗事，在老乡之中颇有人望。某次在广州的老乡聚会上，赵某主动提议成立在粤老乡联谊会，由他本人担任秘书长。老乡会成立后，一直未登记注册，组织了多次大规模的聚会活动，产生较大影响。后来，赵某被党纪处分。

很多人会说校友会都不能参加了，也太不近人情了。

这个要区分情况来处理，不能一概而论。要把"老乡、校友、战友间的正常聚会活动"与违规聚会区分开来。

《中国共产党纪律处分条例》第六十八条规定的内容是："党员领导干部违反有关规定组织、参加自发成立的老乡会、校友会、战友会等，情节严重的，给予警告、严重警告或者撤销党内职务处分。"这里需要说明三点：一是这条规定针对的仅是"党员领导干部"，体现了对党员领导干部的高要求。二是违反规定，是指违反了2002年中央纪委、中央组织部、总政治部联合下发的《关于领导干部不得参加自发成立的"老乡会""校友会""战友会"组织的通知》的有关规定。也就是说组织、参加自发成立的老乡会、校友会、战友会等构成违纪的前提是违反了这个规定。该通知明确规定，党员领导干部不得参加自发成立的老乡、校友、战友之间的各种联谊会之类的自主，不得担任这类组织、联谊会的发起人和组织者，不得在这类联谊会中担任相应职务；也不得借机编织"关系网"，搞亲亲疏疏，团团伙伙，更不得有"结盟""金兰结义"等行为。三是这里要强调组织参加的是自发成立的老乡会、校友会、战友会，所谓的自发成立主要是指未经民政部门登记注册的。

上述案例是否构成违纪，要从以下几个方面来综合判断：

首先，要看是不是党员领导干部（党员领导干部的范围和需要申报个人事项的党员领导干部基本相同）

一是党政机关中的"党员领导干部"，包括党的机关、人大机关、行政机关、政协机关、审判机关、检察机关、各民主党派和工商联机关以及参照公务员法管理的单位中担任各级领导职务和副调研员以上非领导职务的中共党员。

二是国有企业中的"党员领导干部"，包括大型、特大型国有和国有控股企业（含国有和国有控股金融企业）中层以上领导人员，中型以下国有和国有控股企业（含国有和国有控股金融企业）领导班子，以及上述企业中其他相当于县处级以上层次的中共党员。

三是事业单位中的“党员领导干部”，包括事业单位（未列入参照公务员法管理范围）领导班子和其他六级以上管理岗位的中共党员。此外，已退出上述领导职务、但尚未办理退休手续的中共党员干部也属于党员领导干部的范围。

其次，要看是不是自发成立的老乡、校友、战友之间的各种联谊会之类的组织，是不是这类联谊会的发起人和组织者，是否在这类联谊会中担任相应职务。是否借机编织“关系网”，搞亲亲疏疏，团团伙伙等行为。

再次，党员领导干部违反规定组织、参加老乡会、校友会、战友会等，只有情节严重的，才构成违纪。“情节严重”，一般是指组织、参加自发成立的老乡会、校友会、战友会中程度较深、次数较多、影响较大的情形，执行中应当结合实际情况具体分析。

现实中，要把违规行为与不违犯中央八项规定精神的老乡、校友间的正常聚会区别开来。

案例四：重庆市某一副厅级干部为儿子结婚大摆筵席，接受服务对象礼金，被组织调查。

有人说，结婚人生能有几次，这都不让，太不人性化。结合这个案例，我和大家探讨以下党员干部操办婚丧喜庆事宜有何规定？

答：婚丧喜庆并非不能操办，要符合两个规定：

一是报告，二是廉洁。

一要报告：根据《中共广东省纪委、广东省监察厅加强对党员领导干部操办婚丧喜庆事宜监督的暂行规定》党员干部操办婚丧喜庆事宜包括党员领导干部本人及直系亲属的婚庆、生日、乔迁、晋升、调动，直系亲属丧葬，子女升（留）学、就业、获奖等事宜，应至少在事前10个工作日，向本单位主要负责人报告，说明操办事宜、时间、地点、邀请人数及范围等情况，经同意后方可举办，为直系亲属操办丧礼的，可当时口头或电话报告，事后15个工作日内以书面形式补充报告。同时按干部管理权限向纪检监察机关备案，其中科级以下干部需向本单位机关纪委备案，处级干部需向派驻纪检组备案，厅级干部需向省纪委备案。

二要廉洁：在婚丧喜庆事宜中必须廉洁自律。

《中国共产党纪律处分条例》第八十五条规定：“利用职权或者职务上的影响操办婚丧喜庆事宜，在社会上造成不良影响的，给予警告或者严重警告处分；情节严重的，给予撤销党内职务处分。

在操办婚丧喜庆事宜中，借机敛财或者有其他侵犯国家、集体和人民利益行为的，依照前款规定从重或者加重处分，直至开除党籍。”

《中共广东省纪委、广东省监察厅加强对党员领导干部操办婚丧喜庆事宜监督的暂行规定》第二条：“党员领导干部操办婚丧喜庆事宜，要坚持廉洁自律，勤俭节约，移风易俗，不准有以下行为：

（1）邀请管理服务对象及与行使职权有关的人员参加；

（2）本人及其直系亲属收受本条第一项所指人员的礼品、礼金；

（3）用公款公物操办，或由其他任何单位、个人支付应由本人承担的操办费用；

（4）用私款私物大操大办，造成不良影响。

违反上述规定，造成不良影响的，依照《中国共产党纪律处分条例》有关规定予以严肃处理。”

有人问，不是举办方，去参加婚丧喜庆事宜有限制么？

对违反上述规定的婚丧喜庆事宜，党员干部不仅不能参加，还要坚决制止，否则将触犯党纪。对于参加一般群众的婚丧喜庆事宜，党员干部还要注意“度”的把握，如果是奢侈、铺张的宴会，则坚决不能参加，并要求群众缩小规模降低规格。

（本文系省财政厅党组成员、纪检组长叶昊文2016年8月10日在纪律教育学习月活动中的专题辅导报告节选）

锐意谱写广东财政教科文工作新篇章

广东省财政厅党组成员、副厅长　郑贤操

一、“十二五”时期广东财政教科文工作回顾

“十二五”时期，全省一般公共预算教科文支出累计达10729.71亿元，年均增长18.05%，其中：全省公共财政教育支出8307.92亿元，年均增长16.24%；科学技术支出1617.54亿元，年均增长42.14%；文化体育与传媒支出804.25亿元，年均增长2.3%，支持推进我省教育强省、科技强省、文化强省、人才强省战略。

（一）以“一揽子计划”投入促教育事业全面发展

支持义务教育均衡优质标准化发展。我们将义务教育全面纳入了公共财政保障范围，建立各级财政分项目、按比例分担的义务教育经费保障机制。省财政投入100亿元开展欠发达地区基础教育创强，实施义务教育薄弱学校全面改造，逐步缩小区域间教育发展差距，截至2015年底已有12个地级市、108个县（区）和1495个镇通过了创强督导验收。我们统一了城乡免费义务教育公用经费补助标准并逐年提高，落实了免费教科书政策并建立补助标准动态调整机制和农村中小学校舍维修改造长效机制，顺利完成农村义务教育债务化解工作。欠发达地区91个县（市、区）基本实现中小学教师工资待遇“两相当”，山区和农村边远地区义务教育学校教师岗位津贴2016年最低标准提高到人均800元/月。

加快发展现代职业教育。实施以生均综合定额拨款为主的职业教育预算管理制度，并建立完善试点职业院校生均基准定额标准的科学调整体系。支持省级职业技术教育基地、高技能公共实训基地和中等职业技术教育实训中心（基地）建设。扩大实施中等职业学校免学费政策，完善中职国家助学金制度，引导中等职业学校形成“工学结合、校企合作、顶岗实习”的办学模式。

支持高等教育内涵式发展。完善高校生均综合经费试点，科学合理确定生均定额标准。严格高校贷款审批，加强高校财务监督管理。实施高等教育“创新强校”工程，突出加强“四重”建设。支持高水平大学和高水平理工科大学的建设，同时推动中外高校合作办学，广东以色列理工学院项目落地启动。

促进学前教育、特殊教育发展。由省财政每年重点扶持欠发达地区发展学前教育。贯彻实施学前教育两期三年行动计划，多渠道多形式扩大学前教育资源。实施广东省特殊教育提升计划（2014—2016年）财政经费保障一揽子方案，经费保障全面覆盖特殊教育各类机构和各学阶，建立了学段衔接、普职融通的全纳教育体系。

健全学生资助政策体系。我们建立了从学前教育到研究生教育阶段全覆盖的“贷、奖、助、补、减、免”资助政策体系，从制度上保障学生不因家庭经济困难而失学。

（二）以改革科技经费管理推科技创新发展

支持创新驱动发展。支持省科学院重组，完善人员经费保障机制和加大投入力度，支持省政府与清华大学共建清华大学珠三角研究院，进一步提升珠三角地区自主创新能力。整合相关资金支持应用型科技研发。围绕创新链条，支持公益研究、基础与应用基础研究、协同创新环境平台建设。

深化财政科技资金管理改革。制定实施《关于深化广东省级财政科技计划（专项、基金等）管理改革的实施方案》，优化和完善科技计划管理。调整省级科技专项资金结构和投入方式，将原15项、27亿元省级科技专项重新整合为5项，并加大了对基础研究的投入力度，大幅减少资金使用上的交叉重叠。

推进科研单位公益性事业发展基金改革。我们突出抓好省科学院事业发展基金、省社会科学发展基金运作的跟踪管理，完善基金运转模式、分配方式、监管机制，在财政资金创新支持科研单位自主发展方面形成新经验。

（三）以优化支出结构促公共文化服务体系建设

完善公共文化基础设施。“十二五”期间，省财政共计安排9亿元奖补扶持全省经济欠发达地区基层公共文化设施建设，县级以上公共图书馆、文化馆和乡镇（街道）综合文化站的达标率分别为83.67%、66.43%、86.64%，基本形成了省、市、县、镇、村五级公

共文化设施网络。

实施重点文化惠民工程。通过财政保障方式，我省在2011年底全国率先实现了公共图书馆、文化馆、博物馆、美术馆、文化站免费向公众开放。同时，2012–2015年省财政通过安排文化消费补贴专项资金4.5亿元，改善城乡低保人员文化生活。

支持加快现代文化产业体系建设。由省财政安排省级文化产业发展专项资金，重点引导和扶持平面传媒业、广播影视业、动漫制作等文化产业项目，支持打造具有国际竞争力的现代文化产业体系。通过财政专项借款和专项补助的方式，支持全省有线广播电视网络和新华书店完成转制工作。

（四）以加大财政投入推人才培养和引进

“十二五”期间，省财政共安排培养和引进人才经费近52.91亿元。支持引进创新科研团队和领军人才、引进博士后和组团赴国外招聘高层次人才、资助引进和推广国（境）外科技智力成果等。我们还支持实施了百名南粤杰出人才培养工程，落实我省政府特殊津贴专家生活补贴政策，并对我省入选“国家特支计划”的人才，按照1：1比例给予配套资金支持。同时，由省财政安排“广东特支计划”专项资金，支持我省三个层次九类人才的培养，并实施欠发达地区人才建设“扬帆计划”，助力粤东西北地区加快发展。

二、正确认识财政教科文工作的重要性

财政教科文工作是财政工作的重要组成部分，涉及当前经济社会发展的各个重点领域。我们必须看清形势，深化对财政教科文工作重要性的认识，增强工作的责任感和使命感。

首先，从广东发展的全局看，财政教科文工作是实现我省“三个定位，两个率先”的重要抓手。党中央对广东的发展寄予厚望，习近平总书记对广东提出“三个定位，两个率先”的目标要求，对广东各项事业的发展给予了殷切希望。当前正处于大发展、大变革、大调整的环境下，新一轮科技变革和产业变革正在兴起，全球产业结构、经济结构正发生重大变化，各国的科技、教育等产业化竞争非常激烈。广东产业发展要想实现新的突破，形成新的发展方式，就必须依靠科技和创新，并提高劳动力素质。同时，文化也将越来越成为创造力的重要来源、创新驱动的重要引擎，在综合竞争中具有特殊的战略地位。正是在这种情况下，省委省政府对努力办好人民满意的教育、实施创新驱动发展战略、建设文化城市等作出了全面部署，加大教育、科技、文化投入，加快支持教育科技文化事业的发展，已经成为广东实现“三个定位、两个率先”这一目标的重大任务和重要抓手，财政教科文工作要以我省改革发展的总路径为重心进行科学谋划，把省委省政府的部署落实到财政教科文的具体工作中。

其次，从财政工作大局来看，建立现代财政制度要求必须加快推进财政教科文工作。省委省政府通过了我省深化财税体制的总体方案，新一轮财税体制改革正在稳步推进，这关系到我省建立现代财政制度体系，政府治理能力和治理水平的现代化。财政教科文作为财政工作的重要组成，要按照深化全省财税体制改革总体部署，加快建立教育科技文化领域全面规范、公开透明的现代预算制度，合理划分事权与支出责任，完善相关的转移支付制度，创新公共服务的供给方式，有效调动社会力量参与，建立规范的财政资金使用机制，支持教育科技文化事业的改革与发展。

再次，结合新常态、新形势来看，财政教科文工作还需在自身管理上再下功夫。当前我省经济发展压力较大，财政支出增长刚性需求进一步加强，财政收支困难更加突出。在此形势下，财政教科文投入高速增长的局面将不可持续。同时，与广大群众的需求相比，教科文公共服务供给还存在行政效率不高、规模不足、发展不均衡等问题。要面对这些新形势，树立过紧日子的思想，重视盘活存量、用好增量，以更高的标准和要求，切实加强管理，不断提高财政教科文公共服务的质量和数量。

三、准确把握今后一个时期工作总体要求

今后一个时期，我省财政教科文工作的总体要求是：深入贯彻党的十八大和十八届三中、四中、五中全会精神，认真落实党中央、国务院和省委、省政府的有关决策部署，紧紧围绕广东财政工作中心，准确把握教科文事业发展规律，坚持问题导向，以深化改革为强大动力，以促进发展为根本目的，以强化管理为重要保障，进一步加大投入力度，突出支持重点，创新投入方式，提高管理绩效，推动相关领域改革，维护社会公平正义，不断开拓广东财政教科文工作新局面。工作中要注重把握以下几点：

一是牢固树立现代管理理念，着力改革管理方式。要按照转变政府职能和建立现代财政制度的要求，着力改革管理方式，调动各方面积极参与事业改革发展。划清政府与市场的作用边界，做到既不缺位，又不越位。要积极发挥社会力量在推进公益事业发展、增加公共服务供给中的作用，将适合由社会组织提供公共服务的事项，交由社会组织承担，鼓励社会力量积极参与教科文事业发展。要合理划分教科文领域省与市县的事权和支出责任，充分调动中央和地方两个积极性。要处理好财政部门与相关主管部门的预算管理职责划分，在预算

管理上，财政部门和相关主管部门要严格按照新预算法的规定，各司其职，共同做好预算管理工作。

二是牢固树立全局意识，切实增强改革的主动性、系统性和协同性。改革是一项复杂的系统工程，我们要把财政教科文工作放在全面深化改革的全局中来谋划。对于符合改革发展方向、看清看准的事，要不等不靠，主动推进。要突出改革重点，着力解决群众最关心、最直接的现实问题、制约教科文事业发展的体制机制问题，而不能以投入来掩盖问题、以发展来回避改革，防止头痛医头、脚痛医脚，做到统筹兼顾，互促互动。

三是牢固树立可持续意识和中长期观念，以更高要求更宽视野推动教科文事业科学发展。要立足保基本。聚焦教科文领域基本公共服务，坚持保基本、守底线，多做雪中送炭，不搞锦上添花，以基本条件和服务能力的标准化为抓手，不断缩小城乡、区域之间的差距，加快推进基本公共服务均等化。要聚焦工作重点。着力解决关键领域和薄弱环节问题，重点聚焦基础研究、战略必争领域，以及涉及广大人民群众基本权益的义务教育、公共文化等方面，增强政策的精准性和指向性，使财政投入能够直接地、有效地转变为公众福利，更好促进提升我省的软实力。要强化宣传引导。合理引导社会预期，增强理性声音，传递正能量，防止片面化。

四是牢固树立绩效理念和法治意识，全面加强财政科学化规范化信息化管理。坚持将绩效观念和绩效要求，贯穿于财政管理之中，加快建立全过程绩效管理机制，注重对教科文重大投入政策的战略性评估。要深入研究教科文事业发展在不同领域、不同阶段的特点，自觉遵循教科文事业发展规律，切实提高财政管理的针对性、科学性和有效性，做到事半功倍。要坚持依法理财，将依法理财的观念在日常工作制度和流程中全程体现，把财经纪律变成不敢碰的“高压线”。要积极运用信息化手段和智能化平台，主动为财政教科文工作服务。

四、扎实做好近期重点工作任务

（一）积极推进财政教科文预算管理改革

不断完善专项资金管理。按照现有的专项资金清理评估机制适时清理、整合、规范教科文口的专项资金，切实做到设置有依据、有目标，管理有动态、有调整，实施有评估、有退出，切实提高专项资金使用绩效。加强教科文预算执行管理。进一步细化预算编制，通过实施项目库管理等，做实资金分配的具体项目，提高预算年初到位率；硬化预算约束，预算未安排事项一律不得支出，从严从紧控制追加预算；重点抓好预算实际支出的具体工作，提高资金支出的时效性，特别是专项转移支付、一般性转移支付和中央资金必须按法律规定时限下达；强化制度建设，落实预算执行主体责任、考核机制以及奖惩办法，狠抓重大项目、重点科目和重要部门的预算执行，特别是要做好省级科技转移支付资金的转拨下达工作，确保资金及时落实到位。创新公共服务提供方式。积极探索采取政府与社会资本合作（PPP）、合同出租（服务外包）、个人账户直接付款、政府补贴、消费凭单等多种政府购买服务方式，有效动员社会力量，构建多层次、多方式、多元化的公共服务供给体系。

（二）大力支持办好人民满意的教育

着力促进义务教育均衡优质标准化发展。贯彻落实《国务院关于进一步完善城乡义务教育经费保障机制的通知》，进一步健全义务教育经费保障机制。完善城乡中小学校舍维修长效机制，支持欠发达地区推进教育现代化工作。着力改善基本办学条件，用3—5年时间全面改善贫困地区薄弱学校基本办学条件。落实山区、农村边远地区教师津补贴制度，加强农村教师队伍建设，着力提高农村师资水平。支持城乡校长教师交流轮岗制度等义务教育综合管理改革。

促进加快发展现代职业教育。完善投入机制和进一步加强基础能力建设。推动中高职一体化建设，全面实行高等职业院校生均定额拨款制度，建立我省中等职业学校生均拨款制度；推动建立发达地区和欠发达地区中等职业教育合作办学工作机制，构建区域内职业教育资源、校企资源共享机制。健全社会力量投入的激励政策。鼓励社会力量捐资、出资兴办职业教育。同时，积极推动职业教育综合改革，支持建立现代职业学校制度。

支持公办民办并举扩大学前教育资源。落实第二期学前教育发展三年行动计划，着力扩大普惠性学前教育资源，支持改扩建公办幼儿园，扶持普惠性、低收费民办幼儿园发展，加强幼儿园教师队伍建设。完善幼儿资助制度，逐步形成各级政府分担的幼儿资助稳定支持机制。强化县级政府学前教育支出责任，鼓励各地因地制宜地探索建立幼儿园生均经费标准。

支持高等教育内涵式发展。继续完善科学合理的省属高校生均综合定额投入机制标准，综合考虑财政拨款、收费政策、社会捐赠等方面实际情况，建立生均绩效考核制度。重点建设一批高水平大学，支持高等教育“创新强校”工程，推动高等教育内涵式发展。按照加强政府性债务管理的要求，建立健全高校债务审批管理机制，从严从紧防范财务风险。统筹推进世界一流大学和一流学科建设，科学合理编制“支持地方高校发展资金”三年建设规划，积极争取中央资金支持地方高校特色发展。

完善学生资助政策体系。更好发挥奖、贷、助、补、减等各类资助政策的不同功能，兜住底线，不断提高政策的有效性和精准度。根据实际情况，动态调整奖助学金资助标准和覆盖面，突出资助重点，对贫困地区、民族地区、贫困家庭进一步加大资助力度，促进教育机会公平。继续实施农村义务教育学生营养改善计划，适时提高膳食补助标准，推动社会力量广泛参与。落实省三年扶贫攻坚教育精准扶贫有关政策，对建档立卡贫困户学龄人口制定教育精准扶贫方案，做好财力保障工作。

（三）大力支持实施创新驱动发展战略

健全财政支持创新驱动发展政策体系。要贯彻落实省委、省政府《关于加快建设创新驱动发展先行省的意见》以及珠三角自主创新示范区建设要求，完善财政支持创新驱动发展的体制机制。一是按照遵循尊重科研规律，尊重科研人员劳动的要求，研究制定省级财政科研项目经费管理办法，统一制度规定，扩大自主管理，合理补偿人力成本。二是加强科研项目结转结余资金管理，切实解决省级科技项目资金在研期间的持续使用问题。三是深化科研单位公益性事业发展基金改革，重点抓好省科学院事业发展基金、省社会科学发展基金运作的跟踪管理，完善基金运转模式、分配方式、监管机制，在财政资金创新支持科研单位自主发展方面形成新经验。

完善基础性、前沿性、公益性和战略性科研支持机制。一是高度重视对基础研究的支持。从政策环境、体制机制、科研布局、资金投入、科技评价导向等方面，进行系统研究、综合施治，切实加大财政基础研究投入，支持提高原始创新能力。二是完善稳定支持与竞争性经费支持相协调的机制。健全基础性、前沿性、公益性研究稳定支持机制；对优秀人才和团队给予稳定支持；对事关国计民生、科学知识和共性关键技术等重大社会公益研究，进行持续支持，实现项目、基地、人才相结合。三是促进科技资源开放共享和高效利用。探索建立大型科学仪器和科研设施共享服务后补助机制，支持国家科技基础条件平台建设和开放运行，提高资源利用效益。

健全技术创新引导支持机制。一是由研发政策导向转向技术创新政策导向。要破除路径依赖，转变理念，在支持科技研发的同时，准确把握政府和市场边界，注重推动产业技术进步。二是完善支持方式。对于重大共性关键技术，按照公共财政和技术中性原则，加大资金支持力度，深入推进协同创新和开放创新。对于确需政府支持的一般性技术创新活动，主要采用后补助及间接投入等方式予以支持，吸引社会资金、金融资本进入创新领域。三是推动科技成果产业化、资本化。深化科技成果使用、处置和收益管理改革，进一步理顺政府和市场的关系，充分发挥市场对技术研发方向、路线选择、创新要素配置等的导向作用。

（四）大力支持文化强省建设

着力促进文化体制机制改革创新。一是推动广东省新媒体产业基金启动运作。2016—2018年由省财政统筹安排新媒体产业基金10亿元，吸引社会资金，扩大基金规模，推动传统媒体和新兴媒体融合发展。各地要支持新媒体产业基金，推进实施优秀项目。二是按照政企分开、政事分开原则，通过调整完善财政投入方式，支持文化部门由办文化向管文化转变，理顺部门与文化企事业单位关系。三是加强经费保障，鼓励图书馆、博物馆等公益性文化事业单位建立法人治理结构，完善绩效评价机制，充分发挥服务功能。四是进一步完善和落实文化经济政策，支持深化文化体制改革，促进文化改革发展。

支持构建现代公共文化服务体系。一是继续推动基本公共文化服务标准化、均等化，继续推动人均公共文化财政支出补短板工作，落实短板指标季度考核制度。二是统筹推进实施广播电视户户通等重点文化惠民项目。推动基层公共文化体育设施有效整合，支持打造公共文化服务数字化平台，切实提高公共文化体育资源使用效益。三是促进公共文化服务社会化发展。引入竞争机制，创新投入方式，研究制定政府向社会力量购买公共文化服务办法。研究财政支持促进文化消费政策，引导和培育文化消费市场。

（五）继续推动实施“人才强省”战略

进一步落实省委、省政府关于加快吸引培养高层次人才的意见，统筹管好用好引进创新科研团队和领军人才、培养人才及人才奖励经费；联合有关部门实施“扬帆计划”，加大对欠发达地区人才工作扶持力度；实施“广东特支计划”，加大人才培养力度。

（本文系省财政厅党组成员、副厅长郑贤操2016年4月21日在全省财政教科文工作会议上的讲话，原载于《广东财政理论与实务》2016年第6期）

树立和落实新发展理念 推动农业综合开发迈上新台阶

广东省财政厅党组成员、副厅长　杨朝峰

2016年是“十三五”开局之年。做好今年农业综合开发工作，要贯彻落实中央和省“十三五”规划精神、中央1号文件和省有关实施意见，坚持用发展新理念引领农业综合开发，切实落实好我厅关于农业综合开发各项工作安排，努力推动我省农业综合开发工作迈上新台阶。

一、用新发展理念指导农业综合开发

中央提出创新、协调、绿色、开放、共享五大发展新理念，是经济新常态下我国经济发展的重要指导方针。新形势下做好农业综合开发工作，必须树立和落实新发展理念，用发展新理念引领农业综合开发实现新发展。

创新是引领农业农村发展的第一动力。当前我省农业农村发展面临新旧动力转换，转变农业发展方式，培育持续增长新动力，根本在于创新。农业综合开发要树立创新发展理念，注重运用农业科技创新，深化体制机制改革，创新项目和资金管理机制，为农业综合开发注入新动力。

协调是全面建成小康社会的必由之路。我省城乡发展不平衡问题比较突出，农村农业内部不协调问题也比较突出。农业综合开发要树立协调发展理念，围绕补齐农业农村发展短板积极发力，协调发挥好政府和市场两只手功能，促进城乡协调发展和农业农村内部协调发展。

绿色是农业永续发展的必要条件。农业天然地具有“绿色”属性，是生态产品的最大提供者。我省农业生产环境污染比较突出，推动农村绿色发展更加紧迫。农业综合开发要树立绿色发展理念，把田水路林山作为一个生命共同体统筹谋划，着力治理农业环境突出问题，努力实现农业资源的保护和高效利用，促进形成生产发展、生活改善、生态协调的现代农业发展格局。

开放是农业发展的必由之路。开放才能有效配置资源，释放发展活力。广东是开放型经济大省，对外开放是我省发展的重要优势。农业综合开发要树立开放发展理念，面向国内外省内外配置农业开发资源，吸引社会资本参与农业综合开发，推动开放合作发展。同时，注意吸收借鉴国内外先进管理经验和做法，促进提高我省农业综合开发管理水平。

共享是中国特色社会主义的本质要求。共建共享、公平共享，是农民群众的强烈愿望，也是农村全面小康的重要标志。农业综合开发要树立共享发展理念，注重发挥财政资金公共性、普惠性和带动性功能，更多的让农民参与农业综合开发项目，促进农民普遍增收。特别是要对接精准扶贫，将农业综合开发资金项目进一步向贫困地区倾斜，加强高标准农田建设，扶持发展优势特色产业，促进贫困人口脱贫。

二、集中力量建设高标准农田

要扭住高标准农田建设这一主业。高标准农田建设一直是农业综合开发的重点，要牢牢扭住，切实抓好。“十二五”期间，我省高标准农田建设取得很大成绩，共完成项目563个，建成359.53万亩。初步统计，过去五年高标准农田建设，累计新增粮食生产能力3.8亿公斤，增加项目区农民收入超过14亿元，涉及16市59个县（市、区），有力促进了粤东西北县域经济发展。但与兄弟省区相比，也存在一些不足，主要是：资金规模小，五年总投入41.81亿元（其中争取中央资金19.51亿元，省配套18.13亿元，市县配套4.17亿元），而江苏同期是72.7亿元；农业综合开发高标准农田建设投入标准还不高，亩均投入不到1200元，低于国土等部门的1500元，也低于国家农发办规定的标准（1200~1500元）；同时，审批程序设计不太合理，建设进度偏慢；投入机制不完善，吸引社会资本投资不够。对这些问题，要高度重视，采取措施加以解决。

要着力提升高标准农田建设水平。新形势下推进高标准农田建设，要全面贯彻《国家农业综合开发高标准农田建设规划（2011—2020年）》，把提高高标准农田建设的质量水平作为主攻方向。要提高建设标准，推动农业综合开发高标准农田建设与全省高标准农田建设相统一，逐步参照国土部门高标准农田项目建设要求提高农业综合开发的投入标准，完善项目规划设计、立项审批、竣工验收等相关制度，以高的标准引领和倒逼农业综合开发高标准农田建设。

要完善高标准农田管护机制。完善项目管护办法，确保工程及时移交，落实管护主体，明确管护责任，保证项目长期发挥效益，不断提高农业综合生产能力。

要完善投入机制。稳步扩大省级财政投入，争取更多的中央资金。加强与金融机构合作，积极引导社会资本投资，形成稳定增长、主体多元、充满活力、富有效率的高标准农田建设投入机制。

要继续开展新型农业经营主体建设高标准农田试点。支持新型农业经营主体申报实施高标准农田项目，合理确定单个项目连片治理面积的申报下限，支持新型农业经营主体申报、实施、管护高标准农田。

三、支持发展特色产业集群

要把特色产业集群做大做强。扶持农村特色产业发展，是农业综合开发一个重要方面，而且随着形势的发展，这方面工作将会越来越重要。要按照《全国农业综合开发扶持农业优势特色产业规划（2016—2018年）》，根据我省各地自然和经济条件，遴选规划一批区域农业优势特色产业。选准确立一批优势特色产业龙头骨干项目，进行集中精准扶持，带动面上特色产业发展。依托龙头骨干项目，打造一批产业链条延伸长、一二三产业融合发展、示范带动作用强的区域优势产业集群，增强我省优势农业品牌的竞争力。

要扶持特色产业创新。扶持发展新型农业经营主体，综合采用贷款贴息、财政奖补，以及探索股权投资基金等方式，加大对农民合作社、种养大户、家庭农场、龙头企业等新型农业经营主体的扶持力度，促进其发展壮大。扶持发展新型农业经营业态，支持建设农业电子商务平台和农业生产流通物联网，发展农产品电子商务，促进“互联网+农业”发展。扶持发展生态农业和高科技农业，加大对循环农业、绿色食品、有机产品标准化生产等类项目的扶持力度，鼓励农业企业采用高新技术发展高价、高附加值产品，对利用现代生物技术创新生产模式等给予优先扶持。

四、深化改革创新加强科学管理

首先，要完善管理机制。一是要建立国家开发县动态管理机制，按照“总量控制、分级管理、定期评估、适时退出、违规处罚”的原则要求完善开发县管理，在国家下达我省的开发县总量控制前提下，建立我省国家开发县动态调整机制，优化开发县结构。二是要理顺农业综合开发三个基本关系，即理顺上下级财政部门（农发机构）之间、财政部门和农口部门之间、政府机构和企业（组织）之间关系，通过修订竣工验收管理办法、部门项目实施办法等理清省市县、财政部门与农口部门之间职责，明晰各自责任，规范项目管理，加强协调合作，保证开发项目顺利实施。三是要强化绩效管理，一手抓项目实施过程中的绩效控制，认真分析项目实施的关键节点、关键因素，出台有针对性的管理措施，增强对项目实施效果的控制力，另一手抓项目实施完成后的绩效评价，结合国家和我省相关规定，科学设置绩效评价指标体系，及时组织绩效评价，做好绩效评价结果应用，从而不断提高资金使用的效率、效能。四是要完善项目管理，要结合实际梳理过去形成的管理制度办法，同时借鉴国内国外先进的项目管理经验和做法，不断完善项目法人制、工程监理制、招投标制等项目管理制度体系。

其次，要创新投入机制。总投入不足是全国农业综合开发都面临的问题，广东农业综合开发应当有率先破题的理念和担当，在创新投入上大胆探索、先行先试。要进一步加强与银行、股权投资基金等金融机构的横向联系，发挥财政资金的杠杆撬动作用，引导金融资本投入农发项目，以项目为平台引导整合涉农资金，放大扶持效果，对有条件实现多主体共同投入、综合配套融资的项目优先给予支持。同时加强与财政部的纵向联系，争取让我省在拟推行的PPP投入方式、股权投资基金、股权引导基金等农业综合开发新政策领域首批试点，助推我省农业产业化发展。

其三，要打造“电子农发”。加快农业综合开发信息化建设步伐，利用信息化手段加强管理，全面提升我省农业综合开发管理效率。以国家农发办信息化系统建设规划为依托，结合我省实际，建立适应需求的信息化机制，为项目和资金管理提供信息化支撑，使全省各级农发机构能够及时掌握项目和资金运转的有关信息，及时发现并解决存在的问题，尤其是要着力解决部分市县项目实施进度偏慢、资金支出进度不快、结余结转较多这一长期存在的问题，提高资金使用效率。

五、从高从严加强农发机构和队伍建设

推动农业综合开发实现新发展，加强机构和队伍建设很重要。要从高要求从严管理，全面增强整个农业开发机构和队伍的战斗力。

要理顺农发机构关系。我省农发办于2005年由省农业厅划转省财政厅，大部分市县机构也相应进行了划转，但目前尚有10余个县的农

发机构仍在当地农业部门。这种机构未理顺的状况，一定程度上影响各级协作的工作效率。要围绕统一业务管理、加强协调合作、形成工作合力，推动各地理顺农业综合开发管理体制，完善农业综合开发机构保障机制，更好地做好新形势下农业综合开发工作。

要加强农发队伍建设。农发干部既管资金又管项目，在财政工作具有一定的特殊性，必须既要懂财政，又要懂农业，还要守廉洁，才能做好工作。要从这样的要求出发，全面加强农发队伍建设。要提高综合素质，做到政治过硬，熟悉政策，会沟通、能协调，有较强执行力。要提高专业能力，不仅要懂财政，还要懂农业，特别是熟悉工程和项目管理，内行办事。要守住廉政底线，加强廉洁教育，加强内控管理，完善制约和监督机制，营造清正廉洁、干事创业的良好氛围。

（本文作者系省财政厅党组成员、副厅长杨朝峰的署名文章，原载于《广东财政理论与实务》2016年第4期）

全面推进“十三五”时期财政国库工作

（节选）

广东省财政厅党组成员、副厅长　叶梅芬

一、“十二五”时期我省财政国库工作服务财政管理和改革取得显著成效

“十二五”时期，也是我省财政国库管理工作取得丰硕成果的时期。各级财政按照建立现代财政国库制度的目标要求，不断加强财政国库管理，完善国库运行机制，推进财政国库改革，着力打造服务保障型、决策支撑型、运营管理型、风险防控型的“四型”财政国库，服务我省经济社会发展，服务省委省政府决策，服务财政管理和改革工作全局取得了显著成效。

（一）深化国库集中支付改革，突出国库服务保障作用　“十二五”期间，全省全面推行国库集中支付改革，进一步提高财政资金运行的安全性、效率和透明度，服务财政预算执行，保障稳增长、促改革、调结构、惠民生等各项资金落实到位。一是国库集中支付改革实现“纵向到底，横向到边”。省、市、县三级财政全面铺开国库改革，国库集中支付资金规模不断扩大，到2015年末，国库集中支付改革已覆盖了全省99%的县级及以上预算单位，基本覆盖了全部一般预算和政府性基金预算资金。在此基础上，深入推行乡镇国库集中支付制度改革，打通财政资金拨付的“毛细血管”，到2015年末，全省78%的乡镇已实施国库集中支付改革，惠州、中山、湛江等部分市已实现全部乡镇纳入国库支付改革的目标。二是加强国库信息化建设。全省实施了财政支出管理电子平台建设，构建了覆盖所有县（市、区）的国库支付系统，提高了各级财政部门对预算资金执行全过程的监控能力和财政资金运行的时效性。省本级和佛山等市开展了国库集中支付电子化改革试点，进一步提高财政资金支付效率和管理水平。三是初步建立覆盖预算单位资金收支全流程的监控机制。公务卡改革、预算执行动态监控改革、财务核算信息集中监管改革等一系列配套改革措施稳步推进，加强对预算单位的不规范行为的防控，保证政令畅通和财政政策的有效落实。

（二）全面反映财政财务状况，发挥财政国库决策支撑作用　“十二五”期间，各地财政国库部门围绕“领导决策参谋助手”的定位，及时反映财政经济运行情况，提出有建设性和操作性的应对措施，为各级党委政府正确决策提供参考。一是多管齐下，提高预算执行分析水平。主要体现在：分析的及时性提高。及时报告各级一般预算收支执行数据，及时向各级领导通报收支进展情况，及时报送财政分析资料供决策参考，发挥财政国库作用。分析的准确性提高。积极完善预算执行分析工作机制，加强与各地区、各部门的联系和沟通，建设大数据决策分析系统，加强对宏观经济形势和政策变动的分析，分析准确性显著提供啊。分析的前瞻性提高。积极借助外部专家力量，运

用现代的计量经济方法，修正完善广东财政收入预测模型，提高分析预判前瞻性。分析的针对性提高。重点研究省委省政府的重要决策部署体现在财政运行中的效果，专题分析水平有了较大进步。二是提前谋划，为开展权责发生制政府综合财务报告打好基础。到2016年已将试编工作试点范围扩大到全部市县，惠州市、湛江市还探索编制汇总全辖的政府综合财务报告，为今后正式编制政府综合财务报告探明了方向。

（三）建立库款管理机制，体现财政国库运营管理作用 “十二五”期间，按照国务院和财政部的部署，我省逐步加强财政库款管理，建立库款管理机制，清理盘活财政存量资金，坚决落实稳增长、调结构、促改革部署。一是建立库款管理机制。省财政厅已建立完善了库款统计监控制度、库款通报制度、库款管理目标责任制、集中约谈制度、库款存量与增量调度挂钩制度等库款管理机制，全省库款规模有所下降，库款压减取得一定成效。二是做好财政存量资金清理回收。2015年，省财政开展省直预算单位实有资金账户清理盘活工作，要求将单位结余资金或预算结转两年以上的资金上缴国库。三是开展省级国库现金管理试点。省财政厅会同人民银行广州分行开展省级国库现金管理，提高了省级国库现金存放收益。

（四）保障财政资金安全，强化财政国库风险防控作用 一是管理制度进一步健全。各地建章立制，积极构建相互制衡、公开透明的财政资金运行监管机制，推进全省财政国库管理的制度化、规范化。二是管理基础进一步夯实。各地资金拨付、会计核算、资金保值增值等工作整体规范有序，有力保障财政资金拨付和资金存放安全。三是财政专户管理进一步强化。有序推进财政专户清理整合工作，同时不断加强财政专户日常管理，严格控制新设财政专户，规范开户银行选择程序，落实开户银行考评监管机制。

“十二五”以来我省财政国库工作成绩突出，亮点纷呈，这是各级财政部门贯彻省委省政府以及各级党委政府决策部署的充分体现，也是在省财政厅党组的直接领导下，各级财政部门，特别是财政国库部门全体同仁真抓实干，改革创新，共同努力的结果。受曾厅长委托，在此我代表省财政厅党组对去全省各级财政国库干部表示敬意和衷心的感谢。在肯定成绩的基础上，我们也要清醒地认识到，与新时期我们面临的改革任务相比，与面临的复杂经济形势相比，与各级党委政府对财政工作的要求相比，还存在需要改进之处。需要我们进一步深入分析存在的问题，为下一步改进工作做好准备。

建立现代财政国库制度的要求相比，我省财政国库工作还存在一些突出问题。

（一）执行分析水平有待提高 一是预算执行分析深度不够。部分地区只注重财政收支的分析，对宏观经济整体形势的研究分析不足，对财政工作中的热点、焦点问题把握不足。二是对数据的分析挖掘程度还不够深入。有些地方的分析还局限于对财政数据的描述性统计上，缺乏对数据深层规律的挖掘。三是对财政经济运行结果的判断还不够准确，难以起到为领导决策提供科学支撑的作用。四是部分地区数据报送质量和主动性有待提高。

（二）地方库款管理能力有待提高 当前我压减库款形势十分严峻，各地库款净额仍较高。截至2015年9月，市县（不含深圳）库款规模共计1780亿元，同比下降12.19%，但仍有3个市的库款同比增长超过30%。市县财政库款保障水平为1.31，同比增长0.5，2个市及12个财政省直管县库款保障水平仍然高于1.5倍。

（三）财政国库管理水平有待提高 从2016年财政资金安全的检查的情况看，仍然存在一些突出问题：一是制度建设存在不足，部分市县未按要求制定管理制度或执行制度不到位。二是少数地方仍存在支付流程合理、岗位设置不科学，账务处理不规范，对账制度不执行等问题，国库基础工作未落实。三是清理整顿财政专户要求未落实，一些地方撤销账户的进度偏慢，个别地方还存在违规开设新的财政专户等问题。四是少数地区乡镇国库集中支付制度改革进度滞后。

（四）政府综合财务报告编制机制有待建立 一是重视程度不够。一些地方对前期试编工作重视不够，提交的试编报告不及时、不完整、内容粗糙。二是深入研究不足。政府综合报告编制涉及的重点、难点问题还亟待深入研究。三是人员和技术准备不足。一些地方还存在等待观望情绪，没有为下一步正式开展政府综合财务报告做好准备。

以上虽然是一些工作中的具体问题，但也反映出我省财政国库存在的一些深层次的不足，特别是与国库改革启动初期相比，改革创新意识有所松懈，改革热情和冲劲有所弱化，积极向上主动作为的精神风貌存在不足，这对我们做好财政国库工作十分不利，必须引起我们财政国库工作的高度重视，并在今后的工作中认真解决。

三、关于“十三五”时期我省财政国库工作的总体思路和主要任务

“十三五”时期是经济社会发展在新常态下的深度调整和转型攻坚的时期，财政国库面临着很重的工作任务。9月份刚刚召开的全国财政国库工作会议上，财政部刘昆副部长讲话指出，应将党的十八届五中全会提出的创新、协调、绿

色、开放、共享的发展理念，作为谋划“十三五”时期财政国库改革与发展的基本遵循，将其贯彻落实到财政国库工作的各个方面。年初召开的全省财政工作会议上，徐少华常务副省长也明确要求，全省财政系统要突出贯彻落实五大发展理念，突出依法管理与强化服务并重，突出提升干部能力，充分发挥财政支持改革发展的杠杆作用，瞄准经济社会发展重点领域和薄弱环节精准发力，努力在促进全省经济社会发展中发挥更大的作用。

全国财政国库工作会议和全省财政工作会议已经为新时期我省财政国库工作指明了方向。“十三五”时期，我省财政国库部门要进一步提高认识，坚定信心，抢抓机遇，以五大发展理念为引领，强化财政国库管理工作，提高国库服务和保障能力，突出做好服务经济社会发展，服务财政中心工作，服务财政改革创新，服务基层和预算单位，为实现“十三五”时期我省财政改革发展目标作出财政国库部门应有的贡献。

第一，服务经济社会发展，突出做好领导参谋助手。经济新常态下，财政收入增长放缓和支出刚性增长导致财政收支矛盾更加突出，及时、科学地分析预判经济和财政形势对于领导决策具有重要的参考价值。国库是财政预算执行信息的集散平台，汇集了反映经济和财政运行情况的财政财务数据信息资源。所以，财政国库部门要充分运用好宝贵的数据资源，以提升预算执行分析能力为抓手，服务经济社会发展，不仅要准确反映当前财政经济运行情况，要反映各项经济、财政政策的实施效果，更要提高对财政经济形势前瞻性预测和预判能力，提出更有针对性、实效性、建设性的意见和建议，为领导决策发挥参谋助手作用。

第二，服务财政中心工作，突出加强财政收支运行管理。加强财政收支运行管理是保障财政稳定运行的基础，我们要以高度的责任感和紧迫感，继续完善各级财政国库管理制度体系和运行机制，规范总预算会计管理，加强库款管理和财政专户管理，推进信息化建设，加大内控建设和干部队伍建设力度，准确收付资金、规范执行预算、及时反馈信息、科学调度资金，保障各项财政中心工作要求落实到位，保障党委政府政策决策落实到位。

第三，服务财政改革创新，突出改革协调推进。现代国库制度是现代财政制度的重要组成部分，国库改革与财政其他方面的改革工作紧密相关。需要强化大局意识，注重协调发展、协同推进，共同推动财政改革向纵深发展。一是要大力推进各项国库改革。要继续深化国库集中支付制度改革及公务卡改革、预算执行动态监控改革等原有的改革工作，也要确保完成政府综合财务报告制度改革、国库现金管理改革、经济分类决算编制改革等新的改革任务。二是要积极配合其他领域改革任务。充分发挥财政国库工作对整个财政工作的促进作用，配合财税体制改革、地方政府举债融资机制、预算项目库管理等各项改革。

第四，服务基层和预算单位，突出提高服务意识和能力。财政国库部门应主动适应形势发展要求，提升国库服务水平，让各方面共享国库改革成果。要打破偏重于财政管理、忽略服务对象感受的传统思维方式，从服务对象的角度出发，换位思考。例如，在预算执行管理方面，要认识到预算单位是预算执行的主体，服务好预算单位是做好预算执行工作的重要抓手。要在用款计划、支付范围划分、支付审核、信息化建设等方面不断完善制度，改进服务，提高运行效率，让预算单位用款更加方便快捷。在信息公开方面，要坚持“公开是常态，不公开是特例”的原则，推动部门决算等信息公开，逐步满足社会各界对监督财政运行的信息需求。

全省财政国库部门要把思想和行动统一到财政部要求和省委省政府的部署上来，按照党的十八届三中、四中、五中全会精神和新《预算法》的有关要求，在“十三五”时期重点完成以下几个方面的任务：

（一）深化国库集中支付改革，建设高效规范的预算执行管理机制　国库集中支付制度改革是各项财政国库管理改革工作的核心和基础，要在已有改革成果基础上，继续加大力度，向深度、广度拓展。一是继续扩大改革范围。要以乡镇改革为重点，推进国库集中支付制度改革向纵深发展。二是要扩大改革资金覆盖面。实现“四本”预算资金国库集中支付改革全覆盖。三是完善国库集中支付运行机制。要优化资金拨付审核流程，推进国库集中支付标准化、自动化管理，减少审核环节，提高支付效率。四是强化财政国库集中支付电子化支撑。省财政将结合前两期财政国库集中支付电子化改革试点情况，继续扩大改革试点范围，促进财政国库管理与先进信息技术进一步融合。五是健全预算执行动态监控机制。

（二）完善财政财务报告体系，建设全面准确的信息反馈机制　一是建立政府综合财务报告制度。财政部已将我省作为2017年开展权责发生制政府财务报告改革首批试点省份，必须做好工作准备，积极探索解决改革中遇到的问题，确保完成改革任务目标。二是建立按经济分类编制财政决算制度。开展经济分类财政决算编制工作也是《预算法》提出的明确要求。各级财政要克服畏难情绪，必须尽快按照预算法要求，建立经济分类财政决算编制制度，逐步落实经济分类数据的准确性、规范性。三是继续加大部门决算公开力度。各地要继续按照有关要求，积极稳妥推进本地部门决算批复和公开工作。

（三）推进国库内控管理，建设完善有效的风险防控机制 强化内部控制能够把权力关进制度的笼子，用制度管权、管事、管人，防范廉政风险。财政国库是管理“钱袋子”的部门，是预算执行风险防控的牵头部门之一，要把内部控制作为一项重中之重的工作来抓。一是有针对性地推进内控制度建设。省财政厅已经制定了内部控制基本制度以及包括预算执行风险防控办法在内的8个风险防控专项办法，国库处、支付局也分别制定了内部控制操作规程。市县财政国库部门也要高度重视内控制度建设，要在全面梳理财政国库业务流程的基础上，找准存在的业务风险和廉政风险，厘清责任边界，结合当地实际情况，按照分事行权、分岗设权、分级授权的要求，科学制订符合本地区本单位实际情况的内部控制制度和办法。二是狠抓制度执行。对于暴露出的风险隐患坚决整改、不能拖延。对已经发生的内控风险事件，必须及时处理、严格问责，全面提升内控制度的严肃性。着眼于内控建设的长远目标，逐步探索建立有效、管用的内控考核评价体系，充分发挥内控的预警警示作用。三是突出内控管理的关键。强化领导班子和一把手在内控管理中的主体责任。把财政资金收付和存放等业务作为内部控制的重点，制定与之对应的内控措施，强化对核心业务的管控和核心权力的制约。

（四）夯实国库管理基础，建设安全可靠的国库运行保障机制 一是规范账户管理。财政部正在修订《财政专户管理办法》并研究制定全国统一的《预算单位银行账户管理办法》，下一步要进一步加大财政专户和预算单位管理力度，凡不符合规定设立的账户要坚决予以撤销归并。二是加强财政资金安全管理。要合理设置岗位，切实规范资金收付业务流程，建立健全多层次对账制度。三是要注重规范总预算会计核算。按照新的《财政总预算会计制度》等要求进行财政收支核算，真实反映预算执行情况，严禁违规采取权责发生制方式虚列支出。要加强暂存暂付等往来资金定期清理机制，加大暂付款的清理回收力度。四是强化对预算执行全过程的监督。充分发挥预算执行动态监控的警示震慑作用，继续推进财务核算信息集中监管改革、全省财政资金实时在线联网监督系统和省级财政专项资金在线联网监督系统建设等。

四、近期主要工作

2016年是“十三五”开局之年，抓好财政国库当前重点工作，对我省财政工作“十三五”时期开好头、起好步具有重要意义。各级财政国库部门在有条不紊做好财政资金拨付核算等日常性工作的基础上，还要紧紧围绕财政中心工作，结合财政收支形势和2016年财政改革的总体部署，着力抓好以下几项重点工作：

（一）加强全年财政经济形势研判 一是要密切跟踪全面推行营改增试点后财政收入增减变化情况。要深入研究营改增对相关产业税负、产业发展及财政收入的影响。二是做好全年收入预测研判。对全年收入与年初预算差距较大，需要进行预算调整的，要及早采取应对措施或制定好工作预案。要重点关注当前“降成本”等相关措施在市县财政收支运行中的反映。

（二）加强国库库款管理 当前我省库款管理的任务仍然较重，各市县要充分认识当前加强库款管理工作的重要性和紧迫性，将库款管理作为近期一项重点工作。一是要突出加快置换债券资金的使用进度。到9月末，我省公开发行置换债券完成率仅78%，置换完成进度偏低，各地滞留的置换债券资金仍然较大，对库款管理形成了较大压力。各地要加强协调研究，采取扎扎实实的措施，加快置换债券资金使用。二是采取有效管用措施压降库款。包括建立预算执行进度考核通报制度、大额支出跟踪制度等，加强对重点支出项目的督导，切实降低库款水平。三是加强库款统计分析和形势预判。各地要按照上报的分月库款控制压减计划严格落实，坚决把工作做在前头，省将每月进行核查，对执行不力，库款居高不下的地区相应采取通报、约谈、问责等措施。

（三）继续推进乡镇国库集中支付制度改革 据统计，到2016年8月末，我省92%的乡镇已经实施了国库集中支付改革，已有10个地市实现所有乡镇纳入国库集中支付改革，但仍有部分地方乡镇国库改革进展较为滞后，距离年初设立的目标任务有较大差距，审计等有关部门已对此给予了关注。各地必须高度重视，进一步加大工作推进力度，认真分析解决存在的困难和问题，确保按期实现到2016年底前，除个别当地没有金融机构的乡镇外，全省所有乡镇全面实施国库集中支付制度改革的目标。

（四）推进权责发生制政府综合财务报告编制改革试点 2017年，省级和各市县就要组织行政单位、事业单位和社会团体全面开展2016年度政府部门财务报告编制工作，各市县财政部门要在此基础上编制2016年度本级政府综合财务报告。特别是之前没有进行过政府综合财务报告试编的地区，必须给予高度重视，做好充分的人员和技术准备，确保试点工作起好步、开好头。要对财务报告编制中可能出现的重点难点问题提前研究，力争在试点过程中形成可复制可推广的经验做法。

（五）做好2015年度部门决算批复及公开工作 各地财政部门要严格按规定开展本地区部门决算及

“三公”经费决算公开工作，及时批复本级部门决算，并督促相关部门开展决算公开。要做好组织协调工作，坚持按照规范统一的要求做好部门决算批复公开工作，在公开时间、内容、格式等方面对各部门加强指导，还要注重舆情跟踪和引导，及时做好解疑释惑，避免公众误解。

（六）做好财政资金安全管理按财政部要求，2016年省财政厅对地级以上市进行财政资金安全检查并布置各地开展了自查。总体上看各地财政部门高度重视财政资金安全管理工作，制定了较为规范严谨的资金安全内控机制和资金拨付流程。但是仍然有一些地方没有严格落实财政资金安全管理规定，存在财政资金安全隐患。各地市财政部门要充分认识确保财政资金安全的极端重要性，把安全检查作为完善制度、加强管理的重要契机。针对自查和实地核查中发现的问题，切实加强整改，建立健全制度机制，确保问题得到及时彻底解决，

（七）抓好国库队伍建设工作。一是要进一步加强思想政治教育。要结合“两学一做”学习教育，确保国库干部在思想政治教育中有所收获，有所提升，进一步坚定国库干定政治信念和政治立场。二是要进一步加强能力建设。加强国库干部业务培训，加强能力建设，主动适应改革任务要求。三是要进一步加强廉政建设。要强化底线意识，确保不触红线。要强化规范意识，自觉遵守政治纪律、工作纪律。要强化风险防范意识，准确掌握国库管理中的风险点，切实保障财政资金安全和国库干部安全。

（本文系省财政厅党组成员、副厅长叶梅芬2016年10月21日在全省财政国库工作会议上的讲话节选）

在全省财政资金实时在线联网监督系统建设动员部署会上的讲话

（节选）

广东省财政厅党组成员、总会计师　钟　炜

一、明确思路，准确把握全省联网系统建设的实施路径

按照省领导指示精神，省财政厅结合我省预算管理系统建设，制定了《全省财政资金实时在线联网监督系统建设工作方案》（以下简称《工作方案》），报省政府批准后下发各市县财政部门执行。徐少华常务副省长在《工作方案》上批示：“方案可行。应在全省逻辑系统一致、确保互联互通上着力，加快推进实施”。按照《工作方案》，全省联网系统将按照“关口前移、上下衔接、全程跟踪”的建设要求，打造“横向到边，纵向到底”的多层次、全方位财政资金监督体系。具体可以从以下四个方面把握：

一是监督范畴。“横向到边”是指覆盖省、市、县各级次预算单位，纳入在线监督范围包括有关部门预算资金和转移支付资金（不含涉密单位、涉密资金和敏感事项）；“纵向到底”是指纵向贯通省、市、县各级的预算执行系统（国库支付系统），提升财政业务系统间的关联性和各层级间的联动性。

二是系统基础。新的全省联网系统将充分利用和整合现有两大系统（即各级财政部门的预算执行系统和省级财政专项资金实时在线监督系统）数据资源，依托全省财政纵向网，实时采集各级财政资金有关信息，实现上下级快速贯通，拓展监督范围，畅通监督渠道，提高监督实效，实现全省联网系统数据实时更新、实时监督。

三是实施步骤。全省联网系统建设遵循信息系统建设的基本规律，按照“实事求是、循序渐进、稳步实施”的原则，坚持逐步完善、分步实施。考虑到目前全省各级财政业务系统分头建设，数据横向纵向未完全贯通，业务管理模式和管理需求不一，信息化应用水平参差不齐等实际情况，为确保系统尽早建成并取得实效，计划分期开展全省联网系统建设。2016年底前完成一期建设任务，初步实现全省财政上下互联互通，“横向到边，

纵向到底”，重点推进省级财政专项资金信息的“纵向集中化”。2017年起开展二期建设工作，在“五统一”（即统一业务管理、统一数据标准、统一数据存储、统一纵向交换机制、统一信息安全体系）的基础上探索开展数据应用，发挥信息化对财政管理的助推作用。

四是试点先行。考虑到各地实际情况，为稳妥推进系统建设，省财政厅选择了佛山市和肇庆市作为系统建设的试点地区，目前两市已按工作计划完成本地系统改造和接口联调测试工作。接下来，省财政厅将及时总结试点经验，召开系统建设培训班，上下合力推进系统建设。

二、狠抓落实，确保全省联网监督系统建设任务按时圆满完成

由于全省联网系统建设工作时间紧、任务重、难度大、涉及范围广，为了确保项目顺利有序地推进，各级财政部门必须切实按照工作方案和省财政厅的工作要求扎实推进。（一）落实责任主体，按期完成任务。全省联网系统是省政府布置的重点工作任务，也是省财政厅今年下半年的重点工作之一，各地要严格按照《工作方案》的时间要求，于2016年底前完成全省联网系统一期建设任务，具体的实施步骤各地要按照近期下发的《关于做好全省财政资金实时在线联网监督系统技术实施工作的通知》（粤财支付函〔2016〕15号）的工作计划和时间安排执行。省财政厅将强化对各地的技术和业务指导，并密切关注各地建设进展，对建设进度慢的地方，将采取有效措施进行督办。各级财政部门既是全省联网系统的建设主体，也是本级财政资金的监督主体，市县财政部门要主动开展工作，对本地推送至全省联网系统的数据真实性、合法性和准确性负责，确保全省联网系统数据真实有效。

（二）狠抓技术要点，筑牢数据基础。要贯通省、市、县三级的全省联网系统建设，必须重点抓好业务管理一致性和数据标准化，解决数据异构问题，切实做到“五统一”。2016年底前，各地要把工作重点放在打通数据传输的通道、实现数据归集上。2017年，要在做好数据清洗和治理上下功夫，梳理各类资金和重点项目的统计口径，加强对数据资源的编目分类，实现上下级财政数据的快捷汇总，在综合数据查询的基础上，探索对各级政府、社会各界关注的热点问题、重点项目支出等的追踪，提升系统应用水平，为加强业务管理提供辅助支持。

（三）加强组织领导，合力推进工作。各地在进行全省联网系统建设的过程中，要遵循“业务、技术两手都要硬”的原则，在业务梳理、系统对接、组织实施、关系协调等方面，坚持业务部门和技术部门密切配合、融合共建，营造一个良好的建设环境。省财政厅此项工作由国库支付局牵头，预算处、国库处、数据信息中心等有关处室共同参与推进。各地财政部门也要研究制定本地区的落实方案，成立专门的工作小组，指定相关联络人员，明确财政内部的职责分工，各方联动，形成合力，共同完成工作任务。各地要拟定系统改造方案、改造时间计划表和项目联系人，并报省财政厅备案。国库科、支付中心（股）、预算科（股）、信息中心以及相关业务科（股）要积极参与该项工作的推进，建立良好的工作协调机制。

（四）提升应用水平，强化系统安全。建设系统是为了服务于业务管理。各级财政部门要树立大数据战略思维，重视数据收集积累，善于使用数据、分析数据，学会用数据说话、用数据决策，逐步提高信息化辅助管理决策的能力。各地要加快实现与基层财政部门的网络互联互通，着力推进业务管理信息化的应用全覆盖，要加强应用培训，不断提高基层财政人员的信息化操作能力。同时，要牢固树立安全意识，在统一的安全规划下积极采取有效措施，强化网络安全、强化应用安全、强化数据安全，共同维护财政信息安全，全方位提升整体防护水平，强化应用安全和数据安全。

（本文系省财政厅党组成员、总会计师钟炜2016年8月16日在全省财政资金实时在线联网监督系统建设动员部署会上的讲话节选）

人物·荣誉

Outstanding Individuals & Awards

2016年广东省财政厅机构变动情况

2016年3月，根据《广东省人民政府办公厅关于印发广东省财政厅主要职责内设机构和人员编制规定的通知》，广东省财政厅机构变动情况如下：

一、新增机构

新增预算编审处、金融与政府债务管理处。

二、撤销机构

撤销地方财政处、外经金融处。

三、拆分机构

将行政政法处拆分为行政处和政法处。

四、合并机构

将公务用车处并入行政事业资产管理处，加挂公车处牌子。

五、更名机构

将绩效评价处更名为绩效管理处、国际金融组织债务管理办公室更名为国际金融合作办公室。

2016年广东省财政厅机关及所属单位领导名单

一、厅级干部

党组书记、厅长：曾志权
党组成员、巡视员：欧　斌（2016年3月任职）
党组成员、纪检组长：叶昊文（2016年6月任职）
　　　　　　　　　　项天保（2016年2月调出）
党组成员、副厅长：
　　郑贤操　杨朝峰（2016年1月任职）
　　叶梅芬　肖红梅（2016年11月任职）
　　沈梅红（2016年8月调出）
党组成员、总会计师：钟　炜
副巡视员：张仿松（2016年9月任职）
　　　　　苏凤玲（2016年11月任职）
　　　　　丁跃文（2016年3月退休）
　　　　　邹清莲（2016年3月退休）
　　　　　庐　慧（2016年1月任职，2016年11月退休）

二、厅机关各处室及厅直属行政机构领导

（一）办公室

主　任：胡建斌
副主任：鲁锦锋、朱国银

（二）人事教育处

处　长：洪清阳
副处长：曹远潮

（三）法规税政处

处　长：戴穗生
副处长：宋俊华　姜　波

（四）预算处

处　长：罗　睿
副处长：丘晓敏　严宏宇

（五）预算编审处

处　长：罗　睿
副处长：姚　敏

（六）金融与政府债务管理处

处　长：周修群
副处长：彭钿基　谭笑风

（七）国库处

处　长：姚　露
副处长：曾　毅　李晓彬

（八）综合处

处　长：云　峰
副处长：张雅丽　沈　明

（九）行政处

处　长：范小花
副处长：张　超

（十）政法处

处　长：邹善杰
副处长：穆慧姝　肖小华

（十一）教科文处

处　长：冯宝璇
副处长：张　锐　林　瑜

（十二）工贸发展处

处　长：肖红梅
副处长：张　槟　李广文　王远林

（十三）农业处

处　长：钟　凯
副处长：杨　娟　吴　科　黄　瀛

（十四）经济建设处

处　长：朱莉萍
副处长：余玩冰　罗德富

（十五）社会保障处（与广东省社会保险基金财政管理办公室合署）

处　长：苏凤玲
副处长：曾桓先
广东省社会保险基金财政管理办公室
主　任：陈锡荣
副主任：张长治

（十六）会计处

处　长：林　华
副处长：张景涛　李　舸

（十七）绩效管理处

处　长：刘小聪
副处长：詹俊青　吴小林

（十八）行政事业资产管理处（公务用车管理处）

处　长：翟登军
副处长：刘建林　蚁文娟　徐艳芬

（十九）农业综合开发办公室

主　任：彭　琳
副主任：曾小芳

（二十）农村财务管理处

处　长：吴金华
副处长：夏　清

（二十一）政府采购监管处

处　长：陈蔚兰
副处长：陈胜文　何国斌

（二十二）监督检查局

局　长：黄　山
副局长：郑定标　陈　芊　李国培

（二十三）机关党委办公室

主　任：黄志伟
副主任：刘柏文

（二十四）离退休人员服务处

处　长：柳捍国
副处长：吴志胜

（二十五）驻厅纪检组

主　任：尹　伟
副主任：石义成

（二十六）国库支付局

副局长：康颖朝（主持全面工作）
　　　　陈　琼　陈　岚

(二十七)国际金融合作办公室(广东省世界银行贷款办公室)

主　任:郭　为
副主任:刘　捷　曾小红

厅属各单位领导

(一)省直行政事业单位物业管理中心

主　任:江振河
副主任:黄志辉　徐云浩

(二)投资审核中心

主　任:刘云梅
副主任:蓝　波

(三)票据监管中心

主　任:林树发
副主任:陈周华

(四)农业综合开发评估中心

副主任:李树林(主持全面工作)　冯家廉

(五)政务服务中心

主　任:古志东
副主任:许桃初　胡圣元

(六)省财政数据信息中心

主　任:刘雄威
副主任:李建业　李海威

(七)省财政科学研究所

所　长:刘华伟
副所长:许航敏　李纪桦

(八)省会计函授职业技术学校

校　长:李柏生
副校长:黄腾达

(九)省注册会计师协会

秘书长:袁　庆
副秘书长:李楚雄　葛　芸　唐祝光　琳　琳

(十)省资产评协会

秘书长:陈桓考
副秘书长:陈　坚

(十一)省财政职业技术学校

校　长:张新华
副校长:林　斌　张贤基

2016年广东省各地级以上市财政局(委)领导名单

一、广州市财政局

党委书记、局长:陈雄桥
巡视员:吴国伟　段彩英
副局长:朱建华　梁少婷　傅晓初　李小平
纪检组长:王　春
总会计师:周少卿
副巡视员:彭建湘　张建人　连富生　蔡坪倘

二、深圳市财政委员会

党组书记、主任:汤暑葵
党组成员、副主任(市地税局党组书记、局长):钱　勇
党组成员、副主任:张福通　周明武　孙红明　文　政
党组成员、机关党委书记:温焕强
巡视员:伍秀琼

三、珠海市财政局

局长:周　昌
副局长:黎达强　李九泉　陈　刚　袁凌云
支付中心主任:何富仔
财审中心主任:曾　涓
纪检组长:王景坚
总会计师:高　松

四、汕头市财政局

党组书记、局长：林毅荣
党组成员、纪检组长：许文颖（2016年12月调出）
党组成员、副局长：卢永健　李　宁　郑　珊
张　磊
党组成员、总会计师：谢胜杰
副调研员：林湘彦

五、佛山市财政局

党组书记、局长：黄福洪（至2016年4月）
江启强（2016年8月起）
党组成员、副局长：曾祥钳　钟永平
伍志强（至2016年9月）
吴伟明
党组成员、纪检组长：黄建明（至2016年2月）
庞松港（2016年3月起）

六、韶关市财政局

党组书记、局长：凌振伟
党组成员、副局长：陈树川　胡列峰　肖少康
党组成员：谢运洪（2016年9月离任）
副局长：谢运洪（2016年10月离任）
党组成员、纪检组长：张　毅（2016年8月离任）
朱观洪（2016年11月任职）

七、河源市财政局

党组书记、局长：肖振兴
党组成员、副局长：温文忠　诸鸿伟　何仕军
欧阳克念　郭剑玮
党组成员、纪检组长：彭一艺
党组成员、总经济师：何忠良
党组成员、财务总监：李桂生

八、梅州市财政局

党组书记、局长：丘孝东（任至2016年7月）
余其豹（2016年7月起任，党组书记任至12月）
党组书记：刘耿灵（2016年12月起任）
党组副书记、副局长：丘燕玲
党组成员、副局长：邓国良　范利民
党组成员、市纪委派驻纪检组组长：陈文波
党组成员、副局长：吴家云
党组成员、总会计师：凌挥明
党组成员、市世行办主任：魏仲权（党组成员任至2016年4月）

九、惠州市财政局

党组书记、局长：陈国煌
党组成员、副局长：陈益明　陈雪梅（2016年11月离任）　谢开亮　林惠强
党组成员、纪检组长：廖升安
调研员：李政良
副调研员：高伏珍　郭燕和（2016年3月离任）

十、汕尾市财政局

党组书记、局长：詹伟忠
党组成员、调研员：黄　聪
调研员：陈兴初（2016年8月退休）
党组成员、副局长：赵小川（2016年9月调出）
林海生　钟雪欢
党组成员、纪检组长：吴堂煜（2016年11调出）
副调研员：蔡振钦

十一、东莞市财政局

党组书记、局长：罗军文
调研员：陈锐康
党组成员、副局长：谢　涛　王　标　陈志标
翟才善　姚慧怡
党组成员、纪检组长：张健芬
国库支付中心主任：王天广

十二、中山市财政局

局长：林　凯
副局长：吴竹科　黄健华　顾竹林　梁志军
黄玉珊
纪检组长：袁凯斌
总会计师（副处级）：林永光

十三、江门市财政局

党组书记、局长：汤惠红（2016年11月免职）
李文聪（2016年11月任职）
党组成员、纪检组长：谢兆启
党组成员、副局长：胡其波　李健斌
梁山涛（2016年4月任副局长、免去总会计师）
徐东亮
总会计师：邝世铭（2016年12月任总会计师）
国库支付中心主任：梁润方

十四、阳江市财政局

局长：梁　文
党组书记、副局长：冯秀恳（2016年11月任）
党组成员、副局长：林业玺
党组成员、纪检组长：冯华昭（2016年4月任）

党组成员、副局长：林　军
谭厚保（2016年4月任）
党组成员、总会计师：李孔祥

十五、湛江市财政局

党组书记、局长：林海武
党组成员、副局长：李　光　张蔚蓝
党组成员、纪检组长：孙黄洲
党组成员、副局长：王　区　岑丹红
党组成员、总会计师：李兴进
党组成员、副调研员：胡毅华
副调研员：杨　健　黄　毅　罗红梅

十六、茂名市财政局

党组书记、局长：王伯昌
党组成员、副局长：郑忠义　潘勇生　邓华顺
调研员：张龙衍　麦俊球
党组成员、副调研员：钟扬芬　黎凯晟　陈　明

十七、肇庆市财政局

党组书记、局长：江军洲（2016年9月免职）
刘庆良（2016年9月任职）
党组副书记，正处职干部：刘小良（2016年12月退休）
党组成员、副局长、局机关党委书记：陈　亮
党组成员、市纪委派驻市财政局纪检组组长：毛祖武
党组成员、副局长：朱景亮（2016年11月调出）
黄文生　卓　萍
党组成员、总经济师：苏亦文
党组成员、副调研员：黎尚华
副处职干部：麦伟刚
副调研员：乡瑞标
副调研员：杨云辉（2016年11月任职）
公共资产管理中心主任（副处级）：欧炳新

十八、清远市财政局

党组书记、局长：钟鸿辉
党组副书记、副局长、纪检组长：朱昭斌
党组成员、副局长：王　洁　杨日举　黄运全
党组成员、市住房公积金管理中心主任：肖　宁
党组成员、市公共资产管理中心主任：刘浩文
党组成员、副调研员：唐先明（党组成员任至2016年4月）
副调研员：丘红芳（2016年11月任职）

十九、潮州市财政局

党组书记、局长：林景雄
党组成员、调研员：苏岳良
党组成员、副局长：陈章发　邢玉荣　佘维昭
林　鹤　孙少珊
党组成员、总会计师：黄　航

二十、揭阳市财政局

党组书记、局长：江林生（任至2016年2月）
蔡淡群（2016年2月起任）
党组成员、纪检组长：陈少雄
党组成员、副局长：严俊江　陈坤明　林勇慎
谢小明（2016年10月起任）
党组成员：吴宗鑫（2016年12月起任）

二十一、云浮市财政局

党组书记、局长：谢月浩
党组成员、副局长：伍金明　魏荣新　叶章森
林淑仪
党组成员、纪检组长：林金培
党组成员、总会计师：孔建伟
副调研员：梁卓兴（2016年9月退休）
黄　柱（2016年9月任职、2016年11月退休）

2016年广东省各县（市、区）财政局领导名单

一、广州市

越秀区财政局
党委书记、局长：徐卉瑜
调研员：梁淑宁
副局长：廖敏之　马伟荣
总会计师：陈以薇
副调研员：唐小梅
海珠区财政局
党委书记、局长：陈明香
调研员：张慧英　练铭钦
副局长：孙海南　谢　强　黄治平
副调研员：冯国超　王红薇　张丽敏　陈汝坚
荔湾区财政局
党委书记、局长：高启超
纪检组长、纪委书记：赖应良
调研员：曾　强　谢彦校
副局长：何　敏　雷智文　薛　军
副调研员：高小奇　梁　峰　陈惠波　杨木源
天河区财政局
局长：吴　杰
副局长：曾莉嫦　吴伟俊　张　敏
总会计师：刘　建
白云区财政局
党委书记、局长：陈论强
副局长：王　焱　袁穗军
总会计师：肖翠娴
纪委书记：钟　丽
调研员：何　伟
副调研员：李菁菁
黄埔区财政局
党委书记、局长：梁玉军
纪委书记、总会计师：郑　炜
副局长：陈国清　邓国锋　赵瑞元
总经济师：宋　冰
结算中心、国库支付中心主任：徐家科
花都区财政局
党工委书记、局长：潘宪泳
党工委副书记、副局长：江永炘　任俊东
吴　丹
纪工委书记：张敏生
总经济师：江文铸
总会计师：林伟梅
番禺区财政局
党工委书记、局长：卢永青
副局长：郭剑光　陈志明　何志勇
调研员：何惠芳
副调研员：车学善　李灼坚　梁兴琦　姚　健
南沙区财政局
局长：林少礼
调研员：赖　丰
副局长：刘志辉　杨勇华　陶文胜
总会计师：潘艾斯
从化区财政局
局长：朱翼虹
副局长：何耀源　沈惠森　禤志光
总会计师：黎伟洲
党组成员：李拥军
增城区财政局
党委书记、局长：毛敢良
党委副书记：曾锦超
党委副书记、副局长：郑中勇
纪委书记：叶润林
副局长：黄双亮
总会计师：黄青云
副局长：朱月琴　龚尔雅
广州开发区财政局
局长：陈红燕
副局长：纪　峰　何练红　刘　昕

二、深圳市

福田区财政局
局长：罗希德
副局长：潘晓文　苏玉霞
罗湖区财政局
局长：彭世平

副局长：张忠平　王　群　邓敏怡

南山区财政局

局长：温靖宇

副局长：吴伟军　马键珍　杨剑华

盐田区财政局

局长：郑　刚

副局长：毋晓敏　陈　静　陈　亮

宝安区财政局

局长：查红俐

副局长：翁保荣　王映芬　陈兴源

龙岗区财政局

局长：肖建军

副局长：杨俊奇　彭爱民　徐声远　张世英

坪山新区发展和财政局

副局长：黄泽文　黄郁明

龙华新区发展和财政局

副局长：费晓愈　谢春敏

光明新区发展和财政局

副局长：高　亮　李劲章　李　强

大鹏新区发展和财政局

局长：陈马林

副局长：詹冠鹏　吕旺旺　肖　浩

三、珠海市

香洲区财政局

局长：黎希健

党组书记：潘群娣

副局长：李晓伟　黄文忠　付桂琴

总会计师：丁　平

支付中心主任：欧阳力红

斗门区财政局

局长：汪永华

副局长、党组书记：许毅南

副局长：钟伟源　徐青平　吴国华

支付中心主任：黄凌波

金湾区财政局

局长：林树青

副局长：马　玲　陈志豪　许朝阳

支付中心主任：魏湘宁

高新区财政局

局长：李凤屏

副局长：谭春欢

副科职干部：姚　华

支付中心副科职干部：吴伟忠

主任科员：夏全望

高栏港区财政局

局长：陈少忠

副局长：周健权

万山区财政局

局长：卢小婷

副局长：江炳高

支付中心主任：陈浩权

保税区财政局

局长：林卫红

副局长：赵　航

横琴新区财政局

局长：罗增庆

副局长：刘芳婷

副调研员：赖高华

副主任：杨　明

四、汕头市

金平区财政局

党组书记、局长：周　彦

党组成员、副局长：张　宏　王　淳　袁盛辉

党组成员、正科级干部：于永璋

党组成员、主任科员：魏云生

党组成员：林佳迎

龙湖区财政局

党组书记、局长：郑伟光（2016年3月调出）

党组书记、局长：陈少安（2016年3月调入）

正科级干部：蔡俊鸿

党组成员、副局长：张　越　李少平　吕凌山
肖文榜

濠江区财政局

党组书记、局长：陈昌熊

党组成员、主任科员：詹泽鹏（2016年3月任职）

党组成员、副局长：郭少燕
侯筑榕（2016年3月任职）

澄海区财政局

党组书记、局长：陈泽标（副处级）

党组成员、副局长：陈志雄（正科级）
王汉辉（正科级）

党组成员、副局长、纪检组长：蔡旭群（副科级）

党组成员、副局长：邵楷廷（副科级）

潮阳区财政局

党组书记、局长：赵少雄

正科级干部：蔡文华

党组成员、副局长：邱建瑞

主任科员：翁健璇（2016年5月退休）

党组成员、副局长：郑创平　赵宏展

党组成员、纪检组长：张文英

党组成员、副局长：侯洪锋
郑灿杰（2016年12月挂职）

副主任科员：陈木雄（2016年3月任职）

潮南区财政局

区政协副主席、党组书记、局长：吴茂财

党组副书记、副局长：葛镇炎（正科级）

党组成员、副局长：张林财　陈焕基

副局长：郑　曦（2016年5月挂职）

副主任科员：江少荣

南澳县财政局

党组书记、局长、县国资办主任：柯鹏城

党组成员、副局长：朱振成（正科级）
　　游鹏程（正科级）　章俊锋

党组成员、县国资办副主任：黄卓伟

副主任科员：钱惠卿

保税区财政局

局长：郑奕斌

副局长：郑云峰

高新技术产业开发区财政局

局长：陈莹莹

副局长：欧庆蕙

华侨经济文化合作试验区财政与金融局

局长：欧阳忠

副局长：林元泽

五、佛山市

禅城区财政局

党组书记、局长：吴莉芬（至2016年12月）
　　黄智斌（2016年12月起）

党组成员、常务副局长：吴　华（至2016年12月）
　　许雪薪（至2016年7月）

局务委员：李源章

副局长：唐威景　陈先鸿（至2016年12月）
　　伦雄良　黎国森（2016年4月起）

纪检组长：邱旭坚

纪检副组长：王建祥

南海区财政局

党组书记、局长：潘永桐

党组成员、副局长：陈胜安　崔永诗　孔月娥
　　韦伴玲

党组成员、纪检组长：黎远鸿

顺德区财税局

党组书记、局长：关世良（至2016年1月）
　　黎劲康（2016年2月起任）

党组副书记、常务副局长：劳伟源

党组成员、副局长：黎辉雄（至2016年7月）
　　周冬生（至2016年4月）
　　李锦添　刘红文
　　宁　磊（2016年6月起任）
　　陈国雄
　　蓝文娟（2016年1月起任）
　　李伟文（2016年9月起任）

党组成员、纪检监察组组长：
　　潘丽卿（任至2016年6月）
　　胡增文（2016年7月起）

党组成员、总经济师：区伟健（2016年9月起任）

高明区财政局

党组书记、局长：蒋　卫（任至2016年3月）
　　麦智波（2016年3月起任）

党组成员、副局长：何文忠（2016年9月起任）
　　严杰雄　李剑嫦

党组成员、纪检组长：欧文忠

三水区财政局

党组书记、局长：彭家文

党组成员、副局长：钱静瑜
　　余志斌（任至2016年10月）
　　林均泉
　　周启明（2016年10月起任）

党组成员、机关党委书记：宗仕强

党组成员、纪检组长：梁悦雅

六、韶关市

浈江区财政局

党组书记、局长：张爱军

党组成员、副局长：肖　伟　黄远花　刘裕庭

武江区财政局

局长：陈雪延

副局长：邓明晖　华新凤（2016年7月离任）
　　孙青文（2016年4月离任）
　　陈志福（2016年7月任职）
　　黄　辉（2016年7月任职）

曲江区财政局

党组书记、局长：张以荣

党组副书记、副局长：吴东华

党组成员、副局长：林春花　吴远清

南雄市财政局

党组书记、局长：王友华（2016年10月离任）
　　姚远华（2016年12月任职）

副局长：郭蕙梅　张琼丹
　　马新路（2016年12月离任）

纪检组长：杨应生（2016年7月任职）

党组成员：曾　炳

工会主席：凌海滨

总会计师：张成林

乐昌市财政局

党组书记：林柏居（2016年11月离任）

许建武（2016年10月任命）
局长：林柏居（2016年11月离任）
许建武（2016年12月任职）
党组成员、副局长：林永红　彭荣华　朱史文

仁化县财政局

局长：周锦才（2016年5月离任）
邓又进（2016年5月任职）
副局长：邱岳铭　朱少媚　李庆明

始兴县财政局

党组书记、局长：黄月文（2016年11月离任）
邓国柱（2016年12月任职）
副局长：陈社好　李宏勇　孙　庞

翁源县财政局

局长：阮炳溪（2016年12月离任）
党总支书记：张伙添
副局长：沈鹏飞　陈桂福（2016年8月离任）
郭海伶（2016年2月任职）
李红学（2016年12月任职）

新丰县财政局

党组书记、局长：欧锦梧（2016年3月离任）
林继开（2016年3月任职）
党组成员、副局长：陈旭日　陈参恒
吕松媚（2016年12月离任）

党组成员：曾　敏　赵葵花

乳源瑶族自治县财政局

局长：禤继文
副局长：盘良叁　邹国忠　何　娟
党组成员：刘梅峰

七、河源市

源城区财政局

党组书记、局长：杨辉强（2016年12月任职）
曹新华（2016年12月免职）
党组副书记、财务总监：李可才
党组成员、纪检组长：丘永龙
党组成员、副局长：黄江清　杨伟忠　叶丽华
党组成员：刘碧青　邬爱平　王加洪　黄翠芳
党组成员、系统工会主席：吴小珍

东源县财政局

党组书记、局长：邱如东
党组成员、副局长：张桂平　朱志青　廖三妹
党组成员、财务总监：朱雄勇
党组成员：钟声辉　郭先和　刘伟光

和平县财政局

党组书记、局长：陈瑞怡
党组副书记：罗春生
党组成员、纪检组长：朱小瑜
党组成员、副局长：叶格达　彭新旭　廖春林
财务总监：林日雨
党组成员、工会主席：黄展弈

龙川县财政局

党组书记、局长：邹思伟
副局长：杨洪德　邬消强
工会主席：冯　坤

紫金县财政局

局长：甘志峰（2016年4月任职）
龚子岳（2016年4月免职）
副局长：戴小洪　彭定山　张利华　黄岳基
党组成员、纪检组长：刁国文
党组成员：钟国平

连平县财政局

党组书记、局长：廖广标
党组副书记、县农业综合开发办公室主任：郑志强
党组成员、纪检组长：张楚彬
党组成员、副局长：熊丰见　黄维清
党组成员、财税线党委副书记：谢智良　黄伟均
党组成员：吴志强　卓亚山
党组成员、总经济师：余建辉

江东新区发展财政局

局长：丘云飞
副局长：赖紫辉　欧伟辉

高新区财政局

局长：欧阳科永（2016年7月任职）
唐　丰（2016年7月免职）
副局长：杨　波

八、梅州市

梅江区财政局

局长：梁　旅
财税系统党委书记：翁学勤
主任科员：黄立明
孙　蔚（2016年4月任主任科员，2016年5月免副局长）
财税系统党委副书记：叶　俊
副局长：李奋达　李国浩（2016年5月任职）
蔡雪花

梅县区财政局

局长：黄钦昌（任至2016年12月）
李晓斌（2016年12月起任）
副局长：李华新　罗文兴

兴宁市财政局

党组书记、局长：刘小炎
党组成员、副局长：刘建华　张永坚

党组成员、纪检组长：肖福辉
党组成员、副局长：刘海波
党组成员、办公室主任：张东红
党组成员、财政监察股股长：邹晗媚

平远县财政局

局长：韩　旭
副局长：曾　平　黄永华　余永灵　谢　锐
总会计师：郭大忠
党组成员：谢文毅
党组成员、副主任科员：
王碧芳（党组成员任至2016年5月）

蕉岭县财政局

党组书记、局长：徐杞文
党组成员、党组副书记、副局长：傅学秀
党组成员、副局长：林英勤　徐京雄
党组成员、办公室主任：张荣涛
党组成员、工会主席、工贸发展股股长：张　生
党组成员、行政政法股股长：徐海红

大埔县财政局

党组书记、局长：刘广明
党组副书记：刘建成
党组成员、副局长：赖丕汉　戴可良　房向东
党组成员：胡振奋
党组成员、人秘股股长：张继养

丰顺县财政局

党组书记、局长：黄建斐（任至2016年10月）
刘雪峰（2016年11月起任党组书记，2016年12月起任局长）
党组成员、副局长：杨家业　蔡少颢　罗鸿辉
张喜堂
副科职：陈魁翰
党组成员、县国资办主任：王宁州

五华县财政局

党组书记、局长：张　裕
党组成员、副局长：曾胜良　曾小强　李红兰
党组成员、财税系统党工委专职副书记：谢广春

九、惠州市

惠城区财政局

党组书记、局长：黄冠奕
党组成员、副局长：林伟群　马建安
副局长：赵　腾（挂职）
党组成员、纪检组长：蔡志权
党组成员：黄伟忠　涂小斌

惠阳区财政局

区财税机关党委书记、区财政局党支部书记、局长：曾国华
财税机关党委副书记、财政局党支部委员：
许红利
财政局党支部副书记、副局长：罗建明　杨文峰
财政局党支部委员、副局长：黄文胜
财税机关党委委员、财政局党支部委员、纪检组长：周秀霞

惠东县财政局

财税系统党委书记、财政局党总支委书记、局长：
林汉琴
财税系统党委专职副书记、财政局党总支委委员、副局长：李勇城
财政局党总支委副书记、副局长：黄伟坚
财政局党总支委委员、副局长：陈玉强　叶　雷
财政局党总支委委员：张汉光　余志良　骆远明
张　文　廖木军

博罗县财政局

党组书记、局长：朱瑞明（2016年12月离任党组书记）
党组书记：林伟涛（2016年12月任职）
党组副书记：王天树
党组成员、副局长：陈　可（2016年10月离任）
曾文华　陈小飙　巫三移
党组成员、纪检组长：邹东平
党组成员：张馨燕　丁永光　肖东平
黄映帆（2016年1月离任）
任宝祺（2016年12月任职）

龙门县财政局

财税机关党委书记、财政局党组书记、局长：
黄碧炎
党组成员、副局长：李秀林　廖敏贤　黄碧浪
罗伟文
党组成员：李志军　梁小敏　张志文

大亚湾开发区财政局

党组书记、局长：黄伟强
党组成员、副局长：黄泰新　阙光虎　何隽环
党组成员、纪检组长：戴　凡
党组成员：何艳军

仲恺高新区财政局

区管委会副主任、局长：刘子尧
党组书记、常务副局长：陈镇坤
党组成员、副局长：张伟忠　邹伟强
党组成员、纪检组长：林锋华
党组成员：李绍光　郑志浩

十、汕尾市

市城区财政局

局长：吴秋业

副局长：刘贵文　蔡奋雄

海丰县财政局

局长：林国义

副局长：罗　震　刘　宁　林瑞清

陆河县财政局

局长：叶杰雄

副局长：叶晓丽　廖伟钦　吴东丽

陆丰市财政局

局长：陈建勋

副局长：林一纲　李成容　卓国财　郑桂林

总会计师：郑木火

红海湾财政局

局长：谢锡城

副局长：陈　洪

华侨区财政局

副局长：彭家岸（负责全面工作）

十一、东莞市

（略）

十二、中山市

（略）

十三、江门市

蓬江区财政局

区政协副主席、局党组书记、局长：廖炳华

党组成员、副局长：叶春兰　雷锦暖　冯敏欢
刘民欣

党组成员、国库集中支付中心主任：谢　颖

党组成员、总会计师：赵永强

纪检组长：伍防健

高新区（江海区）财政局

党组书记、局长、资产办主任：
庞正华（2016年9月免职）
陈　诚（2016年9月任职）

党组副书记、常务副局长：赵英梅

党组成员、副局长：刘宗进

党组成员、副局长、资产办副主任：赵少源

党组成员、总会计师：林荣耀

党组成员、纪检组长：邓北江

新会区财政局

党组书记、局长、公资办主任：
李俊杰（2016年12月免职）
苏伟雄（2016年12月任职）

党组成员、纪检组长：周全美

党组成员、副局长：叶　文（2016年12月免职）
许福明　施　薇

副局长：许建平（2016年1月免职）

党组成员、非税分局局长：梁鸿华

党组成员、公资办副主任：李欣源

总会计师：汤达强

台山市财政局

党组书记、局长：吴东文

党组成员、纪检组长：颜伟聪

党组成员、副局长：冯剑波　颜运龙　陈健洪
袁思民

党组成员、总会计师：刘月红

开平市财政局

党组书记、局长：肖章兴（2016年10月免去党组书记）

党组书记：张伟赞（2016年11月任党组书记）

党组成员、副局长：张瑞球　周翠杏
张伟赞（2016年11月免去副局长）　李仲慈（2016年5月任副局长）

党组成员、纪检组长：岑蔚文

党组成员、总会计师：冯树芬

鹤山市财政局

党组书记、局长、市资产办主任：
李活文（2016年12月免职）
黄双怀（2016年12月任职）

党组成员、副局长：李家杰　刘　斐　李卓尧
丁俊超（2016年12月任职）

党组成员、总会计师：刘　琳

党组成员、主任科员：冯小岩

党组成员、国库支付中心主任：杨茂坚

纪检组长：张均良（2016年7月任职，2016年10月免职）

恩平市财政局

党组书记、局长：岑儒确

党组成员、副局长：林河芬　吴伟锋　吕玉洁
吴皓洁

党组成员、纪检组长：许忠耀

党组成员、总会计师：李敏基

党组成员、总经济师：冯雪锋（2016年6月任党组成员，2016年7月任总经济师）

十四、阳江市

阳春市财政局

局长：覃世宽

党组书记：马　湛

党组副书记：吴茂郊

副局长：钟　毅　叶　雨　严　洪

江城区财政局
局长：阮　敏
副局长（正科）：林志雄
副局长：何文海　黄志东
主任科员：关　永
副主任科员：林进允
正科级干部：黄计勤

阳东区财政局
党组书记、局长：王启峰（2016年2月任局长）
党组成员、副局长：康旭开（2016年6月任党组成员、7月任副局长）　钟德伟　阮永春　梁永东
党组成员、总会计师：苏晓云

阳西县财政局
党组副书记、局长：张　海
党组书记、副局长：李孟新
党组成员、副局长：黄光娇　陈永光　梁正敢
主任科员：梁国飞
副主任科员：叶杏芳
党组成员、总会计师：刘荣波

海陵区财政局
党组书记、局长：敖立柱（2016年3月任党组书记）
主任科员：陈章星（2016年3月起任）
副局长：杨计多　戴炳怀　钟健文
主任科员：冯众贵　陈才波
副主任科员：林仕见　黄福宝

高新区财政局
局长：阮晓峰
副局长：林景周　曾献明　关雄波
财政办主任：敖剑兵

滨海新区财政金融局
局长：叶华焱（2016年4月任职）
副局长：曾　嫦

十五、湛江市

赤坎区财政局
党组书记、局长：杜洪臻
党组成员、副局长：曾剑鸣　林伟强　梁　俭

霞山区财政局
区政协副主席、财政局党组书记、局长：龙日图（2016年11月调出）
党组书记、局长：麦健华（2016年11月任职）
党组成员、副局长：李巨波（2016年6月调出）　陈成锐　黎　权　吴文津

开发区财政局
党组书记、局长：蔡光兴
副局长：唐国华　郑毅芳　王　东

麻章区财政局
党组书记、局长：冯　波
主任科员、副局长：吕珠明
党组成员、副局长：潘秋利

坡头区财政局
党组书记、局长：林茂粒
主任科员：钟日南
党组成员、副局长：郑建辉　莫志斌
党组成员、纪检组长：招祥义
副主任科员：李国权

吴川市财政局
党组书记、局长：龚启图
党组副书记、副局长：易东生
党组成员、纪检组长：黄永强
党组成员、副局长：詹伟雄　李永华　曾观胜
党组成员、收费处主任：林　超
党组成员：林钊贤　李彩明

廉江市财政局
党组书记、局长：江维峰
党组成员、副局长：罗　柏　潘　立　李伟崇　陈俊英
党组成员、收费管理中心主任：陈　聪

雷州市财政局
雷州市政协党组副书记、财政局党组书记、局长：吴　玉
党组成员、副局长：黄鸣华（正科级）　符宗安（正科级）　苏　兄　李智华
党总支书记：邓兴球（正科）

徐闻县财政局
党组书记、局长：许良成
党组成员、副局长：刘　盈　符　坚　张安典
副局长：黄中青
党组成员、纪检组长：曾　帆
党组成员、副主任科员：郑　需
党组成员、副主任科员、工会主席：黄志仑
副主任科员：宁江红
党组成员：胡俊峰

遂溪县财政局
县政协副主席、局长：周　宝（2016年5月31日退休）
县组织部副局长、财政局局长：韩永红（2016年5月31日任职）
副局长：黄文汉　林华春　陈　波（2016年4月29日任职）　罗　益（2016年3月30日调职）

奋勇高新区财政与投资管理局

局长：郭海勇
副局长：陈　敏
副主任科员：李春梅

南三岛滨海旅游示范区计划财政局

局长：周戈任

十六、茂名市

茂南区财政局

党组书记、局长：吴云波
党组成员、副局长、主任科员：罗　龙
党组成员、副局长：梁宇雁　谭国立　黄小华
党组副书记：朱国华
党组成员、总会计师：黄剑铭

电白区财政局

电白区副区长，局党组书记、局长：陈一标
党组副书记：陈志民（正科级）、周建明
党组成员、副局长、主任科员：崔　璀
党组成员、副局长：崔雄斌　周　宁　陈经杰
党组成员、区国资办主任：黄红源
党组成员、总会计师：邓小扬（2016年10月27日调离）
党组成员、总经济师：周敏新
党组成员、主任科员：张帝保
党组成员、副主任科员：张　田　邵舜明
副主任科员：谢肖江

信宜市财政局

信宜市副市长，财政局局长：何　江
党组书记：罗魏冰
党组成员、副局长：原喜怀　刘进有
党组成员、纪检组长：冯广胜
党组成员、总会计师：李荣海
党组成员：陈光松

高州市财政局

高州市政协副主席，党组书记、局长：梁逸峰
党组成员、副局长：官培楠（2016年12月任职）黄汉良
副局长：邓振杰
党组成员：曾焕志（2016年7月退休）　傅志昂　钟建亮　陈惠华
主任科员：甘　钊

化州市财政局

党组书记、局长：李　雅
党组成员、副局长：卢一鹏　王　丹　陈　武　李　活
党组副书记：王信志
党组成员、总会计师：陈永亮
党组成员：李盛芳　吴伟亮　朱秀华

滨海新区财政和国资管理局

局长：杨裕全
副局长：黄广平

高新区财政社保局

主任科员（主持全面工作）：黎清河（2016年12月30日起任）
副局长：林华盛（2016年1月至2016年12月主持全面工作）　潘华春

水东湾新城发展财政局

局长：汪子淞
副局长：罗　裕　苏全成　黄美婷

十七、肇庆市

端州区财政局

党组书记、局长、资产中心主任：郭兴东
党组成员、副局长：张国安
资产中心副主任：黄杰智
党组成员、副局长：莫　飚　陈碧君

鼎湖区财政局

党支部书记、局长：陈伟庆
党组成员、副局长：张满强　张　艳　钟文辉
党组成员、党支部副书记：葛晓玲
党组成员、工会主席：梁　虹

高要区财政局

党组书记、局直属机关党委书记、局长、国有资产监督管理委员会主任：李国华

党组成员、总经济师：李小玉

党组成员、城市建设开发中心主任：谢海明

党组成员、副局长、局直属机关党委副书记、纪委书记：冯汝棠

党组成员、副局长：张　涛

党组成员、国有资产监督管理委员会副主任：赖广华

党组成员、公共资产管理中心主任：廖超尤

党组成员、副局长：容海华

四会市财政局

局长：罗文光

总经济师：欧沛荣

副局长：卢继业　黄志坚

市公共资产管理中心主任：陈金盛

局纪委书记、市公共资产管理中心副主任：邹雪松

副局长：李伟坚　何文毅

广宁县财政局

党组书记、局长：王成金

党委副书记、纪委书记、工会主席：陈家泉

党委副书记、副局长：祝海芳

党委委员、副局长：罗中云

副局长：祝继红

党委委员、总经济师：莫昌标

德庆县财政局

县人大副主任（2016年10月任），财政局党组书记、局长，财金系统党委书记：岑锐强

党组成员、副局长，公共资产管理中心主任，德庆县国有资产管理公司董事长：冼业权

党组成员、副局长：邓　云　龙树庭　谢树生

党组成员、局工会主席、财金系统党委副书记、纪委书记：聂继安

党组成员，主任科员，肇庆市公共资源交易中心德庆分中心主任：陈世良

封开县财政局

封开县政协副主席，局党组书记、局长：龙敬和（2016年10月任财政局党组书记、局长）

局党组成员、副局长，封开县金融局局长：许　浩

局党组成员、副局长：康清平　孔　坚

局党组成员、工会主席，办公室主任：李明洪

局党组成员：吴喜雄

怀集县财政局

局长、党组书记、党委书记：严耿文

副局长、党组成员、党委委员：岑金兴（2016年8月任局工会主席）

副局长、党组成员、党委委员：盘卫平　李健荣

副局长、党组成员：黄安权（2016年6月任职）

副局长、党委副书记：陈剑锋

党委副书记、纪委书记：陈　彤

总经济师：邓志坚

肇庆高新区财政局

党组书记、局长：朱雪洪

局副处级干部：邝俊民

党组成员、副局长：陈　德　冼美群

党组成员：卓卫斯

党组书记、区公共资产管理中心主任：冼宇明

肇庆新区财政金融局

局长：李健晖（副处）

粤桂合作特别试验区（肇庆）财政金融局局长：杨海燕

十八、清远市

市高新区财政局

党支部书记、局长：罗钦辉

副局长：罗阳柱

清城区财政局

党组书记、局长：谢宇辉

党组成员、副局长：林志伟　邓志辉　陈泳茹

清新区财政局

党组书记、局长：陈映徽

党组成员、副局长：罗永康　江聪慧　周　睿

英德市财政局

党组书记、局长：胡康立

党组成员、副局长：吴亮明　吴基丽　何树林

党组成员、副局长、纪检组长：刘学军

党组成员、主任科员：黄成朝

党组成员、兼任清远市住房公积金英德管理部主任：余志坚

连州市财政局

党组书记、局长：夏海华

党组成员、副局长：周春艳　欧映刚

副局长：林玉静

佛冈县财政局

党组书记、局长：梁浩锋

党组成员、副局长：罗　杰　黄建中　谭庆忠

连山壮族瑶族自治县财政局

党组书记、局长：张伟平

党组副书记、副局长：陈文坚　郑　阳　王冠华

党组成员：黄志光

连南瑶族自治县财政局

党组书记、局长：黄伟欣

党组成员、副局长：李　洪　邵卫勇　罗会战

阳山县财政局

局长：王　建

党组书记、副局长：邹小玲　谭雄辉　丘国庆

十九、潮州市

潮安区财政局

局长：苏锡伟

副局长：林建安　刘从礼　陈文杰

饶平县财政局

局长：黄实得

副局长：黄学鑫　黄惠敏　詹伟国

湘桥区财政局

局长：马晓斌

副局长：章雪燕　苏潮炜　蔡维煜

枫溪区财政局

局长：廖永创

副局长：陈林英　江慧群　刘愈宋

二十、揭阳市

榕城区财政局

党组书记、局长：黄济勇

党组成员、副局长：魏伟祥　林奕彬　陈冬辉

党组成员：黄鸿飞

副主任科员：洪武贤

普宁市财政局

党组书记、局长：林杰丹

党组副书记、主任科员：李秋琼

副局长：吴粤林　陈国盛

揭东区财政局

党组书记、局长：陈豪杰

党组成员、副局长：谢壮松（至2016年7月）
谢奕涛（至2016年5月）
邱树勇
陈列强（2016年7月起任）
廖锡发（2016年7月起任）

副局长：章合武

揭西县财政局

党组书记、局长：邱旭辉

副局长：蔡育群

党组成员、副局长：黄建群

党组成员、主任科员：李俊强

党组成员、副局长：陈国富

党组成员、副主任科员：李凤权

惠来县财政局

党组书记、局长：陈永明

党组成员、主任科员、公资办主任：朱　晓

党组成员、副局长：施惠芳　杨光辉　吴春荣
钟　华

党组成员、副主任科员：蔡场龙　黄泽华

空港经济区财政局

局长：洪　波（至2016年8月）

党组书记、常务副局长：魏炳江

党组成员、局长：林志鸿（2016年10月起任）

党组成员、副局长：林志鸿（至2016年10月）
洪亮春　杨明才　黄可彬

产业园财政局

党组书记、局长：杨劲华

党组成员、副局长：郑旭峰　蔡宏生　许海彪

普宁华侨管理区财政局

局长：蔡如龙

副局长：黄坤松

大南山华侨管理区财政局

局长：林小斌（至2016年4月）
方铭生（2016年5月起任）

副局长：江清溪　黄耿丰

主任科员：黄明来

大南海石化工业区财政局

局长：陈育瑜

副局长：詹文宏　钟福武

二十一、云浮市

云城区财政局

局党支部书记、局长：廖文华

区直财税系统党委书记、主任科员：万远宁

副局长：梁桂友　梁　明　曹国强

区直财税系统党委专职副书记：余金培

总会计师：钟爱华

云安区财政局

局党组书记、局长：欧　永

局党组成员、副局长：张杰雄　李进才　周泽贤

局党组成员、主任科员：黄坚洪（2016年4月6日起免去党组成员）

主任科员：范桂才

罗定市财政局

党组书记、局长：梁祥源

党组副书记：尹荣灿

党组副书记、副局长：谭炳权

党组成员、副局长：陈　成　张志强　莫志毅

党组成员、副主任科员：欧其慧　谭玉珍

党组成员、主任科员：梁敏婷（2016年3月免去党组成员）

新兴县财政局

党组书记、局长：李耀强

党组副书记：何之宏

副局长：麦锦雄　麦树忠　苏国坚

党组成员：冼勇锋

郁南县财政局

局长：黄重阳

副局长：李声亮　李家婷　黄子桐

总会计师：邓　忠（2016年7月任职）

云浮新区财政局

新区管委会副主任、财政局局长：肖益玫

副局长：张俊明　陈红坚（2016年1月离任）

2016年度广东省财政系统职工情况统计表

（一）

单位：人

项目	合计	分布			
		省（区、市）厅局	市（地、州）局	县（市、区）局	乡（镇）所
合计	22264	1183	4107	9024	7950
%	100.00	5.31	18.45	40.53	5.71

（二）

单位：人

项目	行政职务					专业技术职务			
	厅级	处级	科级	一般干部	工勤人员	合计	高级	中级	初级
合计	30	659	3779	13460	4336	6316	235	2021	4060
%	0.13	2.96	16.97	60.46	19.48	100.00	3.72	32.00	64.28

（三）

单位：人

项目	性别		民族		政治面貌			
	男	女	汉族	其他	中共党员	共青团员	民主党派	其他
合计	12962	9302	22042	222	14825	1144	107	6188
%	58.22	41.78	99.00	1.00	66.59	5.14	0.48	27.79

（四）

单位：人

项目	年龄						学历			
	25 岁及以下	26~35 岁	36~45 岁	46~54 岁	55~59 岁	60 岁及以上	研究生	大学本科	大专	中专及以下
合计	1125	5458	7457	6768	1453	3	1112	11006	7702	2444
%	5.05	24.51	33.49	30.40	6.53	0.01	4.99	49.43	34.59	10.98

（五）

单位：人

项目	参加工作时间					
	1970 年前	1971—1980 年	1981—1990 年	1991—2000 年	2001—2010 年	2011 年以后
合计		1858	6184	7011	4483	2728
%		8.35	27.78	31.49	20.14	12.25

（六）

单位：人

项目	变化情况				
	上年实有人数	本年实有人数	增加或减少		
			总数	绝对增加数	绝对减少数
合计	22727	22264	-463	1298	1761
省（区、市）厅局	1171	1183	12	78	66
市（地、州）局	4032	4107	75	274	199
县（市、区）局	9432	9024	-408	466	874
乡（镇）所	8092	7950	-142	480	622

（七）

单位：人

项目	人员性质									
	行政	其中：		事业					企业	其中：聘用制
		公务员数	聘用制	合计	财政补助	其中：参照公务员管理	经费自理	聘用制		
合计	11473	9219	754	10755	9655	4642	424	676	36	23
省（区、市）厅局	703	690	5	480	385	103	91	4		
市（地、州）局	2556	2313	65	1546	1349	814	122	75	5	5
县（市、区）局	5125	4217	188	3872	3581	1542	131	160	27	14
乡（镇）所	3089	1999	496	4857	4340	2183	80	437	4	4

补充说明：乡镇财政所机构数为 1133 个。

填表说明：

1.“绝对增加”栏统计在该统计年度内，由于各种原因（如：调入、录用、聘任、军转干部安置到财政系统工作等）进入财政系统的职工人数；“绝对减少”栏统计在该统计年度内，由于各种原因（如退休、辞去公职、辞退、开除、调出、死亡等）离开财政系统的职工人数。

2.“行政人员数（其中：公务员数）”栏统计行政编制的人员，公务员人数还要统计在“其中：公务员数”栏中。

3. 综合表（六）、（七）各栏之间关系为：行政＋事业＋企业＝本年实有人数。

4. 综合表（七）中，聘用制人员是指各级财政部门聘用或签订合同一年以上从事财政工作的非固定人员；参照公务员管理的事业单位人员统计在“财政补助”栏中。

2016年广东省财政系统获全国性和全省性先进集体、先进个人名单

获奖单位或个人	获奖名称	表彰单位
广东省财政厅办公室	2015年度全广东省党委系统督查工作先进单位（广东省直督查工作网络单位办公室）	广东省委办公厅
广东省财政厅	2015年度人口与计划生育综合治理工作先进单位	广东省人民政府
广东省财政厅农业处	2014—2015年广东省防汛防旱防风防冻先进集体	广东省防汛防旱防风总指挥部办公室
广东省财政厅	2015年度全国财政系统干部教育培训工作先进单位“创新奖”	财政部
广东省财政厅办公室	先进基层党组织	广东省委
广东省财政厅办公室	先进基层党组织	广东省直机关工委
广东省财政厅社会保障处	广东省爱国拥军模范单位	广东省委、广东省政府、广东省军区
广东省财政厅	2015年度地方部门决算工作先进单位二等奖	财政部
广东省财政厅	2013—2015年扶贫开发“双到”先进单位	广东省扶贫开发领导小组
广东省财政厅法规税政处	2011—2015年全广东省法制宣传教育先进集体和先进个人名单	广东省司法厅
广东省财政厅普法办公室（法规税政处）	广东省级财政部门先进普法办公室	财政部
广东省会计函授职业技术学校	全国财政基层培训课件（教案、微课）征集活动评选表彰组织奖、课件（教案、微课）制作一等奖	中华会计函授学校
广东省财政科学研究所	2016年度全国财政科研宣传工作一等奖	财政部中国财政科学研究院
汕头市财政局	2013—2015年度广东省扶贫开发“双到”优秀单位	广东省扶贫办
汕头市财政局	2015年度广东省注册会计师行业先进行业党组织	广东省注册会计师协会
代兰兰	2015年度广东省党委系统优秀督查工作者（广东省直督查工作网络单位办公室）	广东省委办公厅
范小花	2014—2015年广东省防汛防旱防风防冻先进工作者	广东省防汛防旱防风总指挥部办公室
武龙文	2016年全广东省禁毒工作先进个人	广东省禁毒委员会
罗　睿	广东省直机关优秀共产党员	广东省直机关工委
黄志伟	广东省直机关优秀党务工作者	广东省直机关工委

续表

沈　明	第七批优秀援藏干部	西藏自治区党委、政府
沈　明	第七批优秀援藏干部	西藏自治区林芝市委、市政府
李国培	2013—2015 年扶贫开发“双到”优秀驻村干部	广东省扶贫开发领导小组、广东省扶贫开发办公室
潘　敏	全国财政“六五”法治宣传教育先进个人	财政部
李德刚	全国财政“六五”法治宣传教育先进个人	财政部
李　宁	全国财政“六五”法治宣传教育先进个人	财政部
黄志源	2015 年度广东省“爱国拥军模范”先进个人	广东省委、广东省政府、广东省军区
张志翔	2013—2015 年度广东省扶贫开发“双到”优秀个人	广东省扶贫办
曾少耿	2015 年度广东省注册会计师行业优秀个人	广东省注册会计师协会
陈惜銮	2016 年度全国社科工作先进个人	全国大中城市社科联工作会议主席团
陆洁恒	全国财政“六五”法治宣传教育先进个人	财政部

大事记

Memorabilia

1月

4日 广东省财政厅党组书记、厅长曾志权参加在广州召开的省委经济工作专题研究会，并就降低企业生产经营成本问题作分析汇报。

5日 广东省财政厅党组书记、厅长曾志权参加在广州召开的省十二届人大财经委第二十四次全体会议，并汇报全省2015年预算执行情况和2016年预算草案。

7日 广东省财政厅党组书记、厅长曾志权主持召开厅长办公会议，研究企业降成本有关工作，审议2016年置换债券额度分配方案等事项。欧斌、沈梅红、郑贤操、项天保、钟炜等厅领导参加会议。

△广东省财政厅党组书记、厅长曾志权主持召开以践行“三严三实”为主题的厅党员领导干部专题民主生活会。欧斌、沈梅红、郑贤操、叶梅芬、项天保、钟炜等厅领导参加会议。

8日 中共广东省委组织部发文通知，杨朝峰任省财政厅党组成员、副厅长。

△中共广东省委组织部发文通知，邝慧任省财政厅副巡视员。

△《广东省新增地方政府债券资金分配审批规程》印发。

14—15日 广东省财政厅党组书记、厅长曾志权参加在广州召开的中国共产党广东省第十一届委员会第六次全体会议。

19日 全省财政工作会议在广州召开，会议贯彻落实省委十一届六次全会和全国财政工作会议精神，总结“十二五”时期全省财政工作，分析“十三五”时期广东省财政经济形势，研究部署2016年及今后一个时期全省财政工作。省委常委、常务副省长徐少华出席会议并讲话，省财政厅党组书记、厅长曾志权作财政工作报告，欧斌、沈梅红、郑贤操、叶梅芬、项天保、钟炜等厅领导参加会议。

20日 广东省财政厅党组书记、厅长曾志权主持召开厅长办公会议，研究部署配合做好省人代会审批2016年预算工作，审议广东财政改革与发展“十三五”规划等事项。欧斌、沈梅红、郑贤操、项天保、钟炜等厅领导参加会议。

21日 广东省财政厅党组书记、厅长曾志权率队赴河源市龙川县十二排村检查指导对口帮扶工作。

26日 广东省财政厅党组书记、厅长曾志权参加广东省第十二届人民代表大会第四次会议第一场记者会，并围绕广东省着力保障和改善民生、切实提高底线民生保障水平等问题回答记者提问。

2月

2日 广东省财政厅召开全省财政反腐倡廉建设工作会议，学习贯彻习近平总书记在十八届中央纪委六次全会上的重要讲话和十八届中央纪委六次全会、省纪委十一届五次全会和全国财政反腐倡廉建设工作会议精神，总结2015年广东省财政党风廉政建设和反腐败工作，部署2016年工作任务。会议由副厅长欧斌主持，省财政厅党组书记、厅长曾志权作讲话，党组成员、纪检组长项天保代表厅党组作工作报告。欧斌、沈梅红、郑贤操、钟炜等厅领导参加会议。

△广东省财政厅党组书记、厅长曾志权主持召开厅长办公会议，布置2016年预算执行有关工作。欧斌、沈梅红、郑贤操、叶梅芬、钟炜等厅领导参加会议。《广东省政府性债务风险应急预案（试行）》印发。

23日 广东省财政厅党组书记、厅长曾志权陪同省长朱小丹会见花旗银行亚太区主席、世界银行原副行长章晟曼，中植集团主席刘洋一行。

△2016年第一批广东省政府专项债券457亿元，通过国债招投标系统公开发行。

△《关于广东省省直党政机关和事业单位差旅费管理问题的补充通知》印发。

24日 广东省财政厅党组书记、厅长曾志权参加省政府常务会议，并汇报广东省供给侧结构性改革降成本行动计划。

△广东省财政厅党组成员、副厅长郑贤操参加在广州召开的全省加快推进高速公路建设工作会议。

28日 《广东省人民政府关于印发广东省供给侧结构性改革总体方案（2016—2018年）及五个专项行动计划的通知》印发，其中《广东省供给侧结构性改革降成本行动计划（2016—2018年）》由广东省财政厅牵头负责。

29日 广东省财政厅党组书记、厅长曾志权参加在广州召开的全省供给侧结构性改革工作会议。

△广东省财政厅党组书记、厅长曾志权，省财政厅党组成员、纪检组长项天保参加省党风廉政建设领导小组召开的省直有关单位落实2016年党风廉政建设和反腐败工作任务分工会议，广东省财政厅党组书记、厅长曾志权在会上作专题发言。

3月

1日 广东省财政厅党组书记、厅长曾志权参加在广州召开的2016年第6次省委书记专题会议。

△2016年第一批广东省政府一般债券413亿元，通过国债招投标系统公开发行。

2—16日 广东省财政厅党组书记、厅长曾志权参加在北京召开的第十二届全国人大四次会议。

18日 广东省财政厅党组书记、厅长曾志权，省财政厅党组成员、副厅长叶梅芬参加在广州召开的研究新时期精准扶贫有关工作会议。

21日 广东省财政厅党组“书记项目”作为示范性项目获省委组织部通报表扬。

22日 广东省财政厅党组书记、厅长曾志权参加在广州召开的全省扶贫开发工作会议。

△广东省财政厅党组书记、厅长曾志权主持召开厅长办公会议，传达学习全国人大、政协“两会”精神，研究我厅贯彻落实意见，审议省财政厅八个专项内控办法、审议《广东省省级财政专项资金管理办法（2016年修订）》《广东省免征部分涉企行政事业性收费财政保障实施方案》《免征部分涉企行政事业性收费省级财政保障措施》，布置第二届对非投资论坛筹备工作等事项。欧斌、沈梅红、钟炜等厅领导参加会议。

24日 广东省财政厅党组书记、厅长曾志权参加省政府常务会议，并汇报珠江西岸先进装备制造产业发展基金组建方案。

△广东省财政厅党组书记、厅长曾志权，省财政厅党组成员、副厅长杨朝峰陪同常务副省长徐少华会见世界银行非洲地区副行长高级顾问萨格尔率领的世行非洲地区国家局局长团一行。

25日 广东省财政厅举办“学党章、知党史、守党规”主题知识竞赛（决赛）。

30日 广东省财政厅党组书记、厅长曾志权，副厅长欧斌在广东省分会场参加财政部、国家税务总局全面推开营改增试点视频动员会，并参加广东省全面推开营改增视频工作会议。

4月

5日 广东省财政厅党组书记、厅长曾志权参加在广州召开的省实施《珠三角规划纲要》领导小组会议和省促进粤东西北地区振兴发展协调领导小组会议。

△广东省财政厅党组书记、厅长曾志权主持召开厅党组会议，听取厅直属机关党委专题工作汇报，研究部署2016年省财厅机关党建工作。欧斌、郑贤操、杨朝峰、叶梅芬、钟炜等厅领导参加。

△2016年第二批广东省政府债券317亿元，通过国债招投标系统公开发行。

7日 广东省财政厅党组成员、副厅长叶梅芬陪同省长朱小丹赴佛山市三水区北江大堤前线抗洪指挥中心参加检查北江大堤防汛备汛工作。

8日 《广东省PPP项目库审核规程（试行）》印发。

11—17日 广东省财政厅党组成员、副厅长杨朝峰参加省政府代表团赴西藏自治区、四川省考察对口支援工作。

15日 广东省财政厅党组成员、总会计师钟炜参加在广州召开的司法体制改革试点工作专题协调会。

18日 广东省财政厅党组书记、厅长曾志权主持召开厅领导班子建设专题学习会，欧斌、沈梅红、郑贤操、杨朝峰、叶梅芬、钟炜等厅领导参加。

△广东省财政厅召开“两学一做”学习教育工作会议，学习贯彻中央和省委关于开展学习教育的有关精神，部署省财政厅开展“两学一做”学习教育。省财政厅党组书记、厅长曾志权以“扎实推进‘两学一做’学习教育 做‘四讲四有’合格党员”为题为全厅干部职工上党课。会议由党组成员、总会计师钟炜主持，郑贤操、杨朝峰等厅领导参加会议。

19日 广东省财政厅党组书记、厅长曾志权参加在广州召开的全省重点项目建设工作会议。

20日 广东省财政厅党组书记、厅长曾志权陪同省长朱小丹参加韶钢改革座谈会。

22日 广东省财政厅党组书记、厅长曾志权参加在广州召开的省委全面深化改革领导小组第十七次会议。

23日 广东省财政厅党组书记、厅长曾志权参加在广州召开的全省基本公共服务常住人口全覆盖情况汇报会。

25日 广东省财政厅巡视员欧斌陪同常务副省长徐少华检查潮州供水枢纽等项目建设情况。

△广东省财政厅党组成员、总会计师钟炜率厅扶贫工作队前往龙川县鹤市镇鹤市村进点。

28日 广东省财政厅党组书记、厅长曾志权参加省政府常务会议，并汇报关于全省财政支持新时期精准扶贫精准脱贫三年攻坚的一揽子方案及资金来源、广东省2016年新增债务限额分配方案。

29日 广东省财政厅党组书记、厅长曾志权陪同省长朱小丹会见外国驻穗领团。

△广东省财政厅巡视员欧斌参加在广州召开的加快基础设施项目建设工作推进会。

△2016年第一批广东省定向承销发行的置换政府债券553亿元，通过国债招投标系统债券定向承销发行。

5月

1日 广东省全面推开营改增试点正式启动，建筑、房地产、金融和生活服务业试点纳税人172万户纳入试点范围。

11—13日 广东省财政厅党组成员、副厅长叶梅芬陪同省长朱小丹赴江门、中山、佛山调研珠三角国家森林城市群建设工作。

12—13日 广东省财政厅党组书记、厅长曾志权，省财政厅党组成员、总会计师钟炜陪同财政部纪检组长莫建成在粤调研。

16—18日 广东省财政厅党组成员、副厅长叶梅芬陪同省长朱小丹赴河源、汕尾、清远市调研工业园区工作。

17日 《广东省政府投资基金管理实施办法（试行）》印发。

19日 广东省财政厅党组书记、厅长曾志权参加省政府常务会议，并汇报《广东省省级财政专项资金管理办法（2016年修订）》。

23日 广东省财政厅党组书记、厅长曾志权带队赴河源市龙川县鹤市镇鹤市村开展精准扶贫工作。

25日 欧斌、沈梅红、杨朝峰、叶梅芬等厅领导参加在广州召开的108期《广东学习论坛》报告会。

29—31日 广东省财政厅党组书记、厅长曾志权陪同省长朱小丹赴河源、梅州市调研脱贫攻坚工作。

6月

1日 广东省财政厅党组书记、厅长曾志权参加省府常务会议，并汇报全面推开营改增试点后调整省以下增值税收入划分过渡方案。

△中共广东省委组织部发文通知，叶昊文任省纪委驻省财政厅纪检组组长、省财政厅党组成员。

2日 广东省财政厅党组书记、厅长曾志权参加在广州召开的省委全面深化改革领导小组第十八次会议。

△广东省财政厅党组书记、厅长曾志权主持召开厅长办公会议，听取驻村工作组汇报省财厅精准扶贫精准脱贫工作进展及下一步工作计划，审议2017年省级预算编制工作方案、审议厅投资审核工作规程，研究推进全省财政改革有关工作等。欧斌、沈梅红、郑贤操、杨朝峰、钟炜等厅领导参加。

3日 广东省财政厅党组书记、厅长曾志权主持召开厅长办公会议，专题研究我厅信息化一体化工作。欧斌、杨朝峰、叶梅芬、钟炜等厅领导参加。

3—8日 广东省财政厅党组成员、副厅长郑贤操参加省政府代表团赴四川、新疆考察对口支援工作。

7日 广东省财政厅党组书记、厅长曾志权赴财政部参加增值税收入划分过渡方案工作落实会。

15日 广东省财政厅党组书记、厅长曾志权，巡视员欧斌陪同省长朱小丹赴省国税局、地税局调研营改增试点全面扩围工作。

16日 曾志权、欧斌、沈梅红、郑贤操、钟炜等厅领导参加在广州召开的第二届对非投资论坛筹备工作情况汇报会。

△2016年第三批广东省政府债券（即2016年第一批新增政府债券）329.285亿元，通过国债招投标系统公开发行。

△广东省财政厅举办扶贫济困捐款活动，曾志权、欧斌、沈梅红、郑贤操、杨朝峰、叶梅芬、钟炜等厅领导参加。

21日 广东省财政厅党组书记、厅长曾志权参加在广州召开的全省财政信息公开工作会议。

22日 广东省财政厅党组书记、厅长曾志权陪同省委书记胡春华，省长朱小丹赴清远市参加广东省进一步促进粤东西北产业园区提质增效工作现场会。

24日 广东省财政厅举办“庆七一、感党恩、强党性”庆祝建党95周年文艺汇演，曾志权、叶昊文、郑贤操、杨朝峰等厅领导出席。

27日 广东省财政厅党组书记、厅长曾志权参加在广州召开的广东省庆祝中国共产党成立95周年大会，厅办公室获省委颁发的“先进基层党组织”称号，在大会上受到表彰。

28日 广东省财政厅党组书记、厅长曾志权主持召开2017年省级部门预算编制工作布置会及培训会，并作动员讲话。

29日 广东省财政厅党组书记、厅长曾志权陪同省长朱小丹赴汕头市调研。

△广东省财政厅党组成员、副厅长郑贤操参加在广州召开的重点项目工作座谈会。

30日 广东省财政厅党组书记、厅长曾志权参加省政府常务会议，并作关于继续实行省对中新广州知识城专项补助政策的汇报。

△广东省政府印发《关于实施资源税改革的通知》，明确广东省从7月1日起全面实施资源税改革，并公布纳入改革的28个矿产资源品目及税率。

7月

1日 广东省财政厅党组书记、厅长曾志权参加在广州市召开的省人大财经委全体会议，并汇报广东省2015年省级决算草案及2016年上半年预算执行情况。

△广东省财政厅巡视员欧斌参加在广州市举办的境外旅客购物离境退税政策实施启动仪式。

6日 广东省财政厅党组书记、厅长曾志权主持召开厅党组理论学习中心组集中学习会，学习贯彻习近平总书记在庆祝中国共产党成立95周年大会上的重要讲话精神，并作题为“不忘初心 继续前进 为实现‘两个一百年’奋斗目标提供坚实财政保障”的发言。叶昊文、沈梅红、杨朝峰、钟炜等厅领导参加会议并交流学习心得体会。

7日 广东省财政厅党组书记、厅长曾志权主持召开厅长办公会议，分析2016年上半年预算执行情况，研究布置下半年重点工作，审议《广东省关于健全生态保护补偿机制的实施意见》等事项。叶昊文、沈梅红、钟炜等厅领导参加会议。

14日 广东省财政厅党组书记、厅长曾志权参加在广州市召开的省委全面深化改革领导小组第十九次会议。

15日 广东省财政厅党组书记、厅长曾志权参加十二届78次省政府常务会议，并汇报安排珠三角城际轨道交通项目省级资本金事宜。

17日 广东省财政厅党组书记、厅长曾志权参加在广州市召开的2016年第9次省委书记专题会议，研究上半年经济形势。

18日 广东省财政厅党组成员、副厅长叶梅芬参加在广州市召开的珠江三角洲水资源配置工程前期工作联席会议第三次会议。

△2016年第四批广东省政府债券（即2016年第二批新增政府债券）298.9亿元，通过国债招投标系统公开发行。

△广东省财政厅被中央宣传部、司法部、全国普法办评为“2011—2015年全国法治宣传教育先进单位”。

19日至20日 广东省财政厅党组书记、厅长曾志权参加省长朱小丹率领的省政府代表团赴上海市学习考察科技创新工作。

21日 广东省财政厅党组书记、厅长曾志权参加十二届79次省政府常务会议，并汇报《广东省省级财政专项资金管理试行办法》、成立广东省农业融资担保有限责任公司有关事项及广东以色列理工学院办学经费资金来源有关事宜。

△广东省财政厅党组书记、厅长曾志权参加在广州市召开的省级财政出资政策性基金清理规范工作会议。

22日 曾志权、欧斌、叶昊文、郑贤操、杨朝峰、钟炜等厅领导参加《广东学习论坛》第109期报告会。

25日 广东省财政厅党组书记、厅长曾志权陪同省委书记胡春华到南部战区空军某部队开展“八一”慰问活动。

26日 广东省财政厅党组书记、厅长曾志权参加省长朱小丹在佛山市主持召开的部分市供给侧结构性改革督查工作座谈会。

27日 广东省财政厅党组书记、厅长曾志权陪同省长朱小丹到消防大队开展“八一”慰问活动。

28日 广东省财政厅召开纪律教育学习月动员暨辅导报告会。省财政厅党组书记、厅长曾志权作动员部署并以“加强党性修养　严守纪律规矩　为我省财政改革发展提供坚强政治保障”为题作专题辅导。欧斌、叶昊文、郑贤操、杨朝峰、叶梅芬、钟炜等厅领导参加会议。

△第十二届人大常委会第二十七次会议审议批准广东省2015年省级决算草案。

29日 广东省财政厅党组书记、厅长曾志权主持召开厅长办公会议，审议广东财政改革与发展“十三五”规划、对口帮扶龙川县鹤市镇鹤市村2016—2018年工作规划，研究部署配合做好曾志权任职期间经济责任审计有关工作，审议广东省精准扶贫开发资金筹集和使用监管办法、2016年技术研发资金补助项目安排等事项。欧斌、叶昊文、沈梅红、郑贤操、杨朝峰、叶梅芬等厅领导参加会议。

30日 广东省财政厅党组书记、厅长曾志权参加在广州市召开的中国共产党广东省第十一届委员会第七次全体会议。

8月

1日 广东省财政厅党组书记、厅长曾志权陪同省长朱小丹赴广州市南沙区调研科技创新企业。

2日 广东省财政厅党组书记、厅长曾志权主持召开厅党组理论中心组学习会，传达学习省委十一届七次全会精神，研究部署贯彻落实意见。欧斌、叶昊文、沈梅红、郑贤操、杨朝峰、叶梅芬、钟炜等厅领导参加。

3—9日 广东省财政厅党组书记、厅长曾志权陪同省委书记胡春华赴西藏自治区昌都市和四川省西昌市调研。

4—5日 广东省财政厅党组成员、副厅长郑贤操陪同省长朱小丹赴汕头市调研练江流域整治工作。

8日 广东省财政厅副处级以上党员干部、重点岗位科级干部赴省反腐倡廉教育基地参观学习，开展廉政教育活动。叶昊文、钟炜等厅领导参加活动。

10日 广东省财政厅党组成员、总会计师钟炜参加在广州召开的省贯彻党的十八届五中全会及省委十一届五次全会重要改革举措实施规划征求意见座谈会。

11日 广东省财政厅党组成员、纪检组长叶昊文，副厅长叶梅芬参加在广州市召开的全省推进国有企业改革和反腐倡廉工作座谈会。

12日 广东省财政厅党组书记、厅长曾志权主持召开党支部书记学习教育座谈会并讲话，省财政厅党组成员、纪检组长叶昊文，总会计师钟炜分别强调支部书记抓纪律建设、支部建设的有关要求，部分党支部书记就抓好支部建设交流心得体会。全厅36名党支部（党委）书记参加会议。

17日 广东省财政厅党组书记、厅长曾志权参加十二届80次省政府常务会议，并汇报广东省关于健全生态保护补偿机制的实施意见、关于安排昌都市规划外援助资金事宜和关于支持解决中山大学附属第六医院债务问题事宜。

△广东省财政厅党组书记、厅长曾志权参加在广州召开的全省加快推进钢铁行业化解过剩产能工作会议和研究《广东省供给侧结构性改革重点项目资本金筹措方案（送

审稿)》工作会议。

23日 广东省财政厅党组成员、副厅长叶梅芬参加在东莞市召开的广东省推进珠三角创新驱动发展培育高新技术企业工作现场会。

24—25日 广东省财政厅党组书记、厅长曾志权参加在广州市召开的全省第十五期领导干部党纪政纪法纪教育培训班。

26日 广东省财政厅党组书记、厅长曾志权、省财政厅党组成员、副厅长叶梅芬参加在肇庆市德庆县召开的全省农村(社区)公共服务中心(站)建设工作会议。

29日 2016年第二批广东省定向承销发行的置换政府债券870亿元,通过国债招投标系统债券定向承销发行。

30日 曾志权、欧斌、叶昊文、郑贤操、杨朝峰、钟炜等厅领导参加省财政厅党组书记、厅长曾志权任期经济责任审计进点会。

△广东省财政厅巡视员欧斌参加在广州市召开的省委全面深化改革领导小组第二十次会议。

31日 《广东省省级财政专项资金管理试行办法》印发。

31日至9月1日 广东省财政厅党组书记、厅长曾志权陪同省委书记胡春华赴云浮、肇庆市调研扶贫、产业相关工作。

9月

2日 广东省财政厅党组书记、厅长曾志权主持召开厅长办公会议,审议省财厅2017—2019年中期规划及年度预算编制、厅史室建设工作,研究贯彻中央与地方财政事权和支出责任划分改革指导意见推进全省相关改革事宜,审议2017年省级预算编制内部管理规程、2017年专项资金目录清单。郑贤操、杨朝峰等厅领导参加会议。

△广东省财政厅党组成员、总会计师钟炜参加在广州召开的研究《关于加大脱贫攻坚力度支持广东省革命老区开发建设的实施意见》及2016年省十件民生实事上半年推进中存在问题事项整改落实协调会议。

2日 中共广东省委组织部发文通知,张仿松任省财政厅副巡视员。

3—4日 广东省财政厅党组书记、厅长曾志权陪同省委书记胡春华赴贵州省毕节市、云南省昭通市、广西壮族自治区百色市调研东西部扶贫协作工作。

5日 广东省财政厅在广州市召开全省财政系统内部控制工作会议,总结2015年以来全省财政系统内部控制机制建设工作开展情况,部署下一阶段广东省财政系统内部控制建设工作。厅党组成员、总会计师、内部控制委员会副主任钟炜参会并讲话。

6日 广东省财政厅党组书记、厅长曾志权,省财政厅党组成员、总会计师钟炜陪同财政部副部长史耀斌赴惠州市考察调研。

△广东省财政厅党组书记、厅长曾志权陪同省长朱小丹会见国家开发银行董事长胡怀邦一行并签署合作备忘录。

6—9日 曾志权、欧斌、郑贤操、杨朝峰、叶梅芬、钟炜等厅领导参加第二届对非投资论坛有关活动。

7日 广东省财政厅党组书记、厅长曾志权,省财政厅党组成员、副厅长郑贤操陪同省委书记胡春华、省长朱小丹、常务副省长徐少华出席第二届对非投资论坛开幕式。

△广东省财政厅党组书记、厅长曾志权陪同省委书记胡春华会见世界银行行长金墉一行。

12日 广东省财政厅党组书记、厅长曾志权参加在广州市召开的省政府党组中心组学习会议暨省政府学法日报告会。

△广东省财政厅党组成员、副厅长杨朝峰陪同常务副省长徐少华赴省产权交易集团下属企业省药品交易中心调研。

12—13日 广东省财政厅举办全厅副处以上干部及部分重点岗位干部党纪政纪法纪教育学习活动。省财政厅党组书记、厅长曾志权以“严格要求 重在细实 切实把纪律教育成果落实到行动上”为题作总结讲话。欧斌、郑贤操、杨朝峰、叶梅芬、钟炜等厅领导及全厅副处级以上干部、部分重点岗位同志、2016年新入职工作人员等200余人参加会议。

14日 广东省财政厅党组成员、总会计师钟炜参加在广州市召开的全省审计机关人财物管理改革试点工作动员部署电视电话会议。

18—20日 广东省财政厅党组书记、厅长曾志权陪同省委书记胡春华赴河源、梅州市调研产业、扶贫工作。

19日 广东省财政厅党组成员、副厅长叶梅芬陪同省长朱小丹赴东莞市调研石龙铁路国际物流基地建设推进情况。

20日 广东省财政厅党组成员、副厅长叶梅芬陪同省长朱小丹赴肇庆、清远市调研西江、北江航道扩能升级工程建设情况。

20日至21日 广东省财政厅党组成员、副厅长郑贤操陪同省政协主席王荣赴阳江市开展“关于进一步完善我省民营经济发展环境,全力推进民营经济大提升大发展的提案”系列专题调研。

22日 广东省财政厅党组书记、厅长曾志权参加在广州市召开的省全面深化改革加快实施创新驱动发展战略领导小组第六次会议。

23日 广东省财政厅党组书记、厅长曾志权陪同省委书记胡春华、省长朱小丹会见国务院第三次大督查督查组组长王军一行。

26日 广东省财政厅党组书记、厅长曾志权参加十二届82次省政府常务会议，并汇报省级财政出资政策性基金清理规范意见。

△广东省财政厅党组成员、总会计师钟炜参加在广州召开的第二次全省国有“僵尸企业”处置工作联席会议暨举办国有关停企业集中托管协议签约仪式。

27日 广东省财政厅党组书记、厅长曾志权参加在广州召开的全省科技“四众”促进“双创”工作现场会。

28日 广东省财政厅党组书记、厅长曾志权参加在湛江市徐闻县召开的广东海南两省政府推进琼州海峡港航一体化发展联席会议。

30日 广东省财政厅党组书记、厅长曾志权参加广东省、广州市公祭烈士活动暨广州起义纪念碑敬献花篮仪式。

△广东省财政厅党组书记、厅长曾志权主持召开厅长办公会议，审议修订厅组织人事工作有关管理办法和规定、省直行政事业单位利用国有资产对外出租出借收入管理有关事项、《广东省省以下财政事权和支出责任划分改革实施方案》等。郑贤操、杨朝峰、叶梅芬等厅领导参加。

10月

4日至5日 广东省财政厅党组成员、副厅长叶梅芬陪同常务副省长徐少华前往梅州等粤东三市调研韩江高陂水利枢纽工程。

8日 曾志权、欧斌、叶昊文、郑贤操、叶梅芬等厅领导参加第111期“广东学习论坛”报告会。

△广东省财政厅党组书记、厅长曾志权陪同省长朱小丹前往中山调研明阳风电企业高新科技发展情况。

9日 广东省财政厅党组书记、厅长曾志权参加在广州召开的中博会开幕招待会。

△广东省财政厅巡视员欧斌陪同省长朱小丹前往中山市调研深中通道项目开展情况。

10日 《关于成立广东省政府购买服务改革工作领导小组的通知》印发。

11日 广东省财政厅党组书记、厅长曾志权参加在广州召开的省委全面深化改革领导小组第二十一次会议。

△广东省财政厅党组书记、厅长曾志权参加在广州召开的省长朱小丹听取华南理工大学主要负责人汇报会。

△广东省财政厅党组书记、厅长曾志权列席省委理论学习中心组学习会。

12日 广东省财政厅党组成员、副厅长杨朝峰参加在广州召开的全国大众创业万众创新活动周广东省分会场启动仪式。

13—14日 广东省财政厅党组书记、厅长曾志权参加在江西省南昌市召开的2016年泛珠三角区域合作行政首长联席会议。

13日 广东省财政厅党组成员、副厅长杨朝峰参加在广州召开的广东“众创杯”创业创新大赛总结颁奖仪式暨创业创新高峰论坛。

17日 广东省财政厅党组书记、厅长曾志权参加在广州召开的第13次书记专题会议，研究2016年第三季度经济形势。

18日 广东省财政厅党组书记、厅长曾志权主持召开厅长办公会议，分析2016年前三季度预算执行情况，再次布置2017年省级预算编制工作，审议《省直机关事业单位行政经费节约考核办法（2016年修订）》《2016年省级卫生事业发展经费分配方案》等事项。欧斌、叶昊文、杨朝峰等厅领导参加。

△广东省财政厅党组书记、厅长曾志权参加十二届83次省政府常务会议，并汇报《关于2017年省级财政专项资金目录清单》。

△广东省财政厅党组成员、副厅长叶梅芬陪同常务副省长徐少华到省盐业集团调研。

18—19日 广东省财政厅党组成员、总会计师钟炜参加在江西南昌召开的东江流域上下游横向生态补偿机制现场会。

19日 广东省财政厅党组书记、厅长曾志权参加在广州召开的加快基础设施重点项目和中央预算内投资项目建设工作会议。

20日 曾志权、欧斌、叶昊文、郑贤操、杨朝峰、钟炜等厅领导参加在广州召开的全省财政支出专项督查工作动员会。

△广东省财政厅党组书记、厅长曾志权参加在广州召开的全省前三季度经济形势分析会。

21日 广东省财政厅党组书记、厅长曾志权主持召开厅长办公会议，布置落实财政支出专项督查有关工作。欧斌、叶昊文、郑贤操、杨朝峰等厅领导参加。

△广东省财政厅党组书记、厅长曾志权列席第十一届第179次省委常委会议。

△广东省财政厅党组书记、厅长曾志权参加在广州召开的广东省纪念红军长征胜利80周年座谈会。

24日 广东省《关于省级财政出资政策性基金清理规范的实施意见》印发。

28日 广东省财政厅党组书记、厅长曾志权参加十二届84次省政府常务会议，并汇报《广东省各级财政支持东西部扶贫协作资金安排方案》等事项。

△广东省财政厅党组成员、副厅长叶梅芬参加在广州召开的2016年广东21世纪海上丝绸之路国际博览会“产能合作与创新发展高端论坛”。

29日 曾志权、欧斌、叶昊文、郑贤操、杨朝峰、叶梅芬等厅领导参加在广州召开的广东省传达学习贯彻党的十八届六中全会精神大会。

31日 广东省常务副省长徐少华到省财厅听取关于广东省2016年

预算执行情况和2017年预算草案报告编制工作汇报，曾志权、欧斌、叶昊文、郑贤操、杨朝峰、叶梅芬等厅领导参会。

△广东省财政厅党组书记、厅长曾志权陪同省长朱小丹会见中国混合动力及传动系统总成技术平台项目投资方代表一行。

31日至11月4日、11月7日 广东省财政厅纪检组长叶昊文前往佛山市、东莞市、中山市、江门市等地开展财政支出专项督查活动。

31日至11月4日 广东省财政厅党组成员、副厅长杨朝峰前往阳江市、湛江市、茂名市等地开展财政支出专项督查活动。

31日至11月4日、11月8日 广东省财政厅党组成员、副厅长叶梅芬前往惠州市、肇庆市、清远市、云浮市等地开展财政支出专项督查活动。

11月

1日 广东省财政厅党组书记、厅长曾志权主持召开厅党组理论学习中心组集中学习会，传达学习党的十八届六中全会精神和全省传达学习贯彻大会精神，并作题为"增强'四个意识'不断推进财政改革发展"的发言。巡视员欧斌参加会议并交流学习心得体会。

1—2日 广东省财政厅党组书记、厅长曾志权陪同省委书记胡春华前往江门市调研基层医疗卫生机构能力建设。

2日 广东省财政厅巡视员欧斌参加在广州召开的2015年度全省审计整改工作会议。

△广东省财政厅党组成员、副厅长郑贤操参加在广州召开的推进埃塞俄比亚华坚国际轻工业园建设有关工作会议。

△广东省财政厅党组成员、副厅长郑贤操参加在广州召开的全省科技创新平台体系建设工作会议。

4日 广东省财政厅党组书记、厅长曾志权参加在广州召开的省人大财经委全体会议，并汇报2016年第二次省级财政预算调整方案。

△广东省财政厅党组书记、厅长曾志权参加在广州召开的石龙铁路集装箱办理站及中外运码头改扩建工程水行政许可等四项重点工程有关事项协调会。

7日 广东省财政厅党组书记、厅长曾志权前往东莞市开展财政支出专项督查活动。

△广东省财政厅巡视员欧斌陪同常务副省长徐少华前往惠州调研有关项目建设情况。

△广东省财政厅党组成员、副厅长郑贤操陪同省长朱小丹会见上海浦发银行董事长吉晓辉一行。

△2016年广东省政府债券76.97亿元，通过国债招投标系统发行。

7—8日 广东省财政厅党组书记、厅长曾志权陪同省委书记胡春华前往惠州市惠东县调研有关医改工作情况。

9日 广东省财政厅党组书记、厅长曾志权参加在广州召开的中央宣讲团党的十八届六中全会精神报告会。

9日 广东省财政厅党组成员、副厅长杨朝峰参加在财政部召开的部分省份深化财税体制改革工作专题座谈会。

9—10日 广东省财政厅党组成员、副厅长郑贤操参加在上海召开的"中国经济转型，迈向可持续发展的未来"研讨会。

10日 广东省财政厅党组书记、厅长曾志权主持召开厅长办公会议，审议《2017年省十件民生实事（稿）》《2016年省财政水利应急资金分配方案》及省直有关单位机构编制等事项。欧斌、叶昊文、杨朝峰、叶梅芬等厅领导参加。

11日 广东省财政厅党组成员、副厅长杨朝峰参加在广州召开的国家卫生计生委来粤医改调研座谈会。

12日 广东省财政厅党组书记、厅长曾志权参加在广州召开的广东省各界纪念孙中山先生诞辰150周年大会和大型交响史诗《我们的孙中山》。

14日 广东省财政厅党组书记、厅长曾志权参加在广州召开的省委全面深化改革领导小组第二十二次会议，并汇报《广东省关于健全生态保护补偿机制的实施意见》。

15日 广东省财政厅党组书记、厅长曾志权陪同省委书记胡春华前往东莞市调研医疗卫生体制改革和社会办医情况。

△广东省财政厅巡视员欧斌参加在广州召开的2016年省十件民生实事专题办公会议。

△《广东省人民政府关于同意筹设广东财贸职业学院的批复》印发，同意省财政厅筹设广东财贸职业学院，筹设期为三年。

17日 广东省财政厅党组书记、厅长曾志权参加十二届86次省政府常务会议，并汇报《关于支持省内产业共建的财政扶持政策》。

18日 广东省财政厅党组书记、厅长曾志权参加在广州召开的广东省深化医药卫生体制改革（建设卫生强省）领导小组会议。

20—21日 广东省财政厅党组书记、厅长曾志权参加在广州召开的广东省第十一届委员会第八次全体会议。

22日 广东省财政厅党组书记、厅长曾志权参加在广州召开的省交通运输厅阳光政务建设经验推介现场会。

23日 广东省财政厅党组书记、厅长曾志权参加十二届87次省政府常务会议，并汇报关于省财政支持"十三五"期间省市共建本科高校经费的方案。

20—23日 广东省财政厅党组成员、副厅长杨朝峰前往湛江、茂名、阳江、云浮等地参加听取省人大代表意见座谈会。

21—24日 广东省财政厅巡视员欧斌前往深圳、惠州、肇庆、佛山等地参加听取省人大代表意见座谈会。

△广东省财政厅纪检组长叶昊文前往梅州、河源、韶关、清远等地参加听取省人大代表意见座谈会。

21—23日 广东省财政厅党组成员、副厅长叶梅芬前往汕头、汕尾、潮州、揭阳等地参加听取省人大代表意见座谈会。

24日 广东省财政厅党组书记、厅长曾志权主持召开厅党组理论学习中心组集中学习会，传达学习省委十一届八次全会精神，研究部署贯彻落实工作，并作题为“坚决落实全面从严治党　努力开创我省财政改革发展新局面”的发言，郑贤操、杨朝峰等厅领导参加。

△广东省人大常委会副主任陈继兴率领省人大财经委、省人大常委会预算工委和部分省人大代表到省财厅视察工作。省财政厅党组书记、厅长曾志权汇报全省2016年1—10月预算执行情况和2017年预算草案编制准备情况及高新技术企业培育、岭南中药材保护等专项工作情况，叶昊文、郑贤操、杨朝峰等厅领导参加。

△广东省财政厅党组成员、副厅长叶梅芬参加在广州召开的“国家海洋局　广东省人民政府关于进一步深化合作　共同推动广东海洋强省建设的框架协议”签署仪式。

25日 广东省财政厅党组书记、厅长曾志权列席省委第十一届186次常委会议。

△中共广东省委组织部发文通知，肖红梅任省财政厅党组成员、副厅长，试用1年。

△中共广东省委组织部发文通知，苏凤玲任省财政厅副巡视员。

25—26日 广东省财政厅党组书记、厅长曾志权陪同省委书记胡春华前往韶关、清远市调研。

27日 广东省财政厅党组成员、副厅长叶梅芬在省分会场（广州）参加全国安全生产电视电话会议。

28日 广东省财政厅党组书记、厅长曾志权列席省第十二届人大常委会第二十九次会议全体会议。

△广东省财政厅党组书记、厅长曾志权参加在广州召开的中央第四环境督察组督察广东省工作动员会。

△广东省财政厅党组书记、厅长曾志权参加在广州召开的广东省委、省政府工作汇报会。

△广东省财政厅党组成员、副厅长叶梅芬参加在广州召开的珠三角地区对口帮扶粤东西北地区推进产业共建工作会议。

29日 广东省财政厅党组书记、厅长曾志权，省财政厅党组成员、副厅长叶梅芬参加在广州召开的研究珠三角水资源配置工程有关事项会议。

△广东省财政厅党组书记、厅长曾志权陪同省长朱小丹前往深圳调研腾讯公司云计算与大数据业务发展情况并出席现场会。

△广东省财政厅党组成员、副厅长郑贤操、叶梅芬列席省十二届人大常委会第二十九次会议分组会议。

△广东省财政厅党组成员、副厅长叶梅芬陪同常务副省长徐少华前往粤财投资控股有限公司调研。

29—30日 广东省财政厅党组成员、副厅长杨朝峰带队，赴云浮市云城区和新兴县开展村务公开督查工作。

30日 广东省财政厅党组书记、厅长曾志权参加中央环保督察组谈话。

△广东省财政厅党组书记、厅长曾志权参加在广州召开的医药卫生体制改革会议。

△广东省财政厅党组成员、副厅长叶梅芬陪同常务副省长徐少华会见深交所董事长。

12月

1日 广东省财政厅党组书记、厅长曾志权参加在广州召开的全省知识产权工作会议暨专利奖表彰大会。

2日 广东省财政厅党组书记、厅长曾志权参加在广州召开的“关于加快推进珠三角国家自主创新示范区建设”系列提案办理情况汇报会。

△广东省财政厅党组成员、副厅长郑贤操参加十二届88次省政府常务会议。

3日 广东省财政厅举办第十八届全民健身运动会。省财政厅党组书记、厅长曾志权宣布运动会开幕，巡视员欧斌在开幕式上致辞，叶昊文、郑贤操、杨朝峰等厅领导出席开幕式。

6日 广东省财政厅党组书记、厅长曾志权参加在广州召开的省委书记专题会议，并就加强基层医疗卫生机构能力建设作补充汇报。

△广东省财政厅党组书记、厅长曾志权参加在广州召开的省编委会议。

△广东省财政厅党组书记、厅长曾志权陪同省长朱小丹与中国人寿董事长杨明生一行座谈。

7日 广东省财政厅党组书记、厅长曾志权，省财政厅党组成员、副厅长杨朝峰参加在广州召开的全国人大代表集中视察动员会。

△广东省财政厅党组成员、副厅长郑贤操参加在广州召开的省长朱小丹督办重点提案工作座谈会。

△广东省财政厅党组成员、副厅长叶梅芬陪同常务副省长徐少华赴广州市调研全面创新改革试验工作。

△广东省财政厅党组成员、副厅长叶梅芬参加在广州召开的全省

加工贸易双转移项目对接大会。

8日 广东省财政厅党组书记、厅长曾志权参加在广州召开的广东省委全体（扩大）会议。

△广东省财政厅党组书记、厅长曾志权参加在广州召开的广东省中国科学院全面战略合作领导小组会议。

9日 广东省财政厅党组书记、厅长曾志权主持召开厅长办公会议，审议《全省财政法治宣传教育第七个五年规划（2015—2020年）》、筹建广东财贸职业学院工作实施方案、《2017年省级财政专项资金使用总体计划（第一批）》、《广东省财政厅 广东省新闻出版广电总局关于广东省国家电影事业发展专项资金征收使用实施办法》、《2016年省财政教育专项经费分配方案》等事项。欧斌、叶昊文、郑贤操、杨朝峰、叶梅芬等厅领导参加。

△2016年广东省政府债券184.55亿元，通过国债招投标系统发行。

12日 广东省财政厅党组书记、厅长曾志权参加在广州召开的参加省级机关绩效考核协调领导小组会议。

△广东省财政厅党组书记、厅长曾志权参加在广州召开的省公务用车制度改革领导小组会议。

△广东省财政厅党组书记、厅长曾志权参加在广州召开的供给侧结构性改革重点任务推进工作督导会。

13日 广东省财政厅党组书记、厅长曾志权列席省政府党组会议，并汇报《2017年省十件民生实事》《2017年度省级财政预算草案》《2017年省级财政专项资金使用总体计划》《2016年省对部分市县临时求助资金和重点项目补助资金分配意见》《财政支持加强基层医疗卫生服务能力建设的实施方案》等事项。

△广东省财政厅党组书记、厅长曾志权主持召开厅绩效考核工作会议，欧斌、郑贤操、杨朝峰、叶梅芬等厅领导参加。

△广东省财政厅党组成员、副厅长叶梅芬接受中央电视台《焦点访谈》栏目采访，介绍广东省财政厅配合人大开展人大预算支出联网监督工作的有关情况。

14日 广东省财政厅党组成员、副厅长叶梅芬参加在广州召开的“加快珠江西岸装备制造业发展、建设装备强省”专题协调会。

15日 广东省财政厅党组书记、厅长曾志权前往北京参加2016年科技部o广东省工作会商会议。

19日 广东省财政厅党组书记、厅长曾志权参加在广州举行的省政府和民生银行签约活动。

△广东省财政厅党组书记、厅长曾志权参加在广州召开的广东省党外人士专题协商座谈会。

19—20日 广东省财政厅巡视员欧斌参加在湛江举行的湛江、茂名市重大项目年底集中开工活动。

20日 广东省财政厅党组书记、厅长曾志权参加省政府全体（扩大）会议暨十二届90次省政府常务会议，并汇报《2017年省十件民生实事》《2017年省级财政专项资金使用总体计划》《广东省和省级2016年预算执行情况及2017年预算草案》。

21日 广东省财政厅党组书记、厅长曾志权参加在广州召开的省委全面深化改革领导小组第二十三次会议。

△广东省财政厅党组成员、副厅长叶梅芬参加在广州召开的全省加快淘汰钢铁行业落后产能工作会议。

22日 广东省财政厅党组书记、厅长曾志权向省人大汇报2017年预算工作。

△广东省财政厅巡视员欧斌陪同省委书记胡春华、省长朱小丹参加在河源市梧桐山隧道出口举行的赣深客专广东段先期工程开工活动。

23日 广东省财政厅党组书记、厅长曾志权列席十一届192次省委常委会。

△广东省财政厅党组书记、厅长曾志权主持召开厅长办公会议，审议《广东省基本公共服务均等化规划纲要（2009—2020年）》（2016年修编版）。欧斌、叶昊文、郑贤操、叶梅芬、肖红梅等厅领导参加。

24—25日 广东省财政厅党组书记、厅长曾志权参加在广州召开的省委经济工作会议。

26日 广东省财政厅党组书记、厅长曾志权参加在广州召开的全省推进教育现代化动员会。

△《广东省人民政府办公厅关于健全生态保护补偿机制的实施意见》印发。

△广东省《关于编制2017年省级财政收支预算指导思想和基本原则》印发。

27日 广东省财政厅党组书记、厅长曾志权主持召开厅党组理论学习中心组集中学习会，传达学习省委经济工作会议精神，研究部署全厅贯彻落实有关工作，并作题为“以新发展理念统领财政工作 为我省经济社会发展提供财力保障”的发言，欧斌、叶昊文、郑贤操、肖红梅等厅领导参加会议。

△广东省财政厅党组书记、厅长曾志权参加十二届91次省政府常务会议，汇报《财政支持加强基层医疗卫生服务能力建设实施方案》《2016年省对部分市县临时救助和重点项目补助资金分配意见》等事项。

28日 广东省财政厅党组成员、副厅长郑贤操参加在中山召开的2016年广东省科技成果与产业对接会。

29日 广东省财政厅党组书记、厅长曾志权参加在广州召开的省人大财经委全体会议，并汇报2016年预算执行情况和2017年预算草案。

29—30日 广东省财政厅党组成员、副厅长叶梅芬参加在北京召开的全国财政工作会议。

年度关注

Highlights of the Year

中央级

广东建立“三挂钩一通报”机制

广东省财政着力优化制度设计，建立以“三挂钩一通报”为主体的财政执行管理考核制度，督促各方面加快支出进度，统筹资金安排使用，提高财政资金使用效益。

据了解，所谓“三挂钩一通报”即建立市县财政综合支出考核与转移支付挂钩、库款资金存量与增量调度挂钩、省直部门综合支出考核与财政资金安排挂钩，市县财政支出进度考核通报的机制。

一是建立市县财政综合支出考核与转移支付挂钩制度。市县财政综合支出考核分为财政支出进度考核和财政存量资金规模考核。其中，财政支出进度考核将市县从省财政厅开始通报支出进度的月份起到年底的每个月份实际支出进度，分别与相应的序时进度进行比较计算分月执行率，并据此平均得出全年平均执行率，考核各市县全年平均执行率是否达标，不达标的市县适当扣减省财政对其当年转移支付资金。财政存量资金规模考核是重点考核市县财政存量资金规模占其上一年度支出（或收入）的比重是否超标，应收回的财政存量资金是否全部收回，以及市县财政存量资金规模较上一年度（月度）是否递减，具体标准根据财政部规定的控制比例以及资金范围确定。市县财政存量资金规模超过控制线的部分资金专项上解省级财政。

二是建立库款资金存量与增量调度挂钩制度。从每年2月份起，广东省财政厅每月10日后按照本年度下达给下级财政的增量资金预算额度，综合考虑省级和市县库款资金存量情况，按月汇总办理增量补助调度。其中，对上月库款保障水平低于或等于合理水平（1.5倍）的市县，全额拨付其已下达应拨增量资金，对上月库款保障水平高于合理水平（1.5倍）的市县，暂不拨付调度款。

三是建立省直部门综合支出考核与财政资金安排挂钩制度。广东省直部门综合支出考核分为预算支出进度考核和部门存量资金考核。其中：预算支出进度考核重点考核省级部门资金全年平均执行率是否达标，部门主管转移支付资金是否按照新预算法规定时限下达，其他专项经费全年平均执行率是否达标等。考核不达标的按照未下达资金的一定比例收回预算统筹或核减下年度预算。省直部门存量资金考核重点考核省级部门当年结转额度是否达标，以及年末财政存量资金规模较上一年是否下降。考核不达标的按超出部分的一定比例收回预算统筹。

四是建立市县财政支出进度考核通报制度。市县财政支出进度考核包括月度考核和年度考核两部分。月度考核结果按月向各市县财政部门公布，同时抄送当地人民政府。每月单项或多项考核指标执行率低于相应比例的地区财政部门，于考核结果公布后3个工作日内，撰写情况说明，经主要负责人签字后报省财政厅。每月2项以上指标执行率低于相应比例的地区，由当地财政部门负责人于考核结果公布后3个工作日内到省财政厅向分片负责的厅领导当面说明。年度考核结果于次年年初向各市县财政部门公布，同时抄送当地人民政府。年度考核结果公布后10个工作日内，年终考评得分低于60分的地区财政部门，撰写情况说明，经主要负责人签字后报省财政厅，并由主要负责人到省财政厅当面说明。

（2016年1月7日《中国财经报》，代兰兰）

广东系统推进预算管理制度改革

2015年，广东省财政立足省情和财政工作实际，狠抓落实，积极推进各项改革工作，特别注重突出和发挥预算管理制度的基础和龙头作用，以加快建立规范完整、透明高效的预算管理机制为突破口，扎实推进预算管理制度改革，推动率先基本建立现代财政制度。

广东积极构建完善预算管理制度框架，坚持总体设计，制度先行，建立完善预算管理改革总体框架，增强改革的系统性、整体性、协同性。

“一年来，广东省先后制定印发了相关改革文件35项，其中，以省政府名义印发的有10项，经省政府同意以省财政厅名义印发的有25项，不断健全完善预算管理制度框架。”广东省财政厅厅长曾志权说，广东坚持边实践边完善，找准预算管理制度改革突破口，从预算编制、执行、监督、公开以及强化资金管理等方面推进各项改革。

2015年，广东省建立健全了政府预算体系，将11项政府性基金转列一般公共预算，国有资本经营预算按15%的比例上缴一般公共预算。完善收支预算管理，一方面加强财政收入征管，科学合理编制财政收入预算；另一方面加强支出预算管理，细化预算编制，优化支出结构，严控一般性支出，增加公共性领域的支出比重。改进预算管理和控制，建立了跨年度预算平衡机制，按照以丰补歉的原则，发挥预算稳定调节基金的作用，同时推进中期财政规划改革，制定实施《广东省人民政府关于实行中期财政规划管理的实施意见》。完善预算论证征询机制，建立健全了预算支出提前决策机制，提前一年对经济、社会和民生有重大影响的资金，通过专家评审、委托第三方机构评审或公开征询民意等方式进行论证，截至12月中旬，在2016年预算编制过程中已累计征询意见1000余人次，收集意见共700余条。

过去的一年，广东省着力提高预算执行的时效性和均衡性，严格执行经人大批准的预算，硬化预算约束，未列入预算的项目不得支出；加快预算下达，限时批复预算。改革资金分配方式，进一步提高提前下达资金的比例；推广因素法分配，实行“预安排、后清算”制度；加强财政存量资金监控和清理，建立盘活财政存量资金的长效机制；建立以“三挂钩一通报”为主体的预算执行管理考核制度，督促省直部门和市县加快支出进度。

据曾志权介绍，去年，广东财政还积极完善专项资金管理，重新修订《广东省省级财政专项资金管理办法》以及《广东省省级财政资金项目库管理办法》等配套办法，建立完善专项资金管理“1个总办法、8个配套办法、1个管理平台”的管理架构，按照“一个部门一个专项”的原则，将省级一般公共预算专项资金从219项整合压减至50项。印发《关于加强政府性债务管理的实施意见》，把地方政府债务分门别类纳入全口径预算管理，实现“借、用、还”相统一，构建省、市、县三级政府性债务风险防控体系。印发《广东省关于改革和完善省对下财政转移支付制度的实施意见》，优化转移支付结构。同时，健全涵盖财政监督、审计监督、监察监督、人大监督、社会和舆论监督等五层次监督体系，将监督寓于预算管理全过程，并加强财政绩效评价，将绩效管理范围覆盖各级预算单位、所有财政资金和预算管理环节。推进财政信息公开，按照统一公开时间、公开内容、公开程序和格式等“三个统一”的原则，规范预决算公开和“三公”经费公开，不断细化公开内容。

曾志权表示，下一步，广东财政将注重统筹好重点突破和点面结合的关系，既落实好中央统一部署的改革举措，又积极推进广东省已率先开展、需继续拓展和深化的创新性举措，力争率先建立全面规范、公开透明的预算管理制度。

（2016年1月12日《中国财经报》，韩福恒）

广东财政厅厅长曾志权：广东地方债风险总体可控　个别地区存在隐患

1月26日广东省第十二届人民代表大会第四次会议举行第一场记者会。广东省财政厅党组书记、厅长曾志权在记者会上表示，从风险指标来看，目前广东省地方政府性债务规模与经济发展水平是基本适应的，地方债风险总体可控，有个别地区存在隐患。

广东地方债风险总体可控

曾志权介绍，目前广东省总债务率是59.4%，远远低于国际控制的标准（90%—150%），较大幅度低于全国的平均水平，可见广东省目前的债务风险是可控的。

“从局部的情况来看，我们也注意到个别地区、个别有关行业的债务规模比较大，偿债能力比较弱，存在一些风险隐患。”曾志权表示，根据财政部公布的情况来看，广东省有19个地区存在贸易风险预警，包括4个市本级和15个县区。

曾志权指出，下一步，财政厅要督促局部风险比较高的地区制定中长期的债务风险化解的规范，以适当控制项目规模、压缩公共经费、处置存量资产、引入社会资本等方式，多渠道筹集资金，消化存量债务，逐步将债务风险指标调整到警戒线以内。

另一方面，要与稳增长相结合，给较高的风险期一个换气期，使债务增长速度低于财力增长速度，实现风险逐步降低；充分利用置换债券政策，通过全国统一下达的限额发行的地方政府债券置换，通过置换存量债务的方式缓解部分地区偿债压力，以此降低成本，优化债务结构，同时腾出更多的钱用于其他方面的项目。

国有资本上缴比例上升　总量下降

曾志权介绍，2015年广东省属国有企业上缴利润比例从2014年的10%上升至15%，在2016年将增至20%，计划到2020年把上缴比例提高到30%。上缴的资金将较大幅度地调入一般公共预算用于支持和改善民生，比例将逐年增加。

在上缴比例上升的同时，广东省属国有企业上缴利润的总量却有所下降，曾志权指出，这与国有企业的效益不太好有关。

广东环保基金规模将达200亿元

曾志权在发布会上透露，去年广东省委、省政府决定加大对环保薄弱领域的支持力度，广东省财政拿出20亿元建立环保基金，并计划把基金放大到200亿元左右。

据了解，广东环保基金的母基金规模已达到63亿元。曾志权说：“我们希望通过设立基金，用市场化的手段来推进农村生活垃圾和污水处理长效运行机制。农村的垃圾如果都采取政府承包的形式处理，其可持续性相对会弱一点；如果形成产业化，采取市场手段，可能它的生命力会强一点。”

下一步，财政厅将主要通过股权投资方式，推进广东每个县的垃圾处理设施建设、垃圾转运点建设，以及垃圾收集到运输到处置的过程。污水方面，争取做到在各县区和较大镇都设立污水处理厂，特别是要引进一些PPP的模式，从建设到管理的创新，来建立生活垃圾污水处理的长效机制。

广东将在八大领域重点推广PPP模式

PPP模式即公私合作模式，能鼓励私营企业、民营资本与政府进行合作，参与公共基础设施的建设。

曾志权表示，广东已明确了鼓励推广PPP项目的八大领域，包括交通基础设施建设、水利工程、市政公用设施、农用设施、社会事业、生态环境保护、保障性安居工程，以及能源、林业、科技等其他基础设施和公共服务领域。

曾志权同时指出，目前PPP模式还存在配套法律不完善、项目管理规范性有待加强、项目资金筹措能力不足等问题。建议国家抓紧就PPP有关工作进行立法，以确保PPP合作各方的利益能够顺利地通过法律途径得到保障，消除社会资本对PPP政策的稳定性方面的顾虑。广东也将继续做好PPP试点推进与服务工作。

（2016年01月26日，人民网，钟哲）

广东省财政厅厅长曾志权：财政如何支持创业创新？

广东省财政厅厅长曾志权表示，在2015年大力支持“大众创业、万众创新”的基础上，省财政今年在这方面将继续加大力度。

曾志权介绍说，2016年预算，广东省财政计划安排12103亿元，重点支持企业技术改造和加大研发投入，支持应用型科技成果转化，发挥财政资金在科研成果转化方面的引导作用。

在支持创业就业方面，2016年省级预算拟安排22亿元，主要支持四方面的工作：一是对50个左右的省级优秀创业项目，每个给予5万到20万元的资助；二是对10个左右的省级示范性创业孵化基地，每家一次性给予奖励50万元；三是发放社会保险补贴、岗位补贴等20亿元，重点扶持高校毕业生、就业困难人员等就业；四是补贴参加技能晋升培训的劳动者22万人次。

曾志权还介绍说，前段时间，广东省财政厅牵头会同省直有关部门就省内企业生产经营的情况进行了摸底调查分析。从调查的情况来看，广东企业经营成本比较高，涉企的行政性事业收费项目和中介服务收费比较多。

“虽然广东省行政性事业收费项目已经从2011年的150项下降到85项，年收费额从原来的500亿元减少到346亿元，但是目前审定的收费项目还有11项，仍然比周边其他省要高。企业在融资、用电、用地成本等方面也都处于比较高的水平。”他说。

曾志权表示，下一步将加大力度帮助企业降低成本，涉企的行政性收费争取做到省能审定的涉企项目零收费，这一项估计可以实现170亿元左右的减费，同时降低部分社会保险缴费比例。按照财政部的统一部署，广东初步考虑在2016年5月份开始营改增试点工作全面推行，预计一个年度可以减轻企业税负1000多亿元到1200多亿元。另外，中央出台的支持中小微企业的一系列税收优惠政策，也可以给企业减负约300多亿元。

曾志权同时强调，要帮助降低企业用地、用电、用水，特别是物流方面的成本。“我们省整个物流成本占GDP大概15%左右，跟很多省市相比算较低的，但跟国际上比仍然较高，全球的水平是113%。”他说，估算下来，如果广东物流成本占GDP的比重降低1个百分点，就可以节省679亿元。如果能达到世界平均水平，降低4个百分点的话，可以节省物流成本2718亿元。

在广东省财政厅提供的《2015年工作总结及2016年工作计划要点》中，2015年至2017年广东省财政计划统筹近1000亿元支持创新驱动战略实施，综合运用补助、贴息、风险补偿、设立引导基金等方式，瞄准创新驱动的重要环节精准发力。

（2016年1月26日，新华网，记者：高立）

广东：创新驱动提升经济“含金量”

在广东晒出的2015年经济成绩单上，财政收入的数字格外抢眼，增长高达16.2%，增速名列前茅，总量连续25年居全国第一。

在总量接近万亿元的高位上，广东的政府“钱袋子”何以保持较快增长？广东省财政厅国库处处长姚露给出的答案是：财政收入保持平稳较快增长反映的是广东经济结构的积极变化；反过来，是创新驱动推动经济结构优化，支撑了财力的增长。

最新的统计数据显示，2015年，广东全省第三产业占比首次突破50%，而作为创新驱动力代表的先进制造业和高技术制造业增加值占规模以上工业增加值的比重逾75%。

“应当说，得益于广东转型升级比较早，一批科技创新型企业成长起来，它们对税收的贡献开始显现。特别是在经济形势比较严峻的情况下，结构整体优化后，经济体的抗风险抗打击能力明显提高。”姚露说。

华为是一个典型代表。2014年，华为实现营业收入2881亿元，纳税300亿元。2015年，尽管全球经济下行压力巨大，但华为营业收入大增35%，接近4000亿元，相应的，其贡献的税收也大幅增长。设在东莞的华为终端公司，去年成为一匹“高科技黑马”，摘得当地企业主营业务收入和纳税的两个第一名。

华为轮值CEO郭平解释称，业绩飘红得益于智能手机的强劲增长。由于掌握芯片等核心技术，华为智能手机去年出货量突破1亿台，成为全球第三个迈入“亿台俱乐部”的手机厂商。

在传统经济结构下，工业是一个地方税收的“大户”。这种情况在广东已发生改变。来自广东省国税局的分析显示，第三产业贡献了广东地方税收的三分之二。

“现代服务业发展迅速，正在成为广东新的经济和税收增长点。”广东省国税局征管和科技发展处处长陈学著说，代表着创新驱动的生产性服务业、高技术制造业和先进制造业产生的税收占比已超过一半，在增收额中占比更高达90%以上，拉动税收增长超过14个百分点。

在同一税制下，一定量的GDP产生税收的多少是一个地区经济质量和效益的体现，也被比喻成经济的“含金量”。格力电器财务总监望靖东告诉记者，同样是千亿元销售收入，格力做到了净利润和纳税双百亿元。“盈利和纳税能力的背后是企业的创新能力。”

（2016年2月3日《新华每日电讯》，记者：叶前、武卫红）

广东财政厅厅长曾志权：加力推广运用PPP模式

2015年，广东省在推进PPP项目中做了哪些工作，取得哪些成果？新的一年，广东省将如何发力推广PPP项目？

曾志权：我省委、省政府高度重视PPP模式的推广运用工作，把该项工作列入了2015年重点工作内容。省财政厅积极牵头抓落实，完善制度措施，优化政策环境，加强宣传引导，提升服务水平，在全省范围内扎实推进PPP各项工作。

一是建章立制，构建广东PPP模式制度框架。省政府印发了《广东省关于在公共服务领域推广政府和社会资本合作模式的实施意见》，明确适用范围、工作规程和工作要求，作为全省推广运用PPP模式的重要政策依据。二是明确分工，建立完善协同管理工作机制。在明确项目管理各环节职责分工和相关责任主体的基础上，建立协同管理工作机制，将PPP项目管理的责任分解落实到指定岗位和个人，实现PPP项目管理“纵向到底、横向到边”。三是分类管理，建立全省PPP项目库。依托财政部PPP综合信息平台，建立全省PPP项目库，对全省PPP项目实行分类管理。对于其中国家和省的重点项目，重点关注项目签约和规范实施情况。四是精心组织，成功举办广东省PPP项目推介会。推介会共推出122个项目，总投资额达2814亿元，规模全国居前。其中现场签约10个项目，签约金额242亿元。超过300家大型央企、省属国企、民营企业、港澳贸易发展机构等社会资本和各大金融机构参加了推介会，广泛关注并积极回应我省推广PPP模式工作。五是典型示范，以成功案例带动推进工作。积极争取国家示范项目。经严格评审，省财政厅筛选了24个备选项目报送财政部，其中，4个项目入选财政部第二批PPP示范项目；编写《政府和社会资本合作（PPP）模式典型案例选编》，为市县政府运用PPP模式提供借鉴与参考。六是加强督导，促进PPP项目尽快落地实施。由省财政厅对接市县财政部门实施全面督导，由省级行业主管部门对接市县行业主管部门实施分领域督导，由省财政厅会同省有关部门对有关市PPP项目情况进行实地调研和督导，同时，要求各地、各部门对每个国家和省重点PPP项目明确项目识别、采购、签约、开工建设和完工验收等各阶段的职责分工和时间要求。

从2015年我省PPP工作开展情况看，总体工作积极稳妥，有制度、有措施、有成效。一是制度政策逐步完善。有关市高度重视PPP工作，制定和完善促进政府和社会资本合作的实施意见或管理办法。二是工作机制初步建立。大部分地市明确了由财政部门牵头负责、有关业务主管部门各司其职的PPP工作协同管理机制。有关市加强组织领导，成立了政府领导的PPP工作协调机构。各级财政部门初步建立了信息通达机制。三是项目落地进度明显提速。在各级政府和有关方面的共同推动下，我省PPP项目落地进度较快。截至2015年底，广东省已纳入PPP项目库管理的项目数量为119个，总投资额2752亿元。4个一类项目（财政部第二批示范项目）中，2个项目已完成签约并开工建设；23个二类项目（省重点项目）中，7个项目已完成签约（其中5个项目已开工建设）。四是项目运作规范性不断提高。我省逐条比照中央相关文件要求，严格按照PPP模式的条件和标准，依法合规实施。在PPP项目运作中坚持互利互惠、权责对等、激励相容、风险分担的原则，并严禁各地假借PPP模式变相举债。

2016年，为贯彻落实十八届五中全会、省委十一届六次全会精神和财政部推广PPP工作的要求，结合调研督导情况，我省将重点抓好PPP项目落地，协调省有关部门督促落地较慢的地区加快推进有关工作，确保财政部第二批PPP示范项目和省级重点项目全部按期落地。同时，不断完善PPP项目管理，理顺工作机制，提升管理能力，研究出台扶持政策的具体实施办法，体现PPP模式的政策优势，提高社会资本参与PPP项目的积极性。

（2016年3月7日《政府采购信息报》，记者：王少玲）

广东财政厅厅长曾志权：借“互联网+”打造网上商城

政府采购“价格贵、效率低、质量差”一直是被社会广为诟病的问题，如何破解上述难题，广东省以实际行动向社会提交了一份令人满意的“答卷”。广东省究竟做了哪些工作？质次价高等问题是否得以有效遏制？全国两会上，全国人大代表、广东省财政厅厅长曾志权在接受政府采购信息报/网记者采访时，揭开了问题的答案。

网上商城破解质次价高效率低难题

2015年，广东省积极探索电子化采购新模式，创新完善政府采购操作执行，在政府采购电子交易方面取得喜人成绩，请曾厅长简要谈谈广东省政府采购网上商城如何运转？成效如何？

曾志权：我省政府采购网上商城顺应网络时代“互联网+”的趋势，是对传统商场供货模式的创新，利用电商平台价格透明、种类齐全、全国统一采购成本低的优势，促进公平竞争。它搭建的是一个平台生态系统，与市场动态价格时时相通。网上商城参与的供应商是各主流电商，他们将自己的商品通过系统推送在网上商城里展示，采购单位在网上商城中货比三家选择商品，下单后实时查看物流及到货情况，采购单位及供应商都能及时评论、反馈、申报维修，网上商城采购模式全流程实现网上操作。目前，网上商城已经引入了苏宁、京东、国美等5家电商，商品数量达13000多款。电商直购完成采购金额突破4000万元。

对于无法在网上商城采购的部分产品，我们还增加了网上竞价采购。采购单位根据采购计划、配置标准，提出详细的采购需求，由省政府采购中心进行统一发布，并公开接受供应商报价，在符合采购需求的基础上价低者成交。网上竞价采购公告时间为3个工作日，供应商报价时间为3个小时，大量节省了时间。自网上竞价推行以来，已完成采购金额3300万元左右。

总体来说，我省政府采购新模式，既保障了采购单位采购需求自主权，也维护了政府采购的规范性及价格确定的合理性，还有利于提高采购效率和透明度。

部分品目批量集采节支率高达58%

据悉，对于采购时效要求不高，定制需求又不大的采购单位，广东省实行了批量集中采购。目前，该项工作开展的怎么样？下一步还将有何新动作？

曾志权：在2014年批量集中采购试点成功的基础上，2015年全面推开，对台式计算机、便携式计算机、A4激光打印机和空调机等4个品目实施批量集采。通过预算、配置、生产、配送以及服务标准化等一系列标准化流程，降低生产成本、提高生产效率，形成政府采购规模效益。我省的批量采购计划共分5期，采购计划归集时间分别为3月、5月、7月、9月15日和10月30日，平均间隔两个多月，兼顾采购规模及效率，同时避开春节假期和年底支付高峰。

2015年，我省共实施了5期批量集中采购，预算金额4.36亿元，采购金额2.75亿元，节约资金1.61亿元，节支率36.9%。尤其值得一提的是，在第二期空调批量集采中，归集数量达到22000多台，这一采购大单吸引了全国知名主流厂家参与，节支率达到58%，实现批量采购真正的意义。

下一步，我们将积极做好批量集采履约管理工作，通过建立履约服务评价体系，对供应商及其产品制造商的合同履约行为，如签约及时率、交付及时率、安装及时率、质量合格率和售后服务合格率等实行量化打分和实时跟踪管理。并加快开发批量采购履约跟踪管理系统，采用线上线下模式相结合，对履约全过程实行留痕管理。

我们还考虑引进未成交供应商参与项目验收，推动行业制约监督。再就是通过内外互补方式，完善通畅的信息沟通体制。对外，聘请独立的第三方调查机构，对批量中标的履约情况、产品质量、售后服务满意度进行调查，收集信息，形成调查报告报送监管部门，作为对违约情况处理的依据。对内，在我省政府采购中心设置专职岗位，组建团队，在网签、交货、验收、支付、评价五个环节中，提升服务范畴，确保履约跟踪管理系统各项信息不流失，各采购当事人信息通畅、节奏不间断，提高效率。

同时，为使批量集中采购成果惠及各地市，实现资源共享和全省政府采购一盘棋，我们探索实行批量集中区域联动采购，制定《广东省批量集中区域联动采购工作实施方案》，明确实施范围、实施程序和职责分工，鼓励具备条件的地级市积极参与，以规模采购取得价格优势。

在对通用类商品协议供货改革中，我们着重搭建以批量集中采购为主线，政府采购网上商城、网上竞价为辅的思路，规范采购行为，切实解决政府采购存在的“价格贵、效率低、质量差”的问题。

（2016年3月7日《政府采购信息报》，记者：王少玲）

访全国人大代表、广东省财政厅厅长曾志权：内容充实　路径清晰　原则性强

“总的来看，今年的预算报告内容充实、重点突出，在收支安排上做到了统筹兼顾、有保有压，贯彻了积极稳妥的原则，充分体现了中央的决策部署，体现了民生为本的要求和协调发展的理念，体现了全面深化改革的精神。”全国人大代表、广东省财政厅厅长曾志权具体分析了他的理解和认识。

他认为，预算报告在六个方面可圈可点。

一是体现了中央的决策部署。预算报告提出，要促进供给侧结构性改革，在适度扩大总需求的同时，继续深化财税体制改革，进一步减税降费，适当扩大赤字，安排1000亿元奖补资金支持化解过剩产能和人员安置。同时，预算报告明确将进一步加大财政扶贫开发投入力度，2016年中央财政安排的扶贫资金比2015年增加201亿元，增长43.4%。另外，预算报告提出要健全公务支出管理制度体系，严肃财经纪律等，体现了中央厉行节约、落实“八项规定”的要求。

二是体现了积极稳妥的原则。今年的预算收支安排充分考虑了经济形势变化和实施积极财政政策等减收增支因素，贯彻了积极稳妥的原则，其中，收入安排70570亿元，同比增长2.2%，支出安排85885亿元，同比增长6.3%，是稳妥合理的。为保持一定规模的财政支出力度，保障稳增长、调结构、促改革、惠民生、防风险等增支需求，今年预算安排赤字21800亿元，比2015年增加5600亿元，赤字率从2.4%增加到3%。相比其他主要经济体，如2014年美国的赤字率为4.1%，英国为5.7%，法国为4%，日本为8.8%，我国财政赤字率还较低。在适当增加必要财政支出

的同时，通过扩大赤字弥补减税降费导致的财政减收，保障政府应该承担的支出责任，为供给侧结构性改革创造良好的宏观经济环境，是积极可行的，也是非常必要的。

三是体现了民生为本的要求。预算报告落实了政府工作报告“财政收入增长虽放缓，但该给群众办的实事一件也不能少”的要求，突出了“雪中送炭”的理念，加大了对弱势群体、困难群众的保障力度。比如，中央财政安排优抚对象补助资金409.33亿元，比2015年增长19.8%；农业资源及生态保护补助资金232.86亿元，增长5.7%。又比如，将新农合和城镇居民基本医疗保险财政补助标准从每人每年380元提高到420元，将基本公共卫生服务项目年人均财政补助标准由40元提高到45元等。

四是体现了协调发展的理念。预算报告反映，中央对地方转移支付达到52942亿元，其中，一般性转移支付32018亿元，专项转移支付20924亿元，一般性转移支付的占比不断提高，达到60.49%，转移支付的结构更加科学，方向更加合理，均衡地区财力水平的作用更加明显。通过中央转移支付实施再分配，对于推动广东省东、中、西部协调发展具有重要意义。

五是体现了深化改革的精神。预算报告单独就加快财政体制和税制改革作出部署，包括出台中央与地方事权和支出责任划分改革的指导意见、完善并择机出台中央和地方增值税收入划分过渡方案、全面完成营改增改革等，充分体现了五中全会关于深化财税体制改革和新预算法的精神实质。

六是提高了预算报告的可读性、透明度。预算报告文风朴实，数据清晰，通俗易懂。报告中文字、数字、图表相互衔接，相互对照，在细化编制内容、改进编制方法，提高报告透明度、增强报告易读性等方面都有新的进步。如，首次就预算报告制作了四个漫画视频，以通俗易懂、喜闻乐见的方式展现预算报告内容，尽可能让大家“大账看得明、细账看得清”。

结合政府工作报告和预算报告，曾志权谈到广东省2016年的改革工作。一方面，抓紧推进财税重点改革任务；另一方面，根据中央部署，结合本省实际，积极支持推进其他领域改革。

尤其在财政收支矛盾突出的形势下，广东将进一步提高财政资金绩效管理水平。

曾志权说，广东省将深入贯彻落实预算法，进一步强化预算绩效管理的法治性和权威性，加快建立健全“花钱必问效、无效必问责”的绩效预算管理机制。

（2016你3月8日《中国财经报》，作者：齐小乎）

广东探路创新驱动发展：过去种田 现在搞高科技公司

“我的梦想，是用3年左右时间培育一两家控股优质公司，带着村民去敲钟上市！”近日，在十二届全国人大四次会议广东省代表团全体会议上，个子不高的张育彪声音洪亮地说：“过去是种田、盖房子，现在，我们要搞高科技公司！”

让这位全国人大代表、深圳市龙岗区南岭村社区党委书记、居委会主任热血沸腾的，是正在深刻变化的经济发展模式。作为一个GDP连续27年居全国榜首的省份，广东比其他地区更早进入经济发展新常态，也最早感受到转型升级的巨大压力：一方面，靠要素驱动的传统增长方式已发挥到极致；另一方面，面临发达国家先进生产力和发展中国家低要素成本的“双重挤压”，发展引擎急需转换。

创新是引领发展的第一动力。今年政府工作报告61次提及创新；“十三五”规划纲要（草案）的第二篇，就是“实施创新驱动发展战略”。那么，怎样在创新发展的大棋局中再领风气之先？连日来，创新驱动，成为广东团的“最热词”。

凝聚新理念——“谁在创新上先行一步，谁就能拥有引领发展的主动权”

3月6日的北京，乍暖还寒。原定下午3时开始的广东团媒体开放日，在一个小时之前，会场就挤进了近200名记者。大家都在期待：同样面对经济下行压力，广东，会交上一份怎样的答卷？

答案令人惊喜：2015年，广东省GDP达7.28万亿元，增长8%，比全国高1.1个百分点。更引人关注的是，去年，广东省研发经费支出占GDP比重预计达2.5%，技术自给率上升至71%。根据国际通认标准，这两个指标双双达到关键拐点，标志着广东正式加入创新型地区行列。

当经济发展面临速度换挡节点，作为“经济火车头”的广东，传统发展路径之弊充分显现，对创新驱动发展的感触愈发深刻。

“我们的想法和我们的思路以及现在正在做的，就是以创新驱动发展作为引领和总抓手，推动产业转型升级，依托新技术发展新的企业、新的产业，通过对现有的企业进行技术改造，来推动企业掌握自主的核心技术，推动企业转型升级。同时制定更加严格的环保、质量、技术标准，通过市场淘汰一批落后产能。”中共中央政治局委员、广东省委书记胡春华代表说。

从城市到乡村，从企业到社区，创新驱动发展，已经凝聚成广东共识。

“不转型就是等死，创新还可以杀出一条血路。”广东乳源东阳光实业发展有限公司总经理张红伟代表感慨，这几年他和一些企业家朋友聚会，大家谈得最多的就是技术改造、创新模式。“过去我国部分产业走的是消耗资源、生产价格低廉产品、赚一点微薄利润的路子。广东大量的‘三来一补’、低技术含量的企业，如果不调整思维，按照市场消费习惯、生活习惯进行创新升级，那么有限的资源最终一定撑不住这种旧模式的生产。按传统老路走的企业，订单少了，没有竞争力，现在效益比较好的企业，都是在走创新升级的新路。”

张育彪代表干脆给村民立下了创新转型“军令状”——3年不出成绩就辞职。“改革开放前30年，沿海开放地区的村集体经济依靠手里的土地，小日子过得还不错。过去一年多，我接触了许多科技创新实体。我的感觉是，时代发展太快了，别人跑得太快了，我真想脱了鞋子追上去。守着土地，靠着房租，不搞创新发展，不仅跟不上时代，还有可能拖转型升级的后腿。”

“明者因时而变，知者随世而制。”同样身处全球经济增速放缓，国内资源、环境约束突显的当下，广东以实践启示他人：谁在创新上先行一步，谁就能拥有引领发展的主动权。

增强新动能——“以科技创新为核心，以人才发展为支撑”

“创新驱动的方向非常精准，那么，‘谁’是创新的最根本驱动者？”会场上，广东省财政厅厅长曾志权代表的问题引发热议。

怎么转？如何辩证看待新旧动能的关系？转型升级中，政府、企业、高校分别扮演什么角色……所有这些，都与“新动能从哪儿来”紧密相关，解决不好，经济持续健康发展和“两个翻番”就难以实现。

坚持创新发展，既要坚持全面系统的观点，又要抓住关键，以重要领域和关键环节的突破带动全局——两会上，这成为广东团代表最深切的体认。

要牢牢抓住科技创新的“牛鼻子”。

华为、腾讯、格力……数据显示，广东共有科技型企业超过5万家，其中省级以上创新型企业507家，国家认定的高新技术企业8230家，数量位居全国前列。“柴火创客空间已经在全国复制近20家，吸引了22万人。”深圳市市长许勤代表说，深圳的科技创新和产业创新已经形成联动，“我们就是要靠技术创新，推动产业不断发展、不断壮大规模、提升水平，形成未来的产业竞争力”。

要处理好“新”与“旧”的辩证关系。

一手抓新兴产业培育——以深圳为例，生物、互联网、新能源等七大战略性新兴产业渐成规模，产业增加值超过7000亿元，占全市GDP比重高达40%；生命健康、海洋经济、航空航天、机器人、可穿戴设备和智能装备等五大未来产业规模已超4000亿元，成为新的增长点。“创新是互联网发展的生命线，‘互联网+’融合创新将带给各个行业新的生机与活力。”深圳腾讯公司董事会主席兼首席执行官马化腾代表说。

一手抓传统产业改造提升——美的集团党委书记、副总裁袁利群代表介绍，该集团每年拿出一亿元支持员工创业创新，所有员工都可以通过开放式创新平台申报自己的创业创新项目；通过路演评审后，创业团队就能得到孵化资金，以及工作场所、实验室等全方位支持。“制造业传统的粗放增长模式已经不可持续，有实力的大企业要构建高水平的研发机构，专注用户研究，建立产品开发、个性技术研究、共性基础研究和前瞻性研究开发体系；有条件的要面向全球布局研究机构，引入世界级高端人才和多样创新文化，成为本领域的‘科技创新领跑者’。”袁利群代表说。

要营造好人才的蓄水池。

只有两所“985”高校，历来是广东教育的短板。全国两会前夕，一场教育部推介“广东高水平大学”的专场发布会让大家改变了对广东教育的传统印象。广东省教育厅厅长罗伟其代表介绍，一年来，通过在5所高校试水下放岗位设置权、公开招聘权、职称评审权等，广东高校服务区域经济社会发展的能力显著增强，参建高校与地方政府、行业、企业共建的科研转化平台近500个，成为集聚创新资源的新载体。

强化科技创新的引领作用，深入推进大众创业万众创新，实施人才优先发展战略，拓展发展动力新空间——广东的创新实践充分说明，只有“十个指头弹钢琴”，才能真正弹出和谐、美妙的“创新协奏曲”。

构建新体制——“形成创新活力竞相迸发、创新成果高效转化、创新价值充分体现的体制机制”

“广东经济体量大、带动力强，要为国家作更多贡献。”9日，李克强总理在参加广东团审议时希望，广东在改革开放中当好排头兵，勇挑重担，为顶住经济下行压力提供有力支撑，发挥更大作用带动全国。

殷殷期待，重任在肩。一连几天发言，时不我待的紧迫感闪现在每一位代表脸上。

先行一步，很多束缚得以提前挣脱——《关于加快建设创新驱动发展先行省的意见》《关于加快科技创新若干政策意见》《关于加强理工科大学和理工类学科建设服务创新驱动发展的意见》等相继出台，顶层设计日渐清晰，创新驱动不再“脚踩西瓜皮，滑到哪儿算哪儿”。

更早遇到问题，更深的思考也由此沉淀——步子还要迈得更大，体制机制还要更加完善。

广东宝丽华新能源股份有限公司董事长宁远喜代表说：“法治中国的建设、信用中国的建设，都是市场经济运行的基础。这些不到位就会造成市场运行低效，交易成本增高，信息流通不对称，契约遭到破坏，创新环境也就无从谈起。”

佳都集团董事长刘伟代表直言，创新驱动战略很多还停留在理念上，尚未完全落地见效。“建议政府改革现行的运营机制，搭建好成果转化公共服务平台，建立促进科技成果转化机制，特别是建立以市场化目标为最终成果的评估机制，并从科技成果处置、使用、收益管理以及探索科技成果市场化定价等方面尽快出台具体机制。此外，还要完善法制，加强对知识产权的保护和利用。”

“长期以来，科技人才的创新动力得不到释放，科技成果转化率低，企业自主创新乏力，产品不能满足市场供给侧的需求，导致供给体系总体上仍是以规模化、标准化产品为主，中低端产品过剩，高端产品供给不足。”华南农业大学教授陈瑞爱代表建议，要尽快实现科技研发与市场需求的对接，让科技创新真正转化为现实生产力和品牌竞争力，成为供给侧结构性改革的发动机。“原来高校是以文章为王，以后应以成果转化为王。如果科研成果能够转化为效益，企业就会加大投入，企业构建创新平台，从而有了创新力，就能真正成为国家的科研平台。”他补充说。

所有这些，为广东标注下“创新驱动发展”排头兵的印记，也为全国各地的经济结构调整和产业转型升级提供了改革样本。

（2016年3月11日《光明日报》，记者：邓晖）

全国人大代表、广东省财政厅厅长曾志权在提交的议案中建议修订《政府采购法》实现政府采购权责对等

“关于修订《政府采购法》实现政府采购权责对等的议案，是在去年所提议案的基础上再次提出的。财政部针对去年议案做了很详细的回复，《政府采购法实施条例》（以下简称《条例》）也针对有关问题予以规范，但仍未从根本上解决问题。”两会期间，全国人大代表、广东省财政厅厅长曾志权告诉《政府采购信息报》记者，《政府采购法》规定的供应商投诉处理制度，在实际工作中导致了行为主体和责任主体的不一致。

采购单位及代理机构是采购活动的组织实施者，但对投诉处理基本不承担责任，而政府采购监管部门未参与采购活动，但因为处理投诉，往往成为行政复议被申请人或行政诉讼被告。

从立法目标来看，专门设置质疑和投诉制度，是为了保障供应商合法权益，然而由于采购行为主体和责任主体不一致，导致采购活动争议更加复杂、采购活动时间大幅延长等问题，影响了采购效率，与投诉制度的立法目的不符。针对这一问题，曾志权在议案中从完善政府采购质疑投诉、控告检举制度等方面，提出了对《政府采购法》相关条款进行修订的建议。

权责不对等 供应商滥投诉 监管部门投诉处理困扰大

在曾志权看来，采购人及代理机构、供应商等当事人与政府采购监管部门间权责不对等的问题，集中体现在政府采购质疑和投诉工作中。

一方面，由于质疑之后还有投诉，《政府采购法》等法律法规对质疑的处理缺乏明确规定，采购人及其代理机构对供应商质疑的回复往往简单随意、敷衍了事，不及时改进，出现很多供应商对质疑答复不满提起投诉。质疑没有发挥应有的作用，反而延长了处理的过程，影响了采购效率。

另一方面，供应商滥用投诉权现象较普遍。尽管《条例》对供应商的投诉作出相应的规范，但政府采购涉及各行各业，供应商投诉理由往往“信手拈来”，投诉成本低，导致投诉案件逐年增加。2015年，广东省财政厅共收到供应商投诉15件，较2014年的10件增幅较大，但受理后撤回7件投诉，驳回6件投诉，转有关部门处理的1件，有效投诉微乎其微。

同时，政府采购监管部门处理投诉面临的困扰越来越大：一是供应商投诉查处难度大，二是投诉处理缺乏必要的调查处理手段，三是因供应商投诉引起的行政复议、行政诉讼越来越多。政府采购监管部门不得不投入更多的人员力量应对处理，影响了正常监管工作的开展，也偏离了制度设计的初衷。

以广东为例，2015年全省财政系统共办理41件行政复议案件，其中政府采购类案件36件，占到近90%；行政相对人对广东财政部门共提起行政诉讼32件，政府采购类案件22件，占全部诉讼案件的近70%。财政部门依法承担的监管职能包括财政资金覆盖范围及政府采购、会计、资产评估等诸多领域，政府采购工作并不是任务最重的，但复议诉讼案件比例这么高，与《政府采购法》设置的投诉处理制度密切相关。

完善投诉处理机制 探寻民事救济途径

针对以上问题，该议案从两方面提出建议。一方面，完善政府采购投诉处理机制。明确采购行为人和监管部门的权责，丰富投诉处理的方式和手段，细化投诉处理程序，强化采购当事人的法律责任及采购单位上级主管部门的监督责任等。切实做好投诉处理与控告检举之间的衔接，以及财政部门和负有监督职能的有关部门间的权责划分，保证行政机关正确行使监管执法职权。

另一方面，完善政府采购纠纷的民事法律救济机制。采购人及其采购代理人之间以及他们与供应商之间，本质上是民事法律关系，其争议纠纷应按民事经济法律规定首先由双方协商解决，协商未解决的，应循民事诉讼途径解决。而通过行政处理或行政诉讼则在一定程度上会偏离当事人诉求。因此，应突出政府采购的民事属性，强化采购双方平等主体地位，引导政府采购当事人依法通过民事法律渠道解决争议纠纷，更好地保障政府采购当事人的合法权益。

同时，一方面围绕实现政府采购相关各方权责对等，促进政府采购制度机制更加有序有效运行，曾志权在提交的议案中建议，修改现行《政府采购法》有关条款。

一是将政府采购供应商质疑和投诉处理合并，由当事人双方在采购活动中解决争议纠纷。建议将《政府采购法》第五十五条“质疑供应商对采购人、采购代理机构的答复不满意或采购人、代理机构未在规定时间内作出答复的，可在答复期满后十五个工作日内向同级政府采购监督管理部门投诉”，修改为“质疑供应商对采购人、代理机构的答复不满意或采购人、代理机构未在规定时间内作出答复的，可在答复期满后十五个工作日内要求采购人限期核实答复”，采购人或其委托的代理机构拒不答复又不协商解决的，供应商可控告检举。

二是完善控告检举制度。建议政府采购监管部门不再专门处理供应商投诉，将现行投诉的有关制度设计与《政府采购法》中的控告检举制度合并，供应商或其他组织和个人发现采购活动中有违法行为的，统一按《政府采购法》第七十条规定进行控告检举，同时补充增加有关控告检举的适用范围、受理条件和实施程序的具体条款，界定职责边界范围。条件成熟的情况下，建议参考国外做法，以及国内对银行、保险等行业的监管方式，设立专门的政府采购监管机构，依法赋予其监管职责和履行职责的措施。

三是细化采购人、供应商的法律责任。建议增加对采购人及其采购代理机构不按规定答复质疑、不配合主管部门调查处理政府采购违法行为，以及供应商随意或恶意质疑等方面的法律责任规定。

（2016年3月21日，政府采购信息网，作者：王少玲）

广东：一站式会计服务大厅获“点赞”

2016年，广东省财政厅会计服务大厅搬迁新址，在“硬件”升级的同时，“软件”服务再提升，获得全省200万会计人的由衷“点赞”。

因为会计服务大厅的存在，考生办理会计从业资格考试报名到领证时间从原来的至少3个月缩短到现在的最快7天，现场审核过渡到系统自动审核，业务流程的11个环节删减为7个……在以“公开、高效、便民、规范”为原则的改革和创新后，考生满意度测评升至近100%，也因此，广东会计服务大厅荣获全国行政服务大厅典型案例展示活动“百优”称号，是全国财政系统唯一一个获此奖项的窗口单位。

“一把手”工程

服务窗口建设工作一直是广东省财政厅党组书记、厅长曾志权心中的一件大事。省财政厅会计服务大厅是向群众提供会计服务的重要窗口单位，此前的办事程序复杂、环节多、时间长，对此，曾志权决心改革创新，广东省财政厅投入了多方面的资源。

在硬件设施方面，服务大厅现场提供了互联网电脑、叫号机、复印机、大屏幕液晶显示屏等设施，方便办事群众在现场办理业务。在软件系统方面，服务大厅建成了应用和数据大集中的会计管理信息系统，系统覆盖全省范围，涵盖会计管理所有业务，运用大数据技术为会计人员和社会公众提供便捷服务。同时，为适应经济不断发展、会计从业人员不断增多的实情，进一步改善办公环境，2016年会计服务大厅进行了搬迁，为办事群众提供了更舒适的办事环境。

此外，广东省财政厅还从内部管理入手，为提升服务建立长效机制。

为完善内部管理，广东省财政厅制订实施了《会计服务大厅文明服务规范》《会计服务大厅工作人员问责暂行办法》《会计服务大厅创建“志愿服务岗”工作方案》《会计服务大厅投诉处理暂行办法》《会计服务大厅工作人员考核办法》等制度办法，以强化管理促进服务水平提升。

据了解，该会计服务大厅还加装了电子监控器对窗口服务现场进行实时监控，以增强服务人员的服务意识，规范服务行为，提高服务质量。

广东省财政厅还安排专人到会计服务大厅进行业务督导，相关负责人不定期到大厅进行巡查，通过现场办公，及时发现和解决存在的问题。为建立长效机制，省财政厅将办事群众的满意度与员工绩效工资及合同续签相挂钩，建立改进作风、提高服务质量的长效机制。

为方便办事开“绿灯”

广东省财政厅会计服务大厅的改革与变化给前来办事的人留下了深刻的印象。

“现在，我们去会计服务大厅办理业务时，最直接的感受就是‘一路绿灯’，即使遇到一些小小的困惑，也会马上得到解答或解决。可以说，这是广东会计人的‘福音’。”前来办事的卢小英感慨地说。的确，为了方便办事，广东省财政厅会计服务大厅在改革中想出了非常多的办法和技巧。有这样两个细节让记者印象深刻：一是会计服务大厅设立了“志愿服务岗”。

每周增加两小时服务时间，逢周五中午12点到下午2点，由工作人员担任志愿者，为群众提供休息时段额外服务，为平时不方便过来的群众提供服务。

同时，服务大厅改进了审核方式，将原来在考生报名前审核改为在考生通过考试后审核，原来的现场审核逐步过渡到系统自动审核，原来对考生55个信息字段审核改为重点对几个关键字段审核，其他字段由考生在填报信息真实性承诺书上签名。

可以看出，广东省会计服务大厅的改革确实做到了“胆大心细”。

另外，会计服务大厅的改革还包括简化业务流程、完善客户服务体系、优化服务环境等方面。

在优化业务环节方面，会计服务大厅针对以往群众反映的办事流程较长、环节较多等问题，及时对工作流程进行梳理，在争取上级部门同意及符合有关文件规定的基础上，按照“既规范又便民”的原则，将原业务流程的11个环节删减为7个环节，同时，会计服务大厅减少审核层级，设立审核岗位AB角，缩短审核时限。为增加从业资格考试批次，省财政厅根据考生报名情况，优化考期安排。简化流程后，考生从报名到领证所需时间从原来的至少3个月到最快7天完成，绝大部分事项均可通过网上直接办理，有效减少群众到现场次数。

在完善客户服务体系方面，为提高会计咨询热线服务效率，广东省财政厅加强和电信公司合作，由分管厅领导带队到电信公司协商，增加热线有效席位，加强话务员业务培训，将热线接通率从原来的90%提升至95%以上，并根据业务流程更新热线问答题库共计105条近3万字。

为加快会计管理信息平台建设，广东省财政厅进行信息化流程再造，增设政策咨询功能，利用标准题库实现系统自动回答，对重要政策和规定利用信息平台进行动态滚动宣传，同时对信息平台基础架构和数据库管理进行改造，提高系统的运转速度和稳定性，将信息查询速度由原来平均每条耗时20多秒减少到8秒以内，同时建立手机短信通知平台，主动向群众发送办事指南和温馨提示，及时告知工作进展。

会计服务大厅还主动接受群众监督，在会计服务大厅窗口设置满意度测评器，定期反馈分析测评数据，及时改进工作措施，对现场测评不满意的即时预警和处理。

“会计服务大厅在现场对所有办事流程、收费项目及投诉电话都进行了公示，设立前台咨询员对办事群众进行引导，通过设置排队叫号机、电子显示屏和等候休息区，这些都为我们会计人提供了极大的方便。”会计人刘艳红说。

据悉，该会计服务大厅还建立了大厅工作人员定期学习交流制度，每周五下午进行业务学习，及时总结和发现工作中遇到的问题，改进和完善工作措施；聘请专家对员工进行服务礼仪培训，进一步提升专业服务水平；细化服务需求，如在会计从业资格考试新旧大纲衔接期间，设定新旧大纲考试过渡期，分别开设新旧大纲专场考试，在过渡期内允许考生自由选择考旧大纲或新大纲，满足考生不同需要。

（2017年3月18日《中国会计报》）

广东精准发力支持创新驱动战略实施

广东省财政积极发挥财政职能作用，2015—2017年计划统筹近1000亿元，综合运用补助、贴息、风险补偿、设立引导基金等方式，支持创新驱动战略实施，提高经济发展质量。

2015年，广东省通过一系列组合措施，创新驱动驶入发展“快车道”，培育发展了一批创新型企业，高新技术企业存量可新增1000家以上，总量可超过10000家以上；珠三角国家自主创新示范区等科技创新重大平台建设取得突破；新型研发机构和科技企业孵化育成体系建设进一步加快，上半年共认定新型研发机构124家；协同创新整体效能不断提升，全省产学研合作与协同创新大格局基本形成。

围绕创新链条，建立资金支持体系。一是安排基础与应用基础研究专项资金3亿元，支持广东省境内的高校、研究院所与医院等科研机构开展的基础与应用基础研究项目和优秀科研人才培养。二是安排公益研究与能力建设专项资金7亿元，支持省属科研机构改革创新、科技基础条件建设、大型仪器设备共享、国家部委在广东布局的大科学工程的基础研究项目、面向产业和社会民生的应用开发和软科学研究。三是安排协同创新与平台环境建设专项资金5亿元，支持产学研协同创新与国际科技合作、重大科学工程创新与应用、创新载体与创新服务体系建设和创新创业环境的营造。四是安排前沿与关键技术创新专项资金7亿元，围绕全省重点领域、重点产业的重大科技需求支持研发创新项目，促进创新链与产业链相结合。五是安排省产业技术创新与科技金融结合专项资金5亿元，探索开展科技融资补贴与风险补偿、科技成果转化引导基金的引导性投资、科技创投联动、科技金融服务体系建设等新的扶持方式，进一步完善科技型企业投融资体系建设。

围绕重点环节，大力支持科技创新。一是实施企业研究开发事后奖补，对已建立研发准备金制度的企业，省市县财政通过预算安排，根据经核实的企业研发投入情况对企业实行普惠性财政补助，引导企业有计划、持续地增加研发投入。二是开展创新券补助政策试点，引导中小微企业加强与高等学校、科研机构、科技中介服务机构及大型科学仪器设施共享服务平台的对接。三是推动科技企业孵化器建设和发展，对新建或改扩建新增孵化面积及运营成效优良的科技企业孵化器给予补助，设立风险补偿金支持孵化器内创业投资和在孵企业融资。四是支持新型研发机构建设发展，对机构研发经费及进口科研用仪器设备给予补助支持。

围绕创新主体，激发创新驱动内生动力。一是2015—2017年，省财政新增安排60亿元设立高新技术企业培育资金，对纳入省高新技术企业培育库、未获得国家授予的“高新技术企业”称号的企业给予补助。二是省财政通过完善人员经费保障机制，2016—2018年安排9亿元支持省科学院购置关键设备、建设创新平台和引进高层次领军人才、支持设立省科学院发展基金等，促进省科学院进一步释放创新动能。三是省财政统筹安排省级科技专项资金和科技存量资金3亿元，支持省政府与清华大学共建清华大学珠三角研究院，进一步提升珠三角地区自主创新能力。

围绕成果转化，支持科技和经济融合。整合支持创新驱动发展相关资金105.5亿元，推动应用型科技研发和重大科技成果转化。一是设立重大科技成果产业化基金50亿元，重点支持成长性好、需要在关键节点上扶持的战略性新兴产业。二是设立重大科技成果产业化扶持专项资金25.5亿元，重点支持战略性新兴产业。三是设立应用型科技研发扶持专项资金30亿元，重点扶持广东省企业、高校和科研机构根据市场和企业需求开展工业应用研究。

围绕政府采购政策功能，支持企业自主创新。研究规范采购需求标准、预算份额预留、价格评审、优先采购、首购订购等措施，加大对清单中的创新产品、服务及创新企业的政府采购支持力度。

（2016年3月21日《中国财经报》）

广东出台政府性债务风险应急预案

为构建政府债务风险防控体系，切实防范和化解财政金融风险，近日，广东印发实施《广东省政府性债务风险应急预案（试行）》，对政府性债务风险应急组织指挥体系和职责、风险预警机制、应急处置、后期处置等作出规定，明确责任，完善机制，防控风险。

一是建立组织指挥体系。省人民政府负责并领导全省政府性债务风险应急管理工作；市县人民政府负责并领导本市县行政区域内政府性债务风险应急管理工作，市政府主要负责人是本市政府性债务风险防控第一责任人；各级财政部门是本级债务风险应急处置牵头管理部门；举借债务或使用债务资金的有关单位是本单位政府债务风险防控的责任主体。

二是建立风险预警机制。根据各地区一般债务、专项债务、或有债务水平，测算债务率、新增债务率、偿债率、逾期债务率等指标，综合评估各地区债务风险状况，对全省债务风险进行预警监测，并从低到高划分预警级别；省财政厅根据预警监测结果，定期向市县政府和财政部门通报该地区政府债务预警级别，并同时将风险监控信息通报省级发展改革、审计等相关部门；预警通报列入债务高风险地区的市县，要采取措施化解存量债务，降低债务风险。

三是划分债务风险等级。根据省、市、县三级政府债务风险严重程度和影响面，将债务风险分为初级债务风险、中级债务风险和严重债务风险3级，其中逾期债务率在10%至20%之间或者或有债务和其他债务偿债缺口未达到上一年度公共预算收入1/12的，为初级债务风险；逾期债务率在20%至50%之间或者或有债务和其他债务偿债缺口达到上一年度公共预算收入1/12但不足1/6的，为中级债务风险；逾期债务率超过50%以上或者或有债务和其他债务偿债缺口达到上一年度公共预算收入的1/6以上（含）的，为严重债务风险。

四是明确应急处置措施。发生初级债务风险，市县政府通过多渠道筹集资金偿还债务、债务重组等方式立足自身化解债务风险，偿还到期地方政府债券确有困难的可申请由省财政先行代垫偿还；省级有关单位主管部门制定应急处置方案报省政府批准后实施，筹资能力不足的适当调整省级主管部门的部门预算支出及扣减部门经费。发生中级债务风险，除采取初级风险应对措施外，市县政府应向上级政府报告，必要时可申请救助，省财政应扣减发生中级债务风险地区新增发行地方政府债券规模；相关债务单位省级主管部门采取初级风险应对措施筹集资金不足偿还到期债务的，可采取动用省级偿债准备金代垫偿、预算稳定调节金偿还到期政府性债务等应急措施，代垫资金通过扣减以后年度部门预算或部门自筹资金解决。发生严重债务风险，除采取初级、中级风险应对措施外，由各级政府成立债务风险处置领导小组，启动债务风险责任追究机制，调整预算支出结构，压减地方建设项目支出，统筹财力优先偿还到期债务，并暂停严重债务风险市县申请省政府代发新增政府债券的资格或有关债务单位及省级主管部门有关表彰评比资格。发生全省性债务风险，除按照前述要求采取应急响应措施外，发生全省性初级债务风险的，省财政厅应向有关市县财政部门发出初级债务风险提示；发生全省性中级债务风险的，省财政厅应向省政府报告，经省政府授权责成有关市县政府限期将债务风险等级降至初级或以下；发生全省性严重债务风险的，由省政府成立债务风险处置领导小组，制定债务风险处置总体方案，迅速将债务风险等级降至中级或以下。

五是明确后期处置措施。发生严重债务风险的地区，本级地方政府应在风险解除后立即启动债务风险责任追究机制，对相关责任人员进行行政问责和追究法律责任；债务风险应急处置结束后，各级政府和财政部门要对风险发生原因、应急响应过程、应急措施的效果，以及对今后债务管理的持续影响等情况进行综合评估和分析。

（2016年3月31日《中国财经报》）

以新理念引领新发展　全力推进供给侧改革

2016年政府工作报告中强调，要坚持以新发展理念引领发展，着力加强供给侧结构性改革。财政作为国家治理的基础和重要支柱，应当为适应和引领经济发展新常态提供制度保障和财力支撑。广东经济体量大、带动能力强，步入新常态的时间早，广东财政将坚持立足全局，一方面，以五大发展理念为引领，充分发挥财政职能作用，推动提高发展质量效益；另一方面，全力支持推进供给侧结构性改革，打好“三去一降一补”攻坚战，为广东“十三五”开好局、实现“三个定位、两个率先”总目标提供财政保障。

“八个方面”下功夫　充分发挥财政职能作用

围绕中心服务大局，始终坚持正确的政治方向。坚持围绕中心、服务大局，全面贯彻落实中央和省委、省政府各项决策部署和工作要求，着力保运转、保民生、保稳定，促发展、促协调、促改革，把创新、协调、绿色、开放、共享的发展理念落到实处，切实做好服务大局、服务基层、服务群众的各项工作。

抓收支强管理，实现财政平稳运行。围绕实现财政可持续发展，加强新常态下财政经济运行分析，强化财政收支管理，实现财政收支平衡。收入方面，规范收入征管秩序，严格控制非税收入占比，提高收入质量；支出方面，强化预算约束力，加大盘活存量资金力度，优化支出结构，落实“三挂钩一通报”机制，进一步提高预算执行的均衡性和有效性。

转方式调结构，推动提升发展质量效益。充分发挥财政杠杆作用，推动形成以创新为主要引领和支撑的发展动力结构。加大创新性企业、对新型研发机构的支持力度，支持珠江东岸电子信息产业带和珠江西岸先进装备制造产业带建设，充分发挥广东自贸区和珠三角创新示范区等重大平台的作用。探索公共财政支持创新发展的新机制新方法，积极运用财政政策手段，引导社会和企业把更多资金集中投入到创新上。

优机制促协调，推动城乡区域协调发展。完善体制机制，支持推进珠三角一体化发展，巩固珠三角城市群核心竞争力；突出“三大抓手”作用，补短板、增后劲，将粤东西北地区培养成新增长极。完善财政扶贫资金增长机制，推进财政支持扶贫机制创新，支持实施精准扶贫、精准脱贫，在推进协调发展上实现新突破。

补短板兜底线，着力改善民生福祉。围绕率先实现全面小康目标，推动率先实现基本公共服务均等化、社会保障城乡一体化，加大投入力度，支持补短板、强基础、保基本、兜底线、促协调，增加公共服务供给，解决好教育、就业、医疗卫生、社会保障等人民群众最关心最直接最现实的利益问题。建立多元投入机制，在坚持公共服务由政府主导的基础上，引导和撬动社会资金投入，探索公共服务多样化供给形式。合理引导预期，适当降低支出方面的过高承诺。

推改革增活力，推进建立现代财政制度。深化预算管理制度改革，推动建立预算编制科学细化、预算执行均衡有效、预算监督健全完善的预算管理机制。调整政府间财政关系，建立省以下事权和财政支出责任相适应的运行机制。探索推进财政投融资改革，放大各类政策性基金使用效应，推广政府与社会资本合作模式。按照中央深化税收制度改革部署，全面推进营改增扩围，推进地方税收体系建设。同时，积极配合做好其他领域改革任务。

防风险保稳定，促进经济社会持续健康发展。增强风险防控意识和能力，自觉运用法治思维和法治方式来深化改革、推动发展、化解矛盾、维护稳定，管控好地方政府性债务、防控财政运行风险。支持加强和创新社会管理，推进社会治理精细化。支持健全公共安全体系，推动平安广东建设，切实维护社会和谐稳定。

提能力促规范，提高服务质量水平。主动适应形势发展要求，加强财政部门自身建设、基础工作和干部队伍管理，切实提高工作质量效率和服务水平。加强班子建设、能力建设、作风建设、廉政建设和党建工作，提高财政干部落实五大发展理念、引领和推动新常态的能力水平。

推进“三去一降一补” 支持打好供给侧结构性改革攻坚战

支持去产能，优化产业结构。加强财政与产业、土地、环保、金融、价格等政策的协调配合，发挥市场作用，引导企业兼并重组，优化区域和产业布局，盘活“僵尸企业”、落后产能占的要素资源，提高资源配置效率，促进产业规模、产业结构与环境承载力、市场需求、资源保障相适应。支持推动珠三角地区产业梯度转移，加强国际产能合作。同时，加大财政保障力度，妥善解决好职工安置等问题，维护社会稳定。国有资本经营预算支出优先用于解决国有“僵尸企业”及特困企业的职工欠薪、生活费、经济补偿等历史遗留问题。

支持去库存，加快农民工市民化。支持棚改安置和住房保障货币化，打通商品房与保障房通道。健全财政转移支付同农业转移人口市民化挂钩机制，有效释放农业转移人口城镇购房需求。支持建立以满足新市民住房需求为主要出发点的购租并举的住房制度。逐步将公租房保障范围扩大到非户籍常住人口，实现公租房货币化。严格落实国家有关个人住房金融、税收等各项优惠政策。

支持去杠杆，防范化解风险。支持拓宽企业债务融资渠道、改善小微企业金融服务，推动直接融资发展，有效服务实体经济。完善地方政府债券发行机制，做好存量债务置换工作，推动地方政府融资平台向市场化方向转型。完善全口径政府债务管理，加强或有债务监控。引导和鼓励社会资本参与地方融资平台公司存量项目改造，争取通过政府和社会资本合作模式减轻地方政府债务负担，有效化解地方政府债务风险。

支持降成本，减轻企业负担。打好降低企业制度性交易成本、人工成本、税负成本、社会保险成本、财务成本、生产要素成本、物流成本等七个方面“组合拳”。通过实施省定涉企行政事业性收费“零收费”、扩大失业保险基金支持企业稳岗政策实施范围、全面推进营改增扩围、降低社会保险费、运用地方政府债券减轻企业债务成本、深化价格改革降低生产要素成本等措施，实现企业负担显著减轻，形成企业发展与宏观经济发展良性循环的格局。

支持补短版，改善软硬环境。围绕广东基础设施薄弱环节，支持加快水电气路、新一代信息基础设施、新能源汽车基础设施、城市地下管网、城际交通基础设施互联互通、水利基础设施、生态保护和环境治理等建设。支持完善人才供给体系，推进高水平大学建设，推动义务教育均衡优质发展，加快现代职业教育发展。支持构建与经济社会发展相适应、与新型城镇化相协调、与新供给体系相匹配，布局科学、覆盖全面、功能完善、安全可靠的软硬基础设施支撑体系。

（2016年4月《中国财政》7期，作者：曾志权）

广东以改革创新推进预算绩效管理

近年来，广东省预算绩效管理工作坚持创新发展，从项目支出事后绩效评价向绩效管理全过程、多方位覆盖，不断拓展综合性支出、竞争性分配绩效管理以及引入第三方独立评价等新领域新模式，构建了“资金分配有绩效目标管理，资金使用有绩效跟踪与督查，支出结果有绩效评价和绩效问责”的预算绩效管理体系，有效推进财政资金使用效益的提高。

一是制度先行，确保预算绩效管理工作规范有序。制定《广东省省级部门预算项目支出绩效目标管理规程》等综合性管理制度，明确预算绩效管理的原则、范围、方法、机制等。针对绩效管理不同层面的业务程序、工作规程、协调机制等，制定《省级部门预算项目支出绩效目标管理内部工作规范》等一系列业务规范。近年来全省各级财政共制定有关预算绩效管理制度办法150多项，形成层级配套、功能协调、覆盖到位的绩效管理制度体系。

二是夯实基础，保证预算绩效管理工作质量。加强指标体系及标准化建设，研究设计通用指标体系及农林、科技、经贸等方面的个性化评价指标体系，并在实践过程中不断优化和调整完善评价指标体系，改进评价方式，提升评价效率。加强信息系统建设，建立涵盖专家评审、部门预算、财政专项资金、财政综合支出绩效管理，以及评价指标和标准库、项目库、专家库、资料档案库的财政绩效管理信息系统，加强对信息数据的整理维护及分析利用，提高预算绩效工作信息化管理水平。加强绩效评价队伍建设。

三是健全机制，提升预算绩效管理工作水平。建立绩效目标管理机制，推动部门预算与绩效管理紧密结合。规定所有财政支出项目必须申报绩效目标，经财政部门审核、批复，以此作为预算安排重要条件和绩效评价的依据。建立多元化评审机制，提高绩效评价结果公信力。构建主管部门和资金使用单位绩效自评、财政部门实施重点评价以及引入第三方中介机构评价相结合的多元化评价体系，提高绩效评价的科学性和公信力。建立重点项目专项评价机制，对每年到期的专项资金实施重点评价、实施基本公共服务均等化绩效考评、开展一般性转移支付资金绩效评价、省直部门厉行节约执行情况绩效评价、税收返还优惠政策执行情况绩效评价及十件民生实事类财政资金绩效评价等。建立绩效评价结果应用机制，增强预算管理绩效导向作用。

（2016年5月9日《中国财经报》）

广东营改增三年减税近千亿元

截至2015年底，广东省营改增试点户数从2012年试点启动时的18.87万户增加到99.51万户（含深圳，下同），增长427%，其中一般纳税人和小规模纳税人分别为18.29万户和81.22万户，分别占19%和81%，累计实现减税953.13亿元，其中试点纳税人累计减税605.56亿元，试点纳税人减负面为98.2%，为原增值税纳税人提供抵扣减税275.71亿元，出口服务退免税71.86亿元，结构性减税红利充分释放，基本实现了规范税制、减轻税负、促进发展、带动改革的预期目标。

按照中央统一部署，广东省从2012年11月1日起启动实施交通运输业和部分现代服务业营改增试点，2013年7月扩大到广播影视业，2014年1月扩大到邮政和铁路运输业，2014年6月扩大到电信业。

通过试点，减少了增值税和营业税并存导致的重复征税问题，为企业带来了较大规模的减税红利。一是试点纳税人税负明显减轻。试点纳税人整体税负由试点前营业税约4.5%逐步降低到2.28%，下降49%，其中小规模纳税人下降40%。二是原增值税纳税人增加抵扣明显受益。原增值税纳税人以制造业为主，通过购进各项服务等抵扣进项税275.71亿元，增值税税负整体降低约5%，实现了改在服务业、利在工商业的良好效果。

营改增试点后，第二、三产业之间的抵扣链条得以打通，为产业转型升级带来了重要的推动力。一是推动现代服务业迅猛增长、形成集聚发展。3年来试点企业达到99.51万户，是启动时的5.3倍，月均新办企业约2万户，尤其是研发技术、文化创意、鉴证咨询业分别比试点前增长7.6倍、3.1倍、4.2倍，发展势头非常迅猛。二是推动了工商业主辅分离，加快转型升级。营改增试点促进了专业化分工，促使工商业企业将研发、设计、营销等内部服务环节从主业剥离出来，成为效率更高的创新主体，使企业从“橄榄型”真正转变为“哑铃型”，更好地实施创新驱动、转型升级。据调查，基于营改增等因素，有46%的纳税人已经或正在实施服务业与第二产业主辅剥离，35%的纳税人将部分业务外包给其他公司，许多制造业企业将咨询和技术服务业务剥离，开展专门技术研发和服务，全力开发创新产品，打造专业服务品牌，探索了制造业转型升级的新路子。三是推动服务贸易扩大出口，竞争力显著提升。试点对服务贸易出口实行零税率或免抵退政策，促进服务贸易出口力度不断加大。据统计，2015年共有148户企业享受零税率，退税13.26亿元，比2013年增长3倍多。共有2.7万户享受跨境服务免税政策，免税销售额800.3亿元，比2013年增长7倍多。

在经济下行压力较大的形势下，营改增试点拉动经济、促进就业和改善民生，发挥了经济财政的稳定器作用。一是做大了经济蛋糕，财政收入由减到增。随着结构性减税效应的充分释放，以及试点行业由“1+6”扩大到“3+7”，试点企业数量成倍增长，经营业绩向好，带动固定资产投资、试点税收收入在初期下降后逐步实现由降转增。2015年广东交通固定投资总体保持较快增长态势，仅2015年，铁路投资建设同比增长56%。与2012年试点启动时缴税营业税相比，在交通运输业税收略有下降的同时，现代服务业税收增长47%。二是带动了行业发展，促进经济稳步增长。营改增试点以科学、优化的税制形成对市场主体的激励和生产方式的引导，从而吸引更多的资源向现代服务业集聚，进而又带动其他产业的发展。通过税收乘数模型推算，2015年营改增试点增加该省GDP总量808.08亿元，提高该省GDP增幅1.1个百分点，带动新增就业约20万人。三是促进产业结构调整优化。营改增试点推动现代服务业发展，激发了生产企业采购现代服务的积极性，优化了产业结构。2015年，广东省第三产业增加值增长9.7%，经济增长贡献率达57.1%，三次产业占比调整为4.6：44.6：50.8，占比首次突破50%。其中，现代服务业增加值增长11.9%，比整体服务业高2.2个百分点，占服务业比重为60.4%，占比同比提高1.4个百分点。

（2016年5月17日《中国财经报》，记者：代兰兰）

广东自7月1日起实施境外旅客购物离境退税政策

据财政部网站公布消息，广东省（不含深圳）自2016年7月1日起，实施境外旅客购物离境退税政策。

据了解，离境退税政策，是指境外旅客在离境口岸离境时，对其在退税商店购买的退税物品退还增值税的政策，体现了增值税消费地征税原则，是国际上征收增值税国家和地区的通行做法。

根据此前财政部等部门发布的文件，能享受退税优惠的境外旅客，是指在中国境内连续居住不超过183天的外籍人士和港澳台同胞，在退税商店购买的退税物品，按规定退还增值税的政策。享受离境退税须满足4个条件：一是同一境外旅客同一日在同一退税商店购买的退税物品金额达到或超过500元人民币；二是退税物品尚未启用或消费；三是离境日距退税物品购买日不超过90天；四是所购退税物品由境外旅客本人随身携带或随行托运出境。

国家规定的退税物品的退税率为11%，但值得注意的是，广东省退税代理机构需要收取2%手续费，即境外旅客在退税商店购物后，可按退税物品销售发票金额（含增值税）9%的比例金额申请退税。退税币种为人民币。退税额未超过10000元的，可自行选择退税方式。退税额超过10000元的，以银行转账方式退税。

与大部分省市只有空港口岸实施相比，广东省有1个空港口岸和2个海港口岸在广州、珠海市同步实施，在两市的任一退税商店购物后通过3个实施口岸中的任一口岸离境时均可以退税，实现空海口岸联动退税。下一步，广东将把退税商店和口岸逐步扩大到其他市，并跟国内其他城市实现互联互通。

据介绍，广东是全国入境旅游人数最多的省份，据统计，2015年广东各口岸入境旅游人数1.05亿人次，占到全国78.5%，其中，外国人660.42万人次，占到全国的25.4%；香港、澳门和台湾同胞9856.74万人次，占到全国的91.4%。在广东实施境外旅游离境退税政策，可以发挥税收政策鼓励旅游消费购物的积极引导作用，吸引更多的境外游客到广东旅游消费，提升广东作为国际旅游目的地的影响力。

（2016年6月30日《中国财经报》，记者：代兰兰）

广东高标准农田全省统一上图入库管理

广东省财政厅与省国土厅、省农业厅日前联合印发《关于做好高标准农田上图入库和信息统计工作的通知》（以下简称“通知”），对全省高标准农田上图入库和信息统计工作作出明确要求。

通知指出，将财政部牵头实施的农业综合开发高标准农田建设项目，国土资源部门、农业部门牵头实施的高标准基本农田建设项目，国土资源部门牵头实施的省级以上投资土地开发整理项目，农业部门牵头实施的市县级基本农田保护示范区建设项目纳入建设项目统计范围，对各部门间高标准农田建设报备信息指标体系和报备要求进行统一，实现“一张图”对信息互通共享，便于对高标准农田建设信息进行查询、对比分析和统计汇总。

通知要求，项目信息报备内容应涉及项目计划下达、项目实施和竣工验收3个阶段，包括项目基本情况、建设规模、坐标信息、进度信息、工程量、建设成效及相关信息等方面内容，涉及140个备案指标。通过对项目立项、建设和验收全过程信息进行报备，通过信息化手段实现跨部门间统一动态监管，对全省高标准农田建设、资金投入、建后管护等情况实现动态化、数字化管理，为实现统一监管考核提供数据支撑。

通知明确，将2011年以来实施的农业综合开发高标准农田建设项目坐标信息统一入库，对各部门拟建项目与已建、在建项目建设范围重叠情况审查，避免出现项目重叠和重复建设。

（2016年8月18日《中国财经报》）

广东“控调退”规范专项资金管理

2016年，广东省进一步加大专项资金清理整合力度，将省级一般公共预算专项资金压减至50项，并建立“控、调、退”长效管理机制，规范专项资金管理，提高资金使用效益。

一是按照“一个部门一个专项，没有专项的不新增专项”的原则，对“小、散、乱”的专项资金进行全面清理、撤销、归并和整合，将省级财政一般公共预算专项资金由2015年的219项整合到2016年的50项。

二是严格控制新增设立专项资金，除依据法律、行政法规和省委、省政府决策部署设立外，预算执行中一般不出台新的增加财政专项资金支出的政策和措施；规范专项转移支付项目设立，市场机制能够有效调节的一般不设立专项转移支付项目，对保留的具有一定外部性的竞争领域资金逐步转为基金管理等市场化运作模式；将属于地方事权的项目划入一般性转移支付。

三是专项资金预算实行“一年一定”，不再固化安排。每年与部门事业发展实际所需相结合，确定年度专项资金安排计划；对不需按原用途使用的资金，按规定及时调整用于其他急需或有条件实施的项目。

四是完善专项资金到期退出机制，实行到期退出制度，确需延续安排的，严格按照新增设立专项资金办理，形成科学管理机制。

（2016年8月22日《中国财经报》，记者：代兰兰）

广东10亿元担保基金解中小微企业融资之渴

近日，广东省财政出资10亿元，设立中小微企业融资担保基金（以下简称“担保基金”），主要扶持广东再担保合作范围内的担保机构（包括地级以上市设立的中小微企业政策性担保机构），以及单笔贷款金额300万元（含）以下的中小微企业，为省内融资担保机构提供再担保服务。

一是利用广东再担保现有的银行合作渠道、再担保业务模式、风险控制手段等担保服务体系，发挥财政资金的增信作用，为合作担保机构争取和扩大银行准入及合作额度，解决担保机构资本实力弱、银行不认可的问题。

二是结合广东省中小企业信用担保代偿补偿资金，引导银行、地市政府、合作担保机构共同分担风险，推动建立针对广东担保行业的中央、省、市、区（县）多层次的风险分担和补偿机制，解决担保机构风险承受能力不强及可持续发展的问题。

三是树立行业公信力，推动全省担保体系建设，引导担保机构聚焦主业、规范经营、改革创新。同时，整合各类资源，构建有利于行业发展的外部环境与合作条件。

四是通过业务创新、平台创新，引导担保机构创新业务模式，与信托、资本市场、互联网金融合作，开展针对中小微企业的信托贷款、私募债、中小企业集合债等新型担保业务，逐步降低对银行合作的依赖度。

（2016年8月23日《中国财经报》，记者：代兰兰）

广东规范委托第三方实施预算绩效管理行为

近日，广东省财政厅印发《预算绩效管理委托第三方实施工作规程（试行）》，规范预算绩效管理工作委托第三方实施行为，确保第三方客观、公正开展预算绩效管理，提高预算绩效管理的公信力。

一是规范第三方选取。第三方申请参加预算绩效管理工作应具有法人资格和独立承担民事责任的能力、良好的商业信誉和健全的财务管理制度、相关行业管理部门认可的专业资质及专业技术管理人员、最近三年的经营活动中没有重大违法违规记录等条件。委托方以政府购买服务的方式，通过公开招标，选取工作计划周详、行业信誉良好、实力业绩突出、报价合理的第三方承担相应的预算绩效管理工作。二是规范工作程序。承担预算绩效管理委托业务的第三方按规定程序开展工作，主要包括前期准备、组织实施、提交披露等三个阶段。三是规范第三方管理。实行回避制度，第三方或其工作人员、聘请的专家有与被评价对象（单位）存在利益关系、亲属关系等可能影响公正性情形的，应当主动回避，不得接受委托（或受聘）。同时，建立质量跟踪机制，违规违纪责任追究机制和业务质量考评机制。

（2016年8月30日《中国财经报》，记者：代兰兰）

广东PPP项目库审核有方

近日，广东印发实施《广东省PPP项目库审核规程（试行）》，对项目库审核职责分工、标准、流程、结果应用等作了进一步细化规定，规范PPP项目库项目管理。

明确职责分工。省财政厅牵头制定项目库审核工作制度，汇总各地申报的项目信息，审核项目入库资格，将符合条件的PPP项目纳入项目库管理；市县财政部门对本地区PPP项目信息予以初步审核并报本级人民政府确定；省有关主管部门按照职能分工对项目信息合规性、可行性等提出初审意见；第三方评价机构受省财政厅委托，对所有项目信息和材料提出初审意见。

明确审核标准。对项目信息在合规性、可行性、完整性等方面设置明确的审核标准，对照标准逐个项目进行审核，只有通过审核的项目才准予入库。

明确审核流程。PPP项目入库审核流程为：市县财政部门初审并报本级人民政府确定后上报项目，按照项目属性和所属行业由相关省级主管部门进行审核，由省财政厅统一委托第三方评价机构对审核通过的项目信息和材料进行评价，省财政厅综合省级主管部门和第三方评价机构初审意见对项目信息进行复核。经复核为合格项目的，按程序审核通过；经复核为不合格项目的，退回市县补充完善后重新申报。PPP项目退库审核流程为：原申报单位向省财政厅提交书面退库申请，说明退库原因，省财政厅审核同意后作退库处理。因政策要求、行业规划等原因，已入库项目不符合有关要求需要整改的，由市县财政部门进行整改。整改后仍不符合要求或逾期未整改的，作强制退库处理。退库项目三年内不得重新申请入库。

加强信息公开。已纳入PPP项目库管理的项目，由各级财政部门根据项目进展情况，及时更新基础信息、采购信息、实施阶段等，并按照财政部规定发布和提供查询。

加强结果应用。省财政厅在通过审核的项目库中，遴选推荐国家级和省级PPP示范项目，省级相关专项资金予以优先支持。未纳入项目库管理的项目，原则上不得通过财政预算安排支出，不得参与遴选国家级和省级示范项目，也不得列入年度和中期项目实施计划。

（2016年9月29日《中国财经报》，记者：代兰兰）

“予取之间”促转型：广东有望率先跨上地方公共财政收入万亿元台阶

广东降费减税“动真格”，2016年上半年累计为企业减负2283亿元，与此同时，广东全省一般公共预算收入“进账”创下自2012年以来的同期增幅最高值。广东省财政厅表示，今年全省一般公共预算收入有望首超万亿元，成为全国首个地方公共财政收入跨上万亿元台阶的省份。

广东稳增长、降税费“增减之间”，体现了供给之手的予取有术，反映的是广东营商环境之变、经济结构之变。

放水养鱼　降费减税提效促“大变”

几经比较后，国际互联网巨头思科公司今年4月宣布其中国创新中心总部落户广州，这是中国首个以智能制造云产业为核心、年产值规模超千亿元、全球领先的智慧城项目。

思科的选择很大程度上与广东“环境之变”有关。近年来，广东下大力气打造市场化法治化国际化营商环境，最重要的组合拳是降费减税稳增长。数据显示，2013年以来，广东共取消、免征、缓征或降低行政事业性收费标准200多项；2012年营改增逐步推开后，广东累计营改增减税近1600亿元。由于政策落实到位，广东降费减税成效明显，被认为是营改增试点中减税力度最大、减税效果最好的地区之一。

在宏观经济下行压力较大的背景下，成本为王。“减税可以带来企业持续减负，从而增加更多投资和创新，企业有钱搞研发，这样就能得到休养生息，产业就能做大。”华为公司总裁任正非这样阐释减税的意义。

在降费减税的同时，广东也启动了“提效计划”，通过各个领域的审批改革，提速增效，优化企业生存环境。东方国际集装箱（广州）有限公司财务主管杨凤以往办理出口退税需要一个月时间，但在广东国地税深度合作改革审批环节后，正常办结只需要两天。

“服务提速减少了资金占用，也是在为企业降成本。按照现在市场贷款利率测算，以我们公司的退税总额，一年节省的资金成本在100万元左右。”杨凤说。

“一个地区的政商关系、营商环境对企业至关重要。”格力电器的高管说。记者采访的不少企业都认为，从广东的营商环境看，与全球发达市场已没有多少差距。

今年1—8月，广东民间投资11711.2亿元，同比增长16%，超过全国近14个百分点。“放水养鱼，让企业轻装上阵，才能活跃市场，培育增长潜力。”广东省财政厅厅长曾志权说。

导流入渠　超前引领推动经济重构

广州慧智微电子有限公司研发的创新型手机芯片再次获得了9200多万元的C轮风险投资。该公司副总经理郭耀辉说：“做新产业、新业态，投入大风险高，在发展初期需要有宽松的税负环境。政府在财税、资金对接等方面的引导、支持关系重大。”

在普惠性的降费减税提效基础上，广东还充分发挥财税政策的引导作用，培育新业态、支持企业转型升级。

广东，注重做好“加法”，加大对重点领域和关键环节的投入力度，强创新促转型。近年来，省财政已投入逾170亿元推动产业转移，投入75亿元支持工业企业实施技术改造。按照相关计划，广东省财政2015—2017年统筹近1000亿元支持创新驱动战略的实施，重点是在科技成果转化等关键环节支持企业创新。

广东，也注重做好“乘法”，撬动社会资本，谋共赢求发展。目前，广东省级财政出资设立24项政策性基金，已撬动各级财政及社会资本1035.5亿元，下一步力争实现放大规模至约2800亿元。

在财税政策的超前引领下，2015年广东全省高新技术企业数量同比增长19.5%；高新技术制造业投资增长35.8%，高于同期制造业投资11.3个百分点。

目前，广东经济结构正在发生巨变，以格力电器、美的集团为代表的一批企业成功实现创新驱动转型，以广州、深圳为核心的高端服务业集聚区加速成为全省现代产业核心区。2015年，珠三角现代服务业增加值占服务业比重达62.9%，先进制造业增加值和高技术制造业增加值占规模以上工业比重达

53.6%。

予取有术　以供给为中心的升级之路

今年上半年，广东全省一般公共预算收入“进账”5438.63亿元，不仅比全国地方平均增幅10.1%高7个百分点，还创下广东自2012年以来同期增幅最高值。据预计，今年广东全省一般公共预算收入有望首超万亿元，成为全国首个地方公共财政收入跨上万亿元台阶的省份。

有关专家认为，之所以能跨上万亿元台阶，在于广东财税供给之手的松紧有度。

广东财经大学校长于海峰认为，广东通过加大税费减免力度，在减轻企业负担、激发民间投资活力、稳定经济增长方面发挥了积极的作用，推动各项经济指标保持了较快增长。

中国财政科学研究院教科文研究中心主任韩凤芹说，广东的降费减税并非是盲目的，税费杠杆扶优抑劣，培育新业态、促进企业转型升级，真正起到了超前引领的作用。

曾志权认为，从财政与经济的关系角度看，减税费与稳增长就是“予”与“取”的关系，以先“予”换取可持续的“取”。在这对关系中，减税费是手段，稳增长是目的。

受益于财税政策的引领，2011至2015年，广东地区生产总值年均增长8.5%，高新技术产品产值占工业总产值比重从34.2%提高到39%，2015年民间投资额比2010年翻了一番。与此同时，经济的稳定增长和质量效益的提升，也培育了税源，扩大了税基，促进了财政增收，2011年至2015年广东地方一般公共预算收入年均增长14.9%。

曾志权说，今年广东财政计划安排5500亿元支持供给侧改革，全年力争实现为企业综合减负4000亿元。

“广东走了一条以供给为中心的升级之路。”于海峰说。

（2016年9月28日《新华每日电讯》）

第二届对非投资论坛开幕

第二届对非投资论坛7日在广州开幕，国务院副总理马凯出席开幕式并致辞。南非总统祖马、贝宁总统塔隆、世界银行行长金墉以及来自非洲国家、国际和地区组织的高级别代表团、各国企业家和国内有关部门、有关省市代表团共300多人出席论坛。

马凯在致辞中表示，2015年12月，习近平主席在中非合作论坛约翰内斯堡峰会上宣布将中非关系提升为全面战略合作伙伴关系，中非双方领导人共同绘制了中非关系发展的新蓝图。对非投资论坛是推动中非合作的重要平台，本届论坛肩负着落实约翰内斯堡峰会成果的重要使命，必将为中非投资合作注入新动力。

马凯指出，中非经济互补性强，全方位务实合作潜力巨大，前景广阔。双方可充分发挥各自优势，深化投资贸易合作，把加强投资合作作为促进中非经济共同发展的着力点，携手共进，共同走向更加美好的未来。

祖马、塔隆、金墉表示，在二十国集团领导人杭州峰会取得巨大成功并关注非洲发展的背景下，举办本届对非投资论坛恰逢其时。中非合作成果丰硕，非洲发展潜力正在不断释放。非洲张开双臂欢迎中国企业家更多赴非投资兴业，并将为此创造更多有利条件。

本届论坛由广东省人民政府、国家开发银行和世界银行共同主办，广东省委书记胡春华出席了开幕式。

（2016年9月8日《经济日报》）

广东着力推进预算管理制度改革

今年以来，广东省不断深化预算管理制度改革，从预算编制、执行、监督、公开以及强化资金管理等环节着力推动改革落实，取得了阶段性成效。

2015年，广东省人民政府印发《关于深化预算管理制度改革的实施意见》（以下简称《意见》），提出了10个方面主要任务。

一是建立健全政府预算体系。完善政府预算体系，推动和督促各级政府建立覆盖一般公共预算、国有资本经营预算、政府性基金预算和社会保险基金预算的预算体系，实现全口径预算编制。加强政府预算体系之间的统筹衔接，加大政府性基金与一般公共预算统筹力度，2015年按规定将8项省级政府性基金转列一般公共预算，2016年增加至9项。完善国有资本经营预算制度，逐步提高国有资本经营收益上缴一般公共预算比例。建立预算标准体系，完善行政和参公单位基本支出标准、事业单位基本支出标准以及项目支出定额标准体系；严格机关运行经费管理，建立定额标准动态调整机制。

二是完善收支预算管理。加强财政收入征管，坚持依法征收，加强收入影响测算。加强非税收入管理，完善非税收入征缴制度和监督体系，开展全省涉企收费清理规范工作。全面规范税收优惠政策，各部门起草其他法律、法规、发展规划和区域政策都不得突破国家统一财税制度、规定税收优惠政策。细化预算编制，在编制2016年预算草案中实现首次分地区编制税收返还和转移支付补助预算表、首次将政府债务分门别类纳入全口径预算管理。控制一般性支出，坚持厉行节约，从严审核各项支出，2015年省级行政和参公事业单位会议费及“三公”经费财政拨款支出减少19.7%。开展零基预算改革，建立财政供养分类定员定额标准体系和保障重点、绩效优先的项目评估机制。2016年将试点范围扩大至20个部门。

三是改进预算管理和控制。实施中期财政规划管理，启动2016—2018年中期财政规划编制，加强中期财政收支情况分析预测。改进年度预算控制方式，一般公共预算审核的重点由财政收支平衡状态向支出预算和政策拓展，收入预算从约束性转向预期性。建立跨年度预算平衡机制，按照以丰补歉的原则，发挥预算稳定调节基金的作用。2015年、2016年省级预算分别从预算稳定调节基金调入142.95亿元、123.04亿元，有效促进了省级预算平衡。全面推进项目库建设，2016年起年度预算将除基本支出之外的全部省级财政资金纳入项目库改革范围，改变以往“先定预算、后找项目”的做法，二级项目库入库2万多个项目。

四是完善预算论证征询机制。完善预算论证制度，按照绩效优先，保障重点的原则，加强预算项目论证；项目支出应明确绩效目标、实施计划和时间进度，2016年预算提交绩效目标的一级项目2000多个，二级项目2万多个。完善预算征询方式和征询机制，在预算编制过程中，通过网络、召开座谈会等方式充分听取人大代表、省直部门、专家学者和社会各界对预算编制和十件民生实事遴选等方面意见、建议；主动配合省人大代表专项介入预算编制工作，对省人大代表合理的意见建议全部吸纳，并在预算安排中体现。

五是提高预算执行的时效性和均衡性。硬化预算约束，严格执行经人大批准的预算，预算调整事项依法依规报省人大审批；严格按规定限时批复预算。均衡预算执行进度，严格按新预算法规定时限要求及时拨付资金。推进支出管理改革，深化国库集中支付制度改革，实现国库集中支付制度全覆盖；构建“预算管理一体化系统”，加强国库集中支付系统与预决算系统和预算执行系统的有机衔接，强化资金支付监管。规范国库资金管理，完善国库单一账户体系建设，严格银行账户审批管理；稳步实施国库现金管理，将库款维持在合理水平。强化结转结余资金管理，积极开展存量资金清理专项工作，截至2015年底，全省和省级财政存量资金消化率达83%和95%。建立权责发生制政府综合财务报告制度，继续推进政府综合财务报告制度试编工作，探索建立规范化的政府财务报告制度。

六是完善财政专项资金管理。进一步完善专项资金管理制度机制。完善投入机制和退出机制，严格控制专项资金规模，完善专项资金退出机制。按照“一个部门一个专项”的原则，将省级一般公共预算专项资金从2015年的219项整合压减至50项，专项资金预算“一年一定”，不固化安排。改革专项资金分配方式，提高提前下达专项转移支付预计数的比例，2016年提前告知市县的转移支付数额超过75%；推广专项资金因素法分配，实行“预安排、后清算”制度。落实部门主体责任，加快计划制定、资金申请进度，完善专项资金审批流程，推行集中、并联审批，建立限时办结制。加强和规范市县专项资金管理、监督检查和绩效评价。

七是建立政府性债务管理体系。建立健全债务管理制度，规范债务预算管理。开展存量债务清理甄别和置换，缓释债务风险，组织对全省存量政府性债务进行全面清理甄别，并将财政部下达广东3批置换债券1255亿元全部分配至市县置换存量债务。实施地方政府债务限额管理，完善债务风险防控体系。

《意见》还在调整完善转移支付制度、强化监督检查和绩效评价、推进财政信息公开等方面做出了规定。

（2016年10月17日《中国财经报》，记者：代兰兰）

省级

预算“漫画”好看易懂

“有漫画有图表，这份《预算报告阅读指南》（下称《指南》）把枯燥的数字弄活了。”23日，出席省十二届人大四次会议的代表们在报到处领取会议参阅文件时，惊喜地发现了一本由省财政厅编制的《指南》。

“这份《指南》制作得非常贴心，让人大代表更好地看懂财政预算。”省人大代表梅桂萍认为，通过阅读《指南》，代表对政府预算草案体系如何构成、预算草案如何读、2016年预算编制工作特点和预算报告亮点都有了清晰的了解。比如，其中有5个“一张图读懂”：一张图读懂一般公共预算草案、政府性基金预算草案、国资预算草案、社保基金预算草案、部门预算草案，抽象数据用饼状图、柱状图直观呈现，清晰明了。

省财政厅今年首次以通俗精炼的图表、图示和漫画的形式编制《指南》，“希望能帮助代表在更短时间里更好地读懂预算报告。”省财政厅有关负责人表示。

除了编制《指南》，省政府及其财政部门今年还提供了比较完整的省级对各市县税收返还和转移支付预算表，以及比往年更加详细的专项资金项目库明细表；首次提供了省级财政出资设立政策性基金表，按经济分类提供省级对下转移支付支出表，以便人大代表审议。

（2016年1月24日《南方日报》，记者：李强、黄颖川）

广东今年怎样善用“钱袋子”

每年省两会，不管是企业还是市民，不管是珠三角还是粤东西北地区的百姓，大家最关心的就是政府的“钱袋子”今年有多少钱？这些钱又将有多少花在自己身上？省财政厅的《广东省2015年预算执行情况和2016年预算草案的报告》（以下简称“预算报告”）已经送到了省人大代表手中开始审议。羊城晚报记者第一时间细读“账本”发现，在经济下行压力下，广东虽然可能要过“紧日子”，但今年仍计划花出11458.54亿元，并且花在保障民生、协调区域发展、促进转型上面的钱和往年相比可是有增无减。

“钱袋子”增收有压力

2015年，广东一般公共预算实现收支平衡。全省一般公共预算收入9364.76亿元，增长16.2%。全省一般公共预算支出12801.64亿元，增长40.1%。由于盘活财政存量资金和年中财政部下达地方政府债券资金增加支出，财政支出增幅提高，支出重点仍是保民生。

“预算报告”指出，2016年，广东财政收支形势有望延续平稳态势，但同时影响财政平稳运行的不确定不稳定因素仍然较多。如在收入方面，全球经济将延续疲弱复苏态势，国内投资增速放缓，消费动力不足，这将明显影响地方财政增收。另外，国家实行减税政策，扩大“营改增”试点范围，落实普遍性降费等政策，以及可能调整中央与地方财政收入划分方法，这也将对广东财政带来减收影响。例如，仅“营改增”全面扩围一项就预计减少1000亿~1200亿元。

支出重点是保民生经济

“预算报告”指出，按照适应经济下行压力状况、保障经济社会平稳运行的财力需要、树立过“紧日子”的原则，2016年全省一般公共预算收入按可比增长9%安排，预计完成10113.95亿元。全省一般公共预算支出按可比增长9.5%安排，同比下降10.8%（主要是2015年清理一次性存量资金形成支出，抬高支出基数），预计完成11458.54亿元。

“钱袋子”增收有压力，政府要过“紧日子”，在支出方面厉行节约，反对铺张浪费，严控一般性支出。如“三公”经费继续严格控制，剔除体制上划因素，“三公”经费安排7.29亿元，实际比2015年下降0.69亿元，下降10%。记者在“预算报告”中还看到，2016年，政府“钱袋子”的钱会重点花在：切实支持实体经济发展、补齐制约全面建成小康社会的“短板”、重点解决好十件民生实事等热点民生和经济问题。

2016年省级一般公共预算重点支出

教育支出470.02亿元，增长10%

科学技术支出121.03亿元，增长14.9%

社会保障和就业支出286.81亿元，增长21%

医疗卫生与计划生育支出308.91亿元，增长23.1%

节能环保和生态环境保护支出36.02亿元，增长11%

农林水事务支出363.08亿元，增长34.4%

交通运输支出240.11亿元，增长7.9%

2600亿　稳增长和调结构

初步测算今年能为全省企业减负4000亿元。为支持实体经济发展，今年在财政安排上特别突出“一增一降”。

“增”是今年共安排约2600亿元用于稳增长、调结构，比去年增加150亿元。这笔钱将用于支持企业固定资产投入、技术改造、技术创新、合规性补贴资金，把资源更多更高效地投向实体经济。

“降”则是降低企业成本，落实降税清费政策，缓解企业生产经营压力。进一步降低企业制度性交易成本、税负成本、财务成本，再加上积极协调配合其他部门，做好降低企业用地、用水、用电、物流成本等工作，经初步测算，争取2016年全年能为全省企业减负约4000亿元，综合成本较2014年下降5%—8%，较大程度缓解广东企业生产经营成本压力。

121.03亿　支持创新发展

今年花在这上面的钱比2015年增长14.9%。

创新驱动发展战略是广东的核心战略和总抓手，今年花在支持创新发展的钱达到121.03亿元，比2015年增加15.65亿元，增长14.9%。

其中，安排科技发展专项资金80亿元，支持企业加大研发投入，支持高新技术企业发展，支持协同创新与国际科技合作、新型研发组织与企业研发机构建设等；安排8亿元扶持工业领域具有自主知识产权、技术成熟度高、产业化前景好的研发项目；安排12亿元支持重大科技成果产业化。

1893亿　粤东西北补短板

投475亿元重点用于加强交通基础设施建设。这笔钱比原定计划1346亿元增加了547亿元，主要用于实施粤东西北振兴发展战略，帮助粤东西北地区补短板、增后劲。

其中，统筹投入资金475亿元重点用于加强交通基础设施建设；安排17.5亿元支持粤东西北地区中心城区扩容提质；安排19.75亿元（含上年结转资金10.05亿元）支持粤东西北地区省产业园扩能增效。

87.4亿　优化珠三角发展

推进珠三角一体化支持珠西先进装备制造业。

为支持珠三角优化发展战略，推进珠三角一体化发展，财政安排67亿元支持横琴新区、南沙新区、中新广州知识城等重大平台发展，促进广东自贸区、珠三角自主创新示范区建设。安排20.4亿元支持珠江西岸先进装备制造业发展。

1759亿　保民生共享发展

落实十件民生实事的资金占总支出的23.2%。

今年财政共安排民生保障资金1759亿元，比2015年增加266亿元，增长约18%，用于补齐民生社会事业发展的短板，促进社会公平，着力增进民生福祉。落实十件民生实事的相关资金就有共约872亿元，占省级一般公共预算支出的23.2%，比2015年增加80亿元，增长10.1%。

其中，支持教育、社会保障和就业、医疗卫生保障、农林水等事业发展，财政共安排1428.82亿元；安排136.53亿元解决好最低生活保障、五保供养、孤儿基本生活保障、医疗救助金、残疾人补助、城乡社会养老保险等6类底线民生问题。

101.67亿　支持绿色发展

节能环保和生态环境保护支出增长15.53%。

2016年安排节能环保和生态环境保护支出101.67亿元，比2015年增加13.67亿元，增长15.53%。主要用于健全生态文明制度体系，完善重点生态功能区、禁止开发区的生态补偿机制。加强绿色低碳产品的推广与应用，提高生产比例和市场占有率，列入政府优先采购目录。

（2016年1月25日《羊城晚报》，记者：陆志霖）

国企上缴利润主要惠民生

26日下午，省十二届人大四次会议召开第一场记者会，省发改委主任何宁卡、省经信委主任赖天生、省财政厅厅长曾志权和省环保厅党组书记陈光荣出席，从全省经济社会发展、环保、民生保障等多个方面回答了记者提问。曾志权介绍，国企上缴的资金将较大幅度调用到一般公共预算用于支持和改善民生。

将补齐全面小康指标短板

有记者问何宁卡，“十三五”时期，针对中央提出的“补短板”要求，广东将有何解决措施？

“首先是补齐区域发展短板。”何宁卡介绍，在落实主体功能区规划和政策基础上，以交通基础设施建设为重点推动粤东西北地区振兴发展，同时积极促进区域融合，大力发展县域经济。

民生社会事业方面，何宁卡表示，我省将一方面着力解决基本公共服务均等化短板，突出就业、教育、文化、医疗、住房五大重点领域，提高城乡、区域和不同社会群体间基本公共服务均等化水平。另一方面着力解决社会保障城乡一体化短板，如完善城乡居民基本养老和医疗保险待遇动态调整机制，探索城乡居民与职工养老、医疗保险制度一体化，强化对低保、五保、残疾人等困难群体的兜底保障等。此外，我省还将以GDP指数、R&D占比、社会安全指数、城乡居民人均收入指数、城乡居民家庭人均住房面积达标率等5项短板指标为重点，补齐全面小康监测指标短板。

拟5月起全面试点营改增

在“降成本”方面，省里将拿出多少真金白银？

曾志权回应称，稳增长就是要稳实体经济，稳实体经济就是稳企业的生产积极性，帮助企业降成本也是供给侧结构性改革的重要内容。今年有望通过一系列组合拳、组合政策，让企业成本跟2014年相比降低5%到8%。

其中，在涉企的行政性收费方面，争取做到省能审定的涉企项目零收费，估计将让出170亿左右的减费；同时在目前已较大幅度低于其他兄弟省市的基础上，再降低部分社会保险缴费比例。

曾志权还透露，按照财政部的统一部署，我省初步考虑在2016年5月份开始全面推行营改增试点工作，预计一个年度可以减轻企业税负1000多亿到1200多亿元。同时，按照中央的统一部署，推进增值税税率适当下降，大概可以减轻企业成本250亿元左右。通过落实中央出台的支持中小微企业等一系列国家税收优惠政策，大概将给企业减负300多亿元。

企业采购机器人可获补贴

有记者提出，落实《中国制造2025》战略，备受关注的广东机器人产业将有怎样的发展规划？

赖天生回应，目前，广东规模以上制造企业有4万多家，规模以上工业增加值超过3万亿元，机器人应用有广泛市场。目前全省机器人重点制造企业有159家，数量较2014年增长了2.6倍。“2015年，全省有180多家规模以上工业企业应用了工业机器人，比上一年增加80%，机器人新增需求18000台，占了全国新增量的25%左右。”

广东机器人制造业的问题在哪里？赖天生说，主要还是在技术层面，“特别是在核心部件方面还没有完全攻关”。为此，我省成立了3个智能制造研究院，组织了15家重点企业进行重点突破，成立机器人联盟科学攻关，并大力推广机器人应用。“去年省财政还拿了3个亿的资金专门以事后奖补的方式，按采购机器人的价格给予15%到30%的补贴，2016年还要继续加大这方面的支持力度”。

提高水环境优质达标率

陈光荣在回答记者提问时笑称，对经济部门来说，环保部门主要是“踩刹车”，经济部门是“加油门”。“环保部门和经济部门一起开记者会，正体现了抓经济工作也必须抓环保。环保工作也不只是环保部门抓，实际上发改委、经信委、财政厅也都是把环保工作落实得很好。”

有记者提出，广东将采取什么措施落实“水十条”？陈光荣坦承，“水十条”中有6个小康社会环境指标，其中，水环境的优质达标率，我省目前是77.4%，要达到国家90%的目标，仍有难度。下来，我省首先是进一步加强环境设施的建设；二是促进产业结构的转型升级，只有高耗水的企业少了、污染排放少了，污染水体自然就少了；三是要加强考核，让地方政府落实治污的主体责任；四是加大投入，“除了政府投资以外，还要采取新的融资模式、新的治污方式，使广东能够在水污染治理方面继续保持全国比较先进的水平。”

粤政府性债务风险可控

国有资本收益能否更多通过上缴财政贡献到民生领域，一直受到人大代表的高度关注。

曾志权介绍，近年来，我省国有企业利润上缴比例正逐步提高，由2014年的10%，到2015年的15%，到2016年的20%，计划到2020年上缴比例提高到30%。“按照要求，上缴的资金将较大幅度调用到一般公共预算用于支持和改善民生。”曾志权介绍，“2016年上缴的预算当中，准备安排用于民生的支出占整个支出的84%点多，并逐步增加。”

有记者提问，目前广东省政府性债务是否存在风险？

“从我们省的情况来看，这个债务的风险是可控的，而且是比较良性的。”曾志权回应，去年财政部核定我省2014年末地方政府的债务余额8808亿元，加上2015年允许新增发行的地方性债务333亿元，整个2015年地方政府债务限额合计为9141亿元，从风险指标来看，我省地方政府性债务规模与我省经济发展水平基本适应。在此之前，审计认定我省总债务率是59.4%，远远低于国际控制的标准，也大幅低于全国的平均水平，“由此看来，我们的风险是可控的。”

（2016年1月27日《南方日报》，记者：黄颖川、吴哲）

今年广东将为企业减税1500亿元

“扶持实体经济，建议进一步减税降费！”“粤东西北地方财政紧张，建议省级财政负担占比更大些，地方财政配套占比减少些！”“能不能在公共卫生预算里切一点专项给边远山区建村卫生站？”……

28日上午，省十二届人大四次会议财经委员会召开预算审查座谈会，省财政厅厅长曾志权在听取了与会代表的意见和建议之后当即表态，对于符合法律法规的马上采纳；对于目前实施条件还不具备的，将在调查研究之后积极创造条件采纳；对于因收支矛盾、政策法规所限暂时无法采纳的，也会对大家一一作出说明。

曾志权说，财政的目标就是预算公开透明，符合社会经济发展的需要，但财政体制改革是个循序渐进的过程，当前经济下行压力较大的背景下，今年广东财政将重点向确保“稳增长、调结构、惠民生、防风险”，尤其是供给侧结构性改革方面，给以重点投入。

扶实体有望让企业成本降低5%到8%

“扶持实体经济”成为代表最关注的话题。广州团的谭燕红代表说，要应对当前经济下行压力，政府能否利用财政手段真正对实体经济达到减负作用十分关键。她建议，今年要对实体经济做出特殊的扶持。

不仅是珠三角地区呼吁支持实体经济，粤东西北地区同样建议财政更多地支持实体经济。梅州团的陈略宇代表认为，欠发达地区更加需要实体经济的支撑，而中小企业的发展最大困难就是资金和人才，建议财政再拿多些资金通过金融机构进行放大使用。

“减轻税负水平，加大力度扶持实体经济正是今年财政在经济调控上的重点。实体经济是经济发展的根源，否则就是无源之水，无本之木。”曾志权当即回应说，按照预算，广东今年将有望通过一系列组合拳、组合政策，让企业成本跟2014年相比降低5%到8%左右，以降低企业的财务成本。

鼓励企业融资方面，财政将通过发行比市场利率低的置换债，降低企业融资成本。降税减费方面，今年我省涉企的行政性收费争取做到：省里能审定的涉企项目零收费，预计将让出170亿左右的减费；同时通过落实多种税收优惠，预计全年减税达1500亿左右。

补短板财政仍会大量投向粤东西北

中央经济工作会议提出“去产能、去库存、去杠杆、降成本、补短板”五大任务，来自粤东西北地区的代表们纷纷提出，振兴粤东西北正是我省“补短板”的关键，下一步，希望继续加大对粤东西北地区的扶持力度，逐步解决粤东西北地区发展滞后问题。

来自揭阳的魏乐珊代表说：“省级财政能否帮粤东西北市突破这个瓶颈，通过增加政府转贷资金等办法，尽量减少市级资本金的支出？”来自清远团的邵军代表、茂名团的方绪银代表也建议，省财政继续加大省级财政转移支付力度、减少地方财政配套比例、加大对公共服务等方面的投入。来自河源团的吴佑宽代表则建议，要进一步加强边远地区的普通教育投入。

代表也认为，振兴发展关键还得靠自身发展。梅州团代表陈略宇说，粤东西北市要用好转移支付，激发内生动力，不能老是只伸手，要奋发有为，才能真正实现良性的造血循环发展。

曾志权回应说，区域发展不平衡，城乡差别较大是我省基本省情。按照省委省政府的部署，在事权与财权相匹配原则下，今年财政仍会大量投向粤东西北地区，支持振兴发展，但各地方要做好预算，落实好各项政策，才能发挥财政资金效用最大化。

（2016年1月29日《南方日报》，记者：黄颖川）

大家要一起来过“紧日子”

经济下行，广东的“钱袋子”也有压力，但粤东西北振兴发展刻不容缓。28日，在省十二届人大四次会议财经委员会预算审查座谈会上，多位人大代表对“财爷”——省财政厅厅长曾志权“诉苦”。对此，曾志权直呼自己就像“夹心饼”：“感觉我被夹得喘不过气来了！”曾志权表示，财政长期存在一个收入与支出的矛盾，财政部门的重点工作就是要确保稳增长、惠民生、调结构、防风险。

预算报告接地气　代表表示看得懂

每年省人代会广东都要晒“账本”。往年审议预算，很多代表都表示看不懂，经常向“财爷”诉苦说“代表不好当”。记者粗略统计，2014年广东预算“账本”有700多页，2015年“账本”增加到1600多页，而今年的预算草案共有8份材料，装订成11本，厚达整整2200多页。“账本”越来越厚，“看不懂”的代表反而越来越少，点“赞”的则越来越多。

省人大代表俞雪花连续多年参加预算审议，往年很多看不懂预算报告的代表都会向她咨询，但是今年她明显感觉轻松了。“今年的财政预算报告编制可以说打造了中国财政公开的样本，能把问题讲得透。”俞雪花说，“今年没有代表来问我，应该大家都看懂了。”对此，不少代表都表示认同。肇庆团的省人大代表王庆凯也表示预算报告“看得懂，读得明，简明扼要，接地气”。惠州团的省人大代表邓中青表示：“要给财厅编制预算报告点个赞！”

曾志权表示，每一次参加预算审查会都收获颇丰，代表们都会提出很多很好的、有可操作性的意见。“所以每年编预算前我们都会先翻一翻往年代表提出的意见建议，能做到的马上做，目前做不到的以后逐年解决，让预算逐步做到透明、公开，更符合现在社会经济发展的需要。”

经济下行压力大　呼吁要过“紧日子”

预算报告指出，2016年仍有很多不确定、不稳定因素影响广东财政平稳运行。如何稳住“钱袋子”里的钱？这让不少代表表示担忧。

深圳团的省人大代表叶丽燕表示，中央希望通过减税来减少中小企业的负担，其中营改增就是重要的减税措施。2016年营改增要全面铺开，铺开后牵涉到更多行业，包括金融业、房地产业等。2015年全省一般公共预算收入构成中，营业税占22%，2016年全面铺开营改增后的缺口怎么弥补？

“上次开会的时候听说2015年1

月到10月股市证券交易带来的税收有900多亿元，一听还很高兴，结果原来大部分是要收归中央的。”2016年1月1日起，证券交易印花税全部调整为中央收入，引来了汕头团的省人大代表陈美华的担忧。“财税收入减少了，广东2016年一般公共预算收入还要增长9%，肯定很艰难。”陈美华表示，在财税体制改革的大背景下，希望中央能看到广东区域发展不平衡的情况。“广东现在是珠三角很富，但粤东西北很穷，还有一些革命老区需要支援，地方非常迫切希望能有合理的财政分成体制来壮大地方财力。”

“2016年经济下行，稳增长的压力很大，财政加大力度支持实体经济，给实体企业适当的宽松环境，财政收入也会因此受到影响。”曾志权呼吁，“现在要艰苦奋斗，勤俭节约，经济下行压力大，大家都要一起来过‘紧日子’，防止浪费和不必要的支出，为此，财政厅会加大对支出管理的力度。”

落后地区要振兴　代表纷纷求支持

除了点“赞”的，报“忧”的，面对“财爷”，代表们更多的还是“求支持”，而“求支持”最多的就在交通道路基础设施建设方面。

“我建议调低在交通基础设施等方面的资本金比例。”梅州团的省人大代表陈略宇表示，以前没有固定资产投资项目资本金制度，现在后发展的落后地区要建设反而要付资本金。揭阳团的省人大代表魏乐珊也同样希望政府加大对粤东西北重要基础设施建设的倾斜帮扶。

来自珠三角的中山团的省人大代表徐小莉也表示，珠三角地区实际上也有发展不平衡的地方，希望省财厅能将中山市的农村道路建设、中山道路一体化建设纳入省的补贴中。

面对代表们的“求支持”，曾志权表示，省里加大基层基础建设支持力度，省级财力更多向基层倾斜。“广东区域发展不平衡，城乡差距很大，现在很多困难的地市要求增加资金补贴，但省里在审批的时候要考虑可承受度和可持续度，再加上收入增长有限，省里调控力度也有限。”曾志权表示，在这种情况下，各个地方要做好预算，落实好政策，只是靠输血并不能解决问题。

（2016年1月29日《羊城晚报》，记者：陆志霖）

发挥财政支持改革发展杠杆作用

全省财政工作会议在广州召开，省委常委、常务副省长徐少华出席会议并讲话。

“十二五”时期，我省地方一般公共预算收入从2011年的5515亿元增加到2015年的9365亿元，年均递增15.78%，其中2015年增长16.2%，可比增长12%，总量连续25年居全国各省市首位。

徐少华要求，全省财政系统要充分发挥财政支持改革发展的杠杆作用，将服务融入财政管理和惠民实践。一是支持供给侧结构性改革，重点建立以企业降负增效为核心的政策供给端、以产业转型升级为重点的资金供给端、以发挥杠杆作用为动力的资本供给端。二是完善民生保障体系，牢固树立民生工作的底线思维。三是深化财税体制改革，立足形成制度成果、突破重点难点、激发机制活力，使财政管理更加科学规范。四是全面提升财政管理水平，必须按照新预算法的要求，增强预算执行的规范性、预算信息的透明性、财政监督的严肃性、风险防控的有效性、资金使用的绩效性。五是从严从实加强队伍建设。

（2016年1月20日《南方日报》，记者：黄颖川，通讯员：符信）

去年财政支出民生类占近七成

在19日召开的全省财政工作会议上获悉，2015年来源于广东的财政收入（包括一般公共预算收入和政府性基金收入，不含社会保障基金收入和国有资本经营预算收入）完成20934.01亿元，增长9.7%。稳定增长的财政收入为我省社会经济各项发展，尤其是重大项目、重大改革两大方面，提供了坚实的财力保障。

会议费及“三公”经费减少20.20%

去年我省财政支出结构方面，突出“保一般”。据悉，我省从严控制了一般行政性经费和“三公”经费增长，落实各项节支措施。全省主要用于维持行政运行的一般公共服务支出占全部支出的8%，比2015年降低3.2个百分点；省级行政和参公事业单位会议费及“三公”经费财政拨款支出2.79亿元，同比减少20.20%。

去年我省财政支出结构同样突出了确保民生和重点领域支出需要。统计显示，全省民生类支出占全部支出的69.6%，在上年高位运行基础上，再提高2个百分点。

此外，去年我省财政支出还突出“保基层”，即加大对基层特别是欠发达地区转移支付力度，提高基层保障能力。数据显示，省对市县税收返还和转移支付2411亿元，增长20.1%，占省级支出的比重为70.5%。其中：一般性转移支付1227亿元，增长31.2%；专项转移支付699亿元，增长16.9%。

去年安排8002亿元推动稳增长

财政稳增长是当前应对经济下行压力的重要途径。在去年年初预算安排2450亿元的基础上，省财政研究制定并报请省政府出台了8个方面16条支持稳定经济增长的财政政策措施。全年全省各级财政共统筹安排约8002亿元，推动稳增长等各项政策落地。

其中，在既能拉动经济增长又有利于长远发展的领域，我省提供财政重点支持。其中包括：安排45亿元支持工业企业实施新一轮技术改造；安排75.2亿元支持珠江西岸先进装备制造业及珠江东岸电子信息产业带发展；安排10亿元扶持集成电路产业发展等。

与此同时，我省还通过发挥财政资金引导效应，改革创新投融资机制，引导带动社会资本投入。去年，我省召开PPP项目推介会，集中向社会公开发布PPP项目122个，总投资额达2814亿元，现场签约项目10个，总投资额达242亿元；省财政设立（含拟设立）23项基金，共安排资金366.15亿元，预期带动社会资本投入超过3000亿元。

民生实事支出超额完成预算

财政支出是实施二次分配的核心。民生支出是财政支出的重要部分。数据显示，去年全省民生类支出完成8912.66亿元，占一般公共预算支出的69.6%，比2015年提高2个百分点。其中，全省和省级十件民生实事支出2139.4亿元和900.28亿元，完成预算的110.9%和113.6%；全省和省级底线民生保障支出254.05亿元和139.9亿元，完成预算的111.8%和123.1%。

提高民生保障水平方面，去年我省将城乡免费义务教育生均公用经费补助标准小学从950元提高到1150元，初中从1550元提高到1950元；城乡居民医疗保险补助标准从年人均320元提高到380元；城乡居民基本养老保险基础养老金从每人每月80元提高到每人每月100元；城镇低保补差水平从每月333元提高到每月374元，农村低保补差水平从每月147元提高到每月172元；城乡医疗救助人均补助标准从每年934元提高到1556元；残疾人生活津贴从每年600元提高到1200元，重残护理补贴从每年1200元提高到1800元等，推动人民群众共享改革发展成果。

此外，省财政工作继续深化民生财政保障制度改革，进行扩大基本公共服务均等化综合改革试点。据悉，去年，我省新增珠海、河源、湛江市纳入改革试点范围；选择了江门开平市、肇庆德庆县等8个县（市、区）开展试点，推进基层公共服务综合平台建设，推动公共服务向基层延伸。此外，还探索建立财政转移支付与农业转移人口挂钩机制，推动基本公共服务常住人口全覆盖。

（2016年1月20日《南方日报》，记者：黄颖川，通讯员：岳才轩）

广东财政厅厅长：建议批准广东先行先试税制改革

全国人大代表、广东省财政厅厅长曾志权在全国两会广东团首次全体会议上，为广东企业减税要政策。曾志权建议，中央若能从今年5月开始实施营改增全面扩围并批准广东在自贸区试点税制改革，将可为广东企业减税2100亿元。他还建议尽快将首套房20%首付从珠海、中山、江门和佛山四市，扩大到广州深圳以外的全部地区。

营改增扩围可为粤企减负1200亿

在出台不久的《广东省供给侧结构性改革总体方案（2016—2018年）》中，明确2016年底为全省企业减负4000亿元，到底怎么减？昨日下午，财政部副部长刘昆参与广东团全体会议，广东“财神爷”曾志权在发言时，果断为广东企业要政策。

曾志权提出6点建议，他把“建议尽快实施更加精准的普惠性减税措施”放在第一条。曾志权提出，“建议尽快印发营改增全面扩围的实施办法，目前营改增扩围至建筑业、房地产业、金融业和生活服务业，涉及全国企业一千多万户，全面扩围后，一年度广东企业减轻税负1000亿至1200亿。”

这些还不够，曾志权建议中央批准广东在税制改革方面先行先试，特别是自贸区，“如在南沙保税港区和前海湾保税港区实施起运港退税政策，允许广深自贸区对高端人才融资租赁产业税优惠政策。据测算，如果国家能够从今年5月开始实施营改增全面扩围加上其他税收优惠政策，广东企业一年可减税2100亿元。”

建议试点涉企行政事业性收费全免

建议减税的同时，曾志权还提出建议进一步加大行政事业性收费减免力度。曾志权透露，现行涉企行政事业性收费共86项，其中审定项目11项，中央项目75项，而从今年10月1日起，审定项目开始零收费，24项中央项目减免，一个年度可为企业减免180亿元。

曾志权认为，行政事业收费还有降的空间，“剩下的中央规定的行政收费如果减免，可为广东的企业减负160亿元。建议授权地方省级以下收费予以减免，让有条件的地方试点涉企行政事业收费零收费”。

此外，曾志权还建议对广东农业转移人口市民化给予政策支持，“建议将首套房贷最低20%首付比例的信贷政策实施范围从珠海、中山、江门、佛山四市扩大到广州、深圳之外的广东全部地区。”对于中央在安排供给侧结构性改革补助资金时，曾志权希望能够实行全国一视同仁的补助政策。

（2016年3月6日《新快报》，记者：周雯、周聪）

全省将实现省定涉企行政事业性收费“零收费”

开栏的话

2016年是推进结构性改革的攻坚之年，而供给侧改革是结构性改革的重中之重。

习近平总书记在今年全国两会上强调，推进供给侧结构性改革，是一场硬仗。要把握好“加法”和“减法”、当前和长远、力度和节奏、主要矛盾和次要矛盾、政府和市场的关系，以锐意进取、敢于担当的精神状态，脚踏实地、真抓实干的工作作风，打赢这场硬仗。

广东早在全国两会前，就已出台《广东省供给侧结构性改革总体方案（2016—2018年）》及去产能、去库存、去杠杆、降成本、补短板五个行动计划，对未来3年推进供给侧结构性改革进行全面部署，当前各项工作正在有力推进。

3月30日，记者从广东省发展改革委了解到，经省人民政府同意，省发改委和省财政厅29日联合发出通知，决定在全省范围内对所有企业免征省设立的和部分国家设立的行政事业性收费地方收入，以推进供给侧结构性改革，切实减轻企业负担、降低企业成本，优化我省发展环境。

此次涉企行政事业性收费免征地方收入项目共34项，其中国家设立的涉企项目有矿产资源补偿费等23项，省设立涉企项目有特种作业安全技术考试费等11项。自2016年10月1日起，我省将全面实现省定涉企行政事业性收费“零收费”，23项国家规定涉企行政事业性收费也将免征地方收入部分。其中广州、深圳、珠海、佛山、东莞、中山珠三角地区的6个城市更是提前一步，自2016年4月1日起就将免征相关收费项目。

政策

今年10月1日起全省免征34项收费，部分收费珠三角6市4月1日起免征。

根据通知，此次涉企行政事业性收费免征地方收入项目分为两类，其中国家设立的涉企项目有矿产资源补偿费等23项，省设立涉企项目有特种作业安全技术考试费等11项，合计共34项。免征对象为由广东省内工商行政管理部门核发“营业执照”且其组织机构代码证机构类型为“企业”的经营单位。

对《关于免征中央　省设立的涉企行政事业性收费省级收入的通知》（粤财综〔2014〕89号）已明确免征省级收入的23项国家规定涉企行政事业性收费，自2016年4月1日起，广州、深圳、珠海、佛山、东莞、中山等6市一并免征其市县级收入；自2016年10月1日起，其他市免征其市县级收入。

对省定11项涉企行政事业性收费，在粤财综〔2014〕89号文规定免征其中特种作业安全技术考试费、IC卡道路运输电子证件工本费、劳动合同文本费、职业病诊断及鉴定费、河道管理范围占用费等5项省定项目省级收入的基础上，从2016年4月1日起，广州、深圳、珠海、佛山、东莞、中山6市一并免征其市县级收入，同时对占用利用公路路产补（赔）偿费、村镇基础设施配套费、绿化补偿费、恢复绿化补偿费、船舶排筏过闸费和专利纠纷案件处理费等其余6项省定项目，同步免征其省级及市县级收入；从2016年10月1日起，其他市县也按上述规定实施，全面实现省定涉企行政事业性收费“零收费”。

背景

确保所有企业享受收费免征政策，任何单位和个人发现违规有权举报。

据了解，此次免征34项涉企行政事业性收费，是根据省政府《关于印发广东省供给侧结构性改革总体方案（2016—2018年）及五个行动计划的通知》中《广东省供给侧结构性改革降成本行动计划（2016—2018年）》（粤府〔2016〕15号）的部署，为推进供给侧结构性改革，切实减轻企业负担、降低企业成本，优化我省发展环境。

两部门通知要求，相关执收单位要严格按照免征部分涉企行政事业性收费地方收入后的应收标准向企业收费。同时，要加强对全省范围内所有企业享受收费优惠政策的登记备案管理，确保所有企业享受收费免征政策。

此外，通知还要求各级发展改革、财政部门加强监督检查，对不按规定落实本方案免征收费政策的部门和单位，按规定给予处罚，并追究相关责任人的责任。省直有关部门要督促本系统内相关执收单位认真落实本通知的规定，确保改革整体推进，步调一致。任何单位和个人对发现的违规收费行为，均有权向主管部门举报。

纵深

已取消和免征行政事业性收费86项，每年减轻社会负担约53亿元。

近年来，我省按照“项目只减不增、标准只降不升”的原则，不断加大清费减负力度。自2012年以来，我省已经取消和免征了行政事业性收费86项，年减轻社会负担约53亿多元。仅2013年，我省就取消和免征行政事业性收费69项，年减轻社会负担约46亿元。

公开资料显示，我省2013年曾针对50项省定行政事业性收费进行全面清理，并自2013年10月1日起，取消、免征、降低13项省定行政事业性收费；自2014年1月1日起2年内，降低企业堤围防护费征收标准。这些具体措施每年减轻企业和社会负担22亿多元。

2013年11月，省政府又出台《关于进一步扶持中小微企业发展和民营企业做大做强的意见》，明确提出自2014年1月1日起2年内，堤围防护费按现行征收标准下调20%；对月营业额2万元以下的中小微企业免征。同时，减收治安联防费，并推动尽快取消该项收费。此外，还将加快研究完善城市、村镇基础设施配套费管理规定。

作为《意见》着重单独提出的堤围防护费和治安联防费，是多年来企业呼声最大的两个行政事业性收费项目。其中，治安联防费自2013年11月1日起我省已经全面取消（粤财综〔2013〕229号），每年可为社会减负近2亿元。

而堤围防护费征收标准的调整则被认为是该次收费清理力度最大的一个动作。该项收费除了征收标准下调20%和对月营业额2万元以下的中小微企业免征，还明确在保证足额上缴省级统筹部分的前提下，省政府允许各地级以上市政府自行决定是否“封顶”征收堤围防护费。

据当时初步估算，堤围防护费

征收标准的调整后每年可为企业减负20亿元。而《南方日报》记者查阅此次免征的34项涉企行政事业性收费项目表发现，在此前下调征收标准的基础上，我省此次更是直接对堤围防护费除上缴中央国库部分外进行免征，进一步为企业减负。

（2016年3月31日《南方日报》，记者：牛思远）

粤全面推开营改增试点工作
5月1日起全面推开试点　今年可增加减税超575亿

3月30日下午，财政部、国家税务总局在北京召开全面推开营改增试点视频动员会，我省各级财税部门同志在广东分会场参加会议。

记者从会议获悉，今年以来，按照省委、省政府的部署安排，广东省财税部门迅速启动了全面推开营改增试点的各项前期准备工作，制定了实施方案和任务分工表，实行倒排工期、分工协作、责任到人，确保试点各项工作落到实处。经国地税管户移交统计，纳入全面试点的建筑、房地产、金融、生活服务业纳税企业约125万户（含深圳），涉及营业税2048亿元。预计从5月1日起全面推开试点8个月可增加减税超过575亿元，将对进一步降低企业成本、推进供给侧结构性改革发挥重要作用。

据省财政厅统计，我省营改增试点自2012年11月启动以来，至2015年底，试点纳税人达到99.5万户（含深圳，下同），累计实现减税953亿元，试点纳税人减负率达到98.5%，结构性减税效应明显，有力地促进了产业转型升级和商业模式创新，释放了改革红利。

会议指出，全省各级财税部门将全面推开营改增试点作为当前深化财税体制改革，助推供给侧结构性改革、培育发展新动能的重大举措，切实增强工作的责任感和紧迫感，全力以赴推进各项工作任务。我省将周密部署，全力确保试点运行推进，试点启动前要精心准备，认真做好管户移交、政策培训、系统测试、发票开具等各项准备工作。

尤其是，“5月顺利开票、6月顺利申报”目标试点将是启动后，重点落实的征管措施。各级财政部门要加强跟踪分析，实现。各级财政部门明确试点的各项工作要求，总结成绩，扎实工作，加强财税等有关部门的统筹协调，形成改革合力；加强对纳税人的宣传培训和征管服务，落实国家有关优惠政策，确保试点行业税负只减不增。

（2016年3月31日《南方日报》，记者：黄颖川，通讯员：岳才轩）

省财政紧急拨付5000万应急救灾资金

5月19日至21日，我省遭受历史罕见极端强降雨，其中茂名信宜市6小时降雨量达429.5毫米，超200年一遇，受灾较为严重。截至目前，已造成信宜市19个镇54.2万人受灾，初步统计直接经济损失10.3亿元。

根据省委、省政府有关部署及朱小丹省长在5月21日下午召开的防御强降雨和抢险救灾工作视频会议上的指示精神，省财政紧急拨付省级应急救灾资金5000万元，由茂名市统筹用于信宜市等重灾区受灾群众安置救助、水毁公路及水利设施抢修等应急救灾复产支出，确保受灾群众生活安定和灾区社会稳定。

（2016年5月23日《南方日报》，记者：黄颖川，通讯员：岳才轩）

全扩围首月我省新纳入试点行业开出增值税发票877.98万份

6月1日，我国全面营改增试点满月。省国税局统计数据显示，我省全面营改增首月实现平稳运行，5月，全省新纳入试点的建筑业、房地产业、金融业、生活服务业共开出增值税发票877.98万份，开票金额760.81亿元，税款合计38.2亿元。其中，纳税人共开具电子（网络）发票66.93万份，开票金额4.53亿元。

省国税局有关负责人表示，从6月1日起，全面推开营改增试点将迈入正式纳税申报的新阶段。我省纳税人户数体量大、税制复杂，目前，广东国税在加强申报指引、畅通办税服务等多方面多措并举，为确保营改增全面顺利落地做好准备。

为使试点纳税人由“能开票”向“会申报”顺利衔接，广东国税推出了《广东省增值税一般纳税人纳税申报指引》。该指引全面涵盖四大行业业务，以案例填报辅导方式，使纳税申报易懂、易学、易用。同时，将开票操作和纳税申报有机结合，通过对试点纳税人开展“回炉再教育”培训，以及制作培训视频、政策图解、流程演示等形式，借助手机客户端、网络等迅速传播，全面解读纳税申报表填写要求，使全省一般纳税人分层次、有重点地接受申报业务培训。

同时，为应对全面推开营改增试点后纳税人数量激增可能带来的办税服务厅压力，广东国税联合广东地税建设了多个国地税联合办税大厅，并开通营改增专窗、绿色通道，增设12366热线坐席，推行“一窗式”服务、延时服务、首问责任制等服务品牌，通过推行电子税务局等方式缓解人流压力，实现办税服务资源整合优化，提升办税服务质效。

水土流失治理所需资金纳入财政预算

《广东省水土保持条例（修订草案）》（以下简称“修订草案”）提请广东省十二届人大常委会第二十六次会议审议。根据省人大常委会意见、征求意见反馈的建议、调研座谈情况，省人大农委对修订草案进一步作了修改，以更利于贯彻落实中央及省委有关保护生态环境、建设生态文明的决策部署。修订草案增加规定：将水土流失治理、水土保持监测和监督等水土保持所需资金纳入财政预算。为避免多方组织验收，规定生产建设项目主体工程组织验收时，应当同时验收水土保持设施。

关于水土保持工作经费的安排，修订草案增加规定：将水土流失治理、水土保持监测和监督等水土保持所需资金纳入财政预算。对于政府的职责，修订草案明确，县级以上政府应当加强对水土保持工作的统一领导，明确本行政区域的水土保持目标，在水土流失重点预防区和重点治理区，实行水土保持目标责任制和考核奖惩制，水土保持目标责任和考核奖惩制度，由省政府规定。

为进一步明确相关部门的职责，修订草案明确：县级以上人民政府经济和信息化、国土资源、环境保护、住房城乡建设、交通运输、农业、林业、海洋渔业、城市管理等有关部门按照各自职责，做好本行业生产建设项目水土流失的预防、治理等水土保持工作。

为避免多方组织验收，减轻企业负担，提高工作效率，修订草案规定：生产建设项目主体工程组织验收时，验收部门应当同时验收水土保持设施，并通知水行政主管部门参加验收；生产建设项目分期建设、分期投产使用的，其水土保持设施应当分期验收。

近年来中央要求加强行政审批事中事后监管，但现实中行政机关又普遍面临编制人员有限、监管力量不足的问题。为解决这一矛盾，修订草案增加规定：县级以上水行政主管部门可以通过政府购买服务等方式，加强对生产建设单位采取水土流失预防和治理措施情况的监督检查；生产建设项目的行政主管部门对生产建设项目进行监督检查时，应当同时检查生产建设单位采取的水土流失预防和治理措施，发现问题应当要求建设单位进行整改，并及时通报水行政主管部门。

（2016年5月26日《南方日报》，记者：梁文悦，实习生：温存）

科技农林水公共安全　新增支出排前三

5月31日，广东省财政厅公布了经广东省第十二届人民代表大会常务委员会批准的《关于2016年省级财政预算调整方案的报告》（以下简称“《方案》”）。从《方案》披露的情况看，既有收入的调整，也有支出的调整，而支出调整均为新增。其中，在“其他一般公共预算支出新增事项”中，支出新增金额位居前三位的事项分别是：科学技术支出，新增15.19亿元；农林水支出，净新增13.43亿元；公共安全支出，新增6.9亿元。

《方案》显示，2016年广东省级预算总收支规模变动为：省级一般公共预算增加地方政府新增债券收入322.9亿元、调入预算稳定调节基金20.08亿元、调入政府性基金1.44亿元后，总收入增加344.42亿元，总额从年初的3752.55亿元调整为4096.97亿元，总支出相应调整为4096.97亿元。同时，2016年省级政府性基金预算总额也从年初的125亿元调整为435.44亿元，总支出相应调整为435.44亿元。

支出增加到了什么地方？从《方案》看，除了新增地方政府债券资金安排支出最多，涉及631.9亿元资金外，“其他一般公共预算支出新增事项”涉及公共安全、教育、科学技术、农林水、文化体育与传媒、社会保障和就业、医疗卫生与计划生育等，新增支出也不少。

《方案》对新增支出用于何处、依据是什么等等给出了明确的说明。如对“公共安全支出”新增6.9亿元，《方案》解释，一是根据人力资源社会保障部、财政部《关于调整人民警察警衔津贴标准的通知》，从2015年1月1日起调整人民警察警衔津贴，省级相应新增“公共安全支出”科目支出6.52亿元，用于安排人民警察警衔津贴提标增支经费。二是按照国办发〔2014〕70号文，重新安排部门预算资金0.38亿元。

（2016年6月1日《羊城晚报》，记者：严丽梅）

徐少华出席省政府财政信息公开工作推进会
强调：狠抓整改　确保财政信息公开效果

21日，省政府在广州召开全省财政信息公开工作推进会，传达财政部关于地方预决算公开专项检查情况通报，研究部署我省整改落实措施，进一步推进财政信息公开工作。省委常委、常务副省长徐少华出席会议并讲话。

会议指出，推进财政信息公开是国家法律法规对政府财政工作的明确要求，是加强廉政建设的重要举措，是深化财政体制改革、规范财政管理的重要途径。近年来，在省委、省政府的领导下，我省各地、各部门积极推进财政信息公开工作，不断完善公开制度，细化公开内容。胡春华书记、朱小丹省长对此高度重视，专门作出重要批示要求各地各部门落实责任，抓紧对存在问题进行切实整改。

徐少华要求，各地各部门要标本兼治保证成效，狠抓专项检查反馈问题整改到位，确保财政信息公开工作的实际效果。一是要开展专项整改落实。逐一对照各地、各部门自身存在的问题，研究提出措施抓紧落实整改。二是强化主体责任意识。省直各部门、各市县所属部门单位要切实担负起公开工作的主体责任，依法及时、全面、规范公开财政信息。三是强化政策理解运用。组织相关人员全面深入学习《预算法》等法律法规，清晰、准确把握信息公开的主要内容、细化程度、公开载体、时限要求和涉密审查程序等。四是及时回应社会关切。在公开财政信息前，对可能引起质疑的要随公开内容一并公布解读说明，主动释疑解惑；信息公开后要密切关注舆情动态，积极回应社会质疑和批评等。五是着力建立长效机制。切实完善管理制度，建立完善预决算公开信息反馈机制，及时发现和解决矛盾和问题。

（2016年6月22日《南方日报》，记者：黄颖川，通讯员：符信）

协调推进“四个全面”　率先全面建成小康社会

习近平总书记在庆祝中国共产党成立95周年大会上的讲话中提到，坚持不忘初心、继续前进，就要统筹推进“五位一体”总体布局，协调推进“四个全面”战略布局，全力推进全面建成小康社会进程，不断把实现“两个一百年”奋斗目标推向前进。

连日来，广东各界掀起学习习近平总书记“七一”重要讲话热潮。大家认为，十八大以来，中国共产党高瞻远瞩、科学谋划，提出了“五位一体”总体布局和“四个全面”战略布局，为中国新时期发展提供了方法论和路线图。作为第一经济大省，广东要率先全面建成小康社会，为实现“两个一百年”奋斗目标勇于担当。

为各项事业发展增添信心

中国人民银行广州分行党委书记、行长王景武说，习近平总书记“七一”重要讲话为进一步加强党的建设、全面推进改革发展稳定各项工作指明了前进方向。

“总书记‘七一’重要讲话主题非常鲜明，‘不忘初心，继续前进’对整个讲话进行了高度概括和提炼。”省政府参事、省委党校教授陈鸿宇表示，我们要坚持确定好的路线方针，全面推进各项工作。

省财政厅党组书记、厅长曾志权说，坚持不忘初心、继续前进，就是要统筹推进“五位一体”总体布局，不断壮大我国经济实力和综合国力；就是要协调推进“四个全面”战略布局，提高治国理政能力水平；就是要全力推进全面建成小康社会进程，带领人民创造幸福生活；就是要不断把实现“两个一百年”奋斗目标推向前进，最终实现中华民族伟大复兴。

“总书记的讲话非常务实，接地气，为我们企业界的党员提供了清晰的发展思路。”全省优秀共产党员，广东万和新电气股份有限公司党支部书记、董事长叶远璋表示，将充分调动、发挥公司党员的先锋模范带头作用，带领全体员工以经济发展为中心，探索企业做大做强的新路径。

“要把总书记的重要讲话精神落实到实际行动中来。”全国优秀党务工作者、佛山市三水区西南总商会党委书记陈绍初说，作为一个企业家，就是要努力把企业经营好，为员工提供更好的收入与福利保障；作为一个党务工作者，就是要为更多党员群众提供力所能及的帮助。

牢记为人民服务宗旨

习近平总书记“七一”重要讲话提到，全面建成小康社会，是我们党向人民、向历史作出的庄严承诺，是13亿多中国人民的共同期盼。

省交通运输厅党组书记李静说，近年来，我省交通运输行业牢牢抓住发展这个第一要务，努力加快发展，适度超前发展，突出创新驱动，狠抓综合改革试点攻坚，促进供给侧结构性改革，为我省建设全面小康社会作出贡献。

在“十三五”全面建成小康社会的决胜阶段，社会治理也面临全新的机遇与挑战。“不忘初心，就是要牢记为人民服务宗旨；继续前行，就是要不断创新，用新的思路解决新的问题。”中山市东区花苑社区党总支书记、社区主任吴锡良说。

“不忘初心，也是不要忘记我

们的奋斗目标，和我们的服务对象。”中山西区彩虹社区党委书记许少鹏说，“为了让大家共享发展成果，我们在原来一对一帮扶贫困家庭的基础上，准备设立社区慈善组织，用更规范的管理来进行爱心救助。”

广东要率先全面建成小康社会，难点和重点在粤东西北地区。潮州市饶平县新丰镇党委书记廖利兴表示，当前要在推进全镇精准扶贫上进一步下功夫，在深化绿色发展上做足文章，深入打造生态秀美的旅游名镇。

河源市东源县涧头镇礤娥村是新丰江水库库区贫困村之一，村党支部书记池智勇说，目前礤娥村有1/10的农户尚未脱贫，为了让礤娥村于2018年全面脱贫奔康，党员干部要更加奋发有为地投入基层实际工作。

对于基层党员和普通工作者而言，做好本职工作便是为全面建成小康社会作贡献。全国、全省优秀共产党员，汕头市中心医院儿科主任林明祥说，“作为一名有30年基层一线工作经验的老党员，我认为有责任坚守自己的岗位，努力为人民服务；坚持把病人的利益放在第一位，在日常工作中为人民群众服务。

（2016年7月5日《南方日报》，记者：黄应来、黄颖川）

本月起资源税改革在全省全面实施

根据中央统一部署，自2016年7月1日起，我国全面推开资源税改革。广东省人民政府日前印发《关于实施资源税改革的通知》称，经财政部、国家税务总局核准和备案同意，我省28个矿产资源品目纳入资源税改革范围，其中铁矿、金矿、铜矿、铅锌矿等24个品目由从量计征改为从价计征，对黏土、砂石（包括河沙、海沙和其他建筑用砂石）、矿泉水、地下热水4个品目继续实行从量计征。据悉，此次全面推开资源税改革的主要内容是从价计征、清费立税。按照税费平移、总体不增加企业税负的原则，将矿产资源补偿费并入资源税，改革后的资源税税负水平，与改革前资源税和矿产资源补偿费合计负担水平相当。

省财政厅有关负责人介绍，广东资源总量不大，2015年我省资源税收入共16.55亿元，2014年已经完成稀土、钨、钼矿从价计征改革，此次全面推开资源税改革涉及收入15.73亿元，全部为市县级收入，由于大部分品目税负略有下降或持平，总体上目前推开改革对地方收入、企业发展、群众生活影响不大。按照上述省政府通知要求，7月1日以后全部资源品目矿产资源补偿费费率降为零，停征价格调节基金，取缔地方针对矿产资源违规设立的收费基金项目。对涉及矿产资源的收费基金进行全面清理，凡不符合国家规定、地方越权出台的收费基金项目要一律取消。对确需保留的依法合规收费基金项目，要严格按规定的征收范围和标准执行，切实规范征收行为。

（2016年7月6日《南方日报》，记者：黄颖川，实习生：吴雨伦，通讯员：岳才轩）

为实现“两个一百年”奋斗目标提供坚实财政保障

财政是国家治理的基础和重要支柱。就学习习近平总书记“七一”重要讲话精神及下一步部署贯彻落实有关工作，省财政厅党组书记、厅长曾志权近日接受南方日报采访。

曾志权说，习近平总书记的重要讲话吹响了不忘初心、继续前进的号角，作为财政部门的党员干部，要牢固树立取得人民满意、历史满意好成绩的“进京赶考”精神，奋力拼搏、积极进取，努力向省委、省政府，向全省人民交出新的更加优异的财政工作答卷，为实现“两个一百年”奋斗目标提供坚实的财政保障！

“进京赶考”就是要人民满意历史满意

《南方日报》：习近平总书记在讲话中，10次强调要不忘初心、继续前进。您对此如何理解？

曾志权：习近平总书记在讲话中提出了坚持不忘初心、继续前进的“八方面要求”，涉及指导思想、理想信念、方向道路、治国治党、内政外交等诸多领域，高瞻远瞩、总揽全局，内涵丰富、寓意深远，令人鼓舞、催人奋进。学习领会其精神实质，要着重把握讲话关于“不忘初心、继续前进”的内涵要求。

我认为这些要求一是唤醒全党“初心”，突出自豪感；二是坚定理想信念，突出使命感；三是明确目标任务，突出责任感；四是彰显担当精神，突出自信心；五是治党务必从严，突出先进性和纯洁性；六是弘扬赶考精神，突出忧患意识。

党的十八大以来，习近平总书记多次提及“进京赶考”，在此次“七一”重要讲话中，又再次作了强调：“60多年的实践证明，我们党在这场历史性考试中取得了优异成绩。这场考试还没有结束，还在继续。今天，我们党团结带领人民所做的一切工作，就是这场考试的继续。”“继续在这场历史性考试中经受考验，努力向历史、向人民交出新的更加优异的答卷！”从中我们既可以体会到强烈的忧患意识，更体会到党在历史性考试中不忘初心的坚定决心，鞭策全党在这场考试中取得人民满意、历史满意的好成绩。

持之以恒推进我省财政改革发展

《南方日报》：财政是保持经济社会稳定发展的重要调控手段，我省财政系统将如何贯彻习总书记重要讲话精神？

曾志权：习近平总书记重要讲话为新时期财政改革工作指明了方向，当前首要的是把学习贯彻重要讲话精神与促进我省财政改革发展紧密结合起来，同时，要坚持学以致用，立足本职，抓紧做好各项具体工作。我省财政系统将持之以恒推进财政改革发展，为推进“五位一体”总体布局、“四个全面”战略布局、全面建成小康社会和实现“两个一百年”奋斗目标提供坚实的财力保障。

一要牢固树立主业意识，强化收支管理，进一步加强新常态下财政经济运行规律的研究分析，统筹做好依法应收尽收与推进税制改革、严格落实企业减负政策措施相衔接的工作，强化预算约束力，提高预算执行的时效性和均衡性，确保财政平稳运行。

二要坚持以新发展理念为引领，充分发挥财政杠杆作用，积极支持稳增长、调结构、转方式，着力推进供给侧结构性改革，加快推动形成以创新为主要引领和支撑的经济体系和发展模式，加大对珠三角优化发展和粤东西北加快发展的支持力度，支持构建高水平对外开放格局，促进提升我省经济社会发展质量和效益。

三要按照改革更加注重系统性、整体性、协同性，敢于涉深水区、啃硬骨头的要求，深入推进我省财税体制改革，突出改革重点，力争率先基本建立现代财政制度、服务我省经济社会发展。

四要围绕增强预算执行的规范性、预算信息的透明性、财政监督的严肃性、风险防控的有效性和资金使用的绩效性，切实加强和规范财政管理，不断提高财政管理的科学化和法治化水平。

五要落实从严治党要求，加强队伍建设。加强机关建设、作风建设、党的建设，推进优质服务型党组织建设。树立全局意识，提高抓工作落实的执行力。严格落实党风廉政建设“两个责任”，营造党员干部不想腐、不能腐、不敢腐的氛围。认真抓党建责任制落实，严格执行党建责任清单，实现党建和业务相互促进、一同提高。

（2016年7月13日《南方日报》，记者：黄颖川）

推进普惠金融发展　加强专项资金管理

7月21日上午，省长朱小丹主持召开省政府常务会议，研究部署推进普惠金融发展、加强省级财政专项资金管理、组建广东省农业信贷担保有限责任公司等工作。

会议指出，发展普惠金融，是推动共享发展、增进社会公平和谐的必然要求，是建设金融强省和全面建成小康社会的重要内容。要深入贯彻落实国务院《推进普惠金融发展规划（2016—2020年）》精神，大力推进我省普惠金融发展。要以增进民生福祉为目的，坚持市场主导与政府推动相结合、社会效益与经济效益相结合、统筹规划与突出重点相结合、创新发展与风险防范相结合，不断完善普惠金融机构体系，积极创新普惠金融产品和服务手段，持续优化普惠金融发展环境，有效发挥各类政策引导和激励作用，拓展普惠金融服务的广度和深度。要将小微企业、农民、城镇低收入人群、贫困人群和残疾人、老年人等特殊群体作为普惠金融的重点服务对象。

争取到2020年，建立起与全面建成小康社会相适应的普惠金融服务和保障体系，普惠金融发展环境不断优化，金融服务覆盖率、可得性有效提高，人民群众对金融服务的获得感、满意度明显增强，日益增长的金融服务需求得到满足。会议审议并原则通过《广东省推进普惠金融发展实施方案（2016—2020年）》，决定经修改后提交省委全面深化改革领导小组会议审议。

会议指出，加强专项资金管理，提高绩效，是财政体制改革的重要内容。为进一步规范省级财政专项资金管理，防范资金风险，提高资金使用效益，对现行《广东省省级财政专项资金管理办法》进行修订很有必要。会议审议并原则通过《广东省省级财政专项资金管理试行办法（2016年修订）》。该《试行办法》规定了专项资金的设立和退出、预算编制、申报和审核、执行及管理、信息公开、监督检查和绩效管理以及管理责任追究等方面内容。明确省级财政专项资金管理应遵循依法设立、规范管理，严格审批、权责明确，科学论证、绩效优先，公平公开、强化监督的原则。会议强调，要严格专项资金的规范化管理，提早计划，纳入预算。专项资金要实行目录管理，经批准设立的专项资金存续、调整情况实行清单式动态管理。实行“一个部门一个专项”，具体目录清单纳入年初预算编制。

会议听取了省财政厅关于组建广东省农业信贷担保有限责任公司工作情况的汇报。会议指出，组建广东省农业信贷担保有限责任公司，为我省农业尤其是粮食适度规模经营的新型经营主体提供信贷担保服务，是创新财政和金融协调支农机制，建立健全我省政策性农业信贷担保体系的重要举措，有利于引导推动金融资源投入“三农”领域，逐步解决农业发展中的“融资难”、“融资贵”问题，促进农业适度规模经营和农业发展方式转变，推进我省农业现代化。会议审议并原则通过《广东省农业信贷担保有限责任公司组建方案》。会议强调，要尽快制定全省农村信贷担保体系建设方案，并大力推动落实。要加强管理，规避信贷风险。

（2016年7月22日《南方日报》，记者：符信）

增与减：减税费助力“双中高”

广东经济“半年报”显示：上半年我省经济保持中高速增长迈向中高端水平，“双中高”势头良好。

在国际国内经济形势比较严峻、下行压力有增无减的背景下，这一成绩的取得，得益于近年广东着力减轻企业负担、减税降费红利逐步释放，并借推进供给侧结构性改革的东风，以积极的财政政策推动经济结构战略性调整。

从广东近年特别是今年上半年经济数据来看，“先予后取”的理财思路，带来了“放水养鱼”的可观效应，最终不仅实现财政“钱袋子”的较快增长，更以短期局部财政收入之“减”换来了经济发展向“双中高”平台的平稳转轨。

“放水养鱼”：企业税负“减”，活力“增”

近年来，支撑广东经济高速增长的内外部环境发生明显改变，经济下行压力较大。直接表现之一，就是企业成本居高不下，企业利润受到挤压。

企业能够盈利，经济才有活力。而减税降费就是“放水养鱼”，是政府向企业“让利”。它不仅能降低企业税负的痛感，对小微企业来说甚至是“救命”的事。

一组数据对比，可见降成本的“性命攸关”。

根据《广东省供给侧结构性改革总体方案（2016—2018年）》，到2016年底，广东将通过综合减负措施推动企业综合成本比2014年下降约5%—8%。这一幅度大致相当于上半年广东工业企业主营收入的利润率-5.89%，对企业无疑是雪中送炭。

事实上，“十二五”以来，在中央启动普惠性减税降费的基础上，广东为企业减负的力度一直有增无减。

早在2012年，广东就出台“56条”扶持中小微企业发展，涉及税收优惠的政策多达16条。而作为近年覆盖面最广、力度最大的一次结构性减税——营改增，广东从2012年11月1日启动试点后逐步扩围，至今年5月1日已覆盖所有行业。营改增减少了重复征税问题，为企业带来了较大规模的减税红利。截至2015年底，全省试点一般纳税人和小规模纳税人因营改增累计实现减税达953.13亿元。

降费方面，广东从2012年就开始行动。仅2013年就取消行政事业性收费69项，每年为企业减负46亿元。今年，广东还将在全省范围内最终全面实现省定涉企行政事业性收费“零收费”。

多措并举，广东各地各部门今年上半年直接为企业减负超过448亿元。下半年的力度将更大，预计全年可直接为企业减负1940亿元。

连年的“放水养鱼”，换来了“活鱼”“大鱼”的爆发式增长。

营改增试点启动后，由于二三产业之间的抵扣链条打通，现代服务业呈迅猛发展之势。至2015年底，研发技术、文化创意、鉴证咨询业的企业数量分别比试点前增长7.6倍、3.1倍、4.2倍。研发技术、交通运输、动产租赁等产业的设备采购增幅均超过20%，服务业技术水平迅速提升。

省财政厅厅长曾志权表示，广东的实践说明，通过加大税费减免力度，不仅有效减轻了企业负担，激发民间投资活力，还鼓励了其创新升级，在稳定经济增长方面发挥了积极的作用。

上半年，广东民间投资保持了19.6%的高增速，比全国高16.8个百分点，也反映了税负成本有效减轻后，企业发展信心提振，增资扩产动力大增。

结构性减税：做好“减法”，支撑产业迈向中高端

作为供给侧结构性改革的重要一招，结构性减税还有更深远的意义：用短期局部财政收入的“减”，换取产业结构迈向中高端的“增”。

“减税实际上就包含了调结构的意思。”交通银行首席经济学家连平说，在经济发展的特定时期，营造包括普惠性减税在内的宽松环境，支持企业发展，不仅有利于稳定就业，还能增强经济活力。“减税费和结构调整结合起来，就能达到做‘加法’‘乘法’的效果。”

仍以营改增为例，企业采购设备可进行抵扣，研发投入也与实物投入享有同等抵扣政策，鼓励了企业购买研发服务，加快设备更新步伐，加大技术改造力度，促进产业升级。广东电信有关负责人介绍，营改增试点推动企业重构了产品开发体系，持续加大了研发、光纤和4G投资，推动了ICT、IDC、物联网等新兴业务发展。目前，增值电信业务比重比营改增前提高了10多个百分点。

广东电信只是现代服务业受益

的一个缩影。自现代服务业纳入首批试点范围后的3年半间，广东服务业发展势头喜人。今年上半年，服务业占GDP比重进一步提高到52.1%，现代服务业占服务业增加值比重达到61.9%。

实际上，营改增的减税程度按不同的产业和企业类型各有差异，本身就蕴含了推进产业结构调整的思路。在经济发展的特殊时期，对投入大、风险高、处于发展初期的新产业、新业态给予适当的税收扶持，其成效很快显现。

据统计，仅2015年，我省就减免高新技术企业所得税约450亿元，享受税收优惠政策的高新技术企业数量居全国前列且快速增长。受此带动，2015年全省高新技术企业数量比2014年增长19.5%；高新技术产品产值占工业总产值比重从34.2%提高到39.0%；高新技术制造业投资增长了35.8%，高于同期制造业投资11.3个百分点。

"先予后取"："钱袋子"局部减总体增先减后增

从短期看，"放水养鱼"会导致财政的暂时性局部减收；但从长期看，这却是在涵养税源。稳增长、调结构、促转型的成效，最终将反哺财政。

曾志权用"先予后取"来形容这样二者的关系。他说："先予后取，是为了做好做大经济蛋糕"。虽然从短期看，减免税费将导致局部财政收入减少，对财政运行产生一定压力。但从长远看，减免税费与财税改革、税制优化有效结合，可以优化发展环境，有效拉动投资、刺激内需、稳定外贸，促进经济持续增长，同时也培育了税源，扩大了税基，进而实现财政收入增加。

统计数据显示，2015年我省累计实现改征增值税354亿元，同比增长31%。与2012年试点启动时缴营业税相比，现代服务业税收增长47%。按照省统计局调查，广东省2015年来自规模以上的信息传输、软件和信息技术服务业增值税比2014年增长30.8%，也进一步印证试点初期减收、长远将增加财政收入的预判。

正因为应对早、举措得力，"十二五"以来，我省财政收入特别是税收增幅跑赢了GDP。2011—2015年，我省地方一般公共预算收入年均增长14.9%，高于GDP增幅6.4个百分点。今年上半年，来源于广东的财政总收入同比增长14.8%，税收收入增长19.9%，在全国各省市区中名列前茅。

深圳的财政收入增幅尤为明显。在国家和广东省出台的税收优惠的基础上，深圳近年特别针对高新技术企业出台包括税收、奖励、信贷、建设用地等过渡性优惠政策，如对经营期在10年以上的高新技术企业，从获利年起，第一年和第二年免征所得税，第三年至第八年减半征收所得税。近年深圳创新能力显著提升，有力地反哺了财政。2015年和今年上半年，深圳一般公共预算收入保持较大幅度增长，分别贡献了全省增量的52.4%和42.4%。

"相比放松货币政策、扩大投资直接刺激经济，通过减免税收等财税手段是用慢火焖，见效会慢一些，但更有效，副作用也小得多。"中山大学岭南学院财政税务系主任林江表示。

随着减税降费特别是结构性减税的持续发力，减税费与调结构的有机结合，"放水养鱼""先予后取"之"减"还将释放更大红利，并将为新常态下广东经济保持中高速增长、产业结构迈向中高端注入更强劲的动力。

（2016年7月26日《南方日报》，记者：黄颖川、卢轶）

粤将设重大科技成果产业化扶持专项资金

17日上午，省长朱小丹主持召开省政府常务会议，研究部署组建广东省推广应用超高速无线局域网合资运营公司、专项（资金）扶持重大科技成果产业化、健全生态保护补偿机制等工作。

会议指出，组建广东省推广应用超高速无线局域网合资运营公司，是加快推进各领域超高速无线局域网应用试点，促进超高速无线局域网（EUHT）技术产业化发展的重要举措。会议强调，广东将继续高度重视EUHT技术研发和推广运用，全力支持其抢占信息技术、无线通信特别是核心芯片技术的制高点。要明确领导责任，加强部门协作，狠抓工作落实，尽快形成广东EUHT技术推广应用总体方案，推动在高铁、地铁、智能交通、农村地区和广东自贸试验区建设等领域的推广应用并尽快取得实际成效，努力推动其成为新的经济增长极。会议审议并原则通过的《广东省推广应用超高速无线局域网合资运营公司组建方案》，规定了公司的运营模式、发展范畴和组建工作推进计划。《方案》明确了公司主要开展超高速无线局域网研发、生产、运营等业务，在广东原中央苏区农村开展应用试点；开展在智慧交通、智慧城市等领域及广东自贸试验区的超高速无线局域网应用服务，带动相关设备生产、系统集成的深度研发和产业化发展。

会议指出，统筹整合支持创新驱动发展资金，设立实施广东省重大科技成果产业化扶持专项（资金），有利于充分发挥财政资金对发展战略性新兴产业的扶持和引导作用，尽快促进一批重大科技成果转化为现实生产力。会议强调，广东省重大科技成果产业化扶持专项（资金）要紧扣战略性新兴产业领域发展需求，围绕提升重大科技成果转化效率，重点扶持战略性新兴产业领域中具有实用价值的科技成果，推动新产品、新工艺、新材料产业化、规模化生产。要研究制定严格的重大科技成果评价认定机制，明确资金投向和投入方式，强化资金使用绩效评价，促进资金集中使用，推动重大科技成果转化为工业生产力。

会议强调，要深入贯彻落实《国务院办公厅关于健全生态保护补偿机制的意见》，结合广东实际，探索建立有利于调动各方积极性的多元化生态保护补偿机制。坚持政府主导、社会参与，明确权责、合理补偿，统筹兼顾、协调发展，分类指导、试点先行，促进受益地区与保护地区共同发展，促进生态文明建设迈上新台阶。要落实森林、湿地、石漠、海洋、水流、耕地等重点领域和禁止开发区域、重点生态功能区等重要区域的补偿。要推进体制机制创新，建立稳定的投入机制，完善重点领域和重要区域补偿机制，探索推进横向生态保护补偿，探索建立生态环境损害赔偿制度，开展市场化生态保护补偿，结合生态保护补偿推进精准扶贫，结合生态保护补偿推进基本公共服务均等化。要加快完善配套制度，建立完善相关标准体系，健全自然资源产权制度，推广绿色经济政策。力争到2020年，实现重点领域和重要区域生态保护补偿全覆盖，补偿水平与广东经济社会发展状况相适应。会议审议并原则通过《广东省关于健全生态保护补偿机制的实施意见》，决定经修改后提交省委全面深化改革领导小组会议审议。

会议审议并原则通过《广东省健全落实社会治安综合治理领导责任制实施办法》，决定经修改后提交省委全面深化改革领导小组会议审议。

（2016年8月18日《羊城晚报》，记者：符信）

粤基层公共服务平台年底全覆盖

从26日在肇庆市德庆县召开的全省村（社区）公共服务中心（站）建设工作会议上获悉，今年我省将全面铺开村（社区）公共服务中心（站）建设，预计在9月底前完成部署工作，12月底全省村（社区）将基本建成村（社区）公共服务平台。为此，2016年全省各级财政已安排基层公共服务平台建设资金25.7亿元，省级财政对欠发达地区的农村公共服务中心（站）给予补助，对各县一次性补助建设费500万元，每村每年补助运行费1万元。

基层治理关乎政权巩固，基层工作和基层治理在党和政府工作全局中始终占有重要地位。因此，加快基层公共服务综合平台建设，对于进一步提高我省基层公共服务水平具有重要意义。此前，省委、省政府明确把推进村（社区）公共服务中心（站）建设纳入创新基层治理的重要内容，统筹部署，推进落实，为全省的改革发展稳定提供可靠保障，提供强有力的支撑。

按照省委、省政府关于全面创新基层治理、提升基层治理水平的统一部署，从2015年下半年起，我省已在开平、德庆等8个县（市、区）进行试点，全省各级财政共投入第一批试点县基层公共服务平台建设资金近3.3亿元。目前，首批试点县基本整合了面向基层群众的各类服务平台（中心）、建立起县、镇、村三级基层公共服务平台，做到“有机构、有牌子、有办公场所、有办公设备、有制度、有人员、有系统、有经费”，有效解决联系服务群众的“最后一公里”。截至今年6月底，第一批试点县共梳理县级公共服务事项4027项，93个镇共梳理镇级公共服务事项1099项，1442个村（社区）共梳理村级公共服务事项987项。

在总结首批试点中存在的问题基础上，本次全省村（社区）公共服务中心（站）建设将以“整合”为目标，对各级各部门在村（社区）设置的各类平台、机构、牌子进行集中整合，将省市县镇“一门一网式”政务服务系统延伸到村（社区）公共服务中心（站）的办事大厅，推行申报、审批、查验全流程电子证照化。届时，村（居）民办证办事将能实现“足不出村”。

不仅如此，为满足群众具体需求，本次基层公共服务平台建设还将增加生产生活服务，围绕群众日常生产需要，提供农村金融、产品购销、天气预报等服务，部分地区还将设置24小时服务热线系统、自助办理终端机等。在日常生活方面，将提供快递代理、医院挂号、家电维修等服务。

（2016年8月27日《南方日报》，记者：黄颖川，实习生：吴雨伦，通讯员：岳才轩、龙许）

创新科技项目可抢到两个“红包”

产业共建是广东省促进粤东西北协调发展的重要举措，将珠三角先进生产力引入粤东西北，帮助粤东西北地区站在一个高的起点上，实现高水平跨越式发展。日前，广东省财政厅出台《关于支持珠三角与粤东西北产业共建的财政扶持政策》（下称“扶持政策”），发挥财政手段作用，统筹安排省市财政资金对省内企业共建予以奖补，并对实行产业共建项目经济利益双方政府共享，从而强化产业跨区域对接和产业协同发展。

总体目标：1600个项目“搬家落户”

扶持政策提出争取到2018年，累计推动珠三角地区1600个项目转移落户粤东西北地区，省产业转移工业园完成规模以上工业增加值达到3000亿元，占粤东西北地区工业经济比重达到35%以上。到2020年，省产业园规模以上工业增加值达到4400亿元，占粤东西北地区工业经济比重达到40%以上。

扶持政策还提出，为引导构建粤东西北创新型经济体系框架，争取到2018年，粤东西北地区主要创新指标实现较快增长，地区R&D（研究与试验发展）经费投入占地区GDP比重达1.4%；到2020年，地区R&D经费投入占地区GDP比重达1.5%。

奖补重点：重点项目可享叠加奖励

扶持政策的一大特点是突出奖补重点，对珠三角转移企业给予普惠性奖补以及对技术含量较高、具备较强创新能力的优质项目予以一次性叠加奖补。

普惠性奖补：普惠性奖补的奖补方式在参照国家中西部所得税优惠政策（对鼓励类产业减按15%的税率征收企业所得税）的基础上加大力度，从企业入园投产当年度起，按企业对园区所在地财政贡献情况连续奖补5年。

一次性叠加奖补：对于那些技术含量较高、具备较强创新能力的优质项目在粤东西北产业共建的，还可在普惠性奖补的基础上享受叠加奖励。具体包括，大型骨干企业、世界500强企业、中国500强企业、中国民营企业500强、中国制造业企业500强（含全资子公司及其控股的企业）在粤东西北省产业园投资（控股）制造业企业，按企业或项目在园区内实际新增的固定资产投资额不超过30%比例按年度予以奖励，累计不超过1亿元。

随同企业总部或生产性环节一起转移的规模以上工业企业研发机构，具有独立法人资格的，每家一次性奖励300万元至1000万元，分支机构一次性奖励100万元至300万元。转移的国家高新技术企业，每家一次性奖励300万元；纳入省高新技术企业培育库的企业，每家一次性奖励100万元；省级孵化器、新型研发机构、众创空间等创新创业平台整体转移或者设立分支机构的，按企业在粤东西北地区实际新增的固定资产投资额不超过30%比例按年度予以奖励，每家累计最高不超过500万元。

共享共建：转出地也可共享利益

扶持政策的另一大特点，是突出共享共建，以充分调动各方的积极性。为调动转出企业的积极性，转出企业将项目转移到粤东西北地区所得经济利益将不低于转移到我国中西部地区。为推动同一产业、同一企业在珠三角和粤东西北跨区域布局发展，调动转出地政府的积极性，转出地和承接地政府将可以通过协议实现经济利益共享。

扶持政策提出，珠三角地区政府直接组织参与推进产业转移项目共建工作，可在产业共建双方政府协商一致的原则上，按照一定比例分享该项目实现的经济利益。

（2016年11月30日《羊城晚报》，记者：莫谨榕）

力争每市均有超500亿元产业集群

产业共建是我省促进粤东西北协调发展的一项实践创新，既能为珠三角更高水平的发展腾出空间，也能为粤东西北协调发展注入强大动力。

11月28日上午，省委、省政府召开珠三角地区对口帮扶粤东西北地区推进产业共建工作会议。会议指出，要把产业共建工作摆在更加突出位置，在政府大力推动下，充分发挥市场作用，推动产业、企业在珠三角地区和粤东西北地区之间跨区域布局，形成更紧密、更合理的区域产业分工体系，优化全省经济发展格局。

会上，《关于深化珠三角地区与粤东西北地区全面对口帮扶工作的意见》（以下简称《意见》）已经省委、省政府同意，省委办公厅、省府办公厅将正式印发。《意见》对2017—2019年对口帮扶工作作出全面部署，并提出力争到2020年，粤东西北地区每个市形成产值超500亿元的产业集群。

支持珠三角龙头企业布局粤东西北地区

根据部署，在新一轮对口帮扶中，帮扶双方要共同制定产业共建目标和规划。珠三角各市要对有需求的企业开展调查摸底，将被帮扶市纳入本市外经贸活动统一推介，整合双方招商资源和力量，建立信息共享平台。被帮扶市要提供产业需求目录，与帮扶市精准开展产业对接。

同时，各对口帮扶指挥部要建立共同招商项目库，强化跟踪服务，确保项目建设每个环节有专人负责，加快推动项目落地和投产。

会议特别提出，通过加快大珠三角经济区建设，鼓励在珠三角地区开展的企业孵化到粤东西北地区转化、落地，支持珠三角地区汽车、电子信息、轻工食品、装备制造等龙头企业在粤东西北地区布局配套企业，形成跨区域产业链条。

以深圳对口帮扶河源过程引进的中兴通讯项目为例，全面建成投产后，新增工业产业将超过1000亿元。在深圳对口帮扶汕尾建设的坪山陆河园区，引进比亚迪项目，从签约到投产仅用了不到6个月，创造了“深汕速度”，预计今年税收能达到1.5亿元。

在现代服务业和现代农业的对口帮扶上，帮扶市要重点鼓励和支持与被帮扶市当地产业相配套的生产性服务业加快发展。根据规划，未来三年，粤东西北地区主营业务收入超过50亿元的企业要力争增加到40家以上。

在培育新兴产业上，帮扶双方要推动专业镇全面对接，加快专业镇特色产业跨区域融合与产业链延伸配套，推动珠三角地区专业镇优势产能转移，带动粤东西北地区做大做强一批专业镇。

如借鉴中山小榄生产力促进中心经验，健全粤东西北地区专业镇创新公共服务平台；借鉴东莞横沥协同创新经验，推动专业镇围绕主导产业加强产学研协同创新。

在对口帮扶中，帮扶双方要支持专业镇企业技术改造，加快培育新兴产业，依托专业镇发展创新型产业集群，力争2020年粤东西北地区每个市形成产值超500亿元的产业集群。

在日前出台的《广东省促进粤东西北地区产业园区提质增效的若干政策措施》中明确，下一步我省要推动国有企业到粤东西北地区投资发展。省属国有企业新投资的工业项目原则上安排在粤东西北地区，现有生产基地需要搬迁的，优先考虑布局在粤东西北地区的省产业园，每年推动不少于30个项目落户粤东西北地区。

争取每个共建园区产值超300亿

在完善园区共建机制上，会议明确，帮扶双方要确定1个以上共建产业园，作为产业共建的主要载体。

帮扶双方要因地制宜，明确特色主导产业，每年推动不少于20个投资超亿元的工业项目落地建设，同时大力引进培育主导产业龙头产业，加快延伸产业链，争取每个共建园区产值超300亿元。

在产业园区共建中，要坚持园区开发市场化运作，完善帮扶双方协调机制、园区管理机构、投资开发公司三层架构，共同出资设立投资开发公司。同时鼓励帮扶市将若干年度的帮扶资金以股权投资形式，一次性投入投资开发公司和公共服务平台。

对口帮扶中，鼓励在粤东西北地区的省产业园内规划建设加工贸易企业承接基地，支持符合条件的园区申建综合保税区和货物出入境口岸，以园区为依托每年打造1—2个承接产业转移示范区，每个给予1000万元的资金支持。

同时，鼓励粤东西北地区产业

转型升级。鼓励符合条件的省产业园申报升级为国家级经济技术开发区、高新技术开发区。力争到2020年，半数以上的粤东西北地区拥有国家园区。

在提升被帮扶市创新驱动发展能力上，帮扶市要帮助被帮扶市完善科技创新平台体系，建设中小微企业技术创新公共服务平台、科技创业服务中心、众创空间、孵化器等。对于高新技术企业部分搬迁或到粤东西北地区增资扩产的，新设企业可优先申报纳入省高新技术企业培育库，按规定给予30万~300万元的资金补助。

通过一系列鼓励提升措施，力争3年内粤东西北地区各被帮扶市高新技术企业数量翻一番。

未来5年安排财政支持约210亿

会议提出，对口帮扶将实行优惠政策叠加，打好政策“组合拳”。

在加强产业共建激励方面，省、市、县（市、区）财政5年共安排约210亿元，采取普惠性事后财政奖励性补贴和一次性叠加财政奖励性补贴相结合的方式，引导有技术含量的珠三角地区企业转移至粤东西北地区产业园区。

其中，普惠性奖励补贴由省级与粤东西北地区财政按照1：1的比例安排预算资金，对珠三角地区转移到粤东西北地区符合相关条件的企业进行事后奖补。奖补资金按照产业共建企业投产的当年起，连续5年对园区所在地财政贡献量的一定比例计算。叠加性补贴由省财政预算安排资金，对符合有关规定的企业或项目予以叠加奖励。

在完善产业园区提质增效方面，要建立产业转移用地、环保倒逼机制，逐年提高粤东西北地区土地计划指标占全省比重，压减珠三角地区能源消费和主要污染物排放指标量。

同时，在粤东西北地区产业园大力推进售电侧改革试点，2017年基本实现省产业园全覆盖，并逐步扩大企业覆盖面，降低企业用电成本。

在帮扶资金投入上，要创新帮扶资金投入方式，健全利益共享机制。帮扶市市级财政对被帮扶市每年每市安排不少于1亿元对口帮扶专项资金，县级相应安排帮扶资金，列入年度预算。

在创新投入方式上，帮扶双方要创新利用政府与社会资本合作（PPP）、共建产业发展基金、政府购买服务、争取国家政策性资金等方式，撬动社会和金融资金投入对口帮扶。

在健全利益共享机制方面，被帮扶市产业园区的政府性投资收益（不含税收收入）不分成，全部留存园区滚动发展。

另据了解，根据工作部署，粤东西北的汕头、湛江、茂名、揭阳四市，由于经济相对较强，不在对口帮扶范围内，由省财政每年每市给予专项帮扶资金1亿元。

会议成果：

签约28个产业共建项目

计划投资额287亿元

在珠三角地区对口帮扶粤东西北地区推进产业共建工作会议上，被帮扶八市与帮扶市企业签订了28个产业项目，计划投资额287亿元。

其中，汕尾市分别与新兴发展集团深圳公司、泉恩集团深圳公司、深圳软通动力科技有限公司、深圳华为集团等签约，计划总投资额约86.55亿元。以新兴发展公司新型建材生产项目为例，项目计划投资15亿元，建设新兴建筑产业化、转化基地，年产10万吨空心微珠新材料、5万吨空心粉体新材料等。项目占地面积225亩，预计2019年投产，年产值60亿元，年税收约6亿元。

清远市分别与广州市昊志机电股份有限公司、广州博嘉生物科技有限公司、广东雄星塑料制品有限公司、广州石头造环保科技有限公司等签约，计划总投资额约44.5亿元。以广州昊志机电公司高端装备制造项目为例，计划投资16.5亿元，生产数控机床电主轴、数控可倾回转工作台等产品。项目占地面积500亩，预计2019年投产，年产值可达50亿元，年税收约3亿元。

云浮市分别与广东国鸿氢能科技有限公司、佛山新豪轩门业有限公司、中山铨欣照明电器有限公司签约，计划总投资额约47.2亿元。以广东国鸿氢能科技公司氢燃料电池产业链项目为例，计划总投资11.7亿元，生产高性能电堆、燃料电池各类车载系统等氢燃料电池产业链上下游产品。项目占地面积600亩，预计2019年投产，年产值30亿元，年税收1.5亿元。

考核结果

八组结对帮扶市均被评为优秀

28日，从珠三角地区对口帮扶粤东西北地区推进产业共建工作会议获悉，在珠三角地区与粤东西北地区对口帮扶第一轮（2014—2016年）工作评估考核中，八组结对帮扶市均为优秀等次。

◎广州市对口帮扶清远市（93.22分）

◎深圳市对口帮扶河源市（92.96分）

◎东莞市对口帮扶韶关市（92.57分）

◎珠海市对口帮扶阳江市（92.13分）

◎中山市对口帮扶潮州市（91.16分）

◎佛山市对口帮扶云浮市（90.28分）

◎深圳市对口帮扶汕尾市（89.82分）

◎广州市对口帮扶梅州市（89.61分）

（2016年11月29日《南方日报》，记者：胡新科、吴哲）

附　录

Appendix

广东省会计学会

【概况】 2016年，广东省会计学会（简称学会）在人事、财务等方面形成一套充实、完善的内部规章制度和健全建立保障公平效率的长效激励约束机制，制定并实施《广东省会计学会内部控制操作规程》，实行工作人员考勤指纹打卡制度。按有关要求完成办理“三证合一”工作，配合国家税务新政策，定期赴税局给予所需单位开具增值税专用发票。截至年底，省会计学会有单位会员126个，个人会员224名。

【会员服务】 2016年，学会完善会员制度，做好单位会员和个人会员的管理和服务工作。年内，通过举办讲座活动为会员服务，联合中山大学举办2期会员讲座。

学会总结2015年度考试用书征订的经验，优化调试征订流程、网站系统。在2016年初中高级会计专业技术资格考试用书征订期间，实现全省线上征订，从选书、下单、付款、送书上门均采取一站式征订。2016年度全省征订会计考试用书、参考用书30666册。

【会计学术理论研究】 2016年，学会会刊《广东财会》2015年下半年通过申请并获得恢复原出版资格。重新出版的《广东财会》为季度刊，共48P采用全版彩色印刷。刊物结合社会经济和社会发展的实践，突出学术前瞻性、政策指导性和现实针对性，致力推动会计理论的繁荣和发展，成为传播学习研究新知识和集中反映光广东省高质量会计研究成果的学术平台。

《广东财会》制定严格的审稿用稿制度，确保审稿过程科学、严谨、客观、公正。同时，在保证用稿质量的前提下，注重发现和培育学术新人，鼓励拓展会计学新领域，鼓励运用多种研究方法开展理论研究。2016年出版4期，围绕研究财会理论、探讨财经问题、交流实践经验、分享实践方法、宣传会计文化以及发布便民信息设立“学术论坛”“来稿撷萃”“研究探索”“技术导航”和“动态传递”等栏目。

学会围绕不同时期会计改革和发展的实际以及会计管理的新任务、新趋势，紧扣时代需要，研究采取立项指导与自由申报相结合，管理部门与科研机构相结合，上下级会计学会联动等方式，完善课题的立项招标，组织实施和验收评审等工作机制，提高课题水平和效能。在2015年立项课题中，按照规定时间按时结题的会计课题有84项，经来自实务界、理论界的专家两次评审后，评出获准结题的会计科研课题74项，其中获一等奖1项，二等奖3项，三等奖6项。

【会计业务培训】 2016年，学会开展的会计业务培训有：中高级会计人员培训班。学会结合最新最热门的互联网金融、互联网商业模式创新、互联网+税收、管理会计新思维以及行为金融与投资决策问题，联合厦门国家会计学院和上海国家会计学院分别于5—8月举办四期全省中高级会计人员培训班。四期培训班共400多名学员，学员主要来自全省各地市会计学会，省直企事业单位，以及省会计学会会员。两家学院的知名授课老师围绕议题进行案例分析，理论与实践结合，经验与创新纷呈。此外，第四期培训期间，恰逢国际会计准则理事会（IASB）主席汉斯·胡格沃斯特在厦门国家会计学院报告厅发表演讲，学员们聆听题为“IASB最新进展和未来工作重点”的报告。

学会按照当年度会计从业人员继续教育培训要求，开展会计人员从业资格远程、面授继续教育。

面授培训。充实原有师资库，结合当前财政和会计改革需要，按照贴近实际、更新知识、分类培训、注重实效的原则，围绕营改增热点、会计档案管理办法、管理会计、企业会计准则、企业内部控制以及行政事业单位会计准则及会计制度等内容进行培训，为会计人员在实际工作中更好地进行会计核算和会计监督工作夯实了基础。2016年组织继续教育面授培训班15期，培训近1700人次。

远程继续教育。利用学会网站及现有硬件设施，实现远程培训网络化。学会会计继续教育远程平台所提供的课程视频严格按照有关财政部门规定的内容及学习时间进行录制，个人、单位（团体）报名均可一站式便捷完成培训，并可通过在线提问与解答解决学习中遇到的各种问题。2016年，为拓宽培训范围，学会新增东莞市及云浮市继续教育培训，培训成绩自动对接至查询平台。全年3580人次报名并在线学习。

【政府转移职能工作承接】 2016年，学会按照《政府行政职能转移服务协议书》及《关于印发〈会计管理行政职能转移后续管理指导意见〉的通知》的要求，做好广东省“会计师事务所执业证书核发”的有关工作，全年办理新设会计师事务所10家，分所1家；10家事务所更名；责令22家会计师事务所整改，撤回2家整改后仍不符合存续条件的事务所；7家事务所主动备案终止；118家事务所变更主任会计师、注册资本、地址等内容，涉及发放会计师事务所执业证书139张，回收证书127张。

【信息化建设】 2016年，学会为了给会员提供更便捷、优质的服务，学会加强信息化建设，一方面管理优化学会现有网站整体技术、栏目、功能等，完善会计人员继续教育远程培训平台；优化书籍在线购买功能；新增邮件系统发送功能；优化后台的管理功能；加强服务器的管理。另一方面，开通微信公众服务号，使学会会员、各地会计人员和社会公众能更便捷地了解和咨询到关于会计的最新资讯。

（广东省会计学会供稿，陈伟明、陈焕桂执笔）

广东省预算会计研究会

【概况】 2016年，广东省预算会计研究会完成《政府预算会计与财务会计如何衔接》课题研究报告，报告主要围绕“如何按照《政府会计准则——基本准则》的原则要求对预算会计与财务会计衔接的具体问题做出相应的制度安排”，对会计科目如何衔接，会计确认如何衔接，“双分录”核算方法如何改进等问题做深入的探讨。该课题被全国预算与会计研究会刊登在《预算管理与会计》月刊2016年第8期。

9月，省预算会计研究会按照《广东省预算会计研究会章程》的规定，以通联会议的方式向各位理事发函征求变更秘书长一职的意见，经各位理事审议，一致同意广东省财政科学研究所副所长许航敏担任广东省预算会计研究会秘书长。

【《预算管理与会计》发行】 2016年，广东省预算会计研究会向《预算管理与会计》月刊推荐研究成果2篇：一篇是《政府综合财务报告应用与分析指标体系研究》；另一篇是《政府预算会计与财务会计如何衔接》，两份报告分别刊登在《预算管理与会计》第4期和第8期。

是年，省预算会计研究会通过与省财政厅预算处、国库处联合发函、电话预约等形式向各省直单位、各市县财政局、大中专院校宣传推荐《预算管理与会计》。全年组织征订《预算管理与会计》1649份（包括2016年合订本84份）。

（广东省预算会计研究会供稿，胡家爽执笔）

广东省农村财政研究会

【概况】 广东省农村财政研究会（简称省农研会）完成《关于开展基层公共服务平台建设的政策研究》课题调研任务，并提交调研报告；协助省财政厅农业处完成《2013—2014年广东省农业财政工作文件选编》和《2015年广东省农业财政工作文件选编》的编印工作，并发送至省直农部门及市县，供农口工作者参考学习；协助省财政厅农业处做好相关文件资料的收集整理及三农数据统计分析等基础性工作；协助省财政厅农业处做好相关会务及后勤工作等。

【《当代农村财经》杂志征订与发放】 《当代农村财经》杂志，是由财政部主管，中国农村财经研究会主办，是经济类国家一级财政专业指导性刊物。2016年，省农研会做好《当代农村财经》的订阅工作，并按时发放至省直有关部门及市、县、镇（乡）财政部门和全体理事参阅学习。

【学会自身建设】 2016年，广东省农研会组织学会人员学习中央，省委、省政府以及省财政厅关于社会组织发展与改革的新政策，新要求；修订完善学会内部管理制度，规范日常工作；按照规定做好学会证件年审、数据报送以及人员计生和财务审计；参加省财政厅，省民间组织管理局组织的各类培训和学习活动。

广东省财政学会

【概况】 2016年，广东省财政学会以购买服务方式，参与财政科研工作，提供研究、图书和宣传等辅助服务。在研究方面，定期收集国家和广东省最新出台的财政改革纲要、规划、政策文件、重要决策部署和国内外最新财经改革动态等信息；对收集的财经改革信息和资料数据进行整理、分类和归集；参与课题研究的方案制订、提纲讨论、实地调研、分工写作和课题论证等工作，按时保质协助完成课题研究工作。

【杂志宣传】 配合科研所完成《广东财政理论与实务》杂志全年12期的来稿登记、文字校对、封面设计、排版印刷和每期近万册派送邮寄等工作。参与《广东财政理论与实务》的版式设计创新，做到导读条目更加清晰、封面设计更加美观、文章编排更加灵动；协助编辑部抓制度建设，协助制定《杂志编辑工作规程》、《通讯员管理制度》、《编辑部工作岗位流程》等制度，以及完善杂志内容等相关工作。

【图书服务】 参与科研所完成图书馆图书更换、上架、整理与清理等；配备专人管理图书，做好图书管理、查寻和新书登记造册工作，并按时开放图书馆，为全厅干部职工提供优质的图书借阅服务；协助管理财政厅“数字图书馆”，形成纸质书籍借阅和电子书籍阅读下载相互补充的图书服务功能。

【学会年检】 根据《社会团体登记管理条例》和《民间非营利组织会计制度》等有关规定，学会编制2015年度广东省财政学会工作报告书，并通过省民间组织管理局组织的年检，确保学会的正常运作。

"阳江杯"财政征文大赛获奖名单

奖项	文章标题	作者姓名	单位
一等奖（5名）	广东省区域经济发展不平衡的原因与对策研究	李昆昆	深圳市福田区财政局
	全面铺开"营改增"对梅州市地方财政收入的影响及应对措施探讨	余其豹	梅州市财政局
	推动自主创新发展的财政政策探析	彭高旺	珠海市横琴区财政局
	基于民生视角的茂名市财政支出结构分析	潘勇生	茂名市财政局
	关于财政收支平衡的良性可持续发展的若干思考	王勤文　余吉祥	佛山市顺德区财税局
二等奖（10名）	产业结构对财政收入的影响	陈中峰	茂名市财政局
	香港财政预算管理调研报告	傅晓初	广州市财政局
	促进地方税收收入稳定增长的对策研究——以茂名市为例	蔡茂彬	茂名市财政局
	关于构建 PPP 项目绩效评价框架的初步思考	陈海江	广东省财政厅绩效管理处
	浅谈江海区财政投入与教育均等化发展之路	邝志诚	江门市江海区财政局
	践行五大发展新理念　引领广东财政新发展	莫慧鹦	江门市新会区财政局
	加强和改进镇街财政管理体制问题的思考	符国团	佛山市三水区财政局
	"共享发展"理念背景下加快梅州市养老服务体系建设思考	李振豪	梅州市财政局
	优化财税收入结构　破解财政增收难题	曾庆光	阳江市财政局
	浅议如何完善欠发达地市财政支出体系	黄德尚	湛江市财政局
三等奖（30名）	现行财政体制下对转移支付制度的初探	李　君	江门市江海区财政局
	当下与未来	刘文斌	佛山市财政局
	南海区绩效预算改革的现状及方向	潘永桐　尹宁宁	佛山市南海区财政局
	顺德区推动 PPP 项目的实践与思考	左仕镔　申　照	佛山市顺德区财税局
	论欠发达地区公共教育均等化的推进	李思琪	英德市财政局
	拓宽建设资金来源渠道助推保障性安居工程建设良性发展	李焕明	江门市新会区财政局
	资本运营助力寻路探行追求共赢倒逼创新转型	孙宝成　李嘉文　谭臻煦	佛山市顺德区财税局
	"小投入"撬动"大民生"讲求绩效提升惠民理财	钱静瑜　梁倚文　植燕娟　梅柳艳　杨　卉	佛山市三水区财政局
	论园区平台公司债转股的可行性	谭　丽	台山市财政局
	如何发挥地方财政在供给侧改革中的积极作用	胡茵茵	开平市财政局
	浅谈村级财务管理存在的问题及对策	柯智文	茂名市茂南区财政局
	广东省教育性财政支出存在的问题及对策分析	罗丽静	阳江市阳东区财政局
	深化财税体制改革助力广东财政新变革	刘敏仪	开平市财政局
	从供给侧推进精准扶贫的几点建议	李　艾	南雄市财政局
	制约江门市农村居民消费水平的因素及财政扶持对策	汤松庆	江门市新会区财政局
	对扶贫发展的思考与探讨	刘晋东	中山市财政局古镇分局
	基于云计算的地级市预算项目绩效目标动态数据库建设初探	柯　翔	江门市财政局
	政府购买服务和 PPP 模式的对比分析	黄宇晖	肇庆市财政局
	高标准基本农田建设难以高效完成的冷思	余文亮	雷州市财政局
	加强经济分类科目管理　促进政府决算制度改革	柯载民	茂名市财政局
	浅论政府购买服务和 PPP 模式的区分与运用	李源章　李正茂	佛山市禅城区财政局
	推进区域经济快速发展财政政策探讨——以电白新区发展为例	卢　沛	电白区财政局
	老算盘	吴钟禄	湛江市徐闻县财政局
	坚持五大发展理念　推动财政改革发展	林洁珠	蓝城区磐东街道办
	营改增对财政收入的影响及财税体制改革应对	陈　艳	信宜市财政局

续表

奖项	文章标题	作者姓名	单位
	加强和改进政府投资项目管理的实践和思考	赵舜深	潮州市财政局
	只三条措施，推进乡财管理精耕细作	邓雪平	湛江市遂溪县杨柑财政所
	管住政府的钱袋子	陈建圳	陆丰市财政局
	茂名市企业职工养老保险基金运行财务风险和政策建议	车华达	茂名市财政局
	关于一般性转移支付推动区域协调发展的几点思考	李光凤	高州市财政局
组织奖（5名）			阳江市财政局、湛江市财政局、江门市财政局、茂名市财政局、梅州市财政局

主题索引

说　明

1. 本索引为《广东财政年鉴》2017年卷主题分析索引，款目按汉语拼音字母（同音字按声调）升序排列。
2. 书中的篇目名、类目名、分目名用黑体字标明，其余用宋体字排印。表格在其款目中有“表”字或括注“表”，图片在其款目后括注“图”。
3. 索引款目后的括号为说明项，款目后的数字表示内容所在页码，数字后面的拉丁字母（a、b、c）表示栏别（即版面的1、2、3栏）。
4. 同一主题在书中多处出现的，在其款目后用不同的页码注明；同一主题在各市建设篇目中不同城市出现的，在同一款目下另起行退一字排列。
5. 本索引对《图片专辑》《特载》《财经法规选编》《财经文选》《人物·荣誉》《大事记》《年度关注》等篇目内容不做主题分析。

D

F

S

T

W

X

General Catalogue

Table of Contents

Photo Album

Section 1 Features

Section 2 Provincial-wide Finance Work

Finance and Government Debt Management

Treasury Management

Fiscal Program and Policy

Financial Affairs of Administrative Sectors

Financial Affairs of Legislative Sectors

Financial Affairs of Educational, Science and Culture Sectors

Financial Affairs of Industry and Trading Development

Financial Affairs of Agricultural Sectors

Financial Affairs of Capital Construction Sectors

Financial Affairs of Social Security Sectors

Accounting Management

Financial Performance Management

Management of Administrative Undertaking Assets and Official Vehicles

Integrated Agricultural Development

Rural Financial Management

Government Procurement Supervision

Financial Supervision and Inspection

Financial Treasury Payment Management

International Financial Cooperation and Government Foreign Debt Management

Financial Discipline Inspection and Supervision

Management of Operating Assets of Provincial Administrative Organs and Institutions

Evaluation and Examination of Fiscal Investment

Financial Bill Supervision and Management

Human Resources Management and Education

Party Building

Logistics Affairs

Retired Personnel Services

Financial Information Construction

Financial Research and Propaganda

Evaluation of the Integrated Agricultural Development

CPA Affairs Management

Asset Appraisal Administration

Foshan Finance

Shaoguan Finance

Heyuan Finance

Meizhou Finance

Huizhou Finance

Shanwei Finance

Dongguan Finance

Zhongshan Finance

Jiangmen Finance

Yangjiang Finance

Zhanjiang Finance

Maoming Finance

Zhaoqing Finance

Qingyuan Finance

Chaozhou Finance

Jieyang Finance

Yunfu Finance

Section 5 Fiscal Statistics

Section 6 Selected Laws and Regulations of Finance and Economy

Section 7 Selected Speeches on Finance

Section 8 Outstanding Individuals & Awards

Section 9 Memorabilia

Section 10 Highlights of the Year

Central

Provincial

Section 11 Appendix